BEITRÄGE ZUR HISTORISCHEN THEOLOGIE

HERAUSGEGEBEN VON JOHANNES WALLMANN

65

Frömmigkeitstheologie am Anfang des 16. Jahrhunderts

Studien zu Johannes von Paltz
und seinem Umkreis

von

Berndt Hamm

J. C. B. Mohr (Paul Siebeck) Tübingen 1982

CIP-Kurztitelaufnahme der Deutschen Bibliothek

Hamm, Berndt:
Frömmigkeitstheologie am Anfang des 16. [sechzehnten]
Jahrhunderts: Studien zu Johannes von Paltz u. seinem Umkreis /
von Berndt Hamm. – Tübingen: Mohr, 1982.
  (Beiträge zur historischen Theologie; 65)
  ISBN 3-16-144520-1
  ISSN 0340-6741
NE: GT

Als Habilitationsschrift auf Empfehlung der Evangelisch-theologischen Fakultät der Eber-
hard-Karls-Universität Tübingen gedruckt mit Unterstützung der Deutschen Forschungsgemeinschaft

© Berndt Hamm / J. C. B. Mohr (Paul Siebeck) Tübingen 1982
Satz und Druck: Gulde-Druck GmbH, Tübingen. Einband: Großbuchbinderei Heinr.
Koch, Tübingen.

Für
Christel, Kerstin und Ulrike

Vorwort

Dieses Buch befaßt sich mit ‚Frömmigkeitstheologie', d. h. mit einer praktisch-seelsorgerlichen Theologie, deren Hauptintention auf die rechte Gestaltung christlichen Lebens gerichtet ist. Insbesondere ist damit eine Reformtheologie im Jahrhundert vor der Reformation gemeint, die der Entfremdung zwischen scholastischer Theologie der Universitäten und Frömmigkeit des Alltags entgegenzuwirken sucht. Sie verläßt in der Regel das Kampffeld der akademischen Lehrrichtungen oder auch spezifischer Ordenstheologien und ist daher auf dieser Ebene in ihren wesentlichen Interessen nicht zu fassen. Andere Alternativen und Kontroversen lösen im Bereich der Frömmigkeitstheologie die Lehrstreitigkeiten der scholastischen viae ab.

Ein typischer Vertreter dieser zwischen Lehre und Leben, scholastischer Quästionenliteratur und populartheologischem Erbauungsschrifttum, litterati und simplices vermittelnden Theologie ist der Erfurter Augustinereremit Johannes (Jeuser) von Paltz (gest. 1511). An seinem Beispiel soll in den folgenden Studien verdeutlicht werden, von welchen Impulsen und Spannungen die Frömmigkeitstheologie am Vorabend der Reformation bewegt wird. Geklärt werden soll dabei auch, auf welchen Wegen sich der Historiker einer solchen Theologie sinnvollerweise nähert, will er ihren zentralen Intentionen gerecht werden und ihr besonderes Profil erfassen. Die bisherige weitgehend an den Schulrichtungen orientierte Forschungsgeschichte zu ‚Frömmigkeitstheologen' wie Paltz, seinem Lehrer Johannes von Dorsten, Geiler von Kaysersberg oder Johannes von Staupitz zeigt, daß neue Wege gegangen werden müssen.

Die Untersuchung mag schließlich auch als ein Beitrag zur Erforschung der reformatorischen Theologie verstanden werden, die ja in ihrer Weise ebenfalls Frömmigkeitstheologie ist, sofern es ihr um die lebendige Aneignung des Evangeliums geht. Es werden besonders die Verbindungslinien und Unterschiede zwischen der spätmittelalterlichen Theologie im Augustinerorden und der frühen theologischen Entwicklung des Augustinermönches Martin Luther beachtet. Luther stellte das von Johannes Gerson am Anfang des 15. Jahrhunderts programmatisch formulierte Reformprogramm einer Frömmigkeitstheologie auf die neue Grundlage von Wort und Glauben. Über den theologischen

Umbruch hinweg aber bleibt die Kontinuität zu den auf konkreten Lebensvollzug und praktische Erfahrung zielenden frömmigkeitstheologischen Intentionen des Spätmittelalters erhalten. An diese Reformtradition knüpft Luther an, wenn er beispielsweise im Widmungsbrief zu seinem ‚Schönen Confitemini‘ von 1530 über die Heilige Schrift schreibt: „Und es sind doch ja nicht Lesewort, wie sie meinen, sondern eitel Lebewort drinnen, die nicht zum speculiren und hoch zu tichten, sondern zum leben und thun dargesetzt sind." (WA 31/I,67,24–27).

Die vorliegende Arbeit wurde 1980 abgeschlossen und 1981 von der Evangelisch-theologischen Fakultät der Universität Tübingen als Habilitationsschrift für das Fachgebiet Kirchengeschichte angenommen. Mein herzlicher Dank gilt Herrn Professor Dr. Heiko A. Oberman, der die Untersuchung durch seine Anregungen und seine Offenheit für neue Fragestellungen reich gefördert hat. Herrn Professor Dr. Wilfrid Werbeck danke ich für die Umsicht und Sorgfalt, mit der er meine Arbeit begleitet und mir besonders bei der Drucklegung hilfreich beigestanden hat. Wesentliche wissenschaftliche Anstöße für das Buch verdanke ich Dr. Horst Laubner, Dr. Dennis Dale Martin, Friedhelm Stasch, Privatdozent Dr. Dr. Michael Welker und Dr. Richard Wetzel sowie den Freunden und Kollegen im Tübinger Sonderforschungsbereich Spätmittelalter und Reformation und Institut für Spätmittelalter und Reformation.

Dr. Christoph Peter Burger, Walter Simon und meine Frau teilten mit mir die Mühe des Korrekturlesens. Ich danke ihnen ebenso wie Herrn Professor Dr. Hans-Christoph Rublack, der mir bei der Entzifferung einer schwierig zu lesenden Handschrift behilflich war.

Herzlich zu danken habe ich auch Herrn Professor Dr. Johannes Wallmann für die Aufnahme der Arbeit in die von ihm herausgegebenen ‚Beiträge zur Historischen Theologie‘, dem Verlag J. C. B. Mohr (Paul Siebeck), insbesondere Herrn Rudolf Pflug, für die sorgfältige Betreuung der Drucklegung und der Deutschen Forschungsgemeinschaft für die großzügige Gewährung eines Druckkostenzuschusses.

Das Buch sei meiner Frau und meinen beiden Töchtern gewidmet. Ihnen verdanke ich die menschliche Atmosphäre, in der wissenschaftliche Arbeit gedeihen kann.

Tübingen, 3. März 1982   Berndt Hamm

Inhalt

Teil I
Die Theologie des Johannes von Paltz
im Spiegel von Forschungsgeschichte, Biographie und
literarischem Werk

Teil II
Johannes von Paltz als Repräsentant der Theologie
am Vorabend der Reformation

Vorbemerkungen

1. Querverweise auf Anmerkungen:

Die Anmerkungen sind kapitelweise durchgezählt. Verweise auf Anmerkungen ohne Kapitelangabe beziehen sich immer auf das gerade vorliegende Kapitel.

2. Quellen:

Bei Quellenzitaten, auch aus kritischen Editionen, wählte ich dort, wo es mir grammatikalisch korrekter bzw. zur Erhellung des Sinns nützlich erschien, eine eigene Interpunktion. Die Schreibweise der lateinischen Texte ist durchgehend so vereinheitlicht, daß für e (= ae) ae und für c (= t) t bzw. für t (= c) c steht. Frühneuhochdeutsche Texte werden nach den Regeln normalisiert, die für die kritische Edition der sämtlichen Schriften Johanns von Staupitz gelten: siehe Bd. 2 (Lateinische Schriften II), Berlin–New York 1979, Einleitung 49–51. Textkritische Bemerkungen und erläuternde Zusätze sind durch runde Klammern in den Quellentext eingefügt. Die hinter den Stellenangaben in Klammern gesetzten Seiten- (bzw. Folio-) und Zeilenzahlen beziehen sich auf die im Quellenverzeichnis genannten Editionen, Drucke und Handschriften.

3. Sekundärliteratur:

Angeführt sind in der Regel nur der Familienname des Verfassers und der gekürzte Titel. Die vollständigen bibliographischen Angaben sind dem Literaturverzeichnis zu entnehmen.

Abkürzungen

I. Allgemeine Abkürzungen

Für alle nicht aufgeführten Abkürzungen sei, soweit sie nicht in sich verständlich sind, auf die in RGG VI XXXIIf. zusammengestellten Abkürzungen verwiesen.

art.	articulus
Bl.	Blatt
c.	caput, capitulum
Cod.	Codex
concl.	conclusio
consid.	consideratio
d.	distinctio
dub.	dubium
emend.	emendiert
enarr.	enarratio
epist.	epistula
fol.	folium
Inc.	Incipit
inq.	inquisitio
lect.	lectio
lib.	liber
m.	membrum
n.	numerus
OESA	Ordo Eremitarum sancti Augustini
p.	pars
q.	quaestio
r	(folio) recto (= Vorderseite)
resp.	responsio
s.a.	sine anno
s.l.	sine loco
s.l.e.a.	sine loco et anno
Sent.	Sentenzenkommentar
Sign.	Signatur
tract.	tractatus
un.	unicus
v	(folio) verso (= Rückseite)

II. Zeitschriften, Monographienreihen,
Sammel- und Nachschlagewerke

Sie werden in der Regel nach dem Abkürzungsverzeichnis der Theologischen
Realenzyklopädie (TRE), Berlin–New York 1976, abgekürzt. Hier finden sich
auch die bibliographischen Angaben (zu Nachschlagewerken und manchen
Sammelwerken vgl. unten Literaturverzeichnis).

AAug	Analecta Augustiniana
AFH	Archivum Franciscanum historicum
AHG	Archiv für hessische Geschichte und Altertumskunde
AKG	Arbeiten zur Kirchengeschichte
Anton.	Antonianum
ARG	Archiv für Reformationsgeschichte
AThD	Acta theologica Danica
Aug.	Augustinianum (Rom)
Aug(L)	Augustiniana (Louvain)
AugM	Augustinus magister
AzTh	Arbeiten zur Theologie
BAFG	Bücher augustinischer und franziskanischer Geistigkeit
BBGW	Basler Beiträge zur Geschichtswissenschaft
BGAM	Beiträge zur Geschichte des alten Mönchtums und des Benediktinerordens
BGPhMA	Beiträge zur Geschichte der Philosophie (ab 27, 1928–30: und Theologie) des Mittelalters
BHTh	Beiträge zur historischen Theologie
BiblThom	Bibliothèque Thomiste
BLVS	Bibliothek des literarischen Vereins in Stuttgart
BMC	British Museum. General catalogue of printed books
BMMeA	Bibliotheca Mariana medii aevi
BoA	Luthers Werke in Auswahl, hg. v. O. Clemen (Bonner Ausgabe, 5. Aufl.)
BPAA	Bibliotheca Pontificii Athenaei Antoniani
BSKG	Beiträge zur sächsischen Kirchengeschichte
Cass.	Cassiciacum
Cath(M)	Catholica (Münster)
CChr	Corpus Christianorum
CiW	Der Christ in der Welt
CSEL	Corpus scriptorum ecclesiasticorum Latinorum
CTM	Concordia theological monthly
DSp	Dictionnaire de spiritualité, ascétique et mystique
DT	Divus Thomas
DVfLG	Deutsche Vierteljahrsschrift für Literaturwissenschaft und Geistesgeschichte
EEMA	L'église et l'état au Moyen-Age

EThSt	Erfurter theologische Studien
EvTh	Evangelische Theologie
FIP.T	Franciscan Institute publications. Text series
FKDG	Forschungen zur Kirchen- und Dogmengeschichte
FMAG	Forschungen zur mittelalterlichen Geschichte
FS	Franziskanische Studien
FVK	Forschungen zur Volkskunde
GutJb	Gutenberg-Jahrbuch
GW	Gesamtkatalog der Wiegendrucke
HBVK	Hessische Blätter für Volkskunde
HJ	Historisches Jahrbuch
HM	Hallische Monographien
HS	Historische Studien (hg. v. E. Ebering u. a.)
HThR	The Harvard theological review
HUTh	Hermeneutische Untersuchungen zur Theologie
HV	Historische Vierteljahrsschrift
HWP	Historisches Wörterbuch der Philosophie
HZ	Historische Zeitschrift
JLH	Jahrbuch für Liturgik und Hymnologie
JusEcc	Jus ecclesiasticum
JWCI	Journal of the Warburg and Courtauld Institute
KGA	Kirchengeschichtliche Abhandlungen
KLK	Katholisches Leben und Kirchenreform im Zeitalter der Glaubensspaltung
KuD	Kerygma und Dogma
LThK	Lexikon für Theologie und Kirche (2. Aufl.)
LuJ	Luther-Jahrbuch
MLW	Mittellateinisches Wörterbuch
MM	Miscellanea mediaevalia
MTU	Münchener Texte und Untersuchungen zur deutschen Literatur des Mittelalters
MVGN	Mitteilungen des Vereins für Geschichte der Stadt Nürnberg
NCE	New catholic encyclopedia
NDB	Neue deutsche Biographie
NedThT	Nederlands theologisch tijdschrift
PGRGK	Publikationen der Gesellschaft für rheinische Geschichtskunde
PL	Patrologiae cursus completus, hg. v. J.-P. Migne. Series Latina
QFRG	Quellen und Forschungen zur Reformationsgeschichte
QGDOD	Quellen und Forschungen zur Geschichte des Dominikanerordens in Deutschland
RDL	Reallexikon der deutschen Literaturgeschichte (2. Aufl.)
RE	Realencyklopädie für protestantische Theologie und Kirche (3. Aufl.)
RechAug	Recherches Augustiniennes
RGG	Die Religion in Geschichte und Gegenwart (3. Aufl.)

RGST	Reformationsgeschichtliche Studien und Texte
RHE	Revue d'histoire ecclésiastique
RQ	Römische Quartalschrift für christliche Altertumskunde
RThAM	Recherches de théologie ancienne et médiévale
SDGSTh	Studien zur Dogmengeschichte und systematischen Theologie
SHAW.PH	Sitzungsberichte der Heidelberger Akademie der Wissenschaften. Philosophisch-historische Klasse
SHCT	Studies in the history of Christian thought
SKGR	Studien zur Kultur und Geschichte der Reformation
SM(D)	Sacramentum mundi (deutsche Ausgabe)
SMGH	Schriften der Monumenta Germaniae historica
SMRTh	Studies in Medieval and Reformation thought
SPAW	Sitzungsberichte der preußischen Akademie der Wissenschaften
Spec.	Speculum
SpicBon	Spicilegium Bonaventurianum
SpicFri	Spicilegium Friburgense
Spir.	Spiritualitas
SQS	Sammlung ausgewählter kirchen- und dogmengeschichtlicher Quellenschriften
STGMA	Studien und Texte zur Geistesgeschichte des Mittelalters
StGS	Studien zur Germania sacra
StTh	Studia theologica (Lund)
SVRG	Schriften des Vereins für Reformationsgeschichte
Theoph.	Theophaneia
ThLZ	Theologische Literaturzeitung
ThPh	Theologie und Philosophie
ThSt	Theologische Studien
TRE	Theologische Realenzyklopädie
TThZ	Trierer theologische Zeitschrift
VerLex	Die deutsche Literatur des Mittelalters: Verfasserlexikon (2. Aufl.)
VIEG	Veröffentlichungen des Instituts für europäische Geschichte Mainz
VRF	Vorreformationsgeschichtliche Forschungen
WA	Martin Luther, Werke. Kritische Gesamtausgabe (Weimarer Ausgabe), Abt. Schriften
WA Br	– Abt. Briefe
WA TR	– Abt. Tischreden
WDGB	Würzburger Diözesangeschichtsblätter
WSAMA.T	Walberberger Studien der Albertus-Magnus-Akademie. Theologische Reihe
ZDA	Zeitschrift für deutsches Altertum und deutsche Literatur
ZfB	Zentralblatt für Bibliothekswesen
ZGO	Zeitschrift für die Geschichte des Oberrheins

ZKG	Zeitschrift für Kirchengeschichte
ZKTh	Zeitschrift für katholische Theologie
ZKWL	Zeitschrift für kirchliche Wissenschaft und kirchliches Leben
ZThK	Zeitschrift für Theologie und Kirche

III. Paltz-Werke

Die Handschriften und Drucke, nach denen wir zitieren, sind im Quellenverzeichnis S. 341 aufgeführt; im übrigen vgl. die bibliographischen Angaben zu allen Handschriften und Druckauflagen von Paltz-Werken unten S. 94–128.

Adv.	De adventu domini ad iudicium
Caut.	De cautelis servandis in absolutione sacramentali
Coel.	Coelifodina
Conc.	De conceptione sive praeservatione a peccato originali sanctissimae dei genitricis virginis Mariae
Fun.I	Collatio funeralis in exsequiis doctoris Theodorici Vuissensee
Fun.II	Collatio funeralis in exsequiis doctoris Udalrici Rispach
Fund.	Die himmlische Fundgrube
Oratio	Oratio pervenusta atque egregia
Princ.	Sermo in principio novi studii
Sept.	De septem foribus seu festis beatae virginis Mariae
Suppl.	Supplementum Coelifodinae
Syn.I	Collatio in synodo 1488
Syn.II	Collatio in synodo 1489
Tripl.	Quaestio determinata contra triplicem errorem

Einleitung

Zu den interessantesten theologischen Gestalten am Vorabend der Reformation gehört der Erfurter Augustinereremit und Doktor der Theologie Johannes Jeuser von Paltz, geboren um 1445 in Pfalzel bei Trier, gestorben am 13. März 1511 in Ehrenbreitstein bei Koblenz. Er war bedeutend als Hochschullehrer an der Universität und am Generalstudium seines Ordens im Erfurter Konvent, als Klosterreformer und -gründer im Geiste der Observanz, als leidenschaftlich engagierter Ablaßprediger und als fruchtbarer theologischer Schriftsteller, dessen Werke bemerkenswert hohe Auflagenzahlen erreichten. Die Mitarbeit an der kritischen Edition der Paltz-Schriften[1] hat mir gezeigt, daß sie für das Verständnis der zentralen theologischen Fragestellungen und Antworten des ausgehenden Mittelalters und der frühen Reformationszeit, für die Einsicht in Kontinuität und Umbruch zwischen den beiden Epochen von kaum zu überschätzendem Gewicht sind.

Die vorliegende Untersuchung soll gleichsam die interpretatorische Ernte der editorischen Arbeit einbringen, indem sie eine zusammenfassende Darstellung der Paltzschen Theologie und der sie bestimmenden Impulse anstrebt und dabei den engeren und weiteren Umkreis spätmittelalterlicher Theologie und den Horizont reformatorischer Theologie ins Auge faßt. Daß dabei vor allem Luther als Gegenüber gewählt wird, ist naheliegend, wenn man bedenkt, daß Paltz und Luther dem gleichen

---

[1] Die Edition der Werke des Johannes von Paltz erfolgt im Rahmen des Tübinger Sonderforschungsbereichs ‚Spätmittelalter und Reformation‘, Projektbereich H. A. Oberman; sie wird die Bände 2–4 der Reihe ‚Spätmittelalter und Reformation‘ umfassen.

Bei Abschluß meiner Untersuchung (Ende 1980) lagen die folgenden Paltz-Werke in druckfertigen Typoskripten vor (ohne Einleitungen): Coelifodina (Ch. Burger, F. Stasch), Supplementum Coelifodinae (B. Hamm), De adventu domini ad iudicium (Ch. Burger), De cautelis servandis (V. Marcolino), Quaestio determinata contra triplicem errorem (A. Czogalla), Sermo in principio novi studii (V. Marcolino). In unvollständigem Zustand befanden sich: Himmlische Fundgrube (H. Laubner), De septem foribus/Die sieben Pforten (Ch. Windhorst). Den Editoren sei an dieser Stelle für die mir gewährte Möglichkeit der Benützung der Typoskripte herzlich gedankt.

Da die beiden Collationes funerales, die beiden Collationes in synodo und die Oratio pervenusta atque egregia wegen der bislang noch ungeklärten Verfasserfrage (siehe unten S. 101–109) nicht in das Editionsprogramm aufgenommen worden sind, konnte ich mich hier nur auf Transkriptionen und Quellennachweise stützen, die ich für den eigenen Bedarf vorgenommen habe. Ebenfalls nur in einem Film der Handschrift lag mir De conceptione sive praeservatione vor.

Orden und dem gleichen Kloster angehörten, eine kurze Zeit (1505) sogar noch gemeinsam im Erfurter Augustinerkloster verbrachten. Unser Interpretationsziel, wie es durch das Thema ‚Frömmigkeitstheologie am Anfang des 16. Jahrhunderts‘ formuliert ist, sei nun im Vorausblick auf die folgenden Kapitel kurz erläutert.

Zunächst muß hervorgehoben werden, daß das umfangreiche Oeuvre des Erfurter Augustinertheologen keineswegs, wie die Werktitel ‚Himmlische Fundgrube‘, ‚Coelifodina‘ und ‚Supplementum Coelifodinae‘, die Vielzahl der angeschnittenen Themen und die immense Fülle der Zitate aus anderen Autoren nahelegen könnten, nur eine ‚Fundgrube‘ für alle möglichen disparaten Stoffe, das Sammelsurium eines vielseitig interessierten Predigers und Seelsorgers ist. Zwar besteht der Wert dieser Schriften auch darin, daß sie mit großer Anschaulichkeit die reichgestaltige und farbige Welt des damaligen Frömmigkeitslebens widerspiegeln und über eine Menge von theologischen Realien informieren, wie aus den Registern der kritischen Edition ersichtlich werden wird; doch wäre es ein gravierendes Mißverständnis, wollte man den Beitrag des Johannes von Paltz auf diese neutrale Ebene des Aufeinanderhäufens von Stoff beschränken. Dafür ist seine Sicht von Theologie, Kirche und Frömmigkeit viel zu engagiert und seine Darstellungsweise viel zu stark von einem ganz bestimmten leitenden Interesse geprägt, das sich von der ersten bis zur letzten Seite seines Werkes bemerkbar macht, die Wahl der Themen und die Auswahl der Zitate bestimmt. Wie wir unten zeigen werden, kranken die bisherigen Untersuchungen zu Paltz vor allem daran, daß sie diese prägende, alle Einzellösungen bestimmende Mitte seiner Theologie nicht sichtbar gemacht haben und so zu schwerwiegenden Fehlurteilen über seine Position im Rahmen spätmittelalterlicher Theologie und Frömmigkeit gekommen sind. Dies war vielleicht auch nicht anders möglich, da erst die kritische Edition die Möglichkeit bietet, aufgrund der Quellennachweise eine genaue Abgrenzung von Zitaten und Eigengut des Autors vorzunehmen und so sein eigenes Profil herauszuarbeiten.

Doch worin besteht die primäre Intention von Paltz, die alles gestaltende Mitte seines Denkens, die uns seine Werke als Einheit verstehen läßt? Wir werden uns dieser Schlüsselfrage im zweiten Teil der Arbeit widmen[2], doch sei schon an dieser Stelle kurz angedeutet, in welche Richtung die Antwort gehen wird, um auch die Kapitel des ersten Teils, der den zweiten vorbereiten soll, in ihrem Duktus und ihrer Zielsetzung besser verständlich zu machen.

Paltz geht von der Erfahrung des Seelsorgers und der Überzeugung des Theologen aus, daß die sittlichen Kräfte zum Guten bei den meisten

---

[2] Unten S. 132ff.; hier finden sich auch die Quellenbelege für die folgenden Sätze.

Menschen, zumal ‚in diesem letzten Zeitalter' vor dem Kommen des Antichrists, minimal sind, daß ferner Sicherheit über Gnadenbesitz, über Fortschritt in der Gnade und Straferlaß auf der Grundlage persönlicher Frömmigkeit nie gewonnen werden kann. Andererseits sieht er die Notwendigkeit, daß nicht nur die ganz wenigen (paucissimi) guten Christen, die aus eigenen Kräften ohne die vermittelnde Hilfe der Sakralinstitution Kirche zu wahrer Bußgesinnung aus Liebe zu Gott gelangen können, gerettet werden; denn dann wäre die Passion Christi umsonst gewesen. Außerdem blieben auch diese wenigen kaum vor den furchtbaren Fegfeuerstrafen nach dem Tod verschont, so daß sie auf jeden Fall den Ablaß benötigen, um sofort nach dem Tode ins Paradies zu kommen. Soll das Kreuz Christi seine Wirksamkeit voll entfalten, dann müssen möglichst viele, auch die größten Sünder, wie Paltz immer wieder hervorhebt, bekehrt, gerettet und vor dem Fegfeuer bewahrt werden. Es muß also den Menschen durch Christus ein Heilsweg aufgezeigt worden sein, der möglichst leicht und doch möglichst sicher – sicherer jedenfalls als der Weg der Elite, der ‚paucissimi' – ist. Dies ist das grundlegende Interesse von Paltz.

Er zieht daraus folgende Konsequenz: An die Stelle eines im Spätmittelalter oft vertretenen anspruchsvollen Programms intensivierter und verinnerlichter Devotion setzt er angesichts der tiefgreifenden Sündhaftigkeit und bleibenden Schwäche des Menschen und angesichts des Bedürfnisses nach Versicherung über Gnade und Heil ein Minimalprogramm, das man vielleicht nicht gerade ein Programm der Entdevotionalisierung, aber doch der schematischen Regularisierung der individuell-persönlichen Frömmigkeitssphäre nennen kann. Themen wie meditatio und contemplatio bleiben zwar wichtig, erfahren aber doch eine entscheidende Reduktion und charakteristische Umgestaltung im Rahmen dieses Minimalprogramms für die große Masse der Christen. Um so stärker rückt Paltz als Gegengewicht zur menschlichen Insuffizienz und zum damit verbundenen Unsicherheitsfaktor in allen menschlichen Eigeninitiativen die Gnaden- und Heilsgarantien der kirchlichen Sakralinstitution in den Mittelpunkt, die auch für den größten Sünder wirksam werden, wenn er nur jenes Minimalprogramm an eigener Leistung, die unterste Stufe des facere quod in se est, erfüllt, sich im übrigen aber der Mittlerrolle der Kirche anvertraut. Nicht auf den subjektiven Erlebens- und Erfahrungsbereich, auf das trügerische Selbstpastorat des Frommen, legt Paltz das Schwergewicht, sondern auf die sicherheitsspendende, aus dem persönlichen Unvermögen befreiende ex-opere-operato-Dimension der objektiven Gnadeninstanz Kirche mit ihren Sakramenten, Ablässen und Fürbitten, ihren Orden und Bruderschaften, ihren institutionalisierten Frömmigkeitsformen wie Heiligenverehrung, Marienkult, Wallfahrten etc. und ihrer wohlgefügten hierarchischen Ordnung, die Garant all ihrer Gnadenwirkungen ist und ihm daher als „das größte Gut in der Kirche nach Christus selbst" gilt[3]. Hier findet er das, was ihm im Interesse der vielen Sünder am Herzen liegt: die via facilior und securior; nur über die Vermittlung der Sakralinstitution sieht er ihnen Hoffnung, Trost, Gewißheit, Ruhe, Friede und Freude eröffnet. Der zentrale Gedanke bei Paltz ist somit die Gegenüberstellung der lebenslangen, ständig verunsichernden menschlichen Insuffizienz und der sie bewältigenden allgegenwärtigen Suffizienz institutioneller Gnaden- und Heilsgarantien. Sein ganzes Werk ist der Versuch, die verschiedensten Themen von diesem Leitmotiv her zu gestalten.

Was nun die Untersuchung des Paltzschen Schrifttums besonders lohnend macht, ist neben der Tatsache, daß in ihm eine theologische Mitte und von dort her ein mit Konsequenz angewandtes Gestaltungsprinzip sichtbar ist, vor allem die weiterführende Beobachtung, daß dem Werk des Erfurter Augustinermönches eine zweifache Bedeutung zukommt: eine für Theologie und Frömmigkeit seiner Zeit *exemplarische* und eine *individuell-originelle*; es ist für seine Epoche typisch und zeigt dabei doch einen durchaus einmaligen Charakter[4]. Dies ist nur ein scheinbarer Widerspruch, wird doch das Interesse des Historikers gerade durch solche Gestalten und Ereignisse angezogen, die nicht nur durchschnittlich-exemplarische, aber auch nicht nur singulär-kontingente Züge tragen, sondern beides miteinander verbinden, wo somit an einer Gestalt Einblick in das ‚Wesen' einer Zeit gewonnen werden kann, ohne daß die Konturen des historisch Einmaligen, des sich in der Geschichte nicht Wiederholenden hinter dem Typischen verschwinden. Johannes von Paltz ist eine solche Gestalt, allerdings mit einem deutlichen Übergewicht des Typischen.

Fragen wir weiter, worin das Zeittypische bei Paltz zu sehen ist, in welchen größeren Zusammenhängen seine Theologie betrachtet werden muß, damit ihre zentralen Interessen historisch verständlich werden, dann ist vor allem an drei Kreise zu denken, als deren Repräsentant Paltz gelten darf und von denen her er als Theologe seine wichtigsten Impulse empfängt:

---

[3] Suppl. fol. E4r: „Ordo bonus in ecclesia catholica est maximum bonum post Christum." Dieser Satz steht innerhalb eines verdeckten wörtlichen DORSTEN-Zitates (aus: JOHANNES VON DORSTEN, De cursu simplicium, fol. 280va) und wird von Paltz wieder aufgenommen in Suppl. fol. F3r: „(Diabolus) nihil tantum impugnare nititur in ecclesia sicut ordinem, qui post Christum est summum bonum in ecclesia." Der Kontext handelt in beiden Fällen von den illegitimen Wallfahrten.

[4] Zur Kategorie des ‚Typischen' vgl. FABER, Theorie der Geschichtswissenschaft, 89–108 (Typus und Struktur in der Geschichte).

An erster Stelle wird man den Umkreis spätmittelalterlicher und reformationszeitlicher *Frömmigkeitstheologie*[5] nennen müssen. Wir verstehen darunter eine gerade im 15. Jahrhundert in Klöstern und an Universitäten große Bedeutung gewinnende, besonders von Johannes Gerson angeregte Reformtheologie, die sich als Gegenbewegung gegenüber einer rein akademischen, von der Philosophie, vor allem der Logik überfremdeten ,Kathedertheologie' versteht. Sie ist praktisch-seelsorgerlich interessiert und versucht theologische Reflexion in den Dienst konkreter christlicher Lebensgestaltung zu stellen. Während die inneruniversitäre Hochtheologie des 15. und beginnenden 16. Jahrhunderts in ihren tieferen Intentionen sehr stark durch die Auseinandersetzungen des Wegestreits und damit durch die Perspektive bestimmter Schulrichtungen geprägt ist[6], will die gleichzeitige Frömmigkeitstheologie in der Regel gerade die spezifisch akademische Lehrebene und das Kampffeld der Schulen verlassen. Die Fragestellung, mit der man an Werke der scholastischen Quästionenliteratur wie Gabriel Biels Collectorium oder Stephan Brulefers Auslegung von Bonaventuras Sentenzenkommentar herangeht, kann daher auf Werke der Frömmigkeitstheologie wie die des Johannes von Staupitz oder Johannes von Paltz nicht übertragen werden. Orientierung ist nicht anhand einer philosophisch-theologischen Systematik und einer entsprechenden Lehrrichtung, sondern bei dem leitenden praktisch-seelsorgerlichen Interesse der Autoren zu suchen. In diesem Sinne haben wir oben nach der primären Intention von Paltz gefragt und eine vorläufige Antwort gegeben, die den Standort von Paltz im Rahmen der moralisch-praktisch orientierten spätmittelalterlichen Frömmigkeitstheologie näher bestimmt. Treten nun zwar in diesem Rahmen die im akademischen Wegestreit umkämpften Fragen zurück, so ist doch das Erscheinungsbild der Frömmigkeitstheologie keineswegs friedlich oder einförmig, vielmehr werden die als unfruchtbar empfundenen Zwistigkeiten zwischen Via antiqua und Via moderna durch andere theologische Alternativen abgelöst.

Wir kommen damit zum zweiten Umkreis der Paltzschen Theologie, der unseren Blick auf das Problem lenkt, das im Mittelpunkt des erbaulichen Schrifttums jener Epoche steht. Es ist der Umkreis der *Suche nach Gnaden- und Heilsgarantien.* Wohl keine Thematik ist für diese spätmittelalterliche Frömmigkeitstheologie – ebenso wie für die Frömmigkeitspraxis jener Epoche – so charakteristisch wie die Frage nach Sicherheit und Gewißheit, die Suche nach verläßlichen Garantien für

---

[5] Den Begriff ,Frömmigkeitstheologie' habe ich in meinem Aufsatz ,Frömmigkeit als Gegenstand theologiegeschichtlicher Forschung', 479 (bei Anm. 36) eingeführt und dort erläutert. Zu dem folgenden kurzen Überblick vgl. die Ausführung unten S. 132 ff.

[6] Vgl. OBERMAN, Werden und Wertung der Reformation, besonders 28–55.

vergebende und rechtfertigende Gnadenzuwendung Gottes, Möglichkeit frommen Lebens aus der Gnade und Erlangung des ewigen Lebens.
In keinem der vorausgehenden Jahrhunderte hatte sich die tiefste religiöse Sehnsucht und Programmatik einer Zeit so stark in die Begriffe
Sicherheit, Gewißheit, Trost und Friede verdichtet wie in jenem Jahrhundert zwischen den Jahren des großen abendländischen Schismas und
der Reformationszeit. Nur vor diesem Erwartungshorizont werden die
Anfechtungsnöte des jungen Augustinermönchs Martin Luther, seine
intensive theologische Beschäftigung mit dem Begriffspaar securitas –
certitudo und die begeisterte Aufnahme seiner Lehre vom gewißmachenden Glauben verständlich. Wir werden diese Beobachtung, daß das
zentrale Thema der Frömmigkeitstheologie des 15. und beginnenden
16. Jahrhunderts das Thema ‚Sicherheit und Gewißheit‘ ist, unten näher
begründen und dabei auch die Frage nach den Ursachen für diese
intensivierte Garantie-Suche streifen[7].

Was Paltz betrifft, so dürfte der kurze Vorausblick auf den Angelpunkt seiner theologischen Gedanken bereits gezeigt haben, daß die
Frage nach Gnaden- und Heilsgarantien, nach der via securior, die
entscheidende Ausgangsfrage ist, von der aus alle Einzellösungen erst
ihren festen Standort und ihre Verknüpfung empfangen. Paltz
schwimmt hier ganz mit dem Strom seiner Zeit und stellt sich ihren
drängenden Fragen. Wie wir sahen, führt seine Antwort zu den aus
persönlicher Unsicherheit befreienden objektiven Garantien der Sakralinstitution Kirche. Dies weist uns aber auf die vielleicht wichtigste
Alternative, die sich in der spätmittelalterlichen Frömmigkeitstheologie
und ihren vielfältigen Versuchen, Orientierungspunkte bei der Garantie-Suche zu geben, herausgebildet hat: die Spannung zwischen vielfältigen interiorisierenden Tendenzen, durch die das Garantie-Angebot der
Amtskirche mehr oder minder ausgeblendet wird, und einem sakralinstitutionellen Denken, für das die ecclesia Romana mit ihren Sakramenten, Ablässen, Rechtsvorschriften, Ritualen und Zeremonien die sicherheitsspendende Heilsanstalt ist. Und es wird zu beobachten sein, daß
diese Spannung zwischen stärker verinnerlichenden, spiritualisierenden
und eher institutionsorientierten, aus der Innerlichkeit des einzelnen
herausführenden Erscheinungsweisen der Frömmigkeitstheologie auch
innerhalb der reformatorischen Bewegung lebendig bleibt.

Als dritter Umkreis ist schließlich die *Augustinertheologie*, d.h. die von
Augustinereremiten des Spätmittelalters und der Reformationszeit vertretene Theologie, zu nennen. Stellt die spätmittelalterliche Frömmigkeitstheologie, ihr auf das Ethische, Praktische und Konkrete ausgerich-
tetes Interesse, den weitesten Umkreis dar, innerhalb dessen Paltz mit

---

[7] Unten S. 216ff.

seinen theologischen Zielsetzungen zu verstehen ist, die Suche nach Gnaden- und Heilsgarantien und hier speziell das sakralinstitutionell begründete Angebot von Sicherheit und Gewißheit einen zweiten engeren Kreis, so wird man den dritten und kleinsten Kreis in der Theologie seines Ordens seit Aegidius Romanus sehen können. Daß Paltz durch die theologischen Traditionen des Augustinereremitenordens geprägt ist, sei hier zunächst einmal konstatiert, ohne bereits inhaltlich auf die Art der Beeinflussung einzugehen. Da es *die* Theologie des Augustinereremitenordens nicht gibt, wird im einzelnen zu untersuchen sein, welchen Traditionen seines Ordens er sich verpflichtet fühlt, was dies insbesondere für seine Augustin-Benützung besagt, ob und in welchem Sinn er als Vertreter eines spätmittelalterlichen ‚Augustinismus‘ verstanden werden darf und wie von da her, in Verbindung mit den Ergebnissen biographischer Forschung, das theologische Verhältnis der beiden Erfurter Ordensbrüder Luther und Paltz bestimmt werden muß[8]. Auch in diesen Bezügen zu Ordenstraditionen und Ordenstheologen geht es primär um die exemplarische Rolle von Paltz, um die Frage, wie seine Theologie aus ihrem größeren theologiegeschichtlichen Kontext heraus zu deuten ist und welche Konsequenzen sich umgekehrt aus dieser Deutung für das Verständnis der Augustinertheologie am Anfang des 16. Jahrhunderts ergeben.

Die Theologie des Johannes von Paltz ist aber nicht nur typisch für bestimmte theologische Strömungen seiner Zeit, obwohl hier, in seiner exemplarisch-repräsentativen Stellung innerhalb der drei genannten Kreise, sicher seine Hauptbedeutung liegt; sie zeigt auch durchaus individuell-originelle Züge, die das Niveau des Durchschnittlichen verlassen und seinem Werk, besonders wo sie in polemischer oder apologetischer Zuspitzung erscheinen, Farbe und Lebendigkeit verleihen. Wie wir sahen, nimmt Paltz die zentrale Frage der spätmittelalterlichen Frömmigkeitstheologie nach der via securior auf und erweist sich in seiner Antwort als Exponent der sakralinstitutionell orientierten Richtung. Bezeichnend für ihn ist nun, daß er bei allen von ihm angeschnittenen Themen – und es gibt fast kein für die damalige Seelsorge und Verkündigung wichtiges Thema, dem sich Paltz nicht zuwendet – mit größter Konsequenz stets die Anschauung vertritt, die, gemessen an der Skala der um 1500 vertretenen Positionen, der kirchlichen Sakralinstitution und ihren Vertretern das größtmögliche Maß an Zuständigkeit, Autorität und Leistungsvermögen zuspricht. Das betrifft besonders das institutionsbezogene Verständnis der Wirksamkeit der Passion Christi, die begeisterte Zustimmung zum papalistischen System, die Hochschätzung des Priestertums, die geradezu hymnischen Aussagen über den

---

[8] Zu diesem Fragenkomplex siehe unten S. 303 ff.

Wert der Sakramente, besonders des Bußsakraments, und der Ablässe, den Lobpreis auf die Segnungen des observanten Mönchtums, die kaum noch zu überbietende Hervorhebung der Mittlerrolle Mariens und der Heiligen; das betrifft auch die rigorose Polemik und Apologetik, mit der sich Paltz allem entgegenwirft, was die Vollmacht und Verehrungswürdigkeit der hierarchischen Papstkirche auch nur andeutungsweise in Frage stellen könnte, und mit der er alle institutionskritischen Vorstöße als Machenschaften des Teufels brandmarkt.

Genauer gesagt zeigt sich bei Paltz die originelle Verarbeitungsweise vorgegebener Traditionen und zeitgenössischer Meinungen an zwei Punkten: Einmal führt ihn seine rückhaltlos institutionsfreundliche Tendenz bei den jeweiligen Einzelthemen immer wieder zu extremen Auffassungen und Formulierungen, die alles übertreffen, was an kirchentreuen Aussagen aus der spätmittelalterlichen Literatur bekannt ist. Freilich findet er auch zahlreiche Vorbilder, die seinem Bemühen entgegenkommen und in deren Fußstapfen er dann bereitwillig tritt, z. B. auf dem Gebiet papalistischer Ekklesiologie Augustinus Triumphus, für Ablaß und Jubiläum den päpstlichen Kardinallegaten und Ablaßkommissar Raimund Peraudi und hinsichtlich der monastischen Idee den Vikar der reformierten deutschen Augustinerkongregation Andreas Proles. Zum andern beweist Paltz seine Eigenständigkeit darin, daß er nicht nur an einigen Lehrpunkten, sondern prinzipiell bei *jedem* Thema die extreme sakralhierarchische, niemals eine auch mögliche gemäßigtere Anschauung vertritt; diese auf einer immensen Zahl von Zitaten aufgebauten, mehr oder weniger originellen Einzellösungen kombiniert er zu einem geschlossenen Gebäude, das weniger durch das Detail als durch die konsequent durchgehaltene Gesamtkonzeption besticht. Als eine frömmigkeitstheologische Summe, die alle wichtigen Fragen christlicher Lebensgestaltung von einer beherrschenden sakralinstitutionell-hierokratischen Perspektive her zu lösen beansprucht, suchen die beiden Hauptwerke des Johannes von Paltz, Coelifodina (1502) und Supplementum Coelifodinae (1504), in dem Jahrhundert vor der Reformation ihresgleichen[9]. In Abwehr der immer lauter werdenden Kritik an der Papstkirche, besonders an ihrer Ablaßpraxis, tritt ihr Verfasser nicht etwa den Rückzug auf weniger exponierte, zurückhaltende Positionen an, sondern forciert er Anspruch und Angebot der ecclesia Romana in bisher unerhörter Weise. Es ist – angesichts der Zeitumstände, nur dreizehn Jahre vor Beginn der Reformation[10] – eine unge-

---

[9] Daß die Bezeichnung ‚Summe' keine künstlich an Paltz herangetragene ist, zeigt die Tatsache, daß er eine ‚Summa divinorum beneficiorum' konzipiert hat; siehe unten S. 131.

[10] Das Supplementum Coelifodinae von 1504 ist das letzte von Paltz erhaltene Werk.

tarnte Flucht nach vorne, die zugleich eine Flucht nach rückwärts, eine präventive Restauration, ist.

Versuchen wir, Exemplarität und Originalität des Augustinertheologen noch einmal abschließend im Vergleich zu beleuchten. Die beiden Aspekte stehen bei ihm interessanterweise nicht in einem Konflikt, sondern ergänzen sich; erweist sich doch Paltz' Originalität gerade in dem Bereich, der seine exemplarische Bedeutung zeigt, nämlich auf dem Gebiet der sakralinstitutionell orientierten Frömmigkeitstheologie. Das Einmalig-Individuelle seiner Theologie ist nichts anderes als die extreme Zuspitzung des Allgemein-Typischen. So gelangt sie zwar zu Gedanken und Wendungen, für die sich keine Parallelen finden lassen, bringt aber gerade damit mit besonderer Schärfe und Eindrücklichkeit die Tendenz einer bestimmten Strömung zeitgenössischer Frömmigkeitspraxis und -theologie zum Ausdruck. Will man Einblick in die Ängste jener Epoche und die theologische Beruhigungsstrategie der hierokratisch Gesonnenen gewinnen, dann wird man für die deutliche Sprache des Augustinereremiten dankbar sein. Seine von katholischen Forschern bisweilen beklagten[11], von zahlreichen Zeitgenossen allerdings offensichtlich sehr geschätzten ‚Übertreibungen' fallen daher aus der Kategorie des Zeittypischen keineswegs heraus, sondern sind nur ein besonders deutlicher Ausdruck des intensivierten theologischen Garantieangebots in den Jahrzehnten vor der Reformation, das der auffallend gesteigerten Garantiesuche der Gläubigen entspricht. Als Symptome für die religiöse Grundproblematik ihrer Zeit und nicht als kuriose Entgleisungen eines Fanatikers wollen diese extrem zuspitzenden Aussagen jeweils interpretiert und ernst genommen sein.

Der durch die Arbeit an der Edition und durch theologiegeschichtlichen Vergleich gewonnene Einblick in den exemplarischen Charakter der Paltzschen Theologie, der durch ihr Eigenprofil noch klarer hervortritt, bot somit den entscheidenden Anstoß zum Entstehen der folgenden Untersuchung. Hinzu kam die Beobachtung, daß die bisherigen protestantischen Forschungen zur spätmittelalterlichen Frömmigkeitstheologie aus begreiflichen Gründen vorwiegend vom Interesse an den kirchenkritischen und verinnerlichenden Tendenzen, die eine gewisse Affinität zu Luther vermuten ließen, geleitet waren, während die gegenläufigen Tendenzen, die etwa im Augustinerorden durch Theologen wie Johannes von Dorsten, Andreas Proles und Paltz repräsentiert sind, vergleichsweise stiefmütterlich behandelt wurden. Dabei ist die Untersuchung dieser affirmativen, mit der Papstkirche konformen Frömmig-

---

[11] Vgl. PAULUS, Johann von Paltz über Ablaß und Reue, 65 Anm. 2; KLEINEIDAM, Universitas Studii Erffordensis II, 92; KUNZELMANN, Geschichte V, 439; ZUMKELLER, Dorsten über Gnade, Rechtfertigung und Verdienst, 62.

keitstheologie auch aus der Perspektive des Reformationshistorikers nicht weniger wichtig als die Beschäftigung mit den institutionskritischen Kräften. Kann man doch die Reformation zu einem guten Teil nur vom Erscheinungsbild der angegriffenen Theologie her verstehen. Und war diese angegriffene Theologie nicht gerade die auf Papst- und Priestertum, Sakramente und Ablaß, Mönchtum, Marien- und Heiligenverehrung und bei alledem auch auf das individuelle Bemühen des Menschen bauende Frömmigkeitstheologie, wie wir sie bei Paltz kennenlernen können? Es ist immerhin interessant, daß man – zu Recht oder zu Unrecht – die 95 Thesen Luthers und ihre Resolutiones wiederholt als direkten Angriff Luthers auf die Werke seines Ordensgenossen interpretiert hat[12].

Aus dem bisher Gesagten ergeben sich bestimmte Konsequenzen für die Zielsetzung unserer Arbeit. Ziel kann nicht eine erschöpfende Beschreibung der Paltzschen Theologie sein, die all ihren thematischen Verästelungen und der Fülle ihrer Details gerecht werden will. Der Leser würde so in der Masse des Stoffs ertrinken. Andererseits ist auch nicht die Begrenzung auf ein bestimmtes Thema, z. B. die Reuelehre, wünschenswert, da so die Chance, nach einem Jahrhundert Paltz-Forschung endlich einmal die großen Verbindungslinien darzustellen, die das ganze Werk ‚im Innersten‘ zusammenhalten, verpaßt wäre. Beabsichtigt ist vielmehr eine umgreifende Darstellung der Theologie des Johannes von Paltz, die nicht alles mögliche, was Paltz *auch* einmal gesagt hat, zur Sprache bringt, sondern sich streng auf zweierlei konzentriert: auf ihre alles prägende theologische Mitte, von der aus dann die Gestaltung der wichtigsten Einzelthemen deutlich gemacht wird, und auf ihre exemplarische Rolle im Umfeld spätmittelalterlicher und vor dem Horizont reformatorischer Theologie. Wir werden daher Paltz nicht isoliert, sondern im Netzwerk der synchronischen und diachronischen Bezüge zu anderen Theologen betrachten, um letztlich, von Paltz ausgehend, Einblick in Grundmerkmale spätmittelalterlicher und reformatorischer Frömmigkeitstheologie zu erhalten.

Der Einstieg zur Bewältigung dieser Aufgabe ist nicht anders als über eine gründliche Beschäftigung mit den Lebensumständen des Erfurters und eine kritische Sichtung und Charakterisierung seiner Werke zu gewinnen, denn gerade von hier aus fällt Licht auf das leitende Interesse des Theologen Paltz, das wiederum seine exemplarische Bedeutung erkennen läßt. Erhellend in Hinblick auf unsere theologiegeschichtliche

---

[12] Siehe besonders unten S.16f. bei Anm. 21 (BRATKE). Vgl. BRIEGER, Ein Leipziger Professor, 26 Anm. 1: „Mehrfach hat gerade gegen ihn (sc. Paltz) der Reformator in seinen 95 Thesen und deren Resolutiones sich gewendet, doch ohne Nennung seines Namens." Zur Beurteilung dieser These siehe unten S. 332 mit Anm. 175.

Fragestellung sind freilich die biographischen und literarhistorischen Aspekte nur, wenn sie von vornherein entsprechend transparent gemacht und nicht zu einem sterilen Datenkonglomerat zusammengetragen werden. In diesem Sinne ist bereits der erste Teil unserer Studien integrierender Bestandteil der theologiegeschichtlichen Darstellung. Er wird eröffnet durch einen Überblick über die Forschungsgeschichte, der den Sinn unserer heutigen Fragestellung erläutert und sie zu präzisieren hilft.

Teil I

Die Theologie des Johannes von Paltz im Spiegel von Forschungsgeschichte, Biographie und literarischem Werk

1. Kapitel

Forschungsgeschichte

Mit der vorliegenden Untersuchung zu Johannes von Paltz betreten wir keineswegs wissenschaftliches Neuland, sondern befinden wir uns am Ende einer hundertjährigen Forschungsgeschichte. Abgesehen von den bereits in der Einleitung genannten, vor allem auf der Bedeutung des Augustiners beruhenden Gründen bedarf es daher angesichts der bisher an Paltz geleisteten Arbeit noch einer besonderen Erklärung über Sinn und Notwendigkeit einer erneuten Beschäftigung mit ihm. Wir beginnen mit einem Überblick über die bisherige Forschung, der schon allein deshalb geboten ist, weil er bislang, auch in der Paltz-Monographie von M. Ferdigg, fehlt. Dabei beschränken wir uns auf die Berücksichtigung umfassender Darstellungen, ausführlicher Untersuchungen zu einzelnen Themen und kürzerer, aber gleichwohl mitteilenswerter Aussagen über Paltz, während die Mehrzahl der nur en passant gemachten, meist aus zweiter Hand stammenden Bemerkungen unerwähnt bleibt. Die vorwiegend chronologische Art der Darstellung ist naheliegend, da sie den Wandel der Interessen und den Erkenntnisfortschritt am besten beleuchten kann. Wir werden den Beitrag der einzelnen Forscher jeweils nur kurz charakterisieren und vor allem auf allgemeine Urteile zu Person und Werk von Paltz achten, während spezielle Forschungsergebnisse zur Biographie, zu den Werken und den einzelnen theologischen Themen erst im weiteren Verlauf der Untersuchung am jeweils einschlägigen Ort referiert und diskutiert werden. Hier wird dann auch die eingehende kritische Auseinandersetzung mit der Literatur stattfinden, während wir im folgenden nur die grundsätzliche Kritik an Interessen, Fragestellungen und Konzeptionen der bisherigen Forschung andeuten.

Die Paltz-Forschung setzt ein mit dem 1879 erschienenen Werk des protestantischen Kirchenhistorikers *Th. Kolde* ‚Die deutsche Augusti-

ner-Congregation und Johann von Staupitz', das auf gut 20 Seiten eine
der wenigen umfassenden, nicht auf ein spezielles Thema beschränkten
Darstellungen der Paltzschen Theologie bietet[1]. Koldes Hauptanliegen
besteht darin, den für den Augustinereremitenorden am Vorabend der
Reformation exemplarischen Charakter der Paltz-Schriften herauszu-
stellen, um so der allgemein verbreiteten Ansicht entgegenzutreten, es
ließen sich in diesem Orden schon vor Luther „Spuren eines evangeli-
scheren Christentums nachweisen"[2]. Er eröffnet daher seine Darlegungen zu Paltz mit der Feststellung, daß dieser „echt römische Eiferer"[3]
„wie kein anderer als Lehrer wie Prediger für die religiöse Anschauung
im Orden von Bedeutung gewesen ist"[4]. Es schließt sich ein kurzer
Überblick über Leben und Hauptwerke des Augustiners und ein knap-
pes Referat seiner Lehren über Rechtfertigung, Bußsakrament, Ablaß
und Autorität der Kirche an, das in die Schlußfolgerung mündet: „Von
Augustinismus findet sich bei diesem Augustiner keine Spur. Wol kennt
er die Schriften des Ordensheiligen, aber doch nicht mehr als die
Scholastiker überhaupt."[5] Im Mittelpunkt seiner Theologie stehe der
Ablaß. „Für letzteren Propaganda zu machen, alle entgegenstehenden
oder seinen Wert abschwächenden Meinungen zu widerlegen, ist ohne
Zweifel die Haupttendenz des Ablaßpredigers."[6]

Auch in der Schrift ‚Das religiöse Leben in Erfurt beim Ausgange des
Mittelalters' von 1898 äußert sich Kolde, seine früheren Ausführungen
zusammenfassend, über Paltz[7] und legt wiederum besonderen Wert auf
den typischen Charakter seiner Predigtweise – typisch nicht nur für den
Augustinerorden, sondern für die vorreformatorische Predigt allgemein, so daß man verstehe, „wie Luther davon sprechen konnte, daß
man in Erfurt zu seiner Zeit keine einzige christliche Predigt hören
konnte, und auf das ‚christlich' muß der Ton gelegt werden"[8]. Näher
wird das von Kolde so ausgeführt: „Will man erfahren, wie man die
kirchliche Lehre vor dem Volke behandelte, wie man die Jungfrau
Maria und andere Heiligen vergötterte, das omnipotente Papsttum in

---

[1] KOLDE, Die deutsche Augustiner-Congregation, 174–197.
[2] Ebd. 202; vgl. auch ebd. VI, wo Kolde den Grund für diesen Irrtum darin sieht, „daß
es Flacius gefallen hat, in Andreas Proles einen ‚Zeugen der Wahrheit' zu finden, und daß
Staupitz in seinen Schriften aus den Jahren 1515–1518 mehr oder weniger augustinische
Gedanken vorgetragen hat".
[3] Ebd. 113.
[4] Ebd. 174; vgl. auch ebd. VI: Die Ansichten von Paltz sind die „allseitig normativen"
für die Theologie im Augustinerorden gewesen. So haben „selbst Staupitz noch 1515 und
Güttel die Gedanken des Johann von Paltz reproducir(t)".
[5] Ebd. 195 f.   [6] Ebd. 182.
[7] KOLDE, Das religiöse Leben in Erfurt, 34–39.   [8] Ebd. 39.

den Himmel erhob, seine Ablässe, ohne die man nicht selig werden könnte, zu höchsten himmlischen Gnadengaben stempelte, und eine Werkgerechtigkeit predigte, neben der das Verdienst Christi kaum noch eine irgendwie grundlegende Bedeutung haben konnte, so muß man zu diesem Erfurter Musterprediger greifen."[9] Auch wenn die Interpretation Koldes dem Rahmen der konfessionellen Auseinandersetzung seiner Zeit verhaftet bleibt, an seinen sehr dezidierten Urteilen manches schief ist und – dies freilich ein Manko der Paltz-Forschung bis zum heutigen Tag – die eigentliche Mitte von Paltz' Theologie nicht gesehen wird, so gebührt ihm doch das Verdienst, die Bedeutung der Werke des Erfurters der Forschung überhaupt erst einsichtig gemacht zu haben[10].

Die Leistung Koldes wird man um so mehr würdigen, wenn man die im gleichen Jahr wie seine ,Augustiner-Congregation' erschienene ,Geschichte der deutschen Predigt im Mittelalter' von *R. Cruel* zum Vergleich heranzieht[11]. Vergeblich sucht man hier eine stilistische oder gattungsmäßige Einordnung und Darstellung von Paltz' Werken, wie man es von der Themenstellung her erwarten dürfte; was Cruel bietet, ist lediglich eine dürftige Inhaltsangabe zur Himmlischen Fundgrube[12].

Eine erste, wenn auch nur knappe Berücksichtigung der Paltz-Darstellung Koldes findet sich 1880 in der ,Geschichte der katholischen Reformation' des evangelischen Historikers *W. Maurenbrecher*, ohne daß allerdings Koldes Name erwähnt wird. Zwar ist das hier Gesagte größtenteils nur eine Wiederholung dessen, was bereits aus Kolde bekannt ist, doch kommt Maurenbrecher dem zentralen Interesse von Paltz näher, wenn er zum Urteil gelangt: „Er entwickelte alle die Keime einer ganz äußerlichen Kirchenpraxis, die in der mittelalterlichen Kirchenlehre stets vorhanden waren, in einer Weise, daß die Kraft des religiösen Impulses in den Menschen vor der Allmacht kirchlichen Werkdienstes so gut wie ganz in den Hintergrund zurückgescheucht werden mußte."[13] Freilich wird zu fragen sein, ob das bei Paltz zweifellos zu beobachtende Phänomen einer gewissen Reduzierung der „Kraft des religiösen Impulses", wenn man darunter den Bereich persönlicher Devotion versteht, hier nicht in einen falschen Kausalzusammenhang gestellt wird, innerhalb dessen es nur noch als eine fatale Folgeerscheinung in den Blick kommt, während die tatsächliche Motivation für dieses ,Minimalprogramm'[14] verborgen bleibt.

---

[9] Ebd. 37.
[10] DENIFLE, Luther und Luthertum I/1, XVI nennt Paltz daher „Koldes Steckenpferd".
[11] CRUEL, Geschichte der deutschen Predigt; über Paltz: 519 und 536f.
[12] Ebd. 136.
[13] MAURENBRECHER, Geschichte der katholischen Reformation, 72.
[14] Vgl. oben S. 3.

Kolde hatte in der Ablaßpropaganda die „Haupttendenz" der Paltz-Schriften gesehen[15]. Zwar wurde die kirchenhistorische Forschung der folgenden Jahrzehnte durch ihn zu einer intensiven Beschäftigung mit Paltz angeregt, aber eben nur zu einer Untersuchung seiner Ablaßdoktrin und der damit sehr eng verbundenen Reuethematik. Damit waren zweifellos Themen getroffen, die für Paltz zentral sind; doch angesichts der zahlreichen anderen Themen, die in seinen Werken ebenfalls eine wichtige Rolle spielen und erst ein ausgewogenes Bild seiner Intentionen vermitteln, war die Konzentration auf Ablaß und Reue einseitig und Mißverständnisse fördernd.

Den protestantischen Kirchenhistorikern vor dem Ersten Weltkrieg, unter denen vor allem *E. Bratke, A. W. Dieckhoff, A. v. Harnack, Th. Brieger* und *G. Kawerau* zu nennen sind, paßte die Entdeckung Koldes hervorragend in die Vorstellung vom katastrophalen Zustand der kirchlichen und theologischen Verhältnisse am Vorabend der Reformation, in jenes überzeichnete Gegenbild zu *J. Janssens* ebenso überzeichneter ‚Geschichte des deutschen Volkes seit dem Ausgang des Mittelalters'. Der katholische Historiker Janssen hatte in dem 1878 erschienenen ersten Band seines großangelegten Werkes die Jahre von der Mitte des 15. Jahrhunderts bis zum Beginn der Reformation als das eigentlich reformatorische Zeitalter, als Blütezeit einer „wunderbaren Entfaltung des geistigen Lebens"[16] geschildert, auf das die Herrschaft destruktiver Kräfte gefolgt sei. Paltz, der dabei keine Erwähnung gefunden hatte, dient nun der protestantischen Gegenseite als Hauptzeuge für die tiefe moralische Zerrüttung spätmittelalterlicher Theologie und Frömmigkeit, wie sie vor allem an Ablaß- und Bußverständnis offenkundig werde. Was Wunder, daß man mit Kolde die exemplarische Bedeutung von Paltz hervorhebt, um dann auf diesem Hintergrund die Berechtigung der Reformation plausibel machen zu können.

So wird er in *E. Bratkes* Arbeit über ‚Luthers 95 Thesen und ihre dogmenhistorischen Voraussetzungen' (1884)[17] als „Normal-Theologe" vorgestellt[18], als „der Hauptrepräsentant für Übung und Lehre des Ablasses in der Geburtsstunde der Reformation"[19]; und über seine Haltung zum Bußsakrament heißt es: „Paltz ist ein Enthusiast des priesterlichen Standes der höhern Magie; er repräsentiert diejenige Stimmung, welche am Ausgang des Mittelalters die gläubigen Katholiken in weiten Kreisen gefangen hält."[20] Da die Ablaßthesen Luthers

---

[15] Kolde, Die deutsche Augustiner-Congregation, 182.
[16] Janssen, Geschichte des deutschen Volkes I, 9.
[17] Über das „Recht der Reformation" gegen Janssen: Bratke, Luthers 95 Thesen, 1–3 und 6–8.
[18] Ebd. 6 und ebenso 53.   [19] Ebd. 25.   [20] Ebd. 58.

hinsichtlich ihres Lehrgehalts „in erster Linie die Schriften des Paltz zur Voraussetzung haben"[21], Paltz' Lehre aber von solch repräsentativer Bedeutung und gewissermaßen kirchlich autorisiert gewesen sei[22], trifft Luthers Angriff nach Bratke nicht nur vereinzelte Mißstände, sondern „Theorie und Gewohnheit der Kirche"[23].

Die Ausformung der Theorie, wie sie bei Paltz zu Beginn des 16. Jahrhunderts „ihren Höhepunkt erreicht", schildert Bratke durch ein eingehendes Referat seiner Lehren über Bußsakrament[24] und Ablaß[25]. Wichtig sind vor allem die größeren geschichtlichen Zusammenhänge, in die dann die Ergebnisse dieser Einzelanalyse gestellt werden. Die kirchlich-theologische Situation des Spätmittelalters sei durch eine fort-schreitende Ausweitung der kirchlichen Gnadenangebote, durch eine „Strömung auf die göttliche Gnade hin"[26], gekennzeichnet, die eine Folge des sich steigernden Bedürfnisses der Gläubigen nach möglichst vollkommener und sicherer Reinigung von ihren Sünden sei. Mit dieser Tendenz verbinde sich der wachsende hierarchische Anspruch des Papsttums zu einer Interessenkoalition[27]. Bei Paltz, dem „classischen Interpreten der päpstlichen Gedanken"[28], werde deutlich, zu welchem Endstadium diese Entwicklung schließlich geführt hat: zu einer Über-spannung des Sakramentsbegriffs[29] und zur gleichzeitigen Forcierung der Ablaßgnade[30], beide schließlich miteinander verschmelzend zur Theorie und Praxis des Jubiläumsablasses, jenes neuen vervollkommne-ten Bußsakraments, das als spezifisches Privileg des Papstes den Gläubi-gen vollständigen Erlaß von Schuld und Strafe zugleich gewährt[31]. Die Kehrseite dieser Eröffnung neuer soteriologischer Dimensionen sei letzten Endes – und darin besteht auch die Hauptkritik Bratkes an Paltz – „eine vollständige Niederlage der sittlichen und religiösen Postulate

---

[21] Ebd. 27. Daß Luther Paltz im Zusammenhang der Ablaßthematik nie erwähnt, erklärt BRATKE (ebd. 26) daraus, daß ihm dieser „eben zu nahe gestanden hat": „Wie Luther überhaupt seit dem Bruch seines Klostergelübdes sich aller Polemik gegen seine Ordensbrüder enthalten hat . . ., so hat er auch aus Pietät den einstigen Prior seines Ordens und Lehrer nicht genannt."

[22] Ebd. 26 f. Als Beweis für die gleichsam offizielle Autorisierung der Paltzschen Lehre nennt BRATKE den Brief des Kardinallegaten RAIMUND PERAUDI an Paltz vom 5. Mai 1502, der voll des Lobes über die Coelifodina und ihren Verfasser ist und den Paltz daher dem Supplementum Coelifodinae und der Coelifodina (seit der zweiten Auflage) vorausgestellt hat; siehe unten S. 84 f.

[23] Ebd. 6 und 6–11 passim.   [24] Ebd. 53–58.   [25] Ebd. 111–140.
[26] Ebd. 208 und 253.   [27] Ebd. 208 f.   [28] Ebd. 209.
[29] Ebd. 53 und 230.
[30] Ebd. 111: „Ihren Höhepunkt erreicht die hochkirchliche Ablaßtheorie in dem Augu-stiner Joh. v. Paltz." Vgl. 128: „Nicht höher kann man den Ablaß stellen und nicht klarer sein Wesen nach dogmatischen Terminis ausdrücken, als es Paltz . . . thut."
[31] Ebd. 211–221.

..., welche die evangelische Verwaltung eines christlichen Gnadenmittels in sich trägt"[32]. Der Glorifizierung des Priesterstandes entspreche bei Paltz ein Zurücktreten „des sittlichen Momentes der nach Reue oder Streben nach Reue dringenden Seele"[33]. Die Devotion gegen den Klerus sei „der letzte Rest religiöser Erhebung in diesem religionsarmen Leben der Kirche"[34].

In solchen Bewertungen verrät sich, wie dann auch bei Dieckhoff, Harnack, Brieger und Kawerau, die Perspektive der Liberalen Theologie des 19. Jahrhunderts, besonders Albrecht Ritschls[35], die Christentum als Religion des vollkommenen Sittengesetzes und die Leistung der Reformation Luthers als Erneuerung wahrer Sittlichkeit versteht[36]. Eine andere Sicht Luthers, etwa von der Beobachtung her, daß er mit seiner Wendung gegen die scholastische Gesetzlichkeit gerade die Ebene moralischer Kategorien verlassen will[37], führt auch zu einer Revision jener Paltz-Kritik, die bei ihm ein Zuwenig an Sittlichkeit beklagt; diese veränderte Betrachtungsweise würde mit ihrer Kritik des Augustiners umgekehrt bei seiner starken Fixierung auf das menschlich-moralische Leistungsvermögen, wie schwach es auch von ihm eingeschätzt worden sein mag, einsetzen.

Die durch die Liberale Theologie bedingte Darstellungsperspektive zeigt sich noch deutlicher als bei Bratke bei *A. W. Dieckhoff* in seiner Untersuchung über den Ablaßstreit (1886). Auch ihm geht es um das „Recht der Reformation", das gegenüber der Verderbtheit der offiziellen spätmittelalterlichen Ablaßlehre herausgestellt werden müsse[38]. Die Wurzel des Übels aber liege nicht etwa in den Ablaßtheorien an sich, etwa in einer Ausweitung des päpstlichen Plenarablasses auch auf die Sündenschuld, wie sie Bratke im Jubiläumsablaß gegeben sieht[39]; der eigentliche Grundschaden sei vielmehr eine laxe Reuelehre, „durch welche der Ernst der Buße gänzlich gebrochen wurde"[40]. Eingang habe

---

[32] Ebd. 221.

[33] Ebd. 58; vgl. 239: Der Jubelablaß „war losgelöst von allen sittlichen Postulaten … Alles war Gnade".

[34] Ebd. 140; vgl. 210.239.255.

[35] Zitiert von Bratke, ebd. 208 Anm. 2.

[36] Vgl. von Loewenich, Luther und der Neuprotestantismus, besonders 70–129 (F. Ch. Baur, H. Lang, R. Rothe, A. Ritschl, W. Herrmann, A. von Harnack).

[37] Vgl. z. B. Grane, Modus loquendi theologicus, 83–85 und 99–101.

[38] Dieckhoff, Der Ablaßstreit, 2 (gegen die Verteidigung der spätmittelalterlichen Ablaßlehre durch Janssen); vgl. auch 1–6 passim.

[39] Zur Kritik an Bratke siehe ebd. 4 Anm. 1: Bratke habe „in der Fassung des eigentlichen Irrtums des Jubelablasses, daß nämlich derselbe zu einem neuen vollkommenen Bußsakrament, nämlich dem päpstlichen, gestaltet sei, in solcher Weise fehlgegriffen, daß es den Römischen nicht schwer werden wird, diesen Vorwurf zurückzuweisen".

[40] Ebd. 13; vgl. auch 5–20 passim.

diese laxe Haltung in die Scholastik durch die Unterscheidung zwischen vollkommener und unvollkommener Reue (contritio – attritio) gefunden[41]; der herrschenden Bußpraxis sei die Lehre zugrunde gelegt worden, daß die aus Furcht vor Strafe erwachsende attritio zum fruchtbaren Empfang des Bußsakraments ausreiche; damit aber werde vom Menschen so gut wie nichts, jedenfalls keine tiefergehende Sinnesänderung, gefordert[42]. Diese Tendenz zur Erleichterung der Sündenvergebung[43], die Laxheit, Trägheit und falsche Sicherheit im Sündigen gefördert habe[44], sei durch die Ablaßtheorien nur noch verstärkt und – insbesondere durch die Befürwortung der Beichtbriefe – „zu ihrer äußersten Vollendung gebracht" worden[45]. Repräsentiert sieht Dieckhoff die gegen den Ernst der Buße und des Heiligungslebens gerichtete[46], ebenso laxe wie selbstsichere Reue- und Ablaßlehre der Kirche durch Johannes von Paltz[47]. An Leute seines Schlages sei die 39. Ablaßthese Luthers adressiert: „Äußerst schwierig ist es selbst für die gelehrtesten Theologen, zugleich die Freigebigkeit der Ablässe und die Wahrheit der Reue (contritio) vor dem Volk zu rühmen."[48]

Die Ergebnisse Dieckhoffs wurden von *A. v. Harnack*, selbst in der liberalen Tradition Ritschls stehend, bereits in die erste Auflage des dritten Bandes seines Lehrbuchs der Dogmengeschichte (1890) übernommen und zur These komprimiert, „daß die Lehre von der attritio mehr und mehr das Hauptberuhigungsmittel der Kirche geworden" sei[49]. Damit werde eine „bis zur Negation alles Sittlichen getriebene

---

[41] Ebd. 12f.   [42] Ebd. 13f.   [43] Ebd. 19f.
[44] Ebd. 36.   [45] Ebd. 20; vgl. auch 20–35 passim.   [46] Ebd. 25.32.35.38.
[47] Zu Paltz siehe ebd. besonders 14 Anm. 1, 25 Anm. 1, 33f. Anm. 1.
[48] Ebd. 39. Die Betrachtungsweise der Liberalen Theologie und ihre von der heutigen Einschätzung völlig verschiedene Bestimmung des ‚Reformatorischen' zeigt sich bei DIECKHOFF besonders deutlich in seiner Kritik an Tetzels (bzw. Paltzens) Betonung der Sündenmacht: Tetzel spreche von ihr verkehrt, nämlich „in solcher Weise, wie es nur von dem nichtwiedergeborenen natürlichen Menschen, nicht von dem wiedergeborenen Christen gilt. Denn nur von dem nichtwiedergeborenen natürlichen Menschen gilt, was Tetzel sagt, daß ihn die Stricke der Sünden gefesselt halten. Davon sagt Tetzel nichts, daß die Herrschaft der Sünde über den Wiedergeborenen aufgehoben ist, und daß das Leben desselben nicht ein Leben der Sünde, sondern ein Leben des fortdauernden Kampfes des Geistes wider das Fleisch ist, in welchem der Geist den Sieg behalten und das Fleisch immer mehr überwinden und zurückdrängen kann und soll. Als selbstverständlich stellt er es vielmehr hin, daß der Christ an jedem Tage viele Todsünden begehe." Ebd. 24. Die Empfehlung Tetzels (und analog Paltzens), „daß man sein Heil nicht auf die Gerechtigkeit der Werke, die man thut, sondern auf die vergebende Barmherzigkeit Gottes" (präsent im Jubiläumsablaß) gründen soll, wertet DIECKHOFF als Indiz sorgloser Sicherheit, dem evangelischerseits „der Ernst der von Gott geforderten wahren Buße" entgegentrete (ebd. 25 und 38).
[49] v. HARNACK, Lehrbuch der Dogmengeschichte III, 504 Anm. 2.

Vorstellung" wirksam, die den Pelagianismus an Schädlichkeit noch übertreffe[50]. In der Darstellung der für diese Entwicklung exemplarischen Rolle von Paltz – er habe „keineswegs allein gestanden"[51] – findet Harnack noch drastischere Worte als Bratke und Dieckhoff: „Wenn man z. B. die Ausführungen des Johann von Paltz, des älteren Zeitgenossen und Augustinerbruders Luther's, liest ..., so ist man erschreckt, welch' eine Verwüstung der Religion und der einfachsten Moral die Folge der ‚attritio' (der ‚Galgenreue') gewesen ist."[52]

Verständlich, daß eine solche Deutung der spätmittelalterlichen Bußtheologie auf katholischer Seite energischen Protest hervorrufen mußte. So beklagt *H. Finke* in seiner Kritik an Dieckhoff und Harnack (1896), daß sie sich für ihre Argumentation in erster Linie auf „die überschwänglichen oder mißgedeuteten Sätze" des Johannes von Paltz stützen[53], statt die ganze Breite des Quellenmaterials zur spätmittelalterlichen Reuelehre zu berücksichtigen[54].

Ein Jahr später erschien *Th. Briegers* Arbeit über ‚Das Wesen des Ablasses am Ausgange des Mittelalters'. Wie Harnack beruft er sich auf die Untersuchung Dieckhoffs und sieht mit ihrem Hauptergebnis, daß „das Verderben des Ablaßwesens ... erst in seiner Verbindung mit der tief verderbten Lehre der römischen Kirche von der Reue in das rechte Licht" trete, eine Einsicht gegeben, „welche die protestantische Theologie sich nicht wieder entreißen lassen wird"[55]. Was freilich die Ablaßlehre selbst betrifft, so nimmt Brieger Bratke gegenüber Dieckhoffs Kritik[56] in Schutz: Auch er ist der Ansicht, daß der Ablaß, der zunächst nur ein bloßer Straferlaß gewesen sei, im Laufe des 14. und 15. Jahrhunderts durch die römische Kurie in einen vollkommenen Schuld- und Straferlaß, den Jubiläumsablaß, umgewandelt worden ist. Dies sei so vor sich gegangen, daß die Päpste das Bußsakrament in den Ablaß selbst hineingezogen hätten; damit aber sei der Ernst der Reue aufs Spiel gesetzt worden[57]. Keiner, so führt Brieger aus, habe diese Verbindung von Ablaß und Bußsakrament „so nachdrücklich betont und damit zugleich jenen Unterschied zwischen dem gewöhnlichen (Partial-)Ablaß und dem Vollablaß des Papstes ... so stark hervorgehoben wie Luthers älterer Klosterbruder zu Erfurt, der Doctor der Theologie Johann von Paltz", „vielleicht der größte Ablaßprediger aller Zeiten". Brieger bringt damit sowohl die exemplarische Bedeutung wie auch – im Unterschied zur bisherigen protestantischen Forschung – eine gewisse

---

[50] Ebd. 505 Anm. 2.   [51] Ebd. 504 Anm. 2.   [52] Ebd.
[53] FINKE, Die kirchenpolitischen und kirchlichen Verhältnisse, 123 Anm. 1.
[54] Ebd. 122f.
[55] BRIEGER, Das Wesen des Ablasses, 11; siehe DIECKHOFF, Der Ablaßstreit, 6.
[56] Siehe oben Anm. 39.   [57] BRIEGER, ebd. 8–13, entfaltet 15–72.

Sonderstellung von Paltz zum Ausdruck. Letztere wird von ihm noch eigens unterstrichen: Paltz habe die mit seinen Hauptwerken verfolgte Absicht, vor allem den Ablaßpredigern eine Anleitung zu einer wirksamen Anpreisung und Verteidigung der Jubiläumsgnade zu geben, sicher erreicht. „Denn schwerlich möchte man eine zweite dogmatische Darlegung finden, deren Verfasser so platt, so frei von jedem Skrupel, so dreist redet wie Johann von Paltz."[58]

Gegen Briegers Angriff auf das spätmittelalterliche Ablaßwesen und gegen die Dieckhoff-Harnacksche Entrüstung über die verderbliche Laxheit der damit verbundenen Reuelehre wandte sich 1899 der katholische Kirchenhistoriker *N. Paulus* in seinem Aufsatz ‚Johann von Paltz über Ablaß und Reue‘, der fast unverändert Eingang in den dritten Band seiner ‚Geschichte des Ablasses‘ (1923)[59] gefunden hat. Paulus geht dabei auf die protestantische Kritik nur insoweit ein, als Paltz betroffen ist, nicht aber auf die Frage, ob seine Ablaß- und Reuelehre tatsächlich für die zeitgenössische Theologie typisch ist. Zur Ablaßtheorie bemerkt er, ohne freilich das Problem in seiner Tiefendimension zu klären, daß die Formel ‚absolutio a poena et a culpa‘, wie sie von Paltz in Zusammenhang mit dem Jubiläumsablaß gebraucht wird, keineswegs im Sinne Briegers zu verstehen sei, als werde das Bußsakrament in den Ablaß hineingezogen und so zu einem Anhängsel des Ablasses gemacht. Vielmehr seien im Jubiläumsablaß Sakrament und Ablaß, Schuld- und Straferlaß nur insofern miteinander verbunden, „als der Papst im Jubiläum nebst dem gewöhnlichen vollkommenen Ablaß, d.h. dem vollkommenen Straferlaß, besondere Vollmachten für die Verwaltung des Bußsacraments ertheilt"[60]. Was die Lehre des Augustiners über die unvollkommene, durch die Furcht vor der Hölle motivierte Reue betrifft, so verteidigt ihn Paulus – zwar mit Recht, aber in der Formulierung der Alternative doch nicht zutreffend – gegen den Vorwurf moralischer Laxheit: Attritio schließe bei ihm immer innere Abkehr von der Sünde, den festen Vorsatz, sie künftig zu meiden, und damit wirkliche Sinnesänderung ein[61], die nicht nur von Straffurcht, sondern auch vom gläubigen Vertrauen auf die meritorische Kraft des Opfertodes Christi getragen werde[62].

Hatte sich Paulus in diesen Ausführungen auf Johannes von Paltz beschränkt, so unternimmt er in seinen drei 1904 erschienenen Aufsätzen über die Reue in den deutschen Beichtschriften, Erbauungsschriften und Sterbebüchlein des ausgehenden Mittelalters einen Generalangriff auf Dieckhoffs These, die Lehre von der unvollkommenen Reue aus

---

[58] Ebd. 72. [59] S. 71–81.
[60] Paulus, Johann von Paltz über Ablaß und Reue, 55.
[61] Ebd. 69. [62] Ebd. 73.

bloßer Furcht vor der Strafe habe „der herrschenden Beicht- und
Bußpraxis" des Spätmittelalters zugrunde gelegen[63]. Man muß Paulus'
Beweisführung für geglückt halten, sofern sie die Auffassung vom
exemplarischen Charakter der Paltzschen Attritionslehre in Aufnahme
von Finkes Postulat[64] durch den Vergleich mit einer Fülle einschlägiger
Schriften widerlegt hat. Das Ergebnis lautet: „Nur ein einziger Autor,
Johann von Paltz …, lehrt, daß die Reue aus Furcht vor der Strafe in
Verbindung mit der priesterlichen Absolution die Nachlassung der
Sünden vermitteln könne."[65] Im übrigen wiederholt Paulus seine frühe-
ren, nicht unproblematischen Beteuerungen, daß es sich selbst bei der
attritio des Erfurter Augustiners um eine ernste Reue und einen festen
Vorsatz zur Besserung handelt[66].

Der gegen Janssen gerichteten protestantischen Auffassung vom sittlichen Verfall der spätmittelalterlichen Theologie war damit eine wichtige Grundlage entzogen, zu Paltz selbst und der Bewertung seiner
Ablaß- und Reuelehre freilich keineswegs das letzte Wort gesprochen.
Dies zeigt bereits der im gleichen Jahr wie die Paulussche Trilogie
erschienene und sie schon berücksichtigende RE – Lexikonartikel ‚Paltz,
Johann' von G. *Kawerau*. Paltz wird hier zum einen als „gewichtiger
Zeuge der im Erfurter Augustiner-Studium gepflegten Theologie, unter
deren Einflüssen also auch Luther gestanden hat", eingeführt[67]; und
zwar sieht Kawerau ihn im Anschluß an Kolde „als bündigen Gegenbe-
weis gegen die Vorstellung, als sei der Augustinerorden bei Luthers
Eintritt schon Heimstätte einer freieren, evangelisch gearteten Theologie gewesen"[68]. Zum andern – und hier zeigt sich schon in der Formulierung der Einfluß Bratkes – sei Paltz interessant als „einer der wichtigsten
Repräsentanten der zur vollen Ausgestaltung gelangten Ablaßdoktrin"[69]. Das bedeute für die Luther-Forschung: „Wer … Luthers Auftreten im Ablaßstreit verstehen und würdigen will, der darf an der
Coelifodina nicht vorübergehen."[70] Im Zusammenhang der Ablaßdoktrin, wo wiederum der Jubiläumsablaß und seine ‚absolutio a poena et a
culpa' kritisch beleuchtet wird, kommt Kawerau auch auf Paltz' Attritionslehre zu sprechen, ohne freilich nach Paulus' Klärung nochmals das
Problem ihrer Exemplarität anzurühren. Was bezweckte Paltz mit der
Erleichterung der Absolution, wenn er für das Genügen einer Reue aus

---

[63] DIECKHOFF, Der Ablaßstreit, 20; zit. bei PAULUS, Die Reue in den deutschen Beichtschriften, 1 u. ö.
[64] Siehe oben S. 20 bei Anm. 54.
[65] PAULUS, Die Reue in den deutschen Erbauungsschriften, 484f.
[66] Ebd. 475–479 und 485.
[67] KAWERAU, Art. ‚Paltz, Johann', 622.
[68] Ebd. 623.   [69] Ebd. 622.   [70] Ebd. 623.

Straffurcht plädiert? Kawerau vermutet sehr handfeste Motive: „Es leuchtet … ein, wie dies Sakrament Schaden leiden mußte in der Verwaltung derer, die vor allem Ablaßgelder beitreiben sollten, die also naturgemäß versucht waren, im Blick auf das Ablaßgeschäft die Absolution möglichst zu erleichtern." Eine „wirkliche Sinnesänderung" sieht er durch diese finanzpolitisch gesteuerte Attritionslehre nicht beschrieben. Wenn Paulus der entgegengesetzten Meinung sei und daher bei ihr alles in bester Ordnung finde, so beweise er nur, „was für verschiedene religiöse Maßstäbe die korrekt römische und die evangelische Theologie handhaben"; damit aber seien Dieckhoffs Anklagen gegen das Verderbliche der Attritionslehre nicht widerlegt[71].

Mit dieser Rückführung der Meinungsverschiedenheiten auf konfessionelle Vorentscheidungen war die mit dem Namen Paltz verknüpfte Diskussion um Ablaß und Reue im ausgehenden Mittelalter auf einen toten Punkt gelangt, über den erst die Arbeiten nach dem Zweiten Weltkrieg hinausführen sollten. Zwar erschien 1905 die erste Monographie über Paltz, die Pariser Dissertation des Protestanten *A. Jundt*, doch ist die fünfzehnseitige lateinische Untersuchung wissenschaftlich fast völlig unergiebig: Sie handelt wiederum nur über die Themen Buße und Ablaß, erhebt sich dabei kaum einmal über das Niveau einer Nacherzählung oder Zitatenlese und führt zudem an den wenigen interpretierenden Stellen aus dem konfessionellen Grabenkrieg der vorausgegangenen Jahrzehnte nicht hinaus, sondern kopiert, z. T. vergröbernd, die alten Urteile von Bratke und Brieger[72]. So wird der Jubiläumsablaß, wie ihn Paltz anpreise, als „Ablaßsakrament" (indulgentiarum sacramentum) bezeichnet, das die ganze Buße unnötig mache und aus dem Leben der Gläubigen gleichsam ausschließe[73] – eine Auffassung, die, wie wir sehen werden, den wirklichen Standpunkt des Augustiners gründlich verfehlt. Festzuhalten allerdings ist die einleitende Bemerkung Jundts, daß das Erschrecken der Sünder vor dem Zorn des richtenden Gottes das Fundament der gesamten Paltzschen Theologie darstellt. Sie wolle die Gläubigen vor allem darüber belehren, wie ihre der Verzweiflung ausgesetzten Herzen den Ängsten entkommen und zu einer sicheren Hoffnung auf Heil gelangen könnten[74]. Dieser wichtige Aspekt wird von Jundt freilich im weiteren Verlauf seiner Untersuchung nicht wieder aufgenommen.

Auch nach der Ära konfessionell-polemischer Paltz-Verwertung blieb das Interesse an Paltz lebendig, wenngleich es bis zum Ende des Zweiten Weltkrieges nur sehr sporadische Früchte trug, die zudem am traditio-

---

[71] Ebd. 622f.   [72] Dieckhoff wird nicht zitiert.
[73] Jundt, Quid de via salutis Johannes de Paltz in sermonibus et libellis docuerit, 14.
[74] Ebd. 6f.

nellen theologiegeschichtlichen Bild protestantischer wie katholischer
Prägung keine Korrekturen vornahmen, sondern nur ergänzende
Aspekte beisteuerten. Hier ist zunächst das Werk von *F. Falk* über ‚Die
deutschen Sterbebüchlein' (1890) nachzutragen, das auch die Himmlische Fundgrube behandelt und Angaben über ihre Druckgeschichte
macht[75]. In seiner Göttinger Dissertation von 1909 über ‚Die Beziehun-
gen des Deutschen Ordens zum Ablaßhandel seit dem 15. Jahrhundert'
äußert *L. Arbusow* Vermutungen über ein Zusammentreffen zwischen
Paltz und dem livländischen Ablaßkommissar Christian Bomhower,
dessen Unterkommissar Tetzel war, und über eine mögliche literarische
Abhängigkeit Bomhowers von Paltz[76]. Erwähnenswert sind auch die
Bemerkungen zu Paltz, die sich im 1917 erschienenen zweiten Band der
Luther-Biographie *O. Scheels* finden. Sie betreffen insbesondere die
Beziehung zwischen Paltz und Luther im Erfurter Konvent und die
akademische Lehrrichtung von Paltz. Er wird von Scheel mit solcher
Selbstverständlichkeit als ockhamistischer Schultheologe angesehen,
daß seine Zitate aus Aegidius Romanus als Beweis für die Vereinbarkeit
von Ockhamismus und Treue zu Aegidius ins Feld geführt werden[77].
Wenige Jahre später vertritt der holländische Augustinerpater *X. P.
Duijnstee* in seiner von der Forschung völlig unbeachteten Arbeit ‚Maarten Luther en zijn Orde' (1924) die entgegengesetzte Auffassung, daß
Paltz' Lehre rein thomistisch gewesen sei. Da kein Zweifel darüber
bestehen könne, daß er einen starken Einfluß auf Luther ausgeübt hat, ja
zu vermuten sei, daß Coelifodina und Supplementum Coelifodinae dem
jungen Mönch als theologische Handbücher gedient haben, müsse man
folgern, daß Luther bereits in seinen ersten Klosterjahren mit dem
‚gesunden' kirchlichen System der thomistischen Scholastik vertraut
gemacht worden ist[78]. Der Grund für seine spätere Irrlehre liege daher
nicht, wie H. Denifle meine, in einer einseitigen Ausbildung, d. h. in der
fehlenden Kenntnis des Thomismus[79], sondern in seinem individualisti-
schen Charakter[80]. Auf beide Problemkreise, das Verhältnis Paltz –
Luther und die Frage der Lehrrichtung, werden wir noch ausführlich zu
sprechen kommen.

Wertvolle biographische Mitteilungen über Paltz' Ehrenbreitsteiner
Wirksamkeit im Dienste seines Ordens während der Jahre 1493–1500
und 1507(?)–1511 finden sich neben zahlreichen falschen Angaben und

---

[75] FALK, Die deutschen Sterbebüchlein, 66–68.

[76] ARBUSOW, Die Beziehungen des Deutschen Ordens zum Ablaßhandel, 51 f. und
88–90.

[77] SCHEEL, Martin Luther II, 73; noch deutlicher in der 3./4. Aufl. 1930, 140 Anm. 2 und
160 Anm. 4.

[78] DUIJNSTEE, Maarten Luther en zijn Orde I, 62 f.

[79] Ebd. 53 f.   [80] Ebd. 46.

allzu phantasievollen Vermutungen bei *J. J. Wagner* in seiner 1931 erschienenen Monographie über ‚Das ehemalige Kloster der Augustinereremiten in Ehrenbreitstein'. Nachdem er bereits 1920 einen kurzen und wenig ergiebigen Aufsatz über Paltz veröffentlicht hatte, verwertete er hier ausgiebig bisher unbekanntes, wichtiges Material über Paltz aus dem Staatsarchiv Koblenz. In den Bereich des Spekulativen fallen besonders die Konstruktionen über Spannungen zwischen Paltz und Staupitz[81], enge Beziehungen zwischen Paltz und Luther und Luthers angeblichen Aufenthalt bei Paltz in Ehrenbreitstein im Jahre 1510[82]. Die vor 1945 erschienene Literatur zu Paltz wird abgeschlossen durch einen Aufsatz von *E. Sander* (1941), in dem der Verfasser auf ein Göttinger Exemplar der Coelifodina aufmerksam macht, das sich einst im Besitz der Erfurter Klosterbibliothek befunden hat. Er schließt daraus, was vorher ohnehin immer angenommen worden ist, daß der Mönch Luther wahrscheinlich dieses Werk seines Ordensbruders gelesen hat. Die Coelifodina sei, alles in allem, „ein bedeutungsvolles und beachtenswertes Dokument der mönchischen Gedankenwelt, die den Bruder Martinus in Erfurt umgab und beeinflußte"[83].

Die seit dem Zweiten Weltkrieg erschienenen Untersuchungen über Paltz haben die Forschung ein erhebliches Stück weitergebracht und ihr wertvolle biographische, druck-, gattungs- und theologiegeschichtliche Erkenntnisse vermittelt. Förderlich war vor allem, daß man die traditionelle Beschränkung auf die Themen Buße – speziell Reue – und Ablaß überwand und auch anderen wichtigen Aspekten der Paltzschen Theologie und einzelner Werke Beachtung schenkte. Daß auch dabei wesentliche Desiderate offengeblieben sind, wird bei unserer Literaturübersicht anklingen und abschließend eigens zur Sprache kommen.

Zu erwähnen ist zunächst der 1955 erschienene Aufsatz des Trierer Stadtarchivars *R. Laufner* ‚Zur Abstammung von Luthers Lehrer Johann von Paltz', in dem sich interessante Angaben zur Person von Paltz' Vater finden, dessen Beruf, wie wir sehen werden, für die Konzeption und Bildwelt des Supplementum Coelifodinae von nicht geringer Bedeutung gewesen ist. Der Aufsatz war durch eine Anfrage des Franziskaners *R. Weijenborg* angeregt worden, der 1957 selbst einen Aufsatz mit dem Thema ‚Doctrina de immaculata conceptione apud Ioannem de Paltz, O.E.S.A., magistrum Lutheri novitii' folgen ließ. Er referiert hier die Lehre von der unbefleckten Empfängnis Mariens, wie sie sich aus den verschiedenen Werken des Augustiners erheben läßt[84],

---

[81] WAGNER, Das ehemalige Kloster der Augustiner-Eremiten in Ehrenbreitstein, 88 und 97.

[82] Ebd. 92 und 98–106.

[83] SANDER, Ein neuentdeckter Band aus Luthers Erfurter Klosterbibliothek, 89.

[84] WEIJENBORG, Doctrina de immaculata conceptione apud Ioannem de Paltz, 166–173.

und verknüpft damit die Auffassung, Paltz sei in seiner Mariologie von der franziskanischen Theologie beeinflußt worden[85]. Die Begründung Weijenborgs ist allerdings sehr problematisch, zumal ein Vergleich mit den mariologischen Traditionen des Augustinerordens, vor allem mit der Lehre Dorstens und Proles', fehlt. Was ebenso fehlt, ist die Frage nach dem tieferen Grund für das offensichtlich zentrale Interesse des Erfurter Augustiners an der Marienverehrung. Warum eigentlich bemüht sich Paltz, weniger der Vertreter einer „theologia scientifica" als vielmehr der einer „vulgarisatio pastoralis", um eine Stärkung der täglichen Marienverehrung im Volk, wie Weijenborg feststellt[86]? Abschließend kommt er noch auf die Beziehung zwischen Paltz und Luther zu sprechen[87]. Geradezu abenteuerlich ist seine These, daß Paltz Luthers Novizenmeister gewesen sei, mit all den sich daran anknüpfenden Spekulationen über die seelsorgerlichen Bemühungen und Techniken, mit denen Paltz dem angefochtenen Novizen zu helfen versucht habe. Wir können auf die Wiedergabe der Argumentation Weijenborgs verzichten, zumal er seine Vermutungen später selbst widerrufen hat[88], nachdem er ein bisher unbekanntes Dokument zur Geschichte des Erfurter Augustinerkonvents entdecken konnte. Es handelt sich um einen Ablaßbrief, den der päpstliche Ablaßkommissar Christian Bomhower am 18. April 1508 dem Erfurter Kloster bewilligt hat und in dem sämtliche Mitglieder des Konvents namentlich genannt sind, unter ihnen an zweiter Stelle, hinter dem Prior, überraschenderweise auch Paltz, der zu dieser Zeit bereits Prior in Mühlheim (Ehrenbreitstein) war. In seinem Aufsatz ‚Luther et les cinquante et un Augustins d'Erfurt' (1960) hat Weijenborg diesen Ablaßbrief Bomhowers ediert, kommentiert und die vermutliche Überlieferungsgeschichte des Textes dargestellt. Zwar gibt er in diesem Zusammenhang seine früheren Ansichten zur Beziehung zwischen Paltz und Luther auf, zeigt sich aber wiederum sehr hypothesenfreudig. In Weiterführung der erwähnten Vermutungen Arbusows[89] schildert Weijenborg aufgrund phantasievoller Annahmen angeblich enge Kontakte zwischen Bomhower und Paltz, die dann schließlich – in Anbetracht der Verdienste des Augustiners um den livländischen Ablaßkommissar – zur Gewährung des Erfurter Ablaßbriefes und der Nennung von Paltz geführt hätten[90]. Auch zum Thema Luther – Paltz werden neue Gedanken vorgetragen. Der Angriff Luthers auf das Ablaßwesen sei aus der Verärgerung Luthers darüber zu verstehen, daß die Dominikaner die Augustiner aus dem Ablaßgeschäft

---

[85] Ebd. 173–176. [86] Ebd. 172. [87] Ebd. 176–183.
[88] Weijenborg, Luther et les cinquante et un Augustins d'Erfurt, 832 Anm. 3 und 840–842.
[89] Siehe oben S. 24 bei Anm. 76. [90] Weijenborg, ebd. 826–828.

verdrängt hätten[91]. Auf diesem Hintergrund könne man den Thesenan-
schlag Luthers als eine „hommage posthume" für den ehemaligen
Ablaßkommissar Paltz deuten. Luther habe möglicherweise eine
bestimmte Stelle in Paltz' Supplementum Coelifodinae im Auge, wo
ebenfalls von dem Anschlag einer Verlautbarung über den Ablaß durch
einen Theologieprofessor an einer Kirchentüre die Rede ist[92]. Die Aufsätze Weijenborgs enthalten allerdings neben solcherlei Kuriosa auch
einige wertvolle Einzelbeobachtungen, auf die wir im Laufe unserer
Untersuchung zurückkommen werden.

Zwischen die beiden Aufsätze Weijenborgs fiel 1958 das Erscheinen
eines Aufsatzes von *H. Wolf* über ‚Die ›Himmlische Fundgrube‹ und die
Anfänge der deutschen Bergmannspredigt', eine Untersuchung, die den
bergbaulichen Begriffen und Metaphern in Paltz' Himmlischer Fundgrube nachgeht; diese Kurfürst Friedrich dem Weisen gewidmete
Schrift sei das früheste Beispiel für die geistliche Ausdeutung des
Montanwesens[93], wie sie sich dann später vor allem in den Bergmanns-
predigten des Lutherfreundes Johann Mathesius (gest. 1565) findet[94].
Dabei werden auf dem Hintergrund der Entstehungsgeschichte des
Werkes (1490) interessante Beziehungen zum zeitgenössischen Bergbau
des Erzgebirges sichtbar. In diesem Zusammenhang ist auch, zeitlich
vorausgreifend, bereits der 1964 erschienene Aufsatz von *H. Burose* mit
dem Titel ‚Johann von Paltz und seine ›Himmlische Fundgrube‹' zu
nennen, der ebenfalls die bergbaulichen Motive bei Paltz untersucht, im
Unterschied zu Wolf aber seine Aufmerksamkeit besonders den Titelholzschnitten der verschiedenen Ausgaben von Himmlischer Fundgrube und Coelifodina zuwendet. Zum einen sei es bedeutend, daß
bereits um diese Zeit ein Theologe den Versuch unternommen hat,
seine Metaphern in der Bergmannsarbeit zu suchen und seinen Schriften
entsprechende Titel zu geben; zum andern sei bemerkenswert, daß die
Drucker diesen Schriften Holzschnitte beigaben, auf denen die
Anklänge an den Bergbau, deren sich der Verfasser bedient, mit aller

---

[91] Ebd. 859. WEIJENBORG beruft sich bei seiner Vermutung auf das Zeugnis von J.
COCHLAEUS, Commentarii de actis et scriptis Lutheri, Mainz 1549, 3f.

[92] WEIJENBORG denkt an Suppl. fol. b2r (= Zitat aus JOHANNES VON DORSTEN, De
indulgentiis, fol. 212r/v): Dorsten berichtet über einen Traum, in dem er an der Türe der
Erfurter Pfarrkirche St. Johannes ein Schreiben angeheftet gefunden habe, das den
Glauben an die Ablässe empfahl. Über den Verfasser sagt er: „Scriptura in ianua portae
erat senioris theologi in Erfordia (Paltz erläutert: doctoris Guderman) et per eum ibi
posita." Zu Johannes Guderman aus Waltershausen (gest. 1480) siehe KLEINEIDAM,
Universitas Studii Erffordensis I, 119–122 und 285f.

[93] H. WOLF, Die „Himmlische Fundgrube", 351; vgl. auch ders., Art. ‚Johann von
Paltz', 565.

[94] Ebd. 347f.

Deutlichkeit herausgestellt werden, und zwar zu einer Zeit, in der Bergbaubilder noch kaum existierten[95].

Während alle Arbeiten seit Kolde, die wir bisher in unserem Forschungsbericht vorgestellt haben, nur relativ eng begrenzte Aspekte zu Paltz berücksichtigt haben, ist nun von einer recht umfangreichen Monographie über Paltz zu sprechen, die zwar nicht alle von ihm behandelten Themen untersuchen, aber doch einen umfassenden Überblick über Leben, Werke und die wichtigsten theologischen Gesichtspunkte und Intentionen des Augustiners vermitteln will. Es handelt sich um die von R. Weijenborg angeregte römische Dissertation des Franziskaners *M. Ferdigg* ‚De vita, operibus et doctrina Joannis de Paltz O.E.S.A.‘, die 1961 maschinenschriftlich vorlag, aber erst 1967/68 im Druck erschien. Zwar war das Unternehmen an sich verdienstvoll, doch zeigt die Arbeit sowohl in der Anlage als auch in der Durchführung gravierende Mängel, auch wenn sie glücklicherweise nicht die Hypothesenfreudigkeit Weijenborgs teilt. Negativ fällt zunächst eine geradezu katastrophale Häufung von Flüchtigkeitsfehlern, besonders bei Zitatangaben, auf. Doch sei auf diese Fehler, die im Detail liegen, hier nicht näher eingegangen. Wir beschränken unsere Bemerkungen auf Konzeption, Darstellungsmethode und theologiegeschichtliche Hauptergebnisse Ferdiggs. Die Ergebnisse zur Biographie und Werkgeschichte werden dann später zur Sprache kommen müssen.

Der Zugang Ferdiggs zu Paltz wird primär durch das Interesse bestimmt, das theologische Milieu, das Luther im Erfurter Augustinereremitenkloster vorgefunden hat, zu klären. War der Konvent tatsächlich ein Nährboden des Ockhamismus, wie in der Forschung immer wieder, besonders von O. Scheel, behauptet worden ist[96]? Da keine Schriften Nathins bekannt sind, muß Paltz’ Werken eine vorrangige Bedeutung für die Beantwortung dieser Frage zukommen[97]. Es ist verständlich, daß unter solchen Gesichtspunkten Ferdiggs Untersuchung einseitig die Perspektive der Paltzschen Lehrrichtung thematisiert und dabei zentrale Bereiche der Theologie des Augustiners ausklammert. Ausdrücklich betont Ferdigg, für die Auslegung seiner Lehre genüge es, die streng lehrhaften Teile (partes stricte doctrinales) zu berücksichtigen; die frommen Meditationen über das Leiden Christi, die einen großen Teil der Coelifodina in Anspruch nehmen, könne man ebenso wie die anderen ‚aszetisch-moralischen‘ Fragen übergehen[98]. Dies ist um so erstaunlicher, als Ferdigg in seiner Schlußzusammenfas-

---

[95] Burose, Johann von Paltz und seine „Himmlische Fundgrube“, 10 und 13.
[96] Ferdigg I 223–225; zur Position Scheels vgl. oben S. 24.
[97] Ferdigg I 225 f.
[98] Ebd. 227 f.

sung selbst erklärt, Paltz sei eigentlich kein „vir scientificus", sondern eher ein Mann von seelsorgerlicher Anlage und Intention gewesen[99]. Ja, Ferdigg geht in seiner Reduktion der Themen sogar noch weiter, indem er nicht einmal alle wichtigen „quaestiones stricte doctrinales" behandelt, sondern nur die wenigen, die ihm unter dem Aspekt der Lehrrichtung und in Hinblick auf einen möglichen Bezug zum Nominalismus und zu Luther als besonders bearbeitenswert erscheinen[100]. Das bedeutet, wie näher ausgeführt wird, daß die Themen Ablaß und Jubiläum, Beichte, Letzte Dinge und Antichrist, Wallfahrt und Verhältnis zwischen Bettelorden und Weltklerus wegfallen[101]. Für die Interpretation werden nur die Themenkomplexe Rechtfertigung, Mittlerschaft (Christi, Mariens und der Heiligen) und Sakramente (in genere und in specie) ausgewählt. Diese Lehrpunkte seien zur Erhellung der „mens Paltzii" ausreichend und ließen ein Urteil darüber zu, welcher „schola theologica" und welchen Lehrern er gefolgt sei, ob er zu den antiqui oder den moderni gehöre. Da es sich um scholastische Loci handelt, seien sie „modo scholastico" zu interpretieren[102]. Das Ergebnis ist eine Untersuchungsmethode, die dem Gesamtcharakter von Paltz' Werk völlig unangemessen ist: Es wird nach einer vorgefaßten dogmatischen Systematik abgefragt, ohne daß der leitenden Intention des Autors und dem größeren Zusammenhang, in dem die einzelnen Fragen stehen, nachgegangen wird. So klaffen die drei Hauptteile in Ferdiggs Arbeit, Leben, Werke und Lehre, unverbunden auseinander, während eine nach der praktisch-seelsorgerlichen Intention des Autors fragende Interpretation gerade bei Paltz biographische und werkgeschichtliche Erkenntnisse unmittelbar für die theologiegeschichtliche Analyse fruchtbar machen müßte. Ferdigg hat sicherlich im Detail zu einzelnen Lehrpunkten viele richtige Beobachtungen gemacht, er hat aber nicht, wie er meinte, die „mens Paltzii" getroffen[103]. Wie soll man auch die tieferen theologischen Intentionen des Erfurter Mönchs und Ablaßpredigers erfassen können, ohne die für seine Theologie grundlegenden Themen Ablaß, Jubiläum und Mönchtum auch nur zu streifen. Ähnlich würde man verfahren, wollte man Luthers theologischen Ansatz unter Absehung von der Rechtfertigungsproblematik behandeln.

Die Fruchtlosigkeit der Methode Ferdiggs zeigt sich am deutlichsten darin, daß seine ganze Untersuchung auf das Ergebnis hinausläuft, Paltz sei ein Eklektiker gewesen. Einer bestimmten Schule oder einem

---

[99] FERDIGG II 316.
[101] FERDIGG I 228.
[100] FERDIGG I 228 und II 155.
[102] Ebd. 229.
[103] Dazu fehlt bei FERDIGG schon die einfachste Voraussetzung, die sorgfältige Unterscheidung zwischen den von Paltz zitierten Texten und dem Paltz-Eigengut.

bestimmten exklusiven Prinzip sei er nicht gefolgt, kontroverse Quästionen habe er in der Regel gemieden[104]. Weder war er Ockhamist[105] noch Thomist, Skotist oder Ägidianist[106]; seine Partei war weder die Via moderna noch die Via antiqua[107]. Er hatte keine eigene Theologie, kein eigenes System, sondern tradierte die „doctrina tunc communis ex omnibus scholasticis antiquis ac recentioribus collecta". Nur bei der Frage der attritio ist er originell, indem er auch die knechtische Furchtreue als Vorbereitung auf das Bußsakrament gelten läßt[108]. Dieses zu den Thesen O. Scheels und X. P. Dujinstees[109] in Gegensatz stehende Urteil Ferdiggs ist immerhin interessant, zeigt es doch, zu welchem Resultat man gelangt, wenn man Paltz ausschließlich und dabei auf breiter Textgrundlage unter dem Aspekt der Lehrrichtung befragt. Es demonstriert zugleich, daß dieser Zugang bei einem Frömmigkeitstheologen wie Paltz in eine Sackgasse führt. Eine veränderte Fragestellung, die sich von der Biographie, von Gattung, Aufbau und thematischen Schwerpunkten der Werke leiten läßt und auf die primären Intentionen des Professors, Ordensreformers, Ketzerbekämpfers, Jubiläumspredigers und Seelsorgers abzielt, wird zu dem Ergebnis kommen, daß Paltz alles andere als ein Eklektiker war, sondern als Theologe ein bestimmtes Prinzip mit Konsequenz vertrat. In diesem Rahmen erst kann dann auch die Frage nach Quellenbenützung und Schulrichtung adäquat gestellt und können Einzelzüge wie das besondere Profil seiner Attritionslehre vom Charakter der Gesamtkonzeption seiner Theologie her verständlich gemacht werden.

Im Zeitraum 1959–1964 sind verschiedene Beiträge des Augustinerpaters *A. Zumkeller*, des verdienten Erforschers der Theologie des Augustinereremitenordens, erschienen, in denen er auf Johannes von Paltz eingeht. Sie mögen hier im Zusammenhang besprochen werden. Der Aufsatz ‚Die Lehrer des geistlichen Lebens unter den deutschen Augustinern vom dreizehnten Jahrhundert bis zum Konzil von Trient' (1959) mußte selbstverständlich auch einen Abschnitt über den Erfurter Augustiner enthalten[110]. Dabei hätte Zumkeller bemerken und in der Darstellungsweise berücksichtigen können, daß dessen gesamtes Werk von der ersten bis zur letzten Seite nichts anderes als Theologie für den rechten Vollzug geistlichen Lebens bietet – eine geistlich-praktische Theologie, die von bestimmten seelsorgerlichen Impulsen in Bewegung gehalten wird. Sie hätten eine prägnante Darstellung erfahren müssen. Statt dessen bringt Zumkeller eine kurze additive Darstellung einzelner

---

[104] FERDIGG II 317.　　　　　　　　　　[105] Ebd. 316.
[106] Ebd. 317.　　　　　　　　　　　　　　[107] Ebd. 317f.
[108] Ebd. 317.　　　　　　　　　　　　　　[109] Siehe oben S. 24.
[110] ZUMKELLER, Die Lehrer des geistlichen Lebens, 314–323.

Themen, für deren Auswahl kein Prinzip erkennbar ist und deren inhaltlicher Zusammenhang im dunkeln bleibt. Eine Synthese aus den Einzelbeobachtungen findet man allenfalls in dem interpretationsbedürftigen Satz: „Aus den Schriften des Paltz spricht eine kernige katholische Frömmigkeit."[111] Ebenso problematisch ist Zumkellers Paltz-Artikel, der 1961 in der dritten Auflage der RGG erschien. So heißt es dort, Paltz stelle „in den Mittelpunkt der Verkündigung Christi Kreuz und die hl. Eucharistie, deren häufigen Empfang er eindringlich anrät"[112]. Ebensogut oder mit noch mehr Recht hätte auch ein gutes Dutzend anderer Themen, die einen zentralen Platz in Paltz' Verkündigung einnehmen, genannt werden können. Sehr wertvoll für die Paltz-Forschung hingegen ist der Beitrag, den Zumkeller 1962 mit seinem Aufsatz ‚Der religiös-sittliche Stand des Erfurter Säkularklerus am Vorabend der Glaubensspaltung' geleistet hat. Hier wird ein von ihm entdeckter Handschriftenband der Augsburger Staats- und Stadtbibliothek[113] beschrieben, der neben zwei kleineren Schriften des Bartholomäus Arnoldi von Usingen, zahlreichen vermutlich Johannes von Dorsten zugehörigen Predigten und Paltz' Abhandlung De cautelis servandis fünf anonyme Predigten enthält[114], die wie die Dorsten zugeschriebenen Predigten im Erfurter Mariendom gehalten worden sind und mit Sicherheit bzw. an Sicherheit grenzender Wahrscheinlichkeit ebenfalls von Paltz stammen, wie wir unten zeigen werden[115]. Das Verdienst Zumkellers besteht darin, auf diese bisher unbekannten Predigten erstmals aufmerksam gemacht, für die Autorschaft bereits den Namen von Paltz erwogen und den Inhalt der Predigten ausführlich referiert zu haben[116]. Schließlich ist noch der große Aufsatz Zumkellers über ‚Die Augustinerschule des Mittelalters: Vertreter und philosophisch-theologische Lehre' (1964) zu erwähnen, der auch auf einer Seite Paltz abhandelt[117] und sich dabei bereits auf die Dissertation Ferdiggs stützt. Zumkeller will wie Ferdigg von Paltz' Werken Auskunft über die Lehrrichtung des Verfassers erhalten und übt daher keine Kritik an Fragestellung und Methode Ferdiggs, sondern äußert nur gewisse Bedenken gegenüber dem Ergebnis, Paltz sei Eklektiker gewesen: „Eine genauere Prüfung seiner Stellung zu Ägidius und Thomas von Straßburg wird aber vielleicht zeigen, daß er nicht eigentlich als Eklektiker außerhalb der Schulen, sondern als Vertreter des Ägidianismus, etwa im Sinne des

---

[111] Ebd. 315. [112] ZUMKELLER, Art. ‚Paltz, Johann (Jeuser) von', 34f.
[113] Cod. Oct. 106. [114] Fol. 55v–95r.
[115] Siehe unten S. 101–109.
[116] ZUMKELLER, Der religiös-sittliche Stand des Erfurter Säkularklerus, 274–281 und 486–501.
[117] ZUMKELLER, Die Augustinerschule des Mittelalters, 252f.

Straßburgers zu bezeichnen ist."[118] Wir werden uns mit dieser Vermutung noch ausführlich zu beschäftigen haben.

Ein Jahr vor dem letztgenannten Aufsatz Zumkellers war die wichtige
Untersuchung B. *Lohses* über ‚Mönchtum und Reformation' erschie-
nen, die in einem eigenen Kapitel[119] „den eigentümlichen Ansatz der
Paltzschen Gedanken" über das Mönchtum sehr klar herausarbeitet,
nachdem Zumkeller, wie Lohse beklagt, in seinem Überblick über die
‚Lehrer des geistlichen Lebens' nicht einmal Andeutungen in diese
Richtung gemacht habe[120]. Während Weijenborg auf der Grundlage von
De septem foribus Paltz' Lehre von der immaculata conceptio Mariens
dargestellt hat, zeigt Lohse, wie im späteren Supplementum Coelifodi-
nae das gesamte monastische Ideal in die Mariologie hineingenommen
wird[121]. Ausgangspunkt ist dabei für Paltz die Demut (humilitas)
Mariens, die ihre Heilsmittlerschaft und ihren Vorbildcharakter für alle
Christen, in besonderer Weise aber für die Mönche begründet. Maria ist
Stifterin und bleibende Lehrmeisterin des klösterlichen Lebens. Zur
Entfaltung dieser Gedanken, die Paltz in einem Lobpreis auf den Nutzen
des Klostereintritts gipfeln läßt[122], bemerkt Lohse: „Mit seinen Ausführungen über das monastische Ideal ist Paltz über alles, was Frühere
ausgesagt haben, hinausgegangen. Es läßt sich ohne weiteres behaupten,
daß ziemlich alle Einseitigkeiten, die sich in der Zeit vorher bei einzelnen Mönchstheologen beobachten ließen, bei Paltz wieder auftauchen.
Ob es sich um die Auffassung von der Profeß als einer zweiten Taufe
oder die Ausschließlichkeit des Mönchsideals handelt: bei Paltz sucht
man nichts dergleichen vergebens."[123] Stets vertrete er die extremen
Anschauungen, niemals die maßvolleren, die auch in der Zeit des
ausgehenden Mittelalters nicht ganz fehlten[124]. Die Intention von Paltz,
der sich um Trost und Stärkung für die Mönche bemühe[125], läuft dabei,
wie Lohse mit richtigem Gespür beobachtet, darauf hinaus, daß das
Mönchtum „zu einem himmlischen Versicherungsunternehmen"
wird[126]. Eine Berücksichtigung des handschriftlichen Materials zu
Andreas Proles, von dem Paltz gerade bei seiner Wertung des Mönchtums sehr stark beeinflußt zu sein scheint, hätte diese Perspektive der
securitas noch deutlicher hervortreten lassen[127].

Die Ausführungen Lohses werden ergänzt durch einen kurzen
Abschnitt über Paltz in dem 1968 erschienenen Buch ‚Vorgeschichte der
reformatorischen Bußtheologie' von R. *Schwarz*[128]. Den Bußcharakter

---

[118] Ebd. 253.
[120] Ebd. 160 Anm. 1.
[122] Ebd. 167–169.
[124] Ebd. 175.
[126] Ebd. 171.
[128] SCHWARZ, Vorgeschichte der reformatorischen Bußtheologie, 160 f.

[119] LOHSE, Mönchtum und Reformation, 160–175.
[121] Ebd. 162–166.
[123] Ebd. 170.
[125] Ebd. 167.
[127] Siehe unten S. 292–294.

des Mönchtums konnte man im Mittelalter, wie Schwarz bemerkt, in der mönchischen Disziplin oder auch in der affektiven Stimmung reuevoller Sündenbetrachtung erblicken. Während sich etwa bei Bernhard von Clairvaux beides die Waage halte, habe Paltz „sehr einseitig die Bußleistung der mönchischen Disziplin hervorgehoben"[129]. Für uns wird dieser Beobachtung im Rahmen dessen, was wir oben abgekürzt ‚schematische Regularisierung der individuell-persönlichen Frömmigkeitssphäre‘ genannt haben[130], eine große Bedeutung zukommen. Im übrigen hebt Schwarz anders als Lohse, der vor allem auf die extreme Zuspitzung traditioneller Auffassungen bei Paltz aufmerksam macht, seine exemplarische Rolle hervor, wenn er abschließend feststellt: „Den Ausführungen des Erfurter Augustiner-Eremiten dürfen wir, nach dem Gesamteindruck seines Schrifttums zu urteilen, das durchschnittliche Selbstverständnis des spätmittelalterlichen Mönchtums entnehmen."[131]

Nachdem 1964 der erste Band des großen Werkes von *E. Kleineidam* über die Geschichte der Universität Erfurt im Mittelalter erschienen war, folgte 1969 der zweite Band, der auch einige Bemerkungen zu Paltz’ Person und Werk enthält[132]. Paltz, der 1483 zum Doktor der Theologie promoviert worden war, sei nach dem Tod des Dominikaners Konrad von Wallenfels im Jahre 1484 ohne Zweifel „der führende Kopf in der theologischen Fakultät" Erfurts gewesen[133]. Seine Stärke habe sich vor allem in der anschaulichen und kraftvollen Formulierung und in der Zeitnähe seiner Predigten erwiesen, die „sich beträchtlich über die oft so eintönige, in hergebrachten Formeln sich bewegende Predigtliteratur seiner Zeit" erheben. Allerdings sei zu bedauern, beklagt Kleineidam ohne Verständnis für Paltz’ theologisches Programm, „daß Johann Paltz diese seine guten Kräfte und seinen religiösen Sinn an eine so äußere Sache wie die Finanzierung der Türkenkriege durch Ablässe vertun mußte"[134]. Die Ablaß- und Jubiläumsdevotion des Erfurters wird damit als unerfreulicher Lapsus abgetan und nicht als wichtiges Bauelement seiner sakralinstitutionell orientierten Theologie ernst genommen.

Die aber grundsätzlich sehr positive Wertung der Paltzschen Frömmigkeitstheologie wird von Kleineidam in einem späteren Aufsatz aus dem Jahre 1975, der die Bedeutung der Augustinereremiten für die Universität Erfurt thematisiert, weiter entfaltet. Paltz setzt, wie Kleineidam zeigt, die große Tradition der Volkspredigt, wie sie bei seinem Lehrer und Vorbild Dorsten lebendig war, fort. Seine Art zu predigen

---

[129] Ebd. 160.
[130] Siehe oben S. 3.
[131] SCHWARZ, ebd. 161.
[132] KLEINEIDAM, Universitas Studii Erffordensis II, besonders 91–93.
[133] Ebd. 91.
[134] Ebd. 92.

habe Kurfürst Friedrich dem Weisen den Maßstab gegeben, „nach dem
er die Predigt und den Prediger maß: sie mußte fromm, anschaulich,
praktisch für das eigene Leben, theologisch klar, in einer kraftvollen
Sprache und packend in ihrer Form sein". Bei Paltz finde man noch
„diese ursprüngliche religiöse Kraft", nach der „die damalige Zeit, das
gebildete Bürgertum wie selbst das einfache Volk der Handwerker und
Bauern" verlangt habe: „Seine Predigten ... schöpfen aus den Quellen
des religiösen Lebens, um eben diesem ursprünglichen religiösen Leben
wieder zu dienen. Die bunte Welt der spätmittelalterlichen Frömmigkeit, wie sie sich auch in der Malerei dieser Zeit zeigt, spiegelt sich in
seinen Predigten."[135]

Zeigt sich schon hier das Bemühen, Paltz nicht von einzelnen Lehrpunkten, sondern von seinem frömmigkeitstheologischen Grundansatz
her zu verstehen, so wird diese Aufgabe in geradezu programmatischer
Weise von dem amerikanischen Historiker *R. H. Fischer* ernstgenom-
men. In seinem 1970 erschienenen Aufsatz über ‚Paltz und Luther', der
dritten Überblicksdarstellung von Paltz' Theologie seit Kolde und
Ferdigg, heißt es: „Wenn wir durch Johann von Paltz einen Blick auf die
deutsche Frömmigkeit am Vorabend der Reformation gewinnen wollen, müssen wir zuerst versuchen, ihn als Person zu verstehen ... Es
genügt nicht, in Paltz' Schriften herumzupicken, um verstreute Gedanken zu sammeln, oder sich in das eine oder andere Thema aus seiner
Lehre zu vertiefen. Wir müssen zuerst fragen, was für ein Mensch er
war, was ihn hauptsächlich beschäftigte, und wie er seine Interessen
verfolgte."[136] Damit hatte Fischer ohne Zweifel das entscheidende Desi-
derat der bisherigen Untersuchungen zu Paltz, so nützlich auch ihre
Beiträge zu einzelnen Gesichtspunkten gewesen sein mochten, aufge-
deckt; doch löst er sein eigenes Postulat nicht wirklich ein. Zwar trägt er
aus den beiden Hauptwerken von Paltz, Coelifodina und Supplementum Coelifodinae, und zwar nur aus diesen, einige wichtige Aspekte
zusammen, die bestimmte charakteristische Grundzüge des Theologen
Paltz beleuchten: er ist leidenschaftlicher Seelsorger, ernster Sittenlehrer, der Vertreter einer praktischen Theologie, ein Eklektiker ohne
Interessen an den klassischen Trennungslinien zwischen den Schulen,
durch und durch ein Traditionalist, der mit den Autoritäten und Institutionen der Kirche völlig konform geht, für Humanisten wie Wimpfeling ein Dunkelmann, aber doch in gewissem Sinne ein fortschrittlicher
Kirchenmann, der die Mißstände seiner Zeit geißelt und um eine
Reform des frommen Lebens bemüht ist, allerdings um eine Reform
durch Rückkehr zu den alten Überlieferungen in Gehorsam, Eifer und

---

[135] KLEINEIDAM, Die Bedeutung der Augustinereremiten, 404.
[136] FISCHER, Paltz und Luther, 21.

Frömmigkeit[137]. Mit dieser durchaus treffenden Kurzcharakteristik bleibt Fischer freilich doch noch an der Oberfläche, unter der die bestimmenden theologischen Intentionen des Augustiners verborgen bleiben. Leidenschaftliche Seelsorger, ernste Sittenlehrer, traditionalistische Reformer etc. waren in den Jahrzehnten vor der Reformation zahlreiche Theologen. Was aber bezweckt Paltz mit dieser Art von Theologie, auf welche Fragen will er antworten, welchen Weg weist er den Seelsorgern, für die er seine Werke schreibt? Praktische Theologie konnte um 1500 viele grundverschiedene Gestalten annehmen und von gegensätzlichen Interessen bestimmt werden. In diesem Umfeld muß der Standort von Paltz präziser als bei Fischer bestimmt und daher nach der gestaltenden Mitte seiner Theologie gefragt werden.

Zum Abschluß unserer Literaturübersicht seien noch zwei druckgeschichtliche Untersuchungen und ein biographischer Beitrag genannt: G. *Brach* gibt in ihrem Aufsatz ‚Die ›Kunst zu sterben‹ des Johann von Paltz‘ (1970) eine bisweilen fehlerhafte Zusammenstellung der Ausgaben von Himmlischer Fundgrube, Coelifodina und Supplementum Coelifodinae; sehr sorgfältig gearbeitet dagegen ist der Beitrag von F. *Juntke* ‚Über die im XV. Jahrhundert in Leipzig gedruckten Ablaßpredigten des Johannes von Paltz‘, in dem er für die ersten Drucke von Himmlischer Fundgrube und De septem foribus/Die sieben Pforten die Erscheinungsjahre und Abhängigkeitsverhältnisse aufweist. – Eine biographische Fundgrube zu Paltz, insbesondere für seine Aktivitäten im Dienste des Ordens, ist der 1974 erschienene fünfte Teil der ‚Geschichte der deutschen Augustiner-Eremiten‘ von A. *Kunzelmann* O.S.A. Dieser Band, der die sächsisch-thüringische Ordensprovinz und die sächsische Reformkongregation behandelt, bringt, was Paltz betrifft, wichtige Korrekturen und Ergänzungen zu den oft falschen oder ungenauen Angaben Ferdiggs, bleibt aber auch zahlreichen Irrtümern der älteren Forschung, die nicht kritisch genug verwertet wird, treu[138]. Wenig glücklich ist Kunzelmanns Charakterisierung von Paltz' Theologie und Frömmigkeit, wo wir den früheren Urteilen Zumkellers wiederbegegnen[139].

Unser Forschungsbericht dürfte, wenn wir einmal den negativen Befund registrieren, gezeigt haben, daß eine erneute Beschäftigung mit Paltz nach hundert Jahren Forschungsgeschichte aus verschiedenen Gründen geboten ist. Was trotz der Quantität und Qualität geleisteter Arbeit immer noch fehlt, ist eine Untersuchung, die

---

[137] Ebd. 21–32.
[138] KUNZELMANN, Geschichte V, besonders 437–443.
[139] Ebd. 443.

1. die Frage nach den zentralen Interessen von Paltz, nach der alles gestaltenden theologischen Mitte seiner Werke beantwortet;
2. dieser Frage bei allen für Paltz wichtigen Themen nachgeht, die einzelnen Problembereiche nicht isoliert betrachtet, sondern von der Paltzschen Gesamtkonzeption her untersucht und so zu einer wirklich umfassenden Paltz-Darstellung gelangt;
3. sich dabei von den Ergebnissen biographischer Forschung leiten läßt und so den Zusammenhang von Leben und Werk sichtbar macht;
4. alle bekannten und als echt erweisbaren Werke von Paltz berücksichtigt und Erkenntnisse zu Gattung, Stil, innerem Duktus und Adressatenkreis der Werke für die theologische Interpretation fruchtbar macht;
5. Paltz' Theologie im Rahmen der zeitgenössischen theologischen Strömungen und Fragestellungen bearbeitet und auf diesem Hintergrund zu sorgfältig differenzierenden Aussagen über ihre Exemplarität und Originalität kommt;
6. schließlich bei all dem sich des Instrumentariums einer kritischen Edition der Paltz-Opera bedienen kann.

Andererseits ist eine solche umgreifende Darstellung – und dies muß nun positiv hervorgehoben werden – erst aufgrund der zahlreichen Vorarbeiten anderer möglich, deren Forschungsbeiträge zu Paltz, soweit sie Bewahrenswertes ans Licht brachten, nun in dieser neuen Arbeit, z. T. unter veränderter Beleuchtung, ,aufgehoben' sein mögen. Nicht zu denken wäre eine solche Arbeit auch ohne den vor allem auf protestantischer Seite vollzogenen Durchbruch zu einer neuen Sicht des Spätmittelalters, die es weder pejorativ als „Abklingen der Hochscholastik" noch lediglich als den „Hintergrund der Reformation" bewertet[140], sondern als ungeheuer lebendiges Zeitalter mit seinen eigenen Intentionen und voller fruchtbarer Spannungen ernst nimmt. Mit dieser Neubewertung spätmittelalterlicher Theologie, die auch zu einer veränderten Sicht der reformatorischen Theologie geführt hat, ging eine intensive Erforschung der theologischen Arbeit des Spätmittelalters Hand in Hand. So wurde der Einblick in ein ganzes Spektrum vielfältiger Theologien und Tendenzen gewonnen, der erst unseren Versuch ermöglicht, Paltz als Repräsentanten bestimmter Fragen und Lösungen seiner Zeit zu sehen.

---

[140] OBERMAN, Der Herbst der mittelalterlichen Theologie, 1 f.

2. Kapitel

Biographische Grundlagen der Theologie

Einen wesentlichen Mangel der bisherigen Paltz-Forschung sahen wir im Fehlen einer Darstellung, die dem engen Zusammenhang von Leben und Lehre des Augustiners gerecht wird. Bei Ferdigg beispielsweise stehen der biographisch-werkgeschichtliche und der die Lehre darstellende Teil völlig unverbunden nebeneinander, sehr zum Nachteil des letzteren, denn Paltz' Vita enthält bereits deutliche Hinweise auf die zentralen Interessen, die den Charakter seiner Theologie prägen und die Ferdigg unberücksichtigt läßt. Um diesen Zusammenhang erkennbar zu machen, werden im folgenden die biographischen Daten nicht in chronologischer Reihenfolge angeführt, sondern thematisch gebündelt, damit bereits durch die Art der Darstellung die Schwerpunkte des Paltzschen Wirkens, die zugleich entscheidende Faktoren seiner theologischen Schriftstellerei sind, mit aller Deutlichkeit hervortreten. Die Beziehungen zwischen den biographischen Aspekten und dem Charakter von Paltz' Theologie werden dabei jeweils eigens thematisiert. Um dem Leser gleichwohl auch eine chronologische Zusammenschau der auf die einzelnen Themen verteilten Daten zu ermöglichen, schicken wir einmal der schwerpunktmäßigen Darstellung eine Kurzvita, gleichsam ein chronologisches Gerüst, voraus; zum andern findet sich am Ende unserer Untersuchung eine tabellarische Übersicht über die biographischen Details in chronologischer Anordnung.

Noch eine Vorbemerkung zum puren biographischen Faktenmaterial: Zwar konnten wir uns auf einschlägige Vorarbeiten, vor allem auf die Untersuchungen von Ferdigg, Kleineidam und Kunzelmann, stützen, doch finden sich auch bei diesen Autoren – von den übrigen ganz zu schweigen – so gravierende Fehler und Lücken, daß auch unter diesem Aspekt eine Neubearbeitung des biographischen Feldes unumgänglich war. Auf eine Darstellung der Irrwege bisheriger Biographen mußten wir weitgehend verzichten.

I. Chronologischer Leitfaden[1]

Johannes Jeuser von Paltz wurde vermutlich zwischen 1444 und 1447 in Pfalzel bei Trier als Sohn des erzbischöflichen Geschützgießers Heinrich von Heilbronn geboren. Zum Wintersemester 1462/63 kam er an die Universität Erfurt, an der er Epiphanias 1467 zum magister artium promovierte. Kurz darauf muß er in den Erfurter Konvent der Augusti-

---

[1] Die Belege zu den Angaben dieses Leitfadens finden sich bei der Darstellung der einzelnen biographischen Schwerpunkte (Abschnitte II–VI).

nereremiten eingetreten· sein, wo er der theologischen Ausbildung durch Johannes von Dorsten unterstellt war. Schon bald wurde er vom Generalvikar der sächsischen – später deutschen – Augustinerkongregation Andreas Proles zur Förderung der Observanz im Orden eingesetzt. So finden wir Paltz 1475 als Prior in Neustadt an der Orla, um das dortige Kloster zu reformieren. Am 12. November desselben Jahres wird er – wohl nur bei einem vorübergehenden Aufenthalt – an der Universität Heidelberg als ,artium magister' intituliert. Zum Erwerb der theologischen Grade an der Erfurter Universität wurde Paltz erst nach dem Tode seines Lehrers Johannes von Dorsten Anfang 1481 bestimmt. Als sententiarius erhielt er im Oktober 1482 den ehrenvollen Auftrag, die Predigt zur Eröffnung des Studienjahres zu halten. Ein Jahr später, am 13. Oktober 1483, fand die Promotion zum Doktor der Theologie statt. Paltz war nun zugleich Inhaber eines Lehrstuhles an der theologischen Fakultät der Universität und leitender Lektor am studium generale seines Ordens in Erfurt. Doch haben ihn in den folgenden Jahren auch zahlreiche andere Aufgaben beschäftigt. So wurde er vom Mainzer Erzbischof Berthold von Henneberg 1485 als Visitator der Erfurter Nonnenklöster und 1488 als Inquisitor für Thüringen bestellt. Das Ansehen, das er als Prediger genoß, bezeugen die 1486 und 1488 gehaltenen Begräbnispredigten auf zwei bekannte theologische Doktoren Erfurts und die zwei Predigten, die er auf den Erfurter Diözesansynoden 1488 und 1489 vorgetragen hat. Wahrscheinlich ebenfalls in den Jahren zwischen 1483 und 1490 weilte Paltz auf Einladung angesehener Bürger aus Brüx und einiger Adeliger der Umgebung für kurze Zeit als Missionsprediger gegen die Hussiten im nördlichen Böhmen. Vom päpstlichen Legaten Raimund Peraudi wurde er 1490 im Zuge der Verkündigung des Jubiläumsablasses gegen die Türken zum Ablaßkommissar für Thüringen, Meißen, Sachsen und die Mark Brandenburg berufen.

Die folgenden Lebensjahre des Augustiners sind wiederum ganz dem Dienst an der Observanz, d. h. der Klosterreform und -gründung im Auftrag des Andreas Proles, gewidmet. 1490/91 betrieb er mit Erfolg die Reform des Klosters Herzberg und damit seine Angliederung an die Observantenkongregation, um dann seit 1493 in Mühlheim (heute Ehrenbreitstein) bei Koblenz einen neuen Konvent aufzubauen, eine Tätigkeit, die durch gelegentliche Visitationen anderer Konvente der deutschen Reformkongregation in der rheinisch-schwäbischen und kölnischen Ordensprovinz unterbrochen wurde. Erst gegen Ende des Jahres 1500 kehrte Paltz nach Erfurt zurück, nachdem er in Mühlheim noch sein erstes Hauptwerk, die Coelifodina, weitgehend fertiggestellt hatte. Als Raimund Peraudi 1501 erneut zu einer Jubiläumskampagne nach Deutschland kam, gewann er wiederum die bewährte Unterstüt-

zung des Erfurter Augustiners. Bis nach Mecklenburg predigte diesmal
Paltz den Ablaß, wohin ihn zur gleichen Zeit auch die Gründung eines
neuen Observantenklosters in Sternberg führte. In seinem zweiten
Hauptwerk, dem 1504 erschienenen Supplementum Coelifodinae,
blickt er bereits auf diese seine zweite Ablaßtätigkeit der Jahre 1502/03
zurück. Am 7. Mai 1503 finden wir ihn als Diffinitor auf jenem Kapitel
der deutschen Augustinerkongregation in Eschwege, auf dem der Vikar
Proles sein Amt niederlegte und Johannes von Staupitz zu seinem
Nachfolger gewählt wurde. Paltz blieb nicht mehr lange im Erfurter
Konvent. Wahrscheinlich schon in der zweiten Hälfte des Jahres 1505,
nur kurze Zeit nach Luthers Klostereintritt, ging er endgültig nach
Mühlheim, wo er am 31. Mai 1507 erstmals als Prior urkundlich
erwähnt ist. In diesem Amt wirkte er bis zu seinem Tode am 13. März
1511.

II. *Herkunft und ,conceptus praedicandi'*

Zur Herkunft Johanns von Paltz findet sich eine interessante Nachricht am Anfang des Supplementum Coelifodinae, die zugleich sichtbar
macht, welche Bedeutung diese Herkunft für die Predigtweise von Paltz
und die Gesamtkonzeption des Supplementum besitzt. Die Stelle sei
ihrer Bedeutung wegen im Zusammenhang zitiert:

„Nachdem zu einem früheren Zeitpunkt die Coelifodina selbst abgeschlossen worden ist[2], bleibt nun noch die Aufgabe, das ausführlicher
hinzuzufügen, was zunächst nur recht knapp erwähnt worden ist[3],
nämlich das, was die Konzeption oder Form der Predigt betrifft, deren
sich bei der zweifachen Jubiläumsverkündigung[4] der Verfasser der
Coelifodina in verschiedenen Städten Thüringens, Meißens, der Mark
(Brandenburg), Sachsens und Mecklenburgs (stagnalis patria)[5] bedient
hatte. Die Konzeption seiner Predigten oder die Predigtweise war aber
metaphorisch oder gleichnishaft, um, wie Macrobius in seinen Saturna-
lien sagt, ,das Empfinden in Bewegung zu versetzen, d. h. die passenden
Stimmungen hervorzurufen'[6]; und zwar handelte diese Predigtkonzeption von den vier teuflischen Heeren, die die allerheiligsten Ablässe
bekämpfen. Gegen diese Heere errichtete er eine Befestigungsanlage

---

[2] Zum vermutlichen Zeitpunkt des endgültigen Abschlusses der Coelifodina (spätestens
Anfang 1502) siehe unten S. 121 bei Anm. 239.

[3] Bereits am Ende der Coelifodina (fol. Gg4r/v) hatte Paltz die im Supplementum
ausgeführte Bildkonzeption von den höllischen Heeren kurz skizziert, aber aus Zeitgründen nicht entfaltet; siehe unten S. 124f.

[4] In den Jahren 1490 und 1502/03; siehe unten S. 88f.

[5] Zur Übersetzung von stagnalis patria mit Mecklenburg siehe unten Anm. 349.

[6] MACROBIUS (um 400 n. Chr.), Saturnalia 4,5,1.

oder den Turm Davids mit vier Brüstungen[7], indem er jedem Heer eine eigene Brüstung entgegensetzte, um es zu besiegen. Und weil er der Sohn eines Geschützmeisters (bombardarius) war, so führt er jetzt in geistlicher Nachahmung das väterliche Handwerk aus, dem er sich einst durch körperliche Ausführung nicht widmen konnte, weil sein Vater dagegen war. Er baute also in jede Brüstung vier Fenster oder Öffnungen (Schießscharten) und stattete sie mit jeweils verschiedenartigen geistlichen Geschützen aus, um die Feinde der eben genannten Heere zu erschrecken, zu besiegen und vom Gebiet der Kirche und aus den Herzen der Gläubigen zu vertreiben."[8]

Blicken wir zunächst auf den biographischen Hintergrund, der von Paltz angedeutet wird, indem er seinen Vater einen ‚bombardarius‘, d. h. einen Geschützmeister[9], dessen Aufgabe das Gießen, die Wartung und wohl auch die Aufsicht über die richtige Plazierung und Bedienung der Geschütze war[10], nennt. Laufner fand in den Rentmeisterei-Rechnungen der Stadt Trier im Zeitraum 1465–1472 als Büchsenmeister (Bussenmeister) der Stadt einen Meister Heinrich Joisser von Heilbronn

---

[7] Vgl. Cant. 4,4.

[8] „Conclusa utcumque superioribus temporibus ipsa Coelifodina restat nunc addere extensius ea, quae succinctius prius fuere commemorata, utpote de conceptu sive forma praedicandi, quo usus fuerat in duplicis iubilaei promulgatione ipse eius collector per diversas civitates et oppida Thuringiae, Misnae, Marciae, Saxoniae atque stagnalis patriae. Erant autem conceptus sermonum eius sive praedicandi modus metaphoricus sive parabolicus ‚ad pathos movendum, id est affectiones peropportunas‘, ut in Saturnalibus Macrobio placet, de quattuor exercitibus infernalibus ipsas sacratissimas indulgentias impugnantibus. Contra quos quidem exercitus erexerat castrum sive turrim Daviticam cum quattuor propugnaculis opponendo cuilibet exercituum singulare propugnaculum ad ipsum debellandum. Et quia filius erat bombardarii, quod quondam implere nequiverat corporali exsecutione parente suo id prohibente, nunc spirituali imitatione artificium paternum est prosecutus. Aedificavit igitur in quolibet propugnaculo quattuor fenestras sive foramina locando in singulis diversi generis bombardas spirituales ad terrendum hostes praedictorum exercituum ipsos expugnando atque ab ecclesiae finibus et fidelium mentibus eiciendo." Suppl. fol. a2r.

[9] Vgl. HAEMMERLE, Alphabetisches Verzeichnis der Berufs- und Standesbezeichnungen, 12.

[10] Vgl. GRIMM, Deutsches Wörterbuch II, 478, Art. ‚Büchsenmeister‘ (bombardarius): „... die vorm feind zu handthieren wissen." SCHMIDTCHEN, Bombarden, Befestigungen, Büchsenmeister, 176–196 (Büchsenmeister und Geschützgießer), besonders 178: „Die ‚Kunst‘ der Büchsenmeister erstreckte sich neben dem Schmieden oder Gießen von Geschützen auch auf die Bedienung dieser schweren Waffen beim kriegerischen Einsatz." Zwar führten in der zweiten Hälfte des 15. Jahrhunderts die schwieriger werdenden Techniken der Geschützherstellung (Bronzeguß) zu einer Arbeitsteilung zwischen dem handwerklichen Beruf des Geschützgießers und dem kriegstechnischen Beruf des Geschützführers (ebd. 184f.), doch scheint Paltz' Vater noch beide Aufgabenbereiche miteinander verbunden zu haben; jedenfalls legt die Beschreibung, die Paltz von der Tätigkeit der bombardarii gibt, diesen Schluß nahe: vgl. unten Anm. 28.

erwähnt[11]. Joisser ist die mundartliche Nebenform zu ‚Gießer'[12], womit in diesem Fall der Gießer von Geschützen (Bussen) gemeint ist[13]. Nimmt man mit Laufner an, daß es sich um den Vater Johanns von Paltz handelt[14], dann muß man vermuten, daß jener aus der schwäbischen Reichsstadt Heilbronn stammende Heinrich Joisser vor seiner Tätigkeit für die Stadt Trier im Dienste der Trierischen Erzbischöfe, zunächst Jakobs von Sirck, ab 1456 Johanns II. von Baden gestanden hat; befand sich doch in dem vermutlichen Heimatort von Paltz, dem Dorf Pfalzel bei Trier[15], ein großes erzbischöfliches Schloß, das den Kurfürsten sehr oft als Residenz diente[16]. Ob nun identisch mit Heinrich von Heilbronn oder nicht, jedenfalls wird man davon ausgehen können, daß Paltz' Vater spätestens seit den Jahren 1444–1447, in die wahrscheinlich das Geburtsdatum seines Sohnes fällt[17], Geschützmeister des Erzbischofs von Trier im Schloß Pfalzel gewesen ist. Dies würde auch die späteren engen Beziehungen zwischen Erzbischof Johann II. von Baden und Paltz, von denen noch die Rede sein wird[18], verständlicher machen. Aus dem Beruf seines Vaters erklärt sich auch der Beiname des Augustiners ‚Jeuser'[19], wie Joisser eine Dialektform von Gießer.

Paltz selbst macht nun, wie wir sahen, darauf aufmerksam, welche Bedeutung der väterliche Beruf für sein Selbstverständnis als eines geistlichen bombardarius und für die bildhafte Gestaltung seiner Ablaßpredigten besitzt. Eine anschauliche Predigtweise in Bildern erscheint ihm, dem praktisch orientierten Theologen, aus Gründen der besseren Wirkung geboten, um, wie er mit Macrobius sagt, „affectiones peropportunae" auf seiten der Hörer hervorzurufen. Er führt diesen Gedan-

---

[11] Laufner, Zur Abstammung von Luthers Lehrer, 60.

[12] Vgl. Ferdigg I 230.

[13] Vgl. Grimm, Deutsches Wörterbuch IV/I/4,7413, Art. ‚Gießer'.

[14] Diese Annahme ist sehr wahrscheinlich, aber nicht, wie Laufner (ebd.) meint, „unbestreitbar"; denn theoretisch ist durchaus denkbar und nicht widerlegbar, daß derjenige ‚Gießer', der Paltz' Vater war, mit dem städtischen Geschützmeister Heinrich von Heilbronn nicht identisch ist.

[15] Paltz ist die ältere Form des Ortsnamens; vgl. Laufner, ebd. 59f. Seit 1969 ist Pfalzel Stadtteil von Trier (moselabwärts, am linken Moselufer gelegen).

[16] Vgl. Wagner, Das ehemalige Kloster der Augustiner-Eremiten in Ehrenbreitstein, 47, der darauf aufmerksam macht, daß in Schloß Pfalzel nicht weniger als 234 uns bekannte Urkunden des Erzbischofs Johann II. von Baden ausgefertigt sind.

[17] Diesen Zeitraum kann man aus Paltz' Immatrikulationstermin Herbst 1462 erschließen, wenn man davon ausgeht, daß die damaligen Scholaren in der Regel mit 15–18 Jahren die Universität bezogen.

[18] Siehe unten S. 71.

[19] Mit diesem Beinamen wird Paltz während seiner Erfurter Studienjahre von den Universitätsakten geführt; siehe Kleineidam, Universitas Studii Erffordensis II, 284; zu den auch vorkommenden, von Jeuser und Geuser oder Gießer abzuleitenden Namensformen Jenser, Zenser, Genser, Geisser siehe Ferdigg I 230 Anm. 49.

ken am Ende des Supplementum Coelifodinae weiter, wenn er feststellt, daß die Heilige Schrift das Volk nicht in dem Maße ergötzt und folglich auch nicht lenkt, wie wenn sie durch irgendeine angenehme Konzeption – und mit „conceptus delectabilis" meint Paltz speziell eine metaphorische Darstellungsweise – eingeführt wird. Darum habe er diesen „conceptus et praedicandi modus" im Ergänzungsband zur Coelifodina zum Nutzen für beflissene Prediger dargelegt[20]. So wie er sich in der Himmlischen Fundgrube und der Coelifodina der Bergbaumetaphorik bedient oder in De septem foribus von den sieben Pforten, durch die der Gläubige zu Maria gelangen kann, gesprochen hat[21], so wählt er nun als Sohn eines Geschützmeisters eine entsprechende kriegerisch-pyrotechnische Bildkonzeption, wie sie auch auf den Titelholzschnitten zu den drei Auflagen des Supplementum Coelifodinae drastisch dargestellt ist: Die Gegner der Ablässe, mit denen sich Paltz auseinanderzusetzen hat, werden als höllische Heere, die der Teufel gegen die Ablässe aussendet, bezeichnet; gegen sie errichten Verteidiger der Papstkirche wie Paltz eine Befestigungsanlage, von der aus sie ihre Gegner mit Feuergeschützen, d. h. mit theologischen Argumenten, beschießen. In Anlehnung an Cant. 4,4 nennt Paltz diese Feste Turm Davids mit seinen Brüstungen (propugnacula), lautet doch der entsprechende Vers: „Sicut turris David collum tuum, quae aedificata est cum propugnaculis; mille clypei pendent ex ea, omnis armatura fortium." Auch Aegidius Romanus, auf den er sich beruft, hatte den Vers in Abhängigkeit von der älteren Auslegungstradition auf den geistlichen Kampf gegen die Gegner der Kirche mit Hilfe der autoritativen kirchlichen Lehre gedeutet[22]; bei Paltz tritt nun das neue Waffenarsenal und die aktuelle Front der teuflischen Ablaßgegner, die in verschiedene Heere aufgegliedert wird, hinzu.

Er berichtet im Supplementum Coelifodinae, daß er diese seine durch das väterliche Handwerk inspirierte bildhafte Predigtkonzeption schon seinen Jubiläumspredigten während der ersten Wirksamkeit unter Peraudi, also im Jahre 1490, zugrunde gelegt habe, allerdings noch nicht in der ausgereiften Form – „non tamen adeo intelligibiliter et utiliter" –, wie er sie jetzt nach seiner zweiten Jubiläumstätigkeit in den Jahren

---

[20] „Et quia populum non tantum delectat et per consequens nec flectit scriptura sacra, nisi per aliquem conceptum delectabilem introducatur, ideo voluit eundem conceptum et praedicandi modum a domino deo multorum precibus sibi collatum addere in principio Supplementi, quo mediante quilibet studiosus praedicator non solum materiam indulgentiarum, sed omnem materiam in Coelifodina contentam posset extrahere." Suppl. fol. I 5r.

[21] Siehe unten S. 113 bzw. 119.

[22] AEGIDIUS ROMANUS, Commentaria in Cantica canticorum, c. 4 lect. 8 zu Cant. 4,4 (fol. 9va A/B); von Paltz zit. in Coel. fol. Gg 4v und Suppl. fol. a 6r. Vgl. z. B. GLOSSA ORDINARIA z. St.

1502/03 seinen Lesern darbieten könne[23]. Am Ende der Coelifodina kündigt sich diese ausgearbeitete Konzeption bereits an[24], um dann im Supplementband eine dominierende Rolle zu spielen. Schon der Titel ist bezeichnend: „Supplementum Coelifodinae de exercitibus infernalibus ipsas sacratissimas indulgentias impugnantibus et de modo expugnandi eos per bombardas de turri Davitica emittendas.“[25] Entsprechend wird das gesamte Supplementum in fünf Teile gegliedert, die fünf höllischen Heeren entsprechen[26]. Auch die Untergliederung der ersten vier Teile hält sich im Rahmen der Bildkonzeption, sofern jedem Heer ein Bollwerk oder eine Turmbrüstung gegenübersteht, die mit jeweils vier Schießscharten – gemeint sind vier Argumentationsweisen – ausgestattet ist, durch die dann die geistlichen Geschütze (bombardae spirituales)[27] feuern. Über ihr Bedienungspersonal bemerkt Paltz: „Die katholische Kirche muß auch auserlesene Geschützmeister (bombardarii) wählen, die die Geschütze kundig placieren und die Geschosse von den einzelnen Brüstungen gegen die jeweiligen Heere schießen.“[28] Die Vielzahl der feindlichen Heere brauche man nicht zu fürchten, habe man doch die Heilige Schrift, in der man Geschosse in Hülle und Fülle finde, um die Geschütze damit zu laden[29]. Ehe Paltz auf die einzelnen höllischen Heere zu sprechen kommt, appelliert er an die bombardii, die Ablaßprediger: „Laßt uns also den Turm Davids besteigen, in die Brüstungen treten, Schießscharten machen, die Geschütze aufstellen und die Geschosse entsenden, um die Feinde der Kirche, die diese allerheiligsten Ablässe hindern, zu besiegen und zurückzuwerfen!“[30]

---

[23] „Quamvis enim isto conceptu usus fuerit ipse collector in prima promulgatione iubilaei facta per reverendissimum dominum legatum Raymundum (Peraudi), non tamen adeo intelligibiliter et utiliter pro tunc potuit ipsum colligere et ceteris impartiri, sicut post secundam promulgationem iubilaei sub eodem reverendissimo domino legato cardinali.“ Suppl. fol. I 5r; vgl. Suppl. fol. a 2r (zit. oben Anm. 8 am Anfang). Vgl. auch den Schluß der Coelifodina, wo Paltz die im Supplementum entfaltete Bildkonzeption kurz skizziert und mit dem Hinweis abschließt, er habe sie einst bei der Jubiläumsproklamation in Thüringen, Meißen, Sachsen und der Mark (Brandenburg) verwendet; zit. unten Kap. 3 Anm. 273.

[24] Coel. fol. Gg 4r/v; siehe unten S. 124f.

[25] Suppl. fol. a 2r.

[26] Vgl. unten S. 126f.

[27] Dieser Ausdruck findet sich in Suppl. fol. a 2r (zit. oben Anm. 8 am Ende) und fol. a 6r.

[28] „Debet (sc. ecclesia catholica) quoque electos bombardarios eligere, qui studiose bombardas possint ordinare et iacula de singulis propugnaculis adversum singulos exercitus emittere.“ Suppl. fol. a 6r.

[29] Christus spricht: „Noli timere multitudinem exercituum hostilium, quia habes sacram scripturam …, in qua poteris … iacula copiosa invenire ad replendum bombardas adversus hostes.“ Suppl. fol. a 6v.

[30] „Ascendamus igitur turrim Daviticam, intremus propugnacula, faciamus fenestras,

Bei der Entfaltung der Argumentation gegen die Ablaßgegner, insbesondere bei den ersten drei Schießscharten der ersten Turmbrüstung, zeigt Paltz eine Vertrautheit mit den verschiedenen Arten der um 1500 gebräuchlichen Feuerwaffen, die seine Herkunft verrät. Von der ersten Brüstung, dem propugnaculum approbationis, wird die grundsätzliche Gültigkeit von Ablässen verteidigt. Dabei werden vor der ersten Schießscharte fünf Geschütze, d. h. Gründe aus dem Alten Testament, aufgestellt[31]; Paltz nennt sie ‚bombardae communes‘, nicht allzu groß und nicht allzu klein, sondern mittelgroß, sog. ‚kammerbüchsen‘[32] oder ‚tarresbüchsen‘[33]. Entsprechend nennt er dann die Geschütze der zweiten Schießscharte, d. h. die aus dem Neuen Testament abgeleiteten Gründe, wegen ihrer jede Befestigung überwindenden Durchschlagskraft ‚bombardae efficacissimae‘ oder ‚bombardae capitales‘, sog. ‚schlangenbüchsen‘[34]. Mit der kleinsten Geschützkategorie, den sog. ‚handbüchsen‘[35] oder ‚hakenbüchsen‘[36], vergleicht er schließlich die Vernunftgründe der dritten Schießscharte[37].

Der Hinweis auf Paltz' Herkunft reicht freilich nicht aus, um seine so intensive Verwendung der Kriegsmetaphorik zu erklären. Ein Mann wie Staupitz beispielsweise hätte sich wohl kaum, selbst wenn sein Vater Geschützmeister gewesen wäre, einer solchen Darstellungsweise bedient. Diese Bilderwelt entspricht zutiefst der massiven Kirchlichkeit des Augustiners, die alle Gegner der päpstlichen Sakralinstitution dämonisiert und mit ihnen eine ausgesprochen kämpferische, kompromißlose und wenig behutsam differenzierende Ebene theologischer Argumentation sucht. Daß sich Paltz als bombardarius spiritualis versteht, ist somit nicht nur eine kuriose Reminiszenz an das väterliche Handwerk, sondern wirft bereits Licht auf den Charakter seiner Theologie.

---

locemus bombardas, emittamus iacula ad expugnandum et repellendum hostes ecclesiae istas sacratissimas indulgentias impedientes!" Suppl. fol. a 6v.

[31] Suppl. fol. b 1r.

[32] Vgl. GRIMM, Deutsches Wörterbuch V, 116: „kleineres geschütz mit mehreren kammern, das zugleich auf mehrere schüsse geladen werden konnte".

[33] Vgl. ebd. XI/I/1,145: abgeleitet von tarraß oder tarreß (Erdaufwurf, Wall, Bollwerk): „daher die tarraßbüchse ein geschütz, das auf dem wall, auf dem bollwerk aufgestellt wurde".

[34] Suppl. fol. b 1r; vgl. GRIMM, ebd. IX 457: „eine art langer kanonen".

[35] Vgl. GRIMM, ebd. IV/II 366: „kleine feuerwaffe, leichter als die hakenbüchse".

[36] Vgl. ebd. 181: „größere handfeuerwaffe, die mittels eines hakens auf einem gestelle befestigt wurde". Zu den genannten Geschützen vgl. BÖHEIM, Handbuch der Waffenkunde, 436 ff. (mit Abbildungen); SCHMIDTCHEN, Bombarden, Befestigungen, Büchsenmeister (mit Abbildungen).

[37] Suppl. fol. b 1r/v.

III. An der Universität – Paltz als scholastischer Theologe

Der erste große Wirkungsbereich Johanns von Paltz, der für die Art seines Theologisierens wichtig wurde, war die Universität. Im Herbst 1462 ist er, vermutlich mit etwa 15 bis 17 Jahren, von der Mosel an die Universität Erfurt gezogen, um sich an der artistischen Fakultät für das kommende Wintersemester inskribieren zu lassen[38]. Die 1392 gegründete thüringische Alma mater erlebte damals gerade den Höhepunkt ihrer mittelalterlichen Geschichte. „Zu Beginn des siebenten Jahrzehnts des 15. Jahrhunderts konnte die Universität stolz auf das schauen, was sie aus eigener Kraft aufgebaut hatte. Sie war unbestritten die erste Universität Deutschlands, sowohl der Zahl der Studenten wie der Qualität der Professoren nach. Mehr als ein Drittel aller deutschen Studenten studierten in Erfurt."[39] Nicht nur die höheren Fakultäten, Theologen, Juristen und Mediziner, hatten einen vorzüglichen Ruf, sondern auch die philosophische Fakultät lockte viele Studenten an, da sie als gediegene Ausbildungsstätte, die eine gründliche logische Schulung und ein solides Sachwissen bot, demgegenüber aber den Wegestreit eher zurücktreten ließ, bekannt war[40]. So ist es nicht verwunderlich, daß der erzbischöfliche Geschützmeister seinen Sohn gerade nach Erfurt schickte, zumal in der philosophischen Fakultät während der zweiten Hälfte des 15. Jahrhunderts gerade Studenten aus dem Rhein- und Moselgebiet stark vertreten waren[41]. Eine Rolle mag auch gespielt haben, daß Johann II. von Baden, seit 1456 Erzbischof von Trier und Dienstherr von Paltz' Vater, selbst in Erfurt studiert hat und im Wintersemester 1452 sogar Rektor der Universität gewesen ist[42].

Zwei Jahre nach seiner Immatrikulation wurde Paltz im Herbst 1464 baccalaureus artium[43] und – nach der kürzestmöglichen Studiendauer – an Epiphanias 1467 magister artium[44]. Erst danach, vielleicht schon im

---

[38] ALLGEMEINE STUDENTENMATRIKEL DER UNIVERSITÄT ERFURT, Wintersemester 1462/63 (ed. Weißenborn I 294b 41): „Iohannes Geißer de Paltz dedit totum." Es ist freilich prinzipiell denkbar, daß Paltz auch erst im Laufe des Wintersemesters nach Erfurt kam, da es in Erfurt keinen bestimmten Immatrikulationstermin gab, sondern das ganze Semester hindurch intituliert wurde; vgl. KLEINEIDAM, Universitas Studii Erffordensis I, 204.

[39] KLEINEIDAM, ebd. II 1; vgl. auch ebd. I 154f.

[40] Vgl. ebd. I 189 und II 17.   [41] Siehe ebd. II 345f.

[42] Siehe ebd. II 49.81.130.

[43] REGISTRUM BACCALARIORUM ET MAGISTRORUM DE FACULTATE ARTIUM UNIVERSITATIS STUDII ERFFORDENSIS, Herbst 1464: „Joh. Jeuser de Paltz" als dritter (fol. 36ra); Angabe bei KLEINEIDAM, ebd. II 284.

[44] REGISTRUM BACCALARIORUM . . ., Epiphanias 1467: „Mrg. Johannes yeuser de palcz" als achter (fol. 164vb); Angabe bei KLEINEIDAM, ebd. I 376. Zur Mindeststudiendauer bis zum Magisterexamen („zu Beginn des 15. Jahrhunderts nach fünf, am Ende schon nach vier Jahren") siehe ebd. I 229.

gleichen Jahr, trat er als Novize in das Erfurter Augustinereremitenkloster ein, um dann erst wieder 1481 seine Studien an der Universität
fortzusetzen[45]. Der späte Ordenseintritt nach bereits abgeschlossenem
Philosophiestudium ist bei allen entscheidenden Männern im Erfurter
Augustinerkloster von der Mitte des 15. bis zum Beginn des 16.
Jahrhunderts – auch bei Luther – zu beobachten und darüber hinaus für
das Zeitalter überhaupt typisch; er dürfte auch für den Charakter der
von solchen Ordensleuten vertretenen Theologie nicht unwichtig sein.
Wir werden auf diese Zusammenhänge noch ausführlicher zu sprechen
kommen[46]. Zunächst fragen wir nach der Lehrrichtung der Erfurter
Artistenfakultät in jenen Jahren, in denen Paltz ihre Ausbildung genossen hat, denn diese damals empfangenen Eindrücke werden an seiner
späteren Theologie nicht spurlos vorübergegangen sein.

Die philosophische Fakultät Erfurts, deren führender Mann in den
sechziger Jahren Heinrich Runen war[47], vertrat ganz klar die Via
moderna, und zwar mit solch fragloser Selbstverständlichkeit, daß man
sich mit dem Gegensatz der Schulen, der andernorts so sehr die Gemüter erhitzte, nicht weiter beschäftigte[48]. Damit hängt es wohl zusammen,
daß der Charakter des Erfurter Nominalismus – auch des theologischen,
soweit er in der theologischen Fakultär Fuß fassen konnte[49] – ausgesprochen gemäßigt und tolerant ist, was die Lehrinhalte und Autoritäten
betrifft. Dies kann man für das ganze 15. Jahrhundert sagen; erst gegen
Ende des Jahrhunderts verhalfen die Magister Jodocus Trutfetter und
Bartholomäus Arnoldi von Usingen einer spezifisch ockhamistischen
Richtung zum Durchbruch[50]. Vorher aber „kennt man in Erfurt nicht
die Festlegung auf die Meinung eines Schulhauptes, und in keiner Weise
ist Wilhelm von Ockham eine maßgebliche Autorität im Lehrbetrieb
der Universität"[51]. In der ersten Hälfte des 15. Jahrhunderts wird er
überhaupt nicht zitiert[52] und erst in der zweiten Hälfte findet er allmäh-
lich als eine Stimme unter vielen Eingang; ebenso steht es mit den
übrigen nominalistischen Autoritäten, die allenfalls eine sehr beschei-
dene Rolle spielen[53]. Im Mittelpunkt der philosophischen Schriften
stehen neben Hugo und Richard von St. Viktor die Scholastiker des 13.

---

[45] Zum Ordenseintritt siehe unten S. 58.
[46] Siehe unten S. 58–60 und 138f.
[47] Zu Heinrich Runen, dem „monarcha metaphysicorum", 1440 erstmals Dekan der
Artistenfakultät und erst 1473 gestorben, vgl. KLEINEIDAM, Universitas Studii Erffordensis I, 236f.; zu den anderen bedeutenderen Magistern, die als Lehrer von Paltz in Frage
kommen, siehe ebd. I 237f. und II 350f.
[48] Vgl. KLEINEIDAM, ebd. I 188f.228f. und II 146.
[49] Siehe unten S. 54.
[50] Vgl. KLEINEIDAM, ebd. II 147–151.
[51] Ebd. 146.
[52] Ebd. I 188.
[53] Ebd. II 21–37, besonders 25f.

und beginnenden 14. Jahrhunderts Thomas vón Aquin, der am häufigsten zitiert wird, Albertus Magnus, Aegidius Romanus. Alexander von
Hales, Bonaventura, Richard von Mediavilla, Heinrich von Gent, Duns
Scotus, Durandus von St. Pourçain und Petrus Aureoli[54]. In erster Linie
will man, wie gesagt, gediegene Sachkenntnisse vermitteln, nicht auf
eine bestimmte Lehrrichtung einschwören[55].

Freilich – das Bekenntnis zur Via moderna bedeutete auch für die
Erfurter Artistenfakultät das Festhalten an sehr wesentlichen Lehrprinzi-
pien, nicht nur methodischer, wie Kleineidam meint, sondern auch
inhaltlicher Natur[56]. Methode und Inhalt sind gerade im Nominalismus
kaum voneinander zu trennen[57]. Um 1460 dürften besonders drei
Grundsätze für den Erfurter Nominalismus konstitutiv gewesen sein:
1. der Standpunkt in der Universalienfrage, den der Erfurter Magister
Johannes von Wesel so wiedergibt: „Nach der via moderna gibt es nur
Einzeldinge und sind die Allgemeinbegriffe nur Entitäten, die in der
geschaffenen Seele hergestellt sind"[58]; 2. die konsequente Anwendung
des Ökonomieprinzips, daß eine Mehrheit von Faktoren oder Dingen
nicht ohne Notwendigkeit anzunehmen sei, d. h. ohne daß Autorität,
Vernunft oder Erfahrung zur Annahme einer Realdistinktion zwängen[59];
3. das Bemühen um die ‚proprietas sermonis‘[60], d. h. um eine aus

---

[54] Ebd. I 185.187f. und II 22.25f.

[55] Siehe oben S. 45 bei Anm. 40.

[56] Gegen KLEINEIDAM, Universitas Studii Erffordensis I, 183.185.189 (in Erfurt sei „die
inhaltliche Lehrrichtung von dieser methodischen Lehrweise unabhängig" gewesen).

[57] Das wird am Beispiel Gersons sehr schön sichtbar bei RITTER, Via antiqua und Via
moderna, 25–30.

[58] „Secundum viam modernam nullae sunt res nisi singulares et universalia non sunt nisi
entia fabricata in anima creata." Sent. (Erfurt um 1453), Cod. Vat. Palat. 337 fol. 95rb; zit.
bei KLEINEIDAM, ebd. II 22 Anm. 164. Zur strikten Ablehnung jeder Art von Universa-
lienrealismus in der Erfurter philosophischen Fakultät vgl. auch ebd. I 184.

[59] Vgl. z. B. JOHANNES VON WESEL, ebd. fol. 94va: „Secundum namque viam modernam
hoc habetur tamquam principium, quod nullibi habetur pluralitas sine reali distinctione."
Zit. bei KLEINEIDAM, ebd. II 22 Anm. 165. Zur Ausweitung des Ökonomieprinzips vom
numerischen auf den qualitativen Bereich vgl. WILHELM TEXTORIS VON AACHEN, 4 Sent.
(Erfurt um 1460), Bielefeld Gymnasialbibliothek Cod. 4 fol. 58rb: „Nam sicut non sunt
ponenda plura sine necessitate, ita non est ponendum aliquid perfectius quam oportet sine
necessitate." Zit. bei KLEINEIDAM, ebd. II 24 Anm. 179.

[60] Vgl. z. B. JOHANNES VON WESEL, ebd. fol. 94va: „secundum proprietatem sermonis,
quam intendit via moderna"; zit. bei KLEINEIDAM, ebd. II 23 Anm. 166. Zum entsprechenden Programm bei JODOCUS TRUTFETTER in dessen Summulae totius logicae (Erstdruck
1501) siehe ebd. 149–151. Vgl. auch LUTHER: „... Terministen, die in terminis propriis
von einem dinge reden und nicht die wordt frembde und wilde deuten." WA TR
5,653,1–18 Nr. 6419; SCHEEL, Dokumente, 175,20–35 Nr. 484; OBERMAN, Werden und
Wertung der Reformation, 425.

eindringlicher Sprachanalyse und Sprachkritik hervorgehende „präzise, eigentliche Begriffssprache"[61]. – Es geht uns nun hier weniger um diese drei Prinzipien und die zwischen ihnen bestehenden engen Verbindungen als um die Beobachtung, daß sich ihre Gültigkeit in der Erfurter Via moderna sehr wohl mit der angedeuteten Lehrfreiheit und Offenheit für die Autoritäten der Via antiqua, sogar mit einer ausgesprochenen Hochschätzung des Thomas von Aquin und seines Schülers Aegidius Romanus[62] vertrug. So ist es erklärlich, daß von auswärts, z. B. aus der Pariser Schule Heinrichs von Gorkum, kommende Magister der Via antiqua problemlos in den Erfurter Lehrbetrieb integriert werden konnten[63]. Die Darbietung einer breit angelegten Wissensgrundlage hatte Vorrang vor einer pointierten und aggressiven Zuspitzung des Schulstandpunkts.

Dies ist nicht unwichtig, wenn wir nun unseren Blick auf den Erfurter magister artium Johannes von Paltz zurücklenken. Ausschlaggebend für den Charakter seiner späteren Theologie wird zwar die nach Ordenseintritt und Priesterweihe einsetzende Ausbildung am Generalstudium des Ordens unter dem regens studii Johannes von Dorsten gewesen sein[64]; doch hat die großzügige Richtung der Erfurter Artistenfakultät, die ja auch Dorsten ausgebildet hat, seine theologische Haltung jenseits eines bestimmten Schulstandpunkts und seine große Vorliebe für Thomas und Aegidius begünstigt, ist ihr zumindest nicht durch einen forcierten Nominalismus entgegengestanden. Festzuhalten ist gleichwohl, daß Paltz sein Philosophiestudium im Sinne der oben genannten methodisch-inhaltlichen Prinzipien als modernus abgeschlossen hat.

Wir überspringen nun die folgenden vierzehn Jahre, in die Noviziat, Priesterweihe, theologische Ausbildung am Erfurter Ordensstudium und erste Wirksamkeit im Dienste der Ordensreform unter Andreas Proles fallen, und setzen erst wieder beim Jahre 1481 ein. Am 3. Januar dieses Jahres starb Johannes Bauer von Dorsten[65], der damals angesehen-

---

[61] Kleineidam, Universitas Studii Erffordensis II, 23; vgl. ders., Geschichte der Wissenschaft, 180–182.

[62] Ders., Universitas Studii Erffordensis I, 72.185.187 f. und II 22.25.

[63] Ebd. I 189; zu Johannes von Dorsten, Paltz' Lehrer, der auch aus Köln kam, siehe unten S. 60 f.

[64] Siehe unten S. 60–63.

[65] Zwar bezweifelt Kunzelmann (Geschichte V, 77) aufgrund der Angaben einer Wiesbadener Handschrift (siehe unten Kap. 3 Anm. 17) das Todesjahr 1481, allerdings in offensichtlicher Unkenntnis des bereits von Kleineidam (siehe ebd. II 14) in einer Abschrift alter Grabdenkmäler gefundenen genauen Todesdatums. Das Jahr 1481 wird von Paltz in Suppl. fol. F 6v bestätigt, wo er über eine determinatio Dorstens zur Frage der Blutwunder bemerkt: „Istam autem determinationem fecit in paenultimo anno vitae suae 1480."

ste Theologieprofessor nicht nur des deutschen Augustinerordens, sondern auch der gesamten Erfurter Fakultät[66]. Über ihn wird unten noch ausführlicher die Rede sein müssen[67]. Er war 1465 zum Doktor der Theologie promoviert worden[68] und hatte wohl bereits damals Heinrich Ludowici, der seit 1443 den Lehrstuhl der Augustinereremiten an der theologischen Fakultät der Universität innehatte[69], in seinem Amte abgelöst. Diese Professur war einer der sechs Lehrstühle, die die Fakultät spätestens seit 1435 besaß und von denen drei aus dem Weltpriesterstand und jeweils einer von den Dominikanern, Franziskanern und Augustinereremiten besetzt wurden[70]. Der jeweilige Lehrstuhlinhaber der drei Bettelorden war zugleich auch der leitende Lehrer (regens studii, lector principalis) am Erfurter Generalstudium seines Ordens[71]. Theologische Fakultät und Ordensstudien waren somit durch Personalunion miteinander verbunden[72]. So ist es wahrscheinlich, daß Dorsten 1465 nicht nur Nachfolger Ludowicis als Universitätslehrer, sondern auch als Regens des Augustinerstudiums wurde. „Sein Tod kam", wie Kleineidam vermutet, „den eigenen Ordensbrüdern wohl überraschend, denn sie hatten niemand zur Verfügung, der seinen Platz ausfüllen konnte, außer den alten Heinrich Ludovici. Sie mußten umgehend daran denken, eine neue Kraft heranzubilden und promovieren zu lassen."[73] Die Wahl des Priors[74] fiel auf Johannes von Paltz. So kam es – vorausgesetzt, daß Kleineidams Annahme richtig ist[75] –, daß Paltz nach langer Pause erst wieder frühestens im Sommersemester 1481 seinen Studienweg an der Universität fortsetzte, den er 1467 als magister artium abgebrochen hatte.

Inzwischen hatte er wohl am Generalstudium des Ordens, etwa zwischen 1470 und 1475, den Grad eines Lektors erworben, der zur theologischen Lehre an den Ordensstudien, nicht aber an der Universität befähigte[76]. Wohl aber bot eine solche theologische Vorbildung den Ordensleuten das Privileg, den ersten theologischen Grad an der Uni-

---

[66] Siehe das Urteil eines Zeitgenossen (Paltz?) über ihn unten S. 310 bei Anm. 51.
[67] Siehe unten S. 60f.   [68] Siehe unten S. 61 mit Anm. 163.
[69] Siehe Kleineidam, Universitas Studii Erffordensis I, 141 und 286.
[70] Ebd. 293–295.   [71] Ebd. 261.
[72] Vgl. Scheel, Martin Luther II, 122.   [73] Kleineidam, ebd. II 14.
[74] Zur Entscheidungsbefugnis des Priors bei der Frage des Studiums vgl. Scheel, ebd. 127f. Prior des Erfurter Konvents war 1481 Petrus Hegelin; siehe Kunzelmann, Geschichte V, 87.
[75] Es ist durchaus denkbar, daß Paltz bereits vor Dorstens Tod mit dem Theologiestudium an der Universität begonnen hat. Allzu überraschend kann Dorstens Tod für seine Mitbrüder doch nicht gewesen sein, war er doch immerhin schon etwa 60 Jahre alt; siehe Zumkeller, Der Predigtband Cod. Berolinensis, 429.
[76] Siehe unten S. 61.

versität, den Grad eines baccalaureus biblicus, in wesentlich kürzerer
Zeit als die Weltkleriker zu erwerben. Während diese den Statuten
gemäß zwischen philosophischem Magisterium und theologischem
Bakkalaureat volle fünf Jahre in der theologischen Fakultät studiert,
d. h. Vorlesungen über die Bibel und die Sentenzen des Lombarden
gehört und an den Disputationen teilgenommen haben mußten[77], war
für einen Ordensmann weder der philosophische Magistergrad noch ein
Studium an der theologischen Fakultät erforderlich, um als baccalaureus
biblicus zugelassen zu werden. Es genügte eine Bescheinigung seines
Ordens, „daß er zu diesem Grad bereits promoviert ist", d. h. den
Lektorgrad besitzt[78]. So wurde Paltz wahrscheinlich schon zu Beginn
des Sommersemesters 1481, dem nächstmöglichen Termin nach Dorstens Tod, ohne vorhergehendes Theologiestudium an der Erfurter
Fakultät baccalaureus biblicus und damit bereits Angehöriger des theologischen Lehrkörpers[79]. Seine Aufgabe war nun die kursorische Erklärung der Schrift, und zwar je eines von der Fakultät angegebenen

---

[77] STATUTEN DER THEOL. FAKULTÄT ERFURT VIII 2 (ed. Meier 111, 8–16); vgl. KLEINEI-
DAM, Universitas Studii Erffordensis I, 257 und SCHEEL, Martin Luther II, 135–139.

[78] „Imprimis statuimus, quod volens incipere cursum bibliae in Erfordia se humiliter
facultati praesentet cum testimonio, quod ad talem gradum est promotus, si est religiosus." STATUTEN DER THEOL. FAKULTÄT ERFURT VIII 1 (ed. Meier 110,24–26). KLEINEIDAM
(ebd. 260) gibt „quod ad talem gradum est promotus" mit „daß der Ordensmann zu
diesem Grad geeignet sei" wieder; doch ist das technische Verständnis des „promotus" bei
SCHEEL (ebd. 126) vorzuziehen.

[79] Nach Auskunft des LIBER RECEPTORUM der Universität (fol. 67v) fällt in das Sommersemester 1482 sowohl sein ‚principium in bibliam' als auch sein ‚principium in Sententias',
er scheint demnach im gleichen Semester baccalaureus biblicus und sententiarius geworden zu sein; siehe KLEINEIDAM, ebd. II 91 f. und 284. Das ist aber kaum möglich und wäre
meines Wissens ein singulärer Fall in Erfurt gewesen. Eher dürfte es sich so verhalten, daß
der Liber receptorum für das Sommersemester 1482 einfach registriert, daß Paltz bereits
die beiden principia hinter sich hat, ohne damit zu sagen, wann sie erfolgten. Darauf
weisen auch die Eintragungen desselben Buches für die beiden Augustinereremiten
Heinrich Modege und Johannes von Dorsten, die im Wintersemester 1463 als baccalaureus
biblicus, baccalaureus sententiarius und baccalaureus formatus geführt werden (siehe
KLEINEIDAM, ebd. II 276f.), aber diese drei Grade unmöglich in einem Semester erworben
haben können. Paltz' Studiengang dürfte wie der anderer schnell promovierender Ordensleute verlaufen sein, z. B. wie der seines Ordensgenossen Johannes Drolmeier von Lich,
der im Sommersemester 1491 als baccalaureus biblicus seine theologischen Vorlesungen
begann, im Sommersemester 1493 Lizentiat und am 21. Okt. 1493 Doktor wurde; siehe
KLEINEIDAM, ebd. II 292 (im Sommersemester 1492 müßte er baccalaureus sententiarius
geworden sein). Überträgt man diesen Zeitplan auf Paltz, dann promovierte er, der im
Sommersemester 1483 Lizentiat und am 13. Okt. 1483 Doktor wurde, im Sommersemester 1481 zum baccalaureus biblicus und, wie ja bezeugt ist, im Sommersemester 1482 zum
baccalaureus sententiarius. Warum sollte auch Paltz nach dem Tode Dorstens im Januar
1481 bis zum Sommersemester 1482 mit dem biblischen Bakkalaureat gewartet haben, wo
man doch seiner so dringend für den verwaisten Lehrstuhl bedurfte?

Buches aus dem Alten und Neuen Testament[80]. Zum baccalaureus sententiarius wurde der baccalaureus biblicus in Erfurt erst mindestens zwei Jahre nach Beginn seines ‚biblischen Kurses‘ promoviert[81], doch war den Ordensleuten auch hier ein schnellerer Aufstieg möglich[82]. Paltz konnte daher bereits im Sommersemester 1482 als sententiarius mit der Sentenzenlesung beginnen[83]. Im Sommersemester wird er die ersten beiden Bücher des Lombarden, im folgenden Wintersemester als baccalaureus formatus[84] die übrigen beiden kommentiert haben.

Zu Beginn dieses Wintersemesters, kurz nach dem Fest des Evangelisten Lukas (18. Oktober), kam der Sententiar Paltz dem Auftrag der theologischen Fakultät nach, im Erfurter Mariendom die Predigt bei der feierlichen Universitätsmesse zu halten, die statutengemäß zur Eröffnung jedes Semesters zelebriert werden mußte[85]. Dieser Auftrag war ehrenvoll und zeigt das Ansehen, das Paltz schon damals als Prediger genossen hat; es war aber kein außergewöhnlicher Vorgang, denn die allgemeinen Universitätsstatuten und die Statuten der theologischen Fakultät bestimmten für die Semestereröffnungspredigt neben den Doktoren der Theologie ausdrücklich auch die theologischen Bakkalare[86], zu deren Aufgaben ohnehin das Predigen gehörte[87]. Auf Paltz' Predigt, die erhalten ist, werden wir bei der Besprechung seiner Werke zurückkommen.

---

[80] STATUTEN DER THEOL. FAKULTÄT ERFURT VIII 4 (ed. Meier 112,4–8); vgl. KLEINEIDAM, Universitas Studii Erffordensis I, 257 und SCHEEL, Martin Luther II, 125.

[81] STATUTEN DER THEOL. FAKULTÄT ERFURT IX 1 (ed. Meier 114,16–20); falsch wiedergegeben bei KLEINEIDAM, ebd. 258 („nach dieser kursorischen Bibelvorlesung mußte der Promovend nochmals zwei Jahre studieren"), richtig bei SCHEEL, ebd. 126.

[82] STATUTEN DER THEOL. FAKULTÄT ERFURT IX 1 (ed. Meier 114,20–25); vgl. KLEINEIDAM, ebd. 260 und SCHEEL, ebd. 126.

[83] Siehe oben Anm. 79.

[84] STATUTEN DER THEOL. FAKULTÄT ERFURT IX 8 (ed. Meier 116,22–117,7); vgl. KLEINEIDAM, ebd. 258. Die Sentenzenlesung konnte insgesamt zwei Jahre oder auch nur ein Jahr, wie bei Paltz, dauern; siehe STATUTEN DER THEOL. FAKULTÄT ERFURT IX 3 (ed. Meier 115,8–19); vgl. KLEINEIDAM, ebd.

[85] STATUTEN DER UNIVERSITÄT ERFURT XII 1 (ed. Weissenborn I 25,3–6). Das Datum der Predigt ergibt sich aus dem Umstand, daß der Rektor der Universität für das bevorstehende Semester, Philipp Graf von Solms, in der Predigt namentlich genannt wird (fol. 160ra), also bereits gewählt sein muß. Die Wahl des Rektors für das Wintersemester fand aber immer am 18. Okt. statt; siehe STATUTEN DER UNIVERSITÄT ERFURT II 1 (ed. Weissenborn I 7,28–30). KLEINEIDAM (ebd. II 92) datiert die Predigt irrtümlich in das Sommersemester 1482. Daß Paltz die Predigt im Erfurter Mariendom gehalten hat, ist aus der Predigt selbst zu erschließen: „... virginem gloriosissimam huius ecclesiae patronam invocari" (fol. 159ra).

[86] STATUTEN DER UNIVERSITÄT ERFURT XII 3 (ed. Weissenborn I 25,11 f.) und STATUTEN DER THEOL. FAKULTÄT ERFURT I 2 (ed. Meier 91,16–92,4).

[87] Ebd. XI 1 (ed. Meier 120,2 f.).

Nach dem Abschluß der Sentenzenkommentierung mußten die Erfurter baccalaurei formati nochmals zwei Jahre studieren, insbesondere Vorlesungen und Disputationen der Doktoren besuchen, ehe sie zum Lizentiatsexamen zugelassen werden konnten[88]. Zwar verwehrten die Statuten in diesem Fall den Ordensleuten ausdrücklich eine Sonderregelung[89], doch wurde die Bestimmung in der Praxis umgangen. Paltz ist ein Beispiel dafür: Bereits im Sommersemester 1483, also erst ein Jahr nach dem Beginn mit der Sentenzenlesung, wird er Lizentiat[90] und noch am Ende des gleichen Semesters, am 13. Oktober 1483, im Monat vor Luthers Geburt, Doktor der Theologie[91]. Sein Doktorvater war der Dominikaner Konrad von Wallenfels[92]. Dies ist bemerkenswert, weil die Fakultät einem Ordensmann möglichst einen Promotor aus seinem eigenen Orden zuteilen sollte[93]. Daß das bei den Augustinereremiten 1483 nicht möglich war, ist ein Beweis dafür, daß ihr Lehrstuhl an der theologischen Fakultät nach dem Tode Dorstens unbesetzt geblieben und nicht etwa wieder von Heinrich Ludowici eingenommen worden ist[94]. Es kann kein Zweifel darüber bestehen, daß Paltz den verwaisten Augustinerlehrstuhl unmittelbar nach seiner Doktorpromotion übernahm und daß ihm damit auch das Amt des regens studii am Erfurter Generalstudium des Ordens übertragen wurde.

Ehe wir die akademische Tätigkeit des neuen Professors weiter verfolgen, halten wir kurz inne, um uns zu vergegenwärtigen, welcher Lehrrichtung sich die Erfurter Universitätstheologie zu Beginn der achtziger Jahre verpflichtet fühlte und welchen Einfluß sie auf Paltz ausgeübt haben dürfte. Diese Frage ist für unsere spätere Untersuchung seiner Theologie von großer Wichtigkeit. Zunächst muß man feststellen, daß Paltz die universitäre Vorbereitung auf das Lizentiat mit solcher Schnelligkeit, in zwei Jahren, absolviert hatte, daß für eine nachhaltige Prägung durch einen der theologischen Magister gar keine Zeit blieb. Es ist ja zu bedenken: Paltz war von vornherein, schon als baccalaureus

---

[88] Ebd. (ed. Meier 119,21–120,9); vgl. KLEINEIDAM, Universitas Studii Erffordensis I, 258.

[89] STATUTEN DER THEOL. FAKULTÄT ERFURT XI 1 (ed. Meier 120,9–17); vgl. KLEINEIDAM, ebd. 260.

[90] LIBER RECEPTORUM (fol. 69r); Angabe bei KLEINEIDAM, ebd. II 92 und 284.

[91] VERZEICHNIS DER IN ERFURT PROMOVIERTEN DOKTOREN DER THEOLOGIE Nr. 86 (ed. KLEINEIDAM, ebd. I 352).

[92] Siehe KLEINEIDAM, ebd. II 92 und 285. Zu Konrad von Wallenfels siehe unten S. 53 mit Anm. 97.

[93] STATUTEN DER THEOL. FAKULTÄT ERFURT VII 2 (ed. Meier 105,7–9); vgl. KLEINEIDAM, ebd. I 260.

[94] Daß die Augustinereremiten um diese Zeit niemanden hatten, der als Promotor hätte fungieren können, wie KUNZELMANN (Geschichte V, 438) meint, kann man so allgemein nicht sagen, da ja Ludowici erst 1488 gestorben ist; siehe KLEINEIDAM, ebd. I 141.

biclicus, theologischer Lehrer und bei der Kürze des Abstandes zwischen den Promotionen so mit Lehraufgaben eingedeckt, daß er kaum Zeit für den Besuch von Vorlesungen der Magister gehabt haben dürfte. Völlig anders war die Situation, wie wir sahen, beim Weltkleriker, der während der fünf Jahre Theologiestudium vor dem biblischen Bakkalaureat und auch noch während des Bakkalaureats selbst, das bis zum Lizentiat mindestens weitere fünf Jahre zu dauern hatte, die Vorlesungen und Disputationen der Professoren besuchen mußte und schon deshalb ganz anderen Möglichkeiten des Einflusses ausgesetzt war. Bereits von den äußeren Daten her ist daher zu vermuten, daß Paltz als scholastischer Theologe in erster Linie durch die früheren Jahre am Generalstudium seines Ordens und nur in geringem Maße durch die kurze akademische Zeit vor dem Lizentiat geprägt wurde. Die universitären Privilegien für die Ordensleute, die ihnen ein so schnelles Erreichen des Doktorats an der theologischen Fakultät ermöglichten, waren ja gerade von der Rücksicht darauf bestimmt, daß die Ordenstheologen „den Aufbau einer eigenen Ordensschule mit einer bestimmten Ordensdoktrin erreichen" und Fremdeinflüsse möglichst ausschalten wollten[95].

Durch den starken Einfluß der verschiedenen Ordenstraditionen kommt es auch, daß man von *der* Erfurter Theologie und ihrer Lehrrichtung überhaupt nicht sprechen kann[96]. Am wenigsten weiß man bisher über die Theologie der Erfurter Dominikaner, die in den Jahren 1481 bis 1484 mit Konrad von Wallenfels den führenden Mann in der theologischen Fakultät stellten[97]. Von ihm sind keine Schriften bekannt, doch darf man aufgrund seiner Ausbildung an der Universität Leipzig und am dortigen Ordensstudium vermuten, daß er der thomistischen Schuldoktrin anhing[98]. Über die Lehrrichtung der Erfurter Franziskaner, deren Lehrstuhl im gleichen Zeitraum erst Christian von Borgsleben[99], dann Johannes Heimstete[100] innehatte, sind wir durch die Arbeiten von Ludger Meier hervorragend informiert[101]. Sie vertraten einen strengen Sko-

---

[95] KLEINEIDAM, ebd. I 260; vgl. MEIER, Die Stellung der Ordensleute, 141–143.

[96] Vgl. den Überblick bei MEIER, Contribution.

[97] Über ihn siehe KLEINEIDAM, Universitas Studii Erffordensis II, 15 f. 91. 272 f.; LÖHR, Die Dominikaner an der Leipziger Universität, 69 f.

[98] Zum Thomismus an der Leipziger Universität (eigener Lehrstuhl für die via Capreoli!), der auf den Einfluß des Leipziger Dominikanerklosters zurückzuführen ist, vgl. LÖHR, ebd. 80 f. und ders., Die Dominikaner an den deutschen Universitäten, 426 f.

[99] Inhaber des Lehrstuhls von Sommersemester 1464 bis Wintersemester 1482/83; siehe KLEINEIDAM, ebd. II 13 und 271 f.

[100] Inhaber des Lehrstuhls ab frühestens Wintersemester 1482/83; siehe KLEINEIDAM, ebd. II 13 und 283 f.

[101] Die Zusammenfassung seiner in vielen Aufsätzen entfalteten Forschungsergebnisse zur Erfurter Franziskanertheologie findet sich in dem 1958 erschienenen Werk Die Barfüßerschule zu Erfurt.

tismus[102], mit dem sich eine intensive Rezeption der älteren Franziskanerschule[103], besonders eine große Bonaventuraverehrung[104], und
Respekt vor Thomas[105], aber keine Spur von Nominalismus verband;
Ockham und seine Richtung empfand man als Fremdkörper in der
Ordenstradition[106]. Die Theologie der Erfurter Augustinereremiten, wie
sie an der Universität bis Anfang 1481 durch Johannes von Dorsten
repräsentiert wurde, wird uns noch eingehender beschäftigen[107]. Soviel
aber sei angedeutet, daß sie nicht auf eine bestimmte Lehrrichtung
fixiert ist; bemerkenswert ist der negative Befund, daß sie weder speziell
für den Ockhamismus noch für die nominalistische Richtung allgemein
Sympathien zeigt.

Von einer Via moderna in der Erfurter Theologie kann man nur
hinsichtlich der Weltpriester sprechen, deren drei Lehrstühle 1481 bis
1483 durch Benedikt Stendal (gest. 1482)[108], Ulrich Rißbach[109], Johannes
Milbach[110] und Georg Molitoris von Naumburg (seit 1482)[111] besetzt
wurden[112]. Bei den Weltpriestern allein zeigte sich in Erfurt ein enger
Zusammenhang zwischen der Schulrichtung der Artistenfakultät und
der Lehre der theologischen Fakultät – eine Verbindung, die bereits in
der Lehrtätigkeit sichtbar ist: Die führenden philosophischen Magister
sind fast alle zugleich Bakkalare der theologischen Fakultät, und umgekehrt können die theologischen Magister aus dem Weltpriesterstand in
der Regel auf eine langjährige Tätigkeit in der philosophischen Fakultät
zurückblicken[113]. Was wir oben über die Lehrrichtung der Artisten
gesagt haben, gilt daher auch für die jener Theologen, nur daß die Via
moderna beider zu Beginn der achtziger Jahre gegenüber den Jahren von
Paltz' Philosophiestudium eine „zunehmend stärkere Herausarbeitung
der nominalistischen Einstellung", vor allem eine intensivere Ockham-
Rezeption aufweist[114].

Paltz jedoch scheint, wenn wir von seinen Schriften ausgehen, durch
die Theologie der Weltpriester an der Universität keine tieferen Impulse
empfangen zu haben, denn er zitiert, von drei Zitaten aus dem Sentenzenkommentar Gregors von Rimini abgesehen, kein einziges Werk der
nominalistischen Quästionenliteratur[115]. Wenn er überhaupt nach seiner

---

[102] Siehe MEIER, ebd. 69 f. und 76.   [103] Ebd. 81 f.
[104] Ebd. 72 f.   [105] Ebd. 74 f.; vgl. unten S. 196 mit Anm. 378.
[106] Ebd. 83 f.   [107] Siehe unten S. 62 f. und 303–333.
[108] Siehe KLEINEIDAM, Universitas Studii Erffordensis I, 290 und II, 315.
[109] Ebd. II 10 f. und 278 f.
[110] Ebd. 275.   [111] Ebd. 279 f.   [112] Ebd. 8–11.
[113] Ebd. I 254; vgl. MEIER, Die Rolle der Theologie im Erfurter Quodlibet, 302.
[114] KLEINEIDAM, ebd. II 37 und 21–37; vgl. auch ebd. I 186–191.
[115] Siehe unten S. 198.

Rückkehr an die Universität von einer Schuldoktrin beeinflußt worden ist, dann von der dominikanischen seines Doktorvaters Konrad von Wallenfels[116], wahrscheinlicher aber noch von der franziskanischen, mit der ihn eine Fülle von gemeinsamen Autoritäten, z. B. auch die des Erfurters Kilian Stetzing, aber auch manche speziellen Lehren, etwa von der unvollkommenen Reue oder der unbefleckten Empfängnis Mariens, verbinden[117]. Entscheidend freilich blieb für ihn auf dem Gebiet der Lehre, wie gesagt, die Tradition des eigenen Ordens, wie sie ihm durch Dorsten nahegebracht worden war. Allerdings ist bei der Frage nach möglichen Einflüssen dieser oder jener Schulrichtung auf Paltz immer zu bedenken, daß er in seinen Werken die Ebene der Schulkontroversen weitgehend verläßt und daß für ihn als Frömmigkeitstheologen ganz andere Probleme und Alternativen im Vordergrund stehen. Der biographischen Forschung ist daher bei Vermutungen auf diesem Gebiet Zurückhaltung geboten. Das einzige, was wir mit einiger Gewißheit sagen können, ist, daß der theologische Lehrbetrieb in Erfurt durch seine Offenheit für verschiedene Standpunkte, für Thomismus, Skotismus, Ägidianismus und Nominalismus, ähnlich wie die Ausbildung an der Artistenfakultät eine Haltung in Lehrfragen fördern konnte, die man – gerade auch in Hinblick auf Paltz – als „eklektischen Traditionalismus" bezeichnet hat[118].

Johannes von Paltz hatte zehn Jahre, von 1483 bis 1493, den theologischen Lehrstuhl der Augustinereremiten an der Universität Erfurt inne[119] und leitete gleichzeitig das Generalstudium seines Ordens in Erfurt. Nach Kleineidams Urteil war er nach dem Tode des Dominikaners Konrad von Wallenfels am 14. September 1484 „der führende Kopf in der theologischen Fakultät"[120]. Sein Amt und Ansehen als Lehrstuhlinhaber werden durch die dürren Fakten belegt, daß er im Sommersemester 1487 als Promotor bei der Doktorpromotion eines Augustinerchorherrn fungierte[121] und daß im gleichen und im folgenden Jahr zwei Augustiner an der Erfurter Fakultät gratis intituliert wurden „ob reverentiam doctoris Paltz"[122]. Schon vorher, im Spätsommer 1486, hatte

---

[116] Zu Paltz' intensiver Thomas-Rezeption und seiner sonstigen Verwendung der Dominikanerliteratur siehe unten S. 196–202.

[117] Zur Franziskanerliteratur in Paltz' Werk siehe ebd.

[118] KLEINEIDAM, Universitas Studii Erffordensis I, 187 und II, 146 f.; zur Beziehung des Eklektizismus-Urteils auf Paltz siehe oben S. 29 f. (FERDIGG) und S. 34 (FISCHER).

[119] Noch FERDIGG (I 236) setzt hinter die Professur des Augustiners ein Fragezeichen, doch ohne Grund, wie aus den folgenden Ausführungen deutlich werden dürfte.

[120] KLEINEIDAM, ebd. II 91.

[121] Es handelte sich um Christophorus Zachariae aus Breslau; siehe KLEINEIDAM, ebd. II 285.

[122] ALLGEMEINE STUDENTENMATRIKEL DER UNIVERSITÄT ERFURT, Sommersemester 1487

Paltz als Gast aus der theologischen Fakultät an der alljährlichen Quodlibetdisputation der Artisten teilgenommen und eine Frage über das
Kommen des Antichrist determiniert. Seine Antwort ist erhalten und
wird unten eingehender zu besprechen sein[123]. Ein weiteres Zeugnis
seiner Disputationstätigkeit ist die möglicherweise im gleichen Jahr
verfaßte Schrift De cautelis servandis in absolutione sacramentali, in der
die Frage nach der priesterlichen Vollmacht beim Bußsakrament in
schulgerechter Determination – „doctoraliter est decisa" – gelöst wird[124].

Zum Abhalten von Disputationen kamen drei weitere wichtige akademische Aufgaben der theologischen Doktoren hinzu[125]: 1. die magistrale Schrifterklärung, die sich von der kursorischen der baccalaurei
biblici durch die intensive Erörterung theologischer Probleme in Form
eingestreuter Quästionen unterschied[126]; 2. die Abgabe von theologischen Gutachten; 3. die gelehrte, streng scholastisch aufgebaute Predigt,
insbesondere bei Universitätsgottesdiensten und anderen herausgehobe-
nen Anlässen. – Während von Paltz weder Zeugnisse seiner lecturae in
sacram paginam noch einer Gutachtertätigkeit bekannt sind, kennen wir
aus handschriftlicher Überlieferung sechs seiner ‚scholastischen' Predigten aus den Jahren 1486 bis 1489, dem Zeitraum, der offensichtlich den
Höhepunkt seiner akademischen Wirksamkeit darstellt, ehe ihn neue
Tätigkeitsfelder auch lokal vom universitären Bereich abziehen. Die
tatsächliche Autorschaft von Paltz sei für diese Predigten zunächst
einmal vorausgesetzt[127]. Dem Universitätsleben am nächsten steht ein
nicht genau zu datierender Sermo, der vor der gesamten Universität
einschließlich des Professorenkollegiums gehalten worden ist und der
Vorbereitung der Studenten auf den Abendmahlsempfang am folgenden Tag dienen sollte[128]. Aus den Jahren 1486 und 1488 sind zwei
Totenpredigten erhalten, die Paltz bei den Begräbnisfeierlichkeiten für
die beiden Doktoren der theologischen Fakultät Theoderich von Weißensee und Ulrich Rißbach, den bereits erwähnten Inhaber eines der
drei Weltpriesterlehrstühle[129], gehalten hat[130]. Zwei weitere feierliche

---

(ed. Weissenborn I 417b 24–26): „frater Hertwicus Demmen de Goßlaria eiusdem ordinis
et magister Heidelbergensis gratis ob reverentiam doctoris Paltz; dedit unum novum
bedellis". Ebd., Sommersemester 1488 (ed. Weissenborn I 422b 37f.): „frater Fridericus
Sleyger ordinis Augustinensium ob reverentiam doctoris Paltz". – Zu Hertvicus Themen,
der am 20. Okt. 1485 in Heidelberg zum magister artium promoviert worden war, 1491
von Erfurt nach Tübingen wechselte und dort am 28. April 1494 Doktor der Theologie
wurde, siehe KUNZELMANN, Geschichte V, 446f.

[123] Siehe unten S. 97–99.   [124] Siehe unten S. 94–97.
[125] Vgl. KLEINEIDAM, Universitas Studii Erffordensis I, 250–254.
[126] Vgl. SCHEEL, Martin Luther II, 138.
[127] Die Echtheitsfrage wird unten bei der Besprechung von Paltz' Werken diskutiert.
[128] Siehe unten S. 107–109.   [129] Siehe oben S. 54 bei Anm. 109.
[130] Siehe unten S. 101–104.

Predigten trug er vor dem versammelten Klerus auf den beiden 1488 und 1489 einberufenen Erfurter Diözesansynoden vor[131]. Während für diese fünf Predigten Anlaß und Ort des Vortrags – alle wurden im Erfurter Mariendom gehalten – bekannt sind, wissen wir von einem weiteren Sermo, der bruchstückhaft überlieferten Predigt De adventu domini ad iudicium, nur das Entstehungsjahr 1487[132]. Die Wichtigkeit der Anlässe, bei denen Paltz als gelehrter Prediger tätig wurde, zeigt den Ruf und die Ausstrahlung, die er auf diesem Gebiet des sermo magistralis besessen, und die Achtung, die er bei seinen Kollegen an der Universität und den kirchlichen Vorgesetzten[133] genossen haben muß.

Zwar hatte der angesehene und vielbeschäftigte[134] Mann sein Lehramt an der Universität noch bis 1493 inne, doch kündigte sich der endgültige Rückzug aus dem akademischen Wirken bereits in den Jahren vorher durch längere Abwesenheiten von Erfurt an. Der Kampf gegen die hussitische Ketzerei führte ihn wahrscheinlich gegen Ende der achtziger Jahre nach Nordböhmen[135], die Jubiläumsverkündigung unter Raimund Peraudi im Jahre 1490 in die umliegenden thüringischen Lande, nach Meißen, Sachsen und in die Mark Brandenburg[136] und der Dienst an der Ordensobservanz noch im Sommer des gleichen Jahres in das sächsische Herzberg an der Schwarzen Elster zur Reform des dortigen Konvents, die auch die Visitation der Termineien des Klosters miteinschloß[137]. Für eine geregelte Lehrtätigkeit blieb da kaum Zeit mehr. Endgültig gab Paltz seinen Lehrstuhl und sein Amt als Regens des Erfurter Ordensstudiums auf, als er im Herbst 1493 Erfurt für sieben Jahre verließ, um auf Verlangen des Trierer Erzbischofs, seines und seines Vaters einstigen Herrn, die Observanz am Rhein zu fördern[138]. Er dürfte aus Erfurt bereits vor dem 21. Oktober abgereist sein, denn an diesem Tage promovierte sein Ordensbruder Johannes Nathin zum Doktor der Theologie, wobei der Dominikaner Nikolaus Marquitz als Promotor fungierte[139]; wäre Paltz noch in Erfurt gewesen, hätte höchstwahrscheinlich er diese Aufgabe übernommen. Nathin wurde nun für Jahrzehnte sein Nachfolger auf dem theologischen Lehrstuhl der Augustinereremiten und als Leiter ihres Generalstudiums[140].

---

[131] Siehe unten S. 104–107.   [132] Siehe unten S. 99–101.
[133] Zum Ansehen des Augustiners bei Prälaten vgl. unten S. 92 f.
[134] Vgl. die biographische Tabelle unten S. 336 f. zum Zeitraum 1483–1493.
[135] Siehe unten S. 91 f.   [136] Siehe unten S. 88.
[137] Siehe unten S. 69 f.   [138] Siehe unten S. 69–75.
[139] Siehe KLEINEIDAM, Universitas Studii Erffordensis II, 93 und 291; Kleineidam sieht den Zusammenhang mit Paltz' Abreise an den Rhein offensichtlich nicht, wenn er feststellt: „Promotor war der Dominikaner Nikolaus Marquitz, weil Paltz wohl nicht in Erfurt anwesend war." Ebd. 93.
[140] Er starb am 23. Okt. 1529.

Die vielfältigen und zeitraubenden außerakademischen Wirksamkeiten des Theologieprofessors Paltz und schließlich sein Verzicht auf das Lehramt entsprechen jenem Grundzug seines Wesens, der auf eine Umsetzung von theologischer Lehre und Frömmigkeitstheorie in praktischen Lebensvollzug drängt. Dieser Zug zu praktisch-konkreter Erfahrung, der auch seine Theologie prägt, hatte ja bereits den magister artium in das Kloster geführt; und im Dienste an der klösterlichen Idee ging er nun an den Rhein. Gleichwohl haben akademische Ausbildung und Lehrtätigkeit den Augustiner nicht nur äußerlich tangiert, sondern nachhaltig geprägt, wie seine Werke zeigen, deren wichtigste erst neun bzw. elf Jahre nach Aufgabe seiner Professur im Druck erschienen[141]. In ihnen tritt uns zwar eine seelsorgerlich orientierte, aber dennoch gelehrte Theologie entgegen, die sich der scholastischen Quästionenform bedient und mit einer Fülle von Zitaten aus der wissenschaftlichen Literatur der vergangenen Jahrhunderte aufwartet. Noch nach Jahren zehrt Paltz von der Substanz, die er sich einst an der Schola angeeignet hatte. Er gehört so durchaus zu derjenigen Gruppe von Predigern, die er selbst „moderniores verbi dei praedicatores formaliter et scholastice praedicantes" nennt[142]. Als Vertreter gelehrter Frömmigkeitstheologie verbindet er die strenge formale Tradition der Scholastik, etwa ihre Vorliebe für Distinktionen und kunstfertige Gliederungen, mit dem praktisch-erbaulichen Interesse und dem Bezug zur konkreten Lebenssituation. Gerade dieser Brückenschlag ist kennzeichnend für ihn und hat seine Entsprechung in der biographischen Symbiose von akademischer Lehre und praktizierter Frömmigkeit.

IV. Im Kloster – Paltz als monastischer Theologe

Johannes von Paltz trat, wie wir sahen, bald nach seinem Magisterexamen, das er im Januar 1467 abgelegt hatte, in den Erfurter Konvent der Augustinereremiten ein[143], in eine Lebensgemeinschaft, die seine spätere Theologie noch stärker als die Universität geformt hat. Zunächst ist bemerkenswert, daß er diesen Schritt erst nach abgeschlossenem Philosophiestudium mit etwa 21 oder 22 Jahren getan hat. Den großen Bettelorden war ja mit Rücksicht auf ihre jeweiligen Schulrichtungen von den Universitätsstatuten das Privileg gewährt worden, die philosophische Grundausbildung in den eigenen Generalstudien zu

---

[141] Die Coelifodina erschien erstmals 1502, das Supplementum Coelifodinae 1504.

[142] Suppl. fol. o 1r; zur gesamten Problematik der ‚scholastischen' Frömmigkeitstheologie siehe unten S. 132ff.

[143] KUNZELMANN (Geschichte V, 437) nimmt an, daß Paltz wohl noch im Jahre 1467 eingetreten ist.

erteilen[144]. Während nun Dominikaner und Franziskaner streng darauf
sahen, daß ihre Ordensangehörigen vor dem Theologiestudium diese
interne Schulung durchliefen, zeigt sich bei den Augustinereremiten in
der zweiten Hälfte des 15. und zu Beginn des 16. Jahrhunderts das
überraschende Bild, daß alle ihre führenden theologischen Doktoren
erst nach abgeschlossenem Studium an der Erfurter Artistenfakultät in
den Orden eintreten: Johannes von Dorsten, Johannes von Paltz, Johannes Nathin, Johannes Drolmeier von Lich, Martin Luther und Bartholomäus Arnoldi von Usingen; Johannes Lang war bei seinem Eintritt
immerhin schon baccalaureus artium[145]. Diese Tatsache ist in dem
größeren Zusammenhang der Frömmigkeitsbewegung des 15. Jahrhunderts[146] zu sehen: Zahlreiche Universitätsmagister der philosophischen
und theologischen Fakultäten wandten sich aus Ungenügen an der
logisch überfrachteten Kathederwissenschaft dem Ordensleben zu oder
wurden Prediger, um sich in Leben und Lehre auf den praktischen
Vollzug des Christentums einzustellen[147].

In Erfurt waren es besonders die Augustinereremiten, die für solche
,Konvertiten‘[148] attraktiv waren, vermutlich aus drei Gründen: Ihr Konvent, in dem es schon vor dem Anschluß an die sächsische Reformkongregation im Jahre 1474[149] seit spätestens 1446 Reformansätze gab[150],
stand im Ruf, es mit der mönchischen Zucht ernst zu nehmen[151].
Zugleich galt sein Generalstudium seit den Zeiten Heinrichs von Friemar d. Ä. (gest. 1340) als herausragendes Zentrum der Studien[152], in
dem die Kette bedeutender Lehrer bis in die Jahre Dorstens und Paltz'
nicht abgerissen war. Schließlich dürfte für die von der Universität
kommenden Magister auch der Gesichtspunkt mitgespielt haben, daß
die Erfurter Augustiner nicht eine so festgefügte, Philosophie und
Theologie umgreifende Ordensdoktrin wie die wohl thomistischen
Dominikaner und die skotistischen Franziskaner besaßen, sondern angesichts ihrer lehrmäßig sehr disparaten und sehr verschiedenartig rezi-
pierbaren Ordenstradition[153] eine durchaus offene Position eingenom-

---

[144] Vgl. KLEINEIDAM, Universitas Studii Erffordensis I, 260.

[145] Siehe ebd. 261; vgl. 195.

[146] Siehe unten S. 138 f.

[147] Zu Erfurt vgl. KLEINEIDAM, ebd. 254 f.

[148] So genannt bei KLEINEIDAM, ebd. 195.

[149] Siehe unten S. 63 bei Anm. 180.

[150] Siehe KUNZELMANN, Geschichte V, 403 und ders., Die Bedeutung des alten Erfurter
Augustinerklosters, 625–627.

[151] Siehe SCHEEL, Martin Luther II, 1 f.

[152] Siehe KUNZELMANN, Geschichte V, 13.

[153] Zur Rezeption ist z. B. bemerkenswert, daß Aegidius Romanus und Thomas von
Straßburg bei Vertretern der Via moderna sehr beliebt sein konnten; vgl. KLEINEIDAM,

men haben. *Die* Augustinerschule des Mittelalters hat es nicht gegeben[154], auch nicht innerhalb des Erfurter Generalstudiums, wie gerade die Entwicklung von Dorsten zu Luther zeigt.

Die Tendenz zur Offenheit in Lehrfragen wurde zweifellos durch den späten Ordenseintritt der genannten Augustinerdoktoren noch verstärkt. Der Magistertitel der artistischen Fakultät verbürgte jedenfalls „ein größeres Maß wissenschaftlicher Allgemeinbildung"[155] als ein Philosophiestudium an den Generalstudien des Ordens; mindestens vier Jahre lang hatte der magister artium akademische Luft eingeatmet, die noch nicht durch spezifische Ordensinteressen und -einflüsse gefiltert worden war. Er brachte eine im toleranten Klima der Erfurter Via moderna erworbene Grundausbildung mit, die eine freiere Haltung gegenüber der theologischen Ordenstradition und eine größere Aufgeschlossenheit für geistige Strömungen außerhalb des Ordens begünstigen konnte. Wir werden dies bei Dorsten und seinem Schüler Paltz bedenken müssen[156].

Wann Paltz mit seinem Theologiestudium im Erfurter Konvent begonnen hat, kann man nur vermuten. Jedenfalls wird er vorher die Stufen bis zum Priesteramt, einjähriges Noviziat, Profeß und Vorbereitung auf die höheren Weihen, durchlaufen haben. Die Priesterweihe selbst mag er 1470, wie Weijenborg vermutet[157], oder auch schon vorher[158] empfangen haben, seine theologische Ausbildung durch Dorsten kann aber frühestens in der zweiten Hälfte des Jahres 1470 begonnen haben, wie ein Blick auf die Biographie seines Lehrers zeigt.

Johannes Bauer von Dorsten wurde nach den jüngsten Forschungsergebnissen Zumkellers um 1420 geboren[159] und im Sommer 1437 an der Kölner Universität immatrikuliert[160]. Nach diesen ersten Studienjahren an der Hochburg der Via antiqua findet man ihn nach vielen Jahren, die im dunkeln liegen, erst wieder im Sommersemester 1454 in Erfurt

---

Universitas Studii Erffordensis I, 187 f. (Aegidius) und 189 f.; II 25 und 148 (Thomas von Straßburg).

[154] Die These Zumkellers von einer einheitlichen philosophisch-theologischen Lehrrichtung der mittelalterlichen Augustinereremiten wird künftig aufgrund besserer Kenntnis der von einzelnen Augustinern vertretenen Theologien kaum noch zu halten sein (siehe unten S. 303–333); vgl. ZUMKELLER, Die Augustinerschule des Mittelalters, besonders 186–195.

[155] SCHEEL, Martin Luther II, 124.   [156] Siehe unten S. 83 f.

[157] WEIJENBORG, Doctrina de immaculata conceptione apud Ioannem de Paltz, 161; ebenso FERDIGG I 233.

[158] Dorsten beispielsweise wurde bereits zwei Jahre nach seinem Klostereintritt zum Priester geweiht; siehe unten bei Anm. 162. Vgl. auch Luther: Klostereintritt am 17. Juli 1505, Priesterweihe wahrscheinlich am 27. Febr. oder 3. April 1507; siehe unten Anm. 294.

[159] ZUMKELLER, Der Predigtband Cod. Berolinensis, 429.

[160] Ebd. 428.

intituliert, wo er dann schnell im Herbst 1455 baccalaureus artium und
an Epiphanias 1458 magister artium wurde. Erst ein gutes Jahr später,
am 2. Mai 1459[161], trat er – verhältnismäßig alt – in den Augustinerkonvent ein, wurde 1461 zum Priester geweiht[162] und absolvierte daraufhin
sein Theologiestudium bis zur Doktorpromotion am 14. Oktober
1465[163]. Er wurde Nachfolger Heinrich Ludowicis auf dem Universitäts-
lehrstuhl der Augustinereremiten und als Regens des Erfurter Generalstudiums[164]. Seine Lehrtätigkeit erfuhr jedoch bald eine dreijährige
Unterbrechung, denn im Sommer 1467, also ungefähr zur Zeit des
Ordenseintrittes von Paltz, wurde er vom Kapitel der sächsisch-thüringischen Ordensprovinz zum Provinzial gewählt[165]. Im Juni 1470 weilte
er in diesem Amte auf dem Generalkapitel zu Bologna[166], doch löste ihn
noch im gleichen Jahr Heinrich Modege als Provinzial ab[167]. Erst danach
konnte er wieder seine Aufgaben als Professor und regens studii aufnehmen, da die Ordenskonstitutionen vorschrieben, daß ein Provinzial
während seiner Amtszeit keine Vorlesungen halten dürfe[168]. Die entscheidenden Lehrjahre Johanns von Paltz unter Dorsten fielen somit
etwa in den Zeitraum 1471 bis 1474. Es ist anzunehmen, daß er nach
mindestens drei Jahren den mönchischen Lektorgrad erworben hat[169].

Daß Dorsten Paltz' Lehrer war, und zwar nicht irgendeiner unter
anderen, sondern *der* theologische Lehrer und Begleiter überhaupt, wird
durch zahlreiche Selbstzeugnisse von Paltz, durch seine Betreuung des
Dorsten-Nachlasses und durch die Aufnahme großer Stücke aus Dor-

---

[161] ZUMKELLER, Handschriften aus dem ehemaligen Erfurter Augustinerkloster, 259.

[162] Ebd.

[163] KLEINEIDAM, Universitas Studii Erffordensis II, 13 und 276f. Dorsten selbst datiert
freilich in einer Randglosse zu seiner Bibel seine Ernennung zum theologischen Magister
erst in das Jahr 1466; siehe ZUMKELLER, ebd.

[164] Siehe oben S. 49.

[165] KUNZELMANN, Geschichte V, 74f. Das Kapitel fand nach Mitteilung Dorstens am 8.
9. 1467 im Augustinerkloster zu Königsberg/Franken statt; siehe ZUMKELLER, ebd.

[166] Die Teilnahme Dorstens am Bologneser Generalkapitel wird bezeugt durch Paltz in
Suppl. fol. n 3v; vgl. KUNZELMANN, Die Bedeutung des alten Erfurter Augustinerklosters,
618f.

[167] KUNZELMANN, Geschichte V, 360.

[168] ADDITIONES CONSTITUTIONUM OESA, c. 36 (fol. 43r). Von dieser Bestimmung
konnte freilich der Ordensgeneral Dispens erteilen, wie es bei den Erfurtern Johannes
Zachariä und Heinrich Ludowici der Fall war; siehe KUNZELMANN, Die Bedeutung des
alten Erfurter Augustinerklosters, 615–617. Bei Dorsten ist von einer solchen Dispens
nichts bekannt.

[169] Das vierjährige Philosophiestudium an den Generalstudien des Augustinerordens
wurde durch die Promotion zum Cursor (der in etwa dem magister artium entspricht)
abgeschlossen, das dreijährige Theologiestudium durch die Promotion zum Lektor. Diese
Grade hatten nur innerhalb des Ordens Geltung, berechtigten also nur zu Vorlesungen an
den Ordensstudien. Vgl. SCHEEL, Martin Luther II, 120f.

sten in seine Werke bestätigt. Aus all dem geht hervor, welch große Verehrung er zeit seines Lebens für seinen Ordenslehrer hegte, wie sehr er sich ihm als Vorbild verpflichtet fühlte und sich mit seiner Art von Theologie und Frömmigkeit identifizierte. Wir werden darauf an anderer Stelle näher eingehen und in diesem Zusammenhang dann auch zu zeigen versuchen, welcher Art der Einfluß war, den die Theologie Dorstens auf die seines Schülers ausgeübt hat[170]. Für diesen Einfluß waren jedenfalls jene Jahre 1471 bis 1474 grundlegend, und es sei wenigstens angedeutet, in welche Richtung er wies: Zwar zeigt Dorsten bei bestimmten Fragen eine gewisse Vorliebe für die Lehrrichtung des Aegidius Romanus[171], doch ist damit noch relativ wenig gesagt, wenn man bedenkt, daß Aegidius schon kraft der Augustinerkonstitutionen als Ordenslehrer eine herausgehobene Stellung besitzt[172]. Man zitiert ihn selbstverständlich, ohne aber deshalb unbedingt den Geist seiner Theologie mit zu übernehmen. Dorsten ist nicht als Repräsentant einer bestimmten Schulrichtung bedeutend, auch nicht etwa eines exklusiven Augustinismus, sondern als Frömmigkeitstheologe, der sich auf jener praktisch-seelsorgerlichen Ebene der Theologie bewegt, auf der die Schulstandpunkte zurück- und andere Alternativen in den Vordergrund treten. Genauer gesagt gehört er zu dem stärker institutionsorientierten Flügel der Frömmigkeitstheologie, der auf die Sakramente, Ablässe und anderen Heilsgarantien der kirchlichen Sakralinstitution baut[173]. In dieser Hinsicht wurde er auch für Paltz wichtig, so etwa durch seine Stellungnahmen zu Fragen des Bußsakraments, zu Ablaß und Jubiläum, zu Wallfahrten und Blutwundern, bei denen er stets den kurialen Standpunkt verfocht[174].

Dorsten wird als Regens des Augustinerstudiums den jungen Mönch gemäß den Ordenskonstitutionen und Beschlüssen der Generalkapitel vor allem in die Schriften des Aegidius und der anderen bedeutenden

---

[170] Siehe unten S. 309–312.

[171] Dies wird besonders betont von ZUMKELLER; siehe unten Kap. 4 Anm. 431.

[172] CONSTITUTIONES OESA von 1290, c. 40 (fol. 36r): „Praecipiat (sc. der Ordensgeneral) insuper omnibus regentibus et studentibus, ut opiniones et positiones venerabilis fratris nostri Aegidii ubique teneant et secundum eius scripta omnino legant." Diese Bestimmung wurde von STAUPITZ in seine Nürnberger Konstitutionen für die deutsche Augustinerkongregation von 1504, c. 40 (fol. 86r) übernommen. Gerade Staupitz ist ein gutes Beispiel dafür, wie wenig eine intensive Aegidius-Rezeption für die theologische Mitte im Werk eines Autors besagen kann; siehe unten S. 205 f. und 234–243. Vgl. auch unten Kap. 6 Anm. 167.

[173] Zur institutionsorientierten Richtung spätmittelalterlicher Frömmigkeitstheologie siehe unten S. 246 f., speziell zu Dorsten siehe unten S. 311 f.

[174] Siehe unten S. 311. Vgl. auch die von einem ähnlichen frömmigkeitstheologischen Interesse geleitete Dorsten-Rezeption bei dem Zeitgenossen Johannes Hagen: KLAPPER, Der Erfurter Kartäuser Johannes Hagen II, 161 (Register) s. v. ‚Dorsten, Johannes'.

Ordenslehrer eingeführt haben. Wurde doch gerade auf jenem Generalkapitel zu Bologna 1470, an dem er selbst teilgenommen hatte, in
Anknüpfung an frühere Kapitelsbeschlüsse eingeschärft, daß in den
Ordensstudien allein die Werke der Ordenslehrer „ordinarie" gelesen,
d. h. in den obligaten Hauptvorlesungen zur Kommentierung der Texte
des Aristoteles, des Lombarden und der Bibel herangezogen werden
dürfen[175]. Unter den „opera doctorum nostrorum" nahmen natürlich
den ersten Platz die Werke Augustins, des angeblichen Ordensgründers,
ein. Über die Grenzen der Ordenstradition hinaus hat Dorsten freilich
seinen Schüler dem eigenen weiten Horizont gemäß[176] mit der gesamten
theologischen Tradition vertraut gemacht, von den Kirchenvätern bis
zur frömmigkeitstheologischen Literatur des eigenen Jahrhunderts.
Zwei Bereiche hat er jedoch, wie es scheint, aus dieser „communis
schola", wie Paltz selbst dieses gemeinsame Erbe jenseits aller Schulrichtungen nennen wird[177], fast vollständig ausgeklammert, die spezifisch scholastische, systematisch-diskursive Quästionenliteratur des 14.
und 15. Jahrhunderts und die deutsche Mystik[178]. Nach den Gründen
wird später zu fragen sein[179]. Man wird die Bedeutung dieser Erfurter
Studienjahre für die theologische Entwicklung und das literarische
Werk von Paltz kaum überschätzen können. So wichtig auch spätere
Lesefrüchte und die Erfahrungen unter Proles und Peraudi gewesen sein
mögen, seinen theologischen Fundus, auch was die Quantität der
Literaturkenntnisse betrifft, hat er sich damals angeeignet, ja es dürften
schon vor 1475 durch die beherrschende Lehrautorität Dorstens die
entscheidenden Weichen für die theologische Grundkonzeption des
Verfassers von Coelifodina und Supplementum Coelifodinae gestellt
worden sein.

Das Jahr 1474 markiert in der Geschichte des Erfurter Augustinerklosters eine wichtige Wende: In diesem Jahr wohl konnte Andreas Proles
den Konvent der sächsischen – und bald deutschen – Reformkongregation des Augustinerordens einverleiben[180]. Seinen rührigsten Mitarbeiter

---

[175] Analecta Augustiniana 7 (1917/18) 169: „Item, ut iuvenes nostrae religionis sub
scientia clarissimorum doctorum nostrae religionis erudiantur, praecipimus, quod in
studiis nostris non possint ordinarie legi nisi opera doctorum nostrorum, et praecipue ubi
libri eorum commode possint haberi." Vgl. den Beschluß des Generalkapitels von Pamiers
1465: ebd. 110.
[176] Vgl. ZUMKELLER, Der Predigtband Cod. Berolinensis, 37 und 49.
[177] Siehe unten S. 184 mit Anm. 309.
[178] Vgl. die Übersicht über Dorstens Zitate bei ZUMKELLER, ebd. 48–74; zu Paltz'
Quellenverwertung siehe unten S. 187–204.
[179] Siehe unten S. 204–216 und 259 f.
[180] KUNZELMANN, Geschichte V, 418 und ders., Die Bedeutung des alten Erfurter
Augustinerklosters, 627.

fand der Generalvikar der Kongregation von nun an in dem Erfurter Johannes von Paltz, der darin von seinem Lehrer Dorsten unterstützt wurde[181], so daß man Proles, Dorsten und Paltz als das Triumvirat zur Förderung der strikten Observanz im Orden bezeichnen konnte[182]. Niemand war außer Proles selbst so rastlos dem Dienste an der Vergrößerung und Festigung der deutschen Augustinerkongregation, der Klosterreform, -visitation und -neugründung, ergeben wie Paltz. Ziel dieses in Konkurrenz zur jeweiligen Ordensprovinz betriebenen Reformwerks war die Rückkehr zur strengen monastischen Disziplin, wie sie durch die Regel Augustins, die Ordenskonstitutionen und Additionen zu den Konstitutionen und die Ausführungsbestimmungen der Kapitel definiert war[183]. Andreas Proles wurde während der langen Jahre der Zusammenarbeit für Paltz die zweite große Autorität seines Lebens nach Johannes von Dorsten, und zwar sowohl als Praktiker wie auch als theologischer Lehrer des geistlichen und insbesondere des mönchischen Lebens. Wie bei Dorsten finden wir das durch hymnische Selbstzeugnisse und umfangreiche Zitate nach dem Tod des vicarius im Supplementum Coelifodinae belegt[184].

Hier begegnet uns auch ein Rückblick auf die Wirksamkeit des Andreas Proles und die Geschichte der ihm unterstellten Reformkongregation, der als zeitgenössisches Dokument von großem Wert ist und uns die Gelegenheit gibt, den geschichtlichen Rahmen für Paltz' Wirken im Dienste der Ordensobservanz mit seinen eigenen Worten zur Sprache zu bringen. Nach einem längeren Zitat aus einer Proles-Schrift sagt er:

„Dieses und ähnliches stammt von unserem ehrwürdigen Pater, dem Vikar Andreas Proles, Lektor der heiligen Theologie, von vielen als Doktor angesehen und bezeichnet wegen der Fülle seines Wissens, dem Glanz seiner Beredsamkeit und der Frömmigkeit seines Lebens. Er stand mit fruchtbarem Wirken dem Vikariat des Augustinereremitenordens vor und hat, wie er mir neulich vor seinem Tode erzählte – er starb am Pfingstdienstag 1503 im Konvent zu Kulmbach –, 43 Jahre die Leitung innegehabt. Und zwar war er der zweite Vikar nach dem ersten, nämlich nach Magister Heinrich Zolter, der das Vikariat begründet und eine entsprechende Bulle auf dem Basler Konzil erlangt hat, der

---

[181] Siehe ZUMKELLER, Handschriften aus dem ehemaligen Erfurter Augustinerkloster, 258.

[182] FERDIGG II 314.

[183] Zum Wesen der ‚Observanz' im Augustinerorden (nach dem Verständnis von Proles) ist die beste Auskunft immer noch zu finden bei KOLDE, Die deutsche Augustiner-Congregation, 128–132; siehe auch unten S. 295–297.

[184] Siehe unten S. 312 f.

dann auch zwölf Jahre Vikar war und später sein Amt an diesen verehrungswürdigen Pater übergab, der es so viele Jahre innehatte, obwohl Magister Simon Lindner für sechs Jahre die Zeit seiner Amtsführung unterbrach. Nach ihm übernahm er wieder selbst die Amtsgeschäfte und führte sie bis zu dem ehrwürdigen Pater Magister Johannes von Staupitz, Professor der Heiligen Schrift. Ihm übergab er sein Amt unter Zustimmung aller, denen die Wahl auf dem Kapitel zu Eschwege oblag, das am Sonntag Jubilate des Jahres 1503 stattfand.“[185]

Die in diesem Text angesprochenen Ereignisse seien kurz in chronologischer Reihenfolge erläutert. Heinrich Zolter[186] amtierte seit 1432 als erster Generalvikar (Stellvertreter des Ordensgenerals) für die reformierten Augustinerkonvente im Gebiet der sächsisch-thüringischen Ordensprovinz[187], aufgrund eines päpstlichen Erlasses vom November 1437 auch in außersächsischen Gebieten Deutschlands[188]. Mit der Bulle, die Zolter auf dem Basler Konzil erwirkt haben soll, ist wohl jene vom päpstlichen Kardinallegaten am 27. Januar 1438 in Erfurt ausgestellte Bulle gemeint, die der sächsischen Reformkongregation eine vollständige Konstitution gab und die Stellung des Vikars gegenüber den Provinzialen stärkte[189]. Die Observantenunion war damals auf die fünf Konvente Magdeburg, Himmelpforten, Dresden, Waldheim und Königsberg (Franken) beschränkt[190]. Da die Geschichte dieser Konvente und die Rolle Heinrich Zolters in den folgenden Jahren bis zum Vikariat des Andreas Proles im dunkeln liegen[191], bleibt ungeklärt, wie Paltz zur Festlegung von Zolters Vikariat auf zwölf Jahre kommt[192]. An Ostern

---

[185] „Ista et his similia reverendus pater noster vicarius Andreas Proles, sacrae theologiae lector, a multis doctor reputatus et vocatus propter scientiae copiositatem, eloquentiae splendorem et vitae religiositatem. Qui fructuose praefuit vicariatui ordinis fratrum Eremitarum sancti Augustini et, ut mihi nuper ante mortem suam retulit, quam solvit anno 1503 tertia feria pentecostes in conventu Culmatensi, annis quadraginta tribus rexit. Et fuit secundus vicarius post primum, scilicet magistrum Heinricum Psalterii, qui vicariatum instituit et bullam in concilio Basiliensi impetravit, qui et duodecim annis vicarius exstitit et postea isti venerabili patri resignavit, qui tot annis praefuit, quamvis magister Simon Lindener sex annis infra tempus regiminis eius intervenerit. Post quem ipse iterum curam suscepit et usque ad reverendum patrem magistrum Ioannem de Stupitz, sacrae paginae professorem, deduxit. Cui et officium suum resignavit consentientibus omnibus, ad quos spectabat electio in capitulo Esvigensi celebrato anno 1503 dominica Iubilate.“ Suppl. fol. k 3r.

[186] Zur Person siehe Kunzelmann, Geschichte V, 398–400.

[187] Ebd. 391; vgl. Kolde, Die deutsche Augustiner-Congregation, 77.

[188] Kunzelmann, Geschichte V, 398.

[189] Ebd. 400f.; vgl. Kolde, Die deutsche Augustiner-Congregation, 82f.

[190] Kunzelmann, ebd. 402; vgl. Kolde, ebd. 85f.

[191] Kunzelmann, ebd. 402–406; vgl. Kolde, ebd. 86–94.

[192] Heinrich Zolter ist noch am 16. April 1460 urkundlich erwähnt; siehe Kunzelmann, ebd. 400.

1461 übernahm, vermutlich erst nach einem einjährigen Übergangsvikariat des Johannes Preyn[193], der ,starke Mann' Andreas Proles die Führung der Kongregation[194].

Er wurde 1429 in Dresden geboren, studierte dann an der Leipziger Artistenfakultät und trat – wie so viele Augustiner im 15. Jahrhundert[195] – erst als magister artium 1451 in den Augustinerorden ein. Im Sommer 1454 ging er aus seinem Kloster Himmelpforten zum Theologiestudium nach Perugia, von wo er 1456 mit dem mönchischen Lektorgrad zurückkehrte, um nach einer kurzen Lehrtätigkeit am Generalstudium des Ordens zu Magdeburg im Herbst des gleichen Jahres Prior im Reformkonvent Himmelpforten zu werden. Schon seit 1459 weilte er in Italien, um die Angelegenheiten der Reformkongregation zu betreiben, deren Leitung er dann während der beiden Zeiträume 1461 bis 1467 und 1473 bis 1503 innehatte[196]. Die von Paltz genannten 43 Jahre seines Wirkens als Generalvikar schließen also das Vikariat des Simon Lindner von Leißeneck während der Jahre 1467 bis 1473 mit ein[197]. Am 7. Mai 1503 legte Proles sein Amt auf dem Kapitel der Kongregation in Eschwege bei Kassel nieder[198], an dem auch Paltz als Diffinitor teilgenommen[199] und wahrscheinlich jenes Gespräch mit dem Vikar, auf das er sich bezieht, geführt hat. Proles konnte zufrieden auf sein Wirken für die Ordensobservanz zurückblicken, das man mit Paltz tatsächlich ,fruchtbar' nennen muß. Die Mittel, deren sich der energische und konfliktfreudige Augustinervikar bediente und die er durch den frommen Zweck geheiligt sah, waren nicht gerade wählerisch, wenn er nur einen neuen Konvent seiner Kongregation einverleiben konnte. Im sächsischen Fürstenhaus fand er dabei seinen mächtigsten Bundesgenossen[200]. Am Ende hatte er zu den fünf Urkonventen zweiundzwanzig Klöster aus allen deutschen Ordensprovinzen hinzugewonnen[201]. Schon

---

[193] KUNZELMANN, ebd. 409; vgl. KOLDE, ebd. 407f.

[194] Zur Biographie bis zum ersten Vikariat siehe KUNZELMANN, ebd. 407–409; vgl. KOLDE, ebd. 96–98.

[195] Siehe oben S. 59.

[196] Zu den beiden Amtsperioden siehe KUNZELMANN, Geschichte V, 409–411 und 416–433; vgl. KOLDE, Die deutsche Augustiner-Congregation, 99–165.

[197] Zu seinem Vikariat siehe KUNZELMANN, ebd. 412–415; vgl. KOLDE, ebd. 102–105.

[198] KUNZELMANN, ebd. 435.

[199] Johannes Nathin war sein Mitdiffinitor; siehe ebd.

[200] Siehe KOLDE, Die deutsche Augustiner-Congregation, 107–110; zur dabei wirksamen Verquickung von politischen Interessen und frommen Gesinnungen, wie sie den ganzen Bereich des spätmittelalterlichen landesherrlichen Kirchenregiments kennzeichnet, siehe neuerdings MOELLER, Deutschland im Zeitalter der Reformation, 22 und 42f. sowie die hier genannte Literatur.

[201] KUNZELMANN, Geschichte V, 432.

kurz nach seiner Amtsniederlegung starb er, wie wir von Paltz wissen, am 6. Juni 1503 im Augustinerkloster des oberfränkischen Kulmbach. Fast 30 Jahre lang also widmete Paltz seine Kraft den Reformplänen dieses Mannes – eine Tatsache, die sich, wie wir sehen werden, in seiner Theologie deutlich abzeichnet. Schon Ende 1474 oder Anfang 1475, also bald nach der Eingliederung des Erfurter Konvents in die Observanten-union und verhältnismäßig wenige Jahre nach seiner Profeß, wurde der wohl noch nicht dreißigjährige Paltz von Proles als Prior in das sächsi-sche Kloster Neustadt an der Orla geschickt, um es – dem besonderen Wunsch des Kurfürsten Wilhelm III. von Sachsen entsprechend – zu reformieren und damit dem Jurisdiktionsbereich der observanten Augu-stinerkongregation zu unterstellen[202]. Wie lange Paltz das Priorat in Neustadt innehatte, ist unbekannt. Am 12. November 1475 wird er jedenfalls an der Heidelberger Universität als „fr. Johannes de Phalcz arcium magister OESA" intituliert[203], wahrscheinlich anläßlich eines kürzeren Besuches[204]. Als Hintergrund für diesen Aufenthalt ist der geplante Anschluß des Heidelberger Augustinerkonvents an die sächsi-sche Reformkongregation zu vermuten, doch sind Zeitpunkt und nähere Umstände dieses Anschlusses unbekannt[205]. Die Reise nach Hei-delberg muß freilich keineswegs bedeuten, daß Paltz damals nicht mehr Prior in Neustadt war[206]. Vielmehr scheint er nach Erfüllung seiner Heidelberger Mission nach Neustadt zurückgekehrt zu sein. Als näm-lich 1475/76 der Bestand der Observantenunion durch die Aktivitäten des sächsischen Provinzials Johannes Anherr und die Maßnahmen des auf seiner Seite stehenden Ordensgenerals Jakobus von Aquila ernsthaft gefährdet war und Proles daher an den General oder notfalls an den Papst appellieren wollte[207], schlug Kurfürst Wilhelm in Antwort auf ein Schreiben des Augustinervikars vom 24. Januar 1476[208] als geeigneten Abgesandten „den prior von der newenstad oder einen darzu tüchtig in der botschafft" vor[209]. Da für eine so wichtige Aufgabe nur ein Mann

---

[202] Zu Paltz' Entsendung nach Neustadt siehe KUNZELMANN, ebd. 165f. und 438; FERDIGG I 235f.; KOLDE, ebd. 111–113. Da Paltz bereits am 8. Febr. 1475 als Prior von Neustadt einen Weinberg verpachtet (KUNZELMANN, ebd. 165 Anm. 892), wird man eher annehmen, daß er schon Ende 1474 nach Neustadt kam.

[203] KLEINEIDAM, Universitas Studii Erffordensis II, 284.

[204] Solche Intitulationen anläßlich eines vorübergehenden Aufenthaltes waren an den mittelalterlichen Universitäten üblich; vgl. z. B. den Fall des Johannes Nathin, der wohl auch nur als Gast am 11. Juli 1488 in Heidelberg intituliert wird (siehe ebd. 93 und 291).

[205] Zum Anschluß Heidelbergs an die Kongregation siehe KOLDE, Die deutsche Augu-stiner-Congregation, 139 und KUNZELMANN, Geschichte V, 426.

[206] Gegen KUNZELMANN, ebd. 438.

[207] Zu den Vorgängen siehe ebd. 416–421 und KOLDE, ebd. 114–123.

[208] Das Schreiben von Proles ist abgedruckt bei KOLDE, ebd. 427f.

[209] Der datumlose Zettel ist abgedruckt ebd. 428.

von Bildung und Format in Frage kam, dürfte sich hinter dem ‚Prior von Neustadt' kein anderer als Paltz verbergen, der also mindestens noch Anfang 1476 dieses Amt versah. Interessant ist, daß er – falls diese Annahme stimmt – schon damals beim sächsischen Fürstenhaus in gutem Ansehen stand[210]. Ob Paltz die Romreise wirklich unternommen hat, ist ungewiß; wahrscheinlich ist es nicht dazu gekommen, denn sonst hätte er in seinen Werken wohl sicher einen Anlaß gefunden, sie zu erwähnen, so wie er auch über seine Böhmenreise und andere Unternehmungen bereitwillig Auskunft gibt[211].

Zum monastischen Tätigkeitsbereich des Erfurter Augustiners, wenn auch nicht speziell im Dienste des eigenen Ordens, gehört auch die Visitation der Erfurter Nonnenklöster, die er 1485 – inzwischen Professor der Heiligen Schrift – zusammen mit dem Benediktinerabt Günther vom Erfurter Peterskloster im Auftrag des Mainzer Erzbischofs Berthold von Henneberg durchführte[212]. Wir werden sehen, daß sich im Supplementum Coelifodinae einige Predigten finden, die zu einer Visitationstätigkeit in Beziehung stehen und auch Nonnen als Zuhörer voraussetzen[213]. Als Klostervisitator wird uns Paltz freilich auch noch in späteren Jahren begegnen.

Am 8. September 1488 nahm er an dem Kapitel der sächsischen Augustinerprovinz in Osnabrück teil, möglicherweise als Abgesandter der Observanten[214]. Paltz selbst berichtet darüber am Ende seiner Schrift De conceptione sive praeservatione a peccato originali sanctissimae dei genitricis virginis Mariae: Er habe sie auf der Reise zum Osnabrücker Kapitel im Jahre 1488 am Fest des hl. Augustin (28. August) verfaßt, und zwar auf Bitten eines Herrn Kilian, Doktors beider Rechte, des Offizials des Erzbischofs von Magdeburg[215], d. h. des Mannes, der die Leitung der geistlichen Gerichtsbarkeit in der Erzdiözese innehatte[216].

---

[210] Vgl. unten S. 111f.114.117f.

[211] Gegen die Durchführung der Romreise sprechen allerdings nicht die bekannten Daten. FERDIGG (I 236) meint, Paltz könne die Romreise schon aus Zeitgründen kaum gemacht haben, wenn er möglicherweise erst 1475 nach Neustadt kam und am 12. Nov. desselben Jahres bereits in Heidelberg weilte. Er übersieht, daß für die Romreise ohnehin erst das Jahr 1476 in Frage käme.

[212] OVERMANN, Urkundenbuch III, Nr. 307.   [213] Siehe unten S. 83.

[214] Vgl. FERDIGG I 238; KUNZELMANN, Geschichte V, 439.

[215] „Haec collecta sunt in itinere versus capitulum Osnaburgense per fratrem Johannem de Paltz, sacrae theologiae professorem ordinis fratrum Eremitarum sancti Augustini, anno 1488 circa festum sancti Augustini ad instantiam et reverentiam domini Ciliani, utriusque iuris doctoris, officialis domini Magdeburgensis. Deo gratias." Fol. 56r.

[216] Er ist möglicherweise identisch mit dem „Kilianus Iczdstein", der in einer am 29. Juli 1491 von Erzbischof Ernst von Magdeburg ausgefertigten Urkunde als sein Offizial erwähnt wird; siehe HERTEL, Urkundenbuch der Stadt Magdeburg III, 431; vgl. WEIJEN-BORG, Doctrina de immaculata conceptione apud Ioannem de Paltz, 167.

Der hierarchiefreundliche Augustiner erfreute sich seit seiner Doktorpromotion stets der besonderen Gunst der Prälaten[217].

Kurz nach seiner erstmaligen Tätigkeit als Ablaßkommissar, die
spätestens im Frühsommer 1490 endete[218], wurde Paltz wieder als Klosterreformer aktiv, diesmal im kursächsischen Herzberg an der Schwarzen Elster[219]. Das dortige Augustinerkloster war das einzige im Kurfür-
stentum, das noch nicht zur deutschen Reformkongregation gehörte. Es
diente daher den Gegnern der Observanz als Zufluchtsort. Der päpstliche Legat Raimund Peraudi war den papsttreuen Augustinerobservan-
ten, die seine Jubiläumskampagne unterstützt hatten, gewogen[220] und
willigte wohl auch deshalb im Frühjahr 1490 in den Wunsch des
sächsischen Kurfürsten ein, die deutsche Augustinerkongregation mit
der Reform des Herzberger Konvents zu beauftragen. Friedrich der
Weise leitete den Auftrag Peraudis am 16. März an den Generalvikar
Andreas Proles weiter[221], der schließlich Paltz für die Durchführung des
Reformwerks bestimmte. Dieser wird die neue Aufgabe wohl erst nach
Abschluß seiner Jubiläumsverkündigung, aber wahrscheinlich noch vor
Ende Juni 1490 in Angriff genommen haben, und aus einem Brief
Friedrichs des Weisen vom 20. Februar 1491 geht hervor, daß die
Reform in Herzberg zu diesem Zeitpunkt bereits vollzogen war[222]. Die
Zustände des Klosters, „darinne die bruder unordenlichs und vordech-
tigs wesen andern zů bosen beispiln lange zeit gefurdt"[223], müssen trotz
vorausgegangener Reformversuche der Provinziale so anstößig gewesen
sein[224], daß sich Paltz veranlaßt sah, die alte Belegschaft samt Prior

---

[217] Vgl. unten S. 92f.

[218] Siehe unten S. 88.

[219] Zur Reform des Herzberger Konvents und Paltz' Beteiligung siehe KOLDE, Die
deutsche Augustiner-Congregation, 140–143; die Darstellungen bei FERDIGG (I 242) und
KUNZELMANN (Geschichte V, 273f.) sind nur Auszüge aus Kolde. Eine Überprüfung
anhand der einschlägigen Archivalien des Staatsarchivs Weimar hat ergeben, daß Kolde
und mit ihm Ferdigg und Kunzelmann ein völlig falsches Bild der Herzberger Vorgänge
geben. Wir werden sie darum ausführlicher darstellen.

[220] Siehe unten S. 86f.

[221] Der Brief des Kurfürsten ist im Anhang unten S. 334 vollständig wiedergegeben.

[222] Zum Beginn von Paltz' Herzberger Reformtätigkeit vgl. eine im Staatsarchiv
Weimar aufbewahrte Aktennotiz (Reg Bb 4142, Bl. 38), zit. bei KIRN, Friedrich der Weise,
87 Anm. 54: „Item X rinisch guldin den monchen geben gen Hertzperg, die das closter
daselbst reformieren sollen. Gescheen am montag nach Joh. Bapt." (= 28. Juni 1490). –
Der Brief Friedrichs an den Geleitsmann und Rat zu Herzberg vom 20. Febr. 1491 ist
abgedruckt bei KIRN, ebd. 179; zu Datierung und Inhalt des Briefes vgl. auch unten Anm.
230.

[223] Brief von Friedrich dem Weisen an alle Fürsten, Prälaten etc. vom 4. April 1491:
vollständig wiedergegeben unten S. 334f.

[224] Vgl. KOLDE, Die deutsche Augustiner-Congregation, 140f.; vgl. auch den Brief
Friedrichs des Weisen vom 20. Febr. 1491 (KIRN, ebd.).

vollständig oder jedenfalls größtenteils durch neue Brüder aus bereits reformierten Konventen zu ersetzen[225]. Dieses rigorose Vorgehen entsprach der auch sonst von Proles in Anwendung gebrachten Reformmethode. Nachdem das Kloster selbst zur ‚alten Strenge‘[226] zurückgeführt worden war, ging Paltz im April 1491 dazu über, die umliegenden Gebiete Kursachsens und Magdeburgs zu bereisen, um die Termineien des Klosters[227] zu visitieren und gegebenenfalls auch dort die nicht reformwilligen Brüder „von dannen zu treiben und mit andern nach geburender ordenug der reformacion ... zu bestellen". Zugleich suchte er „das wort gottes zu vorkundigen und zu predigen"[228], um in Verbindung damit für die Wiederherstellung der baufälligen Gebäude des Klosters Herzberg finanzielle Unterstützung zu finden. In einem öffentlichen Schreiben vom 4. April fordert Friedrich der Weise seine Untertanen von den hohen Adeligen bis zu den Dorfvorstehern dazu auf, Paltz die nötige Hilfe bei seinen Unternehmungen zu gewähren, und beruft sich auf den päpstlichen Auftrag Peraudis vom Jahr zuvor[229]. Es ist nicht bekannt, wann Paltz von seinen Herzberger Aktivitäten ins Erfurter Kloster zurückkehrte. Man muß im Unterschied zur bisherigen Forschung annehmen, daß sie von Erfolg gekrönt waren, denn das Kloster blieb der deutschen Augustinerkongregation erhalten und von weiteren Schwierigkeiten mit der Zucht der Brüder ist nichts mehr zu vernehmen[230].

Schon bald empfing Paltz' Wirksamkeit im Dienste der Ordensobservanz einen neuen Impuls durch die Initiative seines Heimatbischofs

---

[225] Siehe den oben in Anm. 223 genannten Brief; vgl. unten Anm. 230.

[226] Zu Paltz' Verständnis von ‚Observanz‘ vgl. unten S. 295–297.

[227] Sie lagen in Wittenberg, Torgau, Jüterbog, Luckau, Kottbus, Kamenz, Lübben und Bautzen; siehe KUNZELMANN, Geschichte V, 272. Zum Termineiwesen der Augustiner vgl. neuerdings ELM, Termineien und Hospize.

[228] Mit Paltz' Jubiläumsverkündigung hat diese Predigttätigkeit (1491!) nichts mehr zu tun; gegen KOLDE, Die deutsche Augustiner-Congregation, 142; FERDIGG I 242; KUNZELMANN, ebd. 274.

[229] Der Brief ist vollständig wiedergegeben im Anhang unten S. 334 f.

[230] KOLDE (ebd. 143) stellt den tatsächlichen Verlauf von Paltz' Mission auf den Kopf, wenn er schreibt: „Aber kaum hatte Johann von Paltz das Kloster verlassen, als sich die Unzulänglichkeit der bisherigen Reformation offenbarte, weshalb Friedrich Invocavit 1492 (11. März) dem Rat und Geleitsmann von Herzberg die Forderungen an das Kloster einstweilen nicht abzuführen befahl." Zum einen irrt sich Kolde im Jahr, denn der bereits erwähnte Brief des Kurfürsten datiert vom 20. Febr. 1491, noch ehe Paltz seine Reform des Klosters auf die Termineien ausgedehnt hatte. Zum andern hat der Brief einen völlig anderen Inhalt, der gerade auf die Förderung des reformierten Herzberger Konvents zielt. Friedrich der Weise befiehlt darin dem Geleitsmann und Rat zu Herzberg, den Schuldforderungen der *ehemaligen*, nicht reformierten Klosterinsassen nicht stattzugeben, sondern sie zur Deckung ihrer eigenen Schulden, die sie noch haben, zu verwenden; dagegen soll die Bürgerschaft die „*itzigen* bruder", die Paltz in das Kloster verpflanzt hat, finanziell unterstützen. Der Brief ist abgedruckt bei KIRN, Friedrich der Weise, 179.

Johann II. von Trier, dem, wie wir sahen, bereits sein Vater als Geschützmeister gedient hatte[231]. Der Kurfürst-Erzbischof, der um die Klosterreform in seiner Diözese sehr bemüht war[232], hatte offensichtlich von der Disziplin der Augustinerkongregation und der Qualität ihres Erfurter Doktors eine so hohe Meinung, daß er Proles wiederholt und schließlich mit Erfolg um Paltz' Entsendung an den Rhein bat. Am 8. September 1493 richtete er folgendes Schreiben an den Generalvikar:

„Ehrwürdiger Ordensmann und Geliebter in Christo! Du erinnerst Dich, daß wir schon längst und wiederholt um Magister Johannes von Pfalzel[233], Theologieprofessor Eures Ordens, dringend gebeten haben, daß er nämlich zur Reformierung einiger Klöster des Ordens in dieser Gegend, wie auch immer dies am geeignetsten geschehen kann, zu uns entsandt werde. Wir ersuchen Dich also, Du wollest den erwähnten Magister Johannes entsenden, um diese Angelegenheit zwei oder drei Monate mit uns zu betreiben, wie Du auch aus den beigefügten Briefen ersehen kannst, die unsere Geschäftsträger an der römischen Kurie uns jüngst verschlossen geschickt haben, um sie an Dich weiterzusenden. Diese ganze Angelegenheit wird heilig sein, Gott und uns wohlgefällig."[234]

Diesem energisch insistierenden Brief, der sich auf die Erlaubnis der Kurie berufen konnte, fügte sich Proles wohl auch aufgrund des eigenen Interesses, das auf die Expansion der Kongregation gerichtet war. In Nathin stand zudem gerade ein Nachfolger für den Erfurter Augustinerlehrstuhl zur Verfügung. Wahrscheinlich noch vor dessen Doktorpromotion am 21. Oktober 1493 hatte Paltz Erfurt verlassen[235].

Aus den diplomatisch in Aussicht gestellten „zwei oder drei Monaten" wurde für Paltz eine gut siebenjährige Abwesenheit von Erfurt[236]. Seine Aufgabe, für die ihn der Kurfürst in die Trierer Erzdiözese geholt hatte, war auch nicht die Klosterreform, sondern der Aufbau eines neuen observanten Augustinerklosters[237]. Es fand seinen Platz in dem

---

[231] Siehe oben S. 41.

[232] WAGNER, Das ehemalige Kloster der Augustiner-Eremiten in Ehrenbreitstein, 48.

[233] Pfalzel bei Trier hieß damals lateinisch gewöhnlich Palaciolum; siehe ebd. 47.

[234] „Venerabilis religiose et in Christo dilecte! Meministi, quod dudum iteratoque pro magistro Johanne Palaciolo, theologiae professore ordinis vestri, institerimus, ut is scilicet ad nos causa reformandorum nonnullorum conventuum eiusdem ordinis harum partium, quibusve modis id aptius fieri posset, dimitteretur. Hortamur igitur, velis memoratum magistrum Johannem, ut huiusmodi causam nobiscum duos vel tres menses agat, dimittere, uti ex introclusis litteris, quas clausas nostri in Romana curia oratores ad nos nuper misere tibi ultro mittendas, intelligere potes. Erit omnis haec res sancta, deo et nobis grata." Staatsarchiv Koblenz, 1 C 108; abgedruckt bei WAGNER, ebd. 178.

[235] Siehe oben S.57.

[236] Von Herbst 1493 bis Ende 1500.

[237] Zur Gründung und Geschichte des Klosters Mühlheim vgl. besonders WAGNER, Das

Koblenz gegenüberliegenden Mühlheim (heute Ehrenbreitstein), das zu Füßen einer mächtigen Festung lag, die Johann II. von Trier sehr oft als Residenz diente; hier weilte er jedenfalls weit häufiger als in seiner Trierer Residenz Pfalzel[238]. So wird Paltz, der wohl bis zur Errichtung des Klosterbaues im Schloß wohnte, in engem persönlichen Kontakt zum Erzbischof gestanden haben, ja der Ordenshistoriograph Antoninus Höhn will sogar wissen, Paltz sei sein Beichtvater gewesen[239]. Bereits 1494 konnten einige Patres den Neubau des Klosters beziehen, die offizielle Übergabe an den Augustinereremitenorden erfolgte aber erst 1495[240]. Erster Prior wurde in diesem Jahr Johannes Brüheim von Gotha[241], ein bedeutender Mann, der bereits – seit 1488 – Prior in Tübingen war[242] und dort 1494 zum Doktor der Theologie promovierte[243], der vielleicht schon vor seinem Wechsel nach Mühlheim, spätestens aber 1497 Distriktsvikar der Kongregation, also Stellvertreter von Proles, in der bayerischen, rheinisch-schwäbischen und kölnischen Ordensprovinz wurde und welchem Johannes von Staupitz 1497 oder 1498 seine Tübinger Predigten widmen sollte[244].

---

ehemalige Kloster der Augustiner-Eremiten in Ehrenbreitstein; KUNZELMANN, Geschichte V, 483–489.

[238] In Mühlheim stellte Johann II. etwa 830 Urkunden aus, in Pfalzel 234; siehe WAGNER, ebd. 47.

[239] HÖHN, Chronologia (1744), 132: „Mox confessarius archipraesulis Trevirensem urbem doctissimis disertissimisque contionibus in sancta religione et pura oboedientia servavit." Höhn schöpft aus der älteren Ordensgeschichte des NICOLAUS CRUSENIUS, Monasticon Augustinianum (1623), 184: „Mox ab archiepiscopo secretae ipsius pietati fuit adhibitus eamque urbem doctissimis necnon disertissimis contionibus in sancta religione et pura oboedientia servavit."

[240] WAGNER, ebd. 48 f. und 56 f.; KUNZELMANN, ebd. 484.

[241] Zu seiner Person siehe besonders KUNZELMANN, ebd. 436 f.

[242] Im Sommersemester 1487 war er in Erfurt als Lektor immatrikuliert worden. Wohl im Tausch gegen Johannes Nathin ging er 1488 nach Tübingen und wurde dort als Prior des Augustinerklosters am 11. Aug. an der Universität intituliert; siehe KLEINEIDAM, Universität Studii Erffordensis II, 139. Daß Brüheim nicht bereits 1487 Prior in Tübingen wurde, was bei KLEINEIDAM und KUNZELMANN (ebd.) als Möglichkeit offengelassen wird, kann durch die Tatsache widerlegt werden, daß das Kapitel der deutschen Augustinerkongregation erst kurz nach dem 22. April 1488 in Kulmbach stattgefunden hat (siehe KOLDE, Die deutsche Augustiner-Congregation, 139 Anm. 4), zu den Aufgaben der Kapitel aber die Einsetzung der Konventspriore gehörte (siehe unten Anm. 290).

[243] Am 29. April 1494; siehe KUNZELMANN, Geschichte V, 436.

[244] Am 25. Mai 1497 wird er in einer Handschrift „Vicarius Congregationis Alemaniae" genannt; siehe KUNZELMANN, ebd. 436 Anm. 2179. Die Nachricht wird bestätigt durch JOHANNES VON STAUPITZ, der seine Tübinger Predigten von 1497 oder 1498 (zur Datierung siehe die Ausgabe von Buchwald/Wolf, IX–XIV) mit folgender Widmung eröffnet (ebd. 1,1–5): „Reverendo ac eximio in Christo patri fratri Johanni Bruheym, sacrae theologiae doctori, reformatae congregationis fratrum Eremitarum sancti Augustini, provinciarum Bavariae, Sueviae, Rheni et Coloniae provinciali commissario dignissimo, frater Johannes de Staupicz eiusdem ordinis, sacrae theologiae utinam humilis lector." Es ist denkbar, daß

Paltz war somit von der Verantwortung für den neugegründeten Konvent entlastet und konnte in den folgenden Jahren seine Kräfte einer anderen Aufgabe widmen, mit der ihn wohl Johannes Brüheim in seiner Eigenschaft als Distriktsvikar, dessen wichtigste Aufgabe die Klostervisitation war[245], betraut hatte[246]. In einem Dankschreiben, das der Konvent von Mühlheim am 7. März 1499 an Erzbischof Johann II. von Trier richtete, wird unter den Adressaten außer Johannes Brüheim nur noch Johannes von Paltz namentlich genannt, und zwar als „visitator conventuum reformatorum"[247]. Paltz wird also von Mühlheim aus zumindest einige Reformklöster der deutschen Augustinerkongregation, die im Gebiet der rheinisch-schwäbischen und der kölnischen Ordensprovinz lagen, visitiert haben. Zum Bereich der ersteren gehörten 1499 die Häuser in Tübingen, Eßlingen, Weil der Stadt, Heidelberg und Alzey[248], zum Bereich der letzteren die in Haarlem und Enkhuizen[249]. Eine gewisse Sonderstellung nahm das wichtige Kölner Kloster ein, da es zwar die Observanz eingeführt hatte, aber nicht der deutschen Augustinerkongregation unterstellt war, sondern einen eigenen vicarius generalis in Gestalt seines Priors hatte[250].

In diesem Zusammenhang ist eine Stelle in Paltz' Coelifodina von Interesse, wo er auf Irrtümer zu sprechen kommt, die im Volk über das Sakrament der Letzten Ölung herrschten. Es heißt dort: „Als ich das Jubiläum und die Ablässe des hochwürdigsten Herrn Raimund, des Legaten etc., in Thüringen, Meißen, Sachsen und in der Mark (Bran-

---

Brüheim bereits durch das Kongregationskapitel von 1492 (siehe Kunzelmann, ebd. 429) oder auch erst durch das Kapitel von 1497 (ebd. 431) zum Distriktsvikar ernannt worden ist. Er hatte dieses Amt jedenfalls noch am 11. Nov. 1504 inne, denn an diesem Tag stellte er als Distriktsvikar gemeinsam mit Staupitz und Johannes Vogt, dem Distriktsvikar für Sachsen-Thüringen, eine Urkunde aus, die das neu gegründete Wittenberger Kloster betraf: abgedruckt bei G. Müller, Zu Johann von Staupitz' Vikariat, 94f. – Mit dem Amt des Provinzials hatte das des Distriktsvikars nichts zu tun (gegen E. Wolf in seiner Einleitung zu Staupitz' Tübinger Predigten, X); es ist dasselbe Amt, mit dem Luther am 1. Mai 1515 für zehn Konvente des sächsisch-thüringischen Gebietes betraut wurde; siehe Kunzelmann, ebd. 470f.

[245] Vgl. z. B. die Tätigkeit Luthers als Distriktsvikar: siehe Zumkeller, Martin Luther und sein Orden, 274.

[246] Auf einem Irrtum beruht die Nachricht bei Crusenius, Monasticon Augustinianum (1623), 184, Paltz habe 1498 an der Universität Trier die Magisterwürde erworben und sei bald darauf zu ihrem Rektor gewählt worden; vgl. Laufner, Zur Abstammung von Luthers Lehrer, 61.

[247] Das Schreiben ist abgedruckt bei Wagner, Das ehemalige Kloster der Augustiner-Eremiten in Ehrenbreitstein, 180f.

[248] Siehe Kunzelmann, Geschichte V, 451 und 417 (Alzey), 423 (Weil der Stadt, Eßlingen, Tübingen), 426 (Heidelberg, Weil der Stadt).

[249] Ebd. 432 und IV 177–181; vgl. Kolde, Die deutsche Augustiner-Congregation, 147f.

[250] Siehe Kunzelmann, Geschichte IV, 34 und 38.

denburg) predigte, stieß ich überall auf Irrtümer gegenüber diesem
Sakrament. Viele von ihnen fand ich auch später in den Gebieten
Schwabens und des Rheins."[251] Aus diesem Textstück hat man bisher
immer geschlossen, Paltz habe bei seiner ersten Jubiläumskampagne
unter Peraudi im Jahre 1490 alle genannten Landschaften, also auch die
„partes Sueviae et Rheni", bereist[252], während doch Paltz deutlich zwei
Unternehmungen zeitlich voneinander abhebt. Ablaßkommissar war er
1490 nur für die Gebiete der Landgrafschaft Thüringen, der Markgrafschaft Meißen, des Herzogtums Sachsen und der Mark Brandenburg,
wie er auch an anderer Stelle der Coelifodina ausdrücklich bestätigt[253].
Die Erwähnung Schwabens und der Rheingebiete, in denen er sich
„postea" – also zwischen 1491 und 1501[254] – aufgehalten habe, kann sich
nur auf sein Wirken in Mühlheim und seine Visitationstätigkeit von
Mühlheim aus beziehen. Ob er mit den Rheingegenden auch das
Mündungsgebiet des Rheins, in dem die beiden niederländischen
Observantenklöster lagen, meint, ist nicht zu entscheiden. Jedenfalls
dürfte er in Köln tätig geworden sein, denn aus jenem Aufenthalt wird
wohl der gute Kontakt zum Kölner Erzbischof und Kurfürsten Hermann IV. von Hessen (1480–1508) herrühren[255]. Ihm widmet Paltz seine
Coelifodina – „aus vernünftigem Grund"[256]. Er war es nämlich, der ihn,
wie in der Vorrede zu lesen steht[257], jüngst (nuper) dazu bewogen habe,
die Himmlische Fundgrube in erweiterter lateinischer Fassung heraus-
zugeben[258]. Das wird wohl gegen Ende der neunziger Jahre gewesen
sein, als Paltz durch seine Visitationstätigkeit nach Köln geführt wurde.
Und möglicherweise ist die Unterstützung, die er dabei von seiten des
Erzbischofs erfahren hat, der Grund dafür, weshalb er ihn in der

---

[251] „Dum praedicarem iubilaeum et indulgentias reverendissimi domini Raimundi legati
etc. per Thuringiam, Misnam, Saxoniam et Marciam, multos hincinde repperi errores
contra hoc sacramentum, quorum multos etiam postea inveni in partibus Sueviae et
Rheni." Coel. fol. T 1r.

[252] Siehe z. B. FERDIGG I 240; FISCHER, Paltz und Luther, 10; KUNZELMANN, Geschichte
V, 440.

[253] Coel. fol. Gg 4v: „... quemadmodum quondam deduxi in iubilaei promulgatione
per Thuringiam, Misnam, Saxoniam et Marciam."

[254] D. h. zwischen seiner ersten Ablaßtätigkeit und der Abfassung der Coelifodina.

[255] Zur Person siehe WETZER und WELTE, Kirchenlexikon VII, 870f.

[256] „Coelifodina ... intitulata rationabili ex causa in prologo expressa reverendissimo in
Christo patri ac domino, domino Hermanno ..." Coel. fol. A 2r; vgl. Coel. fol. Cc 4r.
FERDIGG (I 241) macht aus Hermann einen Bruder Friedrichs des Weisen.

[257] Der Prolog (Coel. fol. A 2r/v) ist in der Form eines Briefes an Hermann IV. von
Hessen abgefaßt.

[258] „Cum nuper illustrissima vestra dominatio a mea exposceret parvitate, ut sermones
quosdam quondam per me praedicatos ... et ... sub quodam vulgari compilatos tractatu
(sc. die Himmlische Fundgrube) in latinum ideoma nobilissimum transferrem ..." Coel.
fol. A 2r.

gleichen Vorrede „omnium religiosorum, maxime reformatorum, sıngularissimus fautor atque liberalissimus benefactor" nennt[259].

Seine Coelifodina, wie sie ursprünglich konzipiert war, hat Paltz noch in Mühlheim am Allerheiligenfest (1. November) des Jahres 1500 abgeschlossen[260]. Nachdem er aber, wie er schreibt, von Mühlheim in seinen Stammkonvent (conventus nativus) Erfurt zurückgekehrt war, habe ihn die Kunde erreicht, daß Raimund Peraudi mit einem neuen Jubiläumsablaß nach Deutschland kommen werde. Darum habe er in die Coelifodina noch einiges Material über den Ablaß eingeschoben und ihr einen Zusatz über das Jubiläum angefügt[261]. Da aber die Jubiläumsbulle ‚Domini et salvatoris' Alexanders VI. vom 5. Oktober 1500 datiert[262] und Peraudi bereits am 29. Oktober von Rom abgereist war[263], wird Paltz wohl noch Ende des gleichen Jahres nach Erfurt zurückgekehrt sein und dort die Nachricht vom Kommen des Kardinallegaten empfangen haben.

Ehe er aber 1502 und 1503 unter Peraudi wiederum als Jubiläumsprediger tätig wurde, nahm er eine neue Aufgabe im Dienste der Augustinerobservanz in Angriff, die Gründung des Klosters Sternberg in Mecklenburg[264]. Herzog Magnus von Mecklenburg hegte, wie es in der päpstlichen Stiftungsbulle vom 19. September 1500 heißt, „gegenüber den Augustinern von der regulierten Observanz wegen ihrer vorbildlichen Lebensführung und Gelehrsamkeit und anderer erprobter Eigenschaften eine außerordentliche fromme Zuneigung"[265]. Ein Blutwunder im Städtchen Sternberg[266] veranlaßte den Plan, hier ein Kloster der Reformkongregation zu errichten. Für die Betreuung der Gründung erbat sich Herzog Magnus Anfang 1501 durch die Vermittlung Herzog Johanns von Sachsen, den Bruder des Kurfürsten, von Andreas Proles den in dieser Hinsicht bereits erfahrenen Johannes von Paltz[267]. Diesmal

---

[259] Coel. fol. A 2r; zit. unten Kap. 3 Anm. 232.

[260] Coel. fol. Cc 4r.

[261] Coel. fol. Cc 4r/v; zit. unten Kap. 3 Anm. 237.

[262] Siehe PAULUS, Raimund Peraudi als Ablaßkommissar, 673.

[263] Siehe MEHRING, Kardinal Raimund Peraudi, 337.

[264] Zur Gründung und Geschichte des Klosters vgl. besonders LISCH, Hauptbegebenheiten, 218–235 und 261–264 (Aktenstücke); KOLDE, Die deutsche Augustiner-Congregation, 149–151; KUNZELMANN, Geschichte V, 490–493.

[265] „... Magnus dux, qui ad fratres ordinis fratrum Eremitarum sancti Augustini regularis observantiae propter eorum exemplarem vitam et doctrinam ac alios comprobatos mores gerit singularem devotionis affectum." Die Bulle ALEXANDERS VI. ist abgedruckt bei LISCH, ebd. 354–359 (Zitat: 355).

[266] Über den jüdischen Hostienfrevel und das Blutwunder in Sternberg berichtet Paltz in Suppl. fol. F 5v–6r; vgl. LISCH, ebd. 207–217 und 256–260 (Aktenstücke).

[267] Schreiben des Kurfürsten Friedrich an Proles vom 14. Febr. 1501; siehe KOLDE, Die deutsche Augustiner-Congregation, 151.

aber war die Aufgabe weit schwieriger als seinerzeit in Mühlheim, da im
November 1503 Herzog Magnus, der Stifter und Förderer, starb, der
Neubau daraufhin stockte und die Dotierung des Klosters unklar war.
Wie oft und wie lange jeweils Paltz in Mecklenburg weilte, ist nicht mit
Sicherheit zu sagen, doch dürfte es sich um drei Aufenthalte gehandelt
haben: Der erste fiel wahrscheinlich in die Sommermonate 1501; damals
wohl erhielt Paltz von Herzog Magnus in einem persönlichen Gespräch
jene festen Zusagen zur Förderung des geplanten Klosterbaus, auf die er
sich in einem späteren Brief an den Sohn des Herzogs berufen sollte[268].
Fest steht, daß er wieder 1502/03 – spätestens im Frühjahr 1503[269] – in
Verbindung mit seiner Jubiläumsverkündigung[270] in Mecklenburg war;
und man darf vermuten, daß er damals beim Einzug der ersten Augusti-
nermönche in den bereits bewohnbaren Teil des Klosters zugegen war,
wie er im gleichen Brief berichtet[271]. Schließlich weilte er auch irgend-
wann zwischen 24. April und 22. August 1505 in Sternberg, als er im
Auftrag von Staupitz zusammen mit dem Distriktsvikar von Sachsen-
Thüringen und späteren Wittenberger Theologieprofessor Johannes
Vogt[272] die bereits in Sternberg weilenden Brüder visitierte und sich um
die Fortsetzung des Klosterbaus kümmerte[273]. Damit war seine Stern-

---

[268] Brief an Herzog Heinrich von Mecklenburg, Erfurt 3. Febr. 1505, abgedruckt bei
LISCH, Hauptbegebenheiten, 262f. (siehe unten S. 128): „Da wir daz closter zu Sternberg
in babstlicher gewalt solden uffnemen (d. h. mit seinem Bau beginnen), da wolde ich
wissen nach dem befele mins obersten (des Generalvikars Andreas Proles), waruff (=
worauf, d. h. auf welcher finanziellen Basis) ich solt die stat (= Stätte) zu Sternberg
uffnemen; da saget mir uwer f.g. vater zu in gegenwertikeit uwer f.g. muter zu dem Sant
Antonius hoff, daz wir solden haben zu dem closter drie teiele des opfers und inkommens
zu Sternberg, also lang bis das closter gebuwet wurde, und auch etliche zins dem closter
gemachet wurden zu kleidern und den dingen, die man nit mag (= kann) betteln, und
sagte darzu, wo daz opfer wurde abgen, da got vor si, so wolde sin f.g. glichwol daz
closter buwen und versorgen." KUNZELMANN (Geschichte V, 490) datiert diese Begebenheit irrtümlich erst in das Jahr 1503.
[269] Am 7. Mai 1503 war Paltz jedenfalls in Eschwege bei Kassel; siehe die Fortsetzung
des Textes.
[270] Siehe unten S. 89.
[271] „Desglichen da wir solden daz closter innemen (d. h. Einzug halten) zu Sternberg, da
uwer f.g. auch gegenwertik waz und personlich uns half infuren, da vermant ich sin f.g.
der zusagung; da sprach sin f.g., ich solde den glauben uff sin f.g. sezen, er wolde uns
glauben halden." Aus der Erwähnung von „sin f.g." (= Seine Fürstliche Gnaden), d. h.
Herzog Magnus von Mecklenburg („uwer f.g." ist sein Sohn Heinrich), geht hervor, daß
Terminus ante quem dieser Begebenheit der 20. Nov. 1503, der Todestag Magnus', ist.
[272] Zur Person siehe KUNZELMANN, Geschichte V, 120f. Anm. 648.
[273] Siehe STAUPITZ' Brief an die Herzöge Balthasar und Heinrich von Mecklenburg vom
24. April 1505, in dem er ihnen schreibt, er habe erfahren, daß der Fortgang des
Klosterneubaus zu Sternberg einerseits „durch ungnädigen willen des hochwirdigen hern
und vaters bischofs zu Schwerin" und andererseits vielleicht „durch meiner bruder

berger Mission abgeschlossen. – Nachzutragen ist, daß Paltz als Diffinitor am 7. Mai 1503 an jenem denkwürdigen Kapitel der Kongregation
in Eschwege teilnahm, von dem bereits oben die Rede war[274].

Am 17. Juli 1505 trat der magister artium Martin Luther in das
Erfurter Kloster der Augustinereremiten ein. Für die oft erörterte Frage
nach einem möglichen Einfluß von Paltz auf Luther, insbesondere für
die Frage, ob Paltz Luthers theologischer Lehrer am Erfurter Generalstudium des Ordens war – eine häufig als selbstverständlich vorausge-
setzte Annahme –, ist natürlich wichtig, wann Paltz den Erfurter
Konvent endgültig verließ. Für die Klärung der näheren Umstände, die
dabei eine Rolle gespielt haben könnten, zog man stets den Brief Luthers
an den Erfurter Konvent vom 16. Juni 1514 zu Rate, den einzigen Text,
in dem Luther Paltz namentlich erwähnt[275]. Der Brief gehört in den
Zusammenhang der Querelen, die Luthers Verhältnis zu seinen Erfurter
Mitbrüdern, vor allem zu Nathin, belasteten[276]. Nathin hatte Luther
vorgeworfen, er habe durch seine Wittenberger Promotion zum Lizentiaten und Doktor der Theologie den Eid auf die Erfurter Statuten
gebrochen, die dem Sententiarier verboten, anderswo als in Erfurt den
Grad des Magisters zu erwerben[277]. Luther schreibt nun, die Angriffe
Nathins hätten ihn so erregt, daß er nahe daran gewesen sei, in Nachahmung des Magisters Paltz über ihn und den ganzen Konvent die Schale
des Zorns und der Entrüstung auszugießen[278]. Diese Reminiszenz
Luthers an Spannungen zwischen Paltz und dem Erfurter Konvent,
besonders Nathin, setzte die bisherige Forschung zu den Auseinandersetzungen in der Reformkongregation um die Unionspläne Johanns von

---

unordnung" verzögert worden sei, „alzo daß wenig daranne gebauet". Die Pflicht seines
Amtes – Staupitz war ja 1503 Nachfolger des Andreas Proles geworden – hätte eigentlich
verlangt, daß er die Sternberger Brüder visitieren und dabei die Herzöge um Hilfe gebeten
hätte, doch sei er durch andere Aufgaben daran gehindert worden und könne auch diesmal
nicht in eigener Person kommen. „Derhalben han ich vorordent zwene väter unsers
ordens, baide der heiligen schrift doctores, Johannem Voyt und Johannem Paltz." Der
Brief ist abgedruckt bei LISCH, Hauptbegebenheiten, 263 f. – Der Terminus ante quem 22.
Aug. 1505 ergibt sich aus der Tatsache, daß Paltz an diesem Tag als Mitunterzeichner einer
Erfurter Urkunde genannt wird: OVERMANN, Urkundenbuch III, Nr. 364.

[274] Siehe oben S. 65 f.

[275] WA Br 1,24–27 Nr. 8.

[276] Vgl. besonders SCHEEL, Martin Luther II, 554 f.; KLEINEIDAM, Universitas Studii
Erffordensis II, 204 f.

[277] Vgl. STATUTEN DER THEOL. FAKULTÄT ERFURT X (ed. Meier 119, 11 f.).

[278] „Licet multa et audierim et legerim, quae de nobis, potissimum de me, ab aliquibus
ex vobis dicta sunt mala, novissime tamen ex litteris patris magistri Iohannis Nathin velut
nomine omnium vestrum scribentis ita fui mendaciis, aculeatis verbis ac provocationibus
amarulentis et illusoriis ipsius commotus, ut prope fuerit, ut magistrum Paltz imitatus
super ipsum et totum conventum effunderem phialam plenam irae (Apc. 16,1) et
indignationis." WA Br 1,25,5–11.

Staupitz in Beziehung und brachte sie mit Paltz' Weggang von Erfurt in Verbindung[279]. Die erste Annahme ist wahrscheinlich richtig, die zweite sicher falsch.

Beginnen wir mit der Frage nach dem Datum des Weggangs. Spätestens am 31. Mai 1507 war Paltz Prior in seiner Neugründung Mühlheim bei Koblenz, denn so wird er in drei an diesem Tag ausgestellten Urkunden bezeichnet[280]. Terminus post quem seiner Abreise von Erfurt ist der 22. August 1505, da er an diesem Datum eine Erfurter Urkunde mitunterzeichnet[281]. Bislang war man eher geneigt, Paltz' Übersiedlung nach Mühlheim in das Jahr 1507 als in das Jahr 1505 zu datieren, zumal man dann eine größere Zeitspanne für mögliche Kontakte zu Luther zur Verfügung hatte. Man denke beispielsweise an die These Weijenborgs von Paltz' Novizenmeisteramt[282]. Nun kann man aber die Beobachtung machen, daß Paltz seit seiner Rückkehr von Mühlheim Ende 1500 in den Urkunden des Erfurter Klosters immer dann an zweiter Stelle nach dem Prior als Mitunterzeichner erscheint, wenn auch Johannes Nathin als dritter und andere Brüder zeichnen[283] – vorausgesetzt natürlich, daß Paltz gerade in Erfurt ist, was z. B. im Sommer 1502 wegen der Jubiläumskampagne[284] nicht der Fall ist[285]. So heißt es auch am 22. August 1505: „Winandus von Dydenhofen prior, Iohannes Paltz, Iohannes Nathin, der heiligen schrifft doctores …"[286] In der nächsten Urkunde, die neben dem Prior auch noch andere Brüder nennt, in dem Dokument vom 3. Januar 1506, steht an zweiter Stelle Nathin, Paltz aber fehlt[287]. Ebenso ist es in den folgenden Urkunden vom 4. Januar und 3. Juli 1506[288]. Paltz war also zumindest seit dem 3. Januar 1506 nicht mehr in Erfurt. Das Bild rundet sich ab, wenn man berücksichtigt, daß am 28. August 1505 ein Kapitel der deutschen Augustinerkongregation in Mühlheim stattfand, dessen Vorsitzende übrigens Paltz, Johan-

---

[279] So zuletzt noch KUNZELMANN, Geschichte V, 442: „Der Grund, warum Paltz Erfurt verließ, dürften die Spannungen innerhalb der Reformkongregation gewesen sein."

[280] Die Urkunden sind abgedruckt bei WAGNER, Das ehemalige Kloster der Augustiner-Eremiten in Ehrenbreitstein, 183–188. Übrigens ist für das Jahr 1507 auch ein Besuch von Paltz in Mainz bei dem dortigen Doktor der Medizin und Humanisten Theoderich Gresemunt von Meschede d. Ä. (gest. 1514), der in Erfurt studiert hatte, bezeugt; siehe ZUMKELLER, Der Predigtband Cod. Berolinensis, 41 Anm. 52. Zur Person des Theoderich Gresemunt siehe BAUCH, Aus der Geschichte des Mainzer Humanismus, 8–10; KLEINEIDAM, Universitas Studii Efffordensis I, 230 und II 134.

[281] Siehe oben Anm. 273.   [282] Siehe oben S. 26.

[283] So am 5. Okt. 1503, 10. Nov. 1503, 22. Aug. 1505: siehe OVERMANN, Urkundenbuch III, Nr. 353.354.364.

[284] Siehe unten S. 89.

[285] Paltz wird nicht genannt in den Urkunden vom 4. Aug., 8. Aug. und 19. Sept. 1502: siehe OVERMANN, ebd. Nr. 348–350.

[286] Ebd. Nr. 364.   [287] Ebd. Nr. 368.   [288] Ebd. Nr. 369 und 373.

nes Vogt und Johannes Nathin waren. Von diesem Kapitel wissen wir erst seit 1974 dank der Handschriftenstudien Kunzelmanns[289]. Auf den Kapiteln aber, die in der Regel in einem dreijährigen Turnus abgehalten wurden, fand die Amtsentlastung und Neueinsetzung der Konventsprioren statt[290]. Paltz wird also auf dem Kapitel im August 1505 als Prior von Mühlheim eingesetzt worden sein und die Nachfolge von Johannes Brüheim von Gotha sofort angetreten haben. Ein anderer Ablauf der Geschehnisse ist schlecht denkbar, zumal das nächste Kapitel erst wieder am 18. Oktober 1508 in München gehalten wurde[291]. Dem Weggang des Augustiners von Erfurt haftet daher nichts Mysteriöses an[292], auch muß man keine Verärgerung über die Erfurter Mitbrüder vermuten; die Ernennung zum Mühlheimer Prior war eine völlig normale Angelegenheit, die auch sehr einleuchtend ist, wenn man bedenkt, daß Paltz schließlich das Kloster zu Mühlheim gegründet und über sieben Jahre dort geweilt hat und daher mit ihm eng verbunden war.

Ging Paltz somit im Spätsommer 1505, jedenfalls aber vor Ende des Jahres, endgültig von Erfurt nach Mühlheim, dann bedeutet dies, daß er mit Luther nur eine sehr geringe gemeinsame Zeit, möglicherweise nur ein paar Tage zwischen dem 17. Juli und 28. August 1505[293], im Erfurter Kloster verbracht hat. Aber selbst wenn man einen späteren Termin der Übersiedlung annähme, würde das für die theologischen Kontakte zwischen den beiden Augustinern wenig besagen, da Luthers theologische Ausbildung am Generalstudium des Ordens erst nach seiner Priesterweihe[294], wohl mit dem beginnenden Sommersemester 1507, ein-

---

[289] KUNZELMANN, Geschichte V, 450 mit Anm. 2251; vgl. auch ebd. 431 Anm. 2154. Der an erster Stelle genannte „M(agister) Joannes Balij" kann nur Paltz sein, denn es gab zu dieser Zeit in der deutschen Augustinerkongregation keinen anderen Magister mit einem ähnlich klingenden Namen, der vor Vogt und Nathin hätte rangieren können. Paltz mußte als Diffinitor des vorausgegangenen Kapitels in Eschwege (siehe oben S. 77) ohnehin statutengemäß (siehe KOLDE, Die deutsche Augustiner-Congregation, 31) am Kapitel teilnehmen; zur Funktion der praesides siehe KOLDE, ebd.

[290] Siehe KOLDE, ebd.

[291] Siehe KUNZELMANN, Geschichte V, 454. Die Tatsache, daß Paltz vor dem 31. Mai 1507 als Prior nicht urkundlich in Erscheinung tritt, spricht nicht gegen unsere Darstellung, denn auch aus der Zeit zwischen dem 24. Juni 1508 (siehe unten Anm. 300) und Paltz' Tod am 13. März 1511 sind keine Mühlheimer Prioratsurkunden erhalten. Es fanden sich bislang überhaupt nur zwei Urkunden, die Paltz als Prior von Mühlheim unterzeichnet hat (vom 31. Mai 1507 und vom 24. Juni 1508); siehe WAGNER, Das ehemalige Kloster der Augustiner-Eremiten in Ehrenbreitstein, 186–188 Nr. 8 und 189 Nr. 10. Daß Paltz bis zu seinem Tod das Amt des Priors in Mühlheim innehatte, bezeugt NIKOLAUS BESLER: siehe unten bei Anm. 307.

[292] Vgl. WEIJENBORG, Doctrina de immaculata conceptione apud Ioannem de Paltz, 165 („propter rationes mysteriosas"); FERDIGG I 252 („factum obscurum").

[293] D. h. zwischen Luthers Klostereintritt und seiner Abreise zum Kapitel nach Mühlheim.

[294] Luther empfing die Priesterweihe wohl am 27. Febr. oder 3. April 1507 durch den

setzte[295]. Nicht Paltz, sondern der wahrscheinlich nominalistisch einge-
stellte Nathin war hier Luthers Lehrer[296].

Wie aber kam es zu dem Bruch zwischen Paltz und dem Erfurter
Konvent, auf den Luther am 16. Juni 1514 anspielt? Im April 1508 war
das Verhältnis offensichtlich noch nicht gestört, denn am 18. des
Monats stellte der Ablaßkommissar Christian Bomhower, der einen
Jubiläumsablaß für das von den Russen bedrohte Livland verkündigte[297],
dem Erfurter Augustinerkonvent einen Ablaßbrief aus, in dem unter
den 52 Brüdern an zweiter Stelle hinter dem Prior Winand von Dieden-
hofen und vor Johannes Nathin Johannes von Paltz genannt wird[298].
Dies muß nicht bedeuten, was man bisher als selbstverständlich

---

Weihbischof Johannes Bonemilch von Laasphe im Erfurter Mariendom; siehe SCHEEL,
Martin Luther II, 77–79.

[295] Siehe SCHEEL, ebd. 118 ff.; ZUMKELLER, Martin Luther und sein Orden, 260.

[296] Damit ist nicht gesagt, daß Luther vom Regens des Generalstudiums „im Sinne eines
extremen Ockhamismus unterwiesen oder einseitig auf Biels Lehre festgelegt worden"
sei, was von ZUMKELLER (ebd. 262) zurückgewiesen wird. Dies wäre auch angesichts der
STAUPITZschen Konstitutionen für die deutsche Augustinerkongregation von 1504 (siehe
oben Anm. 172) und auf dem Hintergrund des bisherigen Geistes im Erfurter Generalstudium schlecht denkbar. Zwei Gründe lassen allerdings vermuten, daß Zumkellers Apologetik zu einseitig ist und Luther nicht nur an der Universität, sondern auch am Augustinerstudium im Sinne eines gemäßigten ockhamistischen Nominalismus Bielscher Prägung mit Offenheit für die theologischen Traditionen des eigenen Ordens ausgebildet
wurde: 1. Selbst ZUMKELLER (ebd. 261 f.) konstatiert: „Auf Grund der von Luther zitierten
Autoren und mancher seiner Selbstzeugnisse steht fest, daß er in Erfurt und Wittenberg
vorwiegend ‚moderne' Theologie studiert hat." Vgl. HAMM, Promissio, Pactum, Ordinatio, 377 ff. Angesichts der herausragenden Bedeutung, die den Ordensstudien bei der
theologischen Ausbildung der Mönche zukam, ist es unwahrscheinlich, daß Luthers
Werden zum akademischen Schultheologen abseits des Erfurter Augustinerstudiums, an
dem er mehrere Jahre studierte, stattgefunden hat. 2. Vermittler der nominalistischen
Theologie am Erfurter Ordensstudium war wohl Nathin, der immerhin etwa fünf Jahre,
vom 18. Nov. 1483 bis wahrscheinlich 1488, in Tübingen Theologie studiert hat. Daß er
in dieser Zeit nachhaltige theologische Eindrücke von dem Inhaber des Lehrstuhls für Via
moderna, dem Erfurter Lizentiaten Gabriel Biel, empfangen hat, die er dann in Erfurt
weitergegeben hat, ist sehr wahrscheinlich. Man bedenke, daß zur gleichen Zeit die drei
herausragenden Köpfe der Tübinger Via antiqua, Heynlin von Stein, Paulus Scriptoris
und Konrad Summenhart, nicht mehr bzw. noch nicht in Tübingen lehrten; vgl.
OBERMAN, Werden und Wertung der Reformation, 38 Anm. 34. Solange keine Schriften
von Nathin bekannt sind, muß man sich mit solchen Vermutungen begnügen (vgl. bereits
MEIER, Research, 65). Jedenfalls genügt die Kenntnis der Schriften von Dorsten und Paltz
nicht, um das theologische Milieu, das Luther 1505 bei den Erfurter Augustinereremiten
vorgefunden hat, befriedigend zu rekonstruieren (gegen den Anspruch ZUMKELLERS,
zuletzt in: Dorsten über Gnade, Rechtfertigung und Verdienst, 28).

[297] Vgl. ARBUSOW, Die Beziehungen des Deutschen Ordens zum Ablaßhandel, 43–50;
PAULUS, Geschichte des Ablasses III, 220–222; WEIJENBORG, Luther et les cinquante et un
Augustins d'Erfurt, 823–829.

[298] Die Urkunde ist abgedruckt bei WEIJENBORG, ebd. 820–822.

geschlossen hat[299], daß er damals, wohl als Begleiter Bomhowers, zu einem Besuch in Erfurt geweilt hat. Es ist durchaus denkbar, daß Bomhower den Namen des Mühlheimer Priors als eines früheren prominenten Mitgliedes des Erfurter Konvents sozusagen ehrenhalber – in Erinnerung an seine Verdienste um die Ablaßpredigt – in die Liste der Erfurter Brüder einfügte, ohne daß Paltz damals in Erfurt gewesen ist[300]. Kaum vorstellbar aber ist diese Berücksichtigung von Paltz, wenn zu diesem Zeitpunkt bereits Spannungen zwischen ihm und Erfurt bestanden hätten. Sie werden erst im Laufe des Jahres 1510 aufgetreten sein, nachdem auch Luther wieder aus Wittenberg nach Erfurt zurückgekehrt war und ihr unmittelbarer Zeuge werden konnte.

Im Sommer dieses Jahres regte sich gegen Staupitz' Plan, die deutsche Reformkongregation und die sächsische Ordensprovinz unter seiner Leitung zu vereinigen[301], energischer Widerstand auf seiten der Observanten, der von sieben Konventen getragen wurde[302] und dessen geistiger Führer Johannes Nathin gewesen ist[303]. Er veranlaßte auch in dieser Angelegenheit die Entsendung Luthers nach Rom im November 1510[304]. Prior Paltz, dessen Mühlheimer Konvent nicht zu den sieben renitenten Observantenklöstern gehörte, hielt offensichtlich zu seinem Vorgesetzten Staupitz[305] und schüttete deshalb „die Schale des Zorns und der Enttäuschung" über den unbotmäßigen Erfurter Konvent und Johannes Nathin. Die gute Beziehung zwischen Paltz und Staupitz wird auch dadurch bestätigt, daß dieser im gleichen Jahr seinen engsten Vertrauten und Begleiter Nikolaus Besler[306], den früheren Münchener und späteren Nürnberger Augustinerprior, in das Kloster Mühlheim

---

[299] So zuletzt Kunzelmann, Geschichte V, 442 mit Berufung auf Weijenborg, ebd. 826f. und 832f.

[300] Jedenfalls stellte er am 24. Juni 1508 bereits wieder in Mühlheim eine Urkunde aus: siehe Wagner, Das ehemalige Kloster der Augustiner-Eremiten in Ehrenbreitstein, 189 (Wagner datiert das Fest Johannes des Täufers, an dem die Urkunde gesiegelt wurde, versehentlich auf den 24. Aug.).

[301] Zu Staupitz' Unionspolitik siehe Kunzelmann, Geschichte V, 453–466 und Eckermann, Neue Dokumente (281 Anm. 1: bisherige Literatur).

[302] Die sieben Klöster waren Nürnberg, Kulmbach, Erfurt, Sangerhausen, Nordhausen, Sternberg und Himmelpforten. Statt Himmelpforten wurden in der bisherigen Forschung (Überblick bei Eckermann, ebd. 296 Anm. 40) auch Königsberg in Franken und Mühlheim (Wagner, ebd. 88f. und 98) genannt. Endgültig gesichert wurde die Zugehörigkeit Himmelpfortens durch Eckermann (ebd. 293 und 296).

[303] Siehe Kunzelmann, ebd. 459.

[304] Ebd. 462f.; vgl. Weijenborg, Neuentdeckte Dokumente, 185–197.

[305] Völlig umgekehrt wird der Sachverhalt von Wagner, Das ehemalige Kloster der Augustiner-Eremiten in Ehrenbreitstein, 88: „Während anscheinend Nathin am längsten zu Staupitz hielt, dürfte von Anfang an eine gewisse Spannung zwischen Paltz und Staupitz bestanden haben."

[306] Zur Person siehe Kunzelmann, Geschichte V, 448 Anm. 2241.

zur Vorbereitung seines eigenen Besuches sandte. In seiner Autobiographie schreibt Besler darüber: „Im gleichen Sommer (1510) gab mir der Pater Vikar, nachdem er mir ein Pferd für die Reise geschickt hatte, den Auftrag, mich in das Kloster von Mühlheim zu begeben, um dort seine Ankunft abzuwarten. Nachdem ich in Mühlheim am Tag des heiligen Evangelisten Lukas (18. Oktober) eingetroffen war, blieb ich bei dem ehrwürdigen Pater Magister Johannes Paltz, der damals dort Prior war, den Winter hindurch bis zum 13. März des Jahres 1511, an dem er seine Tage beschloß. Kurz darauf, am Tag vor Palmsonntag (12. April), kam auch der Pater Vikar."[307] Diese Zeilen sind die einzige Quelle für das genaue Todesdatum des Johannes von Paltz.

Blicken wir zurück, so ist es verwunderlich, daß die mit Staupitz' Unionsplänen verbundenen Spannungen in der deutschen Augustinerkongregation immer wieder als Hintergrund für Paltz' Weggang von Erfurt genannt worden sind, so zuletzt noch von Kunzelmann[308]; traten sie doch erst zu einem Zeitpunkt auf, als Paltz bereits längst nachweisbar in Mühlheim als Prior wirkte[309]. Möglich ist, daß der Bruch zwischen Mühlheim und Erfurt, zwischen Paltz und Nathin, durch Gegensätze in der theologischen Lehre der beiden Professoren verstärkt wurde. Während Paltz Vertreter einer Frömmigkeitstheologie ist, die sich auf keine schulspezifischen Lehren und Autoritäten des Nominalismus einläßt, war Nathin vermutlich der Brückenkopf des Erfurter Ockhamismus im Generalstudium des Ordens[310]. Doch betreten wir hier den Boden der Spekulation.

Das Leben Johanns von Paltz war über vierzig Jahre lang ein Leben in der klösterlichen Gemeinschaft, ja es war darüber hinaus das Leben eines Mannes, der sich zu einer exklusiven Form monastischer Lebensgestaltung, der Observanz, bekannte und mit Energie ihrer Förderung diente. Es ist von vornherein zu erwarten, daß seine Theologie von solcher Lebenserfahrung und solchen Idealen geprägt ist. Man wird hier vor allem auf das Supplementum Coelifodinae verweisen müssen, wo im

---

[307] „Pater Vicarius eadem aestate, misso quo veherer equo, ad Vallis Molariae conventum me vocans, ut suum ibi adventum praestolarer, demandavit. Quo cum in die sancti (statt ‚5.' ist wohl ‚S.' zu lesen; so lautet die Version von AAug) Lucae evangelistae venissem, mansi cum reverendo patri magistro Joanni Paltz tunc ibi priore per hiemem usque ad 13. Martii anni 1511, quando diem ipse clausit extremum. Paulo post in vigilia Palmarum supervenit et pater Vicarius." Nikolaus Besler, Autobiographie (363; vgl. Version von AAug: 293).

[308] Siehe oben Anm. 279.

[309] Das früheste Dokument zu den Unionsplänen ist die Memminger Bulle des Kardinallegaten Bernhardin Carvajal vom 15. Dez. 1507; siehe Weijenborg, Neuentdeckte Dokumente, 158–161. Der erste Widerstand gegen die Unionspolitik regte sich in Nürnberg 1508; siehe Kolde, Innere Bewegungen unter den deutschen Augustinern, 465.

[310] Siehe oben Anm. 296.

Rahmen der Mariologie in mehreren Predigten bzw. Predigtentwürfen den Adressaten, Mönchen und Nonnen, der unvergleichliche Nutzen des Ordenslebens vor Augen gestellt, die monastische Disziplin eingeschärft und Hilfen für eine geistliche Lebensführung und gegen Anfechtungen mancherlei Art angeboten werden[311]. Als Gelegenheit für solche Predigten nennt er die Klostervisitation[312], sicher an seiner eigenen Praxis der ‚consolatio' und ‚confortatio' anknüpfend[313]. Zu erwähnen ist auch der große Abschnitt im Supplementum, in dem er die Privilegien der Bettelorden, insbesondere das Privileg des Beichthörens, gegen die Angriffe der Weltpriester verteidigt[314]. Man kann den Einfluß des monastischen Lebens auf Paltz' Theologie aber noch viel umfassender sehen. Es förderte die Distanz zu innerakademischen Problemen und die Hinwendung zu einer Frömmigkeitstheologie, die sich ausschließlich mit praktisch-seelsorgerlichen Fragen beschäftigt, vor allem mit den Fragen der rechten Reue und Satisfaktion, die im Zentrum des Mönchtums standen.

Dennoch ist Paltz kein Mönchstheologe im engen Sinne, als würde er den ganzen Bereich christlichen Lebensvollzuges von der monastischen via perfectior her sehen. In diesem Punkt war der junge Luther von vornherein viel radikaler als sein älterer Ordensbruder. Paltz unterscheidet säuberlich zwischen dem Kloster- und dem Weltchristentum, der religio monasterialis und der religio christiana. Er bewegt sich als Klosterreformer, -gründer, -visitator und -prior einerseits, als Universitätslehrer, Ketzerbekämpfer, Jubiläumsprediger und Seelsorger andererseits auf beiden Ebenen und stellt entsprechend verschiedenartige Forderungen: Für ein Leben in der religio christiana verlangt er ‚nur' das Halten der Zehn Gebote, zur religio monasterialis darüber hinaus strikte Disziplin im Befolgen der drei Gelübde[315]. Aufs Ganze gesehen ist Paltz' literarisches Werk weniger durch den spezifisch monastischen Stand-

---

[311] Suppl. fol. h 6r–n 5r.

[312] Suppl. fol. h 6r: „Collatio ad religiosos vel religiosas in visitatione vel quando placet." Fol. k 2r: „Collatio alia pro confortatione vel visitatione religiosorum vel religiosarum."

[313] Als Grund für den Einschub der Collationes de religione im Supplementum Coelifodinae nennt Paltz die Tröstung: „propter religiosorum et religiosarum consolationem, ut non putent se deceptos vel derelictos per sanctae religionis ingressum, sed credant se maximam dei misericordiam consecutos." Fol. n 4v. Zur confortatio siehe oben Anm. 312. Zu Paltz' Visitationstätigkeit in Klöstern siehe oben S. 68 und 73 f.

[314] Suppl. fol. t 2v–x 2r.

[315] „... est differentia inter religionem monasterialem et christianam; quia ad religionem christianam sufficit decem mandatorum dei observatio, sed ad religionem monasterialem requiritur ultra hoc trium votorum observatio, per quae amplius restringuntur religiosi quam christiani in saeculo deo servientes; et propter quod etiam ampliorem habent sperare mercedem, si perseveraverint usque in finem." Suppl. fol. h 5v.

punkt als durch seine Aufgeschlossenheit charakterisiert: Er beschäftigt
sich hier weit mehr mit den Fragen des einfachen Weltchristen, ja des
maximus peccator, als mit den internen Fragen des Mönchtums. Nicht
auf die via perfectior, sondern auf die via facilior legt er, der Eiferer für
die Observanz, den Hauptakzent. Zu dieser Offenheit mag nicht zuletzt
die Art seiner theologischen Ausbildung am Generalstudium des
Ordens durch Johannes von Dorsten beigetragen haben, der ebenfalls in
seinen Traktaten und Predigten als Adressaten die simplices jenseits der
Klostermauern im Auge hat.

V. Im Einsatz für den Türkenablaß – Paltz als Theologe des Ablasses

Das dritte große Tätigkeitsfeld des Erfurter Augustiners, das mit dem
Charakter seiner Theologie in engem Zusammenhang steht, ist die
Ablaßverkündigung. Und damit muß zugleich der Blick auf den Mann
fallen, der für Paltz neben Dorsten und Proles zur dritten großen
Autorität unter seinen Zeitgenossen auf dem Gebiet der Frömmigkeits-
theologie wurde, auf den päpstlichen Ablaßkommissar Raimund
Peraudi. Seine Schriften werden von ihm sehr häufig zitiert[316], seine
Praxis der Jubiläumsverkündigung als vorbildlich gepriesen[317] und er
selbst als Initiator eines neuen Zeitalters, der „felicia tempora plenissi-
marum indulgentiarum", herausgestellt[318], der mehr Sünder bekehrt
habe als sonst jemand seit der Zeit der Apostel[319]. Kein Wunder, daß
Peraudi seinen Verehrer in einem Dankschreiben für die Zusendung der
Coelifodina[320] mit „amice noster carissime" anredet, seinen heftigen
Schmerz darüber bekundet, daß er nicht in jedem Gebiet seiner
Gesandtschaft solche Männer zur Verfügung habe, und ihn schließlich

---

[316] Siehe unten S. 202.

[317] Siehe z. B. Coel. fol. Gg 4r: „Optimum, fundatissimum atque utilissimum modum
promulgandi iubilaeum et indulgentias plenissimas per Alemanniam observavit reverendissimus dominus Raymundus legatus etc. in crucis erectione, qui modus est a prophetis
prophetatus, ab apostolis exsecutus et ab eodem domino reverendissimo innovatus." Das
von Peraudi praktizierte Jubiläumsritual wird von Paltz in Suppl. fol. f 3r–4r wiedergegeben; vgl. dazu VOLZ, Die Liturgie der Ablaßverkündung.

[318] „Nos autem sumus, in quos felicia tempora plenissimarum indulgentiarum venerunt, quia temporibus nostris saepius sunt plenissimae indulgentiae publicatae." Suppl.
fol. e 5v.

[319] Vgl. Coel. fol. Dd 2r: „In cuius (sc. Raymundi) quidem iubilaei publicatione
verisimiliter aestimatur et experientia docuit plures peccatores maximos conversos quam
prius per plures annos." Suppl. fol. a 3r: „Propter quod (Raymundus) plures peccatores
convertit quam multi, qui eum cum indulgentiis antecesserunt." Vgl. auch oben Anm.
317. Zu Paltz' Deutung der eigenen Zeit als reichster Gnadenzeit der bisherigen
Geschichte seit dem apostolischen Zeitalter vgl. unten S. 289 f.

[320] Suppl. fol. a 1v; Coel. fol. A 1v.

darum bittet, sein Buch in alle Gegenden zu schicken, damit niemand eine so heilsame Lehre entbehren müsse. Dieser Brief des Kardinallegaten vom 5. Mai 1502 war Paltz so wichtig, daß er ihn seinem Supplementum Coelifodinae und allen weiteren Auflagen der Coelifodina voranstellte[321].

Paltz' Ablaßtätigkeit kann man nur auf dem Hintergrund der Jubiläumskampagnen Raimund Peraudis verstehen, für die sich der Augustiner in der Praxis als Prediger und Beichtvater und in der Theorie als theologischer Schriftsteller einsetzte. Peraudi[322], 1435 im südwestfranzösischen Surgères in der Diözese Saintes geboren und um die Mitte der siebziger Jahre an der Sorbonne zum Doktor der Theologie promoviert, begann seine Wirksamkeit als päpstlicher Ablaßkommissar bereits im Jahre 1476. Am 3. August dieses Jahres hatte Papst Sixtus IV. zugunsten der Domkirche von Saintes, an der Peraudi als Dekan des Domkapitels fungierte, jene denkwürdige Bulle ,Salvator noster' promulgiert, die zum ersten Mal außerhalb Spaniens[323] den vollkommenen Sündenerlaß auch auf die verstorbenen Seelen im Fegfeuer ausdehnte[324]. Der Ablaß durfte nicht nur im Bistum Saintes, sondern auch in ganz Frankreich und den angrenzenden Ländern gepredigt werden, denn nur die Hälfte der Gelder sollte der Domkirche zu Saintes, die andere Hälfte aber dem geplanten Feldzug gegen die Türken zugute kommen.

Seit 1486 weilte Peraudi als päpstlicher Legat in Deutschland, nachdem Papst Innozenz VIII. den Jubiläumsablaß von 1476 mehrfach verlängert und ausschließlich für den Türkenfeldzug bestimmt hatte. Da er aber zunächst mit verschiedenen anderen Aufgaben betraut wurde, konnte er erst seit Anfang des Jahres 1488 mit der eigentlichen Jubiläumsverkündigung beginnen. Sie führte ihn im März auch nach Erfurt. Im Herbst kehrte er bereits nach Rom zurück, nachdem die für die Ablaßverkündigung bestimmte Frist abgelaufen war. Doch nur kurze Zeit später kam Peraudi wieder als päpstlicher Legat und Ablaßkommissar nach Deutschland. Innozenz VIII. hatte am 11. Dezember 1488

---

[321] In der Coelifodina wird der Brief auf den 6. Mai datiert. Wir ziehen die Datierung des Supplementum vor, da seine erste Auflage ein halbes Jahr vor der zweiten der Coelifodina erschien; siehe unten S. 119 und 124.

[322] Zur Person siehe SCHNEIDER, Die kirchliche und politische Wirksamkeit; GOTTLOB, Der Legat Raimund Peraudi; PAULUS, Raimund Peraudi als Ablaßkommissar; ders., Geschichte des Ablasses III, 211–219; MEHRING, Kardinal Raimund Peraudi. Zu den folgenden Angaben über Peraudis Wirksamkeit als Ablaßkommissar siehe besonders die Arbeiten von PAULUS.

[323] Für Spanien wurden bereits durch Papst Kalixt III. (1455–1458) zwei Ablässe für Verstorbene erteilt, doch wurden sie außerhalb Spaniens nicht bekannt gemacht; siehe PAULUS, Geschichte des Ablasses III, 380–382.

[324] Die Bulle ist teilweise abgedruckt bei KÖHLER, Dokumente zum Ablaßstreit, 37–39.

angesichts der Türkengefahr eine neue Jubiläumsbulle, die Bulle ‚Domini et salvatoris', bewilligt, die bis zum 1. August 1490 gelten sollte. Diese zweite Jubiläumskampagne Peraudis in Deutschland begann im Frühjahr 1489 und endete, da die Frist allem Anschein nach nicht verlängert worden ist, im Sommer 1490. Zehn Jahre später wurde Peraudi, der inzwischen Bischof von Gurk (1491) und Kardinal (1493) geworden war, zum dritten Mal als Ablaßkommissar nach Deutschland gesandt, um das von Papst Alexander VI. in der Bulle ‚Domini et salvatoris' vom 5. Oktober 1500 bewilligte Türkenjubiläum – wiederum für Lebende und Verstorbene – zu verkündigen. Obwohl der Kardinallegat bereits Ende Oktober von Rom abreiste[325], konnten seine Unterkommissare politischer Widerstände wegen, die dem Ablaß entgegengesetzt wurden[326], die Jubiläumsverkündigung erst im Dezember 1501 eröffnen, zunächst im süddeutschen Raum, seit Frühjahr 1502 auch in Thüringen und Sachsen. Peraudi selbst kam am 30. Oktober nach Erfurt, blieb dort bis Ende Dezember und wandte sich dann nach Sachsen und Norddeutschland. Das Jubiläum war ursprünglich bis Weihnachten 1502 befristet, doch konnte Peraudi offensichtlich in Rom eine Verlängerung erwirken, da noch im Frühjahr 1503 der Ablaß in mehreren norddeutschen Städten verkündigt wurde. Doch dürfte die dritte Jubiläumskampagne Peraudis in Deutschland damit ihren Abschluß gefunden haben. Am 5. Sept. 1505 starb der integre Mann[327], der bei seiner Ablaßtätigkeit primär das große, ‚heilige'[328] Ziel der Verteidigung des christlichen Abendlandes durch einen Türkenfeldzug im Auge hatte.

Blicken wir nun auf seine Beziehungen zu Paltz und dem Augustinereremitenorden, so wird man von einem Nehmen und Geben zugleich sprechen müssen, das die beiden Partner und ihre Interessen eng miteinander verband. Raimund Peraudi empfing von seiten der deutschen Augustinerkongregation, besonders vom Erfurter Konvent und hier wieder vor allem durch Paltz, wertvolle praktische und ideologische Unterstützung bei seinen in den gebildeten Kreisen Deutschlands sehr umstrittenen Jubiläumskampagnen[329]. Paltz wurde zum Exponenten

---

[325] Siehe oben S. 75 bei Anm. 263.

[326] Siehe besonders MEHRING, Kardinal Raimund Peraudi.

[327] Die charakterliche Integrität und fromme Gesinnung Peraudis wurde selbst von Zeitgenossen, die dem Ablaßgeschäft kritisch gegenüberstanden, anerkannt; siehe PAULUS, Raimund Peraudi als Ablaßkommissar, 676; vgl. auch 681 f.

[328] Siehe unten S. 88 nach Anm. 338.

[329] Zur Opposition gegen den Ablaß, die während der dreifachen Jubiläumsverkündigung Peraudis besonders in den größeren Städten laut wurde, primär finanziellen Überlegungen entsprang, lebhaftes Mißtrauen gegenüber der Verwendung der Ablaßgelder hegte und die christlichen Motive des Papstes und seiner Helfer in Frage stellte, vgl.

einer hymnischen Verteidigung der Ablässe im allgemeinen und der Legationen Peraudis im besonderen, die eingebettet war in eine papalistische Ekklesiologie, wie sie für den Augustinereremitenorden und insbesondere die auf den päpstlichen Schutz angewiesene Observanzbewegung von jeher charakteristisch war[330]. Peraudi sparte nicht mit Gegenleistungen, die eine devote Dankbarkeit gegenüber dem Papsttum und eine sakralhierarchische Denkweise, für die Paltz ein Exempel liefert, nur noch steigern mußten. Während seiner ersten Anwesenheit in Erfurt gewährte er am 10. April 1488 allen Insassen des Erfurter Klosters – an dritter Stelle wird auch Paltz genannt – den Jubiläumsablaß in vollem Umfang, und zwar zum Dank für die Unterstützung, die ihm die Brüder durch Predigt und Beichthören bei der Jubiläumsverkündigung geleistet hätten[331]. Als der Kardinallegat bei seiner dritten Jubiläumskampagne wiederum nach Erfurt kam, bedachte er das Augustinerkloster erneut, am 27. Nov.[332] und am 23. Dez. 1502[333], mit reichen Vergünstigungen. Dem Generalvikar Andreas Proles gewährte er Hilfe bei seinen Bestrebungen, neue Konvente für die Reformkongregation zu gewinnen[334].

Wie wir sehen, war Raimund Peraudi dreimal als päpstlicher Ablaßkommissar in Deutschland tätig,· 1486–1488, 1489/90 und 1501–1503. Es ist daher auffallend, daß Paltz in seinen Hauptwerken Coelifodina und Supplementum Coelifodinae nur von einer zweifachen Legation Peraudis spricht und seine erste Ankunft in Deutschland auf das Jahr 1489 datiert[335]. Dies ist um so erstaunlicher, wenn man bedenkt, daß

STÖRMANN, Die städtischen Gravamina, 11–31. Paltz bekämpfte diese aktuelle Opposition in Suppl. fol. a5v–f4r (De quattuor exercitibus infernalibus a Lucifero missis adversus sacratissimas indulgentias).

[330] Siehe unten S. 327–330.

[331] OVERMANN, Urkundenbuch III, Nr. 311. Im Vorausblick auf die bevorstehende Jubiläumsverkündigung des Jahres 1502 schreibt Paltz in Coel. fol. Dd 5r: „Ad octavam quaestionem principalem, qua quaerebatur, quid debeat inducere sacerdotes, praedicatores et confessores, quod iubilaeus ab eis promoveatur, respondetur, quod quattuor: Primum est iubilaei consecutio. Tales enim, qui fideliter se exercent in praedicationibus faciendis et in confessionibus, consequuntur iubilaeum et plenissimam omnium peccatorum remissionem, si fuerint de ordinibus mendicantium et observantia, sicut dicit reverendissimus dominus (Raymundus).“

[332] OVERMANN, ebd. Nr. 351.

[333] Ebd. Nr. 352. KOLDE (Das religiöse Leben in Erfurt, 33) spricht irrtümlich von „einer späteren Anwesenheit des Kardinals im Dezember 1504“. Er meint den Ablaßbrief vom Dez. 1502.

[334] Siehe oben S. 69 (Kloster Herzberg); siehe auch KOLDE, Die deutsche Augustiner-Congregation, 164 Anm. 3 (Kloster Memmingen).

[335] „... ponentur modi talium (sc. indulgentiarum) sub reverendissimo domino Raymundo legato duobus temporibus, quibus missus fuerat, practicatarum sub tali forma in Alemannia.“ Suppl. fol. f 3r. „... quemadmodum factum fuit (sc. iubilaeus) in primo

Peraudi ja im Frühjahr 1488 Erfurt besuchte, dort am 24. März ein großartiges Jubiläumsritual mit einer feierlichen Prozession veranstaltete[336] und dem Augustinerkonvent jenen Ablaßbrief ausstellte, in dem auch Paltz genannt ist. Dieser scheint im Rückblick die erste mit der kurz darauf folgenden zweiten Jubiläumsverkündigung zu verbinden oder nur unter dem Eindruck seines eigenen Mitwirkens an der zweiten und dritten Jubiläumskampagne zu berichten. Man darf jedenfalls vermuten, daß Paltz an der ersten nicht beteiligt war, vielleicht weil er in diesen März- und Aprilwochen gerade nicht in Erfurt war – man könnte an die Böhmenreise denken[337].

Auf die wahrscheinlich erstmalige Teilnahme des Erfurter Augustinerprofessors am Jubiläumsgeschäft Peraudis wirft ein Brief des Legaten an den Erfurter Augustinerkonvent vom 3. Febr. 1490 Licht[338]. Er teilt darin den Patres mit, er habe ihren Mitbruder Johannes von Paltz für die Predigt des Türkenablasses bestimmt, da er für diese heilige Aufgabe höchst geeignet sei, und er legt ihnen nahe, Paltz' längere Abwesenheit als Ablaßkommissar mit Geduld zu tragen; werde er doch von Gott dafür den Lohn ewiger Glückseligkeit empfangen. In seinem Amt als „commissarius der romischt gnaden"[339], d. h. als Unterkommissar des Ablaßkommissars Peraudi, wirkte Paltz während des Frühjahrs und vielleicht noch Frühsommers 1490 in der Landgrafschaft Thüringen, der Markgrafschaft Meißen, dem Herzogtum Sachsen und der Mark Brandenburg[340]. Aus Predigten, die er damals während der Passionszeit in der sächsischen Residenzstadt Torgau vor Kurfürst Friedrich dem Weisen, seinem Bruder Johann und dem ganzen Hofe hielt, ist die Himmlische Fundgrube hervorgegangen[341]. Die Anregung für die in der Himmlischen Fundgrube angewandte Bergbaumetaphorik, die sich bis in die Untergliederung nach Stollen durchhält, hat Paltz, wie er berichtet, in

---

ingressu praefati reverendissimi domini Raymundi, tunc legati etc., anno domini 1489 in Germaniam et nunc copiosius fiet in secundo ingressu domini reverendissimi, nunc cardinalis etc., in praesenti anno, videlicet 1501." Coel. fol. Cc 6r. Vgl. auch Coel. fol. Dd 2r.

[336] Vgl. den anschaulichen Bericht Konrad Stolles in seiner Thüringisch-Erfurtischen Chronik, Nr. 341 (440 f.).

[337] Siehe unten S. 91 f.

[338] Der in Linz geschriebene Brief ist abgedruckt bei Ferdigg I 303.

[339] So nennt sich Paltz in der Vorrede zur Himmlischen Fundgrube: fol. A 1v.

[340] Siehe oben S. 74. Aus einem Ausschreiben Kurfürst Friedrichs des Weisen vom April 1490 geht hervor, daß zu diesem Zeitpunkt die Jubiläumsverkündigung in den kursächsischen Landesteilen (Thüringen, Meißen, Sachsen) bereits abgeschlossen war; siehe Kirn, Friedrich der Weise, 124. Da andererseits die Reform des Klosters Herzberg, mit der Proles Paltz beauftragt hatte, Ende Juni bereits angelaufen ist (siehe oben S. 69), wird Paltz nicht über Juni 1490 hinaus im Dienste Peraudis gestanden haben, dessen Jubiläumskampagne ohnehin am 1. Aug. beendet war (siehe oben S. 86).

[341] Siehe unten S. 111 f.

der reichen Silberstadt Schneeberg auf der sächsischen Seite des Erzge-birges[342] empfangen, in die ihn wohl ebenfalls die Jubiläumsverkündi-gung geführt hatte[343].

An der dritten Jubiläumskampagne Peraudis beteiligte sich Paltz seit Februar 1502, als die Ablaßpredigt auch in Thüringen und Sachsen durch Peraudis Unterkommissar Günther von Bünau eröffnet wurde[344]. Paltz war diesmal offensichtlich nicht selbst Unterkommissar, sondern einer der Prediger und Beichtväter, die Günther von Bünau unterstellt waren. Am 25. Febr. 1502 schrieb Friedrich der Weise aus Torgau an Paltz, er möge das Ablaßgeschäft in Naumburg „zum besten bestellen" und sich dann umgehend nach Zwickau und Schneeberg begeben, um auch dort den Ablaß zu verkünden; so habe er es mit Günther von Bünau besprochen[345]. Zu diesem Schreiben fügt sich sehr gut der Brief Raimund Peraudis an Paltz vom 5. Mai desselben Jahres[346], in dem er seine große Freude darüber äußert, daß Paltz unter die Prediger des allerheiligsten Jubiläums in Sachsen abgeordnet worden sei[347]; also nicht er selbst, sondern sein Unterkommissar hatte Paltz für diese Aufgabe in Sachsen eingesetzt. Paltz war aber bis spätestens Frühjahr 1503[348] auch in außersächsischen Gebieten Deutschlands im Dienste des Jubiläums tätig, zumindest noch in Mecklenburg[349], wohin ihn auch die Gründung des Klosters Sternberg führte[350]. In Erwartung dieser dritten Jubiläums-

---

[342] Zu Schneeberg vgl. LAUBE, Studien über den erzgebirgischen Silberbergbau, 22–28.

[343] „Nam sicuti ex aurifodina aurum et ex argentifodina argentum, quod in Monte Nivis, unde similitudinis occasionem quondam acceperam, abundat plurimum, ita ex Coelifodina coelestis gratia omnibus his pretiosior educi potest." Coel. fol. A 2v. Daß 1490 in Schneeberg tatsächlich der Jubiläumsablaß verkündet worden ist, wird durch den Historiographen Schneebergs, CHRISTIAN MELTZER (1684), bezeugt: zit. bei BUROSE, Johann von Paltz und seine „Himmlische Fundgrube", 14 Anm. 15; vgl. H. WOLF, Die „Himmlische Fundgrube", 349.

[344] Siehe PAULUS, Raimund Peraudi als Ablaßkommissar, 675.

[345] Der Brief ist abgedruckt bei KOLDE, Friedrich der Weise, 41. FERDIGG (I 249) spricht statt von Zwickau versehentlich von Torgau.

[346] Zu diesem Schreiben siehe oben S. 84f.

[347] Suppl. fol. a 1v; Coel. fol. A 1v.

[348] Siehe oben S. 86.

[349] Im Supplementum Coelifodinae (siehe oben Anm. 8) nennt Paltz unter den Gebie-ten, die er bei seiner zweifachen Jubiläumsverkündigung 1490 und 1502/03 bereist habe, außer den bereits in der Coelifodina (siehe oben Anm. 251 und 253) aufgezählten Gegenden (Thüringen, Meißen, Mark Brandenburg und Sachsen) zusätzlich noch „sta-gnalis patria" (patria hier in der Bedeutung von Land, Provinz; vgl. PAULUS, Johann von Paltz über Ablaß und Reue, 49f. Anm. 2 mit Verweis auf DU CANGE). Paltz hat also diese Gegend offensichtlich erst nach Abfassung der Coelifodina während seiner zweiten Jubiläumsverkündigung besucht. „Stagnalis patria" ist bei Paltz eindeutig Mecklenburg. Dies geht aus einer anderen Stelle im Supplementum (fol. F 6r) hervor, wo er die mecklenburgischen Städte Sternberg und Güstrow in der „patria stagnalis" lokalisiert.

[350] Siehe oben S. 75f.

kampagne Peraudis redigierte und erweiterte er 1501 seine Coelifodina[351], und unter dem frischen Eindruck seiner eigenen Beteiligung und
der dabei erfahrenen Widerstände schrieb er 1503 sein Supplementum
Coelifodinae wider die ‚höllischen Heere' der Ablaßgegner[352].

Über eine weitere Ablaßtätigkeit des Augustiners in den folgenden
Jahren sind keine Nachrichten erhalten. Alle Vermutungen über eine
Zusammenarbeit mit dem livländischen Ablaßkommissar Christian
Bomhower während der Jahre 1507/08 fallen in den Bereich der Speku-
lation[353]. Sicher ist nur, daß Paltz in dem Ablaßbrief genannt wird, den
Bomhower am 18. April 1508 dem Erfurter Augustinerkonvent ge-
währte[354].

Wie wir gezeigt haben, ist die Entstehung dreier Werke von Paltz,
und zwar gerade seiner wichtigsten, aufs engste mit seiner Jubiläumsverkündigung unter Peraudi verknüpft. So ist es nicht verwunderlich,
daß seine Theologie zu einem guten Teil Theologie der Ablässe ist. Ein
großer Teil der Coelifodina, etwa ein gutes Drittel, und das gesamte
Supplementum Coelifodinae stehen unter dieser Thematik, in die dann
freilich der ganze Problemhorizont christlicher Lebensgestaltung und
das gesamte Gnadenangebot der Kirche eingebaut werden[355]. Man wird
den tatkräftigen Einsatz für die Sache des Jubiläums und die entsprechende theologische Akzentuierung der Ablaßgnade nur verstehen können, wenn man bedenkt, daß der Ablaß eine zentrale Rolle in Paltz'
Konzeption von der via facilior und securior christlichen Lebens einnimmt[356], eine Rolle, die nur noch mit der des Bußsakraments verglichen werden kann. Bußsakrament und Ablaß waren ja im Jubiläum
miteinander verbunden. Während die priesterliche Absolution nach
Paltz' Verständnis den Gnadenbesitz verbürgt, garantiert der päpstliche
Plenarablaß die Befreiung von aller Sündenstrafe und damit den soforti-
gen Genuß der himmlischen Seligkeit nach dem Tode. Damit wird
selbst dem maximus peccator, exemplarisch vorgestellt durch den Schächer am Kreuz, eine völlig neue Dimension von Gnaden- und Heilsgewinn eröffnet. Von Paltz' theologischem Interesse her gesehen ist das
Bedauern fehl am Platze, daß er „seine guten Kräfte und seinen religiösen Sinn an eine so äußere Sache wie die Finanzierung der Türkenkriege
durch Ablässe vertun mußte"[357]. Die Ablässe waren für ihn keine

---

[351] Siehe oben S. 75 und unten S. 121.　　　　　　[352] Siehe unten S. 125.
[353] Siehe oben S. 24 (ARBUSOW) und 26 (WEIJENBORG). KUNZELMANN (Geschichte V,
442) hat die Vermutungen Weijenborgs kritiklos übernommen.
[354] Siehe oben S. 80.　　　　　　[355] Siehe unten S. 127f.
[356] Siehe unten S. 284–291.
[357] KLEINEIDAM, Universitas Studii Erffordensis II, 92; mit Zustimmung zit. von
KUNZELMANN, Geschichte V, 439.

Äußerlichkeit, und er sah sie auch nicht primär als Mittel zur Finanzierung der Türkenkriege[358]. Aus der Mitte seiner seelsorgerlichen Theologie und seines „religiösen Sinns" heraus nahm er die Jubiläumsverkündigung in Angriff, und die praktische Wirksamkeit unter Peraudi hat umgekehrt, gerade auch unter dem Druck der Ablaßgegner[359], die theologische Glorifizierung der Ablaßgnade nur noch verstärkt. Bestand doch für Paltz die wichtigste Erfahrung, die er als Ablaßprediger machen konnte, darin, daß durch das Jubiläum in kurzer Zeit mehr maximi peccatores bekehrt würden als vorher in vielen Jahren[360].

VI. *Ketzerbekämpfer und Prälatenfreund – Faktoren sakralhierarchischer Theologie*

Die biographischen Aspekte, die für Paltz' Theologie wichtig wurden, gehören vor allem den drei Wirkungsbereichen der Universität, des Klosters und der Jubiläumsverkündigung an, mit denen auch die Namen der für ihn dominierenden zeitgenössischen Autoritäten verbunden sind, seiner theologischen Gewährsleute Johannes von Dorsten, Andreas Proles und Raimund Peraudi. Hinzu kommen nun noch zwei Gesichtspunkte, die zum Charakter seiner Theologie, zu seinem institutionsorientierten, sakralhierarchischen Denken in gewisser Beziehung stehen, es möglicherweise gefördert haben, jedenfalls gut zu dieser Art von Theologie passen: die Ketzerbekämpfung und die guten Beziehungen zu Prälaten.

Am 11. Juli 1488 ernannte der Mainzer Erzbischof Berthold von Henneberg Johannes von Paltz zusammen mit zwei anderen angesehenen Erfurter Professoren, dem Theologen Ulrich Rißbach[361] und dem Juristen Johannes Klockereim aus Northeim[362], zum Inquisitor für Thüringen[363]. Näheres über diese Tätigkeit ist nicht bekannt. Dagegen sind wir durch Paltz selbst[364] sehr gut über eine Reise informiert, die er in das an Sachsen angrenzende böhmische Gebiet des Erzgebirges unternahm,

---

[358] Wie wir noch zeigen werden (siehe unten S. 288), spielt die Bedrohung durch die Türken in Paltz' Schriften – anders als bei Raimund Peraudi – überhaupt keine Rolle. Die weltgeschichtliche Dimension tritt zugunsten der Rücksichtnahme auf die individuellen seelischen Nöte des Zeitalters zurück.

[359] Vgl. besonders die Reaktion im Supplementum Coelifodinae (siehe unten S. 127).

[360] Siehe oben Anm. 319. Vgl. Coel. fol. Dd 5v: „... in praesentia tantae gratiae potest praedicator in brevi tempore plus in populo proficere quam alias in annis viginti, ut docuit experientia."

[361] Zur Person siehe oben Anm. 109 und S. 56.

[362] Zur Person siehe KLEINEIDAM, Universitas Studii Erffordensis II, 94f. und 323f.

[363] MAY, Die geistliche Gerichtsbarkeit, 188.

[364] Suppl. fol. r 6v–s 1r und ergänzend dazu Coel. fol. S 1r.

um hussitische Utraquisten zum katholischen Glauben zu bekehren[365].
Auf Einladung von Bürgern und Adeligen predigte er im Bereich der
Städte[366] Kaaden (tschech. Kadaň), Komotau (Chomutov), Görkau (Jir-
kov), Brüx (Most) und Graupen (Krupka)[367], offensichtlich mit gutem
Erfolg. Er muß zu diesem Zeitpunkt bereits ein großes Ansehen als
Prediger genossen haben, hat aber Böhmen jedenfalls vor 1490 bereist,
wahrscheinlich gegen Ende der achtziger Jahre[368].

Was die guten Verbindungen zu höheren kirchlichen Würdenträgern
unter den Weltgeistlichen betrifft, so sei hier nur noch einmal früher
Gesagtes zusammenfassend in Erinnerung gerufen. Erwähnenswert ist
vor allem das vertraute Verhältnis zu den Kurfürst-Erzbischöfen von
Trier und Köln, Johann II. von Baden (gest. 1503)[369] und Hermann IV.
von Hessen (gest. 1508)[370], der übrigens auch der Jubiläumsverkündigung sehr zugeneigt war[371]. Bei dem bedeutenden Kurfürst-Erzbischof
von Mainz Berthold von Henneberg (gest. 1504) genoß Paltz offensichtlich, wie die an ihn übertragenen Ämter zeigen, große Hochschätzung[372]. Ein „dominus Cilianus", der Offizial des Erzbischofs von

---

[365] Vgl. ZUMKELLER, Die Augustinereremiten in der Auseinandersetzung mit Wyclif
und Hus; die Bemerkungen zu Paltz (15) sind dürftig.

[366] Genannt in der Reihenfolge von Südwesten nach Nordosten.

[367] Zur Identifizierung der Orte (bei Paltz lauten ihre Namen Caden, Comathau,
Gorken, Brux, Graupen/Gruppen) vgl. ROKYTA, Die Böhmischen Länder. Paltz erwähnt
in Suppl. fol. r6v–s1r ferner Rubea Domo (= Schloß Rotenhaus/tschech. Červený
Hrádek, zwischen Komotau/Chomutov und Brüx/Most), Hassensteyn (= Hasenstein/
Hašištejn, nahe bei Komotau/Chomutov) und Ysenberg (= Burg Eisenberg/Jezeří bei
Brüx/Most).

[368] In Suppl. fol. s1r spricht Paltz von der Unterstützung durch den „dominus de
Hassensteyn" (vgl. oben Anm. 367). Dieser kann kein anderer gewesen sein als der
bekannte böhmische Humanist und Erzkanzler Bohuslaw Freiherr v. Hasenstein und
Lobkowitz (geb. um 1461, gest. 11. Nov. 1510), der in den achtziger Jahren auf seinem
Schloß Hasenstein lebte, spätestens im Frühjahr 1490 aber eine längere Reise antrat (am 16.
Mai 1490 schrieb er einen Brief aus Venedig an Petrus Schott in Straßburg), von der er
wohl frühestens 1492 zurückkehrte; vgl. CORNOVA, Der große Böhme Bohuslaw,
7.18.24f. Paltz wird also vor Frühjahr 1490 in Böhmen gewesen sein (gegen WEIJENBORG,
Luther et les cinquante et un Augustins d'Erfurt, 832; KLEINEIDAM, Universitas Studii
Erffordensis II, 285; KUNZELMANN, Geschichte V, 440: Datierung der Reise auf
1490–1493). Vgl. oben S. 88 bei Anm. 337. Durch den Kuttenberger Religionsfrieden von
1485 wurde eine solche friedlich missionierende Predigttätigkeit, wie sie Paltz in Böhmen
ausübte, nicht ausgeschlossen; vgl. PALACKÝ, Geschichte von Böhmen 5/I, 272f.

[369] Siehe oben S. 70–72.

[370] Siehe oben S. 74f.

[371] Vgl. das Schreiben des Erzbischofs an das Utrechter Domkapitel vom 16. Nov.
1503: „Per quem (sc. iubilaeum) multa animarum milia, ut speramus, salvata sunt." Zit.
bei PAULUS, Geschichte des Ablasses III, 543 Anm. 2. Vgl. die ähnlichen Äußerungen von
Paltz oben S. 91 bei Anm. 360.

[372] Siehe oben S. 68 bei Anm. 212 und oben bei Anm. 363.

Magdeburg, erbat von ihm 1488 eine Schrift über die unbefleckte Empfängnis Mariens[373]. Von großem Gewicht sind schließlich die engen Beziehungen zum Kardinallegaten Raimund Peraudi[374]. All das ist für den Theologiehistoriker von Interesse, wenn er von der Beobachtung ausgeht, daß im Zentrum von Paltz' Theologie die durch die kirchliche Hierarchie vermittelten Gnaden- und Heilsgarantien stehen.

3. Kapitel

Das ·literarische Werk

In den bisherigen Untersuchungen zu Paltz' Theologie fehlt eine Darstellung, die alle seine erhaltenen Werke berücksichtigt und Einsichten in deren Gattung, Stil, Hauptthematik und Adressatenkreis verwertet. Wir werden darum als Grundlage für unsere weitere Arbeit einen chronologischen Überblick über die Schriften des Augustiners geben müssen und dabei nicht nur ihrer Überlieferung, Entstehung und gegebenenfalls ihrer Echtheit, sondern vor allem diesen für die theologiegeschichtliche Interpretation wichtigen Aspekten Aufmerksamkeit schenken.

Ein solcher Überblick ist auch angesichts der sehr unvollständigen und fehlerhaften Angaben in der bisherigen Paltz-Literatur geboten, deren Irrwege freilich aus Gründen der Platzökonomie auch in diesem Kapitel nur selten referiert werden können. Erwähnt sei nur, daß allein schon bei den bibliographischen Angaben (Zahl der Druckauflagen, Druckorte, Drucker, Datierung etc.), besonders bei der Himmlischen Fundgrube und bei De septem foribus/Die sieben Pforten, weitreichende Korrekturen an den bisherigen Paltz-Darstellungen notwendig sind.

Was unsere Einblicke in Gattung, Stil, Thematik und Adressatenkreis der Werke für den Charakter von Paltz' Theologie besagen, wird erst im folgenden Kapitel deutlich werden, wenn wir sie vom Umkreis spätmittelalterlicher Frömmigkeitstheologie her betrachten.

Paltz' literarisches Werk entstand in den Jahren 1482 bis 1505 und umfaßt vierzehn Schriften[1] und einen Brief.

---

[373] Siehe oben S. 68.   [374] Siehe besonders oben S. 84f.

[1] Die beiden Begräbnispredigten von 1486 und 1488 und die beiden Synodalpredigten von 1488 und 1489 werden wir jeweils gemeinsam behandeln.

I. Sermo in principio novi studii (Princ.)[2]

1. Überlieferung: Handschrift: Göttingen Universitätsbibliothek, Ms. Theol. 102, fol. 151ra–160vb[3].

2. Entstehung: Paltz hielt die Predigt als baccalaureus sententiarius kurz nach dem 18. Okt. 1482 im Erfurter Mariendom bei der Universitätsmesse anläßlich der Eröffnung des neuen Wintersemesters[4].

3. Gattung, Stil, Thematik und Adressatenkreis: Die vor Professoren und Studenten gehaltene akademische Festpredigt, nach Kolde vielleicht „die älteste, die uns von deutschen Universitäten erhalten ist"[5], bewegt sich ganz in den Geleisen des scholastischen Formalismus: „Sie ist mit ihren unendlichen Partitionen und Divisionen, ihrer Fülle von gelehrten Citaten, ihren kühnen Allegorien ... ein wahres Kabinettstück mittelalterlicher scholastischer Kanzelberedsamkeit."[6] Der Aufbau erfolgt streng nach den Regeln der scholastischen Themenpredigt, die über thema, prothema, invocatio, introductio thematis und divisio zum Hauptteil mit der Schlußformel fortschreitet[7]. In Auslegung des biblischen Themas: „Plantaverat autem dominus deus paradisum voluptatis a principio" (Gen. 2,8) kommt Paltz nach verschiedenen Distinktionen innerhalb des Begriffs ‚Paradies' zu einem Lobpreis auf das Paradies der schola universalis, der Universität Erfurt und ihrer vier Fakultäten, die den vier Paradiesesströmen entsprechen.

II. De cautelis servandis in absolutione sacramentali (Caut.)[8]

1. Überlieferung: Handschrift: Augsburg Stadtbibliothek, Cod. Oct. 106, fol. 44r–55r[9]; Druck s.l.e.a.: Erfurt, Drucker des Bollanus[10]. Der

---

[2] Zu dieser Schrift vgl. FERDIGG I 256–258, der zur Entstehung nur bemerkt, daß sie im Jahre 1482 verfaßt wurde; den Titel der Schrift formulierten wir nach Paltz' eigenen Worten: siehe fol. 159ra.

[3] Siehe ZUMKELLER, Manuskripte, 257f. Nr. 558. Der Text ist sehr fehlerhaft abgedruckt bei KOLDE, Das religiöse Leben in Erfurt, 54–68.

[4] Siehe oben S. 51.

[5] KOLDE, ebd. 30. Vgl. aber OBERMAN, Werden und Wertung, 51.

[6] KOLDE, ebd.

[7] Vgl. FERDIGG I 286f. (dort weitere Literatur zu den mittelalterlichen Artes praedicandi); vgl. auch ROTH, Die mittelalterliche Predigttheorie, 165–167; H. WOLF, Art. ‚Predigt', 227 und 234f. FERDIGG (I 287) hat nicht gesehen, daß der Sermo in principio novi studii zwischen invocatio und divisio auch eine introductio thematis enthält. Sie reicht von „Plantaverat autem dominus ..." (fol. 151vb oben) bis „... paradisum scholae universitatis" (fol. 152ra unten).

[8] Zu dieser Schrift vgl. FERDIGG I 264.

[9] Siehe ZUMKELLER, Manuskripte, 255f. Nr. 551.

[10] HAIN Nr. 13630; GW Nr. 6395. Eines der seltenen Exemplare befindet sich in der Bayerischen Staatsbibliothek München, Sign.: 4° Inc. s. a. 1533.

Druck ist der Handschrift vorzuziehen, da ihr Text gegenüber dem des Druckes gekürzt und leicht überarbeitet ist[11].

2. Entstehung: Die Quaestio beruht zu einem guten Teil auf einer anderen Schrift, die in zwei Manuskripten unter dem Titel ‚Collecta per reverendum patrem Iohannem de Dorsten de forma absolutionis‘ überliefert ist[12] und von Paltz als Dorstens Tractatus de forma absolutionis zitiert wird[13]. Aus dem Vorwort zu diesem Sammelwerk[14] geht hervor, daß es mit großer Wahrscheinlichkeit von Paltz selbst auf Bitten eines höhergestellten Ordensmannes, möglicherweise des Andreas Proles[15], zusammengestellt worden ist. Paltz hat sich ja, wie wir sehen werden, auch sonst um die Sammlung und Pflege des Dorsten-Nachlasses bemüht[16]. Als Quelle für die Collecta de forma absolutionis, die 1486 in dieser Form entstanden sein dürften[17], haben ihm drei ‚Bücher‘ Dorstens, d. h. Sammelbände mit Predigtmaterial, gedient[18]. Er betont, er habe nichts aus eigener Feder hinzugefügt und nichts weggelassen, sondern nur wörtlich Dorsten wiedergegeben[19]. Die Schrift muß somit als Werk Dorstens gelten, auch wenn erst Paltz die drei Textkomplexe,

---

[11] Siehe ZUMKELLER, Der religiös-sittliche Stand des Erfurter Säkularklerus, 273f.

[12] Köln Stadtarchiv, GB Quart 60, fol. 113r–119r und Wiesbaden Hessische Landesbibliothek, Hs 14 fol. 2ra–12rb; siehe ZUMKELLER, Manuskripte, 222f. Nr. 472.

[13] Caut. fol. 6v.

[14] „Cum idem pater reverendus (sc. Johannes von Dorsten) ultimam aegritudinem incidisset, contigit me (= Paltz?) quaerere ab eo, an ne aliquid de forma absolutionis collegisset. Qui respondit, quod sic, describens mihi tres libros, in quibus sparsim omnia invenirem. Et addidit se credere satis esse, si talis modus ex omnibus illis tractus observaretur, quo meliorem ipse laborando invenire non potuisset. Sed quia reverenda paternitas vestra (= Andreas Proles?) desideravit eius collecta conspicere, in hac materia decrevi apud me nihil addere vel deponere, sed in forma (= wörtlich) omnia rescribere et vobis transmittere, secundum quod in praefatis libris invenirem; licet nondum ordinate posuerit, sicut et multa alia, nucleum tamen et fundamentum reliquit." Kölner Handschrift fol. 113r.

[15] Daß jene „reverenda paternitas vestra" mit Proles identisch sei, wird von WEIJENBORG (Doctrina de immaculata conceptione apud Ioannem de Paltz, 163 Anm. 9) vermutet („ut videtur"), von FERDIGG (I 258) und ZUMKELLER (Manuskripte, 222 Nr. 472) voreilig als Tatsache hingestellt.

[16] Siehe unten S. 309f. Daß die im Vorwort der Collecta sprechende Person Paltz ist, wird auch dadurch wahrscheinlich gemacht, daß er selbst diese Schrift in De cautelis servandis größtenteils ausschreibt.

[17] Das Explicit der Wiesbadener Handschrift (fol. 12rb) lautet: „Collecta sunt haec per reverendum patrem Johannem de Dorsten anno domini 1484, scripta autem haec 1486." Die erste Jahresangabe kann nicht stimmen, da Dorsten bereits am 3. Jan. 1481 gestorben war (siehe oben Kap. 2 Anm. 65), die zweite Angabe dürfte hingegen richtig sein.

[18] Am Ende der Schrift (Kölner Handschrift fol. 119r) wird noch kurz aus einem vierten Sammelband Dorstens, hier nicht liber, sondern rapiarium genannt, zitiert; zur Überlieferung des Dorsten-Nachlasses in Form von rapiaria siehe ZUMKELLER, Der Predigtband Cod. Berolinensis, 424.

[19] Siehe oben Anm. 14.

die er – wohl bereits als geschlossene Stücke – in den drei Bänden vorgefunden hat, zum vorliegenden Traktat zusammengefügt hat[20].

Er übernahm ihn weitgehend in seine Quaestio De cautelis servandis, die man bisher allgemein, aber ohne Argumente, ebenfalls in das Jahr 1486 datiert hat[21]. Die Frage nach dem Anlaß ihrer Entstehung leitet bereits zur Frage nach ihrer Gattung über. – Wohl keine andere Schrift von Paltz läßt seine Arbeitsweise so deutlich werden wie De cautelis servandis: Paltz sammelt zunächst Material anderer Autoren zum Thema, meist greift er exzerpierend auf den Dorsten-Nachlaß zurück (Collecta de forma absolutionis); dann verarbeitet er diese Quellenstücke in einer eigenen Schrift, indem er sie mit sehr aufschlußreichen Interpretamenten versieht und einem neuen Gedankenduktus mit der für ihn charakteristischen Intention unterordnet (De cautelis servandis). Schließlich kann er eine eigene Schrift teilweise oder fast vollständig nochmals in ein späteres großes Werk einarbeiten (De cautelis servandis größtenteils in die Coelifodina und zu einem geringen Maß in das Supplementum Coelifodinae).

3. Gattung, Stil, Thematik und Adressatenkreis: Das Vorwort der Schrift[22] weist darauf hin, daß es sich um das bei einer Disputation vorgetragene klärende Schlußwort des Doktors, die sog. Determinatio oder Decisio[23], zu einer bestimmten Frage handelt. Die Schrift hält sich entsprechend streng an die für eine Determinatio geltende scholastische Form: Auf die conclusiones folgen jeweils corollaria. Sowohl die conclusiones als auch die corollaria werden in erneuten Untergliederungen begründet. Die vorliegende Determinatio war natürlich im mündlichen Vortrag für die Schulung des akademischen Publikums bestimmt[24], sollte aber in der schriftlichen Form der seelsorgerlichen Unterweisung der Priester allgemein dienen, damit, wie es in der Überschrift heißt, „weder die einfachen Beichtväter noch die Beichtenden in Gefahr für ihre Seelen geraten"[25]. Ist doch die Thematik der Schrift trotz · der

---

[20] Er hat sie noch ergänzt durch das erwähnte kurze Zitat aus einem vierten rapiarium (siehe oben Anm. 18) und durch die Absolutionsformel, mit der Dorsten bei seinem Tode absolviert worden sei und die er vorher mit eigener Hand aufgeschrieben und dem Prior zum Verlesen gegeben hätte (Kölner Handschrift fol. 119r).

[21] FERDIGG I 264.

[22] „Quaestio sequens pro dei laude communique et confessorum et confitentium utilitate doctoraliter est decisa, in cuius decisione pleraque non minus necessaria quam utilia de sacerdotali dignitate, auctoritate et utilitate, item de sacramentalis absolutionis efficacia ast de modo habendi se in absolvendo utilissime sunt comportata." Fol. 1r.

[23] Vgl. z. B. JOHANNES VON STAUPITZ, Decisio quaestionis de audientia missae in parochiali ecclesia dominicis et festivis diebus, Tübingen 1500, bei Johann Otmar (PANZER, Annales typographici III, 56 Nr. 12).

[24] Vgl. z. B. KLEINEIDAM, Universitas Studii Erffordensis I, 252.

[25] Der vollständige Titel lautet: „De cautelis servandis in absolutione sacramentali, ne

scholastischen Gliederungstechnik auf die alltägliche priesterliche Praxis und ihre Probleme bezogen: Die erste conclusio handelt grundlegend von der Würde, der Autorität und dem Nutzen des Priestertums, die zweite von der Wirksamkeit der Absolution und die dritte von der richtigen Art des Absolvierens.

III. Quaestio determinata contra triplicem errorem (Tripl.)[26]

1. Überlieferung: zwei Drucke, der erste s.l.e.a., der zweite s.a.: Erfurt, Drucker des Bollanus[27]; Memmingen, bei Albrecht Kunne von Duderstadt[28].

2. Echtheit: Die Verfasserschaft des Johannes von Paltz wurde 1957 durch Weijenborg nachgewiesen[29].

3. Entstehung: Bereits 1466 hat Paltz' Lehrer Johannes von Dorsten als Gast bei der alljährlichen Quodlibetdisputation der Artistenfakultät[30] zu den apokalyptischen Erwartungen der Zeit, die sich auf einen unmittelbar bevorstehenden chiliastischen Heilszustand der Welt richteten, Stellung genommen[31]. Aktueller Unruhefaktor war damals die Häresie der Brüder Wirsberger[32], die den älteren taboritischen Chiliasmus tradierte und in diesen Jahren von Böhmen aus offensichtlich auch in das thüringische Gebiet vorgedrungen war[33]. Ebenfalls gegen eschatologi-

---

tam confessores simplices quam etiam confitentes animarum incurrant periculum." Vgl. auch das Vorwort der Schrift (oben Anm. 22), in dem auf ihren allgemeinen Nutzen (communis utilitas) für Beichtväter und damit indirekt auch für die Beichtenden hingewiesen wird.

[26] Zu dieser Schrift vgl. Kestenberg-Gladstein, The „Third Reich", 263–265; Weijenborg, Doctrina de immaculata conceptione apud Ioannem de Paltz, 162f.; Ferdigg I 265–268; Schwarz, Die apokalyptische Theologie, 6f.

[27] Hain Nr. 1154; Proctor I Nr. 3114; BMC 68,92 Sign.: IA. 12623.

[28] Hain Nr. 1155; Proctor I Nr. 2784; BMC 68,92 Sign.: IA. 11058.

[29] Weijenborg, ebd. 162 Anm. 8; vgl. bereits ders., Miraculum a Martino Luthero confictum (1956), 299 Anm. 119; vgl. auch Ferdigg I 265f.

[30] Zur Einrichtung der Disputationes de quolibet in Erfurt vgl. Kleineidam, Universitas Studii Erffordensis I, 238–243; zur Beteiligung von Theologen siehe Meier, Die Rolle der Theologie im Erfurter Quodlibet.

[31] Quaestio quodlibetalis de tertio statu mundi contra errores abbatis Joachim de Fiore; zur handschriftlichen Überlieferung siehe Zumkeller, Manuskripte, 225 Nr. 476. Vgl. Meier, ebd. 296f.; Kestenberg-Gladstein, The „Third Reich", 257–263 (als Appendix zu diesem Aufsatz, S. 266–282, hat J. B. Trapp die Dorsten-Schrift auszugsweise ediert); Kleineidam, ebd. II 106–109; Schwarz, Die apokalyptische Theologie, 5f.

[32] Zur Bezugnahme Dorstens auf die Lehren der Wirsberger siehe Kestenberg-Gladstein, ebd. 274–278. Zur Sekte der Wirsberger vgl. Schiff, Die Wirsberger; Reeves, The influence of prophecy, 476–478 (mit Literatur).

[33] Vgl. den Rückblick bei Paltz: „Posui autem istud corollarium ad confusionem duplicis erroris, quorum unus dicit ad litteram nullum Antichristum existimandum, qui

sche Irrlehren wandte sich zwanzig Jahre später Paltz, als er 1486 „post Bartholomaei"[34], also kurz nach dem 24. August, wie Dorsten an einer Quodlibetdisputation teilnahm[35]. Seine umfangreiche Determinatio liegt uns in der Schrift Contra triplicem errorem vor.

4. Gattung, Stil, Thematik und Adressatenkreis: Zu Gattung und Stil der Schrift sind unsere Bemerkungen bei De cautelis servandis zu vergleichen. Als Adressatenkreis hat auch hier nicht nur das akademische Publikum, sondern die große Leserschaft der sacerdotes simplices zu gelten; denn Paltz behandelt 1. eine Thematik, welche damals weithin die Gemüter erregte[36] und darum im Zentrum der Seelsorge stehen mußte, und er behandelt sie 2. auf einem Niveau, das zwar angesichts der Gliederungs- und Zitationstechnik scholastisch genannt werden muß, aber auch noch Lesern verständlich war, die keine Hochschule besucht, sondern ihre Lateinkenntnisse auf einer Trivialschule erworben hatten[37]. Paltz determinierte, wie er schreibt, „auf Bitten vieler Ordens- und Weltleute"[38] die Quaestio, ob der Antichrist, der vor der Wiederkunft Christi kommen wird, nach dem Endgericht mit seinen Anhängern in der Hölle ewige Qualen erleiden müsse[39]. Er wendet sich aber nicht wie seinerzeit Dorsten primär gegen joachitische Traditionen, wie sie offensichtlich bei den Wirsbergern gepflegt wurden[40], sondern nimmt die Gelegenheit wahr, um einen andersartigen dreifachen Irrtum zu widerlegen, der ihm einerseits im Volk, andererseits in literarischer Form begegnet: Seine Disputation richtet sich erstens gegen Personen, „die sich vermessen, den Jüngsten Tag genau zu berechnen"[41], zweitens gegen einen um 1480 entstandenen Traktat

---

error ex Bohemia serpsit etiam usque ad partes istas per quendam Levinum Wirsberger, postea in Ratisbona (Regensburg) per imperatorem condemnatum ad perpetuos carceres anno 1467." Tripl. fol. d 2v; vgl. KESTENBERG-GLADSTEIN, ebd. 264 und 267 Anm. 1.

[34] Siehe unten Anm. 38.

[35] Siehe MEIER, Die Rolle der Theologie im Erfurter Quodlibet, 298f.

[36] Vgl. KLEINEIDAM, Universitas Studii Erffordensis II, 106 und 109; ANDREAS, Deutschland vor der Reformation, 181f.

[37] Siehe unten S. 145.

[38] Siehe Vorwort: „Sequens quaestio determinata est in quodlibeto studii Erffordensis anno 1486 post Bartholomaei ad petitionem multorum tam religiosorum quam saecularium contra triplicem errorem." Fol. a 1v.

[39] „Utrum, quemadmodum ante secundum Christi adventum, qui in fine saeculorum exspectatur, Antichristus homo iniquissimus est revelandus, ita finale post iudicium ipse cum suis complicibus in inferno aeternaliter sit cruciandus." Fol. a 2r.

[40] SCHWARZ (Die apokalyptische Theologie, 6) stellt die Richtigkeit von Dorstens Behauptung, die Wirsberger seien in ihrer Häresie von Joachim abhängig, in Frage. Vgl. aber REEVES, The influence of prophecy, 477–479.

[41] „Primo contra eos, qui praesumunt calculare et determinare diem novissimum." Fol. a 1v. Vgl. OBERMAN, Fourteenth-century religious thought, 90f. (die Kritik an den calculatores als speculatores).

des Dominikaners Giovanni Nanni von Viterbo (gest. 1502)[42], in dem die Ansicht vertreten wird, in Mohammed sei bereits der „verus et personalis Antichristus" erschienen[43], und drittens gegen die in einer pseudoaugustinischen Schrift[44] enthaltene Leugnung der räumlichen Realität von Himmel und Hölle[45].

IV. De adventu domini ad iudicium (Adv.)[46]

1. Überlieferung: Handschrift: Gießen Universitätsbibliothek, Cod. 696, fol. 105ra–108ra[47].

2. Entstehung: Die Handschrift trägt von gleicher Hand den Vermerk „doctoris paltz 1487"[48]. Aus der Predigt selbst geht hervor, daß sie in der Adventszeit dieses Jahres, wahrscheinlich am ersten Adventssonntag, gehalten worden ist oder gehalten werden sollte[49].

---

[42] IOANNES ANNIUS VITERBIENSIS, De futuris christianorum triumphis in Saracenos. Im GW Nr. 2017–2024 sind acht Drucke vor 1500 verzeichnet; der erste deutsche Druck erschien 1481 in Leipzig (GW Nr. 2018).

[43] „Secundo contra quendam tractatum impressum, qui dicit, quod Antichristus non sit personaliter venturus nec Henoch et Elias sint personaliter venturi, sed quod Machometus fuerit verus et personalis Antichristus." Fol. a 1v.

[44] Die Schrift De cognitione verae vitae wird bei MIGNE (PL 40, 1003–1006) HONORIUS AUGUSTODUNENSIS (12. Jh.) zugeschrieben. Paltz (fol. e 2v) wendet sich gegen „quidam", die meinten, sie sei ein Werk AUGUSTINS. Als Werk Augustins wurde der Traktat um 1475 in Mainz bei Peter Schöffer d. Ä. separat gedruckt: HAIN Nr. 2092; GW Nr. 2938. Paltz (ebd.) erwähnt aber auch eine Gegenmeinung: „Unde liber iste ascribitur a quibusdam cuidam solitario, qui eum composuit." Tatsächlich erschien die Schrift um 1471 in Nürnberg bei Anton Koberger zusammen mit dem Werk des HONORIUS AUGUSTODUNENSIS De praedestinatione et libero arbitrio unter dem Titel: „Cognitio vitae a solitario quodam dialogice edita"; Exemplar der Universitätsbibliothek Würzburg, Sign.: 5 an I.t.f.C; vgl. dazu HUBAY, Incunabula der Universitätsbibliothek Würzburg, 229 Nr. 1124.

[45] „Tertio ista quaestio est determinata contra quendam librum cuiusdam solitarii, quem intitulant De cognitione verae vitae et ascribunt beato Augustino, sed falsissime. In quo tractatu auctor nititur probare, quod regnum coelorum non sit aliud quam visio dei et damnatio reproborum non sit aliud quam privatio visionis dei; et ex his concluditur, quod non sit locus, ubi recipiantur beati, nec sit locus, ubi colligantur damnati, et sic negat coelum empireum esse locum beatorum et realem infernum in terra consistentem; et concludit ex his, quod deterius est, scilicet quod Christus non vere ascendit ad coelos nec vere descendit ad inferna." Fol. a 1v.

[46] Zu dieser Schrift vgl. FERDIGG I 259f.

[47] Siehe ZUMKELLER, Manuskripte, 256 und 604 Nr. 552. Der Text ist sehr fehlerhaft abgedruckt bei FERDIGG I 303–319.

[48] Fol. 105r (oben rechts).

[49] „De adventu ad iudicium fit mentio isto tempore (!) in divino officio, ut timore nobis immisso ad venerandam venturam festivitatem natalis domini in carnem nos sollicitius praeparemus." Fol. 105ra. „Et ob hoc ecclesia sancta in principio anni, videlicet in prima dominica divinorum officiorum (= 1. Advent), proponit nobis evangelium de ultimo

3. Gattung, Stil, Thematik und Adressatenkreis: Wie beim Sermo in principio novi studii handelt es sich auch bei diesem Sermo um eine scholastische Themenpredigt, die streng schulmäßig aufgebaut ist[50]. In dem auf thema, prothema[51], introductio thematis[52] und divisio folgenden Hauptteil sollen nach dem Plan des Autors drei Aspekte des Jüngsten Gerichts behandelt werden, der Zeitpunkt, das richtende Geschehen selbst und seine Folgen[53]. Hinsichtlich des Zeitpunkts sollen die Gewißheit über das tatsächliche Kommen des Endgerichts, die Ungewißheit über den genauen Termin und die daher gebotene Sorge des Menschen um seine ständige Bereitschaft dargestellt werden[54]. Der Sermo ist aber nur bruchstückhaft erhalten oder konzipiert, denn er bricht bereits nach dem aus der Schrift geführten Beweis für die Gewißheit des Endgerichts ab, noch ehe sie, wie angekündigt, durch theologische Vernunftargumente begründet worden ist[55].

Thematisch berührt sich die Predigt, wie aus der geplanten Anlage hervorgeht, eng mit der im Jahr vorher determinierten Quaestio contra triplicem errorem. Paltz wird, z. B. bei der Darlegung der Ungewißheit über den Termin des Endgerichts, dieselben Gegner im Auge haben[56], und als Adressaten dürfen wir auch hier in erster Linie ein außerakademisches Publikum vermuten. Die praktisch-seelsorgerliche Intention der Predigt ist unübersehbar, so etwa, wenn Paltz die Gewißheit des kommenden Gerichts deshalb so stark unterstreichen will, um die lauen Christen aufzuschrecken und die guten Christen zu stärken und zu trösten, damit sie nicht im Kampf für das Gute ermatten[57]. Deshalb,

---

fine." Fol. 105ra/b. – Siehe Missale Romanum, Evangelium am 1. Adventssonntag: Lc. 21,25–33.

[50] Siehe oben S. 94 bei Anm. 7; vgl. Ferdigg I 287f.

[51] Die invocatio am Ende des prothemas fehlt.

[52] Diesen Abschnitt hat Ferdigg (ebd.) auch hier wie bereits im Sermo in principio novi studii nicht erkannt. Die introductio thematis reicht von „Advertendum, quod homo conditus est ..." (fol. 105ra) bis „... insipientiam isto usus sum modo" (fol. 106ra).

[53] „Circa divinum iudicium futurum in novissimo die tria sunt consideranda: tempus: quando scilicet veniet; actus: et quid faciet; et exitus: post iudicium quid fiet." Fol. 106ra.

[54] „Primum igitur considerandum principale de extremo iudicio est tempus. Circa tempus igitur adventus Christi ad iudicium tria veniunt declaranda, scilicet certitudo, incertitudo et sollicitudo. Certum enim est, quod ‚est venturus iudicare vivos et mortuos' (Symbolum apostolicum im Anschluß an 1. Pt. 4,5); sed incertum, quotto anno vel quando veniet. Ideo semper debemus esse solliciti, ut, ‚cum venerit, inveniat' nos ‚vigilantes' (Lc. 12,37)." Fol. 106ra.

[55] Das Predigtfragment schließt mit den Worten: „Et tantum de probatione certitudinis iudicii ex testimonio utriusque testamenti. Sequuntur nunc rationes theologicales idem contestantes. ‚Memento iudicii mei etc.' (Eccli. 38,23), ut supra." Fol. 108ra.

[56] Siehe oben S. 98, besonders bei Anm. 41.

[57] „Sed quare huiusmodi certitudo futuri iudicii adeo fortiter sit probanda, possunt assignare tres rationes: Prima: propter futurorum haereticorum confutationem ...

damit wir zu Beginn all unserer Werke das letzte Gericht und die letzte Belohnung bedenken, habe er auch die Worte aus Jesus Sirach zum Thema der Predigt gewählt, mit denen Gott jeden Christen anspricht: „Sei meines Gerichts eingedenk!" (Eccli. 38,23)[58].

V. Collatio funeralis in exsequiis doctoris Theodorici[59] Vuissensee (Fun. I) und Collatio funeralis in exsequiis doctoris Udalrici Rispach (Fun. II)[60]

1. Überlieferung: Handschrift: Augsburg Stadtbibliothek, Cod. Oct. 106, fol. 55v–62r (Fun. II) und fol. 62r–67v (Fun. I)[61].

2. Entstehung: Paltz hat die beiden Predigten bei den Begräbnisfeierlichkeiten für zwei Doktoren der theologischen Fakultät im Erfurter Mariendom[62] gehalten, die erste Predigt für Theoderich Fabri von Weißensee[63] im Jahre 1486[64], die zweite für Ulrich Rißbach[65] im Jahre 1488[66], nach dem 3. August[67].

3. Gattung, Stil, Thematik und Adressatenkreis: Die beiden Begräbnispredigten tragen wiederum die typischen Stilelemente der gelehrten scholastischen Themenpredigt, sind aber dabei – wie auch die anderen Schriften von Paltz – ausschließlich auf die Fragen der praktischen

---

Secunda: propter tepidorum christianorum excitationem. Inveniuntur enim quandoque tepidi christiani, qui fugiunt verbum dei, dubitantes in fide, vix credentes iudicium futurum vel resurrectionem mortuorum ... Tertia ratio: propter bonorum christianorum confortationem et consolationem, ut intelligant, quam prudenter agunt a malis declinando et bona faciendo, ut non deficiant in pugna." Fol. 106ra/b.

[58] Forts. des Textes von oben Anm. 49, zweites Zitat: „... ad docendum nos, quod ultimum iudicium et ultimam remunerationem debemus recogitare in principio omnium operum nostrorum. Ideoque congruenter fuerunt thematisaliter assumpta verba dei omnipotentis paterne consulentis, quibus dicit ad quemlibet christianum: ,Memor esto iudicii mei.'" Fol. 105rb.

[59] In der Überschrift des Manuskripts (fol. 62r) steht versehentlich wie bei der Begräbnispredigt für Ulrich Rißbach „Udalrici", bei der allegorischen Namensdeutung am Ende (fol. 67r) dagegen richtig „Theodericus".

[60] Zu diesen beiden Schriften vgl. ZUMKELLER, Der religiös-sittliche Stand des Erfurter Säkularklerus, 274–278; FERDIGG I 260f.

[61] Siehe ZUMKELLER, Manuskripte, 258 Nr. 558a/b.

[62] Siehe ZUMKELLER, Der religiös-sittliche Stand des Erfurter Säkularklerus, 275 Anm. 14.

[63] Zur Person siehe ebd. 278; KLEINEIDAM, Universitas Studii Erffordensis II, 12 und 281.

[64] Das Jahr ist in der Überschrift der Predigt (fol. 62r) bezeugt.

[65] Zur Person siehe oben S. 54 mit Anm. 109; vgl. auch oben S. 91.

[66] Das Jahr ist in der Überschrift der Predigt (fol. 55v) bezeugt. Als Todesjahr Rißbachs ist das Jahr 1488 auch genannt bei NIKOLAUS VON SIEGEN, Chronicon ecclesiasticum (480,19f.).

[67] Am 3. Aug. 1488 wurde Rißbach noch zum Visitator des Kollegiatstifts St. Crucis in Nordhausen ernannt; siehe KLEINEIDAM, Universitas Studii Erffordensis II, 278.

Lebensgestaltung des einfachen Christen bezogen, hier, dem Anlaß gemäß, auf seine Einstellung zum Tode. Die Predigt von 1486 geht aus von dem Thema „Beati mortui, qui in domino moriuntur" (Apc. 14,13)[68] und führt über prothema[69], introductio thematis[70] und divisio[71] zum Hauptteil[72], in dem auf dreifache Weise – „auctoritate, ratione et exemplo" – nachgewiesen wird, wie jeder Sünder durch ein geduldiges Sterben verdienen kann, daß er sofort nach seinem Tode der himmlischen Seligkeit teilhaftig wird, auch wenn er in seinem ganzen Leben nichts Gutes getan hat. Am Ende des Sermons folgt noch ein kurzer, für die Gattung der Exequialpredigt charakteristischer Schlußteil[73], der dem Lob des Verstorbenen gewidmet ist. Paltz knüpft die Darlegung seiner Verdienste an eine spielerische Ausdeutung der Namen Theodericus Fabri.

In der Predigt von 1488 folgen auf das Thema „Quis dabit capiti meo aquam et oculis meis fontem lacrimarum, et plorabo interfectos populi mei" (Ier. 9,1)[74] gattungsgemäß die Teile prothema, invocatio[75], introductio thematis[76] und divisio[77]. Im Hauptteil[78] werden dann in Entfaltung des Themas drei Quästionen über Wesen und Zweck der Totenklage beantwortet. Der Schlußteil[79] ist bis in die Namensdeutung hinein wie in der ersten Begräbnispredigt gestaltet, nur daß er entsprechend der größeren Bedeutung des Verstorbenen weit umfangreicher ist. Das Lob auf Ulrich Rißbach gipfelt darin, daß er als neuer Apostel Thüringens gepriesen wird[80].

Aus der zweiten Predigt gewinnt man auch einen Einblick in ihre Zuhörerschaft. Wie die Anreden von Paltz zeigen, setzte sie sich aus Professoren und Studenten der Universität, Prälaten, Adeligen und Bürgern zusammen[81], von denen aber nur ein Teil als Adressaten der in

---

[68] Fol. 62r.
[69] Es reicht bis zum Ende von fol. 62v. Die sonst übliche invocatio fehlt.
[70] Sie geht auf fol. 63r unten in die divisio über.
[71] Sie reicht von fol. 63r unten bis fol. 63v oben.
[72] Er reicht von fol. 63v oben bis fol. 67r Mitte („... negotiemur et salutem speremus").
[73] Er reicht von fol. 67r Mitte bis fol. 67v.
[74] Fol. 55v.
[75] Fol. 55v/56r; die invocatio umfaßt den Abschnitt „Sed quia secundum Augustinum in sermone De nativitate virginis gloriosae ... sit cum vobis omnibus. Amen".
[76] Sie reicht von fol. 56r bis fol. 57r („... leguntur suos deplorasse mortuos").
[77] Fol. 57r Mitte.
[78] Er reicht von fol. 57r Mitte bis fol. 60r („... utriusque testamenti prius positorum").
[79] Er reicht von fol. 60r bis fol. 62r.
[80] Fol. 60v.
[81] Siehe ZUMKELLER, Der religiös-sittliche Stand des Erfurter Säkularklerus, 277 mit Anm. 27. Vgl. auch die Anrede „o viri generosi et nobiles, o praelati honorandi et venerabiles, o litterati commendandi atque laudabiles, o subditi commendati et amabiles" (fol. 60r/v).

Latein wohl nicht nur niedergeschriebenen, sondern auch gehaltenen Predigt in Frage kam. Eine ähnlich strukturierte Trauergemeinde wird man auch bei der Predigt von 1486 vermuten. Paltz wandte sich somit auch in diesen Exequialpredigten an ein nicht spezifisch akademisches Publikum, dem seine praktisch-seelsorgerliche Predigtweise – „zur Besserung aller hier Versammelten"[82] – entsprach.

4. Echtheit: Die Autorschaft von Paltz muß als gesichert gelten. – Zunächst kann man davon ausgehen, daß die beiden Begräbnispredigten denselben Verfasser haben, da sie in der Augsburger Handschrift aufeinanderfolgen und im gleichen Stil geschrieben sind, z. B. beide im Schlußteil das Lob auf den Verstorbenen mit einer Ausdeutung seiner Namen verbinden. Folgende Argumente sprechen nun dafür, daß der Prediger kein anderer als Johannes von Paltz ist:

a) In der Handschrift folgen die Predigten unmittelbar auf Paltz' Schrift De cautelis servandis in absolutione sacramentali[83].

b) Der Prediger von 1488 muß ein Augustinereremit gewesen sein[84], der Mitglied der theologischen Fakultät der Erfurter Universität war[85]. Es gab aber 1488 keinen anderen Augustiner außer Paltz, der als Universitätslehrer in Erfurt wirkte[86].

c) Der Hauptteil der Predigt von 1486, der über das geduldige Sterben handelt, entspricht gedanklich, in den Zitaten und bis in die wörtlichen Formulierungen hinein genau den Passagen über das rechte Sterben in der Himmlischen Fundgrube[87] und Coelifodina[88] von Paltz. Man kann diese Passagen daher als spätere Überarbeitungen des Textes von 1486 bezeichnen[89].

d) Die invocatio der zweiten Predigt ist fast wörtlich identisch mit der invocatio im früheren Sermo in principio novi studii[90].

---

[82] Siehe unten Anm. 90.   [83] Siehe oben S. 94 bei Anm. 9.

[84] Er bezeichnet nämlich Augustinus als „beatissimus pater Augustinus" (fol. 56v); vgl. ZUMKELLER, ebd. 274 Anm. 8.

[85] Er nennt die Erfurter theologische Fakultät „facultatem nostram theologicam" (fol. 62r); vgl. ZUMKELLER, ebd. 274 Anm. 9.

[86] Heinrich Ludowici kommt aus Altersgründen nicht mehr in Frage; vgl. ZUMKELLER, ebd. 274 Anm. 10.

[87] Fund. fol. b7v–c3v (dritte Predigt).

[88] Coel. fol. N 5r–P 1r.

[89] FERDIGG (I 261) verwirrt den Tatbestand, wenn er in der Begräbnispredigt von 1486 ein wörtliches Pendant zu dem separat überlieferten Stück „De bono usu mortis" sieht. Dieses Stück ist aber nichts anderes als eine spätere lateinische Übersetzung der dritten Predigt aus der Himmlischen Fundgrube; siehe unten Anm. 139.

[90] In letzterem hieß es: „Ut igitur in hoc sermone impraesentiarum faciendo dominus deus, creator, redemptor atque remunerator noster, glorificetur, tota curia supernorum civium iocundetur, coetus hic omnium congregatorum aedificetur, purgandorum cumulus in purgatorio detentorum relevetur, hunc hortum deliciarum adeamus cum fiducia, pulsantes unanimiter cum gratia, dicentes omni cum reverentia: ‚Ave Maria, gratia plena

e) Derselbe Sermo bietet auch eine Parallele für die lobende allegorische Namensinterpretation[91], die offensichtlich, wenn auch als Gattungselement der Predigt durchaus traditionell, eine besondere Vorliebe von Paltz war.

VI. Collatio in synodo 1488 (Syn. I) und Collatio in synodo 1489 (Syn. II)[92]

1. Überlieferung: Handschrift: Augsburg Stadtbibliothek, Cod. Oct. 106, fol. 67v–77v (Syn. II) und fol. 78r–87r (Syn. I)[93].

2. Entstehung: Der Verfasser der beiden Predigten, in dem wir mit an Sicherheit grenzender Wahrscheinlichkeit Johannes von Paltz sehen dürfen, hielt sie 1488 und 1489 im Erfurter Mariendom anläßlich zweier kirchlicher Synoden[94], wahrscheinlich zu deren feierlicher Eröffnung[95].

3. Gattung, Stil, Thematik und Adressatenkreis: Wie alle anderen Predigten von Paltz halten sich auch diese beiden streng an das für die scholastische Themenpredigt geltende Gliederungsschema. Der nach verschiedenen Aspekten des Themas untergliederte Hauptteil wird jeweils durch thema, prothema, invocatio, introductio thematis und divisio eingeleitet[96]. Thema der ersten Predigt ist das Schriftwort „Mes-

---

etc.' (kirchliches Mariengebet). ‚Gratia domini nostri Iesu Christi et caritas dei et communicatio spiritus sancti sit cum omnibus nobis. Amen.' (2. Cor. 13,13)." Princ. fol. 151va/b. In der Predigt von 1488 lautet der entsprechende Abschnitt: „... ad Mariam, quae mater est gratiae, refugiamus, ut nobis loquendi et audiendi gratiam impetret, quatenus ex hoc sermone dominus deus laudetur, tota curia supernorum civium iocundetur coetusque omnium hic aggregatorum emendetur, purgandorum cumulus in purgatorio detentorum liberetur, anima istius venerandi viri, cuius exsequias peragimus, praesentibus suffragiis specialius relevetur et iucundetur, dicatis unamecum: ‚Ave Maria etc.' ‚Gratia domini nostri Iesu Christi et caritas dei et communicatio spiritus sancti sit cum vobis omnibus. Amen.'" Fun. II fol. 56r.

[91] Es handelt sich um das Lob auf den Rektor der Erfurter Universität, Philipp Graf v. Solms und Herr v. Münzenberg: Princ. fol. 160ra–vb.

[92] Zu diesen beiden Schriften vgl. ZUMKELLER, Der religiös-sittliche Stand des Erfurter Säkularklerus, 278–280 und 486–501.

[93] Siehe ZUMKELLER, Manuskripte, 258 f. Nr. 558c.

[94] Zeit, Ort und Anlaß ist für Syn. II in der Überschrift bezeugt. Zu Syn. I siehe ZUMKELLER, Der religiös-sittliche Stand des Erfurter Säkularklerus, 278 Anm. 35.

[95] So wurde auch 1512 in der Diözese Brandenburg eine Diözesansynode von Bischof Hieronymus Scultetus damit eröffnet, daß er – wahrscheinlich durch den Propst von Leitzkau Georg Mascov – „aliqualem exhortationem ad clerum praesentem de et super emendatione vitae et defectuum ad gratiam suam delatorum" richten ließ. Man hat diese exhortatio mit LUTHERS Sermo praescriptus praeposito in Litzka gleichgesetzt; siehe WA 1,8f.

[96] Syn. I: thema: fol. 78r; prothema mit invocatio: fol. 78r/v („Praestantissimi patres ... dicamus: ‚Ave Maria etc.'"); introductio thematis: fol. 78v–82r („... ut auditum est,

sis quidem multa, operarii autem pauci" (Lc. 10,2; Mt. 9,37), seine
Fortsetzung „Rogate ergo dominum messis, ut mittat operarios in
messem suam" dient als Thema der zweiten Predigt. Der inhaltliche
Rahmen für solche Synodalpredigten, die vor versammeltem Klerus
gehalten wurden, war traditionell festgelegt. Sie mußten der Ermahnung und Besserung des Klerus dienen[97]. Es entspricht sowohl diesem
Auftrag als auch dem pastoralen Grundzug von Paltz' Theologie, daß
beide Predigten von der großen seelsorgerlichen Verantwortung des
Priesters handeln und mit aller Schärfe zahlreiche zeitgenössische Mißstände im Klerus anprangern, deren Wurzel durchweg im Mangel an
priesterlicher Hirtensorge gesehen wird. Sind doch der Arbeiter in der
Ernte des Herrn nicht nur wenige, sondern, wie es in einer bei Paltz sehr
beliebten Steigerung heißt, „paucissimi"[98]. Es ist sicher nicht nur eine
Floskel, wenn der Prediger am Ende der ersten Predigt betont, er habe
sie „aus Eifer für das Heil eurer Seelen" gehalten[99].

4. Echtheit: Daß die beiden Synodalpredigten vom gleichen Prediger
stammen, geht daraus hervor, daß sich der Verfasser der zweiten
Predigt mehrfach auf seine Predigt von 1488 zurückbezieht[100]. Die
Verfasserschaft von Paltz lassen folgende Gründe als fast sicher erscheinen[101]:

a) Die Synodalpredigten werden im Augsburger Codex, in dem sie
aufeinander folgen, von zweifellos echten Paltz-Schriften eingerahmt.
Voraus gehen De cautelis servandis[102] und die Collationes funerales[103], es

---

pueriliter scilicet, introducta"); divisio: fol. 82r/v („... iussit reddi mercedem, Matthaei
20"); Hauptteil: fol. 82v–87r. Syn. II: thema: fol. 67v; prothema mit invocatio: fol. 68r
(„Praestantissimi patres ... mecum dicere: ‚Ave Maria etc.'"); introductio thematis: fol.
68r („... cum nostro iudice habebimus"); divisio: fol. 68v („... futuri examinis strenui-
tas"); Hauptteil: fol. 68v–77v.

[97] „Sic enim antiquorum patrum mandavit auctoritas, ut aliquoties in anno secundum
singulas sedes sive ecclesias concilia synodalia celebrentur ad exhortationem, ad correctio-
nem et querularum solutionem opportunam, ut habetur in Canone, 18 distinctione,
capitulo 1 et per totum." Syn. I fol. 78v; DECRETUM GRATIANI, p. 1 d. 18 dictum Gratiani
ante c. 1 (I 53). Vgl. auch oben Anm. 95.

[98] „Timeo, patres o dilectissimi, et vere timeo, quod pauci hodie, immo paucissimi
verius dico, ad sacerdotalem dignitatem veniunt et clericatus ordinem suscipiunt amore
dei et salvatoris nostri Jesu Christi." Syn. I fol. 84r. Vgl. den von Paltz oft vertretenen
Gedanken, daß nur „paucissimi" ohne Hilfe des Bußsakraments zur wahren Reue gelangen; siehe unten S. 279–283.

[99] „Haec fuere verba ... utique ex caritate et divino amore zeloque salutis animarum
vestrarum copiose enucleata." Syn. I fol. 87r.

[100] Siehe ZUMKELLER, Der religiös-sittliche Stand des Erfurter Säkularklerus, 278f.
Anm. 35.

[101] ZUMKELLER (ebd. 279) hat zwar bereits die Verfasserschaft von Paltz erwogen, hält
aber die Autorschaft eines Theologen aus dem Franziskanerorden für ebenso wahrscheinlich; siehe unten Anm. 108.

[102] Fol. 44r–55r.   [103] Fol. 55v–67v.

folgt die Oratio pervenusta[104], deren Echtheit noch zu beweisen ist. Wären auch die beiden Synodalpredigten von Paltz, dann läge ein geschlossener Komplex von sechs Paltz-Schriften vor. Da diesem wiederum am Anfang des Codex zwei Werke von Bartholomäus Arnoldi von Usingen vorausgehen[105] und bis zum Ende des Codex vierundzwanzig Predigten Johanns von Dorsten folgen[106], wird man davon ausgehen dürfen, daß die Augsburger Handschrift nur Schriften von Theologen des Augustinereremitenordens enthält.

b) Da sich der Prediger „pauper ingenio et causae et ordini" nennt, wird er jedenfalls Angehöriger eines Bettelordens gewesen sein[107]. Der Augustinerorden hatte in den Jahren 1488 und 1489 nur einen Doktor der Theologie für eine solche Predigtaufgabe zur Verfügung, nämlich Johannes von Paltz[108].

c) Die Predigten berühren sich im Aufbau, stilistisch, hinsichtlich der zitierten Autoren[109] und gedanklich[110] auffallend eng mit dem Schrifttum von Paltz.

d) Zwei Einzelbeobachtungen ergänzen das Bild: Die das prothema abschließende invocatio, d. h. die Anrufung des göttlichen Beistandes, geschieht in beiden Fällen, wie bei Paltz üblich, durch die Anrufung Mariens im Ave Maria[111]. – Wie bereits in zwei Predigten des Augusti-

---

[104] Fol. 88v–95r.

[105] Fol. 1r–21v: De falsis prophetis; 22r–43v: De merito bonorum operum (beide Werke sind 1525 in Erfurt im Druck erschienen).

[106] Fol. 95r–172r; nur bei sieben Predigten ist die Verfasserschaft Dorstens nicht ganz gesichert; siehe ZUMKELLER, Der religiös-sittliche Stand des Erfurter Säkularklerus, 284.

[107] Syn. II fol. 72v; vgl. ZUMKELLER, ebd. 279.

[108] Siehe oben S. 103 bei Anm. 86. Daß in Syn. II fol. 71v Franz von Assisi erwähnt wird, kann nicht als Argument für die Abfassung der Synodalpredigten durch einen Franziskaner gelten (gegen ZUMKELLER, ebd. 279). Paltz kann z. B. in De adventu domini ad iudicium (fol. 105va/b) auch ausführlich über Bruno den Kartäuser und seine Gründung des Kartäuserordens berichten. Eine Erwähnung des Franz von Assisi findet sich etwa auch bei Paltz' Ordensbruder JOHANNES VON STAUPITZ: Von der Nachfolgung des willigen Sterbens Christi, c. 13 (82).

[109] In den Collationes in synodo werden zahlreiche Autoren, vor allem Kirchenväter, zitiert, aber kein einziger findet sich darunter, den Paltz nicht – und zwar aus denselben Schriften – in seinen Werken des öfteren zitierte.

[110] Vgl. z. B. den Abschnitt über die „dignitas sacerdotis" in Syn. II fol. 68v–69r mit den entsprechenden Ausführungen in Coel. fol. Y5r–Z1r. Zur Schärfe der Kritik an den Mißständen im Weltpriesterstand (siehe oben Anm. 98: „paucissimi") vgl. besonders Suppl. fol. x1v–2r, wo Paltz die Meinung äußert, daß nur noch wenige Weltpriester übrig blieben, wenn alle schlechten ausgerottet würden (zit. unten Kap. 5 Anm. 336), und daß eine Reform unter ihnen beim augenblicklichen Stand der Dinge gleichsam unmöglich sei, wenn nicht vielleicht eine große Macht Gottes herabstiege und seiner Kirche zu Hilfe käme (zit. unten Kap. 5 Anm. 335); siehe unten S. 271.

[111] Syn. I fol. 78v; Syn. II fol. 68r. Vgl. Princ. fol. 151va/b; Fun. II fol. 56r.

ners wird auch in der Synodalpredigt von 1488, und zwar wieder im prothema, der „tota coelestis curia" Erwähnung getan[112].

Was zum endgültigen Nachweis der Verfasserschaft von Paltz fehlt, sind längere *wörtliche* Parallelen zwischen den Collationes in synodo und erwiesenermaßen echten Paltz-Schriften, und zwar Parallelen innerhalb solcher Textpartien, die Paltz selbst formuliert hat. Das Fehlen solcher wörtlichen Doppelüberlieferungen hängt wohl auch damit zusammen, daß Paltz in seinen Synodalpredigten andere Fragen als sonst erörtert. Hier geht es ihm dem Anlaß gemäß um die interne Selbstkritik und Reform der Priester, um ihre persönliche seelsorgerliche Qualität, in den anderen Schriften primär um das Gnaden- und Heilsangebot der Priester an die Gemeinde, um ihre objektive Amtsvollmacht.

Da die Verfasserfrage nicht mit letzter Sicherheit geklärt werden kann, werden wir die beiden Synodalpredigten nur ergänzend zur Darstellung von Paltz' Theologie heranziehen.

VII. Oratio pervenusta atque egregia (Oratio)[113]

1. Überlieferung: Handschrift: Augsburg Stadtbibliothek, Cod. Oct. 106, fol. 87v–95r[114].

2. Entstehung: Paltz hat die Predigt, deren Entstehungsjahr unbekannt ist, wahrscheinlich wiederum im Erfurter Mariendom gehalten[115]. Seine Zuhörerschaft war wie schon beim Sermo in principio novi studii die gesamte Universität einschließlich des Professorenkollegiums[116], nur handelte es sich diesmal nicht um einen Semestereröffnungsgottesdienst. Zweck dieses Gottesdienstes und der dabei vorgetragenen Predigt war es, die Studenten auf den Abendmahlsempfang am folgenden Tage vorzubereiten, damit sie nach ernster Gewissenserforschung „mit echtem Glauben, lauterem Gewissen, reinem Herzen und keuschem Körper zum Altar des Herrn treten können"[117].

---

[112] Syn. I fol. 78r. Vgl. Princ. fol. 151va; Fun. II fol. 56r.

[113] Zu dieser Schrift vgl. ZUMKELLER, Der religiös-sittliche Stand des Erfurter Säkularklerus, 280 f. Ihre vollständige Überschrift lautet: „Oratio pervenusta atque egregia per quendam doctorem apud Erfordiam in coetu patrum recitata."

[114] Siehe ZUMKELLER, Manuskripte, 259 Nr. 558c.

[115] Vgl. ZUMKELLER, Der religiös-sittliche Stand des Erfurter Säkularklerus, 280 f.

[116] Vgl. die Anrede der Versammelten: „... patres et domini spectatissimi, praelati, nobiles, doctores, licentiati, canonici, magistri, vicarii, baccalarii, studentes, reliqui singuli in Christo Jesu mihi sincerius adamandi." Fol. 88v.

[117] „... fore causam (sc. der Zusammenkunft), quatenus adolescentes hi et pueruli, quos coram cernitis, patres et domini optimi, ab artibus scholasticis parumper suspensi (Ms.: suspendi) liberius conscientias suas examinare et ad tanti hospitis dignam susceptionem cordium suorum hospitia sua diligenter expurgare et virtutum floribus decentius queant exornare, ut crastina die cum sincera fide et pura conscientia, mundo corde et casto

3. Gattung, Stil, Thematik und Adressatenkreis: Auch diese akademische Themenpredigt des Erfurter Theologieprofessors ist in thema, prothema[118], invocatio[119], introductio thematis[120], divisio[121] und Hauptteil mit Schlußformel[122] gegliedert. Im Zentrum der Predigt steht aber diesmal sowohl vom Umfang als auch vom theologischen Gehalt her nicht der Hauptteil, der das Thema „Accipite et manducate: hoc est corpus meum" (1. Cor. 11,24) in zwei Gliedern entfaltet[123], sondern die introductio, was dem Ziel der Predigt, der ‚Hinführung' der Studenten zum Tisch des Herrn, entspricht. Paltz gestaltet die introductio als Anleitung zur Läuterung durch die Passionsmeditation, indem er die Passion Christi als Summe größtmöglicher Schmerzen und Inbegriff der göttlichen Barmherzigkeit darstellt. Damit verweist er sowohl auf die sakramentale Erlösungsdimension des Leidens Christi, komprimiert in der Einsetzung des Abendmahls, als auch auf die exemplarische Bedeutung der Passion, die sie als „summa christianae perfectionis"[124] für die Christusnachfolge jedes Christen besitzt. Zwar spricht Paltz als akademischer Lehrer vor einer akademischen Zuhörerschaft, doch sind auch in diesem Rahmen seine Ausführungen ganz von der seelsorgerlichen Intention bestimmt, die auf fromme Lebensgestaltung zielt[125]. Das Predigtniveau unterscheidet sich nicht von dem seiner Schriften, die für die sacerdotes simplices bestimmt sind.

4. Echtheit: Über die Autorschaft von Paltz kann es keinen Zweifel geben. Die Predigt paßt nicht nur vom Aufbau her, stilistisch, hinsichtlich der zitierten Autoren[126] und gedanklich hervorragend zu den anderen Werken des Augustiners, sondern es finden sich darüber hinaus in der von der Passion Christi handelnden introductio thematis längere

---

corpore ad altare domini possint accedere et corpus et sanguinem eius non ad iudicium, sed ad remedium animae suae mereantur accipere." Fol. 87v.

[118] Fol. 87v–88v; das thema 1. Cor. 11,24 wird erst fol. 88r (Mitte) genannt.

[119] Fol. 88v („... O crux ave spes unica etc.").

[120] Fol. 88v–92v („... et taliter, ut audistis, debiliter introducta").

[121] Fol. 92v („... hoc est corpus meum").

[122] Fol. 92v–95r.

[123] 1. Gratiosa salvatoris donatio („Accipite"). 2. Miraculosa peccatoris refectio („et manducate").

[124] „Passio nil aliud quam morum fuit disciplina ... Complectitur namque in se dominica passio omnem perfectionem hominum possibilem in hac vita, eo quod omnia perfectionis opera, quae umquam in evangelio Christus docuit, in sua amarissima passione perfectissime implevit, ita ut in cruce domini finis est legis et scripturae, in passione eius est summa perfectionis, in morte ipsius est consummatio omnis sermonis." Fol. 88r/v.

[125] ZUMKELLER (Der religiös-sittliche Stand des Erfurter Säkularklerus, 281) spricht darum von einem „gewissen Einblick in die damalige ‚Studentenseelsorge' Erfurts", den die Predigt gewähre.

[126] Das oben in Anm. 109 Gesagte gilt auch hier.

wörtliche Parallelen innerhalb selbstformulierter Passagen zu den entsprechenden Ausführungen über den Schmerz Christi in der Coelifodina[127].

VIII. De conceptione sive praeservatione a peccato originali sanctissimae dei genitricis virginis Mariae (Conc.)[128]

1. Überlieferung: Handschrift: Leipzig Universitätsbibliothek, Cod. 177, fol. 53r–56v[129].

2. Entstehung: Paltz hat die Schrift am Fest Augustins (28. August) 1488 während der Anreise zu einem Kapitel der sächsischen Augustinerprovinz in Osnabrück auf Drängen (ad instantiam et reverentiam) eines Doktor Kilian, des Offizials des Erzbischofs von Magdeburg, verfaßt[130].

3. Gattung, Stil, Thematik und Adressatenkreis: Der Traktat ist angesichts der Gliederungstechnik und der zahlreichen Zitate aus den Kirchenvätern und der scholastischen Quästionenliteratur durchaus scholastisch zu nennen, bleibt aber auf einem einfachen Niveau. Er greift eine Frage auf, die auch noch gegen Ende des 15. Jahrhunderts das theologische Interesse fesselte, wie ja auch die Bitte des erzbischöflichen Offizials zeigt[131]. Trotz der Beschwichtigungsversuche, die Papst Sixtus IV. in den Jahren 1482 und 1483 unternommen hatte[132], flammte der Streit zwischen den Gegnern der unbefleckten Empfängnis Mariens, vor allem den Dominikanern, und ihren Befürwortern, zu denen neben den Franziskanern auch die Augustinereremiten[133] gehörten, immer wieder heftig auf. Die Frage hatte auch eine große Bedeutung für die Praxis der Marienverehrung. Das wird gerade durch Paltz' Traktat deutlich. Das frömmigkeitstheologische Interesse des Augustiners zeigt sich besonders darin, daß er auf die schwierigen Fragen der unbefleckten Empfängnis selbst nur recht kurz und sehr vereinfachend im ersten Teil der

---

[127] Vgl. fol. 87v–92v mit Coel. fol. G2r–I5r, besonders fol. H4r–I1v. Als weiteren Paralleltext vgl. auch Fund. fol. b 4v–6r.

[128] Zu dieser Schrift vgl. FERDIGG I 261 f.

[129] Siehe ZUMKELLER, Manuskripte, 259 f. Nr. 559.

[130] Siehe oben S. 68.

[131] Zur mittelalterlichen Diskussion über die unbefleckte Empfängnis Mariens vgl. den Überblick bei OBERMAN, Der Herbst der mittelalterlichen Theologie, 264–267 (mit Literatur) und neuerdings SÖLL, Mariologie, 177–193.

[132] Siehe unten S. 130 (allerdings: *kein* Diskussionsverbot des Papstes; gegen OBERMAN, ebd. 266).

[133] Die große Ausnahme unter den Augustinern war Gregor von Rimini; vgl. OBERMAN, ebd. 267–272. Seit dem Ende des 14. Jahrhunderts setzte sich die Lehre von der unbefleckten Empfängnis Mariens als opinio communis im Augustinerorden durch; vgl. ZUMKELLER, Die Augustinerschule des Mittelalters, 191.

Schrift eingeht[134], während er im zweiten Teil ausführlich über die Verehrung der unbefleckten Empfängnis Mariens handelt, und zwar über den vielfachen Nutzen und die rechte Weise der Verehrung[135]. Skopos ist der sichere Beistand, den die Verehrer der immaculata conceptio auf ihrer Suche nach Gnade und Heil bei Maria finden[136]. Adressat dieser Ausführungen ist primär jener „dominus Cilianus", potentiell aber alle in der Seelsorge tätigen Priester und der Leserkreis gebildeter Laien. Dies zeigt die Verarbeitung von De conceptione in der späteren Druckschrift De septem foribus und ihrer deutschen Version Die sieben Pforten[137].

IX. Die himmlische Fundgrube (Fund.)[138]

1. Überlieferung: 20 Drucke[139], davon die fünf ersten s.l.e.a.: Leipzig 1490 (?), bei Konrad Kachelofen[140]; Leipzig 1491 (?), bei Konrad Kachelofen[141]; Nürnberg 1492 (?), bei Friedrich Creussner[142]; Leipzig 1492/93 (?), bei Martin Landsberg[143]; Magdeburg, bei Simon Koch[144]; Leipzig 1497, bei Melchior Lotter d. Ä.[145]; Augsburg 1498, bei Hans

---

[134] Fol. 53r–54r.   [135] Fol. 54r–56r.

[136] Vgl. auch unten S. 299–302.

[137] Zum literarischen Verhältnis von De conceptione und De septem foribus/Die sieben Pforten siehe unten S. 118.

[138] Zu dieser Schrift vgl. besonders Ferdigg I 268–273; Juntke, Über die im XV. Jahrhundert in Leipzig gedruckten Ablaßpredigten, 203–209; H. Wolf, Die „Himmlische Fundgrube"; Burose, Johann von Paltz und seine „Himmlische Fundgrube".

[139] Zur sekundären handschriftlichen Überlieferung siehe Zumkeller, Manuskripte, 257 Nr. 555; Weidenhiller, Untersuchungen zur deutschsprachigen katechetischen Literatur, 177 (Bayer. Staatsbibl. München Cod. cgm 817, fol. 259r–272v); Handschriften der Universitätsbibliothek München I, 213 und 218: 8° Cod. ms. 48, fol. 124r–126r, 148r–153v, 254r–257v.

[140] Reichling, Appendices II, 55 Nr. 573; vgl. die Druckbeschreibung und Datierung bei Juntke, Über die im XV. Jahrhundert in Leipzig gedruckten Ablaßpredigten, 204f. und 208.

[141] Diese verbesserte Neuauflage des Erstdrucks ist erstmals beschrieben bei Juntke, ebd.

[142] Hain Nr. 9419 (?); Proctor I Nr. 2183; BMC 179, 216 Sign.: IA. 7788; zur Abhängigkeit vom zweiten Druck Kachelofens (bei Anm. 141) und zur Datierung siehe Juntke, ebd. 209 Anm. 12.

[143] Hain Nr. 9418 = Nr. 9420; Copinger, Supplement II, Nr. 3364; Proctor I Nr. 2972; BMC 179, 216 Sign.: IA. 11969; zur Abhängigkeit vom zweiten Druck Kachelofens (bei Anm. 141) und zur Datierung siehe Juntke, ebd. 205–208.

[144] Bruns, Beiträge, 174–176 Nr. 29; Götze, Ältere Geschichte, 65–68; Reichling, Appendices VI, 77 Nr. 1915.

[145] Hain Nr. 9421; Proctor I Nr. 3029; BMC 179, 216 Sign.: IA. 12093; zur Abhängigkeit vom zweiten Druck Kachelofens (bei Anm. 141) siehe Juntke, ebd. 208f.

Froschauer[146]; Erfurt 1500 (?), bei Wolfgang Schenck[147]; Augsburg 1501, bei Hans Froschauer[148]; Straßburg 1503, bei Matthias Hüpfuff[149]; Leipzig, 4. März 1503, bei Wolfgang Stöckel[150]; Erfurt 1504, bei Wolfgang Schenck[151]; Erfurt 1505, bei Wolfgang Schenck[152]; Augsburg 1506, bei Hans Froschauer[153]; Augsburg 1507, bei Hans Froschauer[154]; Straßburg 1507, bei Matthias Hüpfuff[155]; Augsburg 1512, bei Hans Froschauer[156]; Köln 1512, bei Hermann Bungart von Kettwig[157]; Straßburg 1517, bei Konrad Kerner[158]; Erfurt 1521, bei Matthes Maler[159].

Wie die erstaunliche Zahl der binnen weniger Jahre erschienenen Druckauflagen zeigt, gehörte die Himmlische Fundgrube zu den am weitesten verbreiteten Erbauungsschriften des ausgehenden Mittelalters. Sie übertraf alle anderen Werke von Paltz an Beliebtheit. Am größten war die Nachfrage offensichtlich in den Jahren 1490 bis 1507, in denen die Himmlische Fundgrube allein sechzehn Auflagen erlebte, während sie danach bis 1521 nur noch viermal gedruckt wurde.

2. Entstehung: Als Paltz im Frühjahr 1490 als Ablaßkommissar Peraudis auch Sachsen bereiste[160], kam er in die Residenzstadt Torgau und hielt dort in der Passionszeit[161] vor Kurfürst Friedrich dem Weisen, seinem Bruder Herzog Johann und dem versammelten Hof mehrere Predigten[162]. Vier dieser Sermone, die den beiden Fürsten besonders gut

---

[146] HAIN Nr. 9422; PROCTOR I Nr. 1828; BMC 179,216 Sign.: IA. 6512.

[147] KOCOWSKI, Catalogus I, Nr. 2118. Exemplar: Breslau (Wrocław) Univ.-Bibl., Sign.: XV.Q.79; Titelblatt fehlt, Explicit: Gedruckt zu Erffurth Von Wolffgang ‖ Schencken.

[148] ZAPF, Augsburgs Buchdruckergeschichte II, 7 Nr. XIV; PANZER, Zusätze zu den Annalen, Nr. 510b.

[149] WELLER, Repertorium typographicum, Nr. 255.

[150] Exemplar: Niedersächsische Staats- und Universitätsbibliothek Göttingen, Sign.: Patr.Lat.2256/94 Ink. (festgestellt durch eine Bibliotheksumfrage); in der bibliographischen Literatur fanden wir keine Beschreibung dieses Druckes.

[151] v. HASE, Bibliographie der Erfurter Drucke, 7 Nr. 55.

[152] Ebd. 8 Nr. 66.

[153] WELLER, Repertorium typographicum, Nr. 353; GRAESSE, Trésor V, 117; PROCTOR II/1 Nr. 10626; BMC 179,216 Sign.: 1360.e.9.

[154] PANZER, Annalen, Nr. 581; ZAPF, Augsburgs Buchdruckergeschichte II, 31 Nr. X. Exemplar: Deutsche Staatsbibliothek Berlin-Ost, Sign.: Eq 9558 Rf.

[155] WELLER, Repertorium typographicum, Nr. 379.

[156] ZAPF, Augsburgs Buchdruckergeschichte II, 61 Nr. VIII.

[157] WELLER, Repertorium typographicum. II. Supplement, Nr. 445.

[158] PANZER, Annalen, Nr. 867; WELLER, Repertorium typographicum, Nr. 1041; PROCTOR II/1 Nr. 10334.

[159] v. HASE, Bibliographie der Erfurter Drucke, 67 Nr. 440.

[160] Siehe oben S. 88.

[161] Die dem großen ersten Teil der Himmlischen Fundgrube zugrunde liegende Predigt handelte von der Passion Christi.

[162] „... sermones quosdam quondam per me praedicatos tempore promulgationis

gefallen hatten[163], faßte Paltz kurz darauf[164], jedenfalls noch vor Ende der Jubiläumsverkündigung (1. August), auf ihre Bitte hin[165] zu einem deutschen Traktat zusammen, dem er seine lateinischen Predigtkonzepte als Vorlage zugrunde legte[166]. Er widmete das Werk Kurfürst Friedrich, an den die Vorrede gerichtet ist[167]. Die Himmlische Fundgrube wurde wohl noch im gleichen Jahr erstmalig bei Konrad Kachelofen in Leipzig gedruckt[168], wahrscheinlich auf Kosten Friedrichs und Johanns, die sich „den menschen zu nutz"[169] und in Hoffnung auf himmlischen Lohn die Verbreitung der Paltzschen Opuscula sehr angelegen sein ließen[170].

3. Gattung, Stil, Thematik und Adressatenkreis: Paltz selbst nennt seine Schrift ,tractatus'[171]. In der Tat enthält sie nicht, wie meist behauptet wird, vier ausgearbeitete Predigten, die ja bei Paltz durchweg nach dem hier fehlenden Gliederungsschema thema, prothema, invocatio, introductio thematis, divisio und Hauptteil mit Schlußformel gestaltet

---

iubilaei sub reverendissimo domino Raymundo Peraudi, tunc sedis apostolicae per Germaniam legato anno domini 1490 etc., illustrissimis principibus et dominis, domino Friderico, sacri Romani imperii archimarschalco et principi electori, necnon carissimo eius germano, domino Ioanni, ducibus Saxoniae, lantgraviis Thuringiae atque marchionibus Misnae, generosis quoque eorum comitibus, strenuis ac praeclaris militibus atque nobilibus, praelatis etiam venerandis et populis utriusque sexus quam devotis..." Coel. fol. A 2r.

[163] „Sed cur ista potius quam alia dictis illustrissimis collegerim principibus et dominis (sc. in der Himmlischen Fundgrube)? Dico, quia huiusmodi materiae tunc recenter praedicatae devotionibus eorum plus placuere." Coel. fol. A 2v.

[164] Siehe oben Anm. 163 („tunc recenter praedicatae").

[165] Forts. des Textes von oben Anm. 162: „et ad ipsorum instantiam dictos sermones sub quodam vulgari compilatos tractatu". Coel. fol. A 2r. Vgl. Vorrede zur Himmlischen Fundgrube (fol. a 1v–2r): „Genedigister herre (= Kurfürst Friedrich der Weise), nachdem als euer furstlich genad ... den menschen zu nutz von mir begert hat, das ich welle zu teutsch machen etliche predige vor euern genaden getan..."

[166] Siehe unten bei Anm. 173.

[167] Vgl. Coel. fol. Cc 4r: „alterum vero vulgari eloquio gradiens principi saeculari quondam fuit oblatum".

[168] Siehe JUNTKE, Über die im XV. Jahrhundert in Leipzig gedruckten Ablaßpredigten, 203–208. Aus den Angaben von Paltz selbst ist allerdings nur zu entnehmen, daß er das Werk 1490 verfaßt hat; siehe Fund. fol. a 1v und Coel. fol. A 1v–2r. Colligere heißt kompilieren, verfassen, nicht drucken (MITTELLATEINISCHES WÖRTERBUCH II, 853,9ff.; gegen JUNTKE, ebd. 203f.).

[169] Siehe oben Anm. 165.

[170] Forts. des Textes von unten Anm. 211: „Quae quidem opuscula (gemeint wohl nicht nur De septem foribus und das verschollene Werk Hortulus aromaticus beatae virginis, sondern auch die unmittelbar vorher genannte Himmlische Fundgrube) praefati illustrissimi principes liberalissimis adhibitis impensis nedum scriptis, sed et impressionibus longe lateque diffundere curaverunt sperantes mercedem a bonorum omnium largitore." Coel. fol. A 2v.

[171] Siehe oben Anm. 165.

sind. Da er sein deutsches ,opusculum'[172], wie er in der Coelifodina berichtet, lateinischen Vorarbeiten ,entnommen' hat[173], spricht man am besten von vier Predigtkonzepten oder – da sie ja bereits als deutsche Predigten ausgearbeitet und gehalten worden sind – von Zusammenfassungen der vier Predigten, die Paltz dann zu einem Traktat kompiliert hat[174]. Dabei fanden die vier Sermone eine sehr unterschiedliche Berücksichtigung, denn der erste Teil über die Betrachtung des Leidens Christi ist allein fast doppelt so umfangreich wie die übrigen drei Teile zusammen[175]. Man kann also davon ausgehen, daß der Stoff der ersten Predigt weitgehend Aufnahme in die Himmlische Fundgrube gefunden hat, während von den übrigen Predigten, besonders der zweiten und vierten, nur die gedankliche Grundstruktur mitgeteilt wird.

Dieser Gewichtsverteilung entspricht auch der Titel, den Paltz dem Sammelwerk gegeben hat. Angeregt durch seinen Besuch der erzgebirgischen Silberstadt Schneeberg, der dem Aufenthalt in Torgau vorausgegangen war[176], legte er der ersten Predigt eine Bildkonzeption aus dem Bereich des Erzbergbaus zugrunde, die das Leiden Christi als himmlisches Bergwerk darstellt, in dem sechs Stollen („eingeng oder stollen")[177] zur göttlichen Gnade führen[178]. Diese Bergbaumetaphorik, die in den anderen drei Predigten nicht mehr aufgenommen worden ist, war Paltz so wichtig, daß er in ihr auch den übergeordneten Gesichtspunkt für alle vier Teile des Traktats fand. Sein Anfang lautet daher: „Dis buchlein wirt genant die himlische funtgrub, darumb das man himlisch erze darin mag (= kann) finden oder graben, das ist die gnad gottes."[179] Wie wir bereits zeigten, entspricht die metaphorische Darstellungsweise, wie sie uns etwa auch in De septem foribus im Bild der sieben Pforten Mariens[180] oder im Supplementum Coelifodinae in Gestalt der Heere des Teufels und der kirchlichen Befestigungsanlage begegnet, Paltz' frömmigkeitstheologischem Interesse an Veranschaulichung der

---

[172] In Coel. fol. A 2v nennt Paltz die Himmlische Fundgrube „vulgare opusculum".

[173] „... latinum ipsum hincinde dispersum, ex quo vulgare sumpseram"; Coel. fol. A 2r. Es war im Spätmittelalter durchaus üblich, daß Predigten lateinisch konzipiert oder sogar ausgearbeitet und dann vor dem Kirchenvolk in deutscher Sprache gehalten wurden. Vgl. z. B. zu Johannes von Dorsten ZUMKELLER, Der Predigtband Cod. Berolinensis, 423 und zu Gabriel Biel BUBENHEIMER, Art. ,Biel, Gabriel', 854; vgl. auch LANDMANN, Das Predigtwesen in Westfalen, 107 f.

[174] Zur Bezeichnung ,kompilieren' siehe oben Anm. 165.

[175] Der Seitenumfang der vier Teile im Typoskript: 62/6/21/7.

[176] Siehe oben S. 88 f. [177] Fund. fol. a 1v.

[178] „Von der himelischen funtgruben. Das heilig leiden Christi ist ein goltgrub und mer dan ein goltgrub. Dise funtgrub oder genad hat vil stollen, dadurch man mag (= kann) eingan." Fund. fol. a 2v.

[179] Fund. fol. a 1v. [180] Siehe unten S. 119.

Predigtstoffe als Möglichkeit zu seelsorgerlicher Beeinflussung der Hörer[181]. Daß Paltz zwar nicht als erster Theologe überhaupt[182], aber auf diese plakative Weise (Werktitel!) sicher als erster das in den letzten Jahrzehnten des 15. Jahrhunderts in Deutschland aufblühende Montanwesen[183] geistlich ausdeutete, wird durch den Eindruck, den die Silbererzgruben Schneebergs auf ihn gemacht haben, nur zum Teil erklärt. Zu bedenken ist auch, daß er seine Passionspredigt vor Kurfürst Friedrich dem Weisen und seinem Bruder hielt und daß sich in diesen Jahren der erzgebirgische Silberbergbau zur wichtigsten Finanzquelle für die sächsischen Landesherren entwickelte[184]. Kein Wunder also, daß Paltz an der sächsischen Residenz gerade diese Bildkonzeption wählte, damit großen Anklang bei den Fürsten fand, den Inhalt dieser Bergbaupredigt weit ausführlicher als den der anderen Predigten im Traktat wiedergab und das Friedrich dem Weisen gewidmete Werk ‚Himmlische Fundgrube‘ betitelte[185].

Die deutsche Sprache darf nicht darüber hinwegtäuschen, daß die Schrift durchaus in der scholastischen Tradition steht, wie besonders der Gliederungsschematismus[186] und die Autoritätenverweise zeigen. Gleichwohl ist die Himmlische Fundgrube, die einen breiten Leserkreis von Klerikern[187] und Laien ansprechen wollte, stilistisch und gedanklich sehr schlicht gestaltet und in jeder Zeile von der Absicht geprägt, Anleitung zur alltäglichen frommen Lebensgestaltung zu geben[188]. Der erste Teil handelt von der täglichen Betrachtung (meditatio) des Leidens Christi, der zweite vom Kampf gegen blasphemische Gedanken, die

---

[181] Siehe oben S. 41 f.

[182] Gegen H. WOLF: siehe oben S. 27 bei Anm. 93. Vgl. bereits JOHANNES WENCK VON HERRENBERG, Das Büchlein von der Seele (aus dem Jahre 1436), c. 11 (53,669–671.679–681): Gott hat das „pinlich (= leiderfüllte), leben uns gemachet zu einer arzeni und zu einer *erzgrüben*, zu sameln ‚schetze der hiemel‘“ (vgl. Mt. 6,20; 19,21 parr). „Das pinlich leben ist uns als (= wie) ein *erzgrübe* der hiemelischen schetze.“ Die Nähe zu Paltz' Bild von der „himelischen funtgruben“, in der man „himlisch erze“ findet, ist auffallend.

[183] Vgl. besonders LAUBE, Studien über den erzgebirgischen Silberbergbau.

[184] Vgl. MOELLER, Deutschland im Zeitalter der Reformation, 76 (mit Literatur).

[185] Der Ausdruck ‚funtgrube‘ erinnert speziell an die Namen zweier bedeutender Zechen Schneebergs, der ‚Rechten Fundgrube‘ und der ‚Alten Fundgrube‘ (andere Zechennamen: Hoffnung, Gotsgnade, Unser Lieben Frauen, Oberschar, Sniders Zeche, Zschorlers Zeche, Lochmanns Zeche, St.-Georgs-Zeche); siehe LAUBE, ebd. 22. – In der Coelifodina (fol. H 1v) bezeichnete Paltz die Himmlische Fundgrube einmal als „Argentifodina vulgaris“.

[186] Nach der bei scholastischen Traktaten üblichen Gliederungstechnik.

[187] Im ersten Teil (fol. a7v–b3r) entwickelt Paltz speziell für Geistliche ein Meditationsschema, das sich am Stundengebet orientiert.

[188] Der unmittelbar anleitende Charakter der Schrift zeigt sich besonders deutlich in den zahlreichen vorformulierten Gebeten.

sich wider das eucharistische Sakrament, Maria und die Heiligen richten, der dritte von der richtigen Art des Sterbens, der „wolgebrauchung des todes"[189], der vierte „von dem grossen nutz des sacraments der heiligen olunge"[190].

Inwiefern aber konnte Paltz solche Predigten, in denen der Ablaß nur am Rande erscheint, als Ablaßprediger, als „commissarius der romischt gnaden zu Torgau", wie er in der Vorrede sagt[191], halten? Hier ist die Beobachtung wichtig, daß das päpstliche Jubiläum, das Paltz verkündigte, nicht nur die absolutio a poena durch den Ablaß, sondern auch die absolutio a culpa durch das Bußsakrament enthielt, für dessen Erlangung es besondere Erleichterungen gewährte[192]. Aber auch abgesehen von der Situation des Jubiläums setzte ein gültiger Empfang des Ablasses immer die Befreiung von der Sündenschuld und die Rechtfertigung durch den eingegossenen Gnadenhabitus voraus, die nach Paltz in der Regel erst durch das Bußsakrament vermittelt werden und von seiten des Menschen eine gewisse Disposition verlangen[193]. Kein Ablaß ohne Gnade und keine Gnade ohne Reue!

Paltz' Predigten, die der Himmlischen Fundgrube zugrunde liegen, hatten nun keine andere Funktion, als Anleitung zum Empfang und zur Bewahrung der Gnade zu sein[194] und damit den Boden für die Ablaßsaat zu bereiten[195]. In der Betrachtung des Leidens Christi sieht Paltz eine besonders geeignete Methode, um über die Einkehr zur reuevollen Umkehr und damit zu „gots huldt"[196] zu gelangen. Die blasphemischen Gedanken werden als ernsthafte teufliche Bedrohungen der Gnade thematisiert. Und da die Notwendigkeit von Gnade und Ablaß in der Todesstunde ihre größte Zuspitzung erfährt, durch das Jubiläum ja auch in Gestalt der Beichtbriefe vollkommener Schuld- und Straferlaß für diese letztgültige Entscheidungssituation angeboten wird, zeigt Paltz im dritten und vierten Teil, wie der Mensch auch dann noch die Gnade gewinnen und sich ihrer versichern kann. Die Himmlische Fundgrube ist so ein sehr instruktives Beispiel dafür, wie die Ablaßverkündigung den Rahmen für eine intensive Sorge um die geistliche Lebensgestaltung des Menschen abgeben konnte.

---

[189] Fund. fol. b 7v und 8r.   [190] Fund. fol. a 1v.
[191] Ebd.   [192] Siehe unten S. 289.
[193] Siehe unten S. 275–284.
[194] Vgl. bereits den programmatischen Anfang der Himmlischen Fundgrube, zit. oben S. 113 bei Anm. 179: Die Erze, die man aus dem himmlischen Bergwerk fördert, sind die Gnade Gottes.
[195] Der Bezug zur Ablaßverkündigung wird bereits durch die Vorrede (fol. a 1v; siehe oben bei Anm. 191) und den Schluß (fol. c 6r) deutlich.
[196] Es gebe „kein nutzer ding, gots huldt zu erwerben" als die Betrachtung des heiligen Leidens Christi; Fund. fol. a 2r.

X. De septem foribus seu festis beatae virginis Mariae/Die sieben Pforten oder Feste der Mutter Gottes (Sept.)[197]

1. Überlieferung:

a) Lat. Fassung: sechs Drucke[198], davon die ersten beiden s.l.e.a.: Leipzig 1492/93 (?), bei Martin Landsberg[199]; Nürnberg 1493 (?), bei Friedrich Creussner[200]; Köln, 13. Dez. 1494, bei Hermann Bungart von Kettwig[201]; Köln 1501, bei Hermann Bungart von Kettwig[202]; Augsburg, 15. Jan. 1508, bei Johann Otmar[203]; Nürnberg 1514, bei Friedrich Peypus[204].

b, Deutsche Fassung[205]: vier Drucke, davon die ersten beiden s.l.e.a.: Leipzig 1491 (?), bei Martin Landsberg[206]; Leipzig 1491 (?), bei Martin Landsberg[207]; Nürnberg 1491, bei Friedrich Creussner[208]; Augsburg, 7. April („am ursteend abent" = am Abend vor Ostern) 1509, bei Johann Otmar[209].

Auch diese Marienschrift des Erfurter Augustiners hat mit insgesamt zehn Auflagen aus den Jahren 1491 bis 1514 weite Verbreitung gefunden und kam offensichtlich wie die Himmlische Fundgrube einem Bedürfnis breiter Schichten am Vorabend der Reformation entgegen.

2. Entstehung: Ein Vergleich zwischen den beiden Fassungen zeigt, daß die lateinische die ursprüngliche ist und daß auf ihrer Grundlage

---

[197] Zu dieser Schrift vgl. FERDIGG I 275–278; WEIJENBORG, Doctrina de immaculata conceptione apud Ioannem de Paltz, 167–171; JUNTKE, Über die im XV. Jahrhundert in Leipzig gedruckten Ablaßpredigten, 209–212.

[198] Zur sekundären handschriftlichen Überlieferung siehe ZUMKELLER, Manuskripte, 260 Nr. 560.

[199] COPINGER, Supplement II, Nr. 4581; VOULLIÉME, Die Incunabeln der Königlichen Universitäts-Bibliothek zu Bonn, Nr. 633; vgl. die Druckbeschreibung und Datierung bei JUNTKE, ebd. 209 f.

[200] HAIN Nr. 7230; vgl. die Datierung bei JUNTKE, ebd. 210 Anm. 15.

[201] VOULLIÉME, Der Buchdruck Cölns, Nr. 684.

[202] Exemplar: Stiftsbibliothek Xanten, Sign.: 4 in 4312 (festgestellt durch eine Bibliotheksumfrage); in der bibliographischen Literatur fanden wir keine Beschreibung dieses Druckes.

[203] ZAPF, Augsburgs Buchdruckergeschichte II, 37 f. Nr. X; PANZER, Annales typographici IX, 110 Nr. 33; PROCTOR II/1 Nr. 10668; BMC 179,217 Sign.: T.741.(7.).

[204] PANZER, Annales typographici VII, 455 Nr. 110.

[205] Die deutsche Fassung des Traktats ist FERDIGG (I 275 Anm. 181) entgangen.

[206] HAIN Nr. 12870 (?); vgl. die Druckbeschreibung und Datierung bei JUNTKE, Über die im XV. Jahrhundert in Leipzig gedruckten Ablaßpredigten, 210–212.

[207] Dieser Druck wurde vom ersten Druck Landsbergs erstmals von JUNTKE (ebd. 210) unterschieden und als eine neue verbesserte Auflage beschrieben.

[208] Exemplar: Geheimes Staatsarchiv Berlin-West, Sign.: Inc. 8° 1816,10 (festgestellt durch eine Bibliotheksumfrage); in der bibliographischen Literatur fanden wir keine Beschreibung dieses Druckes.

[209] PANZER, Annalen, Nr. 641; ZAPF, Augsburgs Buchdruckergeschichte II, 39 f. Nr. I; GRAESSE, Trésor V, 250.

durch Umstellungen, Kürzungen und Neueinfügungen die etwa gleich lange deutsche Version entstanden sein muß[210]. Zur Entstehung des lateinischen Werkes schreibt Paltz in der Coelifodina im Anschluß an die Darstellung der Vorgeschichte der Himmlischen Fundgrube, daß die sächsischen Landesherren Friedrich und Johann damals, d. h. bei seinem Aufenthalt als Ablaßprediger in Torgau im Frühjahr 1490, von ihm auch andere Themen in Traktaten bearbeitet haben wollten. So sei das opusculum De septem foribus und ein anderes mit dem Titel Hortulus aromaticus beatae Mariae virginis entstanden, das in kurzen Gebeten fast das ganze Marienleben umfasse[211]. Schon aus dieser Inhaltsangabe über den verschollenen Hortulus aromaticus[212] wird ersichtlich, daß Paltz hier nicht wie bei der Himmlischen Fundgrube Jubiläumspredigten verarbeitete[213]. Dies wird man auch von De septem foribus sagen müssen, einmal wegen des Inhalts, zum andern aufgrund der Einleitung. Nachdem aus der Vorrede, die man zugleich als Widmung auffassen darf, hervorgeht, daß Paltz die Schrift auf allerfrömmstes Drängen (ad devotissimam instantiam) Friedrichs des Weisen und Johanns im Jahre 1491 verfaßt habe[214], wird in der Einleitung der Auftrag der Fürsten genauer bezeichnet: Sie hätten von dem Augustiner zu wissen verlangt, wie man die Worte Salomos „Selig der Mensch, der an meinen Pforten täglich wacht" (Prv. 8,34) auf Maria deuten könne, da sie doch über die ewige Weisheit Christus gesagt seien[215]. Paltz faßt also offensichtlich in De septem foribus nicht Predigtstoff zusammen, der den Landesherren bereits vorgetragen worden ist, sondern kommt ihrem Informationsbedürfnis durch eine neue Darstellung entgegen.

---

[210] Vgl. JUNTKE, ebd. 211.

[211] Forts. des Textes von oben Anm. 163: „Etiam alia sub aliis volebant habere tractatibus, sicut opusculum De septem foribus sive festis virginis gloriosae, quod incipit ‚Beatus, qui vigilat ad fores meas cotidie' (Prv. 8,34), et aliud, quod Hortulus aromaticus eiusdem inclitae virginis intitulatur, complectens brevibus oratiunculis ferme totam vitam virginis gloriosae." Coel. fol. A 2v.

[212] Vgl. die Angabe in Sept. fol. C 4v: „Plura autem gaudia temporalia ferme totam vitam eius includentia invenientur in tractatu, qui intitulatur Hortulus aromaticus beatae virginis."

[213] Gegen JUNTKE, Über die im XV. Jahrhundert in Leipzig gedruckten Ablaßpredigten, 209.

[214] „Istae septem fores sive portae, quae significant septem festa beatae virginis, collectae sunt ad devotissimam instantiam illustrissimorum principum et dominorum Friderici ... et Johannis ... per quendam eorum devotum sacrae theologiae professorem ordinis fratrum Eremitarum sancti Augustini anno domini 1491." Sept. fol. A 1v.

[215] „Incipiunt septem fores sive portae beatae virginis. ‚Beatus homo, qui vigilat ad fores meas cotidie', Proverbiorum octavo capitulo. Desiderabant scire illustrissimae dominationes vestrae a mea parvitate, quomodo dicta verba Salomonis intelligenda sint de beatissima dei genitrice virgine Maria, cum sint dicta de aeterna sapientia, quae est verbum dei, filius dei ..." Sept. fol. A 2r.

Dabei konnte er auf seine frühere ungedruckte und auch wahrscheinlich handschriftlich nicht weiter verbreitete Schrift De conceptione sive praeservatione a peccato originali santissimae dei genitricis virginis Mariae[216] zurückgreifen. Ein Vergleich zeigt, daß der große erste Teil in De septem foribus über die unbefleckte Empfängnis Mariens[217], der allein zwei Drittel der Schrift ausmacht, lediglich eine.Überarbeitung von De conceptione mit weitgehender Übereinstimmung bis in die Formulierung hinein ist. Auch hier zeigt sich wieder die für Paltz charakteristische Arbeitsweise mit Versatzstücken, die im Gesamtwerk bis zu dreimal vorkommen[218].

Nachdem Paltz De septem foribus 1491 abgeschlossen hatte, wurde die Schrift wahrscheinlich zunächst, noch ehe sie im Druck erschien, im gleichen Jahr ins Frühneuhochdeutsche übertragen, und zwar offensichtlich nicht durch Paltz selbst, sondern nach Auskunft der deutschen Vorrede „durch etliche iren (sc. Friedrichs und Johanns) andechtigen", d. h. wohl durch Geistliche aus der Umgebung der Landesherren[219]. Die deutsche Schrift kann somit angesichts der beträchtlichen Veränderungen gegenüber dem lateinischen Urtext nicht mehr als authentisches Werk von Paltz und Dokument seiner Theologie gelten. Auftrag und z. T. auch finanzielle Unterstützung Friedrichs und Johanns von Sachsen begleiteten die Abfassung der Schrift, ihre Übertragung ins Deutsche und schließlich die Drucklegung, vermutlich zuerst der deutschen Fassung noch 1491, später erst der lateinischen Grundschrift[220]. Heißt es doch in der Coelifodina, daß die Fürsten durch großzügigsten Kostenaufwand den opuscula Himmlische Fundgrube (?), De septem foribus und Hortulus aromaticus eine weite Verbreitung nicht nur durch Handschriften, sondern auch durch Drucke verschafft hätten[221], eine Notiz,

---

[216] Siehe oben S. 109 f.   [217] Sept. fol. A 3v–C 2r.

[218] Vgl. oben S. 96.

[219] So die Deutung bei Juntke, Über die im XV. Jahrhundert in Leipzig gedruckten Ablaßpredigten, 211 f. Der Ausdruck „durch etliche iren andechtigen" (so in den ersten drei deutschen Drucken) ist im Otmar-Druck ersetzt durch die Formulierung „durch ainen iren andechtigen" (entspricht der lat. Vorrede: „per quendam eorum devotum"). – Eine interessante Notiz zur Ausstattung des lat. Otmar-Drucks vom 15. Jan. 1508 und des deutschen Otmar-Drucks vom 7. April 1509 findet sich bei Veith, Bibliotheca Augustana I (1785), 22. Über den humanistisch interessierten Augsburger Benediktiner Veit Bild (1481–1529) heißt es hier: „Anno 1507, 12. Decembris, ad quendam tractatum De septem portis seu festis beatae virginis Mariae titulum, epigramma et praevium monitum rogatu Bartholomaei, capellani ad S. Ursulam, scripsit; cumque anno sequenti, scilicet 1508, idem opus Germanice vulgaretur, eiusdem capellani rogatu eandem operam vernaculo sermone praestitit." Zu Veit Bild, der vor allem aufgrund seines Briefwechsels (erhalten sind auch zwei Briefe an Luther) Bedeutung gewonnen hat, vgl. Bigelmair, Der Briefwechsel von Oekolampadius mit Veit Bild (117 Anm. 1: ältere Literatur).

[220] Vgl. Juntke, ebd. 209–212.   [221] Siehe oben Anm. 170.

die freilich nur für die Himmlische Fundgrube und De septem foribus durch den heutigen Befund bewahrheitet wird.

3. Gattung, Stil, Thematik und Adressatenkreis: Was oben über Gattung, Stil und frömmigkeitstheologische Thematik der Schrift De conceptione gesagt worden ist[222], gilt ebenso auch für De septem foribus. Durch den popularscholastischen Traktat, der sich an einen weiten Leserkreis von Klerikern und Laien wendet, wird das frühere opusculum zu einem Werk über die sieben Pforten Mariens, d.h. die sieben wichtigsten Marienfeste[223], erweitert. Dem Christen wird damit eine Anleitung zu täglicher Marienverehrung gegeben, die ihm dank der Mittlerrolle Mariens Gnade und Trost in diesem Leben, die beatitudo viae, und die Glückseligkeit künftigen Lebens, die beatitudo patriae, garantiert[224].

XI. Coelifodina (Coel.)[225]

1. Überlieferung: Vier Drucke[226]: Erfurt, 15. März 1502, bei Wolfgang Schenck[227]; Leipzig, 22. Aug. 1504, bei Martin Landsberg[228]; Leip-

---

[222] Siehe oben S. 109f.

[223] Conceptionis (8. Dez.), Nativitatis (8. Sept.), Praesentationis (Mariä Opferung: 21. Nov.), Annuntiationis (25. März), Visitationis (Mariä Heimsuchung: 2. Juli), Purificationis (Mariä Lichtmeß: 2. Febr.), Assumptionis (15. Aug.). Das vom theologischen Gehalt her umkämpfte Fest der unbefleckten Empfängnis Mariens wird als „fundamentum et radix omnium aliarum portarum sive festorum eius" (fol. B 6v) herausgehoben. Auch hier wird wieder die für Paltz typische Tendenz sichtbar, gerade bei umstrittenen Fragen, die für die Frömmigkeitspraxis Bedeutung haben – wie etwa auch bei der Ablaßproblematik –, die den kirchlichen Kult und sakralinstitutionellen Machtanspruch fördernde Position besonders forciert zu vertreten.

[224] Vgl. die geradezu klassische Formulierung in der Einleitung zu De septem foribus (fol. A 2r): „Vigilemus igitur cotidie ad fores eius, ad quas ipsamet invitat nos dicens: ‚Beatus qui vigilat etc.' (Prv. 8,34). Vigilemus, inquam, ad fores eius, ut simus beati, et si non beatitudine patriae, tamen beatitudine viae, qua facile pertingere poterimus ad beatitudinem patriae. Ipsa enim est spes nostra, vita nostra atque dulcedo nostra, non quidem per essentiam sicut filius eius, sed per impetrationem; quia impetrat nobis spem, ne desperemus, vitam naturae, gratiae et gloriae, ne in corpore et anima periclitemur. Etiam impetrat nobis dulcedinem spiritualem, ne in tristitiis et huius mundi tribulationibus deficiamus."

[225] Zu diesem Werk vgl. besonders FERDIGG I 278–283 und 319f.

[226] Der Abschnitt De arte bene moriendi (fol. O 1r–P 1r) ist handschriftlich separat in Cod. 798 fol. 27r–36v der Stadtbibliothek Trier überliefert. Eine Beschreibung des Codex und seines Inhaltes findet sich bei KENTENICH, Die Ascetischen Handschriften, 122f.

[227] PANZER, Annales typographici VI, 494 Nr. 7; GRAESSE, Trésor V, 117; PROCTOR II/1 Nr. 11219; BMC 179,216 Sign.: 845.h.9; v. HASE, Bibliographie der Erfurter Drucke, 5 Nr. 39.

[228] PANZER, ebd. VII 149 Nr. 112; PROCTOR II/1 Nr. 11273; BMC 179,216 Sign.: IA.37702.(1.) und 1412.f.28.

zig, 7. März 1511, bei Martin Landsberg[229]; Leipzig, 6. Mai 1515, bei Martin Landsberg[230].

Angesichts des sehr großen Umfangs der Coelifodina (2.–4. Auflage: 738 Textspalten) ist die Anzahl von vier Auflagen in vierzehn Jahren bemerkenswert.

2. Entstehung: Aus dem Vorwort der Coelifodina, das in Form eines Briefes an den Kölner Erzbischof Hermann IV. von Hessen abgefaßt ist, geht hervor, daß der Wunsch des Erzbischofs nach einer lateinischen Fassung der Himmlischen Fundgrube, durch die sie den Gebildeten gefälliger und damit den durch sie unterwiesenen Laien nützlicher würde, der Anlaß für die Entstehung des Werks gewesen sei[231]. Zwar hätten bereits vorher sehr viele Kleriker aus verschiedenen Gegenden, besonders aus Thüringen, Meißen und Hessen, bei denen die Himmlische Fundgrube besonders verbreitet gewesen sei, den gleichen Wunsch geäußert, doch seien verschiedene Hindernisse seiner Erfüllung entgegengestanden. Nachdem freilich ein solch bedeutender Fürst gedrängt habe, sei es nicht mehr möglich gewesen, das Erwünschte länger aufzuschieben[232]. Paltz konnte dieses ursprüngliche Vorhaben, die um ein Vielfaches erweiterte lateinische Neufassung der Himmlischen Fundgrube, noch im Kloster Mühlheim am 1. Nov. 1500 mit einer Widmung an Hermann IV. von Hessen abschließen[233]. Er hatte bei seiner Arbeit auf die lateinischen Aufzeichnungen, die er bereits der Himmlischen Fundgrube zugrunde gelegt hatte[234] und die wohl inzwi-

---

[229] PANZER, ebd. XI 434 Nr. 331b; PROCTOR II/1 Nr. 11291 (mit falscher Datierung); BMC 179,216 Sign.: 3832.c.22.

[230] PANZER, ebd. VII 188 Nr. 501; BMC 179,217 Sign.: 1478.bb.20.(1.).

[231] „Cum nuper illustrissima vestra dominatio a me exposceret parvitate, ut sermones quosdam … sub quodam vulgari compilatos tractatu (= Himmlische Fundgrube) in Latinum ideoma nobilissimum transferrem vel potius Latinum ipsum hincinde dispersum, ex quo vulgare sumpseram, in unum colligerem, quo litteratis gratius et ex consequenti ceteris redderetur utilius …" Coel. fol. A 2r. ‚Litteratus' ist im Spätmittelalter speziell die Bezeichnung für den des Lateins Kundigen; vgl. GRUNDMANN, Litteratus – illitteratus.

[232] Forts. des Textes von oben Anm. 231: „… quod nimirum antea a plerisque diversarum provinciarum, praecipue Thuringiae, Misnae et Hassiae, clericis, quibus magis devulgari constabat, accuratius desideratum est, minime tamen variis occurrentibus impedimentis obtentum, impraesentiarum autem tanto impellente principe, sacrarum utique litterarum praecipuo amatore, omnium etiam religiosorum, maxime reformatorum, singularissimo fautore atque liberalissimo benefactore, optata differre diutius conveniebat minime." Coel. fol. A 2r. Vgl. oben S. 74.

[233] Die Widmung (fol. Cc 4r) ist nicht etwa an Raimund Peraudi gerichtet. Ihr sind die Worte angefügt: „Completa sunt haec in conventu nostro novo in Valle Mulnheym prope Confluentiam anno domini 1500 circa festum Omnium Sanctorum."

[234] Siehe oben S. 112 bei Anm. 166 und S. 113 bei Anm. 173.

schen in separaten Stücken weiterverbreitet worden waren[235], zurückgegriffen und sie, wie er schreibt, zu einem Ganzen zusammengefügt[236].

Nachdem er allerdings wohl noch im gleichen Jahre nach Erfurt zurückgekehrt war und dort die Nachricht empfangen hatte, daß der Kardinallegat Raimund Peraudi mit einem neuen Jubiläumsablaß nahe, habe er, wie er in der Coelifodina schreibt, um den Jubiläumspredigern die bevorstehende Aufgabe zu erleichtern, in jene erste Fassung der Coelifodina nicht nur einiges Material über die Ablässe eingeschoben, sondern ihr auch zehn Quästionen über das Jubiläum hinzugefügt[237]. An dieser erweiterten Fassung hat Paltz im Jahre 1501[238], wahrscheinlich auch noch Anfang 1502[239] gearbeitet und konnte sie gerade noch rechtzeitig[240] zur Jubiläumsverkündigung in Thüringen und Sachsen, die im Frühjahr 1502 begann[241], abschließen. Als die Coelifodina am 15. März bei Wolfgang Schenck in Erfurt die Druckerpresse verließ, war Paltz bereits als Jubiläumsprediger in Sachsen unterwegs. Am 5. Mai bestätigte Raimund Peraudi von Bonn aus den Empfang „jenes gelehrten und kunstvollen Buches mit dem Titel Coelifodina"[242]. Mit dem Erscheinen der ersten Auflage war freilich die Arbeit des Autors an der Coelifodina noch nicht beendet. Wie aus dem Impressum der zweiten Auflage, die am 22. Aug. 1504 bei Martin Landsberg in Leipzig erschien, hervor-

---

[235] Siehe oben Anm. 231 (hincinde dispersum); ein solches separat überliefertes Stück, das also eine Vorstufe des entsprechenden Textes in der Coelifodina darstellt, liegt wahrscheinlich in Cod. 798 fol. 27r–36v der Stadtbibliothek Trier vor; siehe oben Anm. 226.

[236] Siehe oben Anm. 231.

[237] Beginn der Additio de copiositate iubilaei: „Reverso itaque mihi de conventu novo Vallis Mulnheym ad conventum nativum Erfordiensem intellexi iterum venturum reverendissimum dominum Raymundum cardinalem, apostolicae sedis ad Germaniam Daciamque legatum, cum amplissimo iubilaeo et indulgentiis ad instruendum exercitum copiosissimum adversus Turcorum crudelissimum incursum. Idcirco ut praedicantibus iubilaeum facilior esset transitus, non solum praedictis aliqua de indulgentiis inserere decrevi, sed et de iubilaeo decem quaestiones addere." Coel. fol. Cc 4r/v. Vgl. oben S. 75.

[238] Coel. fol. Cc 6r: „in praesenti anno, videlicet 1501".

[239] Coel. fol. Z 6r: „in promulgatione iubilaei anno praesenti, videlicet 1502". Die Angabe der Jahreszahl kann freilich proleptisch bereits 1501 in Erwartung der für das folgende Jahr vorbereiteten Jubiläumsverkündigung in Thüringen und Sachsen erfolgt sein.

[240] Daß Paltz unter Termindruck arbeitete, ergibt sich aus Bemerkungen in der Coelifodina (siehe unten Anm. 273: „tempus non patitur brevitatis intuitu") und im Supplementum Coelifodinae (fol. I 5r: „Quem quidem conceptum non potuit collector Coelifodinae tempore collectionis competenter Coelifodinae ad plenum inserere, tum propter temporis brevitatem ...").

[241] Siehe oben S. 89.

[242] „... eruditum illum atque elegantem librum Coelifodinam appellatum." Suppl. fol. a 1v. Zum Brief Peraudis siehe oben S. 84f.

geht, hat Paltz selbst den sehr fehlerhaften Erstdruck für die Neuauflage korrigiert[243]. Er erlebte auch noch die dritte Auflage, deren Druck am 7. März 1511, sechs Tage vor seinem Tode, abgeschlossen wurde.

3. Gattung, Stil, Thematik und Adressatenkreis: Die Coelifodina – und ebenso auch ihr späteres Supplementum – ist weder eine Predigtsammlung noch ein theoretisches Lehrbuch De arte praedicandi, obwohl sie Elemente von beidem enthält[244]; am nächsten kommt sie der Gattung homiletischer Handbücher, die Stoff zum Predigen aufbereiten[245]. Doch will sie nicht ausschließlich dem Prediger dienen, wenn auch diese Absicht im Vordergrund steht[246], sondern auch allgemein dem Priester für seine täglichen seelsorgerlichen Aufgaben, z.B. die Spendung der Sakramente[247] oder die Bewertung der Ablässe, wichtige Informationen, vor allem das notwendige theologische Grundlagenwissen geben. Adressaten sind also wiederum jene sacerdotes simplices, Welt- und Ordensgeistliche[248], auf deren Bildungsstand wir unten näher eingehen werden[249]. Diesem breiten Leserkreis wird, wenn wir Coelifodina und Supplementum Coelifodinae als Einheit charakterisieren wollen, eine Summe pastoraler Theologie geboten[250], d.h. weitgehend scholastischer Theologie und der in ihr lebendigen Tradition, soweit aus ihr für das tägliche fromme Leben des einfachen Christen[251], für seine Suche nach Gnade und Heil, Anleitung geholt werden kann. Dem halbakademischen, zwischen Universitätstheologie und seelsorgerlichem Aufgabenbereich vermittelnden Inhalt der beiden Hauptwerke von Paltz entspricht ihr Stil, der ebenfalls die formale Schulung der scholastischen Tradition – Gliederungstechnik, Quästionenstil und

---

[243] „Coelifodinam hanc denuo pressam, revisam diligenterque ex priori manco et per incuriam satis depravato exemplari emendatam, correctam quoque ac, ubi prius exemplar satis oblitteratum erat, manu atque lima autoris elimatam felici sidere completam finitamque habes, lector optime!"

[244] Predigttheorie findet sich z.B. gleich am Anfang der Coelifodina in dem Abschnitt De quinque vitiis praedicantium passionem domini (fol. A 3r–4r).

[245] Vgl. H. WOLF, Art. ‚Predigt', 233.

[246] Dies wird am deutlichsten in dem am Ende des Supplementum Coelifodinae stehenden Abschnitt De modo utendi Coelifodina et Supplemento eius (fol. I 5v–6r), wo Paltz Themenvorschläge für Predigten zu den verschiedensten Gelegenheiten anbietet, dabei auf die betreffenden Fundorte in Coelifodina und Supplementum zurückverweist und jeden Vorschlag mit der Wendung „Si placet (tibi) praedicare" oder „Si vis praedicare" einleitet.

[247] Vgl. z.B. den Abschnitt über die Voraussetzungen zur Gültigkeit der Absolution: Coel. fol. Y 4v–Aa 3v.

[248] Siehe oben S. 96 bei Anm. 25 und S. 98 bei Anm. 37.

[249] Siehe unten S. 145.

[250] Vgl. oben S. 8.

[251] Zum Adressatenkreis der simplices, der einfachen Priester und des einfachen Kirchenvolkes, siehe unten S. 144f.

Distinguierkunst – mit einer gewissen Schlichtheit und Konzentration auf das für die Praxis Notwendige verbindet[252].

Die Coelifodina hat mit ihrer deutschsprachigen Vorgängerin, der Himmlischen Fundgrube von 1490, nur noch soviel gemeinsam, daß sie ebenfalls in vier unverbunden nebeneinander stehende Teile über die Themen Passionsmeditation, blasphemische Gedanken, christliches Sterben und Letzte Ölung gegliedert ist und daß fast der gesamte, allerdings zerstückelte Text der Himmlischen Fundgrube in ein nun mehr als zwölfmal so umfangreiches Opus eingearbeitet wird. Während in der Himmlischen Fundgrube der erste Teil den weitaus größten Platz eingenommen hat[253], ist jetzt der vierte Teil weit länger als die drei ersten zusammen[254]. Er handelt auch nicht mehr nur von der Letzten Ölung, sondern von den sieben Stärkungsmitteln (de septem confortativis), die den Sünder davor bewahren, daß er in der Sterbestunde verzweifelt[255], die aber, da nach Paltz das ganze Leben des Christen nichts anderes sein soll als eine Vorbereitung auf ein getrostes Sterben, auch die Lebenden täglich gegen die drohende Verzweiflung sichern: Es sind die Güte Gottes[256], die Barmherzigkeit Christi[257], die Liebe Mariens[258], die Zuneigung der Heiligen[259], die Fruchtbarkeit der Sakramente Christi (darunter auch der Letzten Ölung)[260], die Wahrheit der kirchlichen Ablässe[261] und – später angefügt – der Reichtum des Jubiläums[262]. Die Verteilung der Gewichte wird bereits deutlich, wenn man sieht, daß die ersten vier confortativa zu den letzten drei (Sakramente, Ablässe, Jubiläum) umfangmäßig in einem Verhältnis von 1:9 stehen[263]. Ungefähr die Hälfte der ganzen Coelifodina wird durch diese drei sakralinstitutionellen Garanten gegen die Verzweiflung des Sünders

---

252 Siehe unten S. 175–182. 253 Siehe oben S. 113 bei Anm. 175.

254 Der Seitenumfang der vier Teile im Typoskript: 265/44/120/508.

255 „De septem confortativis peccatoris, ne desperet in extremis." Coel. fol. P 1r. Vgl. die Erläuterung dazu ebd.: „Sed quia promisi in Latino extensiorem processum, quam in vulgari tenueram, ideo amplius aliquid quam de sacra unctione tractabo; non tamen erunt de impertinentibus ad eam. Est autem sacra unctio sacramentum pro finali conclusione vitae hominis admodum deserviens, in quo liberalissima dei misericordia continetur, ne peccator desperet. Igitur aliqua pro conclusione istius opusculi ponam confortantia peccatorem, ne desperet."

256 „Immensa dei bonitas".

257 „Ineffabilis Christi pietas". Pietas wird von Paltz oft als Bezeichnung einer göttlichen Eigenschaft verwendet und ist dann in der Regel synonym mit misericordia.

258 „Maternalis beatae virginis caritas".

259 „Fraternalis omnium sanctorum amicabilitas".

260 „Sacramentorum Christi fructuositas".

261 „Indulgentiarum ecclesiae veritas".

262 „Iubilaei copiositas".

263 Der Seitenumfang im Typoskript: 50:458.

bestritten, davon mehr als drei Viertel durch Ablaß und Jubiläum[264], was natürlich durch die Überarbeitung und Erweiterung der Coelifodina in Hinblick auf die bevorstehende Jubiläumskampagne Peraudis bedingt, aber gleichwohl für Paltz' theologische Orientierung bezeichnend ist.

XII. *Supplementum Coelifodinae (Suppl.)*[265]

1. Überlieferung: Drei Drucke: Erfurt, 27. Febr. 1504, bei Wolfgang Schenck[266]; Leipzig, 10. Aug. 1510, bei Martin Landsberg[267]; Leipzig, 14. Aug. 1516, bei Martin Landsberg[268].

Da das Supplementum bis auf die Spalte genauso umfangreich ist wie die Coelifodina, also ebenfalls zu den großen Druckwerken der Zeit zählt, fallen auch seine drei Auflagen, die es in dreizehn Jahren erlebte, aus dem üblichen Rahmen heraus und bestätigen die Beobachtung, daß Paltz zu den beliebtesten Autoren am Vorabend der Reformation gehörte.

2. Entstehung: Der Plan, der schließlich zur Entstehung des Supplementum Coelifodinae führte, läßt sich über verschiedene Phasen hinweg verfolgen. Wie wir schon zeigten, entfaltet Paltz im Supplementum seine bei der zweifachen Jubiläumsverkündigung unter Peraudi angewandte Predigtkonzeption von den wider den Ablaß streitenden höllischen Heeren und der gegen sie errichteten kirchlichen Befestigungsanlage, dem Turme Davids (Cant. 4,4) mit seinen diversen Geschützen[269]. Schon bei seiner ersten Jubiläumsverkündigung (1490) hat er sich, wenn man seinem Rückblick am Ende des Supplementum glauben darf, dieser durch den Beruf des Vaters angeregten Metaphorik bedient[270]. Tatsächlich findet sich bereits am Schluß der kurz vor seiner zweiten Jubiläumsverkündigung beendeten Coelifodina ein Abschnitt „De exercitibus infernalibus, quos Lucifer mittit adversus indulgentias"[271], in dem Paltz von drei höllischen Heeren spricht, vom Heer der annihilatio, das sich gegen die Wirksamkeit der Ablässe richtet, vom Heer der denigratio (Anschwärzung), das die fromme Intention des Papstes in Frage stellt, und vom Heer der desperatio, das den Christen einredet, niemand könne sich auf den wirksamen Empfang der Ablässe hinreichend vorbe-

---

[264] Der Seitenumfang im Typoskript: 346 (von 458).

[265] Zu diesem Werk vgl. besonders FERDIGG I 283–285 und 320 f.

[266] PANZER, Annales typographici VI, 494 f. Nr. 9; PROCTOR II/1 Nr. 11221; BMC 179,217 Sign.: 1412.f.29; v. HASE, Bibliographie der Erfurter Drucke, 7 Nr. 53.

[267] PANZER, ebd. VII 168 Nr. 300 (verwechselt mit Coelifodina); GRAESSE, Trésor V, 117; PROCTOR II/1 Nr. 11286; BMC 179,217 Sign.: 845.h.20.

[268] PANZER, ebd. VII 193 Nr. 554; BMC 179,217 Sign.: 1478.bb.20.(2.).

[269] Siehe oben S. 41–44.

[270] Siehe oben S. 42 f. bei Anm. 23.   [271] Coel. fol. Gg 4r/v.

reiten. Gegen diese Heere müssen die Prediger, wie Paltz fortfährt, einen Turm errichten – es wird auch bereits Cant. 4,4 zitiert –, auf ihm ihre geistlichen Geschütze aufstellen und durch deren Geschosse, d. h. durch Argumente aus der kirchlichen Lehre über Sakramente, Ablässe und Jubiläum, die Feinde vertreiben[272]. Paltz schließt mit der Bemerkung, daß er „über dies alles", wie er es bei der ersten Jubiläumsverkündigung entfaltet habe – gemeint ist offensichtlich die Kriegsmetaphorik –, gerne eine ausführliche Anleitung beigefügt hätte, aber dies nun aus Zeitgründen der Begabung anderer, d. h. der Prediger beim bevorstehenden Jubiläum, überlassen müsse[273].

Er hat aber später, nach Abschluß seiner zweiten Jubiläumsverkündigung, also im Verlauf des Jahres 1503[274], seine metaphorische Predigtkonzeption von den höllischen Heeren doch noch im Erfurter Kloster „exemplariter et extense"[275] für den Druck ausgearbeitet, vermutlich aufgrund seiner neuerlichen Erfahrungen mit den Gegnern des päpstlichen Jubiläumsablasses. Aus handschriftlichen Randbemerkungen in zwei Exemplaren der Coelifodina, die während dieser Phase im nächsten Umkreis von Paltz erfolgt sein müssen, geht hervor, daß dabei zunächst an einen fünften Teil der Coelifodina gedacht war und erst in einem weiteren Stadium das Vorhaben reifte, einen „specialis liber" mit dem Titel ‚Supplementum Coelifodinae' zu publizieren[276]. Dieses Werk,

---

[272] Coel. fol. Gg 4v.

[273] „Sed quia profecerit plurimum audire exemplariter et extense, manuductionem de his omnibus, quemadmodum quondam deduxi in iubilaei promulgatione per Thuringiam, Misnam, Saxoniam et Marciam, si tempus pateretur, hic introducerem. Sed quia tempus non patitur brevitatis intuitu, dimitto relinquens hoc ingeniis aliorum." Coel. fol. Gg 4v.

[274] Siehe oben S. 89 f.

[275] Siehe oben Anm. 273.

[276] Das Exemplar der Erstauflage 1502 in der Bayerischen Staatsbibliothek München, Sign.: P.lat.945a enthält auf fol. A 2v hinter den Worten „poenam evadens purgatoriam" und unmittelbar vor dem Vorwort (an Erzbischof Hermann IV. v. Hessen) folgenden handschriftlichen Zusatz: „Quinta pars, quae erit imprimenda, continebit supplementum. Et est quaedam turris Davitica mysterialis cum suis propugnaculis adversus exercitus infernales contra indulgentias missos a Lucifero, totum exercitum illum cum suis machinis spiritualibus elidens et expugnans. In qua continetur turris Davitica cum propugnaculis adversus ..." (Text abgeschnitten). Dieser Text ist bis auf die im folgenden durch Häkchen („...') gekennzeichneten Wörter gestrichen und von gleicher Hand durch folgenden Text ersetzt: „‚Quinta pars erit' specialis liber et vocabitur ‚Supplementum' Coelifodinae. ‚In qua continetur' modus praedicandi, quo usus fuit collector, et ‚turris Davitica cum propugnaculis ad⟨versus⟩ ..." Daß diese beiden handschriftlichen Zusätze aus dem nächsten Umkreis von Paltz stammen, zeigt sich auch darin, daß am Ende des gleichen Bandes (fol. Y 6v) vom gleichen Schreiber der Brief RAIMUND PERAUDIS an den Erfurter Augustinerkonvent vom 3. Febr. 1490 (siehe oben S. 88) eingetragen und uns nur auf diese Weise überliefert worden ist. Vorlage war offensichtlich das im Erfurter Kloster liegende Original. – In einem anderen Exemplar desselben Drucks in der Bayerischen

das am 27. Febr. 1504 wie der Erstdruck der Coelifodina bei Wolfgang
Schenck in Erfurt erschien, also wohl noch 1503 vom Autor abgeschlossen wurde, ist tatsächlich nicht nur ein Anhängsel zur Coelifodina,
sondern ein gleich langes und gleich gewichtiges Opus, in dem früher
Gesagtes übersichtlich zusammengefaßt, klarer dargestellt, erläutert und
ergänzt und viele neue Themen behandelt werden[277]. Nicht zuletzt
beruht seine Bedeutung auch darauf, daß es das letzte erhaltene Werk
des Erfurter Augustiners ist, in dem er auf seine früheren Werke
zurückblickt, sie sachlich verarbeitet und so gleichsam seine theologische Ernte einbringt.

3. Gattung, Stil, Thematik und Adressatenkreis: Zu Gattung, Stil und
Adressatenkreis des Supplementum Coelifodinae können wir auf unsere
Ausführungen zur Coelifodina verweisen[278]. Es bleibt noch einiges über
die Thematik des Werkes zu sagen, die aufs engste mit seinem Entstehungsprozeß verknüpft ist. Wie wir sahen, ist das Supplementum aus
dem Plan heraus entstanden, die schon bei der Jubiläumsverkündigung
von 1490 angewandte Bildkonzeption „de exercitibus infernalibus ipsas
sacratissimas indulgentias impugnantibus et de modo expugnandi eos
per bombardas de turri Davitica emittendas" – so der Titel[279] – darzustellen. Paltz nennt dies auch am Ende des Werkes die „causa principalis
additionis Supplementi ad ipsam Coelifodinam"[280]. Die Bildkonzeption
selbst hat nun aber eine gewisse Entwicklung durchgemacht, wie auch
Paltz im Rückblick feststellt, wenn er sagt, daß er sie bei seiner ersten
Jubiläumsverkündigung nicht so „intelligibiliter et utiliter" vortragen
konnte wie nun nach seiner zweiten[281]. Sprach er vor dieser am Schluß
der Coelifodina von drei Heeren Luzifers wider die Ablässe[282], so ist
zwei Jahre später im ersten Teil des Supplementum von vier Heeren die
Rede[283]. Als viertes Heer ist der exercitus excaecationis hinzugekom-

---

Staatsbibliothek München, Sign.: P.lat.946 findet sich an gleicher Stelle (fol. A 2v) der
handschriftliche Zusatz: „Quinta pars continet supplementum et additum et est turris
quaedam Davitica mysterialis cum suis propugnaculis adversus exercitus infernales contra
indulgentias missos a Lucifero, totum exercitum pugillum suis machinis spiritualibus
elidens et expugnans."

[277] „Includit etiam in se ... Coelifodinae Supplementum multa pulchra prius in ipsa
Coelifodina non habita aut saltem non ita clare expressa." Suppl. fol. a 2r. „Secunda causa
accessoria additionis Supplementi fuit roborare ea, quae prius fuere in Coelifodina posita,
et addere quaedam sacramenta ibi non posita et posita ampliare in Supplemento adiectis
aliis utilibus ad praedicandum." Suppl. fol. I 5r. „Ista posui de sacramento ordinis ..., ut
ea melius intelligerentur, quae supra prius fuerunt posita de hoc sacramento in Coelifodina." Suppl. fol. A 4r/v.

[278] Siehe oben S. 122–124.　　　　　[279] Suppl. fol. a 2r.

[280] Suppl. fol. I 5r.　　　　　　　　[281] Siehe oben Kap. 2 Anm. 23.

[282] Siehe oben S. 124f.

[283] Von daher wird Paltz' Bemerkung über die „incompletio" der Bildkonzeption zum
Zeitpunkt der Abfassung der Coelifodina verständlich: siehe Suppl. fol. I 5r.

men, der die Personen blind zu machen versucht, deren Aufgabe die Förderung des Ablaßverkaufs ist, Ordensleute, Säkularkleriker und weltliche Obrigkeiten. Paltz setzt sich in diesem ersten Teil des Supplementum „De quattuor exercitibus infernalibus ...“[284] eingehend mit der aktuellen Opposition gegen den Ablaß auseinander, die während der Jubiläumskampagne Raimund Peraudis und seiner Subkommissare laut wurde und von der sicher auch er selbst bei seiner zweifachen Jubiläumsverkündigung betroffen war. Eingeleitet wird das Ganze durch Predigtkonzepte zur Jubiläumsverkündigung und abgeschlossen durch eine Darstellung der von Peraudi praktizierten Jubiläumsliturgie.

Nun schreibt aber Paltz sein Supplementum Coelifodinae in einer Zeit, in der die dritte und letzte Jubiläumskampagne des Kardinallegaten bereits hinter ihm liegt. Er versucht der neuen Situation dadurch gerecht zu werden, daß er den vier höllischen Heeren in einem zweiten großen Teil[285], der allein knapp fünf Sechstel des ganzen Supplementum umfaßt[286], ein fünftes Heer anfügt, das sicher noch nicht zu der 1502/03 angewandten Predigtkonzeption gehörte, sondern ganz der Zeit „post finem sacratissimarum indulgentiarum“[287] entspricht. Es ist das Heer der recidivatio, des Rückfalls, das die Gläubigen nach dem Empfang des Bußsakraments und des vollkommenen Ablasses, also nach der Befreiung von culpa und poena, zu den früheren Sünden, ja zu noch schlimmeren zurückführen will. Vor diesem Heer können sie, wie Paltz in veränderter Aufnahme der Metaphorik von De septem foribus ausführt, täglich zu sieben himmlischen Pforten Zuflucht nehmen und so nach einem Rückfall die Gnade neu gewinnen, den Gnadenstand bewahren und das künftige Heil erlangen[288]. Die „septem portae coeli vel civitates refugii“, nach denen nun der ganze weitere Stoff des Supplementum gegliedert ist, sind das eigene Herz, d. h. die Selbsterkenntnis des Sünders, die Jungfrau Maria, hier vor allem als Begründerin und Vorbild monastischen Lebens beschrieben, die Fürbitte der Heiligen, die Meditation der Passion Christi, die göttliche Barmherzigkeit, die vor allem in Gestalt der vasa misericordiae, der Sakramente, zur Sprache kommt, der christliche Glaube, dessen Bedrohung durch die vier teuflischen Versuchungen der illegitimen Wallfahrten, Magie, Astrologie und Alchimie ausführlich dargestellt wird, und schließlich die christliche Geduld, die alle Anfechtungen willig trägt. So kann Paltz unter dem

---

[284] Bis fol. f 4r. [285] Ab fol. f 4r.

[286] Das Supplementum umfaßt 1055 Typoskriptseiten, davon der zweite Teil 871.

[287] Die Überschrift des zweiten Teiles lautet: „De quinto exercitu infernali, qui mittitur a Lucifero post finem sacratissimarum indulgentiarum et vocatur recidivationis, et de modo resistendi et expugnandi eum.“ Suppl. fol. f 4r.

[288] Siehe besonders die Einleitung zum zweiten Teil: Suppl. fol. f 4r/v.

Oberthema des Jubiläumsablasses nichts weniger als ein Kompendium christlicher Lebensgestaltung schreiben, das von der Taufe bis zur Sterbestunde reicht und auf die Frömmigkeit der Landbevölkerung ebenso eingeht wie auf die Fragen gebildeter Bürger und die Nöte der Ordensleute. Die sehr stark an der kirchlichen Sakralinstitution orientierte Betrachtungsweise des Augustiners kommt äußerlich schon darin zum Ausdruck, daß der Abschnitt über die Sakramente[289], der zur fünften Himmelspforte gehört, allein fast die Hälfte des ganzen Supplementum Coelifodinae umfaßt.

XIII. *Brief an Herzog Heinrich von Mecklenburg, Erfurt 3. Febr. 1505*[290]

1. Überlieferung: Original im ehemaligen Großherzoglichen Geheim- und Haupt-Archiv, heute Mecklenburgisches Landeshauptarchiv, Schwerin, Ecc.gen. Augustiner-Mönchskloster Sternberg; abgedruckt bei Lisch, Hauptbegebenheiten, 262f.

2. Anlaß und Inhalt: Der Bau des Augustinerklosters Sternberg, der 1502 begonnen worden war, machte nicht die erwünschten Fortschritte[291]. Paltz äußert in dem Brief seine Überzeugung, daß die Eltern des Adressaten den Klosterbau gewiß nicht „ohne besondere Eingebung des Heiligen Geistes" in die Wege geleitet hätten, und erinnert den Herzog an die Zusagen seines Vaters bezüglich der finanziellen Förderung des Neubaus. „Kindliche Treue" gebiete ihm daher die künftige Unterstützung des elterlichen Werkes.

XIV. *Verschollene Werke oder nicht realisierte Werkvorhaben*

Paltz erwähnt in seinen Werken verschiedene andere von ihm verfaßte bzw. geplante Schriften, die entweder verschollen oder gar nicht erst zur Ausarbeitung oder Publikation gelangt sind. Ein Blick auf diese Titel ist für die Paltz-Interpretation nicht unwichtig, weil sie die Kenntnis der Themen, die dem Erfurter Augustiner am Herzen lagen, erweitern.

---

[289] Suppl. fol. p4r–D5v.
[290] Zu diesem Brief vgl. KUNZELMANN, Geschichte V, 491.
[291] Siehe oben S. 76.

1. Hortulus aromaticus beatae Mariae virginis

Die in De septem foribus[292] und Coelifodina[293] erwähnte Schrift entstand, wie aus der Coelifodina hervorgeht, im Anschluß an die Jubiläumsverkündigung von 1490 auf Bitten der sächsischen Landesherren Friedrich und Johann[294] und wurde, wenn Paltz' Angabe stimmt, mit deren finanzieller Unterstützung auch gedruckt[295]. Sie umfaßt in vorformulierten kurzen Gebeten „fast das gesamte Leben" Mariens, und zwar unter dem Gesichtspunkt seiner Freuden.

2. Liber vitae vel Fasciculus myrrhae[296]

In De septem foribus teilt Paltz den Plan zur Abfassung dieses Traktats mit, der von den Schmerzen Mariens unter dem Kreuz handeln sollte[297]. Falls er die Schrift wirklich ausgearbeitet hat, darf man annehmen, daß er sie nicht separat veröffentlicht, sondern, wie auch andere Schriften und Entwürfe, in die Coelifodina eingearbeitet hat, da sich in diesem Werk zwei große Abschnitte „De margarita passionis Christi vel fasciculo myrrhae" (über Io 19,25–27: „Stabant autem . . .")[298] und „De libro vitae" (über die Betrachtung des am Kreuz hängenden Christus)[299] finden.

3. De decem gladiis dei genitricis

Zusammen mit dem Liber vitae vel Fasciculus myrrhae kündigt Paltz auch die Schrift De decem gladiis dei genitricis an[300], von der ebenfalls nicht zu sagen ist, ob sie jemals ausgearbeitet worden ist. Sie sollte von den zehn Hauptschmerzen im Leben Mariens handeln, wobei Paltz bewußt von der Tradition der sieben Schwerter (oder Schmerzen) Mariens abweicht[301].

---

[292] „Et tantum de septem portis sive festis beatae virginis introductis per modum gaudiorum. Plura autem gaudia temporalia ferme totam vitam eius includentia invenientur in tractatu, qui intitulatur Hortulus aromaticus beatae virginis." Sept. fol. C 4v.
[293] Siehe oben Anm. 211.   [294] Siehe oben S. 117.
[295] Siehe oben S. 118 und Anm. 170.
[296] Das Bild „fasciculus myrrhae" stammt aus Cant. 1,12.
[297] „De gladiis autem eius atque doloribus et angustiis sub cruce forte domino volente ipsa (sc. Maria) promovente colligentur adhuc duo tractatuli, quorum unus intitulabitur Liber vitae vel Fasciculus myrrhae beatae virginis, alius De decem gladiis dei genitricis." Sept. fol. C 4v.
[298] Coel. fol. D 5r–F 4r.
[299] Coel. fol. G 5v–I 5r; dieser Abschnitt schließt mit einer Darlegung „De dolore interiore sive compassione beatissimae Mariae virginis" (ab fol. I 2r).
[300] Siehe oben Anm. 297.
[301] Während die mariologische Tradition das erste Schwert Mariens aus dem Spruch

4. De decem hastis Herculeanis

Ebenfalls in De septem foribus entfaltet Paltz den Plan zu einem, wie er sagt, „noch nicht vollendeten" Traktat De decem hastis Herculeanis[302], der wahrscheinlich auch nie vollendet worden ist. Die zehn herkulesstarken Lanzen, mit denen er sich zur Verherrlichung Mariens in das Turnier[303] um die kontroverse Frage der unbefleckten Empfängnis begeben will, sind zehn Argumente, die zugunsten der Bewahrung Mariens vor einer – wenn auch nur momentanen – Berührung mit der Erbsünde sprechen. Durch die in den Streit um die immaculata conceptio eingreifende päpstliche Bulle ‚Grave nimis' vom 4. Sept. 1483[304] sieht Paltz in durchaus sachgemäßer Deutung nur die Verunglimpfung des Andersdenkenden als „haereticus vel mendax" untersagt[305], nicht aber den ritterlichen Wettkampf in der scholastischen Diskussion – „viis scholasticis" – um die opinio probabilior[306].

Simeons (Lc. 2,35) ableitet (vgl. ZOEPFL, Art. ‚Schmerzen Mariä'), sieht Paltz im Supplementum Coelifodinae (fol. h 3v) das erste Schwert bereits im Schmerz Mariens über ihre Verlobung mit Joseph, durch die sie ihre drei Gelübde der Keuschheit, der Armut und des Gehorsams bedroht gefunden habe. Paltz bemerkt dazu, daß über diesen primus gladius doloris keiner der Doktoren geschrieben habe.

[302] Forts. des Textes von unten Anm. 306: „Exsecutionem istorum quaeres in tractatu nondum completo De decem hastis Herculeanis defensationis beatae virginis, in quo domino cooperante cum beatissima virgine multa invenientur utilia, quae nimis longum esset hic recitare." Sept. fol. B 2v.

[303] Siehe unten Anm. 306 (hastiludere cum phalangis vel hastis coronatis).

[304] Vollständig abgedruckt bei SERICOLI, Immaculata B. M. Virginis Conceptio, 158–161; vgl. auch den Teilabdruck bei DENZINGER/SCHÖNMETZER, Enchiridion symbolorum, Nr. 1425f. Eine Vorgängerin der Bulle war zwar von SIXTUS IV. bereits 1482 promulgiert worden (Bulla ‚Grave nimis' prior: vollständig abgedruckt bei SERICOLI, ebd. 156–158), damals aber nur gegen Prediger in der Lombardei, während Paltz sicher die Neuauflage von 1483 meint, die an die gesamte Kirche adressiert war.

[305] Siehe den Text der Bulle bei SERICOLI, ebd. 159, 32f. und 160, 51f.

[306] „Quamvis autem utriusque opinionis fautores prohibiti sint sub poena excommunicationis latae sententiae per quandam bullam Sixtinam, ne de cetero contra se invicem in acutis hastiludiis praesumant nominando se haereticos vel mendaces etc., possunt tamen pro pulchritudine virginis gloriosae bene hastiludere cum phalangis vel hastis coronatis, id est viis scholasticis et probabilibus. Unde volentibus mecum tenere praeservationem virginis gloriosae, istis assignabo decem hastas Herculeanas, cum quibus possint aliis obviare et praeservationem virginis gloriosae defensare: ‚De decem hastis Herculeanis defensantibus praeservationem virginis gloriosae a peccato originali': divinalis potentia; filialis decentia; peccati originalis indecentia; figuralis resplendentia; rationalis congruentia; reginalis praerogantia; doctoralis consonantia; exemplaris declarantia; experientialis fructificantia; adversalis deficientia." Sept. fol. B 2r/v. Vgl. auch oben S. 109 und die in Anm. 131 genannte Literatur.

5. Summa divinorum beneficiorum

Im Supplementum Coelifodinae verweist Paltz bei seinen Ausführungen über das Ehesakrament auf seine geplante Summa divinorum beneficiorum, in der, wie er sagt, vollkommener und ausführlicher als im Supplementum jedes Sakrament abgehandelt werden solle, und zwar im zweiten Teil des Werkes[307]. Wahrscheinlich war der erste Teil für die Passion Christi, die „summa totius sacrae scripturae"[308], d. h. das alle weiteren beneficia begründende beneficium divinum[309], vorgesehen und unter den weiteren Teilen jedenfalls einer für den Ablaß[310]. Paltz wollte wohl mit diesem Werk eine abschließende systematisch gegliederte Gesamtdarstellung seiner sakralinstitutionell orientierten Frömmigkeitstheologie geben, wird aber sein Vorhaben kaum realisiert haben.

Zusammenfassend ist zu sagen, daß die nicht ausgearbeiteten bzw. verschollenen Schriften Johanns von Paltz zu dem für ihn auch sonst zentralen Themenbereich der Marien- und Sakramentsfrömmigkeit gehören.

---

[307] „... quaere in Summa divinorum beneficiorum, parte 2, de sacramento matrimonii, ubi domino dante perfectius et copiosius tractabitur de quolibet sacramento." Suppl. fol. C 5r. Zwar könnte man auch ohne Komma „parte 2 de sacramento" lesen und annehmen, daß die ganze Summa nur von den Sakramenten und Teil 2 nur von der Ehe handeln sollte, doch ist dies unwahrscheinlich, da Paltz in diesem Falle das Ehesakrament nicht bereits in Teil 2 besprochen hätte. Außerdem hätte er bei einer Beschränkung auf die Sakramente seinem Werk kaum den Titel ‚Summa divinorum beneficiorum' gegeben, da für ihn neben den Sakramenten noch sehr wesentliche andere divina beneficia, vor allem Ablässe und monastisches Leben, bestehen.

[308] Coel. fol. A 5v.

[309] Zu Paltz' Passionsverständnis vgl. unten S. 262–265.

[310] Vgl. das Ende der ersten Fassung der Coelifodina (fol. Cc 4r), wo mit aller Deutlichkeit zum Ausdruck kommt, welche die für Paltz zentralen divina beneficia sind: „Ad quod (sc. regnum coelorum) nos perducat dominus noster Iesus Christus per virtutem suae sanctissimae passionis in sacramentis atque indulgentiis liberalissime atque efficacissime operantem, qui cum patre et spiritu sancto est aeternaliter benedictus. Amen."

Teil II

Johannes von Paltz als Repräsentant der Theologie am Vorabend der Reformation

4. Kapitel

Im Umkreis der Frömmigkeitstheologie

Nachdem wir einen Einblick in die Forschungsgeschichte zu Paltz, in seine Lebensumstände und sein Schrifttum gewonnen und dabei bereits immer den Charakter seiner Theologie mitbedacht haben, können wir versuchen, ihren Standort im Umkreis spätmittelalterlicher und vor dem Hintergrund reformatorischer Theologie näher zu bestimmen. Wir werden so zu einem besseren Verständnis dessen geführt, was wir eingangs das Exemplarische oder Zeittypische seiner Theologie genannt haben[1]. Erst dieser Vergleich wirft Licht auf die beherrschende Zielsetzung seiner theologischen Fragestellungen und Antworten, so wie umgekehrt auch von Paltz her Licht auf die Grundprobleme der Theologie im ausgehenden Mittelalter und in der Reformation fällt.

Der erste und weiteste Umkreis, innerhalb dessen wir Paltz' Theologie sehen wollen, wird am besten durch den Begriff ‚Frömmigkeitstheologie‘ bezeichnet, der die gemeinte Sache jedenfalls treffender wiedergibt als bereits in der Forschung verwendete Begriffe wie ‚Pastorale Theologie‘, ‚Geistliche Theologie‘[2] oder ‚Praktische Theologie‘[3]. Zur genaueren Bestimmung des damit verbundenen Frömmigkeitsbegriffs verweise ich auf meinen Aufsatz ‚Frömmigkeit als Gegenstand theologiegeschichtlicher Forschung: Methodisch-historische Überlegungen am Beispiel von Spätmittelalter und Reformation‘[4]. Spricht man von

---

[1] Siehe oben S. 4.

[2] Zu diesen beiden Begriffen siehe HAMM, Frömmigkeit, 479 Anm. 36.

[3] DOLFEN (Die Stellung des Erasmus von Rotterdam zur scholastischen Methode, 22–50) spricht von einer spätmittelalterlichen, mit Gerson beginnenden Tradition der ‚theologia practica‘.

[4] Siehe unten Literaturverzeichnis. Der Aufsatz dient gleichsam als Prolegomena zum vorliegenden Kapitel. Er versucht eine Klärung des Frömmigkeitsbegriffs (464–477) und

Frömmigkeit dort, wo es – entweder in der Gestalt theoretischer Reflexion oder in der Gestalt praktischer Realisierung – um die Verwirklichung bestimmter christlicher (bzw. andersgläubiger) Verkündigungen, Lehren, Ideen, Wertvorstellungen und Hoffnungen im konkreten Lebensvollzug durch eine bestimmte Lebensgestaltung geht[5], dann ist Frömmigkeitstheologie eine Art von Theologie, die teils mehr reflektierend, teils mehr anleitend in ihrer grundlegenden Intention und in der Wahl ihrer Adressaten, Themen, Gattungen und ihres Modus loquendi der Verwirklichung einer bestimmten Lebensgestaltung dienen will. Das theologische Nachdenken wird ein Ferment des moralisch-praktischen Appells und umgekehrt der moralisch-praktische Appell ein Ferment, ein nicht mehr wegzudenkendes Element der theologischen Reflexion; Theologie wird eine Art von Frömmigkeit (pietas, devotio) und Frömmigkeit eine Art von Theologie. Die Mitte der doctrina christiana ist die rechte vita christiana.

‚Reformatio‘ ist *das* Thema unseres Zeitalters, das „Zauberwort, das alle Diskussionen des späten Mittelalters gleichsam überstrahlte"[6], zumal im 15. Jahrhundert, nachdem das Konstanzer Konzil causa unionis und causa fidei, Schisma und Hussitenfrage, „von der kirchlichen Tagesordnung abgehakt", die causa reformationis, die eigentliche Kernfrage, jedoch unerledigt zurückgelassen hatte[7]. Die Reformimpulse des Jahrhunderts richteten sich aber nicht nur auf eine umfassende Reform der kirchlichen Hierarchie „in capite et in membris", gegen die Mißstände an der Kurie und gegen den Sittenverfall im Weltklerus und in den Klöstern, sondern erstrebten auch eine Erneuerung der Theologie an den Universitäten. Sie sollte durch eine Neubesinnung auf ihr Proprium zur geistigen Trägerin einer reformatio hominum, einer Reform von unten aus dem Geist der Buße und Umkehr werden[8].

Bereits den Nominalismus des 14. Jahrhunderts wird man, wenn man auf sein zentrales Anliegen achtet, als eine akademische Reformbewegung charakterisieren müssen, die mit ihrer Kampagne ‚contra vanam curiositatem‘ sowohl eine Reform der Theologie als auch eine Reform der Naturphilosophie intendierte[9]: Der spekulativen ratio zeigt sie die durch den Kontingenzcharakter der vorgegebenen Heils- und Natur-

---

gibt einen Überblick über die ‚Frömmigkeitstheologie‘ in Spätmittelalter und Reformation (477–497), um den Beitrag, den der Theologiehistoriker zum Thema ‚Frömmigkeit‘ leisten kann und soll, zu verdeutlichen.

[5] Erläutert ebd. 466f.

[6] Götz, Die religiösen Bewegungen in der Oberpfalz, 352; vgl. Heimpel, Das deutsche fünfzehnte Jahrhundert, 15–17; Lortz, Zur Problematik der kirchlichen Mißstände, 4.

[7] Oberman, Werden und Wertung der Reformation, 71.

[8] Vgl. ders., The shape of late medieval thought, 20 (Gerson); siehe unten S. 169f.

[9] Vgl. ders., Contra vanam curiositatem, 33–38.

ordnung gesetzten Grenzen auf, mit der Folge, daß die Theologie auf die De-facto-Autorität der Offenbarung in der sacra scriptura und die Naturphilosophie auf die experientia, die evidente Erfahrung des Partikularobjekts, verwiesen wird[10]. Auch in der Via antiqua des 15. Jahrhunderts mit ihrem Versuch, die großen Systeme eines Thomas, Bonaventura und Duns Scotus zu erneuern und damit eine gewisse Vereinfachung und innere Geschlossenheit der Schultheologie zu erreichen[11], kann man ein Reformbemühen im Sinne eines „sanierenden Traditionalismus" erkennen[12], ebenso in der aus der Gegenreaktion zur Via antiqua erwachsenden System-Restauration der Via moderna[13], etwa im Rückgriff Biels, Trutfetters und Usingens auf das philosophisch-theologische System Ockhams. Diese Auseinandersetzungen zwischen den verschiedenen theologischen viae des 15. Jahrhunderts, die eine wichtige Wirkungsgeschichte in der vor- und nachtridentinischen katholischen Theologie erlebten[14], waren allerdings so stark auf den innerakademischen Bereich, auf seine wissenschaftlichen Probleme und Lehrformen, bezogen, daß sich von hier aus keine Perspektiven anboten, die dem Ruf nach einer grundlegenden Reform des kirchlichen Lebens entgegenkamen. Impulse dieser Art, im Sinne der oben angesprochenen reformatio hominum, kamen aus einer anderen Richtung, von einer Theologie, die wir im Unterschied zu den diversen Schultheologien der Zeit die Frömmigkeitstheologie des 15. und 16. Jahrhunderts – einschließlich der Reformation selbst – nennen.

Der Begriff Frömmigkeitstheologie ist in diesem Zusammenhang keine gedankliche Konstruktion, die das geschichtliche Neben- und Nacheinander verschiedenster theologischer Ansätze überlagern soll, sondern die Bezeichnung dessen, was in jenem Zeitraum tatsächlich als gemeinsamer Grundzug eines bestimmten Bereiches der Theologie erkennbar ist. In der Weise der Darstellung ist es wohl sinnvoll, den ordo cognoscendi umzukehren und zunächst vom Gemeinsamen dieser

---

[10] Vgl. Hamm, Promissio, Pactum, Ordinatio, 490f. (dort weitere Literatur).

[11] Vgl. Ritter, Via antiqua und Via moderna, 95.99.131f.; Kleineidam, Universitas Studii Erffordensis II, 22 und 36. Vgl. auch unten Anm. 470.

[12] Weiler, Heinrich von Gorkum, 71; vgl. ebd. 75 und 300; Ritter, Die Heidelberger Universität, 412f.; M. Steinmetz, Die Universität Wittenberg, 109.

[13] Vgl. Kleineidam, ebd. 146f.

[14] Daß der spätmittelalterliche Wegestreit auch noch die theologischen Gegensätze innerhalb des reformatorischen Lagers entscheidend mitbestimmt hat, wird man nicht sagen können, sowenig zu bestreiten ist, daß bestimmte reformatorische Theologen durch die Lehrrichtung ihrer spätmittelalterlichen Universitätsausbildung zeitlebens geprägt bleiben (z. B. Luther). Anders Oberman, Werden und Wertung der Reformation. Vom Wegestreit zum Glaubenskampf, besonders 362–378 („Die Geschichtsmächtigkeit des Wegestreits"). Zur Kritik an Oberman vgl. vor allem die Rezensionen von Moeller, 312–314, und von Gerhard Müller, 137.

Reformtheologie zu sprechen, ehe wir im folgenden Kapitel die geschichtliche Vielfalt der Frömmigkeitstheologien ins Auge fassen. Ein unterschwelliges, z. T. auch sehr deutlich artikuliertes Mißtrauen gegenüber dem scholastischen Schulbetrieb hat es, vor allem in monastischen Kreisen, immer wieder seit dem 12. Jahrhundert gegeben, die ständige Warnung vor einem fruchtlosen, sich an die pagane Philosophie verlierenden Wissensdrang, der die Demutshaltung der pia devotio bedroht[15]. Andererseits gab es stets, auch im 14. Jahrhundert, einen pädagogisch-erbaulichen Zweig scholastischer Theologie, eine „Spiritualität der Universität"[16], die anleitende Werke für den Seelsorger schuf[17]. Und doch bahnte sich im Laufe des 14. Jahrhunderts eine neue Situation an, eine Krise der Theologie, die gegen Ende des Jahrhunderts – sicher auch bedingt durch die allgemeine Krisensituation der Kirche[18] – als Gefahr des Auseinanderfallens von Schultheologie und Frömmigkeit, als „Kluft zwischen der Theologie des Katheders und der Spiritualität des Alltags"[19] bewußt wurde.

Zwar begegnen wir im 15. Jahrhundert immer noch den Vertretern einer rein akademischen, sehr stark philosophisch, insbesondere von der Logik geprägten Theologie[20], deren literarische Produktion allerdings fast völlig versiegte[21], oft solchen Theologieprofessoren, die vor ihrem Übertritt in die theologische Fakultät jahrzehntelang in der philosophischen Fakultät gelehrt hatten und dann „in einer philosophischen Behandlung theologischer Probleme stecken blieben"[22]; und umgekehrt überrascht uns auf der anderen Seite der Kluft, z. B. im Einflußbereich der Devotio moderna, eine Flut populartheologischer Erbauungsliteratur abseits der Universitäten, durch den Druck mit beweglichen Lettern zur Massenhaftigkeit gesteigert. Unter dem Gesichtspunkt der Reform der scholastischen Theologie ist im 15. Jahrhundert aber gerade jene

---

[15] Vgl. Leclercq, Wissenschaft und Gottverlangen, 213–247; Oberman, Contra vanam curiositatem, 23–27; zur Gegenüberstellung von „pia devotio" und „vana curiositas" bei Hugo von St. Viktor (gest. 1141) siehe ebd. 25.

[16] Sudbrack, Die geistliche Theologie des Johannes von Kastl I, 464.

[17] Vgl. Hamm, Frömmigkeit, 482 Anm. 56.

[18] Vgl. Heimpel, Das deutsche fünfzehnte Jahrhundert, 15. Insbesondere ist die epochale Bedeutung des Großen abendländischen Schismas für das Krisenbewußtsein des 15. Jahrhunderts hervorzuheben; vgl. auch unten S. 219.

[19] Sudbrack, Die geistliche Theologie des Johannes von Kastl I, 9; vgl. ebd. 12f. (dort in Anm. 45 weitere Literatur zum Problem der Kluft zwischen Theologie und Frömmigkeit, besonders von F. Vandenbroucke).

[20] Vgl. Hamm, Frömmigkeit, 477 Anm. 33.

[21] Dies gilt insbesondere für die Zeit nach der Mitte des 15. Jahrhunderts; vgl. Ritter, Die Universität Heidelberg, 415; Kleineidam, Die Universität Erfurt, 165; ders., Universitas Studii Erffordensis II, 155f.

[22] Kleineidam, Universitas Studii Erffordensis II, 155; vgl. ebd. I 254.

Frömmigkeitstheologie bemerkenswert, die aus der Universität selbst oder ihrem Einflußbereich hervorgeht und die als bedrohlich empfundene Kluft zwischen Gelehrsamkeit und frommer Lebensgestaltung, zwischen intelligentia und devotio[23] überbrücken will, die aus der Grundhaltung der discretio, der maßvollen Zurückhaltung, heraus[24] die Extreme naiver Wissenschaftsfeindlichkeit und steriler Selbstgenügsamkeit akademischen Spekulierens und Disputierens zu vermeiden sucht.

Die programmatische Zielsetzung dieser ‚halbakademischen'[25], praktisch-seelsorgerlichen und doch gelehrten Theologie des Jahrhunderts vor der Reformation wird am klarsten entfaltet in den Schriften ihres einflußreichsten Wegbereiters, des Pariser Kanzlers Johannes Gerson (gest. 1429)[26], in dessen Theologie wie bereits bei dem Wiener Theologen Heinrich Heinbuche von Langenstein (gest. 1397)[27] der geschichtliche Zusammenhang zwischen den älteren Reformbestrebungen des Nominalismus und den neuen Frömmigkeitsimpulsen der Universitätstheologie sichtbar wird. Dieser Zusammenhang blieb jedoch in Gersons Rezeptionsgeschichte nicht mehr erhalten. Seine mächtige Wirkung, die er als Lehrer geistlicher Lebensführung, als „doctor consolatorius"[28], ausübte und die ihn in Deutschland geradezu zum Kirchenvater des 15. Jahrhunderts machte[29], war gegenüber seinem Nominalismus weitgehend abgeschirmt. So konnte er von Theologen, die aus der Via antiqua kamen, ebenso geschätzt werden wie von den Schülern der Via moderna[30]; seine Attraktivität entfaltete sich auf einer Ebene, auf der die

---

[23] Vgl. HAMM, Frömmigkeit, 480 bei Anm. 43.

[24] Vgl. ebd. 486 Anm. 73; vgl. auch HUIZINGA, Herbst des Mittelalters, 275.

[25] Zur Unterscheidung zwischen einer halbakademischen und einer populartheologischen Frömmigkeitstheologie vgl. HAMM, ebd. 492 Anm. 90.

[26] Zu seiner bahnbrechenden Bedeutung für die Frömmigkeitstheologie des 15. und 16. Jahrhunderts vgl. HAMM, Frömmigkeit, 479–481.

[27] Vgl. ebd. 479 Anm. 37.

[28] So wird Gerson z. B. 1483 in der Kölner Gesamtausgabe seiner Werke bei Johann Koelhoff d. Ä. und 1502 von Wimpfeling genannt; siehe APPEL, Anfechtung und Trost, 5 Anm. 1 („Sachlich gilt Gerson als *der* Tröster bereits im gesamten Trostschrifttum des 15. Jahrhunderts").

[29] Vgl. MOELLER, Frömmigkeit, 19: „Kirchenvater der deutschen geistlichen Schriftsteller des 15. Jahrhunderts". OBERMAN (Werden und Wertung der Reformation, 68) verweist auf die Darstellung Gersons als Kirchenvater zusammen mit den vier großen abendländischen Kirchenlehren auf der Kanzel der Uracher Stiftskirche; siehe ebd., Abbildung 1 am Ende des Buches. Dieselbe Gruppe mit Gerson ist auch dargestellt auf der um 1500 gefertigten Kanzel der evangelischen Stadtpfarrkirche von Weilheim an der Teck (Württemberg); siehe DEHIO, Handbuch der Deutschen Kunstdenkmäler, Bd. Baden-Württemberg, 526. Vgl. auch KLEINEIDAM, Die theologische Richtung der Erfurter Kartäuser, 265.

[30] In Tübingen etwa ebenso von Konrad Summenhart (gest. 1502), dem Vertreter der Via antiqua, der von Melanchthon „Gersonis imitator" genannt wurde, wie von Gabriel

traditionellen Schulgegensätze zurücktraten[31], auf der Ebene der Frömmigkeitstheologie und des für sie zentralen Themas der ‚wahren Buße'[32]. Hier waren seine Wirkungen auch koalitionsfähig mit den reformerischen Ideen des ‚frommen' niederländisch-niederdeutschen, westfälischen und oberrheinischen Humanismus, der – ebenfalls dem scholastischen Wegestreit entfremdet – mit zahlreichen Frömmigkeitstheologen der theologischen Fakultäten und Klöster trotz aller Gegensätze doch eine grundlegende Tendenz gemeinsam hat: das Vereinfachungsbemühen, das Streben, die Theologie von ihren scharfsinnigen Verstiegenheiten und der Multiplizierung ihrer Begriffe zu befreien, den Ruf nach der Rückkehr zur einfachen Lehre der Väter und nach der Verifikation dieser Lehre durch konkrete Erfahrung, das Interesse an der individuellen Wirklichkeit des Menschen und seiner Welt und als Quintessenz die Forderung nach einer wahrhaft pastoralen Theologie[33]. So preist der Humanist Jakob Wimpfeling in seinem Traktat De vita et miraculis Joannis Gerson, übrigens einer Gegenschrift gegen das Supplementum Coelifodinae Johanns von Paltz[34], die Theologie des „christianissimus et purissimus Ioannes Gerson"[35] mit folgenden Worten, die ganz der Zielsetzung des Frömmigkeitstheologen Paltz entsprechen: „Er hielt sich nicht auf den Abwegen wißbegieriger Spekulationen auf, eiferte sich nicht im Prahlen mit eitlen Subtilitäten noch blähte er sich durch das Herausfinden von Neuigkeiten auf. Er verweilte aber bei den Studien, die zum Lobe Gottes, zur Kräftigung des Glaubens, zum Pflanzen der Kirche, für den Frieden des Gewissens, zur Tröstung der Kleinmütigen, zur Erbauung sittlichen Lebens und zum Heil der Seelen

---

Biel (gest. 1495), dem Verfechter der Via moderna und Devotio moderna; vgl. OBERMAN, ebd. 79f. (das Melanchthon-Wort von 1554 ist zit. 77f. Anm. 21).

[31] Vgl. OBERMAN, ebd. 11 („die alle Schuldifferenzen überbrückende Hochachtung vor Johannes Gerson"); zu Paltz' Gerson-Rezeption siehe unten S. 202.

[32] Siehe unten S. 169f.

[33] Vgl. neuerdings besonders SPITZ, The religious renaissance, 7f.; OBERMAN, Werden und Wertung der Reformation, 60–63 (Devotio moderna und Humanismus). Aus der älteren Literatur vgl. besonders RITTER, Via antiqua und Via moderna, 115–140, besonders 138; ders., Die geschichtliche Bedeutung des deutschen Humanismus, 48–53 (Erasmus; Ritter stützt sich bei seiner Skizze vor allem auf die Arbeiten von MESTWERDT, Die Anfänge des Erasmus, und HERMELINK, Die religiösen Reformbestrebungen des deutschen Humanismus); ders., Die Universität Heidelberg, 467–474 und 483–489 (Rudolph Agricola, Jakob Wimpfeling); DOLFEN, Die Stellung des Erasmus von Rotterdam zur scholastischen Methode, 41–50 (Die ‚Theologia practica' des Humanismus; einbezogen ist auch der italienische, französische und englische Humanismus).

[34] Der vollständige Titel der 1506 in Straßburg gedruckten Schrift lautet: „De vita et miraculis Joannis Gerson. Defensio Wymphelingii pro divo Joanne Gerson et clero saeculari, qui in libro, cui titulus ‚Supplementum Coelifodinae', graviter taxati sunt et reprehensi".

[35] JAKOB WIMPFELFING, Adolescentia (188,23f.).

nützlich und notwendig zu sein schienen."[36] Der Gesichtspunkt des
Trostes für die „armen, geplagten conscientiae" war es auch, der Luther
zu dem Urteil führte: „Gerson primus est, qui rem aggressus est, quod
attinet ad theologiam."[37]

Wir schließen mit diesem Zitat unsere einleitenden Bemerkungen zu
jener Frömmigkeitstheologie ab, die als *die* Reformtheologie des 15.
Jahrhunderts und im 16. Jahrhundert als ebenso vielgestaltige reformatorische Theologie in Erscheinung tritt – denn auch die Reformatoren
vertreten ja insofern stets Frömmigkeitstheologie, als sie sich in Reflexion und Anleitung auf nichts anderes als Lebensvollzug und Lebensgestaltung beziehen. Im folgenden wollen wir die Frömmigkeitstheologie
am Vorabend der Reformation an einigen charakteristischen Punkten
näher betrachten, indem wir uns jeweils von Paltz als ihrem Repräsentanten leiten lassen.

I. Frömmigkeitstheologen und ihre Adressaten

Frömmigkeitstheologie als ‚halbakademische‘, um die Versöhnung
von Schulwissenschaft und frommer Lebenspraxis bemühte Theologie
wurde im Jahrhundert vor der Reformation von Angehörigen verschiedener Gruppen propagiert, von Universitätsmagistern aus dem Welt-
und Ordensklerus, von gelehrten Mönchen und gebildeten Predigern
auch außerhalb der Hochschule, der sie aber ihre theologische Schulung
verdanken, jedenfalls von Theologen, die ihr scholastisches Instrumen-
tarium beherrschen und doch an einer spezifisch universitätsbezogenen
Theologie keine Befriedigung finden. Will man von einem typischen
Curriculum vitae solcher spätmittelalterlichen Frömmigkeitstheologen
sprechen, dann wird man am ehesten an jene denken, die zunächst auf
den Sprossen der akademischen Hierarchie emporklimmen, um sich
dann als magistri artium oder erst als Doktoren der Theologie dem
Ordensleben zuzuwenden. Von dem bei Paltz erwähnten Johannes

---

[36] „Neque enim inhaerebat curiosis speculationum ambagibus nec circa vanam subtili-
tatum ostentationem sollicitus nec in novitatibus adinveniendis turgidus fuit. Versabatur
autem in his studiis, quae ad dei laudem, ad fidei robur, ad plantandam ecclesiam, ad
conscientiae pacem, ad consolandos pusillanimes, ad morum aedificationem, ad animarum salutem utilia et necessaria esse videbantur." Fol. A 2r/v. Als Vorlage für seine
Gerson-Schrift diente Wimpfeling die Compendiosa laus Iohannis de Gerson des Straßburger Humanisten Petrus Schott (1460–1490); zur zitierten Stelle aus Wimpfeling vgl.
folgenden Satz aus Petrus Schott: „Inveniet (sc. der Gerson-Leser) etenim non haerentem
(sc. Gerson) in curiosis ambagibus, non in vana subtilium ostentatione sollicitum neque
affectatione exquisitae novitatis turgentem" (259).

[37] WA TR 2,114,1–3 Nr. 1492; vgl. auch WA TR 5,327,13 Nr. 5711: „Durch den
Gersonem hatt Gott angefangen zu leuchten."

Breslauer von Elbing[38], der kurz nach seiner Promotion zum theologischen Doktor in das Leipziger Dominikanerkloster eintrat[39], heißt es, er habe dies „zelo uberioris vitae" getan[40]. Zwar hat es solche Fälle auch in den Jahrhunderten vorher gegeben, doch wurde im 15. Jahrhundert der ‚Exodus' aus der Universität ins Kloster zu einem charakteristischen Zug der Zeit. Von der Anziehungskraft, die in Erfurt das Kloster der Augustinereremiten auf führende Geister der philosophischen Fakultät ausübte, war bereits die Rede. Luther ist nur einer unter sieben ‚Konvertiten'[41]. Aber auch das Erfurter Kartäuserkloster mit seiner noch strengeren Frömmigkeit fand Zulauf, wie die Beispiele der beiden Frömmigkeitstheologen Jakob von Jüterbog und Johannes Hagen zeigen[42]. Noch bemerkenswerter sind die engen Verbindungen, die zwischen der Kartause Gaming und der Wiener Universität bestanden. So sind in den Jahren 1440 bis 1458 nach dem Vorbild des Nikolaus Kempf von Straßburg, der in seiner Theologie sehr stark Gerson verpflichtet war[43], nicht weniger als zwölf Wiener magistri artium und elf Bakkalare in Gaming eingetreten[44]. Zu erwähnen sind auch die zahlreichen Eintritte von Mitgliedern der Wiener Universität in den Benediktinerorden, vor allem in die Reformklöster Melk und Tegernsee[45].

Paltz ist somit bereits von seinem Lebensgang her ein typischer Vertreter spätmittelalterlicher Frömmigkeitstheologie. Erst nach seiner Promotion zum magister artium wendet er sich dem Klosterleben zu[46], und in einem zweiten vergleichbaren Schritt gibt er Jahrzehnte später seinen theologischen Lehrstuhl auf, um sich ganz den Aufgaben der Ordensobservanz zu widmen[47]. Eine ganz ähnliche Doppelentscheidung finden wir auch bei seinem Zeitgenossen Johannes von Staupitz[48]. Für

---

[38] Suppl. fol. c 5v: „doctor Preszlawer ordinis Praedicatorum".

[39] Wahrscheinlich Ende des Jahres 1456.

[40] Löhr, Die Dominikaner an der Leipziger Universität, 58.

[41] Siehe oben S. 59.

[42] Vgl. Kleineidam, Universitas Studii Erffordensis I, 195f.

[43] Siehe Rüthing, Art. ‚Kempf, Nicolas' (mit Literatur); zum Vergleich mit Gerson, insbesondere dessen lectiones Contra curiositatem studentium (ed. Glorieux III 224–249), ist besonders wichtig sein Dialogus de recto studiorum fine ac ordine, entstanden 1447. Vgl. dazu vor allem Hörmer, Der Kartäuser Nikolaus Kempf.

[44] Ich verdanke diese Angabe einer noch nicht veröffentlichten Studie über ‚Nicholas Kempf of Straßburg: mystical and monastic theology', die mir der Autor Dennis Martin, University of Waterloo (Kanada), freundlicherweise zur Verfügung stellte.

[45] Vgl. Redlich, Tegernsee und die deutsche Geistesgeschichte; Madre, Nikolaus von Dinkelsbühl, 29–35.

[46] Siehe oben S. 58.

[47] Siehe oben S. 57 und 71.

[48] Eintritt in den Augustinerorden als magister artium (er hatte den Grad vor 1489 in Köln erworben); Aufgabe seines Wittenberger Lehrstuhls 1512. Vgl. D. C. Steinmetz, Misericordia Dei, 3f. und 9f.

beide Augustiner gehören sowohl innerhalb ihrer theologischen Arbeit als auch biographisch scientia und vita, Wissenschaft und fromme Lebensgestaltung, eng zusammen. Bezeichnend sind entsprechende Bemerkungen von Paltz. So nennt er diejenigen ‚unreif‘ zum Promovieren, die Fortschritte in der Gelehrsamkeit und im Aufstieg zu höheren akademischen Graden erstreben, bevor sie Fortschritte in einem guten Lebenswandel (in vita bonorum morum) gemacht haben[49], die ein großes Wissen erwerben wollen, bevor sie ein gutes Gewissen haben[50]. Wichtig ist ihm hierbei ein Zitat aus Ambrosius' Psalmenkommentar[51], das den richtigen ordo von vita und doctrina einschärft: „Erst muß das Leben, dann erst die Gelehrsamkeit gesucht werden. Ein gutes Leben hat nämlich auch ohne Gelehrsamkeit Gnade, Gelehrsamkeit aber ohne (rechtes) Leben bleibt Stückwerk; denn einer übelgesinnten Seele wird keine Weisheit zuteil ... Zunächst also muß man sich im Kriegsdienst des Lebenswandels üben und das sittliche Verhalten bessern."[52] Paltz' Ideal sind Theologen, die „doctrinae sanitas" mit „morum honestas" vereinigen[53], ja bereits die philosophischen Bakkalare sollen sich durch vita ebenso wie durch scientia bewähren[54].

Stichworte wie „militia vitae" und „correctio morum"[55] gewinnen natürlich für Paltz aus der Perspektive der Observanz eine besondere inhaltliche Füllung[56], und für ihn selbst war eine „vita bonorum

---

[49] „Isti dicuntur immaturi ad promoturam, scilicet graduum altiorum, qui appetunt proficere in doctrina et exaltatione graduum, antequam profecerunt in vita bonorum morum." Suppl. fol. m 3r.

[50] Siehe unten Anm. 52.

[51] AMBROSIUS, Expositio in Ps. 118, sermo 1,2 (PL 15,1199C–1200A; CSEL 62,5,12–24).

[52] „De ... immaturis ad promoturam, qui scilicet appetunt magnam scientiam, antequam habeant bonam conscientiam, potest congrue applicari dictum beati Ambrosii super Psalmo ‚Beati immaculati‘ in principio, ubi sic dicit: „Quam pulcher ordo, quam plenus doctrinae et gratiae! Non prius: ‚qui scrutantur testimonia eius‘ (Ps. 118,2) dixit – potuit enim convenire secundum litteram –, sed prius: ‚Beati immaculati in via‘ (Ps. 118,1). Ante enim vita quam doctrina quaerenda est. Vita enim bona et sine doctrina gratiam habet, doctrina sine vita integritatem non habet; in malivolam animam non cadet sapientia. Ideoque ait: Quaerent me mali ‚et non invenient‘ (Os. 5,6), quia improbitate caecatur mentis oculus et caligante sibi iniquitate mysteria profunda invenire non potest. Primum ergo exercenda est vitae militia et corrigendi mores. Cum hoc instituerimus ad cursum debitum, ut sit offensionis correctio, puritatis gratia, tunc ad studia percipiendae cognitionis veniamus suo ordine." Haec ille." Suppl. fol. m 3r.

[53] „... theologi, qui non solum imputribiles exsistunt in doctrinae sanitate, verum etiam odoriferi sunt in morum honestate, dicentes cum Apostolo: ‚Christi bonus odor sumus in omni loco" (2. Cor. 2,14 f.)." Princ. fol. 155ra.

[54] „... bacularii artium, qui vita et scientia probati odorem bonae famae de se reddunt, quocumque venerint." Princ. fol. 159rb.

[55] Siehe oben Anm. 52.

[56] Es ist zu beachten, daß die oben bei Anm. 49 und 52 zitierten Sätze Teile von Ausführungen sind, mit denen sich Paltz an Ordensleute wendet.

morum" identisch mit einem Leben in strikter Erfüllung der Klosterge-
lübde. Doch wäre es ein Mißverständnis, wollte man annehmen, er
vermittle zwischen scholastischer Theologie und gelebter Frömmigkeit
nur auf der schmalen Basis spezifisch monastischer Theologie, wie es
z. B. bei Nikolaus Kempf von Straßburg (gest. 1497) der Fall ist[57]. Für
Kempf bedeutete der Rückzug aus dem akademischen Lehramt in die
Kartause Gaming die Zuflucht vor den Gefahren der Welt in den
„sicheren Hafen" der mönchischen vita contemplativa[58]. Gersons Ideal
einer Theologie, die intelligentia und devotio zugleich umfaßt[59] und die
mehr affektiv als spekulativ ist[60], wird zwar aufgenommen, jedoch zum
Programm einer weltabgewandten Kartäuserspiritualität, zu einer theologia mystica für Mönche verengt. So haben Kempfs Schriften auch fast
nur in monastischen Kreisen weitergewirkt. Der Pariser Kanzler hatte
jedoch mit seiner Hervorhebung einer erfahrungsgesättigten theologia
mystica gerade nicht eine innermonastische Verbindung von ‚Wissenschaft und Gottverlangen'[61] intendiert, sondern den Brückenschlag von
der diskursiven Universitätstheologie zur Frömmigkeit des Alltags.
‚Theologia mystica' war für ihn nicht elitäre Spiritualität, sondern eine
von jedem einfachen Christen – „etiamsi sit muliercula vel idiota"[62] –
nachvollziehbare Buß- und Gebetsfrömmigkeit[63]. Aus ihrem Geiste

---

[57] Zu Nikolaus Kempf siehe oben Anm. 43.

[58] „Voluntatis meae fuit atque consilii, quatenus mens tua in mari huius saeculi multis
agitata fluctibus et procellis ad portum magis securum, sanctae videlicet religionis statum,
applicaret, praesertim cum iam in fine saeculorum super excrescentibus malis et periculis
homo sic fluctuans naufragium patiatur." Dialogus de recto studiorum fine ac ordine
(259). – Dieser Aspekt des Klostereintritts, der ‚Exodus' aus der Universität als Welt-
flucht, wird auch von dem Erfurter Benediktiner NIKOLAUS VON SIEGEN in seiner 1494/95
geschriebenen Kloster- und Ordenschronik mit folgenden Worten angesprochen, die
Johannes von Dorsten zu einem Insassen des Erfurter Petersklosters gesagt haben soll:
„Ecce hic est studium universale, et contingit nonnumquam aut saepius, quod certi socii
aut presbyteri studentes sentientes se ⟨non⟩ esse idoneos ad praedicandum aut disputan-
dum et ex sua natura sinceri, probi et quieti, quaerentes atque optantes in silentio placere
deo et mundum atque curas huius nequam saeculi volunt fugere, quia non curant honores
atque praelaturas, sentientes et aestimantes se non esse idoneos ad regimen animarum, ad
praedicandum atque seminandum verbum dei etc., et ex ea causa eligunt et currunt atque
anhelant ad ordinem sanctissimi patris Benedicti." Chronicon ecclesiasticum (178,16–26).
Bemerkenswert ist vor allem die Betonung des Verzichtes auf eine öffentliche Seelsorgetä-
tigkeit, der Paltz' Interessen völlig entgegenläuft.

[59] Gerson-Zitat bei HAMM, Frömmigkeit, 480 Anm. 43.

[60] Gerson-Zitat ebd. Anm. 44.

[61] Vgl. LECLERCQ, Wissenschaft und Gottverlangen. Zur Mönchstheologie des Mittelalters.

[62] „Theologia mystica, licet sit suprema atque perfectissima notitia, ipsa tamen potest
haberi a quolibet fideli, etiamsi sit muliercula vel idiota." De mystica theologia 1,30 (ed.
Combes 78,34–36).

[63] Vgl. OBERMAN, Der Herbst der mittelalterlichen Theologie, 312–317: die Gersonsche

sollte die scholastische Theologie reformiert werden, ohne als reflektierende, informierende und anleitende Wissenschaft mit ihr einfach identisch zu sein[64]. Sie sollte auf ihre Weise der Erbauung[65] der ‚simplices‘
dienen und in diesem Sinne weltzugewandte Theologie sein.

Paltz gehört nun wie viele andere Theologen seines Ordens, etwa
Jacobus Perez von Valencia[66], Gottschalk Hollen[67], Johannes von Dorsten[68], Johannes von Staupitz[69] und auch Martin Luther[70], zu den spät-

---

Bußmystik im Gegensatz zur Transformationsmystik; 318 f.: Demokratisierung der
Mystik bei Gerson und Biel; dazu vgl. auch ders., The shape of late medieval thought, 19:
Demokratisierung der Mystik bei Gerson, Staupitz und Luther.

[64] ‚Theologia mystica‘ ist für GERSON identisch mit der praktizierten Frömmigkeit
selbst, d. h. mit der durch die rechtfertigende Gnade geschenkten unio mentis, die den
Liebenden mit dem Geliebten verbindet: „theologia mystica, quae consistit in unione";
Collectorium super Magnificat, tract. 7 (ed. Glorieux VIII 307,5 f. mit Kontext). Davon
unterscheidet er jenen „modus alter cognitionis …, qui disciplinalis vel scholasticus vel
doctrinalis appellatur per voces et scripta" (ebd. 306,19–21), d. h. die scholastische
Theologie, die – falls sie sich nicht mit eitlen und unfruchtbaren Quisquilien beschäftigt –
nichts anderes ist als die „doctrinalis traditio theologiae mysticae" (ebd. 307,26–28), eine
doctrina freilich, die nicht abgeschlossen in sich ruht, sondern aus der experientia
hervorgeht und zu ihr führen will (vgl. ebd. 307,5–10: inducere). Der Brückenschlag von
der Schultheologie zur devotio simplex, jene entscheidende theologische Reformidee
Gersons, bezieht sich also bei ihm nicht auf ein Geschehen innerhalb der theologia
mystica, sondern auf die Verbindung von theologia scholastica und theologia mystica,
indem sich die theologia scholastica inhaltlich und die scholastischen Theologen in ihrem
Lebensvollzug an der theologia mystica orientieren. Zum Wesen der ‚theologia mystica‘
vgl. COMBES, La théologie mystique de Gerson I und II, passim. Vgl. auch unten Kap. 5
Anm. 71.

[65] Siehe unten S. 146 f.

[66] Siehe WERBECK, Jacobus Perez von Valencia.

[67] Siehe W. ECKERMANN, Gottschalk Hollen.

[68] Siehe die im Literaturverzeichnis genannten Arbeiten von ZUMKELLER über Dorsten,
die allerdings an der Tatsache vorbeigehen, daß Dorstens Theologie nur als Frömmigkeitstheologie und nicht als Spiegel einer bestimmten akademischen Lehrrichtung adäquat
gedeutet werden kann; siehe unten S. 211–213 und 311 f.

[69] Die Arbeiten über Staupitz von E. WOLF (Staupitz und Luther) und D. C. STEINMETZ
(Misericordia Dei) kranken an der gleichen Fehlorientierung in der Fragestellung, die wir
bei ZUMKELLERS Dorsten-Studien konstatieren (siehe oben Anm. 68); siehe unten S. 205 f.
bei Anm. 437.

[70] Daß Luther bewußt akademischer Theologe ist (vgl. z. B. sein Interesse an der
Hochschulreform oder sein Selbstverständnis als doctor sacrae paginae), bildet keinen
Widerspruch zur Tatsache, daß er sich uns in seinen Schriften – und zwar bereits in der
ersten Schrift, mit der er an die Öffentlichkeit trat, seiner Auslegung der sieben Bußpsalmen von 1517 – als Frömmigkeitstheologe zeigt. Gerade als Universitätstheologe ist er
bemüht, die Zielrichtung seiner Theologie ausschließlich auf die tägliche Lebensgestaltung
der simplices zu beziehen und so die Kluft zwischen schola und vita, zwischen doctrina
und experientia zu überbrücken. Gleiches können wir auch bei seinem geistlichen Lehrer
Staupitz beobachten, der entscheidend an der Gründung der Universität Wittenberg
beteiligt ist und als einer ihrer vier ‚reformatores‘ zum obersten Leitungsgremium der
alma mater gehört (siehe FRIEDENSBURG, Urkundenbuch, 19,22–27 Nr. 22) und dabei

mittelalterlichen Mönchstheologen, die eine einseitig universitätsbezogene Theologie nicht durch eine ebenso einseitig ordensorientierte Theologie ersetzen, sondern in ihrem pastoralen Anliegen etwas von der Gersonschen Weltoffenheit bewahrt haben. Für Dorsten, Paltz, Staupitz und Luther war ja der Ordenseintritt nicht gleichbedeutend mit einem Rückzug von der Universität hinter die Klostermauern, sondern er bot ihnen im Gegenteil die Möglichkeit zu einem besonders schnellen Aufstieg zur theologischen Professur. Zwar war auch für Paltz wie für den Kartäuser Nikolaus Kempf das Leben im Kloster Inbegriff der vita securior und Keimzelle echter reformatio[71], aber als Mitglied eines Bettelordens sah er in der Volksseelsorge auf der Kanzel und im Beichtstuhl eine zentrale Aufgabe[72]. Sie beherrscht sein gesamtes theologisches Werk und macht es zum Vermittler zwischen der Gelehrsamkeit der Schola, die er als „hoch erhaben über dem gewöhnlichen Treiben der Menschen" beschreibt[73], und den Fragen des alltäglichen frommen Lebens einfacher Christen. Wie Paltz hierbei vom Verständnis des Auftrags der Mendikanten ausgeht, zeigt eine Stelle im Supplementum Coelifodinae, wo er dem unerlaubten Verlassen des Klosters, der evagatio irregularis, die durch die rechte Intention motivierte Entsendung von Brüdern gegenüberstellt, jene Intention, die auf die Erbauung des Volkes (aedificatio populi) zielt. Der Mönch verläßt dann den „fervor contemplationis" deshalb, um sich der „actio praedicationis" zu widmen[74]. Paltz beruft sich dabei auf Thomas von Aquin[75], der zwischen drei verschiedenen Rangstufen der Orden unterscheide. Auf der untersten Stufe stehen jene, die sich nur um die caritative actio kümmern, um

---

(bereits in seinen Tübinger Predigten) eine Theologie vertritt, die als Frömmigkeitstheologie zwischen der akademischen Lehrtradition und der Frömmigkeit des Alltags zu vermitteln sucht. Freilich ist ein wichtiger Unterschied zwischen den beiden Frömmigkeitstheologen nicht zu übersehen: Luther fühlt sich anders als Staupitz einer bestimmten akademischen Lehrrichtung, der Via moderna, eng verbunden und weist darauf auch expressis verbis hin.

[71] Siehe unten S. 291–299.

[72] Vgl. STAUPITZ, der ebenfalls das „opus praedicationis et religiosae informationis" als besondere Aufgabe der Mendikanten, durch die sie dem Volk verbunden sind (populis coniunguntur), zur Sprache bringt: Tübinger Predigten, sermo 20 (164,24–26).

[73] „Tertium obstaculum impediens a fructuoso ingressu paradisi universitatis est planiciei superioris sublimitas. Est enim paradisus universitatis in tantum elevatus a communi hominum conversatione, quod nullus eius altitudinem naturaliter attingere queat, nisi specialiter per gratiam dei elevetur." Princ. fol. 153rb.

[74] „Primo dicitur evagatio irregularis, quando fratres emittuntur vel exeunt absque debita intentione ordinis vel ecclesiae, quae intendit aedificationem populi, ut scilicet fratres de fervore contemplationis exeant ad actionem praedicationis." Suppl. fol. m 3v–4r.

[75] Summa theologiae II/II q. 188 art. 6 resp.; teils sehr frei, teils wörtlich zit. in Suppl. fol. m 4r (im Anschluß an den Text von oben Anm. 74).

Armenfürsorge, Beherbergung von Pilgern, Kampf gegen Ungläubige etc. Einen höheren Rang nehmen die Orden ein, die sich allein der vita contemplativa widmen; gedacht ist vor allem an die Benediktiner, Zisterzienser und Kartäuser. Auf der obersten Stufe stehen die Bettelorden, die das „contemplari in studiis" mit dem „agere in praedicationibus" vereinen[76].

Die pastorale Offenheit des Erfurter Augustiners zeigt sich in den Adressaten, die er als theologischer Schriftsteller ansprechen will und die wir bereits bei der Behandlung seiner einzelnen Schriften kennengelernt haben. Es sind in erster Linie, vor allem in den beiden Hauptwerken Coelifodina und Supplementum Coelifodinae, die einfachen Priester, die sacerdotes simplices[77], Weltpriester ebenso wie Ordensgeistliche, denen Paltz Hilfen für die Predigt, das Beichthören und die anderen alltäglichen seelsorgerlichen Aufgaben geben will. ‚Simplex' gehört zu den Begriffen, die im 15. Jahrhundert einen neuen Klang bekommen und ihn bis in die Reformationszeit hinein bewahrt haben; dahinter steht das ganze Programm der Frömmigkeitstheologie Gersons, das Streben nach einer schlichten, ganz echten Frömmigkeit fern aller Überschwenglichkeit, wie es sich mit unverkennbaren anti-intellektualistischen Impulsen auch unabhängig von Gerson in der frühen Devotio moderna artikuliert hatte[78]. Die simplices finden nach Gerson leichter den Weg zum Himmelreich als die litterati, die durch ihren hybriden Wissensdurst auf Irrwege geführt werden können[79]. Bezeichnend ist auf diesem Hintergrund ein Satz von Paltz, in dem er das Personal des Antichrists mit dem Christi konfrontiert: „Dieser hat zum Predigen Arme, einfache Ungebildete (simplices idiotas) und gute Menschen gewählt und gesandt; der Antichrist hingegen wird zur Verkündigung seiner Falschheit Schlaue und Verschlagene, Gelehrte in der Weltweisheit und Verdorbene wählen und entsenden."[80]

---

[76] „Sunt autem tales ordines ad utrumque ordinati, scilicet ad contemplandum in studiis et agendum in praedicationibus, ipsi ordines mendicantes." Suppl. fol. m 4r (von Paltz selbst im Anschluß an das THOMAS-Zitat formuliert).

[77] Siehe oben S. 96 bei Anm. 25, S. 98 und 122; vgl. unten Anm. 81.

[78] Vgl. OBERMAN, Werden und Wertung der Reformation, 59f.

[79] Vgl. z. B. GERSON, De simplificatione cordis 16/4 (ed. Glorieux VIII 93,16–19; zit. nach dem besseren Text bei Du Pin III 463C): „Hinc evenit, ut simplices sine litteris ‚rapiant coelum' (Mt. 11,12), ubi litterati et conquisitores huius saeculi, ubi ‚perscrutatores maiestatis' aut inanes remanent aut ‚opprimuntur a gloria' (Prv. 25,27)." Ders., De directione cordis 44 (ed. Glorieux VIII 111,30–34): „Provenit inde fortassis, quod multi rurales et idiotae saepius operantur suam salutem sine offendiculis errorum et deviatione praeceptorum propter spem, quam habent in divino auxilio repositam, ubi clerici plures et alii abundantes sermonibus periclitantur, errant et deviant." – Zum Bedeutungsgehalt von ‚litteratus' (speziell: der des Lateins Kundige) vgl. GRUNDMANN, Litteratus-illitteratus.

[80] „Tertio Antichristus est contrarius Christo in discipulorum electione et missione.

Spricht Paltz von simplices sacerdotes[81], simplices praedicantes[82] oder simplices confessores[83], deren eruditio er fördern will[84], dann geht es ihm sowohl um die soziale Komponente wie auch um den Bildungsfaktor. Einerseits hat er den Gegensatz zu den superiores, den Prälaten, im Blick, deren pastorale Nachlässigkeit Hauptangriffspunkt seiner sporadisch aufflammenden Kirchenkritik ist[85]; andererseits ist der Gegensatz zu den theologisch und juristisch Geschulten von Bedeutung. Die simplices sacerdotes, für die Paltz schreibt, sind aber auch nicht jene massenhaft auftretenden niederen Geistlichen, die nur die Messe lasen und kaum genügend Latein konnten, um sie zu verstehen[86]. Wohl sind es Priester, die keine Universitätsausbildung genossen haben – darum ‚simplices‘ –, aber doch solche, die eine Dom-, Stifts-, Kloster- oder Lateinschule besucht haben werden[87]. Diese Schulen vermittelten neben Elementarkenntnissen in Lesen und Schreiben besonders Kenntnisse im Abfassen von Urkunden, in Grammatik, Dialektik und Rhetorik, in Bibel, Liturgie und kanonischem Recht, dabei aber vor allem gute Lateinkenntnisse[88], also eine Bildung, die zu den anspruchsvolleren Aufgaben des Beichthörens, des Predigens und der Lektüre von Werken wie Coelifodina und Supplementum Coelifodinae befähigte.

Durch den Adressatenkreis solcher verhältnismäßig gebildeten und ihre Seelsorgepflicht ernst nehmenden, aber nicht gelehrten Priester will freilich Paltz erst seinen eigentlichen Adressatenkreis erreichen, das Kirchenvolk selbst, denn er schreibt ja „ad praedicandum simplici populo"[89] und in seiner deutschen Schrift Die himmlische Fundgrube wendet er sich sogar direkt an die lesekundigen Laien. Diese Absicht

---

Quia ille ad praedicandum elegit et misit pauperes et simplices idiotas et bonos homines; Antichristus eliget et mittet ad suam falsitatem praedicandum astutos et duplices, doctos in sapientia mundana et perversos." Tripl. fol. a 3v–4r.

[81] Suppl. fol. e3v und e4v; vgl. fol. c5v.

[82] Suppl. fol. n4v.

[83] Caut., Überschrift: siehe oben Kap. 3 Anm. 25; Coel. fol. Y4v.

[84] Suppl. fol. n4v: „propter simplicium praedicantium eruditionem".

[85] Siehe unten S. 147f. und 271.

[86] Vgl. Kurze, Der niedere Klerus (mit Literatur).

[87] Vgl. das Verständnis des ‚einfältigen‘ Laien in der Reformationszeit, z. B. bei dem Konstanzer Stadtschreiber Jörg Vögeli, der sich selbst so bezeichnet: siehe Hamm, Laientheologie zwischen Luther und Zwingli, 222–226.

[88] Vgl. Ödinger, Über die Bildung der Geistlichen, besonders 46–79 und 132–137; Schuler, Geschichte des südwestdeutschen Notariats, 100–102; Schröer, Die Kirche in Westfalen I, 171–179.

[89] „Sed de aliis tribus sacramentis addendis (sc. Taufe, Konfirmation und Ehe) brevius me expediam. Non enim intendo modo de eis tractare quantum ad omnes difficultates eorum, sed solum quantum sufficit ad praedicandum simplici populo." Suppl. fol. y4v. Vgl. ebd. fol. A4r: „Ista posui de sacramento ordinis praeter intentionem propter simplices."

prägt natürlich, wie wir zeigen werden, die Wahl seiner Themen, seinen Modus loquendi und seine Verarbeitung der Tradition. Die „stili simplicitas"[90] seiner Werke entspricht dem Bedürfnis jener simplices sacerdotes, die ihren Inhalt an die Masse der simplices christiani, Laien und ungebildete Ordensleute, weitergeben sollen. Diese Endadressaten, denen die Predigt in erster Linie zu gelten hat, werden von Paltz aber weniger durch ihre fehlende Bildung als vielmehr durch ihre fehlende moralische Qualität charakterisiert. Angesprochen werden gerade die „maximi peccatores", denn möglichst viele Sünder sollen bekehrt werden. Diese theologische Qualifizierung der Betroffenen führt uns aber bereits zur Frage nach der frömmigkeitstheologischen Grundintention von Paltz, d. h. zu dem sie tragenden seelsorgerlichen Interesse des Augustiners.

II. Die seelsorgerliche Grundintention: Gnade und Heil für die multitudo peccatorum

Die zentrale Intention der Frömmigkeitstheologie des 15. und 16. Jahrhunderts richtet sich auf eine Art theologischer Arbeit, die ausschließlich der Seelsorge dient. In Gersons programmatischen Vorlesungen Contra curiositatem studentium läßt sich dies an der Akzentuierung der „aedificatio fructuosa"[91] oder „aedificatio solida"[92] im Gegensatz zur „curiosa perscrutatio"[93] ablesen. Ziel alles Wissens müsse die erbauende Liebe, die „caritas aedificans", sein[94]. Auf den Begriff der ‚Erbauung' fällt ein reformerischer Glanz, der dem des ‚simplex' entspricht, und gerade hier wird die reformatorische Bewegung die spätmittelalterlichen Impulse aufnehmen, indem sie die wahre Erbauung der Seelen als Erfolg schriftgemäßer Predigt proklamiert. Wie sehr Gerson in der Frömmigkeitstheologie am Vorabend der Reformation lebendig ist, zeigen etwa die Tübinger Predigten Johanns von Staupitz, in denen der curiositas, der Gier nach Neuem, Fremdem und Unerhörtem, die Beschäftigung mit den „utilia et aedificatoria"[95], mit der „aedificatio

---

[90] Siehe unten S. 177 bei Anm. 265.

[91] Contra curiositatem studentium II, consid. 9 (ed. Glorieux III 249,26).

[92] Ebd. (249,11); vgl. die folgende Anm.

[93] Ebd. consid. 5 (243,28–30): gegen die novi theologizantes, „qui per tales materias magis ad admirationem et de admiratione ad curiosam perscrutationem quam ad aedificationem solidam commoventur".

[94] Ebd. consid. 1 (238,15f.). Vgl. GERSONS Memorandum zur Reform des Theologiestudiums (ed. Glorieux II 27,1): „Sexto per eas (sc. doctrinas inutiles) ecclesia et fides neque intus neque foris aedificantur."

[95] Tübinger Predigten, sermo 31 (239,22–27).

proximi"[96] gegenübergestellt wird; und interessant ist, worin Staupitz diese erbauliche Theologie begründet sieht: „in sola sacra scriptura"[97]. Entsprechend hebt er am Anfang der Tübinger Predigten, in denen er die ersten beiden Kapitel des Buches Hiob auslegt, hervor, daß Hiob, der uns als ein Spiegel rechten Lebens vor Augen gehalten werde, dieses Buch „in nostram aedificationem" geschrieben habe[98].

Etwa vier Jahre später, 1502, gab Paltz seine Coelifodina heraus, in der er sich, wie bereits in seinen früheren Werken, primär von seelsorgerlichen Absichten leiten läßt. Den Geist Gersons spüren wir z. B. gleich zu Beginn des Werkes, wo der Autor vor Fehlern vieler Passionsprediger seiner Zeit warnt. So gibt es welche, die, wie er sagt, apokryphe Stoffe heranziehen, als ob sie nicht Gediegenes (solida) in der Heiligen Schrift finden könnten, das sie dem Volk vortragen können. Andere bedienen sich erfundener Stoffe, die weder im Text noch bei den gediegenen Doktoren (in solidis doctoribus) zu finden sind noch mit der Vernunft in Einklang stehen, indem sie lieber originell (singulares) erscheinen als ihre Nächsten erbauen (aedificare) wollen[99]. Auf die Gegenüberstellung von solidus und singularis, die für Gerson charakteristisch ist, werden wir noch zurückkommen[100]. Wichtig ist uns zunächst, wie Paltz das Ziel der Predigt – und damit auch seiner für die Predigt bestimmten Schriften – auf die ‚Erbauung' bezieht, so wie er auch im Supplementum von der den Orden und der Kirche allgemein gebotenen „intentio" spricht, „quae intendit aedificationem populi", einer Intention, die in der „actio praedicationis" Gestalt gewinnen muß[101].

Wir müssen nun, um das leitende seelsorgerliche Interesse des Augustiners präziser zu erfassen, auf jene pastorale Offenheit achten, von der bereits die Rede war und die einen Schlüssel zum Verständnis der Paltzschen Schriften bietet. Er schreibt als „zelator animarum"[102], getrieben vom „zelus salutis animarum"[103]. Was er selbst intendiert, kommt in der Kritik an den Prälaten und in seinen Anforderungen an die Priester zum Ausdruck: Im Zusammenhang mit dem Bußsakrament kritisiert er Bischöfe, die durch Mißbrauch der Exkommunikationen und Reservat-

---

[96] Ebd. (240,11 f.).   [97] Ebd. (239,13–16).

[98] STAUPITZ, ebd. sermo 1 (2,28–31).

[99] „Alii vero apocrypha adducunt, quasi non possint invenire solida in sacra scriptura, quae populo proponant. Alii vero varia adducunt figmenta neque in textu neque in solidis doctoribus reperta neque etiam rationi congrua, volentes magis singulares videri quam proximos aedificare." Coel. fol. A3v.

[100] Siehe unten S. 184–186.   [101] Siehe oben Anm. 74.

[102] Vgl. Syn. II fol. 73v: „Sic et in praesenti, ut dentur nobis boni rectores, zelatores animarum, vita et doctrina proficui, oportet ..."

[103] Siehe oben S. 105 mit Anm. 99.

rechte und durch übertriebene Satisfaktionsforderungen die ihnen anvertrauten Seelen größten Gefahren aussetzen. Sie machen aus den heilbringenden Schlüsseln (claves) knotige Knüppel (clavas)[104]; oder an anderer Stelle heißt es, daß sie aus den Schlüsseln der Kirche Geldnetze machen, indem sie sich nicht um das Heil der Seelen, sondern nur um die eigene Begierde kümmern, woraus für die Gläubigen „multa scandala et errores" erwachsen[105]. Die Baufreudigkeit mancher Prälaten geißelt Paltz mit dem Ausruf: „O wie viele Seelen werden dadurch vernachlässigt!"[106] Die Herren sollten sich lieber um die geistliche Erbauung der Gläubigen statt um die „corporalis aedificatio" kümmern[107]. An die Beichtväter richtet Paltz daher den Appell, nicht irgendeinen zeitlichen Gewinn oder einen Vorteil oder eine Gunst zu suchen, sondern nur das Heil der Seelen, so daß sie sich den Armen ebenso wie den Reichen zuwenden[108]. Ihre Aufgabe sei es, die einfachen Christen wie Pflänzchen zu hegen, und zwar durch Informationen, Ermahnungen und gutes Vorbild[109]. Vor allem den Gesichtspunkt der informatio betont Paltz sehr oft, und hier sieht er offensichtlich auch die wesentliche Aufgabe seiner literarischen Tätigkeit. Der Priester soll den simplices ein „intelligens et fidelis informator" sein[110], der sie so über die rechte christliche Lebensgestaltung instruiert, daß sie vor Irrtum bewahrt werden[111] und ihre Seelen nicht in Gefahr geraten[112]. Das Grundübel

---

[104] „Animae enim iam temporis valde periclitantur propter abusum excommunicationum et auctoritatum episcopalium. Multi namque iam temporis ex clavibus curationum salutarium faciunt clavas exactionum et lamentabilium exterminationum." Suppl. fol. c3v.

[105] „Sunt enim quidam praesidentes in ecclesiis, qui omnem potestatem ecclesiasticam convertunt in avaritiam et ex clavibus ecclesiae faciunt retiacula pecuniae non consulentes animarum saluti sed propriae cupiditati, ex quo multa scandala et errores sequuntur." Suppl. fol. e4v.

[106] „O magnus laqueus diaboli: distractio in structuris! O quot animae per eam negliguntur!" Suppl. fol. m3v.

[107] „O quot hodie praelati tam in saeculari quam in spirituali statu miserabiliter errant et decipiuntur, qui praeponunt corporalem aedificationem spirituali!" Suppl. fol. m3r.

[108] „(Confessor debet se abstrahere) secundo a concupiscentia pecuniae sic, quod non quaerat aliquod lucrum temporale vel commodum vel favorem, sed tantum salutem animarum. Et si sic, aeque libenter audiet pauperes sicut divites, aeque mendicos, qui nihil dare possunt, sicut divites, qui plura dare vellent, quia attendit, quod Christus aeque pro paupere passus est sicut pro divite." Suppl. fol. x4r.

[109] Im Anschluß an das Gleichnis vom Feigenbaum Lc. 13,6–9: „Quod ab omnibus exponitur de praelatis, qui habent intercedere pro suis subditis apud Christum, ut eis detur spatium poenitendi, et diligenter eos colere per informationes, exhortationes et bona exempla." „Cultores spirituales ut praelati, praedicatores et confessores tenentur orare pro sibi creditis ad colendum spiritualiter, ... tenentur diligenter circa eos pro fructificatione laborare." Coel. fol. L5v.

[110] Coel. fol. Cc1v.

[111] Vgl. z.B. Coel. fol. Z5v: „ne error interveniat simplicibus".

[112] Siehe oben S. 96 mit Anm. 25.

seiner Zeit sieht Paltz im ‚neglegere animas'[113], das Gebot der Stunde in Erleichterung und Heilung für die bedrückten und verwundeten Seelen[114]. Die Aufgabe der Seelenführung, die Paltz sich und den Priestern, für die er schreibt, stellt, entspricht seiner hohen Auffassung von der heilsvermittelnden Dignität des Priestertums[115]. Der Gedanke Gersons, daß die simplices eine unmittelbare, quasi-mirakulöse Belehrung von Gott erbitten können, wenn sie keine „praedicatores et instructores super credendis et agendis ad salutem" haben[116], wird von Paltz nicht vorgetragen, und ihm liegt auch Staupitz' Empfehlung fern, man solle lieber bei seiner ‚Einfalt' bleiben und sein Vertrauen allein auf Gott setzen, als sich durch einen schlechten, wenn auch gelehrten Prediger oder Beichtvater nur noch in mehr Irrtümer bringen zu lassen[117].

Paltz' seelsorgerliches Engagement, das seine Schriften trägt, ist des näheren durch einen quantitativen und einen damit eng verbundenen qualitativen Aspekt bestimmt. Hier erst wird verständlich, was die ‚pastorale Offenheit' des Augustiners besagt und wie bedeutsam der Gegensatz zur Konzeption eines rein innermonastischen Pastorats ist. Ziel der „aedificatio populi", der Paltz sein ganzes Werk widmet, soll es sein, möglichst viele Sünder zu bekehren. Nicht nur eine „minima pars christianorum", eine geistliche Elite, soll gerettet werden[118], sondern die große Masse, die „multitudo christianorum"[119]; und dies bedeutet für Paltz – qualitativ gesehen –, daß auch die größten Sünder zum Heil finden sollen. Das „etiam maximi peccatores" zieht sich wie ein roter Faden durch seine beiden Hauptwerke[120], und zwar ausschließlich in selbstformulierten Textpassagen, während die Wendung bei seinem

---

[113] Siehe oben Anm. 106; vgl. z. B. Suppl. fol. x1v.

[114] An die Adresse der Ablaßgegner: „Quare ergo resistitis passioni Christi, ne fructificet in vobis? Quare non patienter sustinetis oves perditas, vulneratas et oppressas in orbe terrarum a summo pastore recolligi, mederi et relevari, cum nemo sufficiat ad earum in omnibus relevationem et curationem nisi summus pastor?" Coel. fol. Dd4r/v. Zum Aspekt der relevatio vgl. Suppl. fol. f3r (misera anima relevatur), zum Aspekt der curatio vgl. oben Anm. 104 (clavibus curationum salutarium).

[115] Vgl. besonders Coel. fol. Y5r–6v (De dignitate sacerdotali); vgl. unten S. 269–272.

[116] De directione cordis 44 (ed. Glorieux VIII 111,21–34).

[117] Nürnberger Predigtstücke von 1517 (28,4–10).

[118] Coel. fol. R2r: zit. unten Anm. 140.

[119] Coel. fol. Q6v; vgl. fol. Aa1r: „Alias quomodo multitudini subveniret passio Christi, si in omnibus absolvendis prius requireretur contritio, si eorum imperfectio non iuvaretur per liberalitatem Christi, quam per sacramenta hominibus exhibet."

[120] Eine besonders charakteristische Stelle ist unten Anm. 146 zitiert; vgl. auch Coel. fol. A2v: über den dritten Teil der Coelifodina: „Tertia (pars erit) de modo bene moriendi, quomodo videlicet quis, etiam peccator maximus, per bonum usum mortis in fide christiana possit mereri remissionem poenae et culpae"; Coel. fol. Dd5r: „Tempore iubilaei solent omnes homines concurrere, etiam maximi peccatores, qui alias raro vel numquam sermones visitare consueverant."

Lehrer Dorsten, soweit wir sehen können, überhaupt keine Rolle spielt. Diese ‚maximi peccatores', die bei Paltz eine so auffallende Stellung einnehmen, sind für ihn nicht etwa eine kleine Gruppe besonders verstockter Sünder, sondern gerade jene „multitudo christianorum". So kann er sich und seine Adressaten als „nos maximi peccatores" bezeichnen[121]. Der quantitative und der qualitative Gesichtspunkt seines seelsorgerlichen Interesses sind also deckungsgleich.

Im Hintergrund dieses seelsorgerlichen Programms steht eine sehr intensive Vorstellung von der Sündhaftigkeit und Schwäche des Menschen, die Paltz – zumindest in dieser Hinsicht – als charakteristischen Theologen seines Ordens erweist[122]. So hebt er immer wieder hervor, daß nur sehr wenige (paucissimi) ohne sakramentale Hilfe zu einer wahren Reue aus Liebe zu Gott, und das heißt: zur rechtfertigenden Gnade, gelangen können[123]. Und auch vom Gerechtfertigten gilt, daß er so stark von moralischer Schwäche und Gebrechlichkeit (infirmitas, fragilitas)[124], von der durch fomes und habitus vitiosi bedingten Neigung zum Sündigen[125] beherrscht wird, daß er nie ohne aktuelle Sünden, zumindest nicht ohne läßliche Sünden leben kann[126]. Paltz beruft sich auf die Erfahrung (experientia), daß wir auch nicht einen einzigen Tag vor Sünden bewahrt bleiben[127]. „Wenn wir uns gerecht beurteilen wollen", sagt er auch in Hinblick auf die Gerechtfertigten, „dann werden wir

---

[121] „Iam temporis nos maximi peccatores possumus facilius evadere purgatorium quam quondam magni sancti." Suppl. fol. e5v.

[122] Siehe unten S. 326f.

[123] Siehe unten S. 279–283. Vgl. unten Anm. 140.

[124] Siehe besonders Suppl. fol. a5v (ein Leben ohne jede Sünde ist schwierig, ja geradezu unmöglich „propter nimiam eorum fragilitatem, diaboli malignitatem et mundi inquinationem"); fol. a6r („peccatorum gravitas et multitudo", „condicionis ad resistendum fragilitas"); fol. c3r („humana fragilitas", „quilibet peccatum timere debet ex infirmitate"); fol. e6r („nos autem, qui sumus infirmi"); unten Anm. 129. Für den von Paltz bevorzugten Ausdruck (humana) fragilitas ließe sich noch eine Fülle weiterer Stellen aus seinem Gesamtwerk anführen; vgl. z.B. unten Anm. 133 (am Ende). Zur Gebrechlichkeit des Menschen treten als sündenverursachende Faktoren in der Regel traditionellerweise Teufel (oder Dämonen) und Welt hinzu; vgl. unten S. 249 mit Anm. 182.

[125] Fomes ist der ‚Zündstoff' zum Sündigen, der nach der Tilgung der Erbsünde in der menschlichen Natur zurückbleibt, die habitus vitiosi werden dagegen als Folgen vergebener aktueller Sünden gesehen; siehe besonders Coel. fol. Ff6v–Gg1r und T3v.

[126] „Et quamvis per gratiam dei quis vivere possit absque mortali peccato, nullus tamen omnino vivere valet sine omni veniali peccato." Suppl. fol. c3r.

[127] „Simili modo poteris loqui cum domino deo te humiliando et dicendo: Domine, deus meus, tibi proprium est misereri et mihi proprium est peccare. Rogo, ut tua proprietas vincat meam. Hoc est omni die faciendum, quia omni die incidimus aliqua peccata, ad minus venialia, utinam non mortalia. Nequaquam autem debemus manere in peccatis et in proposito peccandi. Sed debemus cotidie surgere et dolere et poenitentiam incipere, non obstante quod per experientiam didicimus nos numquam sine peccato unum diem vixisse." Suppl. fol. g6v.

erkennen, daß wir nichts anderes sind als die armseligsten Sünder (miserrimi peccatores), befallen von dem Aussatz der Sünden, voll von den Unreinheiten der Laster, in unvergleichbar größerem Maße geneigt zum Bösen als zum Guten"[128]. Charakteristisch für Paltz sind die Superlative, mit denen er arbeitet, um einerseits das menschliche Unvermögen, insufficientia, infirmitas, infectio, indispositio[129], und andererseits die Fülle göttlicher Barmherzigkeit, die „infinita et immensa bonitas et misericordia" Gottes[130] zum Ausdruck zu bringen. Den miserrimi[131] oder maximi peccatores, unter die fast jeder Christ zu rechnen ist, treten die paucissimi, die nahezu vollkommenen Christen, gegenüber, die aber für Paltz eher eine theoretische als eine erfahrbare Größe sind, jedenfalls nicht das Publikum, für das er seine Werke schreibt.

Der Ausgangspunkt seiner Seelsorge, die tiefe Sündhaftigkeit und bleibende Gebrechlichkeit der menschlichen Natur, tritt noch klarer hervor, wenn man sieht, wie Paltz dabei mit einer bestimmten geschichtlichen Verfallstheorie operiert – in moralisierender Zuspitzung traditioneller Weltalterlehren und anknüpfend an die im Spätmittelalter verbreitete „Idee einer eschatologischen Degenerationsgesetzlichkeit"[132], die nichts über die tatsächlichen sittlichen Zustände, aber sehr viel über das Sentiment der Zeit besagt. Die fortschreitende „deficientia generis humani" findet er mit der Auslegungstradition bildlich dargestellt in jenem Nebukadnezar im Traum erschienenen Standbild (Dan. 2,31–33), dessen Haupt aus Gold, dessen Brust und Arme aus Silber, dessen Bauch und Schenkel aus Erz, dessen Schienbeine aus Eisen und dessen Füße aus einem Gemisch von Eisen und Ton bestehen. So befinde sich die Christenheit seit den ‚goldenen' Tagen der Urkirche in einem Verfallsprozeß, beschrieben als „in devotione arere", als fortschreitendes Verdorren der Frömmigkeit, das nun in der Gegenwart den größten

---

[128] „Et si iuste iudicare voluerimus, non cognoscemus nos aliquid esse nisi miserrimos peccatores, infectos lepra peccatorum, plenos immunditiis vitiorum, incomparabiliter amplius inclinatos ad malum quam ad bonum." Suppl. fol. g6r/v. Vgl. Suppl. fol. g4v–5r: „Postquam cotidie in cor nostrum intraverimus et nihil boni ibi invenerimus nisi defectus vel peccata, in quae iterum cecidimus, quae prius saepe planximus …"

[129] Die sakramentale Beichte sei notwendig: „secundo propter nostram insufficientiam. Cognovit enim dominus deus nostram infirmitatem, infectionem et indispositionem, quod raro habemus veram contritionem, ut statim nobis remittat culpam." Suppl. fol. s3v.

[130] „Sed quia teste Psalmista ‚magnitudinis eius non est finis' (Ps. 144,3), igitur misericordiae et bonitatis eius non est finis. Infinita ergo et immensa est eius bonitas et misericordia." Coel. fol. P1v. Vgl. unten Anm. 146 (magnifica dei misericordia).

[131] Siehe oben Anm. 128; vgl. auch Sept. fol. A3r: „Quando volueris salutare tantam dominam, debes resilire in tuam parvitatem et cogitare: quis es tu?, et statim invenies, nisi excaecatus fueris, te esse miserrimum peccatorem."

[132] STADELMANN, Vom Geist des ausgehenden Mittelalters, 230.

Teil der Christen in einen ‚tönernen' Zustand geführt habe, in dem sie
„aus sich selbst heraus zuwenig oder nichts tun können", während die
Urchristenheit den Nachgeborenen sogar einen Überschuß an Verdiensten hinterlassen habe[133].

Paltz weitet dieses an Dan. 2 anknüpfende Geschichtsverständnis an
anderer Stelle noch aus, indem er die „defectibilitas et mutabilitas
generis humani" auch auf die Bereiche körperlicher Gesundheit und
natürlicher Begabung bezieht[134], so wie er überhaupt einen sehr engen
Zusammenhang zwischen moralischem Verhalten, insbesondere gegenüber der kirchlichen Sakralinstitution, und zeitlich-physischem Ergehen
sieht[135]. Der Verfall körperlicher Kräfte ist für ihn augenscheinlich in der
Abnahme der menschlichen Lebensdauer seit dem vorsintflutlichen
Zeitalter. Heute, sagt er, erreichen nur sehr wenige (paucissimi) das
siebzigste Lebensjahr, „ut patet per experientiam"[136]. Ebenso sei das
Schwinden der natürlichen Begabungen (ingenia naturalia) unüb:erseh-
bar, der Verfall der Wissenschaften und Künste, der städtischen und
bäuerlichen Kultur: „quae omnia pro nunc multum deficiunt et usque ad
faeces decreverunt". Gefragt seien nur Stolz, Essen, Trinken und Ausschweifung[137]. Aber, so läßt Paltz einwenden, gibt es nicht zu unserer

---

[133] Auf die Frage, warum der Schatz der Ablässe im Laufe der Zeit immer häufiger und
reichlicher ausgeteilt worden sei, antwortet Paltz: „Non est dubium, quin hoc proveniat
ex deficientia generis humani. Cuius deficientia et mutabilitas figuratur in statua, quam
vidit Nabuchodonosor Danielis 2: cuius caput fuit aureum, pectus autem et bracchia de
argento, venter et femora ex aere, tibiae autem ferreae, pedum quaedam pars ferrea,
quaedam fictilis. Sic in primitiva ecclesia homines fuerunt aurei appetentes magis de suis
meritis aliquid conferre in thesaurum ecclesiae pro posteris, quam inde recipere. Deinde
coeperunt declinare usque ad argentum, quando plus defecerunt; postea usque ad aes,
quando minus valuerunt; consequenter usque ad ferrum, quando in devotione aruerunt;
demum usque ad testam, quando per se parum vel nihil facere potuerunt, in quo statu
quantum ad maiorem partem videtur iam consistere genus humanum. Ideo credendum
est, quod spiritus sanctus, qui pro omni tempore regit ecclesiam, intuens fragilitatem
generis humani ex singulari compassione providet istis temporibus largiorem thesauri
huius apertionem, quam forte umquam fecit." Coel. fol. V 6r.
[134] „Expedit iam temporis iubilaeum per universam ecclesiam circumferri propter
humani generis defectibilitatem. Quae quidem defectibilitas et mutabilitas clare cognoscitur Danielis 2 ex visione statuae … Deficit autem humanum genus in tribus, videlicet in
viribus corporalibus, in ingeniis naturalibus et in virtutibus moralibus." Coel. fol. Dd 2v.
[135] Vgl. z. B. Suppl. fol. f 2v–3r: der Zusammenhang zwischen Förderung des Jubiläumsablasses und wirtschaftlicher Prosperität.
[136] „Primo (humanum genus) deficit in viribus corporalibus, quia semper posteriores
inveniuntur debiliores et inferiores in viribus et fortitudine ac bonitate complexionis
prioribus. Et hoc testantur anni et longaevitas vitae priorum respectu posteriorum."
„Paucissimi enim attingunt nunc septuagesimum annum, ut patet per experientiam."
Coel. fol. Dd 2v–3r.
[137] „Secundo dixi, quod huiusmodi humanum genus deficiat in ingeniis naturalibus.

Zeit in jeder Kunst und Fertigkeit begabtere Menschen als jemals
vorher? Dem humanistischen Hochgefühl setzt er eine ernüchternde
Bilanz entgegen: „Wenn du über die Mehrzahl der Menschen sprichst,
muß ich deine Annahme verneinen, denn die Masse (multitudo) ver-
kommt heutzutage in Schlemmerei, Ausschweifung und Hochmut.
Wenn du aber von einer kleinen Minderheit sprichst, will ich einräumen, daß sich heutzutage einige, wenn auch nur ganz wenige (paucissimi), hochbegabte Geister finden, doch haben sie das nicht aus eigener
Anlage, sondern aufgrund der Leistungen anderer, deren Nachfolge sie
angetreten haben." Sie sind Zwergen gleich, die auf Schultern von
Riesen stehen und nur deshalb weiter sehen können als diese[138]. Schließlich kommt Paltz wieder auf den Verfall „in virtutibus moralibus" zu
sprechen, mit dem Ergebnis, daß sich zwar in der Gegenwart einige
Gute fänden, daß die meisten Christen aber nicht von solch ‚eiserner',
sondern – nach Dan. 2 – von tönerner Qualität seien, d. h. „mali et
terreni"[139].

Sollen nun aber wirklich nur jene ‚paucissimi', jene kleine Schar der
wahrhaft Bußfertigen, gerettet und die multitudo peccatorum verdammt werden? Wäre dies der Fall, dann würde, um mit Paltz zu
sprechen, „das Leiden Christi entleert werden und es wäre vergeblich
gewesen". Denn dann würden doch wieder nur diejenigen gerettet, die
auch im Alten Bund Gnade und Heil gefunden haben[140]. Der Ertrag der

---

Quantum enim viguit ingenium humanum, ostendunt artes tam liberales quam mechani-
cae ab antiquis inventae, similiter structurae, aedificia castrorum et civitatum, plantatio
agrorum atque cultura vinearum, armatura bellica, quae omnia pro nunc multum deficiunt et usque ad faeces decreverunt. Unde nihil modo quaeritur nisi terra, scilicet
superbire, comedere, bibere et luxuriari." Coel. fol. Dd3r.

[138] „Sed forte dicet aliquis: Iam temporis in omni arte et facultate sunt homines
ingeniosiores, quam umquam fuerunt. Respondeo distinguendo, quia vel loqueris de
multis vel de paucioribus: Si de multis, nego assumptum, quia multitudo modo deficit in
gula, luxuria et superbia. Si de paucioribus loqueris, concedo, quod aliqui, licet paucissimi, iam temporis inveniuntur ingeniosissimi, sed hoc non habent ex suo ingenio, sed ex
laboribus aliorum, quorum labores intraverunt. Exemplum dat doctor noster dominus
Aegidius de Roma Super 2 Sententiarum in nano, qui insidet collo gigantis: ‚Hic longius
videt quam gigas' (AEGIDIUS ROMANUS, Sent. II d. 37 q. 1 art. 3 resolutio; Ed. Venedig
1581: II/2, 551aB), quamvis gigas multo maior sit eo. Sic aliqui studiosi et ingeniosi iam
temporis longius vident in multis scibilibus omnium scientiarum et artium quam anteces-
sores eorum. Qui insident collis eorum, id est intraverunt labores eorum et induerunt
ingenia eorum. Non tamen sunt aliis ingeniosiores, quia non invenerunt, sed inventa
didicerunt, quibus intellectis, nisi essent miserrimi ingenii, non solum uti inventis, sed
etiam inveniendis didicerunt." Coel. fol. Dd3r.

[139] „In quo statu nos modo sumus, quia licet aliqui boni inveniantur per ferrum
significati, plures tamen mali et terreni reperiuntur per terram seu testam significati."
Coel. fol. Dd3r.

[140] „Si modo omnes alii essent damnandi, iterum ‚evacuaretur' passio Christi et esset

Passion Christi bestehe aber darin, daß nun auch die große Masse der ‚maximi peccatores' der Hölle, ja auch dem Fegfeuer entgehen kann[141], indem ihr ein „facilior modus poenitendi et salvationis" eröffnet wird[142]. Die Wirksamkeit des Kreuzes Christi, wie sie sich für Paltz vor allem in der Wirksamkeit der Sakramente und Ablässe zeigt[143], ergänzt alle menschliche Unvollkommenheit[144]. Im Passionsgeschehen, in dieser heilsgeschichtlichen Zäsur zwischen Altem und Neuem Bund[145], sieht er daher die legitimierende Grundlage für die Weite seiner pastoralen Theologie, die sich, was ihre Adressaten betrifft, an einem Maximum an Quantität und einem Minimum an Qualität orientiert. Denn hier, am Kreuz, findet er jene „magnifica dei misericordia", die, wie er sagt, „auch die größten Sünder der Einladung zum Tisch wahrer Bekehrung würdigt"[146].

Sieht man, wie Paltz' theologisches Werk von einer bestimmten seelsorgerlichen Intention her konzipiert und gestaltet ist, wie es genauer gesagt die Verbindung zwischen der übergroßen Barmherzigkeit Gottes[147] und der bedrückenden Sündenlast des Durchschnittschristen aufzuzeigen versucht, wie es die Passion Christi, die Summe göttlicher Barmherzigkeit[148], als präsente Barmherzigkeit für den Alltag möglichst vieler simplices fruchtbar machen will[149], dann gewinnt man Verständnis für die Einzelinteressen und -themen des Autors, die alle auf dieses Grundinteresse hinzielen. Dann versteht man seine begeisterte Zustimmung zur Multiplizierung des Gnadenangebots durch die Jubi-

---

inanis." Coel. fol. Q6v. „Si iam illi soli essent salvandi in nova lege, qui veram haberent contritionem, cum illa sit paucorum, paucissimi salvarentur et per consequens ‚evacuaretur crux Christi', hoc est nihil iuvaret vel adderet in sacramentis novae legis, in quibus virtus eius operatur." Coel. fol. Q5v. „Sine ministerio sacerdotum (deus) paucissimos salvaret ... Et sic minima pars christianorum salvaretur etiam non contemnentium, et sic ‚evacuaretur crux Christi', quod est contra Apostolum." Coel. fol. R2r. Vgl. 1. Cor. 1,17: „ut non evacuetur crux Christi". Vgl. auch oben Anm. 119.

[141] Siehe oben Anm. 119.   [142] Coel. fol. Q5v.

[143] Siehe oben Kap. 3 Anm. 310 und unten S. 262–265.

[144] Siehe z. B. Coel. fol. Q5v (virtute passionis Christi suppleretur defectus poenitudinis) und oben Anm. 119.

[145] Zur Überlegenheit des Alten Bundes über den Neuen Bund siehe außer Coel. fol. Q5v–R2r die diesen Text teils zusammenfassenden, teils erläuternden Ausführungen in Suppl. fol. s3v–4r.

[146] Christus sendet zur Zeit des Jubiläums Prediger „primo ad significandum aliquid magni, scilicet magnificam dei misericordiam, qua dignatur invitare etiam maximos peccatores ad mensam verae conversionis". Suppl. fol. a2v.

[147] Zur zentralen Stellung der misericordia (bonitas, pietas, clementia, liberalitas) divina im Werk von Paltz siehe unten S. 170f. und 261f.

[148] Vgl. oben S. 131 bei Anm. 308 und 309.

[149] Vgl. oben Anm. 114 (fructificare).

läumsverkündigung, andererseits etwa auch sein Interesse an einfachen Formen täglicher Passionsmeditation[150].

Man kann allerdings fragen, ob die Offenheit des Augustiners für die große Masse der ‚maximi peccatores' nicht sehr handfeste finanzielle Motive hat, während die seelsorgerliche Argumentation nur ein geschicktes Täuschungsmanöver, zumindest aber eine, wenn auch unbewußte, ideologische Anpassung an die primären wirtschaftlichen Interessen ist. War er, um eine Formulierung Luthers aufzugreifen, nicht eher ein pecuniarum statt ein animarum zelator[151]? Deutlich wird H. Böhmer, wenn er sagt: „Man hat den Ablaßhandel in neuerer Zeit vielfach mit den sogenannten Volksmissionen verglichen. Aber dieser Vergleich hinkt. Dem Volksmissionar ist es nur um das Seelenheil seiner Zuhörer zu tun, der Ablaßprediger hatte es, wenn nicht ausschließlich, so doch in erster Linie immer auf das Geld der Gläubigen abgesehen."[152] Und auch G. Kawerau vermutet, daß hinter Paltz' Attritionslehre, hinter seinem Versuch „einer Erleichterung der Absolution", der „Blick auf das Ablaßgeschäft" steht[153]. Zwar kann man die letzten Motive, die einen Autor bewegen, nie ausloten und das Gesagte nicht immer mit dem Gemeinten gleichsetzen, doch dürften die Urteile Böhmers und Kaweraus dem Ablaßprediger Paltz kaum gerecht werden. Alles deutet darauf hin, daß er sich in erster Linie an seelsorgerlichen Zielen orientierte und daß es die seelsorgerliche Zielsetzung war, die ihn zu seiner Reuelehre und seinem Engagement in Sachen des Ablasses führte. Man darf in diesem Zusammenhang auf den banalen Umstand hinweisen, daß die Jubiläumsgelder nicht in seine Taschen oder die Kanäle des Ordens flossen, sondern vom Papst, den weltlichen Obrigkeiten und zu einem kleinen Prozentsatz auch von Raimund Peraudi vereinnahmt wurden[154]. Auch der Gesichtspunkt des Türkenkrieges und der dafür benötigten Gelder – für Peraudi die entscheidende Legitimation der Jubiläumskampagnen[155] – tritt bei Paltz völlig in den Hintergrund. Was für ihn zählt und in Coelifodina und Supplementum Coelifodinae theologisch entfaltet wird, ist die einmalige Chance, die durch die Jubiläumsverkündigung der großen Masse, ihrer Bekehrung und ihrer Befreiung von Schuld und Strafe, eröffnet wird[156]. Hier zeigen

---

[150] Siehe unten S. 262 f.
[151] LUTHER, Begleitschreiben zu den Resolutiones disputationum de indulgentiarum virtute an Staupitz vom 30. Mai 1518 (WA 1,526,29); vgl. oben S. 147 bei Anm. 102.
[152] BÖHMER, Der junge Luther, 147.
[153] Siehe oben S. 23.
[154] Siehe PAULUS, Geschichte des Ablasses III, 450–469 (Der Ablaß als Geldquelle) und die oben Kap. 2 Anm. 322 genannte Literatur zu Raimund Peraudi.
[155] Vgl. MEHRING, Kardinal Raimund Peraudi, besonders 390 f.
[156] Darum betont er, daß man sich nicht über das Schicksal der Jubiläumsgelder

sich dann auch die Verbindungslinien zu den zahlreichen anderen theologischen Themen, bei denen die Richtung seiner Stellungnahmen immer durch jene seelsorgerliche Grundintention bestimmt ist.

III. Die inhaltliche Grundorientierung

1. Affektive Theologie als Theologie der Erfahrung

Fragt man nach inhaltlichen Grundlinien der spätmittelalterlichen Frömmigkeitstheologie, in denen sich ihr seelsorgerliches Interesse konkretisiert, dann wird man vor allem ihre Konzentration auf die affektiven oder voluntativen Seelenkräfte des Menschen hervorheben müssen. Gerson will mit seinem theologischen Reformprogramm die zeitgenössische Universitätstheologie aus einer einseitig spekulativen Beschäftigung mit dem kognitiven Bereich herausführen und für ein Denken öffnen, das aus dem frommen Affekt geboren ist, den frommen Affekt zum Gegenstand der Reflexion erhebt und sein Feuer in den Herzen der Gläubigen nähren will[157]. Im Blick auf diese Zielsetzung nennt er die christliche Theologie eine „theologia affectiva"[158]. Zum Verständnis dessen ist wesentlich, daß Gerson mit Augustin, der monastischen Theologie des 12. und der franziskanischen Theologie des 13. Jahrhunderts den anthropologischen Ort der geistlichen Erfahrung und des geistlichen Lebens im Affekt, d. h. im Bereich des Willens, sieht[159]. In dieser Verbindung von affectus und experientia kommt eine Höherbewertung des Affekts gegenüber dem Intellekt zum Ausdruck: Die theologische Liebeserkenntnis kann, wie Bonaventura sagt, als affekti-

---

Gedanken machen solle (Quid mihi de pecunia!), sondern über den unverhältnismäßig großen Wert, den man dafür empfangen hat, die „remissio poenae et culpae": Suppl. fol. d2v–3r; vgl. Coel. fol. Cc2r/v.

[157] Vgl. z. B. Collectorium super Magnificat, tract. 7 (ed. Glorieux VIII 303,11–14): „Sed est scientia, quae non inflat, sapientia scilicet, quae desursum est, pudica, pacifica, suadibilis, quae erudiens intellectum simul per devotionem informat et inflammat et pascit affectum." Vgl. auch Hamm, Frömmigkeit, 480 bei Anm. 46.

[158] Siehe Hamm, ebd. Anm. 44. Zu den im 13. Jahrhundert vertretenen Positionen hinsichtlich des spekulativen, praktischen oder affektiven Charakters der Theologie vgl. Köpf, Die Anfänge der theologischen Wissenschaftstheorie, 194–210. Die Vorläufer der Ansicht Gersons sind Albertus Magnus (in seinem Sentenzenkommentar), Ulrich von Straßburg und Aegidius Romanus, während die Auffassung vom praktischen Charakter bei den Franziskanern und die vom spekulativen Charakter bei den von Thomas beeinflußten Dominikanern herrschend ist. Zum Einfluß des Aegidius Romanus und seiner Meinung über den affektiven Charakter der Theologie auf die Theologen seines Ordens vgl. Zumkeller, Die Lehrer des geistlichen Lebens, 239 f.

[159] Vgl. zur Mühlen, Art. ‚Affekt', 559–605. Zur monastischen Theologie des 12. Jahrhunderts vgl. neuerdings Köpf, Religiöse Erfahrung in der Theologie Bernhards von Clairvaux.

ves Erkennen die dem Erkenntnisvermögen des Intellekts, auch des durch den Glauben erleuchteten Intellekts, gesetzten Grenzen transzendieren, indem sie als 'cognitio experimentalis' zu einer unmittelbaren, innigen Verbundenheit mit Gott führt[160]: „Cognoscitur etiam per intimam unionem dei et animae."[161] Es ist verständlich, wie Gerson diese Vorstellung von der affektiven Vereinigung der Seele mit Gott aufgreifen und zu seinem Programm der mystischen Theologie und einer sie verarbeitenden scholastischen Theologie[162] entwickeln konnte.

Richten wir unseren Blick auf Paltz, dann wird sofort deutlich, daß er sich ganz im Strom dieser 'affektiven Theologie' befindet, deren wichtigste Stationen – auch im Hinblick auf seine Zitate – Augustin, Bernhard, Bonaventura und Gerson sind. Auch er steht in Front gegen eine überintellektualisierte Schultheologie. Wir wenden uns zunächst einer zentralen Stelle im Supplementum Coelifodinae zu, um von hier aus zu einer allgemeinen Beurteilung des affektiven Charakters der Paltzschen Theologie zu gelangen. Innerhalb eines großen Abschnitts über Nutzen und Notwendigkeit rechter Selbsterkenntnis zeigt Paltz, wie man aus der demütigen Einsicht in die eigene Verderbtheit zur tröstenden Erkenntnis des barmherzigen Gottes gelangen kann[163]. Zum Verständnis dieser „via cognoscendi" müsse man wissen, daß es eine zweifache Erkenntnis gibt, eine cognitio intellectus und eine cognitio affectus. Während der Affekt der Liebe zu einer vertrauten Erfahrung Gottes, zu einer „notitia affectiva, experimentalis et familiaris", zu einem Gefühl der Süße führe, sei die Verstandeserkenntnis, der Demut und Liebe fehlen, trocken und fade, manchmal auch voll eitler Neugierde (vana et curiosa). Paltz verdeutlicht den Unterschied am Beispiel des Honigs: Zweierlei Ding sei es, ob man seine Süße nur vom Sehen und Hören oder auch durch die Erfahrung des Geschmacks kenne. So hätten auch die heidnischen Philosophen Gott nur mit Wissen allein (notitia simplex), aber nicht in heilsamer Weisheit (sapientia salutaris) erkannt[164].

---

[160] Vgl. ZUR MÜHLEN, ebd. 601f.

[161] BONAVENTURA, Sent. III d. 24 dub. 4 (III 531b); zit. ebd. 601.

[162] Siehe oben Anm. 64.

[163] Suppl. fol. f6v–g1v (mit zahlreichen Zitaten aus BERNHARD VON CLAIRVAUX).

[164] „Hanc viam cognoscendi deum philosophi ignoraverunt. Propterea 'in cogitationibus suis evanuerunt', Ad Romanos 1 (21). Est autem notandum circa praedicta, quod duplex est cogitatio, scilicet intellectus et affectus. Unde glossa quaedam (nicht gefunden) super illo Ioannis 4 (1. Io. 4,7f.): 'Omnis qui diligit, cognoscit deum', notitia scilicet affectiva, experimentali et familiari. 'Qui' autem 'non diligit' deum et proximum ex caritate, 'non novit deum' notitia experimentali, etiam quantumcumque cognoscat deum notitia simplici et apprehensiva, quae arida est et insipida et nonnumquam vana et curiosa. Nempe in malivolam animam non intrabit sapientia videlicet salutaris, id est cognitio humilis et suavis et experimentalis. In simili: Aliud est cognoscere simplici notitia visus vel

Die Unterscheidung von „cognitio intellectiva" und „cognitio affectiva et experimentalis"[165] wendet aber Paltz mit Gerson auch gegen den scholastischen Lehrbetrieb seiner Tage: „Ebenso gibt es noch heute viele Christen, die sich nur um die Erleuchtung ihres Intellekts bemühen, auf daß sie vieles, auch Göttliches, erkennen, aber keine Anstrengung der Entflammung ihres Affekts widmen. Ihnen bringt ihr Wissen keinen Nutzen für das Heil, im Gegenteil eher Schaden. Wer sich aber aus der Selbsterkenntnis zur Hilfe des göttlichen Erbarmens erhebt und zu Gott in seinen Nöten ruft, der wird getröstet und erhört." Er lernt Gott, wie Paltz fortfährt, mit jener inneren, affektiven Erfahrungserkenntnis kennen, die zum Heil genügt[166]. Der ständige Blick auf das „prodesse ad salutem"[167] oder „sufficere ad salutem" zeigt deutlich die seelsorgerliche Intention, mit der Paltz den Affekt zur Sprache bringt. Es ist ein Appell an die Wiederbelebung der affektiven, von der Sünde trennenden und mit Gott verbindenden Kräfte, an eine Erneuerung des geistlichen Lebens, die mit der demütigen Selbsterkenntnis einsetzen soll.

Wie umfassend diese affektive Perspektive bei Paltz ist, zeigt der vorläufige Abschluß des referierten Gedankengangs, der die affektiven Möglichkeiten des Christen Revue passieren läßt. Über die Selbsterkenntnis heißt es hier: „O glückliches Wissen, aus dem so viele Gnadengaben entstehen! Die Selbsterkenntnis nämlich ist es …, die wahre Reue, wahre Hoffnung und Zuversicht, geistlichen Trost, wahre Demut, welche die Mutter des Heils ist, wahre Furcht, Erkenntnis Gottes und darum auch Liebe zu Gott wirkt, ja sie wirkt auch Geduld und Dankbarkeit, und alle Güter kommen ebenso mit ihr. Selig also, wer sich dieses Wissens befleißigt."[168] Paltz nennt hier Stichworte, die sein ganzes Werk thematisch bestimmen, vor allem die Reue mit ihren zwei Seiten Furcht und Hoffnung, die besonders mit der exem-

---

auditus dulcedinem mellis et aliud est ipsam cognoscere experimentali perceptione gustus. Sic philosophi solum simplici notitia cognoverunt deum, quae fuit arida et insipida. Ideo non profuit eis ad salutem." Suppl. fol. g 1v–2r.

[165] Suppl. fol. g 2r.

[166] „Sic sunt adhuc multi christiani, qui solum laborant pro illuminatione intellectus, ut cognoscant multa etiam divina, et non laborant pro inflammatione affectus. Istis eorum scire nihil prodest ad salutem, immo magis obest. Sed qui ex cognitione sui elevat se ad divinae miserationis auxilium et clamat ad deum in suis necessitatibus, ille consolatur et exauditur … Talis, qui intus in corde invocat et exauditur, ille discit deum notitia affectiva, experimentali et familiari, quae sufficit ad salutem." Suppl. fol. g 2r.

[167] Siehe oben Anm. 164 (am Ende).

[168] „O felix scientia, ex qua tot oriuntur charismata! Ipsa enim propria cognitio sui, ut ex praedictis colligitur, generat veram compunctionem, veram spem et confidentiam, spiritualem consolationem, veram humilitatem, quae est mater salutis, verum timorem, dei cognitionem et exinde dei dilectionem, immo etiam generat patientiam, gratitudinem, et omnia bona veniunt pariter cum illa. Beatus ergo ille, qui huic scientiae studuerit." Suppl. fol. g 2v.

plarischen Gestalt Mariens verknüpfte humilitas[169], selbstverständlich die Liebe zu Gott[170] und die aus ihr hervorgehende, sich in den Anfechtungen bewährende patientia, die er im Supplementum als letzte der sieben Himmelspforten eingehend beschreibt[171], schließlich die umgreifende consolatio, die der ständig drohenden desperatio entgegentritt[172]. Aber damit sind längst nicht alle affektbezogenen Bereiche der Theologie des Augustiners genannt. Man denke nur an die großen Textkomplexe, in denen er zur Meditation über das Leiden Christi anleitet[173] und dabei den Gedanken des Mitleidens, der compassio, entfaltet, aber auch an das für Paltz so wichtige Thema Gebet. Oratio und meditatio führen zur inflammatio affectus[174] oder sind bereits deren Äußerung.

Der Begriff, in dem sich all diese affektiven Aspekte des frommen Lebens verdichten, ist der für das spätmittelalterliche Reformbemühen so charakteristische Begriff der devotio[175]. Gerson hatte sie im Anschluß an Hugo von St. Viktor als „elevatio mentis in deum per pium et humilem affectum" definiert[176]. Im Grunde bezweckt Paltz mit seinen Werken nichts anderes als Anleitung zu rechter devotio, und so kann man seine Theologie mit Recht als eine affektive Theologie kennzeichnen. Man trifft damit einen Grundzug der Frömmigkeitstheologie des Spätmittelalters und der Reformationszeit. Das zeitgenössische Gegenbild ist deutlich, wenn man etwa Gabriel Biels Collectorium zur Hand nimmt. Hier haben wir das Werk einer spezifisch akademischen Theologie vor uns, die in erster Linie der Schulung der Verstandeskräfte dienen soll. Fides quaerens intellectum und fides quaerens devotionem – zwei Ströme spätmittelalterlicher Theologie, die beiden Pole einer Zeit, bei Biel sogar in einer Person vereinigt[177].

Farbe kommt in diese Bilder allerdings erst, wenn wir fragen, welche Wege – viae im Sinne von Lehrrichtungen – die fides quaerens intellectum ging und welche devotio von den Frömmigkeitstheologen inten-

---

[169] Vgl. besonders Suppl. fol. h 1r–6r: „De humilitate gloriosae virginis Mariae"

[170] Vgl. z. B. Coel. fol. G 4r (pius fidei ac dilectionis affectus).

[171] Suppl. fol. I 3r–4v: „De septima porta coeli, civitate vel castro refugii, quae dicitur patientiae et tolerabilitatis".

[172] Siehe unten S. 249.

[173] Siehe besonders Fund. fol. a 2r–b 6v (Von dem leiden Christi und teglicher betrachtung), Coel. fol. A 3r–I 5r (De passione domini) und Suppl. fol. n 5v–6r (De quarta porta coeli: passionis Christi).

[174] Coel. fol. G 3v.

[175] Vgl. CHATILLON, Art. ‚Devotio'.

[176] Collectorium super Magnificat, tract. 7 (ed. Glorieux VIII 301,27–29); vgl. HUGO VON ST. VIKTOR, De modo orandi 1 (PL 176,979B): „conversio in deum per pium et humilem affectum".

[177] Zu den Frömmigkeitsinteressen Biels vgl. OBERMAN, Werden und Wertung der Reformation, 65–71; vgl. auch HAMM, Frömmigkeit, 478 Anm. 33.

diert war. Die devotio des Johannes von Paltz ist nicht die devotio eines Thomas von Kempen, eines Vinzenz von Aggsbach, eines Bernhard von Waging oder eines Johannes von Staupitz. Gerade im Jahrhundert vor der Reformation sind Begriffe wie devotio, pietas, meditatio, contemplatio, humilitas, oboedientia, conformitas, consolatio oder experientia so schillernd und kontrovers, daß ein Oberbegriff wie ‚affektive Theologie' extrem verschiedene theologische Standpunkte umfassen kann.

Aus dem geistlichen Erfahrungsbereich, den Paltz meint, wenn er von „cognitio affectiva et experimentalis" spricht[178], ist zunächst jede mystisch-ekstatische Dimension, die in Gersons ‚theologia mystica' enthalten ist, ausgeklammert. Die unio der Seele mit Gott ist für ihn kein Thema, nicht im Sinne der affektiven Willensmystik Bernhards und Gersons, erst recht nicht als spekulativer, geistig-intellektiver Vorgang wie in der deutschen Mystik Eckharts und Taulers. Aufstiegsschemata, wie sie auch noch bei mystisch beeinflußten Theologen des 15. Jahrhunderts bis hin zu Staupitz beliebt sind, liegen ihm fern. Vom dreifach gestaffelten Weg der purgatio, illuminatio und unio bleibt nur noch die via purgativa übrig[179], die Paltz linear als Leben auf die Gnade hin und als Leben aus der Gnade auf die Glorie hin entfaltet. Zwar bringt die Eingießung der heiligmachenden Gnade eine fundamentale Zäsur, da erst sie ein Handeln aus Liebe zu Gott ermöglicht, doch werden die beiden Wegabschnitte im Leben des Christen von Paltz angesichts des immer während Hangs zum Sündigen und der ständig lauernden Gefahr der Verzweiflung strukturell völlig gleichartig beschrieben: als Leben der Reue über die begangenen Sünden und des Vertrauens auf den barmherzigen Gott, als Leben der Passionsmeditation, die solche Reue und Zuversicht ermöglichen soll, und als Leben des demütigen Gebets zu Gott, Maria und den Heiligen, das die Zuwendung der göttlichen Barmherzigkeit verbürgt. Die reiche sinnliche Bildwelt, mit der die mystisch orientierte Frömmigkeitstheologie die liebende Begegnung der Seele mit Christus, die unmittelbare affektiv-personale Verbundenheit der beiden Partner schildert, etwa als Hochzeit oder als Gastmahl, wird von Paltz nicht aufgenommen; er beschränkt sich auf nüchterne Anleitungen zur Praxis des einfachen frommen Lebens, zu Bußgesinnung in Demut, Gehorsam und Geduld und zu guten Werken[180]. Wenn er einmal von der dulcedo spricht, die

---

[178] Siehe oben S. 158 bei Anm. 165.

[179] Vgl. GIERATHS, Johannes Nider, 332f.

[180] Vgl. z. B. eine charakteristische Stelle in Fund. fol. c4r, wo er das „sich uben in den werken der buß" mit folgenden Worten beschreibt: „Domit mugen (= können) sie auch die krankheit der sele gesunt machen als mit fasten, wachen, betten, meßhoren und

der Christ schon in diesem Leben schmecken kann, dann meint er nicht das beseligende Innewerden der göttlichen Nähe, die oberste Stufe der contemplatio[181], sondern er bedient sich der traditionellen mystischen Metapher[182], um nichts anderes als die dem Schmerz über die Sünde korrespondierende tröstende Hoffnung auf Heil zum Ausdruck zu bringen[183]. Vom Mönchtum erwartet er demgegenüber nicht ein Mehr an affektiver Glut, sondern eine in minutiöser Treue zu Regel und Ordenskonstitutionen erbrachte Steigerung der Disziplin aus dem Geiste der Demut und des Gehorsams[184].

Wenn wir also Paltz' Theologie mit dem Blick auf das Gegenbild philosophisch geprägter Schultheologie als theologia affectiva charakterisieren, dann muß zugleich angesichts dessen, was im Jahrhundert vor der Reformation an affektiver Theologie möglich war, betont werden, daß wir bei Paltz einer sehr starken Reduktion des affektiven Moments begegnen. Reduziert wird die Breite und Tiefe des affektiven Lebens, sein psychologisch differenzierter Gestaltenreichtum und seine Intensität, besonders aber auch sein innerlicher, individuell-persönlicher Charakter. An die Stelle vielfältig gegliederter Staffelung – von der fides informis bis zur unio – tritt eine christliche Normalfrömmigkeit. Selbst bei Paltz' Lehrer Johannes von Dorsten können wir ein weit stärkeres Interesse an der Psychologie der Affekte und der persönlichen Aneignung geistlichen Lebens als bei Paltz finden[185], von seinen jüngeren Zeitgenossen Staupitz und Luther ganz zu schweigen.

Die Reduktion des affektiven geistlichen Lebens, des ‚fervor spiritualis‘, ist erst voll verständlich, wenn man beachtet, wie Paltz dieses

---

predighoren, mit der anrufung der muter gots und der lieben heiligen, mit betrachtung des leidens Christi, mit almusengeben oder desgeleichen."

[181] Diese Perspektive wird von ihm einmal kurz referiert in Coel. fol. G4r (die „divinae contemplationis elevatio" als „pervenire ad divinitatis inusitatam dulcedinem").

[182] Zum traditionellen Hintergrund vgl. CHATILLON, Art. ‚Dulcedo, dulcedo dei‘.

[183] Vgl. z. B. Suppl. fol. n5v: „Pertransitis tribus portis coeli vel refugii, scilicet proprii cordis, beatissimae virginis et sanctorum intercessionis, et forte peccatis tuis vel salute tua exigentibus nondum sensisti aliquam devotionem, sed arido corde permansisti. Discas consequenter quartam portam coeli vel refugii intrare, ut saltem ibi perfundaris rore coeli et cor tuum mollescat in dulcedinem et devotionem. Etsi in tali porta nullam invenies devotionem, quod vix est credibile, sicut nec de prioribus portis, adhuc tamen labor iste intrandi tales portas non esset inutilis, sed valde meritorius. Sed sicut non est possibile aliquem transfodere montem plenum mineris, quin quandoque aliquid minerale occurrat sibi, sic non est possibile aliquem diligenter praefatas portas intrare et non quandoque aliquid delectabilitatis invenire et gustare. Sunt enim dictae portae plenae coelesti dulcedine." Die vierte Pforte, von der Paltz spricht, ist die passio Christi, zu der man auf dem Wege der meditatio Eingang findet. – Zum dulcedo-Begriff vgl. auch oben Anm. 164.

[184] Siehe unten S. 296–299.

[185] Vgl. die bereits in diese Richtung gehenden Bemerkungen bei KOLDE, Die deutsche Augustiner-Congregation, 173f.

geistliche Leben auf die Gnadenangebote der Sakralinstitution Kirche bezieht und von ihnen her beschreibt. Den subjektiven Erfahrungsbereich sieht er umschlossen und durchdrungen von dem objektiven Ordnungsgefüge der hierarchischen Papstkirche, ja er verlagert das Gewicht ganz auf die Seite der omni-suffizienten Heilsanstalt, weil er hier Ausflucht aus den Unsicherheiten des von der Sündhaftigkeit angefochtenen persönlichen Frömmigkeitslebens findet. Diese persönliche devotio wird so zu einem Minimalprogramm in den Nischen des bergenden Gebäudes kirchlicher Garantien, die von Sakramenten und Ablässen über Mönchtum und Bruderschaften bis zur kirchlich regulierten Marien- und Heiligenverehrung reichen. Alles, was sich dem Zugriff kirchlicher Regularisierung, Schematisierung und Kontrolle zu entziehen droht, ist Paltz zutiefst suspekt. Bereiche wie Reue, Passionsmeditation oder Gebet, wo sich subjektive Frömmigkeit entfalten könnte, werden von ihm durch klare Schemata und einfache Techniken, handliche Regeln und vorformulierte Gebete auf den sakralinstitutionellen Rahmen abgestimmt.

Interessant ist, wie affektiv geladene Begriffe zwar ständig verwendet, aber der institutionsorientierten Betrachtungsweise dienstbar gemacht werden: Echte devotio z. B. zeigt sich nach Paltz in erster Linie als reverentia, als ehrfurchtsvolle Hochachtung vor der Würde und Macht des Priestertums und vor der Wirksamkeit der Sakramente und Ablässe[186]. Gegenstand der devotio ist also die Sakralinstitution, die gerade das Ungenügen persönlicher devotio auszugleichen vermag. Und im gleichen Sinne bedient sich Paltz auch der Begriffe oboedientia und humilitas, so etwa, wenn er den Gang zur Beichte als „exercitium oboedientiae et humilitatis" versteht[187]. Zwar habe die Sündhaftigkeit des Menschengeschlechts in der Gegenwart bisher unbekannte Dimensionen erreicht, doch gebe es für die Jubiläumsverkündigung nicht nur diesen negativen, sondern auch einen positiven Anknüpfungspunkt, nämlich die devotio und humiliatio der Gläubigen: „Denn noch beugen sich (humiliant se) die Menschen vor den kirchlichen Sakramenten, durch die sie vielfache Gnade und die Vorbereitung für die Teilhabe an solchen Ablässen erlangen." In den Zeiten des Antichrists werde sich dagegen die Verachtung der kirchlichen Gnadengaben breitmachen[188].

---

[186] Als exemplarischen Text vgl. Coel. fol. Dd3v–4r; z. T. zit. unten Anm. 188. Für die zahlreichen Stellen, an denen devotio als Verehrung der Sakramente und des Jubiläumsablasses verstanden ist, vgl. die Register zu den Bänden der Paltz-Edition.

[187] Coel. fol. Q6r; vgl. z. B. Coel. fol. Dd5r (auf das Jubiläum bezogen), unten Kap. 5 Anm. 293 und 344. Im übrigen vgl. die Register zu den Bänden der Paltz-Edition.

[188] „Secundo tempus praesens est tantis indulgentiis opportunissimum propter hominum istius temporis reverentiam. Sunt enim homines istius temporis adhuc satis

Ein wichtiger Faktor dieser institutionsbezogenen Tugenden devotio, humilitas und oboedientia, die Paltz fördern will, ist die Korrektheit, mit der Weltpriester, Mönche und Laien kirchliche Rituale, Zeremonien, Rechtsvorschriften, Regeln und Anordnungen befolgen sollen; denn die Gnaden- und Heilsgarantien der Sakralinstitution sind an die Korrektheit der sakralen Abläufe und an ein Leben in den Bahnen der „disciplina christiana"[189], ein „legaliter vivere"[190], gekoppelt[191]. Paltz reduziert somit die theologia affectiva bis zu einem Punkt, an dem sie sich so eng mit den Ansprüchen und Angeboten der kirchlichen Heilsanstalt verbinden kann, daß die Spannung zwischen subjektivem Erfahrungs- und objektivem Sakralbereich aufgehoben ist. Geistliche Erfahrung gewinnt der Christ nun gerade im demütigen Gehorsam gegenüber der Priester- und Papstkirche, die den Ertrag der Passion Christi verwaltet.

2. Simplex theologia und ihre Themen

Wie wir sahen, trägt Paltz in seinen Werken Theologie für die simplices sacerdotes und – durch ihre Vermittlung – für die große Masse der simplices christiani vor. In Übereinstimmung damit und im Gefolge der Reformgedanken, wie sie in der Frömmigkeitstheologie des 15. Jahrhunderts lebendig waren, ist seine Theologie auch inhaltlich durch und durch ‚simplex theologia'. Für einen Frömmigkeitstheologen dieser Epoche, der in der Tradition Gersons steht, hat die intendierte simplici-

---

reverentiales ad ea, ex quibus indulgentiarum thesaurus est congregatus ... Tertio tempus praesens est tantis indulgentiis opportunissimum propter hominum istius temporis devotionem et humiliationem. Humiliant enim se adhuc homines ad sacramenta ecclesiastica, ex quibus consequuntur multiplicem gratiam et dispositionem ad huiusmodi indulgentiarum participationem. De quibus dicit dominus Lucae 12: ‚Nolite timere, pusillus grex, quia complacuit patri vestro vobis dare regnum', Glossa: propter ‚humilitatis devotionem' (Lc. 12,32 mit GLOSSA ORDINARIA z. St.). Sed postea circa tempora Antichristi contemnent et per consequens dispositionem necessariam ad indulgentiarum participationem non habebunt. Igitur tunc nihil eis proderunt." Coel. fol. Dd3v–4r.

[189] Suppl. fol. B2v (hier bezogen auf die Zucht der Kleidung).
[190] Suppl. fol. B1v (von den Verheirateten).
[191] Vgl. z.B. Coel. fol. Dd5r: „Tertium, quod erit faciendum, quod gratia iubilaris obtineatur, est, quod debet devote, humiliter, fideliter et diligenter implere ea, quae in bulla continentur et iniuncta sunt" (sc. in der Jubiläumsbulle ‚Domini et salvatoris' ALEXANDERS VI. vom 5. Okt. 1500). Vgl. etwa auch die Schrift De cautelis servandis in absolutione sacramentali, Coel. fol. Z4v–Aa2v (De condicionibus necessariis absolventi in absolutione sacramentali) und Suppl. fol. s4v–t1v (Confessio qualis esse debeat). Dem taufenden Priester schärft Paltz ein, er müsse die Exorzismen „devote et integre legere", weil andernfalls dem Teufel eine größere Macht über das getaufte Kind belassen werde: Suppl. fol. z5v. Zum Mönchtum siehe unten S. 291–299.

tas[192] seiner theologischen Arbeit zwei Bedeutungsnuancen: Sie wird
einmal als Schlichtheit des Denkens und Redens verstanden, die sich
gegen eitle Neugier in Glaubensfragen, fruchtlose sophistische Denk-
operationen und Disputationen und hohle begriffsphilosophische, durch
ein Übergewicht der Logik und Dialektik geförderte Wortfülle und
-kompliziertheit wendet. Zum andern ist damit die innere Einheit der
Theologie, ihre Rückführung aus der Zerstreuung zur Einfalt, zur
Konzentration all ihrer Kräfte auf das eine Ziel der seelsorgerlichen
‚Erbauung' gemeint. Erst durch diesen Aspekt des Gesammeltseins auf
das Wesentliche hin empfängt der Aspekt der Schlichtheit, jenes für die
spätmittelalterliche Frömmigkeitstheologie so charakteristische Vereinfachungsprogramm, wie es uns abseits der Universitäten vor allem in
den Kreisen der Devotio moderna begegnet, seine theologische Tiefendimension. So will Gerson, wie er am Anfang von De mystica theologia
sagt, seine akademischen Kollegen dazu bringen, „daß sie die so
unfruchtbaren Studien, die den Geist zu einer Vielfalt von Dingen
zerstreuen, aufgeben und daß das Wort des Heiligen Geistes sie dazu
entflamme, Gott in der Einfalt (simplicitas) des Herzens zu suchen".
Und er verbindet damit in der uns bekannten Weise den Appell an die
Hinwendung der Theologie zum affectus[193], der inhaltlich gleichbedeutend ist mit seinen immer neu vorgetragenen Appellen an die Konzentration der Theologen auf die doctrinae aedificatoriae, necessariae,
utiles, fructuosae, clarae und solidae[194]. In jedem dieser Begriffe spiegelt

---

[192] Zum Vorstellungsbereich der ‚sancta simplicitas', wie er außer von Gerson besonders von der Devotio moderna gepflegt wurde, vgl. SUDBRACK, Die geistliche Theologie
des Johannes von Kastl I, 316 mit Anm. 305 (weitere Literatur).

[193] „... quibus ideo de secretis sapientiae tuae loqui velle mihi videor, ut, dimissis
interim sterilioribus studiis divaricantibus animum ad multa, inflammet eos verbum
spiritus tui quaerere te in simplicitate cordis, intelligere porro, quale est illud: ‚Vacate et
videte, quoniam suavis est dominus' (Ps. 45,11 kombiniert mit Ps. 33,9). Stimulentur
postremo ipsi non ita soli se tradere intellectui erudiendo, quod affectus aridus, immo
passionibus horrescens et sordescens deseratur." De mystica theologia, tract. 1 prologus
(ed. Combes 5,73–80).

[194] Vgl. z. B. GERSONS Memorandum zur Reform des Theologiestudiums (ed. Glorieux
II 26: „doctrinae inutiles sine fructu et soliditate", „doctrinae ad salutem necessariae et
utiles"; 27: „vanissimae doctrinae inutiles et steriles"); Contra curiositatem studentium II,
consid. 2 (ebd. III 238: „iam inventae doctrinae utiles et solidae") und consid. 8 (ebd. III
247: „clarae et solidae doctrinae"); vgl. auch oben S. 146 bei Anm. 91–93 (aedificatio
solida). – LUTHER zeigt sich in seiner Terminologie deutlich von dieser frömmigkeitstheologischen Tradition geprägt, wenn er z. B. 1518 über Tauler sagt: „Sed ego plus in eo, licet
totus Germanorum vernacula sit conscriptus, repperi theologiae *solidae* et sincerae quam in
universis omnium universitatum scholasticis doctoribus repertum est aut reperiri possit in
suis sententiis." Resolutiones disputationum de indulgentiarum virtute (WA 1,557,29–32).
Vgl. auch LUTHERS Brief an Spalatin vom 14. Dez. 1516 (WA Br 1,79,58–60 Nr. 30):
„Addo tamen et meum consilium: Si te delectat puram, *solidam*, antiquae simillimam

sich das Reformprogramm der theologia simplex, und jeder birgt die
polemischen Spitzen gegen den zeitgenössischen scholastischen Lehrbetrieb, seine Überfremdung durch die Philosophie[195] und sein Sich-
Verlieren an hybride, sterile und überflüssige[196] Spekulationen, Subtilitäten und Sophismen[197].

Dieses Programm wird im Jahrhundert vor der Reformation, sieht
man einmal vom weiten Feld der außeruniversitären Populartheologie
ab, von Vertretern aller Schulrichtungen getragen, sofern man unter
den Frömmigkeitstheologen überhaupt noch Angehörige einer
bestimmten Schulpartei ausmachen kann[198]. Auch Humanisten nördlich
der Alpen wie Rudolf Agricola, Alexander Hegius, Desiderius Erasmus
und Jakob Wimpfeling[199] reihen sich in die frömmigkeitstheologische
Reformbewegung ein. Gemeinsam ist den von Gerson beeinflußten
Theologen verschiedenster Provenienz die Frontstellung gegen ein sich
aufblähendes akademisches Wissen, gegen die vana curiositas. Die
erkenntniskritische, typisch nominalistische Zuspitzung von Gersons
Feldzug ‚contra vanam curiositatem'[200] tritt dabei meist zurück hinter
eine allgemeine, schulübergreifende Abneigung gegen fruchtloses Spe-
kulieren und spitzfindiges Disputieren, kurz gegen alles, was die zentrale Aufgabe der Theologie, die Förderung des frommen Lebens, aus
den Augen verlieren läßt[201]. In diesem Sinne kann sich auch ein Johannes

---

theologiam legere in Germanica lingua effusam, sermones Taulerii Iohannis praedicatoriae
professionis tibi comparare potes."

[195] Vgl. besonders Contra curiositatem studentium II, consid. 4 (ed. Glorieux III 239 f.).

[196] Zu der bei GERSON häufigen polemischen Verwendung des Begriffs ‚supervacuus'
vgl. z. B. sein Memorandum (ed. Glorieux II 28): „Et tunc credendum, quod in tanta
angustia temporis et inter tot animarum pericula non multum placebit ludere, ne dicam
phantasiari, circa ea, quae prorsus supervacua sunt."

[197] Vgl. zusammenfassend zu Gerson vor allem DOLFEN, Die Stellung des Erasmus von
Rotterdam zur scholastischen Methode, 22–25.

[198] Zur Schwierigkeit und Problematik eines solchen Unterfangens siehe unten S.
204–216.

[199] Vgl. die oben in Anm. 33 genannte Literatur; vgl. z. B. den Brief des ERASMUS an den
Franziskaner Johannes Gacy vom Okt. 1527 (ed. Allen VII 208,185–187 Nr. 1891):
„Theologiam nimium ad sophisticas argutias delapsam ad fontes ac priscam simplicitatem
revocare conatus sum."

[200] Die Bedeutung dieser Zuspitzung ist herausgearbeitet bei OBERMAN, Contra vanam
curiositatem, 33–38.

[201] Dieses curiositas-Verständnis hat GERSON selbst vorbereitet, indem er die perverse
Wißbegierde nicht nur auf die „minus attingibilia", sondern überhaupt auf die „minus
utilia" bezog, also auch auf Gegenstände, die zwar dem menschlichen Verstand zugänglich
sind, deren Kenntnis aber für die Theologie fruchtlos ist: „Curiositas est vitium, quo
dimissis utilioribus homo convertit studium suum ad minus utilia vel attingibilia sibi vel
noxia." Contra curiositatem studentium I, prologus (ed. Glorieux III 230). Zeichen von
curiositas inutilis sei z. B., wenn Theologen ihre Zeit mit „materiae pure logicales aut
philosophicae" vergeuden (ebd. II consid. 4; ed. Glorieux III 239 f.). Dieser nicht-

Wenck, der Begründer der Via antiqua in Heidelberg (gest. 1460), gegen eine „nuda et vana divinarum rerum speculatio" und gegen die „curiosi, superbi et arrogantes scioli" wenden und für eine schlichte biblische Theologie des Gebets und der Inspiration durch den Heiligen Geist einsetzen[202]. In die gleiche Richtung, wenn auch aus der Ecke der Via moderna kommend, weisen die Worte, mit denen der Paltz-Gegner Wimpfeling am Anfang des 16. Jahrhunderts die Leistung Gersons würdigt: „Die spekulativen Theologen, die nur mit gefühllosen Spekulationen und laut tönenden Disputationen über Streitfragen entweder Gott erforschen oder über ihn Erörterungen anstellen, lud er ein zu einem erfahrenden Schmecken Gottes (ad experimentalem eius gustum)."[203] Das Programm einer ‚simplex theologia' und das Programm einer affektiven, erfahrungsbezogenen Theologie blieben auch im Jahrhundert nach Gerson unlösbar miteinander verknüpft. Der Kampf gegen den eitlen und sterilen, sich in gedanklichen und terminologischen Spielereien[204] zerfasernden Formalismus der schola, der alle Lehrrichtungen von den Thomisten bis zu den Ockhamisten treffen will[205], ist zugleich der Kampf für eine aus der Erfahrung täglicher devotio gespeiste und für ihre Förderung bestimmte Theologie.

---

nominalistische (von OBERMAN, ebd., unberücksichtigt gelassene) Aspekt der curiositas, der Aspekt sterilen Wissens und spitzfindigen Erörterns, dominierte in der Polemik der Frömmigkeitstheologie des Jahrhunderts vor der Reformation.

[202] In seinem Kommentar zu Ps.-Dionysius Areopagita, De coelesti hierarchia; Zitat bei RITTER, Via antiqua und Via moderna, 52f. Anm. 4.

[203] „Nam et in mysticae theologiae et affectivae traditione clarus fuit et copiosus. Theologos etiam speculativos, qui crudis solummodo speculationibus et clamosis quaestionum disputationibus vel deum investigant vel de deo disceptant, ad experimentalem eius gustum invitabat." De vita et miraculis Joannis Gerson (fol. A2v). Wie wenig solche Aussagen für die Via moderna typisch sind, zeigt auch der Umstand, daß sich WIMPFELING hier auf die Compendiosa laus Iohannis de Gerson des PETRUS SCHOTT stützt, des Straßburger Humanisten und Juristen (gest. 1490), der in Paris bei Johann Heynlin von Stein (Via antiqua!) Philosophie studiert hatte. Bei Petrus Schott heißt es: „Studiose siquidem curavit (sc. Gerson) ..., quod omnes, qui crudis solummodo speculationibus deum investigant, ad experimentalem eius gustum invitaret" (259). Zur Vita Schotts vgl. die Edition seiner Werke, XXII–XXXI (Studium in Paris: XXV).

[204] Siehe oben Anm. 196 (ludere).

[205] Es ist das Verdienst RITTERS (Via antiqua und Via moderna, besonders 131–140), gezeigt zu haben, daß die Via antiqua keine größere Affinität zu diesem religiösen Vereinfachungsprogramm besitzt als die Via moderna. Er korrigierte damit die älteren Auffassungen J. JANSSENS, W. MAURENBRECHERS und H. HERMELINKS, die die Reformimpulse der Frömmigkeitstheologie und des Humanismus in der Via antiqua beheimateten, so wie auch später wieder J. LORTZ (Die Reformation in Deutschland I, 55), E. ISERLOH (Handbuch der Kirchengeschichte III/2, 438) und M. STEINMETZ (Die Universität Wittenberg, 109–111) eine besonders enge Verbindung von Via antiqua und theologischer Reform konstruierten. Zur Beziehung der spätmittelalterlichen Frömmigkeitstheologie zu den Alternativen des gleichzeitigen Wegestreits siehe unten S. 204–216.

Paltz gehört nicht zu den Programmatikern der Frömmigkeitstheologie, sondern er realisiert sie. Die üblichen Angriffe auf bestimmte scholastische Lehrinhalte und -methoden, die gerade aus akademischen, aber dabei frömmigkeitstheologisch orientierten Kreisen kommen und durchaus mit einer grundsätzlichen Scholastik-Freundlichkeit einhergehen können, finden sich in seinen Schriften nicht. Sie sind ja auch mit ihrer seelsorgerlichen Intention nicht für ein akademisches Publikum, an das sich solche Kritik zu wenden pflegt, sondern für Außenstehende bestimmt. Gelegentlich freilich begegnen wir auch bei Paltz polemischen Untertönen gegen eine verstiegene und unfruchtbare akademische Gelehrsamkeit, wenn er beispielsweise dem Streben nach „magna scientia" die Wichtigkeit der „bona conscientia" gegenüberstellt[206], ja überhaupt die Einheit von Gelehrsamkeit und frommem Leben betont[207], wenn er vor einer „superflua mysticatio" der Bibeltexte warnt und dem Interpreten statt dessen die Tugend maßvoller Zurückhaltung (virtus discretionis) empfiehlt[208], wenn er dem Hang zu apocrypha und figmenta in Gersonscher Manier mit dem Hinweis auf die ‚soliden' Stoffe der Heiligen Schrift begegnet[209] oder wenn er als geistlichen Ratgeber einen „expertus vir in pugna spirituali" vorschlägt, der nicht nur über spekulative Kenntnisse, sondern auch über praktische Erfahrung verfügt[210].

Im gleichen Zusammenhang macht er deutlich, daß es bei der für eine kontrollierte geistliche Lebensführung so wichtigen Schriftlektüre nicht so sehr darauf ankomme, daß man zu einem Verständnis schwieriger Fragen (altae quaestiones) vorstößt, sondern eher darauf, das zu lesen und zu studieren, was zur Erkenntnis der Laster und Tugenden führt, und das sei auch den simplices, den Nicht-Gelehrten, möglich[211]. Paltz nennt diese auf die fromme Lebenspraxis zielende Auslegung die „intelligentia popularis" der Schrift, die ‚klare' Schriftinterpretation[212]. Eine

---

[206] Siehe oben Anm. 52.   [207] Siehe oben S. 140.

[208] „Quartum vitium (sc. praedicantium passionem domini) est superflua mysticatio. Quidam enim sine virtute discretionis incipiunt illo die omnia mysticare, quasi per integrum annum debeant ibi stare." Coel. fol. A 3v; die Forts. des Zitats findet sich oben Anm. 99.

[209] Siehe oben Anm. 99.   [210] Siehe die folgende Anm.

[211] „Sed si quis certus vellet esse, an bene curreret et non cuprum cupiditatis pro auro caritatis foderet, ille deberet in omni cursu desiderii sui haec tria observare: Primo deberet legere et discere artem mineralem coelestem, id est sacram scripturam, iuxta salvatoris consilium Ioannis 5 (39): ‚Scrutamini scripturas.' Si autem non posset legere vel intelligere altas quaestiones, deberet tamen ista legere et studere, quae docent vitia et virtutes cognoscere, quod etiam facere simplices possunt. Secundo saepius deberet quaerere expertum artificem, id est expertum virum in pugna spirituali, qui non speculative noscet talia sed etiam practice. Quia salus, ubi multa consilia." Suppl. fol. 15r.

[212] „Iam enim sacra scriptura clarius exponitur, quam prius umquam exposita fuerat, saltem quoad intelligentiam popularem." Coel. fol. Dd4v.

ähnliche Tendenz zeigt sich auch, wenn er im Supplementum Coelifodinae nach seinen ausführlichen Darlegungen zum Bußsakrament erklärt,
daß er sich zu den Sakramenten Taufe, Firmung und Ehe kürzer äußern
wolle; er habe nämlich nicht vor, über sie hinsichtlich aller schwierigen
Fragen (quantum ad omnes difficultates eorum) zu handeln, sondern
nur, soweit es zur Predigt für das einfache Volk genüge (quantum
sufficit ad praedicandum simplici populo)[213]. Ebenso verfährt Paltz in
einem großen Abschnitt über das Sakrament der Eucharistie, innerhalb
dessen er auf zwei schwierige Fragen über die Weise der Realpräsenz nur
sehr kurz antwortet, und zwar nicht „modo scholastico, sed rusticano"[214], und sie im übrigen an die Kompetenz der Hochschule verweist:
„magis pertinent ad scholas"[215]. Man wird an den zeitgenössischen
Frömmigkeitstheologen Geiler von Kaysersberg erinnert, der akademische Erörterungen aus seinen Predigten nach dem Grundsatz fernhalten
will: „Hoc enim pertinet ad scholas, non ad ambonem; gehört in die
schül, nit auf den predigtstül."[216] Dagegen widmet sich Paltz ausführlich
einer dritten Frage zur Eucharistie, die ihm ‚fruchtbarer' (magis fructifera) als die ersten beiden akademischen Quästionen erscheint[217], weil sie
sich in den Rahmen seiner praktisch-seelsorgerlichen Theologie einfügt,
d. h. den Nutzen des Abendmahls für das fromme Leben und Sterben
des Christen anspricht[218].

Wir stoßen hier auf den Gesichtspunkt der Themenwahl, bei der die
spätmittelalterliche Frömmigkeitstheologie ihren Charakter als ‚simplex
theologia' für simplices besonders deutlich zeigt. Mit programmatischer
Schärfe hatte Gerson herausgestellt, daß die Theologen nicht länger mit

---

[213] „Ista sufficiant de sacramento poenitentiae, de quo tam diu volui immorari: primo
propter cotidianam eius necessitatem; secundo propter maximam eius utilitatem; tertio
propter multorum supra in Coelifodina positorum ampliorem declarationem. Sed de aliis
tribus sacramentis addendis brevius me expediam. Non enim intendo modo de eis tractare
quantum ad omnes difficultates eorum, sed solum quantum sufficit ad praedicandum
simplici populo." Suppl. fol. y 4r/v.
[214] Vgl. dazu unten S. 181.
[215] „Circa quae verba (sc. Is. 30,23 nach Paltz: ‚Erit panis frugum terrae modicus,
uberrimus et pinguis') incidere possent homines tres quaestiones: Prima circa hoc, quod
dicitur ‚modicus': Quomodo sub tam modica hostia tam magnus vir posset contineri?
Secunda quaestio circa hoc, quod annectitur ‚uberrimus': Quomodo potest idem corpus in
tot particulis contineri? Tertia quaestio circa hoc, quod subiungitur ‚pinguis': Quomodo
iste panis dicitur esse pinguis? Ad primas duas quaestiones nolo pro nunc respondere
modo scholastico sed rusticano, quia magis pertinent ad scholas. Sed ad tertiam, quae erit
magis fructifera, latius respondebo." Coel. fol. S2v–3r.
[216] Navicula poenitentiae (fol. 34rb); zit. bei DEMPSEY DOUGLASS, Justification in late
medieval preaching, 33 Anm. 2. Vgl. STAUPITZ, Tübinger Predigten, sermo 12 (102,36f.):
„... scholis hoc remittendum melius fore existimo."
[217] Siehe oben Anm. 215.
[218] Siehe die Antwort auf diese quaestio in Coel. fol. S3r–T1r.

„vanissimae doctrinae inutiles et steriles"[219] und „sophismata"[220] ihre Zeit
vergeuden dürften[221], sondern sich mit allen Kräften der „instructio
populorum" und der „resolutio materiarum moralium" widmen müßten[222]. Die „materiae proprie et pure theologicae" sollten Gegenstand der
theologischen Arbeit sein, d. h. solche Themen, die sich mit der rechten
christlichen Lebensgestaltung befassen. Für Gerson ist das vor allem die
Thematik der theologischen Tugenden, d. h. der Stoff, „der den Glauben erbaut, die Hoffnung aufrichtet und die Liebe entflammt"[223], insbesondere aber das Thema der Buße[224]. Bezeichnenderweise stellt er seine
Programmschrift Contra curiositatem studentium unter das Markus-
wort: „Tut Buße und glaubt an das Evangelium" (Mc. 1,15)[225]. Und bis
zum letzten Satz, der resümierend die Möglichkeit zur Gotteserkenntnis
eher dem „poenitens affectus" als dem „investigans intellectus"
zuschreibt[226], ist sie eine Bußschrift. ‚Wahre Buße' ist das zentrale
Thema nicht nur Gersons, sondern der gesamten Frömmigkeitstheologie im Jahrhundert vor der Reformation, ja auch noch des jungen
Luther, bei dem sich dann allerdings der Glaubensbegriff an die Stelle
von contritio und humilitas schiebt. Hier, in der Buße der membra
ecclesiae, in der conversio und reformatio hominis, sieht man angesichts
des Versagens der Prälaten einen wesentlichen, wenn nicht den entscheidenden Ansatzpunkt für die Reform der Kirche, die diesem Jahrhundert

---

[219] Siehe oben Anm. 194.

[220] Memorandum zur Reform des Theologiestudiums (ed. Glorieux II 27); Contra
curiositatem studentium II, consid. 4 (ebd. III 240).

[221] Contra curiositatem studentium II, consid. 8 (ebd. III 248): „... temperatius dispen-
sarent tempus, rem omnium carissimam."

[222] „Et pro honore dei attendatur diligenter, quanta est necessitas pro instructione
populorum et pro resolutione materiarum moralium temporibus nostris." Memorandum
zur Reform des Theologiestudiums (ed. Glorieux II 28).

[223] „At vero quaeret aliquis, quales materiae dicantur sint proprie et pure theologicae.
Respondeat: ... Fides, spes et caritas, quemadmodum solae nominantur et sunt virtutes
theologicae, ita materia illa proprie dicenda est theologica, quae fidem aedificat, spem
erigit, caritatem inflammat." Contra curiositatem studentium II, consid. 4 (ebd. III 240).

[224] OBERMAN (Der Herbst der mittelalterlichen Theologie, 312–317) spricht daher bei
Gerson von Bußmystik im Unterschied zur Transformationsmystik Eckharts und seiner
Schule.

[225] Ed. Glorieux III 224; vgl. auch den Reformsermo De vita clericorum (ebd. V
447–458), der ebenfalls über das Thema ‚Poenitemini et credite evangelio' (Mc. 1,15)
handelt.

[226] „Et sic est finis lectionis. Intelligentia clara et sapida eorum, quae creduntur ex
evangelio, quae vocatur theologia mystica, conquirenda est per poenitentiam magis quam
per solam humanam investigationem. Et circa hoc pertractabitur ista quaestio, an magis
per poenitentem affectum quam per investigantem intellectum deus in via cognoscatur."
Ed. Glorieux III 249.

als Aufgabe gestellt ist[227]. Gegenüber den kirchlichen Mißständen wird die „vera poenitentia" zum „praecipuum antidotum et medium pro portu salutis attingendo" erhoben[228].

‚Wahre Buße', ‚vera poenitentia', ist auch das Thema, das in der Mitte von Paltz' Werk steht und um das sich in seinen beiden Haupt-werken alle anderen Themen gruppieren. Die Bedeutung der kirchli-chen Sakralinstitution zeigt sich ihm darin, daß sie das subjektiv-individuelle Unvermögen der Gläubigen, zu wahrer Buße zu gelangen, durch ihre objektiven Garantien ausgleicht und so zu dem Endergebnis wahrer Reue und vollständiger Satisfaktion führt[229], wenn der Mensch nur ein Minimum an eigener Bemühung – das facere quod in se est – erbringt[230]. Auch so, trotz der beschriebenen Reduktion persönlich gefärbter affektiver Frömmigkeit, bleibt der Blick auf die Buße und auf ein zu erreichendes Leistungsniveau fixiert. Ebensogut kann man aller-dings auch sagen, daß das zentrale Thema der Paltzschen Theologie wie überhaupt der Frömmigkeitstheologie am Vorabend der Reformation die misericordia dei[231], die Frage nach dem gnädigen Gott ist[232], denn der rechten Einstellung des Menschen in der lebenslangen Buße läßt man die barmherzige Einstellung Gottes entsprechen, von der alles, Gnade und Heil, abhängt[233]. Poenitentia und misericordia sind die beiden

---

[227] Vgl. z. B. Jakob Wimpfelings Vita Geilers von Kaysersberg (65), die dem Straßbur-ger Münsterprediger eine resignative Auffassung von Reform zuschreibt, die nur noch der einzelne Gläubige an sich selbst vollziehen könne: „Admonebatque (sc. Geiler), ne quisquam priscos fidelium mores christianamque disciplinam toto orbe redituram hoc aevo speraret, sed quisque saluti suae prospiceret animaeque propriae rationem haberet, in dei praeceptis ambularet et se domino deo commendaret."

[228] Gerson, Sermo De vita clericorum (ed. Glorieux V 456): „Schisma praesens non impedit veram poenitentiam, immo magis ad eam faciendam animat et inducit tamquam ad praecipuum antidotum et medium pro portu salutis attingendo." Vgl. auch den Kontext dieser Stelle: So wie das universale Schisma der abendländischen Christenheit seinen Ausgang „ex peccatis singularium personarum et eorum perversis moribus" genommen habe, so müsse auch die Reform bei der „poenitentia humilis" der einzelnen beginnen.

[229] Siehe unten S. 275–284.   [230] Siehe unten S. 252–259.

[231] Der Titel des Staupitz-Buches von D. C. Steinmetz ‚Misericordia Dei' bringt somit nicht ein Proprium Staupitzscher Theologie, sondern das Grundthema der Frömmigkeits-theologie im Jahrhundert vor der Reformation zum Ausdruck. Das besondere Interesse Staupitz' zeigt sich erst, wenn man nach seinem Verständnis der misericordia dei und ihrer Vermittlung an den Menschen fragt; siehe unten S. 234–243.

[232] Für Luthers Wirkung war es entscheidend, daß diese seine persönliche Frage (siehe z. B. WA 37,661,23 f.) zugleich *die* Frage der zeitgenössischen Frömmigkeit und Fröm-migkeitstheologie war. Paltz geht auf die Frage explizit in Coel. fol. O 3v ein: „Et si quis dicat: Quomodo inveniam ipsum (sc. deum) placatum?, respondet Augustinus: ‚Placabis eum, si speras in misericordiam eius.'" Siehe Augustinus, Enarr. in Ps. 146 n. 20 (PL 37,1913; CChr 40,2137,18 f.).

[233] Vgl. z. B. Gerson, Sermo De vita clericorum (ed Glorieux V 447): „Qui se humiliat

Brennpunkte, von denen her die Ellipse der vita christiana gezeichnet wird, wobei alles auf die Lage der Brennpunkte, auf das Verständnis von Buße und Barmherzigkeit und ihre Verhältnisbestimmung, ankommt.

Die verschiedenen Themen, die sich nun bei Paltz um diese beiden Brennpunkte ordnen und die wir bereits bei der Besprechung der einzelnen Werke kennengelernt haben, sind ausschließlich solche, die für eine auf rechte Lebensgestaltung zielende Seelsorge und Verkündigung wichtig waren, und sie decken mit ihrer Vielfalt fast die ganze Skala der Interessen aufgeschlossener Weltpriester, Mönche und Bürger ab. Es sind die Themen, die in der Frömmigkeitsliteratur um 1500 behandelt zu werden pflegen, allerdings selten bei einem Autor in dieser Vollständigkeit, mit der sie sich im Werk unseres Augustiners zu einer gewissen Einheit zusammenfügen. Da ist, um nur die beherrschenden Themen zu nennen, von der Würde des Priestertums, von den Sakramenten und Ablässen, besonders aber vom Jubiläum für Lebende und Verstorbene mit seiner remissio poenae et culpae die Rede und in Verbindung damit von den Bruderschaften, da wird ausführlich auf Marien- und Heiligenverehrung, die Segnungen des monastischen Lebens, Passionsmeditation und Bedrohung durch blasphemische Gedanken, auf die Geduld in Anfechtungen und das rechte Sterben eingegangen, da geht es um aktuelle Gefährdungen der Gläubigen wie falsche apokalyptische Erwartungen und Wallfahrtshysterie und um die Verführung zu Magie, Astrologie und Alchimie. Und unter jedem dieser Themen, etwa allein schon bei den Sakramenten unter dem Thema Ehe[234], befaßt sich Paltz mit einer Fülle konkreter Fragen zur täglichen Lebenspraxis.

Der Aspekt des cotidie, des „omni die vel nocte vel hora"[235], spielt bei ihm eine entscheidende Rolle. Um die „cotidiana necessitas" des Menschen[236], seine alltägliche Not und die täglichen Hilfen, bewegt sich seine Theologie, um die tägliche Reue[237], die tägliche demütige Selbsterkennt-

---

in curia poenitentiae, exaltabit eum curia misericordiae, quoniam superexaltat misericordia iudicium."

[234] Suppl. fol. A 4v–D 5v.

[235] Suppl. fol. g 4v: bezogen auf die Selbstprüfung und Buße.

[236] Siehe oben Anm. 213: von der täglichen Notwendigkeit des Bußsakraments; vgl. Suppl. fol. g 4v: die tägliche Selbsterkenntnis des Sünders als „scientia utilissima et maxime necessaria ad salutem".

[237] Siehe z. B. Suppl. fol. g 4v: „Debet (homo) cotidie conteri de defectibus suis etiam minimis in corde repertis vel ad minus atteri, id est dolere, quod non dolet." Vgl. auch oben Anm. 127.

nis[238], die tägliche Meditation des Leidens Christi[239], das tägliche Gebet zu Maria[240], die tägliche Zuflucht vor dem Rückfall in die Todsünde[241], die in den kirchlichen Gnadenmitteln zu finden ist: „debemus cotidie habere refugium ad eas"[242]. Paltz bringt grundsätzlich nur das zur Sprache, was *jeden*, Weltpriester, Mönch oder Laien, *jederzeit* betrifft oder betreffen kann. Der ‚Demokratisierung'[243] der Scholastik und Mystik zu einer Frömmigkeitstheologie für simplices entspricht die Hinwendung der Frömmigkeitstheologie zur Welt des Alltags. Darin spiegelt sich jene gegenüber der deutschen Mystik des 14. Jahrhunderts veränderte, durch den Nominalismus bereits vorbereitete Frömmigkeitshaltung des 15. Jahrhunderts, die H. Kunisch mit dem Blick auf Johannes Veghe (gest. 1504) als „Wandlung zum Gegenständlichen, Dinglichen, Nahen, Einmaligen" gekennzeichnet hat[244]: „Der Mensch, nicht seiner allgemeinen Wesensart nach, sondern in seinem bestimmten Kreis, in seiner täglichen Bedrohtheit, seinem täglichen Kampf, ist in ganz anderem Maße Gegenstand und Aufgabe dieser Predigt als bei den oberdeutschen Mystikern"[245], für die das fromme Tugendleben des Alltags nur „Vorbereitung und Anfang" sei[246]. In ähnlicher Weise haben dann G. M. Gieraths am Beispiel des Dominikaners Johannes Nider (gest. 1438) und P.-G. Völker an den deutschen Schriften des Franziskaners Konrad Bömlin (gest. 1449) die spätmittelalterliche „Wende vom Allgemeinen zum Konkreten, Lebensnahen"[247] verdeutlicht.

Der lebensnahe Charakter, der auch die Werke des Johannes von Paltz auszeichnet und sich bis in Stil und Bildwelt hinein durchhält, war wohl der entscheidende Grund für die bemerkenswert hohen Auflagenzahlen, die sie in den Metropolen Erfurt, Leipzig, Magdeburg, Köln, Nürn-

---

[238] Siehe z. B. Suppl. fol. g3v: „Volui subnectere modum intrandi exemplarem, quo quisque omni die, immo omni hora potest portam cordis sui intrare et se recolligere et tamquam in speculo inspicere et isto modo in uno anno plus proficere, quam alias in viginti annis proficeret, si se tali exercitio non occuparet." Vgl. auch oben Anm. 235 und 236.

[239] Siehe z. B. Fund. fol. A2r: Der erste Sermo trägt die Überschrift: „Von dem leiden Christi und teglicher betrachtung."

[240] Siehe z. B. Sept. fol. A2v: „Vigilemus igitur cotidie ad fores eius, ad quas ipsamet (sc. Maria) invitat nos." Suppl. fol. g5r: „Secunda porta ducens ad coelum, ad quam cotidie debemus refugere, dicitur beatissimae Mariae virginis."

[241] Vgl. oben Anm. 127.

[242] Suppl. fol. f4v.

[243] Vgl. OBERMAN, Der Herbst der mittelalterlichen Theologie, 318f.: die ‚Demokratisierung' der Mystik bei Gerson und Biel.

[244] KUNISCH, Johannes Veghe, 160.

[245] Ebd. 165f.   [246] Ebd. 160.

[247] GIERATHS, Johannes Nider, 344; vgl. VÖLKER, Die deutschen Schriften des Franziskaners Konrad Bömlin I, 202f.

berg, Augsburg und Straßburg erreichten[248]. Sie kamen offensichtlich
dem Bedürfnis der Zeit nach konkreter Anleitung zu einer von jedermann praktizierbaren kirchentreuen Frömmigkeit entgegen. Hier fanden die Priester für ihre Predigten Antwort auf die vorrangigen seelsorgerlichen Probleme der Gegenwart, besonders auch auf brisante Fragen,
vom Ablaß bis zur Empfängnis Mariens, etwa auch auf eine Frage wie
die, ob es erlaubt sei, Anteile an Silbergruben zu erwerben[249].

Diese ausschließliche Konzentration auf praktisch-seelsorgerliche
Themen, auf die materiae morales, bedeutet zugleich, daß Paltz aus
seinen Schriften alle abstrakten oder schwierigen Fragen, die von der
Schultheologie als systematisch-spekulativer Wissenschaft erörtert wurden, fernhielt, z. B. die in der Einleitung und im ersten Buch der
Sentenzenkommentare abgehandelten Fragen der theologischen
Erkenntnislehre, der Trinitäts- und der Prädestinationslehre[250]. Paltz
erweist sich darin als typischer Vertreter der spätmittelalterlichen Fröm-
migkeitstheologie, ebenso mit seinem bereits beschriebenen Verzicht
auf eine nähere Erläuterung der Realpräsenz Christi in den eucharisti-
schen Elementen. Nicht auf das Wesen, sondern auf den Nutzen der
Realpräsenz kommt es ihm an[251]. Hier zeigt sich eine sehr weitreichende
Eigenart jener Frömmigkeitstheologie, die sie von der deutschen
Mystik ebenso wie von allen Richtungen der Schultheologie trennt:
Nicht die essentia, sondern der effectus und fructus einer Person, Sache
oder Ordnung interessiert. Paltz fragt nicht nach dem Wesen Gottes,
sondern nach seinem Wirken, nicht nach dem Wesen Christi, der
angemessenen Definition des Gottmenschen, sondern nach der Frucht
seiner Passion, nach der Teilhabe an seinen Verdiensten und nach dem
Vollzug der Nachfolge; er erörtert nicht das Wesen des Menschen,
sondern sieht ihn in konkreten Situationen mit bestimmten Verhaltens-
weisen, so wie er auch wenig Sinn für eine Ontologie der Schöpfung
hat, sondern die bunte Welt der geschaffenen Dinge von ihren Wirkungen auf die Sinne des Menschen her betrachtet und so als Gefährdung
oder Ort moralischer Bewährung empfindet; er forscht nicht nach dem
Wesen der Heilsordnungen, nach ihrer Notwendigkeit, Angemessen-

---

[248] Siehe oben S. 110f.116.119f.124.

[249] Suppl. fol. H1r/v: „Estne licitum habere partem in argentifodinis?"

[250] Zu der in der spätmittelalterlichen Frömmigkeitstheologie üblichen Ablehnung einer
„praedestinatio praedicata" und der entgegengesetzten Position Staupitzens, der gerade die
radikale augustinische Prädestinationslehre über die Grenzen akademischer Arkandisziplin
hinausführt und in Verkündigung umsetzt, siehe HAMM, Frömmigkeit, 482f. Anm. 58.
Zum Fehlen einer expliziten Behandlung des Themas Prädestination bei Paltz' Lehrer
Johannes von Dorsten siehe ZUMKELLER, Dorsten über Gnade, Rechtfertigung und
Verdienst, 37.

[251] Siehe oben S. 168.

heit oder Kontingenz, sondern zeigt den Gläubigen in ihrem Alltag die Segnungen dieser Heilsordnungen.

All dies entspricht der allgemeinen Tendenz der Frömmigkeitstheologie vor und während der Reformationszeit, die – in Koalition mit der humanistischen Bewegung – auch den einstigen Nominalisten der philosophischen Fakultät Erfurts Bartholomäus Arnoldi von Usingen nach seinem Eintritt in den Orden der Augustinereremiten (1512) und seinem 1514 abgeschlossenen Theologiestudium[252] in ihr Fahrwasser zieht[253] und scharfe Worte über den nutzlosen Ballast der Schultheologie finden läßt: „Der größte Teil der Theologen hat bisher seine Bücher und Disputationen mit Dingen angefüllt, die eher die Artisten, wie man sie nennt, als die Theologen zu untersuchen haben, die jedenfalls die Theologen von den Artisten übernehmen sollten, statt sie selbst zu erforschen und weiterzuvermitteln. Denn das Disputieren über Sein und Wesen, Akt und Potenz, Bewegung und Zeit, über die Potenzen der Seele, über Relationen und Instantien, Universalien und Kategorien und derlei mehr ist nicht Aufgabe der Theologen, sondern der Artisten; und doch sehen wir die Bücher der Theologen vollgestopft von derlei Gegenständen. Sie haben den theologischen Wein so sehr mit dem Wasser der Philosophie vermischt, daß er seinen echten und natürlichen Geschmack fast verloren hat. So kam es, daß man sich allzuweit von den Quellen entfernte und über Bäche schließlich in Tümpel geriet." Als Aufgabe der Theologie, die aus ihren wahren Quellgründen schöpft, nennt Usingen wie sein Ordensgenosse Paltz[254] die aedificatio, die Beschäftigung mit den Fragen, die das ewige Seelenheil betreffen[255]. Im Unter-

---

[252] Siehe KLEINEIDAM, Universitas Studii Erffordensis II, 300–303 (Überblick über Usingens Lebensdaten und Schriften und die Literatur).

[253] Ebd. 218–220.   [254] Siehe oben S. 146 f.

[255] „Maxima pars theologorum hactenus libros suos et disputationes his rebus repleverat, quas potius artistae, ut vocant, quam theologi inquirere habebant, quas utique theologi ab artisciis mutuo capere debuerant, quam quod ipsi eas investigarent et traderent. Nempe quod disputare de esse et essentia, de actu et potentia, de motu et tempore, de potentiis animae, de relationibus et instantibus, de universalibus denique et praedicamentis et id genus aliis non theologorum sed artisciorum sit, quibus tamen theologorum libros videmus refertos. Qui tantum aquae philosophicae theologico vino immiscuerunt, quod verum et nativum saporem ferme perdiderit. Hinc recessum est nimis a fontibus et per rivos descensum in lacunas. Quod cum olim in disputationibus theologicis liberius dicerem, nonnullis stomachum movebam et eos caperato supercilio (= mit gerunzelten Augenbrauen) in me respicere faciebam, quo non curato veritate fretus adieceram nos quidem uti posse in scholis theologorum artisciorum inventis, sed nec ea ibi inquirere nec de eis disputare, ne melioribus et salutiferis neglectis circa quaestiones quoque artisciorum interminatas languentes citra aedificationem et nostram et aliorum abiremus." BARTHOLOMÄUS ARNOLDI VON USINGEN, Liber primus quo recriminationi respondet Culsamericae, Erfurt 1523, sermo 1 c. 8 (fol. E 6r/v); z. T. fehlerhaft zit. bei KAMPSCHULTE, Die

schied zu Usingen blieb der zweite große Vertreter des Erfurter Ockhamismus am Vorabend der Reformation, Jodocus Trutfetter[256], auf seinen vertrauten philosophischen Bahnen, obwohl er seit 1504 Doktor der Theologie und seit 1507 bzw. 1510 Inhaber von theologischen Lehrstühlen in Wittenberg und Erfurt war. Christoph Scheurl macht sich zum Sprecher frömmigkeitstheologischer Interessen, wenn er ihn in einem Brief des Jahres 1514 – ohne Erfolg – darum bittet, doch auch einmal etwas zur Tröstung frommer Seelen zu schreiben, zum Beispiel über die Liebe zu Gott, die Ruhe der Seele, die künftige Freude des Paradieses oder das Elend des Menschen[257].

Ebensosehr durch das, worüber sie nicht mehr spricht, wie durch das, worüber sie spricht, vollzieht somit die Frömmigkeitstheologie des 15. und 16. Jahrhunderts jenen Reinigungsprozeß, den sie als „Konzentration auf das wesentlich Theologische"[258] versteht. Diese Konzentration auf das ‚Wesentliche' ist für sie aber gerade nicht Wesensspekulation, sondern Konzentration auf das Konkrete, auf die praktische Seelsorge, in der sie ihren Charakter als ‚simplex theologia' erweisen will.

IV. Modus loquendi

Der für die spätmittelalterliche Frömmigkeitstheologie charakteristischen inhaltlichen Orientierung, wie wir sie bei Paltz kennenlernen konnten, entspricht ein bestimmter Modus loquendi, d. h. bestimmte Darstellungsweisen, durch die sie sich sehr deutlich von den stilistischen Methoden des scholastischen Lehrbetriebs unterscheidet. Denk- und Sprachstil sind hier kaum voneinander zu trennen. Allerdings sind die Grenzen zwischen den ‚erbaulichen' Darstellungsformen der Frömmigkeitstheologie und dem spezifisch scholastischen Modus loquendi fließend, und zwar gerade dort, wo das Bemühen lebendig ist, zwischen der Theologie der Universitäten und dem Ruf nach einer Reform christlicher Lebensgestaltung aus dem Geist der Buße zu vermitteln. Paltz bietet mit seinen Werken, besonders mit Coelifodina und Supplementum Coelifodinae, ein sehr instruktives Beispiel eines solchen ‚halb-

---

Universität Erfurt II, 18 Anm. 4 und KLEINEIDAM, Universitas Studii Erffordensis II, 219 Anm. 1181.1183.1185. Kleineidam datiert die Disputationen, auf denen Usingen diese kritischen Bemerkungen vorgetragen haben will, ungefähr in das Jahr 1517.

[256] Siehe KLEINEIDAM, ebd. 292–294 (Überblick über Trutfetters Lebensdaten und Schriften und die Literatur).

[257] „Rogo, ut et tu quoque aliquid simile (sc. ad consolationem) perscribas, puta de amando deo, de quiete animae, futuro gaudio, miseria humana, unde anima devota consolari posset." Brief vom 19. Okt. 1514, in: CHRISTOPH SCHEURL, Briefbuch Nr. 87 (I 135).

[258] KLEINEIDAM, ebd. 219.

akademischen' oder ,popularscholastischen' Stils, der sich im 15. Jahrhundert zwischen der scholastischen Quästionenliteratur und der populartheologischen Erbauungsliteratur ansiedelte, durch den Elemente aus beiden Richtungen übernommen und zu einem dritten Typ von Modus loquendi verbunden wurden.

Innerhalb dieses Vermittlungstyps ist das Erscheinungsbild schon bei einem einzelnen Theologen wie Paltz keineswegs einförmig. Während Werke wie der Sermo in principio novi studii, De cautelis servandis in absolutione sacramentali und die Quaestio determinata contra triplicem errorem besonders stark scholastisch geprägt sind, kommt die deutschsprachige Himmlische Fundgrube dem populartheologischen Niveau sehr nahe, ohne jedoch die scholastischen Stilelemente ganz abzulegen[259]. Was über das 1436 verfaßte ,Büchlein von der Seele' des Heidelberger Theologen Johannes Wenck gesagt worden ist, gilt auch von der Himmlischen Fundgrube des Erfurter Augustiners: Sie ist „ein merkwürdiges Mittelding zwischen scholastischer Belehrung, in stark popularisierter Form, und unmittelbar seelsorgerlicher Erbauung"[260]. Wenn man Wencks Büchlein mit Paltz' Schrift oder den frömmigkeitstheologischen Werken anderer Universitätstheologen des 15. Jahrhunderts, etwa bereits mit den so einflußreichen französischen Traktaten Gersons[261], vergleicht, dann erscheint es nicht mehr, wie Ritter meinte, als „fast einzig in seiner Art als Bemühung eines Scholastikers, in einer Lehrschrift unmittelbar volkstümlich und erbaulich zu reden"[262]. Denn dieses Bemühen ist charakteristisch für die frömmigkeitstheologische Reformbewegung im Jahrhundert vor der Reformation. So sieht der Erfurter Kartäuser Johannes Hagen seine Aufgabe darin, eine „facilis

---

[259] Vgl. HAMM, Frömmigkeit, 492 Anm. 90.

[260] RITTER, Die Heidelberger Universität, 428.

[261] Die französischen Traktate, die GERSON 1400–1403 für seine fünf Schwestern schrieb, waren zugleich diejenigen Schriften Gersons, die im 15. Jahrhundert immer wieder ins Deutsche übertragen wurden; hinzu kam der in seiner Echtheit nicht gesicherte Traité contre spirituelle pusillanimité et scrupulosité de conscience (ed. Du Pin III 579–589: De remediis contra pusillanimitatem); siehe unten Kap. 5 Anm. 46. Zu dieser Schriftengruppe und ihrer Rezeption in Deutschland vgl. KRAUME, Die Gerson-Übersetzungen, 19–33.

[262] RITTER, Die Heidelberger Universität, 430. Vgl. das Urteil STEERS in seiner Ausgabe von Wencks Büchlein, 17: Der Text „ist ein einzigartiges Dokument der Popularisierung scholastischer Philosophie und Theologie: die Umsetzung in die Volkssprache erfolgt hier nicht wie gewöhnlich durch Vermittlung eines Übersetzers, sondern unmittelbar ,aus erster Hand', von einem Professor für Theologie". Steer selbst (ebd. 57f.) weist aber darauf hin, daß Wencks Schrift nicht isoliert dasteht, sondern daß im Spätmittelalter „dieser Typus des ,Professoren'-Traktats für Angehörige des Hofes" noch öfter begegnet. Als Beispiele nennt er: MARTIN VON AMBERG, Gewissensspiegel; HEINRICH HEINBUCHE VON LANGENSTEIN, Erkantnus der sünd; ULRICH VON POTTENSTEIN, Auslegungswerk.

doctrina in stilo communi et facili omnibus intelligibilis" darzubieten[263],
und der Augustiner Jacobus Perez von Valencia strebt in seinen Schrift-
kommentaren einen „humanus et simplex modus" der Behandlung
theologischer Fragen an, um der „simplex intelligentia simplicium
sacerdotum et religiosorum et ceterorum fidelium" entgegenzukom-
men[264]. In ebendiesem Sinne ist auch Paltz zu verstehen, wenn er von der
„stili simplicitas" seiner Coelifodina spricht[265]. Das inhaltlich-themati-
sche Programm einer ‚simplex theologia' für die simplices christiani
sucht sich einen adäquaten ‚simplex modus loquendi'.

Zunächst freilich ist festzuhalten, daß Paltz scholastischer Theologe
bleibt, der mit den Mitteln arbeitet, die ihm seine akademische Ausbildung an der philosophischen und theologischen Fakultät Erfurts an die
Hand gegeben und deren er sich als Lehrstuhlinhaber zu bedienen hatte.
Man braucht dabei nicht nur auf die in den achtziger Jahren entstandenen Schriften De cautelis servandis in absolutione sacramentali und
Quaestio determinata contra triplicem errorem zu verweisen, die als
magistrale Determinationen am Ende zweier Disputationen unmittelbar
aus dem scholastischen Lehrbetrieb hervorgegangen sind[266] und zeigen,
wie Paltz das disputare scholastice beherrscht. Unter dem Aspekt
scholastischer Gattungen sind auch die erhaltenen Predigten des Augustiners von Interesse, die alle streng nach thema, prothema, invocatio,
introductio thematis, divisio, sorgfältig gegliedertem Hauptteil und
Schlußformel aufgebaut sind. Sie gehören zur Gattung der scholastischen Themenpredigt[267] mit der ihr eigenen „rubrizierende(n) Art des
Predigtaufbaus, die ihre Gliederung durch ständige Unterteilungen
gewinnt"[268]. Paltz selbst bezeichnet diese Predigtweise als „formaliter et
scholastice praedicare"[269]. Ihr schulmäßiger Charakter tritt deutlich hervor, wenn man sie etwa mit den formal wenig gebundenen Volkspre-
digten Geilers von Kaysersberg oder mit der mystisch geprägten Predigtweise des Johannes von Staupitz[270] vergleicht. Aber auch die Traktate, die Paltz geschrieben hat – De conceptione, Die himmlische
Fundgrube und De septem foribus –, sind ebenso wie die Hauptwerke
Coelifodina und Supplementum Coelifodinae durchaus scholastisch
gestaltet. Scholastisch ist die Art und Weise, wie Paltz die Phalanx der

---

[263] KLAPPER, Der Erfurter Kartäuser Johannes Hagen I, 80 Anm. 579; vgl. ebd. II 37:
„sub alio stilo simplici et intelligibiliori".

[164] WERBECK, Jacobus Perez von Valencia, 24; vgl. auch 16f. und 23.

[265] Coel. fol. Cc4r. [266] Siehe oben S. 96 bzw. 97f.

[267] Siehe oben S. 94 mit Anm. 7.

[268] VÖLKER, Die deutschen Schriften des Franziskaners Konrad Bömlin I, 196.

[269] Siehe oben S. 58 bei Anm. 142.

[270] Vgl. aus der Zeit vor 1517 die in einer Nachschrift erhaltenen zwölf Salzburger
Fastenpredigten von 1512: Cod. St. Peter b V 8 fol. 2r–58v.

auctoritates aus Schrift, Kirchenvätern, mittelalterlichen Doktoren und kanonischem Recht ins Feld führt[271] und sich ergänzend auf die Argumente der ratio beruft. Scholastisch ist auch hier die rubrizierende Gliederungstechnik. Die dialektische Schulung durch die Artistenfakultät zeigt sich immer wieder in der Neigung zu Definitionen, Distinktionen und stringenten Schlußfolgerungen. Typisch scholastisch ist aber schließlich vor allem die Vorliebe für die Form der quaestio, die er sogar in der Himmlischen Fundgrube anwendet[272].

Gerade an diesem Punkt aber, wo die Nähe zu den Lehrmethoden der Scholastik[273] besonders augenfällig ist, zeigt sich auch sehr deutlich die aus den frömmigkeitstheologischen Intentionen erwachsende Distanz zur formalen Tradition der Scholastik. Traditionellerweise ist die scholastische quaestio, der dialektischen Sic-et-non-Methode entsprechend, nach einem dreiteiligen Schema aufgebaut, innerhalb dessen auf die Gegenüberstellung der differierenden Autoritäten die mit den Mitteln logischen Schließens gewonnene Lösung (solutio, responsio) und darauf die Widerlegung der abgelehnten Argumente bzw. die Erklärung der zur Lösung scheinbar in Widerspruch befindlichen Autoritäten folgt. Bei Paltz ist das Verfahren wesentlich vereinfacht, indem er die quaestio lediglich aus der Formulierung der Frage und aus der Antwort mit den sie bekräftigenden Autoritäten und Argumenten bestehen läßt. Die gesamte alternative Seite einschließlich ihrer Widerlegung fällt weg, aus der Sic-et-non-Methode wird ein Sic-Verfahren.

Die Bedeutung dieser Entwicklung wird ersichtlich, wenn man bedenkt, wie grundlegend für den scholastischen Lehrbetrieb der Wettstreit mit kontroversen auctoritates und rationes, wie beherrschend die didaktische Form der disputatio war, nach deren Vorbild man das Schema der quaestio gestaltet hatte. Die Kritik am dialektischen Disput und dem sich in ihm entfaltenden Scharfsinn, an den „pugnae verborum" (1. Tim. 6,4) der Scholastiker, wurde bereits im 12. Jahrhundert in den monastischen Kreisen um Bernhard von Clairvaux geübt[274]; und schon damals wurden als Gegenmittel gegen den Mißbrauch der Dialektik durch eine fehlgeleitete wissenschaftliche Neugier (curiositas), die in Gottes Geheimnisse eindringen will[275], humilitas und simplicitas

---

[271] Zur Verarbeitung der Autoritäten siehe unten S. 182–204.

[272] Siehe z. B. Fund. fol. b 5r/v: „Dabei finden sich seuberlich frogen ..."

[273] Zu den scholastischen Methoden vgl. besonders GRABMANN, Die Geschichte der scholastischen Methode I und II; GEYER, Die patristische und scholastische Philosophie, 152–157; LANG, Die theologische Prinzipienlehre der mittelalterlichen Scholastik, 15–40.

[274] Vgl. LECLERCQ, Wissenschaft und Gottverlangen, 224–240, besonders 229.

[275] Vgl. ebd. 230: z. B. der Traktat des ALEXANDER VON JUMIÈGES De praescientia dei contra curiosos. Vgl. auch OBERMAN, Contra vanam curiositatem, 23–27.

[276] Vgl. LECLERCQ, ebd. 230–234.

empfohlen[276]. An dieser Tradition knüpfen Gerson und die ihm folgenden Frömmigkeitstheologen an, wenn sie das scholastische Disputationswesen, zumindest bestimmte hypertrophe Erscheinungsformen, als sterilen Streit um Spitzfindigkeiten und sophistische Wortklauberei brandmarken. Und es ist nur konsequent, wenn Theologen wie Paltz das polare Argumentieren durch ein affirmatives Demonstrieren ersetzen, das zielstrebig auf die notwendige Information und Erbauung der Gläubigen zusteuert und sie vor allen ablenkenden oder gar verwirrenden und verunsichernden Diskussionen verschont. Nichts anderes hat wohl auch Raimund Peraudi mit seiner Ansicht über die Aufgabe der Hochschullehrer im Sinn, die darin bestehe, „rationes demonstrativas et non dialecticas" vorzutragen[277]. Das Ideal der simplicitas gewinnt hier also die Gestalt der Einlinigkeit, in der man sowohl einen Zug zur Borniertheit als auch das Bemühen um Konzentration auf das wahrhaft Christliche, das Eine, das not ist (Lc. 10,42), sehen mag.

Der im 15. Jahrhundert wachsenden Abneigung gegen das scholastische Disputationswesen[278], ja überhaupt gegen das an der Schola geübte, zu höchster Kunstfertigkeit entwickelte dialektische Konfrontieren von Argumentationsketten pro und contra entspricht ein rapides Zurückgehen des Interesses an jenen klassischen Gattungen der scholastischen Quästionenliteratur, in denen sich diese dialektische Methode und die syllogistische Form der Lösung besonders entfaltet hatten. So wurde in den letzten Jahrzehnten vor der Reformation kaum noch ein vollständiger Sentenzenkommentar ausgearbeitet[279]. Und auch die Zeit der spekulativ-diskursiven Summen, Quodlibeta oder Quaestiones disputatae neigt sich ihrem Ende zu. Die Vertreter einer rein akademischen, streng scholastischen Theologie treten literarisch fast nicht mehr in Erscheinung[280], während die Frömmigkeitstheologen andere Gattungen bevorzugen, in denen sie ihre praktisch-seelsorgerlichen Intentionen nicht mehr vom Formalismus scholastischer Dialektik überfremdet sehen. Man schreibt Schriftkommentare, Traktate, Predigten, Plenarien und Postillen, Handbücher für den Prediger, Meß- und Liturgieerklärungen, und die erbauliche Kleinliteratur wie Katechismen, Erklärungen der Zehn Gebote, der Zwölf Glaubensartikel und des Vaterunsers, Gebetbücher, Beicht-, Ehe-, Sterbe- und Trostbüchlein, ‚Seelengärtlein' und ‚Seelenarzneien' erlebt geradezu eine Inflation. Es ist daher bezeichnend, daß die beiden Hauptwerke von Paltz der Gattung homiletischer Handbücher am nächsten kommen[281] und daß die vorausgegangene literari-

---

[277] Summaria declaratio bullae indulgentiarum von 1501 (fol. a 6r).
[278] Zu Erfurt vgl. KLEINEIDAM, Universitas Studii Erffordensis II, 166–168.
[279] Zu Erfurt vgl. KLEINEIDAM, Die Bedeutung der Augustinereremiten, 398f.
[280] Siehe oben S. 135 mit Anm. 21.　　[281] Siehe oben S. 122.

sche Produktion des Augustiners, wenn man von den beiden Disputationsdeterminationen absieht, ausschließlich in Predigten und Traktaten besteht.

Will man die „stili simplicitas" dieser Werke näher charakterisieren, dann wird man nicht nur die beschriebene Vereinfachung des Quästionenstils hervorheben müssen, sondern vor allem die sehr zurückhaltende, dem Fassungsvermögen und Aufgabenbereich der simplices sacerdotes angepaßte Verwendung der scholastischen Fachsprache, besonders aber den fast völligen Verzicht auf das philosophische Begriffsarsenal, dessen sich die Schultheologie des 14. und 15. Jahrhunderts in ihren Sentenzenkommentaren so ausgiebig bedient hatte. Johannes Wenck stellte in Reaktion auf diese Entwicklung dem „modus loquendi phisosophicus et Aristotelicus et dialecticus, rhetoricus atque satiricus" den „modus loquendi propheticus, Christi, apostolorum et verorum sanctorum" gegenüber, dem die Theologie nacheifern müsse[282]. Wohin dieses Ideal einer schlichten biblischen Sprache, des „gerere morem scripturae"[283], die Frömmigkeitstheologie vor der Reformation führen konnte, zeigt besonders deutlich der Traktat De exsecutione aeternae praedestinationis des Johannes von Staupitz (1517), der – frei vom Ballast der traditionellen Autoritätenverweise – sprachlich so intensiv mit Schrift und Augustin gesättigt ist, daß man bei der Abgrenzung von Zitaten und Anklängen vor den größten Schwierigkeiten steht[284]. Obgleich sich Paltz' Schriften daneben geradezu gut scholastisch ausnehmen, sind auch sie in sehr starkem Maße mit biblischen Zitaten und Anspielungen durchsetzt[285], die der Einfachheit des Sprachniveaus und dem frömmigkeitstheologischen Interesse entsprechen.

Aus den gleichen Gründen zeigt Paltz auch eine ausgesprochene Vorliebe für Allegorien, Bilder, Vergleiche und Exempel[286] aus dem

---

[282] In seinem Kommentar zu Ps.-Dionysius Areopagita, De coelesti hierarchia; Zitat bei RITTER, Via antiqua und Via moderna, 53 Anm. 4. Diese Stelle ist fast wörtlich übernommen aus SIMON FIDATI VON CASCIA, De gestis domini salvatoris 8,23; siehe ZUMKELLER, Die Augustinertheologen Simon Fidati von Cascia und Hugolin von Orvieto, 24 Anm. 32.

[283] BERNHARD VON CLAIRVAUX, Super Cantica, Sermo 74,2 (Ed. Cist. II 240,18f.). Bernhard wurde mit seinem schriftnahen Stil, besonders mit seiner Hoheliedauslegung, zu einer beherrschenden Leitfigur für die Frömmigkeitstheologie des 15. Jahrhunderts; siehe unten S. 193 und 259.

[284] Siehe JOHANN VON STAUPITZ, De exsecutione, Einleitung 35f.; vgl. OBERMAN, Werden und Wertung der Reformation, 98.

[285] Siehe unten S. 187f.

[286] Die exempla aus dem täglichen Leben werden von Paltz oft als dritte Argumentationsebene neben auctoritates und rationes eingeführt – entsprechend seiner für die spätmittelalterliche Frömmigkeitstheologie überhaupt charakteristischen Vorliebe für die Erfahrung, die „experientia, quae omnium est rerum magistra" (Tripl. fol. c1v). So belegt

Alltag des Volkes, die seine Sprache konkret, anschaulich, kraftvoll und packend machen können[287]. Man denke nur an die Allegorie von den satanischen Heeren wider den Jubiläumsablaß und der gegen sie errichteten kirchlichen Befestigungsanlage mit ihren Bollwerken, Schießscharten und Geschützen[288]; oder man erinnere sich der Bilder aus dem zeitgenössischen Bergbauwesen[289], ferner der „portae coeli vel civitates refugii", zu denen der vom Rückfall in die Todsünde bedrohte Christ Zuflucht nehmen soll[290], oder der „septem fores sive portae", durch die der Gläubige zu Maria gelangen kann[291]. Immer sucht Paltz als Medium seines pastoralen Anliegens eine metaphorische Darstellungsweise, einen „conceptus delectabilis", um das Volk ergötzen (delectare) und dann zurechtbiegen (flectere) zu können[292] – im Sinne seines Programms der conversio, für die er gerade die große Masse der maximi peccatores gewinnen will[293]. Er nennt diese bildhafte Sprechweise gelegentlich modus rusticanus im Unterschied zum modus scholasticus[294], und die Eigenart seines Stils ist gerade in der geschickten Verschmelzung dieser beiden modi zu einer in sich geschlossenen popularscholastischen Darstellungsform zu sehen. Diese Eigenart ist selbstverständlich nicht individuell-origineller Art, sondern eine stilistische Eigenart innerhalb der Frömmigkeitstheologie des Jahrhunderts vor der Reformation, etwa auch seines Lehrers Johannes von Dorsten oder der Erfurter Kartäuser Jakob von Jüterbog und Johannes Hagen. Paltz ist vielleicht der Theologe, der diesen Vermittlungsstil zwischen traditionellem scholastischem Wissenschaftsbetrieb und aktueller Seelsorgepraxis nach 1500 am ausgewogensten vertritt, während die vorherrschenden Tendenzen dahin gehen, entweder den scholastischen Modus loquendi mit seinem ganzen wissenschaftlichen Rüstzeug, wenn auch in gereinigter Form, zu

---

er seine These, daß die nach Reichtümern begehrenden Menschen vom Teufel genarrt werden, durch zwei „exempla noviter facta et mihi veridica relatione relata": „Primum exemplum factum est in civitate Magdeburgensi, quod mihi rettulit prior ordinis nostri ibidem, qui optime novit. Erat enim ibi quaedam mulier ..." „Aliud exemplum contigit non longe a Nurnberga, uti mihi quidam pater religiosus ordinis nostri rettulit. Erant in Nurnberga quidam viri ..." Suppl. fol. G6v–H1r.

[287] Vgl. oben S. 33f. (E. Kleineidam).
[288] Siehe oben S. 42–44.
[289] Siehe oben S. 113f.
[290] Siehe oben S. 127.
[291] Sept., Vorrede und Einleitung: fol. A1v–3v.
[292] Siehe oben Kap. 2 Anm. 20.
[293] Siehe oben S. 149–155.
[294] Siehe oben Anm. 215. In den beiden Abendmahlsquästionen, für die Paltz ankündigt: „nolo pro nunc respondere modo scholastico sed rusticano", gebraucht er Vergleiche aus dem Alltagsleben; siehe Coel. fol. S3r.

konservieren[295] oder nach ganz anderen Modi loquendi abseits der „viae scholasticae"[296] zu suchen.

Berücksichtigt man, daß der Modus loquendi für den scholastischen Theologen keine Äußerlichkeit, sondern der Lebensnerv seiner wissenschaftlichen Betätigung war, mit dem sich ein bestimmtes Menschenbild und Bildungsideal verband[297], und daß sich daher konsequenterweise der Ansturm des Humanismus vor allem gegen die scholastischen Sprachformen und Lehrmethoden wandte und auch Luther in vertiefter Weise mit seiner Scholastik-Kritik beim Modus loquendi ansetzte[298], dann gewinnt man Verständnis dafür, von welcher theologischen Tragweite das Bemühen der spätmittelalterlichen Frömmigkeitstheologen um eine der schlichten Erbauung dienende literarische Darstellungsweise war.

V. Verarbeitung der Tradition und Stellung zum Wegestreit

1. Die Tradition als bergender Raum

Wer die Werke jener Frömmigkeitstheologie des 15. und beginnenden 16. Jahrhunderts, die den Graben zwischen scholastischer Wissenschaft und frommer Lebensgestaltung zu überbrücken sucht, zur Hand nimmt, muß darauf gefaßt sein, nur sehr sporadisch einem vom Autor selbst formulierten Textstück zu begegnen und noch seltener einem originellen Gedanken. Man kann Schriften wie beispielsweise die des Benediktiners Johannes von Kastl, des Dominikaners Johannes Nider, des Franziskaners Dietrich Coelde, der Kartäuser Dionysius von Roermond, Jakob von Jüterbog und Johannes Hagen, eines Thomas von Kempen oder Johannes Mauburnus, eines Nikolaus von Dinkelsbühl oder Geiler von Kaysersberg und schließlich der Augustiner Johannes von Dorsten und Johannes von Paltz als geschickt geknüpfte Netzwerke aus Zitaten und verbindenden Textpassagen ihrer Kompilatoren beschreiben[299]. In dieser Hinsicht blieb auch die praktisch-seelsorgerliche

---

[295] Als Beispiel unmittelbar vor der Reformation sei etwa der Chrysopassus praedestinationis des Johannes Eck, erschienen Augsburg 1514, genannt.

[296] Siehe oben S. 130 mit Anm. 306. Paltz selbst sieht sich – wie dieser Text zeigt – offensichtlich auf den viae scholasticae.

[297] Dies wird sehr deutlich in Obermans Darstellung der Augustin-Deutung des Biel-Schülers Wendelin Steinbach: Oberman, Werden und Wertung der Reformation, 119–140.

[298] Siehe Oberman, ebd. 139f. Granes einschlägige Arbeit (Modus loquendi theologicus) krankt daran, daß sie ausgerechnet in dieser Frage, bei der Luther das spätmittelalterlich-frömmigkeitstheologische Bemühen um eine Reform des modus loquendi theologiae aufnimmt, Luther isoliert betrachtet. Zur Kritik an Grane vgl. Oberman, Reformation: Epoche oder Episode, 88–109; vgl. dazu Granes Antwort: Lutherforschung und Geistesgeschichte.

[299] Vgl. das über Dionysius den Kartäuser umlaufende Urteil: „Qui Dionysium legit,

Reformtheologie weitgehend im Bann der scholastischen Methode, deren Fundament die Bindung an tradierte auctoritates und deren Ziel die kunstvolle Verknüpfung dieser auctoritates zu einem gedanklichen Ganzen war. Nicht Originalität, sondern durch Treue zur Tradition bewährte Glaubwürdigkeit gilt daher auch den Frömmigkeitstheologen des Spätmittelalters als Gradmesser theologischer Qualität. Ja, man kann sogar im letzten Jahrhundert vor der Reformation eine Steigerung der Traditionsgebundenheit beobachten und angesichts der Versuche auf seiten der akademischen Theologie, die älteren scholastischen Systeme des 13. und 14. Jahrhunderts in vollem Umfang zu restaurieren[300], geradezu von einer Flucht in die Tradition sprechen.

Welche Intentionen sich mit der typisch spätscholastischen Aufhäufung der Zitate verbinden, wird gerade bei Paltz deutlich erkennbar. Im Vorwort zur Coelifodina hebt er hervor, er habe in seinem Werk keineswegs allein einhergehen wollen (nequaquam solus incedere volui), da beim Prediger geschrieben stehe: „Wehe dem Einzelnen, denn wenn er fällt, hat er keinen, der ihm aufhilft" (Eccle. 4,10); darum sei er in die Fußstapfen seiner Väter, besonders seines Lehrers Johannes von Dorsten, getreten, so daß nun „jedes Wort auf der Aussage von zwei oder drei Zeugen beruht" (Mt. 18,16)[301]. Paltz nimmt diese Bemerkung am Schluß des Supplementum Coelifodinae wieder auf, wenn er im Rückblick auf seine beiden Hauptwerke feststellt: „Der Verfasser wollte aber, um Gefahr zu vermeiden, nicht nur in der Coelifodina, sondern auch im Supplementum nicht allein einhergehen, sondern sich den Fußstapfen der anerkannten (approbatorum) Doktoren und seiner Lehrer und Väter anvertrauen und ihre besten Aussprüche mit großer Hochachtung zitieren und das übrige von dem Herrn Jesus, dem Lehrer aller, durch Vermittlung der allerheiligsten Mutter und seiner Heiligen demütig erbitten."[302] Paltz sucht also durch den Rückgriff auf die

---

nihil non legit" (Wer den Dionysius liest, liest überhaupt alles); zit. bei HUIZINGA, Herbst des Mittelalters, 265.

[300] Siehe oben S. 134.

[301] „Materias igitur designatas prosequendo ... nequaquam solus incedere volui, cum scriptum sit Ecclesiastis 4: ‚Vae soli, quia, cum ceciderit, non habet sublevantem', sed maiorum meorum, praecipue institutoris mei et recolendae memoriae reverendi patris, magistri Ioannis de Dorsten ..., labores adhuc dispersos intrando, vestigia sequendo, secum pariter secundum gratiam mihi collatam incedendo ... opus adoptatum perficiam, ut sic domino nostro Iesu Christo iungente se medio ‚in ore duorum vel trium stet omne verbum'." Coel. fol. A2v.

[302] „Voluit autem collector ipse non modo in ipsa Coelifodina sed et in Supplemento ipso non solus incedere propter periculi vitationem, sed approbatorum doctorum atque praeceptorum et patrum suorum vestigiis inniti et eorum optima dicta cum magna veneratione adducere et cetera a domino Iesu, omnium magistro, mediantibus sacratissima matre et sanctis eius humiliter postulare." Suppl. fol 15r.

„optima dicta" der Vergangenheit einen Schutzraum zu gewinnen, der ihm vor den Gefahren des häresieverdächtigen Eigensinns Zuflucht gewährt und auch nach außen hin seine Glaubwürdigkeit zu demonstrieren vermag. Dem Leser soll durch sorgfältige Zitationsweise, vor allem durch die meist sehr genaue Nennung der Fundorte in den zitierten Werken, der Eindruck höchster Authentizität vermittelt werden. So ist auch die Kritik bezeichnend, die Paltz im Rahmen der Auseinandersetzung um die Rechte der Bettelorden an dem von ihm ansonsten hochgeschätzten Gerson[303] übt. Obwohl der Pariser Kanzler beinahe sein ganzes Wissen aus den Schriften der Bettelmönche, vor allem aus Bonaventura, geschöpft habe, komme das in seinen eigenen Werken nicht gebührend zum Ausdruck. Hätte er diejenigen, von denen er einzelnes übernommen hat, namentlich zitiert, dann wären seine Schriften vermutlich dankbarer, nützlicher und authentischer, d. h. glaubwürdiger[304].

Mit dem „magis authentica" ist genau der Punkt getroffen, der für Paltz' umfangreiche Rezeption des Traditionsgutes entscheidend ist. Nicht Tradition an sich ist in seinen Augen gut, sondern nur das von der Kirche Approbierte, d. h. durch breiten kirchlichen Konsens und von kirchenamtlicher Seite Gutgeheißene und darum Gediegene (solida)[305], das Autorität für sich beanspruchen darf und das theologische Einzelgängertum in seine Schranken weist. Die approbati und solidi doctores sind ihm Garanten sicheren Wahrheitsbesitzes, von dem sich diejenigen entfernen, die lieber originell (singulares) erscheinen als ihre Nächsten erbauen wollen[306]. Ein Beispiel solcher singularitas sieht er in seiner Quaestio determinata contra triplicem errorem von 1486 durch die pseudoaugustinische Schrift De cognitione verae vitae[307] und ihre Leugnung der räumlichen Realität von Himmel und Hölle gegeben. Als Verfasser werde von einigen ein gewisser Einsiedler (quidam solitarius) genannt[308] – „wahrlich ein Einsiedler", fährt Paltz mit spöttischer Bedeutungsverlagerung fort, „denn gleich einem einzelgängerischen wilden Tier (singularis ferus) sucht er, von der gemeinsamen Schultradition (communis schola), ja sogar von der Kirche abweichend, den Weinberg des Herrn abzufressen" (vgl. Ps. 79,14)[309]. Man erkennt hier

---

[303] Er nennt ihn „vir doctissimus, devotissimus et conscientiosissimus": Suppl. fol. v1r.

[304] „Secundo erravit (Gerson) in ingratitudine. Ipse enim ferme omnem scientiam suam hausit a mendicantibus, signanter ex scriptis sancti Bonaventurae ipsomet testante, quamvis eam sub aliis verbis aliis impartitus fuerit. Quodsi eos, a quibus singula sumpserat, allegasset, forte scripta eius gratiora, utiliora et magis authentica essent." Suppl. fol. v3v.

[305] Siehe oben Anm. 99. [306] Siehe ebd.

[307] Siehe oben Kap. 3 Anm. 44. [308] Siehe ebd.

[309] „Vere solitarius, quia singularis ferus recedens a communi schola, immo ab ecclesia, ut patebit, nititur depascere vineam domini." Tripl. fol. e2v.

die Tradition, in der auch die päpstliche Bannandrohungsbulle gegen Luther stehen wird[310]. Der Gesichtspunkt des „recedere a communi schola, immo ab ecclesia" wird von Paltz dann näher erläutert als das typisch häretische „resistere sententiae omnium approbatorum doctorum ecclesiae"[311]. Denn die Meinung aller approbati doctores sei „per consequens" auch die Lehre der ecclesia catholica[312]. Auch dem zeitgenössischen Dominikaner Giovanni Nanni von Viterbo (gest. 1502), den er im gleichen Werk angreift[313], tritt er in typischer Manier mit der autoritativen Rückendeckung des theologisch-kirchlichen Konsenses entgegen: „Du wagst es, deinen tölpelhaften Eigensinn so vielen bedeutenden approbierten Doktoren entgegenzusetzen!"[314] „Du weichst von allen Doktoren ab, indem du auf deine eigenen Einbildungen vertraust."[315] Und auch in seinen anderen Werken beruft sich Paltz nicht nur auf die Stimmen einzelner Autoritäten, sondern allenthalben auf den Chor der doctores, wenn möglich der doctores omnes[316]. Er erhebt damit den Anspruch, Sprachrohr der ecclesia catholica und ihrer opinio communis zu sein. In diesem Zusammenhang sind vor allem auch seine zahlreichen Zitate aus dem kanonischen Recht und die häufigen Erwähnungen von Konzilsbeschlüssen, päpstlichen Bullen und anderen kirchenamtlichen Verlautbarungen zu sehen[317].

Paltz' Verhältnis zur Tradition, wie wir es im Ansatz beschrieben haben, ist selbstverständlich weitgehend durch die Frömmigkeitstheologie des vorausgegangenen Jahrhunderts präformiert. Wieder ist an

---

[310] Am Anfang der Bulle ‚Exsurge domine‘ vom 15. Juni 1520 (Text in der Erlanger Lutherausgabe, Abt. 6 Bd. 4, 263) heißt es: „Surrexerunt vulpes quaerentes demoliri vineam (vgl. Cant. 2,15) ...; ‚exterminare‘ nititur ‚eam aper de silva, et singularis ferus depascitur eam‘ (Ps. 79,14)." Zu Cant. 2,15 vgl. Paltz' Auslegung in Suppl. fol. l3r, ferner GRUNDMANN, Der Typus des Ketzers, 320f. (die Deutung der vulpes von Cant. 2,15 als haeretici eine alte Auslegungstradition). – Man sollte also nicht, wie es oft geschieht, an Leos X. Vorliebe für Saujagden erinnern, um die Anfangssätze der Bannandrohungsbulle zu erklären (so z.B. BESCHORNER, Die sogenannte Bannbulle, 317). Es handelt sich vielmehr um einen biblischen Topos bei der Ketzerbekämpfung.

[311] Tripl. fol. e3r. Vgl. GRUNDMANN, ebd. 316f.

[312] „... quia omnes approbati doctores hoc tenent et per consequens ecclesia catholica, contra quam credere pertinaciter est haeresim sapere, immo haereticum esse." Ebd.

[313] Siehe oben S. 99 mit Anm. 42.

[314] „Vere ridiculum est mihi hoc de te audire, quod tuum stolidum sensum audes tot et tantis doctoribus approbatis praeponere, puto beato Gregorio, Haymoni (= Ps.-Haimo von Halberstadt), Magistro (= Petrus Lombardus) in Glossa, Nicolao de Lira et pluribus aliis, qui omnes dictum capitulum 11 Apocalypsis de Henoch et Elia personalibus exponunt." Tripl. fol. a9v.

[315] „Recedis enim ab omnibus doctoribus in tuis propriis figmentis confidens et vix aliquem admittis nisi false, cum allegare velis, ut patet intuenti atque intelligenti." Ebd.

[316] Siehe die Register zu den Bänden der Paltz-Edition, s.v. ‚doctor‘.

[317] Siehe unten S. 203.

erster Stelle Gerson zu nennen, der mit seiner Polemik gegen die singularitas[318], gegen die Vorliebe für „fremde und ungewohnte"[319], für „unbekannte und nicht geprüfte Lehren"[320], die Weichen stellt, der die scholastischen Theologen zur concordia ruft[321] und ihnen die „schola communis" vor Augen hält[322]. Für die Zeit unmittelbar vor Paltz ist vor allem auf seinen Lehrer Dorsten zu verweisen, dessen „besonderes Anliegen" es ist, „in wichtigen Lehrpunkten den ‚consensus communis doctorum' zu bezeugen"[323], und der daher Wendungen wie „catholici doctores dicunt", „secundum doctores", „omnes sancti doctores", „communiter sancti doctores" in seine Predigten einzuflechten pflegt[324]. Was weder bei Gerson noch bei Dorsten so stark wie bei Paltz ausgeprägt zu sein scheint, ist der Gesichtspunkt der kirchlichen Approbiertheit der Autoritäten. Die bergende Garantiefunktion der Tradition gewinnt dadurch – der allgemeinen Tendenz in Paltz' Theologie entsprechend – eine intensivere kircheninstitutionelle Beleuchtung[325].

Doch wer sind die doctores approbati für den Erfurter Augustinerprofessor? Wen zitiert er, welche Überlieferungszweige fehlen in seinem Bild der schola communis? Bei einer Theologie, die in solchem Maße wie die seinige gefüllt von Tradition und fixiert auf Tradition ist, wird man gerade an diesem Punkt wesentliche Einblicke in ihren Charakter erwarten dürfen.

---

[318] Siehe besonders Contra curiositatem studentium (ed. Glorieux III 224–249) passim; zur singularitas vgl. OBERMAN, Wittenbergs Zweifrontenkrieg gegen Prierias und Eck, 354 Anm. 76.

[319] „Curiositas est vitium, quo dimissis utilioribus homo convertit studium suum ad minus utilia vel inattingibilia sibi vel noxia." Ebd. (III 230).

[320] „Signum curiosae singularitatis est fastidire doctrinas resolutas et plene discussas et ad ignotas vel non examinatas velle converti. Indignatur quippe singularitas communibus et paratis uti, quamquam salubrioribus." Ebd. (III 238).

[321] Ebd. III 243 (Scotistas ... ad concordiam cum aliis doctoribus adducere), 242 (non singularitate contentiosa vincendi, sed humilitate concordandi), 230 (gegen invidia, contentio, disceptatio, protervia, pertinacia, erroris defensio, amor proprii sensus, immansio in opinionibus vel suis vel suorum), 239 (gegen die indebita doctorum et doctrinarum appropriatio, d. h. das ungehörige Fixiertsein auf Lehrrichtungen; gegen die „animosa contentio ..., quod iste plus quam ille doctor ab istis et non illis defenditur, colitur, antefertur").

[322] Ebd. III 244 (gegen die termini non usitati in schola communi) und Elucidatio scholastica mysticae theologiae 7: ed. Combes 227,5 (consonat his communis schola doctorum); vgl. Contra curiositatem studentium: ed. Glorieux III 238 (indignatur quippe singularitas communibus et paratis uti), III 239 (veritas communis est). Vgl. auch die Bulle SIXTUS' IV. ‚Romani pontificis provida' vom 27. Nov. 1477 (DENZINGER/SCHÖNMETZER, Enchiridion symbolorum, Nr. 1407): „communis doctorum schola".

[323] ZUMKELLER, Der Predigtband Cod. Berolinensis, 51.

[324] Ebd. 52.

[325] Zur Orientierung der Paltzschen Theologie am Garantieangebot der kirchlichen Sakralinstitution siehe unten S. 247 ff.

2. Welche Tradition?

Für einen mittelalterlichen Theologen ist es eine Selbstverständlichkeit, daß unter seinen auctoritates die der Heiligen Schrift an erster Stelle rangieren. Doch hatte dies für das scholastische Lehrverfahren weniger zu besagen, als man meinen könnte. Jedenfalls wird in der Quästionenliteratur alles andere als bibelnahe Theologie vorgetragen; es gibt Sentenzenkommentare, in denen man lange suchen muß, ehe man ein Bibelzitat entdeckt. Die Devotio moderna[326] und ihr Verteidiger Gerson fördern auch in dieser Hinsicht eine Reform der Theologie, wie sie uns als Programm etwa in Wencks Kurzformel „modus loquendi prophetarum et apostolorum"[327] oder in der – zwar traditionellen[328], aber nun mit neuem Gewicht versehenen – Gleichsetzung des Katalogs der Erfurter Kartäuserbibliothek „theologia sive sacra scriptura"[329] begegnet. Geht man von der Häufigkeit der Schriftzitate aus, dann signalisiert sogar ein Vergleich zwischen dem Sentenzenkommentar Gregors von Rimini und den Schriften von Paltz den weiten Abstand zwischen der akademischen Theologie um die Mitte des 14. und der Frömmigkeitstheologie zu Beginn des 16. Jahrhunderts, obwohl gerade Gregor wie vielleicht kein zweiter Theologe seiner Zeit die Bedeutung der auctoritas scripturae für das Zustandekommen theologischer Aussagen hervorhebt[330] und umgekehrt Paltz zwar sein Werk mit einer imponierenden Fülle von Bibelzitaten durchflicht[331], aber von einem Staupitz noch um vieles übertroffen wird[332].

Die Häufung von Schriftzitaten, die im Rahmen von Frömmigkeitstheologie und Humanismus immerhin eine Veränderung des geistigen

---

[326] Vgl. MESTWERDT, Die Anfänge des Erasmus, 118–123 (der „Biblizismus" der Devotio moderna).

[327] In seinem Kommentar zu Ps.-Dionysius Areopagita, De coelesti hierarchia; Zitat bei RITTER, Via antiqua und Via moderna, 53 Anm. 4; vgl. oben S. 180 bei Anm. 282. Zu Wencks Grundorientierung an der Schrift vgl. STEER, Ausgabe von JOHANNES WENCK, Das Büchlein von der Seele, 15.

[328] Vgl. OBERMAN, Der Herbst der mittelalterlichen Theologie, 343.

[329] Siehe KLEINEIDAM, Die theologische Richtung der Erfurter Kartäuser, 253. Der vor 1480 entstandene bedeutende Katalog, der – im Unterschied zu heutigen Bibliothekskatalogen – eine regelrechte theologische Arbeit mit Ausführungen über das Wesen der Theologie und ihrer Disziplinen darstellt, steht in der frömmigkeitstheologischen Tradition der beiden Erfurter Kartäuser Jakob von Jüterbog und Johannes Hagen. Sein Verfasser, wahrscheinlich Jacobus Volradi, richtet den gesamten Katalog auf das große Ziel des geistlichen Lebens und seiner Vollendung in der theologia mystica aus. Vgl. ebd. 251.

[330] Vgl. GREGOR VON RIMINI, Lectura super primum et secundum Sententiarum (ed. Trapp IV, S. XLIX).

[331] Vgl. die Bibelstellen-Register zu den Bänden der Paltz-Edition.

[332] Siehe oben S. 180 bei Anm. 284.

Klimas widerspiegelt, ist freilich eine viel zu vordergründige Erscheinung, um etwas über die sachliche Funktion der Zitate aussagen zu können. Paltz' Theologie bietet ein instruktives Exempel dafür, wie sich mit einer ausgesprochenen Zitierfreudigkeit eine kaum mehr zu überbietende sachliche Distanz zur Bibel verbindet, der durch die Schriftzitate nichts genommen, sondern nur ein grotesker Anstrich gegeben wird. Die sacra scriptura dient ihm als Steinbruch für dicta probantia, die er – selbstverständlich durch Vermittlung der Auslegungstradition – ohne Rücksicht auf ihren genuinen Kontext zur Legitimierung des gesamten sakralinstitutionellen Kirchenapparats und der darauf hin orientierten Frömmigkeit heranzieht.

Diese Funktion der sacra scriptura muß auf dem Hintergrund eines bestimmten Verständnisses der Beziehung von Schrift, Tradition und Kirche gesehen werden, wie es Paltz an einer Stelle seines Supplementum Coelifodinae besonders deutlich zum Ausdruck bringt. Im vorausgegangenen Text hatte er im Anschluß an Dorsten[333] mehrere Gründe genannt, weshalb man den Ablässen Glauben schenken solle. Er zieht nun folgendes Resümee, und zwar zunächst mit Dorstens Worten: „Was also ist angemessener, als daß die göttliche Vorsehung das Verdienst der Ablässe so zur Geltung kommen läßt, daß um ihretwillen der Glaube Platz findet? Dies geschieht vor allem dadurch, daß der Text der Bibel nicht ganz klar von ihnen spricht."[334] Paltz bricht an dieser Stelle das Dorsten-Zitat ab und fährt mit eigenen Worten fort: „Auf ähnliche Weise ist man auch, wie wir lesen, in beiden Bünden mit etlichen Glaubensinhalten verfahren. Im Alten Bund nämlich glaubten und beachteten die Gläubigen vieles, was sie zwar nicht in den (biblischen) Schriften, aber gleichwohl von ihren Vorgängern und Alten empfangen hatten. Auf sie verwies sie auch ihr Gesetzgeber (Moses), indem er sagte: ‚Frage deinen Vater, und er wird es dir kundtun, deine Alten, und sie werden dir's sagen', Deuteronomium 33 (richtig: 32,7). Auch im Neuen Bund wird manches geglaubt, wovon dennoch der Bibeltext nicht ausdrücklich (manifeste) spricht, wie es bei gewissen Sakramenten offenkundig ist, und zwar wegen desselben Grundes, wie ich meine, nämlich wegen des durch den Glauben gewirkten Verdienstes. Da die Gesamtkirche (ecclesia universalis) nicht irren kann, ob sie nun den dunklen Worten der Heiligen Schrift manches entlockt (ex occultis sacrae scripturae dictis aliqua eliciendo) oder ob sie den Spuren der Alten, die vieles durch die Praxis hinzugefügt haben, nachfolgt, deshalb

---

[333] Traktat De indulgentiis (fol. 212r–213r); zit. in Suppl. fol. b1v–2v.

[334] „Quid igitur tam congruum, quam ut divina providentia sic disponeret indulgentiarum meritum, ut pro ipsis fides inveniat locum? Quod plenius fit in hoc, quod non omnino clare textus bibliae ea ponit." DORSTEN, ebd. (fol. 213r); zit. in Suppl. fol. b3r.

spricht der Apostel (Paulus) oft die Ermahnung aus, die Gläubigen
sollten seine Nachahmer sein, so wie er selbst Christi Nachahmer sei (1.
Cor. 4,16; 11,1; Phil. 3,17), und sollten den Überlieferungen folgen, die
sie von ihm empfangen haben (2. Thess. 2,14 kombiniert mit 2. Thess.
3,6), und so wandeln, wie er selbst gewandelt ist (Phil. 3,17). Und
vielleicht wollte der Herr manche Glaubensinhalte deshalb nicht deutlich ausdrücken (manifeste exprimere), damit wir uns mehr auf die
Kirche und ihre Bestimmungen als auf unsere eigene Ansicht stützen,
auch wenn unsere Meinung in den Schriften gegründet zu sein scheint;
denn wir können uns irren, indem wir die Schrift schlecht verstehen, die
Kirche aber kann sich in Glaubensdingen nicht irren."[335]

Nach Paltz gibt es somit verbindliches Glaubensgut, das teils nur
implizit in der Schrift enthalten ist, teils überhaupt einen außerbibli-
schen Ursprung in der mündlichen apostolischen Tradition und in der
kirchlichen Praxis, der „laudabilis consuetudo ecclesiae"[336], besitzt.
Normgebend hinsichtlich der credenda ist für ihn in beiden Fällen die
determinatio der Universalkirche, die er durch den Papst und das
Kardinalskollegium, genauer gesagt durch das legislative Forum des
päpstlichen Konsistoriums, repräsentiert sieht[337]. Legt man H. A. Obermans Unterscheidung zwischen Tradition I und II zugrunde[338], dann ist
unser Text als klassische Stellungnahme zugunsten von Tradition II
einzustufen, die eine außerbiblische Tradition als autoritative Grundlage
katholischer Glaubenswahrheit anerkennt, während nach Tradition I
dieser Grund nur durch die sacra scriptura und ihre Auslegungstradition

---

[335] „Sicut et similiter in utroque testamento legimus de quibusdam credendis factum. In
veteri namque testamento fideles plura credebant et observabant, quae, etsi in scriptis non
haberent, tamen a praedecessoribus et maioribus suis ea habuerunt. Ad quos etiam
legislator eorum eos remisit dicens: ‚Interroga patrem tuum et annuntiabit tibi, maiores
tuos et dicent tibi', Deuteronomii 33. In novo quoque testamento aliqua creduntur, quae
tamen manifeste textus bibliae non habet, ut patet de quibusdam sacramentis, propter
eandem causam, ut arbitror, scilicet fidei meritum. Cum ecclesia universalis non possit
errare, sive ex occultis sacrae scripturae dictis aliqua eliciendo, sive vestigia antiquorum,
quae plura in praxi adduxerunt, imitando, ideo Apostolus saepe hortatur, ut fideles sint
imitatores eius sicut ipse Christi, et sequantur traditiones, quas ab ipso acceperunt, et ita
ambulent, sicut ipse ambulavit. Et forsan pro tanto dominus aliqua credenda noluit
manifeste exprimere, ut magis innitamur ecclesiae et determinationi quam proprio sensui,
etiamsi videtur opinio nostra in scripturis fundata; quia nos falli possumus scripturam
male intelligendo, ecclesia falli non potest in credendo." Suppl. fol. b 3r.
[336] Coel. fol. X6v; siehe unten Anm. 355.
[337] Siehe unten Kap. 5 Anm. 311 und 319. Zum Gedanken, daß der Papst zusammen mit
dem päpstlichen Konsistorium, d. h. der Vollversammlung der in Rom anwesenden
Kardinäle, die Kirche repräsentiert, vgl. TIERNEY, Foundations of the conciliar theory,
6.83.153.176.185 f.216.235–237. Aus der Zeit nach 1500 vgl. z. B. SILVESTER PRIERIAS,
Dialogus de potestate papae, fundamentum 1 (14).
[338] OBERMAN, Der Herbst der mittelalterlichen Theologie, 335–382, besonders 339–364.

gelegt werden kann[339]. Daß Paltz die Position von Tradition II vertritt, und zwar in ihrer kurialistischen Variante[340], wie sie von den Kanonisten entwickelt worden ist, war von seinem theologischen Grundansatz her zu erwarten, bietet sie ihm doch diejenige Lösung zur Frage von Schrift und Tradition, die den Spielraum der päpstlichen Autorität am weitesten ausdehnt und sie nicht einmal mehr pro forma durch die Autorität der Schrift begrenzt sein läßt.

Freilich geht es Paltz an dieser Stelle und auch sonst nicht darum, speziell die Rolle außerbiblischer Traditionen hervorzuheben, sondern zu betonen, daß von den Gläubigen manches geglaubt werden muß, was nicht ausdrücklich (manifeste) in der Schrift Erwähnung findet, vielmehr erst von der ecclesia universalis als Glaubenswahrheit definiert wird. Dabei scheint er aber, wie auch andere spätmittelalterliche Befürworter von Tradition II[341], vor allem an solche credenda zu denken, für die sich zumindest „occulta sacrae scripturae dicta" anführen lassen, die er also immerhin implizit in der Schrift enthalten sieht. Dies wird gerade an dem von Paltz selbst genannten Beispiel der Sakramente deutlich, die er in seinen beiden Hauptwerken alle aus Bibelstellen herzuleiten versteht. Ebenso findet er die Ablaßpraxis, um die es ja in unserem Text primär ging, bereits im Neuen Testament bezeugt und im Alten Testament typologisch vorgebildet[342]. Auf der Grundlage solchen Schriftverständnisses ist dann auch seine Ansicht nur konsequent, daß der Papst durch das Jubiläum den Gläubigen drei geistliche Schätze öffne: nicht nur den Schatz der Sakramente und den der Ablässe, sondern auch den „thesaurus scripturarum" durch das Medium der „clarissima indulgentiarum praedicatio"[343]. Die Ablaßpredigt läßt den Hörern klar werden, was im Bibeltext verborgen liegt, wovon er zwar spricht, doch nur auf eine dem Kundigen vernehmbare Weise – „non omnino clare"[344], „non manifeste"[345].

Dieses Schriftverständnis erklärt, wie mit einer äußeren Schriftnähe, ja geradezu einem Leben mit der Bibel, das durch die Konstitutionen des

---

[339] Vgl. ebd. 345f.		[340] Vgl. ebd. 348–350.

[341] Vgl. ebd. 352 (OCKHAM: „hauptsächlich"), 355 (PIERRE D'AILLY: „so weit wie möglich"), 377 (BIEL: „größtenteils").

[342] Siehe besonders Coel. fol. V 4r–5r und Cc 4v–Dd 2v; Suppl. fol. b 2v.

[343] „Alius est iubilaeus specialis, quando videlicet summus pontifex vel ecclesia universalis ... largissime aperit primo thesaurum scripturarum per clarissimam indulgentiarum praedicationem, secundo thesaurum sacramentorum per liberalissimam sacramenti poenitentiae exhibitionem, tertio thesaurum indulgentiarum per largissimam omnium poenarum temporalium debitarum remissionem." Coel. fol. Cc 5v–6r. Gegen diese Sicht, die den Schatz der Schrift und den der Sakramente und Ablässe aufeinander bezieht, setzt LUTHER die exklusive These: „Verus thesaurus ecclesiae est sacrosanctum evangelium gloriae et gratiae dei." 95 Thesen, These 62 (WA 1,236,22f.).

[344] Siehe oben Anm. 334.		[345] Siehe oben Anm. 335.

Augustinerordens den Mönchen aufgetragen war[346], doch eine tiefe sachliche Distanz zur Schrift einhergehen konnte. Die allegorische, auf die mysteria fidei der Schrift zielende Interpretationsmethode, die subtile Kunst des „ex occultis sacrae scripturae dictis aliqua elicere"[347] macht auch verständlich, welche Vorstellungen sich bei Paltz mit dem Gedanken verbinden, daß der Schatz der Heiligen Schrift nur mit einem Maß an Mühe erworben werden kann, vor dem viele zurückschrecken[348]. Gerade in diesem mühsamen Geschäft des ‚elicere‘ sieht er aber seine Aufgabe als professor sacrae paginae, als Ablaßprediger und als Autor theologischer Werke. Die Coelifodina trägt darum seit der zweiten Auflage von 1504 den sehr bezeichnenden Titel: „Coelifodina absconditos scripturae thesauros pandens[349]." Wie der Bergmann das Erz aus verborgenen Tiefen der Erde holt[350], so fördert die unter die Oberfläche des sensus historicus dringende Deutung der Schrift verborgene Schätze katholischer Wahrheit zutage, besonders die Wahrheit der Sakramente und Ablässe. So kann Paltz das Schriftstudium auch „ars mineralis coelestis", die himmlische Bergwerkskunst, nennen[351].

Wer von der Verborgenheit des eigentlichen Schriftsinns spricht, scheint freilich der Willkür des Interpreten Tür und Tor zu öffnen; doch weiß Paltz im Einklang mit der kirchlichen Hermeneutik seiner Zeit aus der Not eine Tugend zu machen: Die Dunkelheit der Schrift dient ihm gerade als Argument für die Notwendigkeit, die klaren, unfehlbaren Glaubenslehren der papstgeleiteten ecclesia universalis als Interpretationsnorm anzuerkennen[352]. Die Gefahr des trügerischen „sensus proprius", der „opinio nostra" wird so gebannt, das Verdienst des Glaubens gemehrt. Diese Gedanken liegen ganz auf der Ebene dessen, was wir oben von der Tradition als bergendem Schutzraum gegenüber der singularitas gesagt haben[353]. Und wir müssen auf dieser Grundlage auch

---

[346] CONSTITUTIONES OESA von 1290, c. 17 (fol. 22v) über den Novizen: „Sanctam scripturam avide legat, devote audiat et ardenter addiscat."

[347] Siehe oben Anm. 335.

[348] „In isto iubilaeo generali (= totum tempus gratiae ab adventu Christi usque in finem mundi) recondita sunt tres thesauri, videlicet sacrarum scripturarum, sacrorum sacramentorum et plenissimarum indulgentiarum. Primi duo per totam ecclesiam liberalissime sparguntur, tertius raro aperitur. Primus cum labore acquiritur, quem quidem laborem, quia multi formidant, intrare recusant." Coel. fol. Cc5v.

[349] Pandere: eröffnen, aufdecken.

[350] Zur Bergbaumetaphorik in der Himmlischen Fundgrube (bzw. Coelifodina) siehe oben S. 113f.

[351] „Sed si quis certus vellet esse, an bene curreret (d. h. christlich lebt) et non cuprum cupiditatis pro auro caritatis foderet, ille deberet in omni cursu desiderii sui haec tria observare: Primo deberet legere et discere artem mineralem coelestem, id est sacram scripturam, iuxta salvatoris consilium Ioannis 5 (39): ‚Scrutamini scripturas.'" Suppl. fol. 15r.

[352] Siehe oben Anm. 335 (am Ende).   [353] Siehe oben S. 184–186.

nochmals die Funktion der für Paltz so wichtigen schola communis der doctores approbati bedenken. Ihre Lehre konstituiert zusammen mit den amtlichen Lehrentscheidungen in seinen Augen die unfehlbare Überlieferung der katholischen Wahrheit durch die ecclesia universalis, sie garantiert das rechte Schriftverständnis. Vorausgesetzt ist dabei immer die Harmonie zwischen den kirchenoffiziell – ‚per modum auctoritatis‘ – festgesetzten Wahrheiten sowie den allgemein gültigen consuetudines der Kirche und den ‚per modum doctrinae‘ formulierten Schriftauslegungen der Doktoren[354]; denn durch den Aspekt der schola communis wird ja das kirchlich nicht Approbierte von vornherein ausgeblendet. Ihm gegenüber gilt die Maxime: „Mögen die Doktoren sagen, was sie wollen, du halte dich vielmehr an das, was die Kirche festhält!"[355] In dieser gemeinsamen autoritativen Tradition der Kirche und ihrer anerkannten Lehrer sieht Paltz ein Fortschreiten zu immer größerer Klarheit, da die ecclesia universalis und ihre schola communis die in dunklen Tiefen verborgenen „thesauri scripturae" immer mehr ans Licht gebracht hätten. „Heute", stellt er selbstbewußt fest, „wird die Schrift klarer ausgelegt, als sie jemals vorher ausgelegt worden ist, zumindest was ihr Verständnis durch das Volk betrifft, und sie wird auch häufiger gepredigt als vorher"[356]. Ähnliche Töne wird man dann in der Reformation vernehmen[357], nur wird sie sich mit ihrer Lehre von der claritas scripturae genau gegen die von Paltz vertretene Hermeneutik wenden.

Zwischen die Schrift und ihr Verständnis in der Gegenwart tritt somit bei Paltz die normative Auslegungstradition der Papstkirche. Fragen wir, durch wen er ihre schola communis repräsentiert sieht, dann sind an erster Stelle die vier großen abendländischen Kirchenlehrer Augustin, Hieronymus, Gregor der Große und Ambrosius zu nennen, deren Zitate – die Zahl wird mit weitem Abstand angeführt durch den

---

[354] Zur Unterscheidung zwischen ‚per modum auctoritatis‘ und ‚per modum doctrinae‘ siehe OBERMAN, Der Herbst der mittelalterlichen Theologie, 352 (OCKHAM) und 354f. (D'AILLY).

[355] „Ideo dicit magister in libro De inquisitione haereticae pravitatis (nicht gefunden): Dicant doctores quicquid velint, tu magis tene, quod ecclesia tenet." Suppl. fol. v 3v. In Coel. fol. X 6v findet sich dagegen eine andere Version des Zitats: „Ideo dicit magister in libro De inquisitione haereticae pravitatis: Non cures doctorum determinationes, si laudabilis consuetudo ecclesiae vel ecclesiarum oppositum practicat."

[356] „Iam temporis expedit circumduci iubilaeum per totam ecclesiam propter sacrarum scripturarum illuminationem. Iam enim sacra scriptura clarius exponitur, quam prius umquam exposita fuerat, saltem quoad intelligentiam popularem, et frequentius praedicatur, quam prius, et gratius exauditur, quam postea audietur." Coel. fol. Dd 4v; das ‚postea‘ bezieht sich auf die Zeit des Antichrists. Vgl. auch oben S. 190 („non omnino clare" – „clarissima indulgiarum praedicatio").

[357] Vgl. z. B. HAMM, Laientheologie zwischen Luther und Zwingli, 236f.

vermeintlichen Ordensgründer Augustin[358] – einen großen Prozentsatz der zitierten Tradition ausmachen[359]. Dies ist im Rahmen der spätmittelalterlichen Theologie, vor allem im Werk eines Frömmigkeitstheologen, zu erwarten, denn bei den ‚doctores originales‘[360] sucht die Frömmigkeitstheologie, z. T. in Koalition mit den humanistischen Strömungen der Zeit[361], den reinen Quellgrund einer Theologie, die eruditio und devotio vereinigt[362]. Auch die Homilien des Chrysostomus werden von Paltz oft zitiert, während er die Werke einer recht großen Gruppe anderer Kirchenväter nur sehr sporadisch anführt[363], am häufigsten noch den an der Grenze zum Mittelalter stehenden Isidor von Sevilla; auffallend selten erwähnt ist bezeichnenderweise der vor allem von mystischen Autoren sehr geschätzte Ps.-Dionysius Areopagita[364].

Gelegentlich nennt Paltz die Kirchenväter auch „originales doctores primarii" im Unterschied zu den „originales doctores secundarii", d. h. den vor- und frühscholastischen Theologen der Epoche zwischen der Väterzeit und dem Auftreten der Bettelorden[365]. Unter ihnen sind für ihn die herausragenden Autoritäten Petrus Lombardus und Bernhard von Clairvaux: der ‚magister Sententiarum‘ als grundlegende Lehrautorität jedes scholastisch ausgebildeten Theologen seit dem ersten Drittel des 13. Jahrhunderts[366], der ‚doctor mellifluus‘ als Lehrer der Passionsmeditation, der gerade im Zuge der Passionsfrömmigkeit des 15. Jahrhunderts eine Renaissance erlebte, die ihn auf die Ebene der vier ‚egregii doctores ecclesiae‘ hob. Um diese beiden zentralen Gestalten gruppieren sich bei Paltz eine Reihe anderer weit weniger oft zitierter Theologen[367],

---

[358] Zur Augustin-Rezeption bei Paltz siehe unten S. 313–322.

[359] Für diese und alle im folgenden genannten Autoritäten und Werke sei auf die Register der Zitate in den Bänden der Paltz-Edition verwiesen.

[360] So nennt Paltz die Kirchenväter: Coel. fol. Gg4v und Suppl. fol. m4r. Augustin ist für ihn der „doctor originalis supremus": Suppl. fol. m4v.

[361] Vgl. OBERMAN, „Tuus sum, salvum me fac", besonders 357–363 (Erasmus und das Ende des akademischen Augustinismus); ders., Werden und Wertung der Reformation, 82–140 (Augustinrenaissance im späten Mittelalter), besonders 90–96.

[362] Vgl. GERSON, Collectorium super Magnificat, tract. 7 (ed. Glorieux VIII 303): „Cognovimus, proh dolor, aliquos, quibus omnis doctrina miscens cum speculativa pietatem fidei ad effectum reddebatur gravis, molesta, nauseosa et onerosa, ita ut doctores deriderent devotos ut ideotas et vetulas, quales sunt apud tales Gregorius, Bernardus, immo, damnata arrogantia et amentia, Augustinus et dominus Bonaventura cum similibus. Est, inquiunt, doctrina eorum ad praedicationem et devotionem, quasi stare nequeant pariter devotio et eruditio."

[363] Die Namen der Kirchenväter sind aufgezählt bei FERDIGG I 294.

[364] Er wird in Coel. und Suppl. nur sechsmal zitiert. Zu Paltz' Zurückhaltung gegenüber der Mystik siehe unten S. 259f. Vgl. auch oben S. 160–163.

[365] Siehe unten Anm. 373.

[366] Vgl. HAMM, Promissio, Pactum, Ordinatio, 39 und die dort genannte Literatur.

[367] Aufgezählt bei FERDIGG I 294f.

unter denen Beda Venerabilis, Haimo (Ps.-Haimo von Halberstadt), Petrus Damiani, Anselm von Canterbury, Petrus Comestor und vor allem Hugo von St. Viktor herausragen, während der ,Mystiker' Richard von St. Viktor nur viermal zitiert ist. Bezeichnend[368] ist auch, daß Hugo nicht als mystischer, sondern als erbaulicher scholastischer Theologe rezipiert wird, besonders aus seinem Werk De sacramentis christianae fidei. Selbstverständlich erläutert Paltz seine Bibelzitate mit Hilfe der allseits gebräuchlichen Glossa ordinaria und interlinearis des Anselm von Laon (gest. 1117). Als weitere exegetische Hilfsmittel kommen die Psalmen- und Paulinenglossen des Petrus Lombardus und aus dem 14. Jahrhundert die Postilla litteralis und moralis des Franziskaners Nikolaus von Lyra hinzu, während er die ebenfalls sehr beliebte Postilla des Dominikaners Hugo von St. Cher (Hugo Cardinalis) nicht benützt.

Eine wichtige Zäsur in der Entwicklung der kirchlichen Lehrtradition sieht Paltz durch den Beginn des Studienbetriebs und der Predigttätigkeit der Bettelorden in der ersten Hälfte des 13. Jahrhunderts gesetzt. Gegenüber den traditionellen Angriffen von seiten des Weltklerus, wie sie von dem Straßburger Jakob Wimpfeling in seiner Schrift De concordia curatorum et fratrum mendicantium (1503) neu aufgenommen wurden[369], erreicht das Selbstbewußtsein der Mendikanten, führend in der geistigen Welt zu sein, bei Paltz „seinen wohl stärksten, ja übersteigerten und daher herausfordernden Ausdruck"[370]. Man muß seine Worte im Supplementum Coelifodinae hören, die in den Sätzen gipfeln: „Nimm die Bücher über die von den Bettelmönchen geführten Disputationen hinweg, was wirst du in irgendeiner Disputation erweisen oder antworten, wie wirst du den so scharfsinnigen Häretikern widerstehen können? Nimm die Bücher der Bettelmönche hinweg, wie wirst du die Evangelien richtig auslegen und wie wirst du irgendeine gelehrte Predigt machen?" Die Zuflucht zu den Kirchenvätern und den frühscholastischen Lehrern, etwa zu den Sentenzen des Lombarden, würde, wie Paltz fortfährt, einem solchen Toren, der auf die rechtgläubige Gelehrsamkeit der Mendikanten verzichten wollte, wenig nützen: „Was wirst

---

[368] Siehe oben Anm. 364.

[369] Die in Suppl. fol. x1r ausdrücklich genannte Schrift (quidam in quodam tractatulo, quem intitulavit ,De concordia curatorum et fratrum mendicantium', contra concordiam magis discordiam excitans) erschien in Straßburg 1503 unter dem Pseudonym Wigandus Trebellius Hasso; zur Autorschaft Wimpfelings siehe Paulus, Wimpfelingiana, 46–51. Zur Replik Wimpfelings auf das Supplementum siehe oben S. 137 mit Anm. 34. Die Auseinandersetzung Wimpfelings mit den Mendikanten ist dargestellt bei Knepper, Jakob Wimpfeling, 182–198.

[370] Kleineidam, Die Universität Erfurt, 162. Paltz setzt sich mit den „argumentationes adversariorum mendicantium" ausführlich in Suppl. fol. t2v–x2r auseinander.

du aus diesen Werken anderes als Irrtümer schöpfen, es sei denn, du wärest vielleicht gelehrter als alle diese, welche die Sentenzen kommentiert haben? Ich will aber keineswegs annehmen, daß du so vermessen bist."[371] Paltz geht bei seinem Lob der Bettelorden deutlich von der Voraussetzung aus, daß die Werke der großen Theologen vor dem 13. Jahrhundert wie die Bibel selbst immer noch in einem gewissen Dunkel liegen, daß sie höchst mißverständlich und daher interpretationsbedürftig sind[372]. Klarheit, die vor dem Irrtum der Häretiker zu schützen vermag, hat erst die Hochscholastik mit den Sentenzenkommentaren, Summen, Quodlibeten und Quaestiones disputatae der Bettelmönche gebracht. Sie werden von Paltz daher „resolutores, liquefactores et tritulatores" der älteren Theologie genannt; sie waren für die Kirche notwendig, um sie zu einem „sufficienter intelligere" ihrer biblischen, patristischen, vor- und frühscholastischen Traditionen zu führen[373]. Der Gegensatz zur humanistischen Geschichtsbetrachtung ist offenkundig: Das saeculum obscurum ist für Paltz die Alte Kirche, die Scholastik seit dem 13. Jahrhundert dagegen das Zeitalter der ‚Aufklärung'.

Überblickt man die von Paltz zitierte scholastische Quästionenliteratur dieses Zeitalters, dann fällt einem sofort die führende Rolle des

---

[371] „Tolle libros disputationum fratrum mendicantium, quid argues vel respondebis in aliqua disputatione, quomodo callidissimis haereticis poteris resistere? Tolle libros mendicantium, quomodo evangelia recte expones et quomodo aliquem magistralem sermonem facies? Dicis: ex quattuor doctoribus et aliis originalibus doctoribus; et ego dico tibi, quia absque libris ordinum mendicantium nec quattuor doctores nec alios sufficienter intelliges absque errore. Quid enim sunt quattuor libri Sententiarum nisi scripta originalium doctorum? Tolle libros mendicantium, et quid inde hauries nisi errores, nisi forte tu esses doctior omnibus istis, qui scripserunt super Sententias, quod te praesumere credo minime?" Suppl. fol. m 4r.

[372] Vgl. Coel. fol. Gg 4v: „... dominus deus suscitavit primo originales doctores suis scriptis difficillimis (!) haereses extinguentes, deinde clariores (!) antiquorum doctorum dicta tritulantes, magistrum Sententiarum (Petrus Lombardus) et ceteros ipsum in exponendo antiquos doctores adiuvantes."

[373] In die zweite Auflage des Supplementum (1510) hat Paltz im Anschluß an den Text von oben Anm. 371 einen Abschnitt eingefügt, mit dem er sein Lob auf die Bettelorden gegen eine mögliche Kritik von seiten der anderen Orden und Weltkleriker absichert oder gegen bereits geübte Kritik verteidigt. Man wird vor allem denken an JAKOB WIMPFELINGS Werk De integritate (1505), besonders c. 33 (fol. D 1v–4r), und an seine gegen Paltz gerichtete Schrift De vita et miraculis Joannis Gerson (1506), besonders fol. B 3v–4r. Der zugefügte Abschnitt bei Paltz lautet: „Nec per hoc derogare volo aliis ordinibus et saecularibus, qui post quattuor originales doctores multa alia quodammodo originalia scripserunt. Quorum multi fuerunt de ordine sancti Benedicti et Cisterciensium et Regularium (= Regularkanoniker), quos merito venerari et laudare debemus et deo gratias agere, quod concessit nobis labores eorum intrare. Sed nec istos quis posset sufficienter intelligere absque ordinum mendicantium cooperatione. Ideo sicuti originales doctores necessarii fuerunt ecclesiae, tam primarii quam secundarii, sic et eorum resolutores, liquefactores et tritulatores: ordines mendicantes." Suppl. fol. m 4r/v. Zum Ausdruck ‚sufficienter intelligere' siehe auch oben Anm. 371.

Thomas von Aquin auf, den er das „lumen ordinum mendicantium" nennt[374] und dessen Schriften, vor allem das vierte Buch des Sentenzenkommentars, er vielhundertmal zitiert. Dagegen führt er die Summa theologiae, die bei den Thomisten gegen Ende des Spätmittelalters ihre Vorherrschaft durchsetzt, relativ selten an. Man muß dazu bemerken, daß Thomas im 15. Jahrhundert bei allen Schulrichtungen als ‚doctor communis'[375] ein prinzipiell unbestrittenes Ansehen genoß, das ihn über alle anderen Scholastiker hob[376]. Dies trifft, wie wir sahen, auch für die Erfurter Via moderna zu[377], und auch die Skotistenschule der Erfurter Franziskaner zeigt einen hohen Respekt vor Thomas[378]. Das häufige Vorkommen von Thomas-Zitaten bei einem Autor ist also noch kein Grund, ihn zum Thomisten oder auch nur zum Vertreter der Via antiqua zu stempeln. Nicht zuletzt – und dies spielt für einen Theologen wie Paltz eine wichtige Rolle – war Thomas der erste der großen scholastischen Doktoren, der heiliggesprochen und dessen Lehre damit in besonderer Weise approbiert worden war (1323); erst 1482 kam Bonaventura hinzu, dessen ‚fromme' Theologie Gerson dem Schulbetrieb seiner Zeit dringend anempfohlen hatte[379]. Bonaventura nimmt daher auch bei Paltz mit weit über hundert Zitaten den zweiten Platz hinter Thomas ein.

Mit deutlichem Abstand (unter 50 Zitaten) folgen, nach der Zahl der Zitate geordnet, das Schulhaupt der Augustinereremiten Aegidius Romanus, der Weltpriester Heinrich von Gent – Paltz läßt also nicht nur die Theologie der Mendikanten gelten –, der Franziskaner Richard von Mediavilla, der am Übergang von der Früh- zur Hochscholastik stehende Weltpriester Wilhelm von Auvergne, der Dominikaner Hugo Ripelin von Straßburg mit seinem handbuchartigen Compendium theologicae veritatis, das Paltz allerdings Aegidius Romanus oder dem Dominikaner Hugo von St. Cher zuschreibt[380], der Dominikaner Alber-

---

[374] Suppl. fol. m 4v.

[375] Zum Titel ‚doctor communis' vgl. Pesch, Art. ‚Thomas v. Aquin', 121.

[376] Vgl. Ritter, Via antiqua und Via moderna, 142. Diese prinzipielle Anerkennung der Autorität des Thomas schloß selbstverständlich eine Kritik in Einzelpunkten (z. B. bei der Frage der unbefleckten Empfängnis Mariens) nicht aus.

[377] Siehe oben S. 47f. Zur Thomasverehrung in der Heidelberger Via moderna des Marsilius von Inghen siehe Ritter, ebd.

[378] Siehe L. Meier, Die Barfüßerschule zu Erfurt, 74f.; so zitiert der Erfurter Skotist Kilian Stetzing, der sich zur Via moderna bekennt (siehe Kleineidam, Universitas Studii Erffordensis II, 21 Anm. 158), in seinem Kommentar zum 4. Sentenzenbuch Thomas zustimmend mehrere hundert Mal.

[379] Vgl. besonders seine Epistola in laudem doctrinae Bonaventurae (ed. Glorieux II 276–280); vgl. auch oben Anm. 362. Bezeichnend ist folgendes Lob Gersons: „Secutus est doctor iste, se testante, doctrinam communem et solidam" (II 277).

[380] Suppl. fol. r 4r. Wie beliebt das Compendium zu Beginn des 16. Jahrhunderts in

tus Magnus, den Paltz vor allem aus dem unechten Mariale zitiert[381], und schließlich die Franziskaner Alexander von Hales und Johannes Duns Scotus. Weniger als zehnmal werden der Franziskaner Robert Grosseteste und die Dominikaner Petrus von Tarantasia (Papst Innozenz V.) und Bernhard von Clermont zitiert.

All diese Autoren, Verfasser von Werken, die aus dem Lehrbetrieb hervorgewachsen sind, vor allem von Sentenzenkommentaren, gehören dem 13. Jahrhundert an, das in Paltz' Augen die Blütezeit spekulativ-diskursiver Theologie darstellt. Sie sind für ihn zusammen mit den Kirchenvätern und Lehrern der Frühscholastik die eigentlichen Garanten der katholischen schola communis, auf die sich alle späteren Theologen, welcher Richtung sie auch angehören, berufen; sie sind jene ‚doctores', deren consensus er immer wieder zur Sprache bringt. Er erweitert diesen Kreis nur durch wenige Zitate aus vier Sentenzenkommentaren der ersten Hälfte des 14. Jahrhunderts. Zur Ablaßfrage erwähnt er viermal den Kommentar des Dominikaners Durandus von St. Pourçain[382]; dessen Ordensgenossen Petrus de Palude nennt er einmal bei der Frage nach der Wirkung der Letzten Ölung[383]. Beide rechnet er noch zur Gruppe der „magni theologi"[384] der Hochscholastik, und tatsächlich gehören sie zu den klassischen Autoritäten, die sowohl in der Via antiqua als auch in der Via moderna Geltung haben. Dies trifft auch für den wahrscheinlich 1335/36 entstandenen[385] und an den deutschen Universitäten des 15. Jahrhunderts außerordentlich beliebten[386] Sentenzenkommentar des Augustinereremiten Thomas von Straßburg zu, den Paltz zehnmal zitiert; obwohl dieser Kommentar der ägidianischen Lehrrichtung sehr nahe steht[387], ist bekannt, daß er in Kreisen der Via

---

weiten Kreisen, sogar bei Laien, war, bezeugt JAKOB WIMPFELING: „Videmus populares et laicos legere in vernacula lingua utrumque instrumentum (d. h. Altes und Neues Testament), Vitas patrum, De imitatione Christi, Compendium theologicae veritatis et cetera id genus multa." De integritate (1505), c. 28 (fol. C3v–4r). Zur Rezeptions- und Wirkungsgeschichte des Compendium im deutschen Spätmittelalter vgl. STEER, Hugo Ripelin von Straßburg, passim; zu Paltz: 15 und 211.

[381] Mariale sive quaestiones super evangelium ‚missus est angelus Gabriel' (ed. Jammy 20,102b–103a), von Paltz unter dem Titel ‚De laudibus beatae virginis' zitiert.

[382] Coel. fol. V 5v (2mal); V 6v; Dd 5v: „auctoritas sancti Thomae, sancti Bonaventurae, Alexandri de Hales, Richardi (de Mediavilla), Durandi, Augustini de Ancona (Triumphus; siehe unten S. 199) et plurimorum aliorum magnorum theologorum, qui omnes tenent, quod …"

[383] Coel. fol. T 5r: „beatus Thomas, Petrus de Palude, Albertus Magnus et alii quidam doctores dicunt …"

[384] Siehe oben Anm. 382.

[385] Siehe HAMM, Promissio, Pactum, Ordinatio, 485 Anm. 552; vgl. PELSTER, Das Heimatland des Richard von Mediavilla, 401 f. Anm. 11.

[386] Siehe ZUMKELLER, Die Augustinerschule des Mittelalters, 212 f.

[387] Siehe ebd. 213 f.

moderna sehr geschätzt war[388]. Das einzige nominalistische Werk der
systematisch-spekulativen Quästionenliteratur des Mittelalters, das
Paltz zitiert, ist der noch vor 1350 geschriebene Sentenzenkommentar
Gregors von Rimini; er wird allerdings nur dreimal erwähnt und wohl
auch nur deshalb, weil Gregor Augustinereremit ist. Es handelt sich
zudem in allen drei Fällen, zweimal im Supplementum Coelifodinae[389]
und einmal in De conceptione sive praeservatione[390], um dasselbe Zitat,
nämlich den Gedanken, daß „secundum potentiam dei ordinatam" das
Kommen des Heiligen Geistes und die Eingießung der gratia gratum
faciens notwendig miteinander verbunden sind[391]. Wir werden bei der
Frage nach Paltz' Lehrrichtung auf dieses Zitat zurückkommen müssen.
Aus dem restlichen Zeitraum von mehr als 150 Jahren erwähnt er nur
noch zweimal einen Sentenzenkommentar, und zwar – aus Vorliebe für
die Lokaltradition – den des Erfurter Franziskaners Kilian Stetzing[392].
Die beiden Zitate aus dem skotistischen Kommentar, den Kilian 1434
gelesen hatte, handeln vom Wesen des höllischen Feuers[393] und von der
rechten Anwendung der Letzten Ölung[394].

Hunderten von Zitaten aus der scholastischen Quästionenliteratur des
13. Jahrhunderts stehen also nur ganze zwanzig aus der des 14. und 15.
Jahrhunderts gegenüber, die in der Gesamtmasse des zitierten Materials
völlig untergehen und zudem ausschließlich praktische Fragen der
frommen Lebensgestaltung und des kirchlichen Gnadenangebots betref-

---

[388] Vgl. RITTER, Via antiqua und Via moderna, 132: „Die theologischen Werke, die von
den ‚Modernen' des 15. Jahrhunderts am meisten als Muster benutzt wurden, waren
schwerlich Ockams Schriften, sondern viel häufiger jene halbthomistischen Sentenzenkommentare, deren bekanntesten Typus der Augustiner Thomas von Straßburg darstellt." Zu Erfurt vgl. KLEINEIDAM, Universitas Studii Erffordensis II, 25 Anm. 185:
WILHELM TEXTORIS VON AACHEN in seinem Sentenzenkommentar: „Unde Thomas (de
Argentina) et Erffordenses gratiam distinguunt confirmationis, quod capitur dupliciter
..."

[389] Suppl. fol. r 3r und z 3r.

[390] Conc. fol. 53r. Da Paltz De conceptione in sein späteres Werk De septem foribus
übernommen hat (siehe oben S. 118), findet sich die gleiche Gregor-Stelle auch in Sept.
fol. A 6v.

[391] „Circa quod posset quaeri: An spiritus sanctus personaliter tantum veniat ad puerum –
vel per gratiam tantum vel personaliter cum gratia. Respondet Gregorius de Arimino
Super 1 Sententiarum, distinctione 14 et 15, quod, quamvis secundum potentiam dei
absolutam spiritus sanctus posset venire personaliter sine gratia et econverso posset
mittere gratiam absque hoc, quod ipse personaliter veniret, tamen secundum potentiam
dei ordinatam quandocumque spiritus sanctus venit ad homines vel puerum baptizatum,
semper venit personaliter cum gratia gratum faciente, et quando venit cum tali gratia,
etiam venit personaliter." Suppl. fol. z 3r. Siehe GREGOR VON RIMINI, Sent. I d. 14–16 art. 1
resp. (fol. 83vb–84va).

[392] Vgl. L. MEIER, Lebensgang und Lebenswerk des Erfurter Franziskanertheologen
Kilianus Stetzing; ders., Zum Schrifttum des Minoriten Kilianus Stetzing.

[393] Tripl. fol. d 5v.   [394] Coel. fol. T 6r.

fen. Alle anderen theologischen Werke des 14. und 15. Jahrhunderts, aus denen Paltz schöpft – wir haben knapp 50 Autoren gezählt[395] –, gehören nicht der Schultheologie als spekulativ-diskursiver Wissenschaft an, sondern sind, wie Zumkeller auch für die Quellenbenützung Dorstens feststellen konnte, „exegetische, moraltheologische, homiletische und aszetische Schriften"[396]. Es handelt sich also um Schriftkommentare, Traktate, Predigten, Plenarien, Postillen, Quadragesimalien, Handbücher für den Seelsorger, Meß- und Liturgieerklärungen, Heiligenviten, Exempelsammlungen, enzyklopädische und geschichtliche Werke, kurz um jene Literaturgattungen, die, wie wir sahen, den praktisch-seelsorgerlichen Intentionen der Frömmigkeitstheologie besonders entgegenkommen, dagegen spezifische Lehrstandpunkte weitgehend ausblenden[397].

Solche Schriften zitiert Paltz auch bereits aus dem 13. Jahrhundert, häufiger vor allem fünf Werke von Dominikanern: das moraltheologische Handbuch De instructione sacerdotis Alberts von Brescia, die ebenfalls für den Seelsorger bestimmte Summa confessorum des Johannes von Freiburg, das enzyklopädische Speculum morale und historiale des Vinzenz von Beauvais, die Auslegung zur Regula sancti Augustini des Humbertus de Romanis und das Bonum universale de apibus des Thomas von Cantimpré. Das 14. Jahrhundert ist bei Paltz, wenn man einmal von der Postilla des Franziskaners Nikolaus von Lyra absieht[398], mit weitem Abstand am stärksten durch drei Theologen seines eigenen Ordens vertreten, die er alle mehr als fünfzigmal und bisweilen wörtlich über mehrere Seiten hinweg zitiert: Augustinus Triumphus mit der kirchenrechtlichen Summa de ecclesiastica potestate und seinen Auslegungen des Matthäusevangeliums und der Apokalypse[399], Albert von Padua mit seinen Quadragesimalpredigten und Simon Fidati von Cascia mit dem Erbauungsbuch De gestis domini salvatoris. Albert und Simon werden fast ausschließlich zum Thema Passionsmeditation angeführt, ebenso auch die Vita Jesu Christi des Kartäusers Ludolf von Sachsen.

---

[395] Vgl. die – allerdings lückenhafte – Übersicht bei FERDIGG I 296–299.

[396] ZUMKELLER, Der Predigtband Cod. Berolinensis, 68.

[397] JAKOB WIMPFELING empfiehlt genau diesen Schriftenkomplex mit folgenden Worten: „Turpe nobis esse puto ecclesiasticis non eas litteras discere, quibus melius vivamus devotioresque reddamur, per quas deus laudetur, quas officium nostrum requirit, quibus, inquam, intelligere possimus ea, quae in utroque testamento, in Psalmis, in Pauli epistolis, in missae officio, in theologorum homeliis et reliquis libris quottidie legimus aut murmuramus, ad quarum quidem rerum intelligentiam vix tota hominis aetas sufficere videtur." De integritate, c. 28 (fol. C3v).

[398] Siehe oben S. 194.

[399] Die beiden letztgenannten, nur handschriftlich erhaltenen Werke zitiert Paltz erst im Suppl.

Nur im Rahmen der Ablaßproblematik kommt hingegen mehrfach der Scotus-Schüler Franciscus de Mayronis mit seinem Traktat De indulgentiis zur Sprache. Bemerkenswert ist, daß sich Paltz auch einige Male auf Heinrich Heinbuche von Langenstein beruft, bezeichnenderweise aber nicht auf die nominalistischen Schriften seiner frühen Pariser Jahre, sondern auf frömmigkeitstheologische Werke der späten Wiener Zeit[400] und eine Passionspredigt, für deren Verfasserschaft er aber auch Bernhard von Clairvaux in Betracht zieht. Tatsächlich geht sie auf Bernhard von Clairvaix oder seinen Kreis zurück[401]. Es ist für die Wirkungsgeschichte des ‚Henricus de Hassia‘ im 15. Jahrhundert höchst aufschlußreich, daß man ihn für den Autor einer bernhardinischen Schrift aus dem 12. Jahrhundert halten konnte. Ähnlich verhält es sich mit Paltz’ Beziehung zu dem Nominalisten Robert Holkot, den er auch nicht als Nominalisten – etwa aus seinem Sentenzenkommentar –, sondern als Lehrer des geistlichen Lebens aus seiner weit verbreiteten Sapientia-Auslegung anführt[402]. Das eine der beiden Zitate betrifft die notwendige Teilhabe der Frau an der Sorge um den Lebensunterhalt der Familie[403], das andere das richtige Verständnis des plötzlichen Todes, der, wie Holkot an einem Beispiel zeigt, auch Heiligen zustoßen kann[404]. Paltz hat die beiden Stellen sehr wahrscheinlich aus Proles und Dorsten übernommen[405].

---

[400] Es handelt sich um den Sermo De assumptione Mariae, den Prologus bibliae, die Lectura super Genesim und die Vesperien (letztere nur in Tripl., alle anderen nur im Suppl. zitiert); zur Datierung siehe HEILIG, Kritische Studien, besonders 174f. Zu der ebenfalls an den späten frömmigkeitstheologischen Werken orientierten Rezeption Heinrichs von Langenstein bei Johannes von Kastl und Johannes von Dorsten siehe SUDBRACK, Die geistliche Theologie des Johannes von Kastl I, 156f. bzw. ZUMKELLER, Der Predigtband Cod. Berolinensis, 66.

[401] Homilia super ‚Stabant autem iuxta crucem Iesu etc.‘ (Io 19,25–27): in Clm 7455 fol. 221ra–235vb und Clm 7553 fol. 240ra–250rb als homilia bzw. sermo Hainrici de Hassia De compassione beatae virginis überliefert; HEILIG (ebd. 168) glaubt die Predigt „mit Sicherheit für den hl. Bernhard von Clairvaux in Anspruch nehmen zu können", doch fehlt sie in den Bernhard-Ausgaben. Paltz führt sie mit folgenden Worten ein: „mellifluus doctor sanctus Bernhardus in homilia super eodem, quam quidam dicunt Heinrici de Hassia" (Coel. fol. D5r); „beatus Bernhardus vel Heinricus de Hassia in homilia super istud ‚Stabant autem iuxta crucem Iesu etc.‘" (Suppl. fol. c1v).

[402] Vgl. die Bemerkung SUDBRACKS (Die geistliche Theologie des Johannes von Kastl I, 155) über zwei Zitate aus Holkots Sapientia-Auslegung im Regelkommentar des Johannes von Kastl: „... doch genügt ein Blick in fast jedes beliebige Hss.-Verzeichnis, um die Beliebtheit der ‚Moralitates super librum sapientiae‘ Holkots, die Johannes wohl allein von ihm kannte, zu bezeugen. In diesem Buche zeigt sich nicht der extreme Nominalist ..., sondern ein weiser Gelehrter."

[403] Suppl. fol. B3v.　　　　　　[404] Coel. fol. V3r.

[405] Der Kontext der beiden Zitate stammt jedenfalls nach Paltz’ Angaben aus PROLES (Suppl.) und DORSTEN (Coel.); doch konnten die Texte in den erhaltenen Werken der beiden Augustiner nicht nachgewiesen werden.

Eine wichtige Beobachtung, die sich sehr gut in unser bisheriges Bild der Paltzschen Theologie einfügt[406] und unten noch in größerem Zusammenhang gedeutet werden muß[407], ist schließlich die, daß Paltz keinen der großen deutschen und niederländischen Mystiker des 13. und 14. Jahrhunderts zitiert, weder aus dem franziskanischen noch aus dem dominikanischen Bereich. Die einzige Ausnahme bildet ein Zitat aus Seuses Horologium sapientiae in der Coelifodina[408]. Bezeichnend ist aber, daß es gerade in diesem Zitat nicht um den Aufstieg zu mystischer Vollkommenheit, um das Entbildet-Werden von allem Kreatürlichen und das Überbildet-Werden von der Gottheit, geht, sondern um die untere Stufe einfacher Passionsmeditation, die von der rememoratio zur compassio mit dem irdischen Jesus führt. Wichtig ist für Paltz vor allem der Satz, mit dem er das Zitat enden läßt: „Und wenn du nicht ‚weinen mit dem Weinenden' (Rom. 12,15) und Schmerz empfinden mit dem Schmerz Empfindenden (Christus) kannst, so sollst du dich wenigstens (saltem) mit andächtigem Gefühl über solch große Wohltaten, die dir durch sie (sc. die passio) umsonst zuteilgeworden sind, freuen und dafür danken."[409] Das ‚saltem', dem wir auch in Paltz' eigenen Texten auffallend oft begegnen, entspricht seinem Bemühen, ein Minimalprogramm für den Durchschnittschristen zu entwickeln[410].

Wenden wir uns nun seinen literarischen Quellen aus dem gerade vergangenen 15. Jahrhundert und der eigenen Zeit zu, so wäre zunächst die dominierende Autorität seines Lehrers Johannes von Dorsten und seines Ordensoberen Andreas Proles zu würdigen, die sich in zahlreichen sehr langen Zitaten niederschlägt. Deren genaues Ausmaß läßt sich nicht bestimmen, da eine große Masse von Schriften der beiden Augustiner, die als Quelle in Frage kämen, verschollen ist, der Vergleich mit den erhaltenen Schriften aber gezeigt hat, daß Paltz Dorsten und Proles gelegentlich über Seiten hinweg stillschweigend ausschreibt, ohne die Herkunft seiner Texte auch nur anzudeuten. Wir werden auf die Bedeutung, die Dorsten und Proles für Paltz haben, unten ausführlicher zurückkommen[411]. Sie bewegt sich jedenfalls auf der Ebene der Fröm-

---

[406] Siehe besonders oben S. 160–163.   [407] Siehe unten S. 259f.

[408] Coel. G3r/v. Es ist interessant, daß für das ‚Rosetum' des JOHANNES MAUBURNUS (Erstdruck: 1494) derselbe Befund vorliegt: „Das mystische Element fehlt so gut wie ganz"; „Gelegentlich wird Seuses Horologium zitiert"; ELZE, Züge spätmittelalterlicher Frömmigkeit, 391 mit Anm. 37. Zur gleichen Lage bei DORSTEN (ein Zitat aus dem ‚Horologium sapientiae in dem Berliner Predigtband) siehe ZUMKELLER, Der Predigtband Cod. Berolinensis, 66.

[409] „Et si ‚flere cum flente' aut dolere cum dolente non potes, saltem affectu devoto de tantis beneficiis tibi per eam gratuito exhibitis gaudere debes et gratias agere." Coel. fol. G3v = Horologium sapientiae 1,14 (495,4–6).

[410] Siehe unten S. 253.   [411] Siehe unten S. 309-313.

migkeitstheologie und läßt keine schulmäßige Färbung zur einen oder anderen Richtung hin erkennen.

Dasselbe Fazit ergibt auch eine Prüfung der intensiven Gerson-Rezeption bei Paltz. Er zitiert den cancellarius Parisiensis weder als nominalistischen noch als mystisch-kontemplativen Schriftsteller, sondern ausschließlich – über fünfzigmal – aus ekklesiologischen, moraltheologischen und praktisch-seelsorgerlichen Schriften, vor allem aus den Regulae morales und den Traktaten De potestate ecclesiastica, Super absolutione confessionis sacramentalis, De arte audiendi confessiones, De forma absolvendi a peccatis und De directione cordis. Die z. T. unechten Werke Gersons, aufgrund derer er gerade bei einer stärker verinnerlichten Frömmigkeitsrichtung beliebt ist[412], etwa das Opusculum tripartitum, die Doctrina contra nimis strictam et scrupulosam conscientiam und die Traktate De exercitiis discretis devotorum simplicium, De diversis temptationibus diaboli, De remediis contra pusillanimitatem, De monte contemplationis und De mystica theologia, alles Werke einer psychologisch subtilen Spiritualität, werden von Paltz nicht benützt. Vorrang haben für ihn solche Schriften und Stellen aus Gersons Oeuvre, die sich auf die kircheninstitutionelle Heilsvermittlung beziehen.

Die sakralhierarchische Tendenz der Paltzschen Frömmigkeitstheologie kommt erst recht in seiner Beziehung zum zeitgenössischen Schrifttum des Kardinallegaten Raimund Peraudi zum Ausdruck. Er ist mit den verschiedenen Auflagen seiner Summaria declaratio und anderen Schriften und Briefen, die seine Jubiläumskampagnen begründen und verteidigen sollen, für Paltz die maßgebliche Autorität in Fragen der Ablaßtheorie und -praxis[413]. Auch die anderen Autoren des 15. Jahrhunderts, die Paltz zitiert, sind typische Frömmigkeitstheologen, so etwa die Kartäuser Jakob von Jüterbog und Johannes Hagen, der Dominikaner Johannes Nider, die Franziskaner Bernhardin von Siena, Konrad Gritsch[414] und Roberto Caracciolo von Lecce[415] mit ihren Quadragesima-

---

[412] Vgl. auch oben Anm. 261.   [413] Vgl. unten S. 287f.

[414] Sein Quadragesimale entstand um 1440. Es wird meist fälschlicherweise seinem Bruder, dem Kanoniker Johannes Gritsch, zugeschrieben.

[415] JAKOB WIMPFELING lobt Robert von Lecce und Johannes Nider wegen ihres schul- und ordensübergreifenden Standpunktes, der auch für Paltz von grundlegender Bedeutung war: „... non Robertus de Licio, non Joannes Nider, qui non solum diversorum ordinum doctores, sed etiam saeculares quoque theologos, potissimum Joannem Gerson, citare non erubuerunt. Sciebat enim Robertus (als Franziskaner!) in sancti Thomae operibus utilissima multa comprehendi. Ut enim de reliquis taceam, nonne Prima et Secunda secundae Summaque eius contra gentiles et Continuum suum in evangelistas ad morum aedificationem et ad contiones plurimum conducere videntur." De integritate, c. 30 (fol. C6v–7r); man bedenke bei diesen Worten, daß Wimpfeling aus der Via moderna kommt.

lien oder der Augustinereremit Konrad von Zenn[416] mit seinem Traktat
De monastica vita. Erwähnenswert sind auch noch zwei geschichtliche
Werke, die Paltz mehrfach benützt, das Supplementum chronicarum
seines Ordensbruders Giacomo Filippo Foresti (Jacobus Philippus
Bergomensis, gest. 1520) und der Fasciculus temporum des Kartäusers
Werner Rolevinck.

Ein Quellenbereich, den wir bisher ausgespart haben, der aber zusammen mit der Heiligen Schrift für Paltz das Fundament der kirchlich
approbierten schola communis bildet, sind die kirchlich-normativen
Verlautbarungen wie Konzilsbeschlüsse, päpstliche Bullen, das kanoni-
sche Recht, Ordensregeln und -konstitutionen und liturgische Texte.
Besonders häufig, allein schon in der Coelifodina über hundertmal,
zitiert er aus dem Corpus iuris canonici. Unter den Kanonisten, die er
freilich nur selten zu Rate zieht[417], sind besonders Sinibaldus Fliscus
(Innozenz III.), Bernhard de Botone, Heinrich von Segusia (Hostiensis),
Johannes Andreae und Antonius de Butrio zu nennen.

Bleibt abschließend noch zu erwähnen, daß Paltz außer dem oft
zitierten Aristoteles und dem dagegen nur einmal genannten Platon
auch einige antike Schriftsteller wie Terenz, Cicero, Cäsar, Ovid,
Seneca, Quintilian, Vegetius und Macrobius anführt; doch darf man
daraus ebensowenig auf humanistische Neigungen schließen wie aus der
viermaligen Verwendung erbaulicher Schriften Boccaccios[418] und
Petrarcas[419]. Einige Standardwerke antiker und mittelalterlicher ‚ars
poetica‘ gehörten, was oft übersehen wird[420], zum selbstverständlichen
allgemeinen, durch die Artesfakultät vermittelten Bildungsbesitz eines
scholastischen Theologen, den er gelegentlich in seine Werke einfließen
läßt. Es muß sich nur, wie Paltz im Anschluß an Dorsten hervorhebt,
um solche Dichtungen handeln, die nicht Lüge und Wollust, sondern
„boni mores et veritas" fördern[421]. Angesichts des in den letzten Jahren

---

[416] Er war Lektor am Nürnberger Augustinerkloster und starb um 1460; vgl. ZUMKEL-
LER, Manuskripte, 105 f. und 575 Nr. 223–226.

[417] Vgl. FERDIGG I 299.

[418] De casibus virorum illustrium und De mulieribus claris.

[419] De remediis utriusque fortunae.

[420] So spricht ZUMKELLER (Der Predigtband Cod. Berolinensis, 73) bei Dorsten auf-
grund eines Befundes, der dem bei Paltz sehr ähnlich ist, von einer „positiven Einstellung
Dorstens zum Humanismus". Vgl. die Warnung vor einer solchen Verwendung des
Humanismus-Begriffs bei SPITZ, The religious renaissance, 4.

[421] Abgelehnt werden Dichtungen, „quae mendacium fovent et libidines; quia si quae
essent poetriae, quae bonos mores et veritatem sub dulcedine locutionis ingererent, non
reprehenderentur, sicut fabulae Aesopi et Aviani". Suppl. fol. 11r. Es handelt sich um ein
Zitat aus DORSTENS verschollener Lectura super Isaiam. Zu dieser teils kritischen, teils
positiven Haltung Dorstens gegenüber der Antike vgl. ZUMKELLER, ebd. 71–73. Zur

des 15. Jahrhunderts aufblühenden Erfurter Humanismus und der
immer deutlicher hervortretenden Spannungen zwischen seinem Ideal
der ‚studia humanitatis' und den scholastischen Lehrmethoden[422] wird
man Paltz – man denke nur an seine Fehde mit Wimpfeling[423] – eher eine
antihumanistische als eine humanistenfreundliche Haltung bescheinigen
müssen. Zwar zeigen sich wichtige Konvergenzpunkte zwischen den
frömmigkeitstheologischen Reformimpulsen, wie sie uns bei Paltz
begegnen, und bestimmten humanistischen Bestrebungen[424], doch fehlt
bei Paltz wie bei Dorsten das hervorstechende Merkmal des europäischen Renaissance-Humanismus[425]: An keiner Stelle ihrer Werke
gewinnt die heidnische oder christliche Antike die Dignität einer bei der
Formung der Sprache einsetzenden obersten Bildungs-*Norm*[426].

3. Die Frage nach der Schulzugehörigkeit und die Frage nach dem
leitenden Interesse der Frömmigkeitstheologen

Blicken wir auf das von Paltz in so reichlichem Maße herangezogene,
von der Antike bis in das beginnende 16. Jahrhundert reichende Quel-
lenmaterial zurück, dann stellt sich die Frage nach einer zusammenfassenden Deutung dieses Befundes, nach den Akzenten, die der Erfurter
Augustiner durch die Art seiner Quellenverwertung gesetzt hat. In der
Literatur wird die halbakademische Frömmigkeitstheologie des 15. und
16. Jahrhunderts, wie sie durch Paltz repräsentiert wird, oft mit dem
Etikett des ‚Eklektizismus' versehen[427]. Man versteht darunter meist ein
passives, unschöpferisches Verhalten gegenüber der Flut der theologi-

---

traditionellen Warnung der Bettelorden vor einem allzu vertrauten Umgang mit paganer
Poesie und Philosophie vgl. ELM, Mendikanten und Humanisten, 55–57 (mit Literatur).
[422] Vgl. KLEINEIDAM, Universitas Studii Erffordensis II, 143–146 und 178–225.
[423] Siehe oben S. 137 und unten S. 323.
[424] Siehe oben S. 137 und 165.
[425] Obwohl die Humanismus-Forschung der vergangenen Jahrzehnte gezeigt hat, wie
gefährlich es ist, von *dem* Humanismus oder *den* Humanisten zu sprechen – zur Problematik vgl. neuerdings besonders OBERMAN, Quoscunque tulit foecunda vetustas – muß es
doch erlaubt sein, mit gewachsener Vorsicht nach dem Gemeinsamen zu fragen, in dem
sich die Humanisten Europas untereinander trotz aller Gegensätze verbunden fühlten.
[426] Auf die Aspekte ‚Formung' und ‚Normierung' hat bereits JOACHIMSEN, Der Humanismus und die Entwicklung des deutschen Geistes (1930), 325 f. aufmerksam gemacht; sie
werden neuerdings aufgenommen von SPITZ, The religious renaissance, 5: „It is in
viewing antiquity as norm that Renaissance humanism tended to deviate from the
humanism of the Middle Ages." – Paltz' Frömmigkeitstheologie hat darum auch nichts
mit jenem ‚Klosterhumanismus', jenem Bemühen um eine Synthese von ‚vita religiosa'
und ‚studia humanitatis', zu tun, wie ihn ELM (Mendikanten und Humanisten) für Florenz
(besonders für die Augustinereremiten) und MACHILEK (Klosterhumanismus in Nürnberg)
für Nürnberg beschreibt.
[427] Vgl. HAMM, Frömmigkeit, 492 mit Anm. 91.

schen Traditionen, ein standortloses Aneinanderreihen von Zitaten und Meinungen verschiedenster Provenienz. Die Fragestellung, die zu einer solchen, in der Regel abwertenden, Beurteilung der Frömmigkeitstheologie zwischen Gerson und Luther führt, ist aber stets von der sehr einseitigen Perspektive der akademischen Schulzugehörigkeit oder Lehrrichtung beherrscht. Man versucht den betreffenden Theologen in den vertrauten Schubladen, die der Schrank der mittelalterlichen Schultheologie anbietet, unterzubringen. Gehört er der Via antiqua oder Via moderna an? Ist er Thomist, Skotist, Ockhamist, Anhänger des Albertus Magnus, Aegidius Romanus, Gregor von Rimini, Marsilius von Inghen oder eines anderen Schulhauptes? Findet man keine befriedigende Möglichkeit der Einordnung, dann bleibt scheinbar nur die Klassifizierung zum Eklektiker, wie sie M. Ferdigg[428] und R. H. Fischer[429] bei Paltz vornehmen.

In zahlreichen Frömmigkeitstheologen hat man allerdings doch Vertreter einer bestimmten Lehrrichtung sehen können. So stellt A. Zumkeller bei Johannes von Dorsten fest, daß er „ganz in der via antiqua beheimatet"[430] und besonders der Lehre des Aegidius Romanus verpflichtet sei[431], und auch Paltz will er „nicht eigentlich als Eklektiker außerhalb der Schulen, sondern als Vertreter des Ägidianismus" bezeichnen[432], während ihn vorher O. Scheel als Ockhamisten[433] und X. P. Duijnstee als Thomisten[434] klassifiziert hatten. Geiler von Kaysersberg wird von E. J. Dempsey Douglass zur Via moderna gerechnet[435], Staupitz von E. Wolf in die Nähe der thomistisch-ägidianischen Lehrrichtung[436], von D. C. Steinmetz hingegen in den Wirkungsbereich der

---

[428] Ferdigg II 316–318.   [429] Fischer, Paltz und Luther, 26.

[430] Zumkeller, Der Predigtband Cod. Berolinensis, 68.

[431] Ebd. 60f.; vgl. ders., Dorsten über Urstand und Erbsünde, 56; Dorsten über Gnade, Rechtfertigung und Verdienst, 198f.

[432] Ders., Die Augustinerschule des Mittelalters, 253.

[433] Siehe oben S. 24.   [434] Siehe oben S. 24.

[435] Dempsey Douglass, Justification in late medieval preaching, besonders 42–44 („Geiler as a Nominalist": „It will be the thesis of this study that Geiler of Keisersberg belongs theologically to the nominalistic tradition of Occam, Gerson, and Biel"). Vgl. die Kritik, die Mertens (Iacobus Carthusiensis, 10f.) am methodischen Vorgehen von Dempsey Douglass übt: Indem sie sich um den Nachweis bemühe, daß Geiler von Kaysersberg ein Vertreter des Nominalismus sei, könne sie nicht die „Intentionen des ganzen Textes ..., der weder im Thema noch in der Struktur von der scholastischen Systematik bestimmt ist", erfassen. Vgl. auch bereits Werbeck, Rezension zu Dempsey Douglass, 760: „Vollends wird die Anwendung von ‚Nominalismus' auf Geiler ad absurdum geführt, wenn die richtige Erkenntnis von Geilers seelsorgerlicher Verantwortung (vgl. 117.161) so mit seiner theologischen Herkunft verbunden wird, daß von ‚pastoral nominalism' in Geilers Predigten gesprochen wird (205)!"

[436] E. Wolf, Staupitz und Luther, besonders 35 und 122.

Via moderna gerückt[437], worin das ganze Dilemma einer am ungeeigneten Gegenstand angewandten oder zumindest überstrapazierten Fragestellung schlaglichtartig sichtbar wird. Die Beispiele ließen sich noch vermehren. Insbesondere wäre die Forschungsrichtung zu beachten, die von J. Janssen, W. Maurenbrecher und H. Hermelink bis zu J. Lortz und E. Iserloh reicht und das Reformbemühen der Frömmigkeitstheologie auf breiter Basis mit den Bestrebungen der Via antiqua in Verbindung bringt[438].

Nun spielten zweifellos die Gegensätze zwischen den verschiedenen philosophisch-theologischen Schulrichtungen auch noch gegen Ende des 15. Jahrhunderts und bis weit ins 16. Jahrhundert hinein eine sehr wichtige Rolle, die nicht unterschätzt werden darf[439]. Übersehen werden darf auch nicht, daß es unter den spätmittelalterlichen Schultheologen, die auf theologischem Felde literarisch tätig wurden, nur sehr wenige gegeben haben dürfte, die keine frömmigkeitstheologischen, auf den rechten Vollzug christlichen Lebens bezogene Werke verfaßt haben. Gabriel Biel, der Verteidiger von Via moderna und Devotio moderna, ist ein Musterbeispiel für solche Doppelgleisigkeit[440]. Und selbstverständlich kann dann auch in den erbaulichen Schriften solcher Theologen ihre Schulzugehörigkeit deutlich genug, wenn auch nicht so explizit wie in ihren systematischen Werken, in Erscheinung treten[441]. Sprechen wir freilich von der ,Frömmigkeitstheologie' oder von ,Frömmigkeitstheologen' des 15. und 16. Jahrhunderts, dann haben wir gerade eine Reformtheologie im Blick, die zwar die scholastische Methode noch weitgehend bewahren kann, aber so ausschließlich von praktisch-seelsorgerlichen Interessen, vom Ziel der Erbauung der Gläubigen geleitet ist, daß die traditionellen Schulgegensätze in ihren Schriften kaum noch oder überhaupt nicht mehr erkennbar sind. Diese Theologie, die im Augustinerorden seit 1450 von Männern wie Jacobus Perez von Valencia, Gottschalk Hollen, Johannes von Dorsten, Andreas Proles, Reinhard von Laudenburg[442], Johannes von Paltz und Johannes von Staupitz vertreten wurde, versucht bewußt, den Bereich akademischer Schulstreitigkeiten, aber auch spezifischer Ordenstheologie, ja bis zu einem gewissen Grad überhaupt das Niveau akademischer Disputationsweise

---

[437] D. C. STEINMETZ, Misericordia Dei, besonders 26–28 und 182.

[438] Siehe oben Anm. 205.

[439] Sie darf allerdings auch nicht überschätzt werden; siehe oben S. 134 mit Anm. 14.

[440] Vgl. HAMM, Frömmigkeit, 478 Anm. 33.

[441] Man denke etwa an GABRIEL BIELS Canonis missae expositio im Vergleich mit seinem systematischen Collectorium.

[442] Von dem Nürnberger REINHARD VON LAUDENBURG (gest. 1503) stammt eine 1501 erschienene ,Passio domini nostri Jesu Christi'; siehe ZUMKELLER, Die Lehrer des geistlichen Lebens, 323–325.

zu verlassen, und ist daher auf dieser Ebene in ihren eigentlichen Intentionen nicht zu fassen. Der junge Augustinermönch Luther wurde also zu Beginn des 16. Jahrhunderts keineswegs nur mit einer Theologie, die „eine einseitige Schulrichtung war", d. h. dem Nominalismus Biels, konfrontiert[443], auch wenn sein Lehrer Nathin ihn in der via Gabrielis instruiert haben wird[444].

Jakob Wimpfeling, bei dem sich Humanismus und Frömmigkeits-theologie verbinden, bringt dieses bewußte Verlassen des Kampffeldes scholastischer viae sehr deutlich in seiner 1503 erschienenen Schrift Concordia curatorum et fratrum mendicantium zur Sprache. Sie beklagt die „discordia et dissensio christianorum cuiuscumque status, dignitatis aut professionis"[445], besonders den Streit zwischen Weltpriestern und Bettelorden, wobei für Wimpfeling auch die Parteienbildung an den Universitäten ein zentraler Aspekt ist. Man könne sich nichts Dümme-res, nichts Lächerlicheres als dieses Nachlaufen hinter diversen Schulau-toritäten und diese Intoleranz gegenüber der anderen Meinung vorstel-len[446]. Zwar seien die Theologen – er meint die großen Schulhäupter der Scholastik – uneins in ihren Ansichten über die Universalien, über die Unterscheidung der Seelenkräfte und über ähnliche „nudae speculatio-nes", aber hinsichtlich dessen, was die Ehre Gottes, das Seelenheil und das Ziel der höchsten Seligkeit betrifft, gebe es, wie Wimpfeling ver-harmlosend und ohne tieferes Verständnis für die theologische Trag-

---

[443] So Iserloh, Luther und die Reformation, 24: „Luther wurde ja letzthin zum Reformator, weil er sein ... Verständnis der Offenbarung nicht mit der Theologie und Praxis seiner Zeit zu vereinbaren wußte. Das lag aber vor allem auch daran, daß diese Theologie eine einseitige Schulrichtung war und die Tiefe und Fülle eines Augustinus oder Thomas von Aquin, vor allem aber der Heiligen Schrift, vermissen ließ. Es handelte sich dabei um den Nominalismus, der auf Wilhelm von Ockham zurückging und Luther in verflachter und moralistisch zurechtgebogener Form von Gabriel Biel vermittelt worden war."

[444] Siehe oben S. 80 mit Anm. 296.

[445] So der Titel der Schrift.

[446] „Altera forsitan discordiae causa esse potest diversitas opinionum et diversorum imitatio philosophorum aut theologorum, quod fratres suum Versorem aut Thomam, saeculares vero Marsilium, Buridanum, Occam, Burleium, Holkot, Ariminensem, Petrum de Eliaco (Alliaco), Ioannem Gerson aut Gabrielem imitantur, qua quidem re nihil stultius, nihil ridiculo dignius excogitari potest: propter diversa scilicet problemata, propter quidditates et universalia, se invicem persequi, mutuo se mordere et floccifacere. Scripsit bene Thomas et reliqui non male scripserunt, videre potuit unus aliquis, quod alii non viderunt: ,divisiones etenim sunt gratiarum' (1. Cor. 12,4) et magna diversitas ingeniorum." Fol. b1r. Zu Johannes Versor, dem Kölner Thomisten (gest. um 1485), siehe Hurter, Nomenclator Literarius II, 990. Interessant ist, daß Wimpfeling – stark vereinfachend – die Orden zu Befürwortern der Via antiqua, die Weltgeistlichen zu Parteigängern der Via moderna macht. Zu Wimpfelings Polemik gegen die Schulstreitig-keiten vgl. auch seine Schrift De integritate (1505), c. 30 (fol. C5v–7r); zu diesem Kapitel vgl. Dempsey Douglass, Justification in late medieval preaching, 103f.

weite der Schulgegensätze formuliert, kaum einen Meinungsunterschied. Kein anderer als der Teufel habe die Zwietracht verschiedener Meinungen unter die Anhänger eines Thomas, Duns Scotus oder Marsilius von Inghen gesät[447]. In den folgenden Sätzen wird dann das Gegenbild einer von der concordia beseelten frommen Reformtheologie, die sich auf das gemeinsame Ziel der Praxis geistlichen Lebens konzentriert und alle scholastischen Streitfragen außer acht läßt, in seinen Umrissen erkennbar: Er, der Teufel, fährt Wimpfeling fort, „hat die menschlichen Vorstellungen genarrt, damit man nicht das Nützlichere, das Ehrenhaftere und das, was den Sitten, den Tugenden, der Andacht und dem Seelenheil zuträglich ist, lernt; er zieht sie zu weniger heilsamen Dingen und zu den kalten Spekulationen, die den Inhalt ihrer Streitigkeiten bilden und durch die wir weder zur Andacht gegenüber Gott geführt noch zur Nächstenliebe entflammt werden. Und deshalb erbauen wir (aedificamus) so wenig in der Kirche Gottes, und darum scheint auch die Glut (fervor) der Christen nicht zu wachsen, sondern von Tag zu Tag abzunehmen. Die heiligen Erzählungen[448], die moralischen Schriften, die Ermahnungen der Väter, die von frommer Leidenschaft erfüllten Lehren des Paulus, Dionysius (Areopagita) und der vier Säulen der Kirche werden nämlich geringgeschätzt. Von Beginn des Philosophiestudiums und der theologischen Vorlesungen an werden wir von den Universalien, Relationen, Quidditäten, Notiones und Formalitates in Beschlag genommen. Kaum – und dann erst in hohem Alter – werden wir zur Praxis geführt, zu den Sitten, den Tugenden, den Erzählungen, den Sakramenten, den Predigten und zur mystischen Theologie, zu dem also, wodurch wir uns selbst zur Gottesliebe erwärmen und die anderen entflammen können."[449] Für eine solche ‚Theologie des Herzens' – nicht

---

[447] „Tametsi sint theologi dispares in universalium, in earundem aut distinctarum potentiarum animae consimiliumque nudarum speculationum opinionibus, at, quae ad dei honorem, ad animarum salutem, ad summam beatitudinem consequendam attinent, si bene lecti et intellecti fuerint, discordare minime videbuntur. Quis nisi ipse humani generis inimicus istam seminavit zizaniam (vgl. Mt. 13,25) inter philosophos et theologos praecipue christianos, ut tanta sit dissensio animorum inter diversa opinantes, inter eos, qui Thomam, qui Scotum, qui Marsilium imitantur." Fol. b1r/v.

[448] Vgl. STAUPITZ, Tübinger Predigten, sermo 2 (10,30–33): „Vereor, ne vitas sanctorum non habeamus, abolitas proh dolor cernens (so zu lesen statt cernentes) sanctorum imitationes. Consulendum re vera est saecularibus magis in legendis sanctorum quam speculativis doctorum versari rationibus."

[449] „Unde haec mentis stoliditas nisi ab ipso Plutone, qui, ne utiliora, ne honestiora, ne moribus, ne virtutibus, devotioni et saluti animarum conducentia discantur, phantasias humanas illudit et trahit ad res minus salutares et ad gelidas earum intentionum speculationes, quibus neque ad deum devoti reddimur neque ad proximi dilectionem inflammamur. Et ideo minus aedificamus in ecclesia dei neque fervor christianorum videtur augeri, sed in dies diminui. Negliguntur enim historiae sacrae, scripta moralia, monita patrum affectuo-

der aures, sondern der corda[450] – beruft sich Wimpfeling dann ausdrücklich auf Gerson[451], der mit seiner programmatischen Entfaltung des concordia-Ideals[452], seinem Feldzug gegen die rixosa theologia[453] die Frömmigkeitstheologie des folgenden Jahrhunderts, ihre ausweichende Haltung gegenüber den Frontenbildungen der Schola, wie kein zweiter beeinflußt hat.

Kehren wir nun zu unserem Quellenbefund bei Paltz zurück und versuchen ihn nicht mit der Elle der systematisch-diskursiven Schultheologie zu messen, sondern mit seinem Anspruch ernstzunehmen, lebensnahe, erbauliche Theologie für die sacerdotes simplices zu bieten, dann erscheint er uns weder als Vertreter einer bestimmten akademischen Lehrrichtung noch als Eklektiker, sondern als zielstrebiger Gestalter einer bestimmten Art von Frömmigkeitstheologie. Wir müssen dies näher erläutern. Zunächst ist zu beobachten, daß sich Paltz vom Terrain des Wegestreits konsequent fernhält, indem er einmal alle einschlägigen philosophisch-theologischen Fragen aus seiner Theologie ausklammert und zum andern aus dem Bereich der akademischen Quästionenliteratur – zu Fragen der Moraltheologie, der Sakramente und Ablässe – nur die von allen Schulrichtungen anerkannten Autoritäten des 12., 13. und beginnenden 14. Jahrhunderts zitiert. Bis auf sehr wenige Ausnahmen ist das 14. und 15. Jahrhundert in seinem Werk nur durch frömmigkeitstheologisches Schrifttum vertreten, meist solcher Autoren, die ebenfalls abseits der Schulrichtungen standen. Ausgesprochene Vertreter der Via antiqua zitiert Paltz nicht – wobei daran erinnert sei, daß selbstverständlich die Theologen des 13. und beginnenden 14. Jahrhunderts, auf deren Systeme sich die Via antiqua stützt, nicht selbst Vertreter der Via antiqua sind, die sich ja erst als Restaurationsbewegung gegenüber der

---

sissimaque Pauli, Dionysii et quattuor ecclesiae columnarum dogmata. Ab exordio discendae philosophiae, ab initio audiendae theologiae in universalibus, in relationibus, in quidditatibus, in notionibus, in formalitatibus occupamur. Vix decrepiti transferimur ad praxim, ad mores, ad virtutes, ad historias, ad sacramenta, ad contiones, ad theologiam mysticam, ad ea, quibus nos in dei amore calescere ac ceteros inflammare possimus, ut, qui multo annorum numero in scholis commorati sunt theologicis, non corda sua in sacris eloquiis habuisse, sed auribus, ut ait Apuleius, et non anima philosophati fuisse videantur." Fol. b1v.

[450] Siehe Anm. 449 am Ende.   [451] Fol. b1v.

[452] Siehe oben S. 186 mit Anm. 321.

[453] Vgl. LUTHER über Staupitz in einer Tischrede vom Sommer 1540: WA TR 5,99,12–18 Nr. 5374: „Saepe citavit (Staupitius) in lectionibus doctorem Sumerhand Tubingensem dicentem: ‚Quis liberabit me ab ista rixosa theologia?‘" Vgl. KOLDE, Die deutsche Augustiner-Congregation, 214f. Zu den frömmigkeitstheologischen Intentionen des Konrad Summenhart (gest. 1502), die ihn zum „Gersonis imitator" (so Melanchthon) machten, vgl. OBERMAN, Werden und Wertung der Reformation, 77–81, besonders 77 Anm. 21; vgl. auch oben Anm. 30.

Via moderna formierte[454]. Aus der Reihe der moderni zitiert Paltz zweimal Robert Holkot, häufiger Heinrich Heinbuche von Langenstein und sehr oft Johannes Gerson, alle drei aber, wie wir sahen, nicht als Nominalisten, sondern als moraltheologische und praktisch-seelsorgerliche Schriftsteller, als die sie auch sonst im 15. Jahrhundert quer durch alle Schulen Geltung besitzen. Ein dreifach vorkommendes Zitat aus dem nominalistischen Sentenzenkommentar seines Ordensbruders Gregor von Rimini läßt aufhorchen, weil hier die Unterscheidung zwischen potentia dei absoluta und potentia dei ordinata vorkommt, die für das nominalistische Denken eine eminente Bedeutung besitzt. Doch ist zu bedenken, daß diese Unterscheidung auch bei Duns Scotus und in der Skotistenschule ein fundamentales theologisches Prinzip bildet, ja bereits in der älteren Franziskanerschule des 13. Jahrhunderts häufig Anwendung findet und auch von den spätmittelalterlichen Thomisten rezipiert werden kann[455]. Sie gehört wie etwa auch die Lehren vom facere quod in se est, vom meritum de congruo, von der acceptatio divina und vom pactum dei zum schulübergreifenden Allgemeinbesitz der Spätscholastik des 15. Jahrhunderts, auch wenn die Nominalisten diesen Lehren und so auch der Dialektik von potentia absoluta und ordinata eine spezifische Zuspitzung geben, die aber dem Gregor-Zitat im Paltzschen Kontext fehlt. Dasselbe gilt auch für Paltz' eigene Verwendung des Begriffspaars[456].

Im übrigen findet man bei Paltz wie auch bei den anderen genannten Frömmigkeitstheologen seines Ordens durchaus Autoritäten und Gedanken, die in dieser oder jener Schule besonders beliebt sind. So vertritt er eine Auffassung von der unvollkommenen Reue (attritio)[457] und eine Mariologie[458], die in der Nähe des Skotismus stehen, während er sich z. B. bei der Frage nach dem „principialis effectus" der Letzten Ölung für Thomas von Aquin gegen die Ansicht des Duns Scotus und seiner „sequaces" entscheidet[459]. Seine Meinung, daß der Mensch sich „ex puris (= solis) naturalibus" auf den Empfang der rechtfertigenden Gnade disponieren könne[460], weist in ockhamistische Richtung, wäh-

---

[454] Dies ist z. B. nicht bedacht von W. ECKERMANN (Gottschalk Hollen, 325), wenn er sagt: „Doch sind die von Hollen benutzten Werke im Geist der thomistisch-augustinischen Lehrrichtung geschrieben, im Geist der via antiqua." Eckermann meint Werke von Thomas, Bonaventura, Petrus von Tarantasia, Albertus Magnus, Heinrich von Gent, Duns Scotus etc. (ebd. 315).

[455] Vgl. HAMM, Promissio, Pactum, Ordinatio, 356f. und 489f.

[456] Siehe Tripl. fol. e5r (deus potest de potentia absoluta … de congruo providit), Sept. fol. B1r (de potentia dei absoluta … de facto), Coel. fol. H5r (de lege dei ordinata) und Y6r (secundum potentiam dei ordinatam).

[457] Siehe unten S. 276f.   [458] Siehe unten S. 300.

[459] Coel. fol. T2v.   [460] Siehe unten S. 254f.257f.325.

rend er umgekehrt gegen die skotistisch-ockhamistische These opponiert, kein menschliches Werk, auch nicht ein von gnadenhafter Liebe geformtes Werk, könne das ewige Leben verdienen, es sei denn allein aufgrund der göttlichen Annahme (nisi ex sola divina acceptatione)[461]. Diese und andere Beispiele zeigen aber gerade, daß Paltz an den Schulen an sich und ihrer inneren gedanklichen Systematik kein Interesse hat. Er macht sich nie zum Verfechter der einen oder anderen akademischen Lehrrichtung, sondern kommt von einer bestimmten frömmigkeits-theologischen Position, einem bestimmten seelsorgerlichen Interesse, dessen Tendenz noch genauer zu untersuchen ist, zu Auffassungen, die einmal dieser, einmal jener Schule nahestehen können. Und auch dann handelt es sich nicht um Meinungen, die man *der* Via antiqua oder *der* Via moderna zuweisen könnte, sondern die ihre Befürworter und Gegner meist in beiden Lagern haben. Die Fragen jedoch, an denen der Gegensatz zwischen Via antiqua und Via moderna aufbricht, der ganze Bereich der Sprach- und Erkenntnisproblematik, hinter der sich die Frage nach dem Kontingenzcharakter der Heils- und Naturordnung verbirgt, werden von Paltz aus seinem Werk ausgeklammert.

Wie kann aber dann eine Untersuchung zu Johannes von Dorsten, bei dem ein ganz ähnlicher Quellenbefund wie bei Paltz vorliegt[462], zu dem Ergebnis führen, Dorsten sei „mit seinen theologischen Anschauungen offensichtlich ganz in der via antiqua beheimatet"[463]? Dies wäre schon deshalb überraschend, weil Dorsten wie Paltz die philosophische und theologische Ausbildung der Erfurter Via moderna genossen haben. Bei beiden findet man auch nirgends eine Kritik an einem Vertreter oder spezifischen Gedanken des Nominalismus[464]. Entscheidend für das

---

[461] Suppl. fol. r3r.

[462] Der Quellenbefund in DORSTENs Sermones de tempore ist dargestellt bei ZUMKELLER, Der Predigtband Cod. Berolinensis, 48–74.

[463] Ebd. 68. Vgl. ders., Dorsten über Gnade, Rechtfertigung und Verdienst, 202.

[464] Im Gegenteil: Auch ZUMKELLER muß einräumen, daß „sich in Dorstens theologischen Auffassungen gelegentlich gewisse Lehren der via moderna zeigen" (Dorsten über Gnade, Rechtfertigung und Verdienst, 202). Bemerkenswert ist, daß sich Dorsten wiederholt auf den Sentenzenkommentar Hugolins von Orvieto, der in der Lehrtradition Gregors von Rimini steht, beruft (siehe ebd.; vgl. ders., Der Predigtband Cod. Berolinensis, 62), und zwar auf das zweite und vierte Buch. OBERMAN (Headwaters of the Reformation, 78) macht im Anschluß an ZUMKELLER (Die Augustinertheologen Simon Fidati von Cascia und Hugolin von Orvieto) darauf aufmerksam, daß Luther in der Wittenberger Augustinerbibliothek den Sentenzenkommentar Hugolins zur Verfügung hatte, wahrscheinlich aber nur das erste und dritte Buch (vgl. ZUMKELLER, Manuskripte, 200 Nr. 411); im Erfurter Kloster dürfte ihm, wie wir nun durch die Dorsten-Zitate wissen, auch das zweite und vierte Buch zur Verfügung gestanden haben. Damit ist freilich noch nichts über eine tatsächliche Hugolin-Benützung Luthers gesagt; vgl. D. C. STEINMETZ, Luther and the late medieval Augustinians, 248 und 253–256.

Urteil Zumkellers war die Beobachtung, daß Dorsten aus dem Bereich der systematischen Quästionenliteratur fast ausschließlich Theologen der Hochscholastik zitiert[465]. Diese Quellenlage erfordert jedoch auf dem Hintergrund des Gesamtcharakters der Theologie Dorstens – und dasselbe gilt auch für seinen Schüler Paltz – eine andere Interpretation. Dorsten und Paltz zeigen nicht deshalb eine Vorliebe für die großen Scholastiker des 13. Jahrhunderts, weil sie der Via antiqua nahestehen, sondern weil sie bei der Vergegenwärtigung der Tradition dem „consensus communis doctorum"[466] Raum geben wollen, jenen Autoritäten also, auf die sich alle Lehrrichtungen berufen[467]. Unter dem Gesichtspunkt der „schola communis", der allen Katholiken gemeinsamen, unfehlbaren Lehrtradition, wird auch die Phalanx der großen Kirchenväter und vor- und frühscholastischen Lehrer aufgeboten, und aus der Erbauungsliteratur des Spätmittelalters werden auch nur solche – meist allgemein gebräuchlichen – Werke zitiert, die hinsichtlich ihres theologischen Lehrgehalts ganz auf der Linie des kirchlichen Konsenses liegen. Wie wenig dieser frömmigkeitstheologische „Versuch einer Einheit der Theologie"[468] mit den Interessen der akademischen Via antiqua gemeinsam hat, zeigt ein Blick auf führende Theologen der Via antiqua wie Heinrich von Gorkum, Johannes Capreolus, Petrus Nigri, Stephan Brulefer oder Petrus Tartaretus. Sie erstreben mit ihren Werken – man denke etwa an Gorkums Quaestiones in Summam sancti Thomae[469] oder an Brulefers Super scripta sancti Bonaventurae directorium – eine möglichst vollständige und dabei doch vereinfachende Restauration der großen scholastischen Systeme bis Duns Scotus[470], während Dorsten

---

[465] Vgl. ZUMKELLER, Der Predigtband Cod. Berolinensis, 67 f.; ders., Dorsten über Gnade, Rechtfertigung und Verdienst, 202: „... in der via antiqua beheimatet, was auch darin zum Ausdruck kommt, daß er mit Vorliebe die Theologen des 13. Jahrhunderts zitiert."

[466] Siehe oben S. 186 bei Anm. 323.

[467] Zu Thomas von Aquin siehe oben S. 196.

[468] Diesen treffenden Untertitel hat KLEINEIDAM seinem Aufsatz über ‚Die theologische Richtung der Erfurter Kartäuser am Ende des 15. Jahrhunderts' gegeben.

[469] Vgl. WEILER, Heinrich von Gorkum, 89.

[470] Vgl. oben S. 134. PETRUS NIGRI bringt die Intention der Via antiqua deutlich am Anfang seines 1481 erschienenen Clipeus Thomistarum (fol. a 2v) zum Ausdruck. Nachdem er die Flut der Bücher und die verwirrende Gegensätzlichkeit der Meinungen beklagt hat, die einen nur in Zweifel darüber stürze, was man lesen und festhalten soll (ut quid legere debeas quidve tenere vix nescias), weist er den Weg zu Thomas von Aquin als alleinigem Lehrmeister: „Uno nimirum auctore et illo eximio opus est ad facile perfecteque enanciscendam unamquamque doctrinam. ‚Fastidienti stomacho', ait Seneca (Epist. 2,4.3), ‚est multa degustare nec convalescit planta, quae saepe transfertur'. Quam itaque ob causam et in sacra theologia et in rerum naturalium humanorumque actuum disciplina unius beati Thomae Aquinatis admirabilem coelicamque doctrinam complectendam ab omnibus esse censerem."

und Paltz nicht an diesem oder jenem System interessiert sind, sondern aus den Schriften aller großen Autoritäten der Hochscholastik die Zitate herauspflücken, die ihren erbaulichen Intentionen entgegenkommen. Dies gilt ohne Einschränkung auch für das Verhältnis zu ihrem Ordenslehrer Aegidius Romanus, der vor allem bei Darlegungen zu Urstand und Erbsünde[471], aber sonst nicht einmal besonders häufig zitiert wird[472]. Nichts rechtfertigt die These von einer ägidianischen Lehrrichtung bei Dorsten und Paltz[473]. Ihre Theologie ist weder schul- noch ordensspezifisch; auch wenn unter den Autoritäten des 14. und 15. Jahrhunderts die des eigenen Ordens mit einer gewissen Vorliebe angeführt werden, besteht doch ein ausgewogenes Verhältnis zu Zitaten aus Werken von Weltgeistlichen und des Dominikaner-, Franziskaner- und Kartäuserordens.

Ein Blick auf die bisherige theologiegeschichtliche Forschung zur spätmittelalterlichen Frömmigkeitstheologie, nicht nur zu Dorsten und Paltz, läßt einige abschließende Bemerkungen zu Fragestellung und Methodik, mit der man sich dieser Art von Theologie nähern sollte, als geboten erscheinen. Unsere Darlegungen zu Charakter und Intentionen der Frömmigkeitstheologie zwischen Gerson und Luther, insbesondere zu ihrem Traditionsbezug, zeigen, daß ihre Werke anders als die der scholastischen Quästionenliteratur befragt werden wollen, anders auch als erbauliche Schriften solcher Schultheologen, die in ihren akademischen Lehrschriften eine bestimmte scholastische via propagieren. Wir sahen, daß sich die Frömmigkeitstheologen dieses Zeitraums auf eine Darstellungsebene begeben, die den Wegestreit in den Hintergrund treten oder gar völlig aus dem Gesichtsfeld verschwinden läßt. Andere Interessen und Alternativen treten dafür in den Vordergrund, das Interesse an einer seelsorgerlichen Theologie für den Alltag der einfachen Christen und Alternativmodelle frommer Lebensgestaltung. Nicht die Frage nach der Schulzugehörigkeit darf somit die Ausgangsfrage für die Untersuchung von Frömmigkeitstheologen wie Paltz oder Staupitz

---

[471] Zu Dorsten siehe ZUMKELLER, Dorsten über Urstand und Erbsünde, 56; zu Paltz siehe seine Ausführungen zu Urstand und Erbsünde in Suppl. fol. y 5r–6v, die zusammen mit den Aegidius-Zitaten größtenteils aus DORSTENS Traktat De conceptione Mariae virginis (58 n. 1 – 66 n. 34) entnommen sind, also nicht einmal Zeugnis über Paltz' eigene Aegidius-Benützung ablegen.

[472] DORSTEN zitiert Aegidius in seinem erhaltenen Berliner Predigtband 39mal (zum Vergleich aus Hoch- und Spätscholastik: Thomas 63mal, Wilhelm von Auvergne über 55mal, Bonaventura 49mal, Robert Grosseteste 36mal, Wilhelm von Auxerre 32mal, Gerson 24mal); siehe ZUMKELLER, Der Predigtband Cod. Berolinensis, 61 und 65–67. Läßt man die Aegidius-Zitate innerhalb von Dorsten-Zitaten unberücksichtigt, dann erwähnt Paltz seinen Ordenslehrer in den beiden dicken Bänden Coel. und Suppl. nur 16mal, weit weniger häufig noch als den Weltgeistlichen und Nominalisten Gerson.

[473] Gegen ZUMKELLER; siehe oben S. 205 mit Anm. 431 und 432.

sein, sondern Vorrang muß die Frage nach dem inneren Gedankenduktus, nach dem roten Faden in ihrer Theologie haben. Dies bedeutet, daß
an die Stelle einer nach dogmatischen Loci abfragenden und nach den
Kategorien der scholastischen Systematik einordnenden Bearbeitungs-
methode eine die praktisch-seelsorgerliche Intention der Autoren eru-
ierende Interpretationsweise zu treten hat. Wer nur nach Lehrrichtungen
fragt, wird bei den Frömmigkeitstheologen des Spätmittelalters in der
Regel entweder zu sehr anfechtbaren Zuordnungen oder zu der resignie-
renden Feststellung von Eklektizismus gelangen. Denn aus der Perspektive der Via antiqua oder Via moderna muß ihre Arbeitsweise tatsächlich eklektisch erscheinen: „Nach Art der Bienen", sagt Dorsten über
das Zusammentragen von Autoritäten, „verstehen sie es, die honigflie-
ßende Wahrheit in die dazu bestimmten Bienenkörbe zu sammeln zur
heilbringenden Auferbauung der Sitten und Tugenden und zu einem
guten Leben nach der christlichen Wahrheit"[474]. Im gleichen Sinne nennt
auch Petrus Schott Gerson eine „apis argumentosa"[475], und denselben
Ausdruck gebraucht Wimpfeling für die auswählende Sammeltätigkeit
Geilers von Kaysersberg[476].

Geht man freilich von der Frage nach dem leitenden frömmigkeitstheologischen Interesse der Autoren aus, dann entdeckt man, daß dieses
bienengleiche Sammeln in den Dienst einer dezidierten theologischen
Konzeption treten und von ihr gesteuert werden kann, dann sieht man
nicht nur, *daß*, sondern auch *warum* sich ein bestimmter Theologe dort
dieser, dort jener Autorität anschließt, dann gewinnt man Verständnis
für die Auswahl seiner Themen und literarischen Gattungen. In den
Rahmen einer solchen umfassenden Fragestellung kann dann auch die
Dimension der akademischen Lehrrichtungen als biographischer und
theologiegeschichtlicher Hintergrund miteinbezogen werden, wie wir
es jedenfalls bei Paltz für angebracht gehalten haben. Der eine Fröm-

---

[474] „... qui noverunt aurum a luto separare et more apum mellifluam veritatem in debita
alvearia colligere ad institutionem salutiferam morum et virtutum et bene secundum
christianam veritatem vivendum." Sermones (fol. 26rb); zit. bei ZUMKELLER, Der Predigtband Cod. Berolinensis, 73 Anm. 127.

[475] PETRUS SCHOTT (vgl. oben Anm. 203), Compendiosa laus Iohannis de Gerson (259).

[476] Brief an Konrad Wickram vom 1. Sept. 1516; zit. bei KRAUME, Die Gerson-
Übersetzungen, 83 Anm. 27. Das Bild der „apis argumentosa" ist auch im Bereich der
innerakademischen Schultheologie gebräuchlich; vgl. z. B. WENDELIN STEINBACH in seiner
1501 verfaßten Vorrede zu GABRIEL BIELS Collectorium (ed. Werbeck/Hofmann I
5,91–93): „Comperiet lector Collectorem ipsum (sc. Biel) veluti apem argumentosam ita
priscorum virorum illustrium alvearia sacrosancta perlustrasse ..." Gerade das Beispiel
Biels zeigt deutlich, daß mit der ‚eklektischen' Sammeltätigkeit eine dezidierte theologische Position des jeweiligen Collectors – sei es auf der Ebene einer an Lehrrichtungen
orientierten Schultheologie oder auf der Ebene einer Frömmigkeitstheologie – nicht
ausgeschlossen ist. Vgl. die weiteren Ausführungen im Text und unten S. 303.

migkeitstheologe kann von der Via antiqua, der andere von der Via moderna herkommen; beide Lehrrichtungen zeigen von ihren eigenen Reformimpulsen her gewisse Affinitäten zu einer vereinfachten, bibel- und erfahrungsnahen Theologie, wie sie auch von humanistischer Richtung gefordert wird. Die möglichen Querverbindungen, die zwischen der Frömmigkeitstheologie und den Schulrichtungen bestehen können und Beachtung verdienen[477], lenken aber den Blick nicht auf die alles gestaltende Mitte im Werk eines Frömmigkeitstheologen, sie erklären z. B. nicht den tiefgreifenden Unterschied zwischen der Theologie eines Paltz und der eines Staupitz.

Selbstverständlich muß man bei dem Versuch, das ‚geistige Band‘ in den Ausführungen eines bestimmten Frömmigkeitstheologen zu erkennen, in erster Linie die Textpassagen berücksichtigen, die er selbst formuliert hat und in denen er seine Intentionen explizit zum Ausdruck bringt[478]. Erst in zweiter Linie sind solche Abschnitte heranzuziehen, die der Autor zwar nicht als Zitate kennzeichnet, aber gleichwohl als gelungene Einkleidung seiner Meinung wörtlich aus fremden Quellen übernommen hat, Paltz z. B. vor allem aus Dorsten und Proles. Mit derartigen ‚verdeckten‘ Zitaten identifiziert sich der Autor offensichtlich in solchem Maße, daß er sie als seine eigenen Texte verstanden haben will; man darf sie daher in Verbindung mit ihrem neuen Kontext als Zeugnisse für seinen Standpunkt auswerten, allerdings nicht bis in ihre feinen gedanklichen Nuancen und Ausformulierungen. Nur sehr bedingt sind schließlich solche Texte als Quelle für die Meinung des Autors zu verwenden, die er ausdrücklich als Zitate kenntlich macht, wie es Paltz bei seinem Rückgriff auf die Tradition im allgemeinen, meist mit klarer Angabe von Zitatanfang und Zitatende (‚haec ille‘), zu tun pflegt. Oft ist es nur ein bestimmter Gedanke, der ihm an einem Zitat wichtig ist, während ihn andere Aspekte desselben Textes, die vielleicht für seinen ursprünglichen Verfasser noch wichtiger waren, überhaupt nicht interessieren. Man muß also von Fall zu Fall entscheiden, weshalb ein Zitat angeführt wird und welchen Aussagewert es für die Gesamtkonzeption des Autors hat. Hier zeigt sich mit aller Deutlichkeit die Notwendigkeit textkritischer Editionen für die interpretatorische Arbeit an der Frömmigkeitstheologie des Spätmittelalters, denn erst eine textkritische Edition erlaubt die saubere Unterscheidung zwischen den drei genannten Textgruppen und damit sorgfältig begründete Aussagen über die Intentionen eines Frömmigkeitstheologen.

---

[477] Hierin liegt das Recht bisheriger Arbeiten über die Schulstandpunkte spätmittelalterlicher Frömmigkeitstheologen.

[478] Die Erwähnung dieses simplen Gebotes der Textdeutung mag überflüssig erscheinen, doch wird es – wie auch die folgenden Interpretationsprinzipien – ständig mißachtet.

Wir sahen, daß Paltz mit seiner Art von Theologie, die zwischen scholastischer Lehre und christlichem Lebensvollzug, zwischen *doctrina* und *vita* vermitteln will, das Kampffeld der akademischen Lehrrichtungen meidet und sich angesichts der vielen *scholae* auf das sichere Fundament der durch den Konsens der *doctores approbati* gebildeten *schola communis* stellt. Und doch zeigt die kritische Edition gleichzeitig, daß er nicht in einem neutralen Bereich stehenbleibt, sondern auf der frömmigkeitstheologischen Ebene, wo es um die Fragen der rechten *vita christiana* geht, geradezu die Konfrontation sucht und mit Konsequenz eine Position vertritt, die man im Vergleich mit der Skala der um 1500 vertretenen Positionen extrem nennen muß[479]. Dieser rote Faden seiner Theologie, der sie als geschlossenes Ganzes verstehen und die Gestaltungsprinzipien bei der Auswahl und Verarbeitung der Tradition erst erkennen läßt, wird sichtbar, wenn man von der Beobachtung ausgeht, daß die beherrschende Frage am Vorabend der Reformation, die Frage nach verläßlichen Gnaden- und Heilsgarantien, zugleich die Frage ist, die sein ganzes Interesse beansprucht. Wir werden uns nun daher dieser Frage und damit der gestaltenden Mitte von Paltz' Werk zuwenden.

5. Kapitel

Im Umkreis der Suche nach Gnaden- und Heilsgarantien

I. Erscheinungsformen und Ursachen der Garantiesuche

Der zweite Umkreis, innerhalb dessen uns die Theologie des Johannes von Paltz entgegentritt und ihren exemplarischen wie individuell-originellen Charakter zeigt, weist uns auf das Hauptproblem, das die Frömmigkeitstheologie im Deutschland des 15. und 16. Jahrhunderts umtreibt, sie in gemeinsamer Fragestellung eint und in die verschiedensten Richtungen der Antworten versprengt. Man hat das Krisenbewußtsein des Spätmittelalters, in dem für den rückblickenden Historiker zugleich die Geburtswehen der Neuzeit spürbar werden, treffend auf die Formel „the search for new security" gebracht[1]. Achtet man dabei speziell auf den religiösen Bereich, der für den Menschen jener Epoche das Zentrum seines Lebens ausmachte, dann stellt sich diese gesteigerte Sicherheitssuche vor allem dar als Sehnsucht nach bergenden Garantien für Gnadenbesitz, Leben in der Gnade, Bewahrung vor dem Fegfeuer

---

[479] Vgl. oben S. 7f.
[1] OBERMAN, The shape of late medieval thought: the birthpangs of the modern era, 11.

und Erlangung des ewigen Lebens. Das „quaerere securitatem", wie es Gerson registriert[2], die Frage nach Sicherheit, Gewißheit, Frieden, Ruhe, Freude und Trost gewinnt seit dem Ende des 14. Jahrhunderts in Deutschland neue Dimensionen, bisher unbekannte Grade innerer Erregung und äußerer Multiplizierung, die in den letzten Jahrzehnten vor der Reformation ihren Höhepunkt erreichen. So wichtig auch andere Faktoren gewesen sein mögen, soviel man auch Mode und äußerer Attitüde zuschreiben mag, das Drängen der Zeit nach möglichst anschaulichen und greifbaren Heilsgarantien war sicher der entscheidende tiefere Grund für das sprunghafte Ansteigen einer massiven Kirchenfrömmigkeit, die einmalig in der Geschichte der Kirche ist. Man muß vor allem an die Kumulation der Stiftungen, Bruderschaften, Messen, Ablässe, Prozessionen, Wallfahrten, der kirchlichen Bautätigkeit und sakralen Kunst, an die Steigerung der Marien- und Heiligenverehrung, des Reliquienkultes und der Wundersucht, besonders der Verehrung von Bluthostien, denken. Die Kirche versuchte, die Bedürfnisse der Gläubigen durch ihre Angebote beruhigender Techniken der Gnaden- und Heilsvermittlung zu kanalisieren, doch zeigen die häufigen Warnungen, daß die Garantiesuche immer wieder die Grenzen approbierter Kirchlichkeit zu sprengen drohte. Sie verfiel, um mit Paltz zu sprechen, den „Fallstricken des Teufels"[3]. Er meint damit ‚wildes‘ Wallfahrten ohne kirchliche Erlaubnis[4], Zauberei[5], Astrologie[6] und Alchimie[7], durch die er das kirchliche Ordnungsgefüge ebenso wie durch die apokalyptischen Naherwartungen seiner Zeit[8] bedroht sieht.

Die Sehnsucht nach neuen religiösen Sicherheiten äußerte sich aber auch – zwar im Rahmen der Kirche, aber mit deutlicher Zurückhaltung gegenüber der Kirchenfrömmigkeit der Massen – in jenen verinnerlichten Frömmigkeitsformen, die Paltz in seinen Werken nicht einmal am Rande registriert, in jener bewußt schlichten Spiritualität, wie sie uns etwa in den Laien- und Klerikergemeinschaften der Devotio moderna, im Kartäuserorden oder in dem nach humanistischen Vorbildern organisierten Laienzirkel der Nürnberger Sodalitas Staupitziana[9] entgegen-

---

[2] De praeparatione ad missam, consid. 3 (ed. Glorieux IX 39).
[3] Von den decipulae diaboli handelt Suppl. fol. E1v–I3r.
[4] Suppl. fol. E2r–G3r (vana peregrinatio).
[5] Suppl. fol. G3r–H4v (magicalis vel superstitiosa divinatio).
[6] Suppl. fol. H4v–I2r (astrologicalis illusio).
[7] Suppl. fol. I2r–3r (alchimicalis deceptio).
[8] Siehe oben S. 98.
[9] Als Vorläufer ist besonders jener gesellige humanistische Zirkel von Bettelmönchen und gebildeten Laien zu nennen, der sich im Florentiner Augustinereremitenkloster S. Spirito in der zweiten Hälfte des 14. Jahrhunderts unter seinem Prior Luigi Marsili zusammenschloß; vgl. ELM, Mendikanten und Humanisten, 63–67 (mit Literatur).

tritt. Die interiorisierte, persönlich gestimmte Frömmigkeit der
Reformklöster, Kleriker- und Laienkreise des ausgehenden Mittelalters
ist der Nährboden für das besondere, keineswegs allgemein verbreitete
Phänomen des zweifelnden und ängstlichen Gewissens, der ‚religiosa
tristitia' und ‚scrupulosa conscientia'[10], die das Suchen nach Sicherheit zu
einer Suche nach subjektiver Gnaden- und Heilsgewißheit, nach Trost
für die angefochtenen Gewissen werden läßt. Paltz, der für die große
Masse der Durchschnittschristen schreibt[11], klammert diese subtile psychologische Problematik der persönlichen Vergewisserung und damit
überhaupt den Gewissensbegriff aus seinen Darlegungen aus. Er wendet
sich mit Vorliebe an Gläubige, die sich bekehren wollen, aber von
resignierender Verzweiflung über ihre Sündenlast und ihre fehlenden
Kräfte zum Guten bedroht sind[12]. Doch sind sie nicht von quälenden
Reflexionen über ihren Gnadenstand oder gar von Erwählungszweifeln
‚angekränkelt', sondern suchen einen Ausweg aus dem Stand der Todsünde, der ihnen versperrt zu sein scheint. Anders z. B. die Benediktinerinnen des Salzburger St. Peter-Stiftes, an die ihr anonymer Beichtvater
einen wohl in der zweiten Hälfte des 15. Jahrhunderts entstandenen
Traktat richtet[13], der mit den Worten beginnt: „Sorgsam pistu; zuzeiten
wirdest du berüret in deiner gewissen mit vil forchtsamchait und also
gehintert an gemüttleicher (= das Gemüt betreffender) rue und frid, als
(= nämlich) von deiner peicht wegen, mir getan, swye (= weil) diselbig
nicht genügsamleich geschehen sei und nach deinem fürnemen (=
Einbildung) vil mehr zeit nott gewesen wer."[14] Typisch für das spätmittelalterliche scrupulositas-Problem ist an diesem Text nicht nur der
anthropologische Ausgangspunkt des Gewissens[15], sondern auch die
Situation der Beichte[16], in der das Streben nach vollkommener Vorbereitung auf die Absolution an sein Ziel zu kommen sucht, damit auch
tatsächlich der Effekt der Gnadeneingießung eintritt. Und was die
Nonnen mit einer perfekten Beichte letztlich bewirken wollten, kommt

---

[10] Zur Thematik vgl. WERBECK, Voraussetzungen und Wesen der scrupulositas.

[11] Vgl. oben S. 144–155.

[12] Siehe besonders Suppl. fol. d3v–e6r (De tertio exercitu infernali, qui nuncupatur
desperationis, et de tertio propugnaculo turris Daviticae, quod dicitur consolationis et
opponitur ei); vgl. unten S. 248f.

[13] Cod. Salzburg Stiftsbibliothek St. Peter b VI 15 fol. 190r–194v (Inc.: Pax Jesu Christi
dei nobiscum semper). Vgl. HÖVER, Theologia Mystica, 43 (Nr. 4).171f.214–226 (besonders 217). Der Schreiber der Handschrift war sehr wahrscheinlich der Benediktiner
Andreas Tenk aus Mondsee, der 1452 in St. Peter Profeß ablegte und am 6. Febr. 1508
starb; siehe ebd. 42 und 214.

[14] Fol. 190r/v.

[15] Vgl. WERBECK, Voraussetzungen und Wesen der scrupulositas, 328–332.

[16] Vgl. ebd. 333.

in der Abwehr des Beichtvaters deutlich zum Ausdruck: „Such nit zevil gewishait oder sicherhait! Piss (= sei) nicht fürwizig, als gemainchlein (= wie allgemein) di fraun gern seind! ... Peger noch such nit zevil recht sein und gewiss in deiner gewissen!"[17]

Wo aber liegen die Gründe für die gesteigerte spätmittelalterliche Suche nach Gnaden- und Heilsgarantien, die uns bis zu Luthers Ringen um den ‚deus propitius‘[18] führt? Wir können diese schwierige Frage, bei deren Beantwortung eine Fülle von Faktoren zu spezifischen Orten, Zeiten und Personengruppen in Beziehung zu setzen wäre, nur am Rande berühren. Man wird jedenfalls auf das Krisenbewußtsein des 15. Jahrhunderts aufmerksam machen müssen, das durch den Verlust von Einheit, eine Zerrissenheit auf vielen Gebieten hervorgerufen worden sein könnte – wobei es dem Historiker durchaus offensteht, ob er darin Ausklang und Verfall, höchste Lebendigkeit und Aufbruch zu Neuem oder beides zugleich sehen will[19]. Beobachtet man die Situation um 1400 und in den folgenden Jahrzehnten, dann ist eine sich zuspitzende Scheidung von sakralem und säkularem Bereich, von sacerdotium und imperium, Klerus und Laien, Theologie und mundaner Wissenschaft oder ganz allgemein von Gottesglaube und Welterfahrung auffallend; doch zeigt sich die Zerrissenheit auch innerhalb des sacerdotium, zwischen zwei oder gar drei Päpsten während des Abendländischen Schismas, zwischen Papst und Konzil, hoher und niederer Geistlichkeit, Welt- und Ordensklerus, akademischer Theologie und Frömmigkeit des Alltags, zwischen den diversen theologischen Schulrichtungen an den Universitäten und zwischen einer Restauration des kurialen Systems[20] und kirchenkritischen Reformbedürfnissen; und auch in anderen Lebensbereichen ist ein zunehmendes Auseinanderklaffen festzustellen, z. B. zwischen Stadt und Land, Kapital und Arbeit, sozialen Ober- und Unterschichten. Zu diesen Spannungen struktureller Art kommen Erschütterungen wie die großen Pestepidemien des 14. und 15. Jahrhunderts und die Türkengefahr. All dies bildet den Hintergrund für jene religiöse Verunsicherung und Erregung, für jene rastlose Heilssorge

---

[17] Fol. 194r; vgl. fol. 192r: „Dein peicht ist gutt, gerecht, genugsam und ganz. Gelaub und hoff, wann (= denn) sicherhait scholt (= sollst) du nit suchen!"

[18] Vgl. WA TR 1,200,6f. Nr. 461: „Tristitia in mundo fere nascitur ex pecunia, honorum studio etc. Sed mea tentatio haec est, quod cogito me habere deum non propitium." Vgl. auch die Meditationes vitae Iesu Christi Ludolfs von Sachsen, die das Ziel lebenslanger Buße in die Worte fassen: „... ut deum nobis propitium inveniamus et benignum"; p. 2 c. 45 n. 14 (545a).

[19] Es scheint mir, daß eine Verbindung beider Aspekte dem historischen Befund am ehesten gerecht wird, nicht aber eine einseitig negative oder positive Wertung, die im übrigen keiner geschichtlichen Epoche gemäß ist.

[20] Siehe unten S. 246f.

und Todesangst, die dem Jahrhundert vor der Reformation mehr als jedem anderen Jahrhundert eigen ist. Bei Paltz findet sich eine Stellungnahme Dorstens zu den Massenwallfahrten: Er sieht darin den Ausdruck der „mobilitas seu mutabilitas animorum et inconstantia mentis nunc in hominibus"[21]; und auch Paltz selbst spricht von einer „facilitas populi ad mutabilitatem"[22] und beschreibt die seelische Erregung seiner Zeit mit den Worten: „Natura his temporibus sic disposita est, quod facile movetur in compassionem et ex hoc in periculosam passionem."[23] Doch sei dies wahrscheinlich nur die Ankündigung einer plötzlichen Krise, die über die Kirche kommen werde, einer „subita turbatio ventura non modicum perturbans ordinem sanctae ecclesiae"[24].

Die religiöse ‚mutabilitas', die um Gnade und Heil kreisenden Sorgen, Zweifel und Ängste des Spätmittelalters sind freilich kaum *nur* ein Produkt der kirchlichen, politischen, sozialen und wirtschaftlichen Zerrissenheit oder besonderer Erschütterungen in den allgemeinen Lebensumständen, denn vergleichbare Faktoren hat es zu allen Zeiten gegeben. Entscheidend dürfte gewesen sein, daß die aktuellen Zustände und Ereignisse des 15. Jahrhunderts auf eine sich stark verändernde Erlebnisweise trafen, auf eine wachsende Sensibilität für seelische Erfahrungen, auf eine zunehmende Individualisierung und psychologische Durchdringung des Lebens, auf ein stärker werdendes Fragen nach der eigenen Subjektivität und eine konkretere, stärker differenzierende Betrachtungsweise der Welt und des eigenen Ich[25] – eine Entwicklung, die auch im Zusammenhang mit der neuen bürgerlichen Laienbildung in den Städten zu sehen ist. Allgemein menschliche Erfahrungen wie das Sterben-Müssen rückten nun in einen anders gewordenen Erlebnishorizont, der ihnen neue Dimensionen der Bedrohung und Verunsicherung verlieh. „Brevitas huius vitae, certitudo mortis, incertitudo horae (mortis), incertitudo generis mortis, certitudo transitus vel ad inferos vel ad superos"[26]: dies sind die quälenden Gewißheiten und Ungewißheiten, die das Memento mori des 15. Jahrhunderts den Menschen unaufhörlich ins Gedächtnis ruft. Die Sünde wird nun im Zuge der verstärkten Beobachtung des eigenen Seelenzustandes auf subtilere und angstvolle Weise wahrgenommen; man sieht sich der Möglichkeit beraubt, auch

---

[21] JOHANNES VON DORSTEN, De cursu simplicium (fol. 281ra); zit. in Suppl. fol. F2v.
[22] Suppl. fol. F4r.   [23] Suppl. fol. F4r.
[24] Suppl. fol. F3r. Die Stelle geht auf DORSTENS De cursu simplicium (fol. 281ra) zurück, wo es vom illegitimen Wallfahrten heißt: „Significat aliquam turbationem in ordine ecclesiae catholicae."
[25] Vgl. oben S. 172 und die dort genannte Literatur (KUNISCH; GIERATHS; VÖLKER).
[26] JAKOB WIMPFELING, De integritate, c. 29 (fol. C5r); hier aufgezählt unter den Gesichtspunkten, „quae futurum ecclesiasticum incitare possint ad studia divinarum scripturarum".

nur die Todsünde in ihren geheimen Schlupfwinkeln aufzuspüren und zu vermeiden.

Es ist eine Zeit, in der Kirche und Jenseitsfrömmigkeit immer noch, trotz zunehmender Säkularisierungstendenzen[27], so stark das Leben beherrschen, daß sich die äußeren Krisen und seelischen Turbulenzen – anders als in späteren Jahrhunderten – gerade in *religiöser* Verunsicherung bemerkbar machen, in Sündenbewußtsein, Heilssorge und Drängen nach neuen umfassenden Heilsgarantien, bis hin zur Suche nach persönlicher Gnaden- und Heilsgewißheit. Der Ruf nach Friede[28], nach Friede durch Versöhnung mit dem richtenden Gott, wird so zur Antwort auf das allgemeine Bewußtsein fehlender Einheit, die von der nominalistischen Theologie auch als ontologische Kluft zwischen Gott, Welt und begreifender ratio des Menschen reflektiert und in weiten Kreisen als bedrohliche Gottferne erlebt wird. Es bestehen im Spätmittelalter sehr enge Zusammenhänge zwischen dem Gespür für das Auseinanderfallen der alten Ordnungen und dem Gewahrwerden der totalen Inkommensurabilität von Gott und Mensch; neue Formen der pax mußten die Gegensätze überbrücken. Der bei den Nominalisten so beliebte Gedanke des durch seine potentia ordinata gebundenen Gottes[29] und die Marien-, Heiligen-, Reliquien- und Hostienverehrung des Volkes sind Beispiele dafür, wie man den transzendenten Gott doch wieder in verfügbare Nähe zu holen versteht. Und wenn Luther in seiner abschließenden 95. Ablaßthese sagt, daß die Christen mehr darauf vertrauen sollen, durch viele Trübsale als durch Sicherheit des Friedens ins Himmelreich einzugehen[30], dann ist es doch genau die securitas pacis, die er in der Trübsal und angesichts der Kluft zwischen Gott und Mensch sucht[31].

---

[27] Vgl. z. B. den Überblick bei ENGEL, Von der spätmittelalterlichen respublica christiana zum Mächte-Europa der Neuzeit, 191–208 (Neue Wissenschaften und Säkularisierung des Denkens).

[28] Vgl. OBERMAN, The shape of late medieval thought, 15–19 (Pax and the Third Age).

[29] Vgl. HAMM, Promissio, Pactum, Ordinatio, besonders 355–377 und 472–491.

[30] „Ac sic (christiani) magis per multas tribulationes intrare coelum quam per securitatem pacis confidant." WA 1,238,20f.

[31] Wie LUTHER den securitas-Begriff positiv aufnehmen kann, zeigt z. B. der Sermo zum 27. Dez. 1516 (über Eccli. 15,1f.: „Qui timet deum, faciet bona, et qui continens est iustitiae, apprehendet illam, et obviabit illi quasi mater honorificata"), der mit dem Satz schließt: „Apud ‚matrem' enim omnis fiducia et securitas ac blanda consolatio est filiorum; ita conscientiae pusillae et peccatricis (sc. fiducia, securitas, consolatio) apud iustitiam in Christo." WA 1,117,8–10. Vgl. Sermo zum 24. Febr. 1517: das „securare conscientiam" als positives Ziel (WA 1,141,2). Auch wenn Luther später sachlich immer mit aller Schärfe zwischen der Haltung der Selbstsicherheit und der christlichen Heilsgewißheit unterscheidet, hält er sich doch nicht streng an die terminologische Unterscheidung zwischen securitas und certitudo; vgl. PESCH, Die Theologie der Rechtfertigung, 265f. (Stellenbelege in Anm. 353).

II. Das Garantieangebot der Frömmigkeitstheologie – der Weg nach innen und der Weg nach außen

Die Frömmigkeitstheologie des 15. und beginnenden 16. Jahrhunderts reagierte auf die gesteigerte Verunsicherung und Garantiesuche der Gläubigen mit einem intensivierten Garantieangebot. Man kann diese Entwicklung schon ablesen an der sprunghaften Vermehrung der Trostbücher, die sich mit der Überwindung der Anfechtung befassen[32], und der Sterbebüchlein, die von der Kunst des heilsamen Sterbens handeln[33], einer durch die neuen Mittel des Buchdrucks ermöglichten Literaturflut, die erst seit dem Beginn der Reformation abebbt. Consolatio in Leben und Sterben versteht die Theologie dabei im wesentlichen als Aufzeigen sicherer und gewißmachender Hilfen gegen die Anfechtungen des Teufels, der Welt und der menschlichen Neigung zur Sünde, gegen die damit verbundenen Beunruhigungen, Zweifel, Ängste und Gewissensnöte und vor allem gegen die schlimmste aller Gefahren, die Verzweiflung. Die vielfältige Bedrohung des Menschen durch die desperatio rückt so in den Vordergrund der Betrachtung, daß das Gegenüber der praesumptio, der stolzen Anmaßung, so unbestritten auch ihr Platz unter den Anfechtungen ist, fast in ein Schattendasein abgedrängt wird; erst Staupitz und Luther bringen hier eine Wende, indem sie in radikaler Weise die praesumptio als Wurzel der desperatio verstehen und zur Lösung kommen: Der Mensch muß an sich selbst verzweifeln, damit er nicht verzweifeln muß[34].

Dem spätmittelalterlichen Angebot an securitas und certitudo sind freilich deutliche selbstgesetzte Grenzen gezogen: Ein evidentes Wissen über den eigenen Gnaden- und Erwählungsstand ist dem homo viator verwehrt; nur einigen wenigen, z. B. Paulus, ist durch besondere Offenbarung eine übernatürliche, absolute und unfehlbare Gnaden- und

---

[32] Vgl. besonders AUER, Johannes von Dambach; APPEL, Anfechtung und Trost.

[33] Vgl. besonders FALK, Die deutschen Sterbebüchlein; RUDOLF, Ars moriendi; L. KLEIN, Die Bereitung zum Sterben, besonders 9–27 (Der Themenbestand der spätmittelalterlichen Sterbebücher).

[34] Vgl. STAUPITZ, Nürnberger Predigtstücke von 1517 (39): „Und dorumb sol der mensch an seinen guten werken und tugendten ganz verzweifeln und allain in den gots werken und durch diesen angezaigten wege, das er alle seine gute werk allain got zuaignet und in got ordnet, verhoffen selig zu werden. Das ist ain rechte ordnung ains christenlichen lebens." Ebd. (19): „Der mensch muß an solchem freien, aigenkreftigen fursatz verzweifeln und ime keinsweges vertrauen ... und sich demnach mit seinem willen und fursatz got dem almechtigen, aus des kraft und wurkung dise gnad allein fleust, genzlich underwerfen als (= wie) die materi dem werkmaister." Zu diesem Aspekt der desperatio sui bei Staupitz siehe auch E. WOLF, Staupitz und Luther, 104. – Vgl. LUTHER, Sermo zum 24. Febr. 1517 (WA 1,140,33f.): „Exite de vobis et venite ad me, desperate de vobis et sperate in me"; siehe auch unten Anm. 379.

Erwählungsgewißheit zuteilgeworden[35]. Für alle übrigen aber hat das Schriftwort Eccles. 9,1 Gültigkeit: „Niemand weiß, ob er Gottes Liebe oder Hasses würdig ist."[36] Wozu der Mensch allenfalls gelangen kann, ist eine certitudo coniecturalis, eine durch Selbsterforschung gewonnene, sich auf bestimmte Indizien (signa) gründende vermutungsweise Gnaden- und Heilsgewißheit[37]. In Hinblick auf diese Art von Gewißheit, die er von der certitudo evidens, der übernatürlichen und natürlichen, unterscheidet[38], kann Gerson sagen, daß der Gläubige aufgrund der Indizien des Mißfallens an der Sünde als Beleidigung Gottes, des Vorsatzes, sie künftig zu meiden, und der Bereitschaft, eine vollständige sakramentale Beichte abzulegen, sicher (securus) sein darf, daß er sich im Heils- und Gnadenstand befindet und das ewige Leben verdient[39]. Solchen Texten, in denen von subjektiver Gnaden- und Heilssicherheit oder -gewißheit die Rede ist, wird man allerdings im Jahrhundert vor der Reformation nur sehr selten begegnen. Typisch ist eher, auch für Gerson, die Einstellung des oben erwähnten Beichtvaters der Salzburger Benediktinerinnen, die komprimiert in den Worten zum Ausdruck kommt: „Gelaub und hoff, wann (= denn) sicherhait scholt (= sollst) du nit suchen!"[40] Deutlich ist auch die Anspielung auf Eccles. 9,1, wenn er

---

[35] Vgl. WERBECK, Voraussetzungen und Wesen der scrupulositas, 334–336 (über die spätmittelalterlichen Unterscheidungen innerhalb des certitudo-Begriffs).

[36] Vgl. z. B. GERSON, De elucidatione scholastica mysticae theologiae, consid. 7 (ed. Combes 227,5–8): „Consonat his communis schola doctorum (!), quod nemo scit se caritatem habere, iuxta illud: ‚Nemo scit, an amore vel odio dignus sit', quamvis istud intelligi videatur de amore praedestinationis et odio reprobationis." Zur Schlüsselstellung von Eccle. 9,1 in der mittelalterlichen Tradition vgl. OBERMAN, Werden und Wertung der Reformation, 103–117; vgl. auch JOHANNES VON STAUPITZ, De exsecutione: Anm. 37 zu c. 17 §142 (mit Literatur).

[37] Bereits THOMAS VON AQUIN (Summa theologiae I/II q. 112 art. 5 resp.) machte die für die Folgezeit wichtige Unterscheidung zwischen cognoscere aliquid per revelationem (Paulus!), cognoscere aliquid certitudinaliter per se ipsum (sc. per proprium principium; da das Prinzip der Gnade Gott ist, den der Mensch nicht erkennen kann, ist ihm auch Gewißheit über seinen Gnadenstand verwehrt) und cognoscere aliquid coniecturaliter per aliqua signa. Von der dritten Erkenntnisart sagt Thomas: „Et hoc modo aliquis cognoscere potest se habere gratiam, inquantum scilicet percipit se delectari in deo et contemnere res mundanas et inquantum homo non est conscius sibi alicuius peccati mortalis." Zur Interpretation dieser Stelle vgl. PESCH, Die Theologie der Rechtfertigung, 748ff.; zum theologiegeschichtlichen Zusammenhang vgl. J. AUER, Die Entwicklung der Gnadenlehre I, 311–322.

[38] GERSON, De consolatione theologiae, lib. 4 prosa 2 (ed. Glorieux IX 230–232).

[39] Opusculum tripartitum I (= De praeceptis decalogi), c. 16 (ed. Du Pin I 439C–440A); zit. und übersetzt bei WERBECK, Voraussetzungen und Wesen der scrupulositas, 333f. Die Formulierung in der ursprünglichen französischen Fassung lautet: „... sache de certain que il est en estat de grace et de salutz." Ed. Glorieux VII 204.

[40] Siehe oben Anm. 17.

sagt: „Es schol nog mag (= soll noch kann) nach gemainem gesaz[41] niemand hie in der zeit vergewisst oder gesichert werden seines standes, ob er sei in lieb oder in has."[42] Der von Thomas von Aquin erstmals entfaltete Aspekt des konjekturalen Wissens[43] ist in der spätmittelalterlichen Frömmigkeitstheologie nur eine gelegentlich ergänzende, theoretisch differenzierende Erläuterung dieser Grundhaltung, jedenfalls kein Angebot sicherer Gnaden- und Heilsgarantien, auf die der Christ sein Vertrauen setzen soll.

Man bekommt das tatsächliche theologische Garantieangebot erst in den Blick, wenn man zwischen der subjektiven Gewißheitsebene und der objektiven Sicherheitsebene unterscheidet. Gegenüber der ersteren verhält sich die Frömmigkeitstheologie abwehrend, sich dem selbstquälerischen Forschen der scrupulosae conscientiae mit dem Hinweis auf Eccles. 9,1 und die Barmherzigkeit Gottes, die das menschliche Unvermögen ausgleicht[44], entziehend; auf letztere dagegen richtet sich ihr ganzes Bestreben, indem sie der Verunsicherung der Zeit und ihrem Drängen nach bergenden religiösen Garantien sichere Wege zu Gnade und Heil, zu wahrem Frieden, zum Vorgeschmack himmlischer Ruhe und Freude entgegenzuhalten versucht. Dies ist ihre Leitthematik, von der her die beiden zentralen Themen der wahren Buße und der Zuwendung göttlicher Barmherzigkeit[45] angegangen werden und ihre Zielsetzung empfangen. Wie sich die Abwehr des Strebens nach subjektiver Sicherheit und das Angebot objektiver Sicherheit miteinander verbinden können und wie bewußt man zwischen diesen beiden Arten der securitas unterscheidet, zeigt eine Passage aus dem in Deutschland weit verbreiteten, Gerson zugeschriebenen Traktat De remediis contra pusillanimitatem[46]. Mit deutlicher Kritik an zeitgenössischen Devo-

---

[41] De lege communi; zu den Ausnahmen von der Regel (z. B. Paulus) siehe oben bei Anm. 35.

[42] Cod. Salzburg Stiftsbibliothek St. Peter B VI 15 fol. 191r.

[43] Siehe oben Anm. 37.

[44] Vgl. z. B. (Ps.?) GERSON, De remediis contra pusillanimitatem (ed. Du Pin III 585 C/ D): „Istis omnibus (sc. scrupulosis) pariter consultum sit, ut non de sua iustitia, sed de mera dei confidant misericordia sicque ponderent suam negligentiam, ut praeponderent dei infinitam clementiam. Meminerint quoque illius communis dicti, quod ‚ultra posse viri non vult deus ulla requiri'." Zur Verfasserfrage siehe unten Anm. 46.

[45] Siehe oben S. 169–171.

[46] Ed. Du Pin III 579–589 (lateinisch). Die ursprüngliche französische Fassung (Traité contre spirituelle pusillanimité et scrupulosité de conscience) datiert GLORIEUX (VII S. XX) in die Jahre 1400/01, die lateinische Übertragung, durch die der Traktat im deutschsprachigen Raum gewirkt hat (siehe oben Kap. 4 Anm. 261), in die Zeit vor 1406 (I 114). Während Glorieux den Traktat zunächst als echtes Werk Gersons einführt (I 114), scheinen ihm später Zweifel an der Echtheit gekommen zu sein, doch nennt er keine Gründe dafür, weshalb er ihn mit dem Vermerk „à écarter" (VII S. XX) versieht.

tionsidealen[47], einem Schwelgen-Wollen im ‚süßen' Innewerden frommer Seelenzustände, werden hier zwei Menschen miteinander verglichen, einer, der ein großes Vertrauen hegt, im Stand der Gnade zu sein, ja sich dessen sicher glaubt[48], da er die Süße der Frömmigkeit (devotionis dulcedo) in sich spürt, und ein anderer, der mangels solcher Gefühle und im Bewußtsein seiner Schwäche und Unvollkommenheit an seinem Gnadenstand zweifelt. Gerade dieser aber sei in dem sichereren Stand (in tutiori statu); denn je mehr er sich hier in Demut ängstige, desto sicherer (securior) werde er vor dem Richterstuhl Gottes dastehen, weil er sich selbst bereits gerichtet habe. Der andere aber, der sich so sicher fühlt, sei weit größeren Gefahren ausgesetzt; denn sein Vertrauen komme aus Unkenntnis seiner selbst, nämlich aus fehlendem Wissen darüber, was der gestrenge Richter von ihm fordert. Die Schlußfolgerung lautet: „So gibt es bisweilen ein nicht gutes Vertrauen und eine sicherere, Gott näher stehende Furcht."[49]

Eine ähnliche Unterscheidung, wie sie in diesem Text zwischen einer trügerischen subjektiven Sicherheit und einer alle subjektive Unsicherheit umgreifenden objektiven Sicherheit gemacht wird, begegnet uns ein Jahrhundert später auch bei Kardinal Cajetan, allerdings nun – durch die Auseinandersetzung mit Luther und dessen certitudo-Verständnis bedingt – auf der Gewißheitsebene des Glaubens. In seinen beiden Bußtraktaten vom 26. und 29. Sept. 1518, die der Vorbereitung auf das Augsburger Verhör Luthers dienten, verbindet Cajetan mit der Bejahung einer objektiven Glaubensgewißheit die Ablehnung einer subjektiven: Kraft seiner fides infusa darf der Christ gewiß sein, daß eine Absolution, die vom Priester in rechter Weise erteilt wurde, wirksam ist und in demjenigen, der sie würdig empfängt, Gnade wirkt; er kann diese Gewißheit aber nicht auf sich selbst oder eine bestimmte andere Person beziehen, da man nie letzte Sicherheit darüber erlangen kann, ob man sich ausreichend auf das Sakrament vorbereitet oder nicht doch

---

[47] Vgl. Huizinga, Herbst des Mittelalters, 271–275.

[48] Vgl. (Ps.?) Gerson, De remediis contra pusillanimitatem (ed. Du Pin III 584D): „securus sum".

[49] Ebd.: „Aridus nonnumquam est in statu tutiori quam devotus hac ratione: Sint namque duo, quorum unus, scilicet devotionis dulcedine fruens, maiorem habeat confidentiam, alter, scilicet eadem carens dulcedine, minorem confidentiam teneat. Haud dubium, quin possit contingere, quod is, qui plus confidit, periclitetur facilius et fiat inferior; quia eius confidentia ex ignorantia sui ipsius procedit, cum nesciat, ad quantum teneatur coram districto iudice. Alter vero minus confidens non facile decipiatur et sit in tutiori statu, quia eius trepidatio est ex sui discussione sedula et cognitione propriae infirmitatis et imperfectionis suae. Ideo quantum hic per humilitatem timet et trepidat, tantum dei ante iudicium securior astabit, quia diiudicavit et discussit se ipsum. Ita est quandoque confidentia non bona et timor securior deoque propinquior." Ed. Du Pin III 584B/C; vgl. auch 581B.

seiner Wirksamkeit ein Hindernis entgegengesetzt hat. Gewißheit gibt es somit hinsichtlich der Wirksamkeit des Sakraments „ex parte sacramenti", nicht aber „ex parte mei suscipientis". Der Fehler Luthers bestehe darin, daß er die objektive und die subjektive Seite der Glaubensgewißheit miteinander vermische[50], und tatsächlich liegt in der Verbindung objektiver Bundesgarantien und subjektiver, persönlicher Gewißheit der Angelpunkt von Luthers reformatorischer Theologie[51]. – Für das Verständnis der spätmittelalterlichen Frömmigkeitstheologie und ihres forcierten Angebots an Gnaden- und Heilsgarantien sind solche Unterscheidungen sehr wichtig, denn sie erklären, wie man der drohenden Verzweiflung mit dem Aufweis von securitas und certitudo begegnen kann, ohne die Grundlage von Eccles. 9,1 zu verlassen.

Ehe wir Paltz' Theologie auf diesem Hintergrund untersuchen, müssen wir unseren Blick auf die Alternativen und Spannungen innerhalb der Frömmigkeitstheologie am Vorabend der Reformation richten, die gerade dort aufbrechen, wo es um die Suche nach verläßlichen Gnaden- und Heilsgarantien im Leben und Sterben des Christen geht. Die wohl wichtigste Spannung innerhalb dieses Rahmens, die uns auch den Schlüssel zum Verständnis von Paltz bietet und auf neue Weise wiederum in der Reformationszeit präsent ist, läßt sich an der Einstellung zum Garantieangebot der kirchlichen Sakralinstitution ablesen. Die Funktion von Papsttum, Priesterstand, Sakramenten, Ablässen, kirchlichen Rechtsvorschriften, Ritualen, Zeremonien und Devotionsformen einschließlich des Ordenswesens erfährt eine so differierende, ja gegensätzliche Berücksichtigung, Bestimmung und Bewertung bei der theologischen Begründung von Sicherheit und Gewißheit, daß zunächst einmal sinnvollerweise zwischen den verinnerlichenden, sich dem Angebot der Amtskirche weitgehend entziehenden und den am Außenbezug zur Sakralinstitution orientierten Tendenzen in der Frömmigkeitstheologie zu unterscheiden ist. Es handelt sich wohlgemerkt um Tendenzen, nicht etwa um klar voneinander abgrenzbare Theologengruppen, die ausschließlich den Weg nach innen oder den Weg nach außen gehen. Interiorisierung und sakralinstitutionelle Orientierung sind eher zwei Pole, durch die das Frömmigkeitsdenken ebenso wie die Frömmigkeitspraxis in Spannung gehalten wird, wobei es meist zu Mischformen mit dominierender Tendenz zur einen oder anderen Richtung hin kommt.

Der spätmittelalterliche Frömmigkeitstheologe kann den sicheren Weg zu Gnadenempfang, Leben aus der Gnade und himmlischer Glorie

---

[50] Die entscheidenden Passagen aus dem Traktat Cajetans sind zitiert und interpretiert bei HENNIG, Cajetan und Luther, 49–56.

[51] Vgl. HAMM, Promissio, Pactum, Ordinatio, 388 Anm. 208.

einmal stärker im Bereich der personalen Beziehung der einzelnen Seele zu Gott, in einer Intensivierung und Interiorisierung der subjektiven Frömmigkeitssphäre suchen und dabei die Rolle der offiziellen hierarchischen Kirche mit ihren Gnadenmitteln mehr oder minder beiseiteschieben, meist stillschweigend, bisweilen aber auch mit deutlich antiinstitutionellen Tönen. Charakteristisch für diese Richtung ist das Interesse an der Unmittelbarkeit des Kontaktes zwischen Mensch und Gott, das zum Gedanken priesterlicher Heilsvermittlung zumindest in latenter Spannung steht. Von der verinnerlichenden, auf Unmittelbarkeit personaler Begegnung drängenden Tendenz hebt sich – in Analogie zu den Alternativen in der spätmittelalterlichen Frömmigkeitspraxis – eine gegenläufige Richtung ab, die mit der massiven Kirchenfrömmigkeit der Massen konform geht und ihr die theologische Begründung liefert: eine stärker sakralinstitutionell und korporativ denkende Theologie, die tragfähige Gnaden- und Heilsgarantien gerade nicht auf dem schwankenden Boden persönlich-subjektiver Spiritualität, sondern auf dem festgefügten Fundament des priesterlichen Mittleramts, der hierarchischen Ordnung, institutionalisierter Frömmigkeitsformen und kirchlicher Disziplin zu gewinnen hofft. Mit dem Ideal der die äußeren Ordnungen relativierenden Gottunmittelbarkeit konkurriert somit das Ideal kirchlicher Mittlerschaft, jener Geborgenheit, die durch die objektiven, ex opere operato wirksamen Garantien der Ecclesia Romana vermittelt wird.

Doch wollen wir zunächst noch bei der interiorisierenden Richtung der Frömmigkeitstheologie verweilen, um die Alternativposition zu Paltz deutlicher herauszuarbeiten. Der Weg in die Innerlichkeit, zu den *interiora* der Seele des Menschen „als dem Ort der Vergewisserung seiner selbst inmitten des Seienden" und dem Ort unmittelbarer Gottesgewißheit[52], war der abendländischen Theologie durch Augustin gewiesen worden. Man verdichtete im Mittelalter sein Programm des Rückzuges in den für die intelligible Wahrheit aufgeschlossenen Teil der vernünftigen Seele[53] zur Sentenz: „Deus est intimior animae quam anima sibi ipsi."[54] Mit der augustinischen Interiorisierung, deren Wurzeln im neuplatonischen Denken liegen, war eine Spannung zum gesamten Bereich der körperlichen und zeitlichen Dinge einschließlich des äuße-

---

[52] ZUR MÜHLEN, Nos extra nos, 1.   [53] Vgl. ebd. 2.
[54] Z. B. bei HEINRICH VON FRIEMAR D. Ä., De quattuor instinctibus 3,1 (182,92 f.); zit. in Suppl. fol. k 4r. Vgl. auch Suppl. fol. f6v. Vgl. dazu AUGUSTINUS, Confessiones 4,12,18 (PL 32,701; ed. Skutella 67,13 f.): „(Deus) intimus cordi est, sed cor erravit ab eo"; ebd. 3,6,11 (PL 32,688; ed. Skutella 45,10 f.): „Tu autem eras interior intimo meo et superior summo meo"; De trinitate 8,7,11 (PL 42,957; CChr 50,285,38 f.): „... interiora sua deserunt, quibus interior est deus".

ren Kirchenwesens angelegt. Schon Augustin selbst bestimmte das Verhältnis zwischen ecclesia exterior und göttlichem Heilswirken in ihr lediglich als Beziehung von uneigentlichem signum und bezeichneter res[55] und sah das rechtfertigende Gnadenhandeln Gottes nur durch unmittelbares Wirken in der menschlichen Seele an sein Ziel kommen, allerdings in notwendiger Verbindung mit den kirchlichen Institutionen[56]. Auf dieser Grundlage bezeichnete dann die Franziskanerschule seit Bonaventura die Sakramente als causa sine qua non der Gnade, indem sie die eigentliche Gnadenwirksamkeit allein Gott, der causa efficiens, vorbehielt und sie als unmittelbares personales Geschehen zwischen Gott und Seele beschrieb[57]. Im Zuge der spätmittelalterlichen Krise der Papstkirche, der wachsenden Unzufriedenheit über ihren Zustand und des zunehmenden Auseinanderklaffens von ernstem Reformstreben und krasser Veräußerlichung war es für eine Frömmigkeitstheologie, die aus der neuplatonisch-augustinischen Tradition schöpfte, naheliegend, das Band zwischen der kirchlichen Sakralinstitution und ihren spirituellen Gehalten noch mehr zu lockern und die Zuwendung der göttlichen Barmherzigkeit nur noch in einem Garantiezusammenhang mit dem Innenbereich der wahren Buße des homo interior zu sehen. Die sichtbare Kirche konnte dann zwar noch als von Gott eingesetzter Außenbereich der signa ‚bedeutsam‘ bleiben und sogar als notwendiger Rahmen der Gnadenwirkungen gelten, verlor aber ihre garantiespendende Funktion, die sie noch in der Franziskanertradition eines Bonaventura, Duns Scotus und Ockham auf dem Hintergrund des pactum dei[58] besessen hatte.

Noch ganz im Geiste der augustinischen Tradition begegnet uns das Gegenüber von Innen und Außen in den Predigten über die sieben Seligpreisungen, die der Staupitzschüler und Lutherfreund Wenzeslaus Linck während der Adventszeit 1518 in der Kirche des Nürnberger Augustinerklosters gehalten hat[59]. In der Vorrede zum Druck[60] umreißt er mit wenigen Worten die zentrale Thematik der 30 Sermone: Er will zum Trost der „irrigen, engen und löcherichten gewissen" zeigen, auf

---

[55] Speziell zum Verhältnis von verbum externum und internum vgl. LORENZ, Die Wissenschaftslehre Augustins, II. Teil; SCHINDLER, Wort und Analogie in Augustins Trinitätslehre; DUCHROW, Sprachverständnis und biblisches Hören bei Augustin; WIENBRUCH, „Signum", „significatio" und „illuminatio" bei Augustin.

[56] Vgl. HAMM, Promissio, Pactum, Ordinatio, 493–495; ders., Unmittelbarkeit des göttlichen Gnadenwirkens.

[57] Vgl. HAMM, Promissio, Pactum, Ordinatio, 479–489.

[58] Vgl. ebd., besonders 488f. (Auseinandersetzung mit H. BLUMENBERG).

[59] ‚Ein hailsame lere, wie das herz oder gewissen . . .‘; bibliographische Angaben bei LORZ, Bibliographia Linckiana, 28 Nr. 2.

[60] Nürnberg 1519 bei Jobst Gutknecht.

welchem Weg der Mensch zur himmlischen Seligkeit gelangt, nämlich
auf dem Weg der sieben Seligkeiten „als siben grundtstete (wahrscheinlich fehlerhaft statt: grundtfeste) seulen gesetzt, auf welchen des menschen
gewissen sicherlich (= mit Sicherheit) one sorgen und ferligkeit in
disem leben rue, fride, trost unn heil finden mag (= kann)"[61]. Die allein
durch Gott gewirkte Bekehrung[62], durch die der Sünder auf diesen
sicheren Weg gelangt, wird aber, wie Linck in der fünften Predigt
hervorhebt, „nit in eusserlicher wirkung oder übung volbracht, sonder
in innerlicher wandlung des herzen"[63]. Darum vergleiche die Schrift das
Himmelreich auch mit einem verborgenen Schatz (Mt. 13,44), da „der
ganz handel des heiles innen in der sele geschicht, als (= wie) David
spricht: ‚Alle glori derselben künigßtochter ist von innen etc.' (Ps.
44,14)"[64]. Aufschlußreich und den Unterschied zu Luther markierend ist
in diesem Zusammenhang vor allem das spirituelle Wortverständnis
Lincks, das er etwa in die Sätze kleidet: „Darumb soltu mer acht haben,
was er (sc. Gott) in dir rede inwendig, dann was er zu dir rede
außwendig. Und wenn du hörest einen prediger oder andern menschen
reden, so merke mer auf den, der durch in redt, welches du inwendig im
herzen wirst innenwerden. Es ist auch geistlich und der selen tröstlich,
ob es gleich den oren nit gefellig sei."[65]

Doch gehen wir von Linck nochmals ein Jahrhundert zurück! Die
neuplatonisch-augustinische Traditionslinie spiritualisierender Verinnerlichung, die uns nicht nur zu Staupitz und seinem Einflußbereich,
sondern auch zum linken Flügel der Reformation[66] und zu bestimmten
Aspekten bei Zwingli[67] führt, wurde der spätmittelalterlichen Frömmigkeitstheologie im wesentlichen durch die vielgestaltigen mystischen
Traditionen des 12. bis 14. Jahrhunderts nahegebracht, und zwar in
jener dem Alltagsleben der simplices angepaßten, in Bußfrömmigkeit
transformierten Gestalt[68], wie sie uns in der Devotio moderna und in
Gersons Programm der theologia mystica begegnet[69]. Gersons Reformtheologie wird man als ganze wohl kaum unter das Stichwort ‚Interiori-

---

[61] Vorrede (12).
[63] Sermo 5 (29).
[65] Sermo 9 (46).
[62] Sermo 4 (25–29).
[64] Ebd. (30).

[66] Vgl. neuerdings besonders SCHWARZ, Die apokalyptische Theologie, 10–34 (Kap. I:
Die unvermittelte Geistbelehrung; über Thomas Müntzer, Sebastian Franck, Hans Denck,
Ludwig Hätzer, Jörg Haug und Hans Hut); WINDHORST, Täuferisches Taufverständnis,
besonders 200–213 (Balthasar Hubmaier).
[67] Zur diesbezüglichen Zwingli-Literatur siehe den Überblick bei GÄBLER, Huldrych
Zwingli, 68–78.
[68] Vgl. OBERMAN, Der Herbst der mittelalterlichen Theologie, 309–334 (über Gerson,
Devotio moderna und Gabriel Biel).
[69] Siehe oben S. 141 f.

sierung' subsumieren dürfen, doch ist es immerhin interessant, daß er Trostgründe und Garantien für die Gnaden- und Heilszuwendung Gottes allein auf der persönlich-innerlichen Ebene des Gegenübers von bußfertigem Gewissen und göttlicher Barmherzigkeit anbietet. Bezeichnend ist etwa der Schluß seiner Schrift De mystica theologia (1402). Er schildert hier den affektiven Aufstieg der Seele über den Läuterungsprozeß der „integerrima et non ficta poenitentia"[70] bis zur reinen Gottesliebe, dem „amor exstaticus", für ihn gleichbedeutend mit der theologia mystica[71], und schließt mit dem Ausblick auf die dem Menschen damit gewährte securitas und pax: „Wenn deine Seele bis zu diesem Punkt gelangt ist . . ., wenn sie somit nur noch Gefallen am Handel (negotium) der Liebe findet, dann fliege sicher (securus) in die Umarmungen des Bräutigams, umschlinge jene göttliche Brust mit den reinsten Armen der Freundschaft und drücke ihr die allerkeuschsten Küsse des ‚Friedens' auf, ‚der allen Sinn übersteigt' (Phil. 4,7), so daß du daraufhin in beglückter und liebevoller Frömmigkeit (devotio) auch sagen kannst: ‚Mein Geliebter ist mein, und ich bin sein' (Cant. 2,16)."[72] ‚Sicherheit' ist aber keineswegs ein Prädikat, das Gerson dieser obersten Stufe der Liebeseinung vorbehielte; vielmehr gilt ihm, wie uns schon zwei andere Texte gezeigt haben[73], der ganze Weg wahrer, demütiger und angstvoller Buße, aber auch nur er, als Weg sicherer Anwartschaft auf Gnade und Heil, so daß er in einem Schlußverfahren sagen kann: „Allein die Demut entflieht sicher (secura) allen Fallstricken des Teufels . . . Niemandem aber wird ohne Buße nach der Sünde eine solche Demut gegeben, die ihn wiederum erhöht. Somit sind allein diejenigen, die wahrhaft Buße tun, sicher (securi)."[74] Aus dem Zusammenhang wird deutlich, daß mit der sicherheitsspendenden Buße nicht das äußere sacramentum poenitentiae gemeint ist, sondern die innere virtus poenitentiae. Andere Tugenden können bei Gerson und der in seinem Sinne

---

[70] De mystica theologia II 12,13 (ed. Combes 215,113f.).

[71] Ebd. II 12,1 (ebd. 208,6f.): „Posuimus itaque theologiam mysticam esse amorem exstaticum." Vgl. oben Kap. 4 Anm. 64.

[72] „At vero dum eo usque pervenerit . . ., dum ita solum placuerit amoris negotium, tunc vola securus in amplexus sponsi, stringe pectus illud divinum amicitiae purissimis brachiis, fige oscula castissima ‚pacis exsuperantis omnem sensum', ut et dicere subinde possis gratulabunda et amorosa devotione: ‚Dilectus meus mihi et ego illi etc.'" De mystica theologia II 12,14 (ed. Combes 216,122–134).

[73] Siehe oben S. 223 bei Anm. 39 und S. 225 bei Anm. 49. Wir setzen dabei voraus, daß der Traktat De remediis contra pusillanimitatem von GERSON ist; vgl. oben Anm. 46.

[74] „Sola humilitas omnes diaboli laqueos secura praeterfugit; ‚humiliatus sum, et liberavit me', inquit propheta (sc. David: Ps. 114,6). Nulli vero absque poenitentia datur post peccatum talis humilitas, quae rursus exaltet. Soli igitur vere poenitentes securi sunt." Sermo ‚Poenitemini' (ed. Glorieux V 456).

weiterdenkenden Frömmigkeitstheologie diese Garantiefunktion der verinnerlichten Buße inhaltlich füllen: Demut und Gehorsam, Geduld, Gelassenheit und Leidensbereitschaft in der Nachfolge Jesu. Die Sakramente fügen dem Sicherheitsertrag solcher Buß- und Leidensaffekte nichts mehr hinzu, sondern bilden ihren selbstverständlichen, meist unausgesprochenen äußeren Rahmen.

Die bedeutende Nachwirkung, die Gerson im Jahrhundert vor der Reformation quer durch alle Lager erlebte, bei Mönchen[75], Weltgeistlichen[76] und Laien[77], bei Schul- und Frömmigkeitstheologen aller Schattierungen, aber auch bei Humanisten[78], liegt wohl vor allem in der allen Extremen feindlichen Ausgewogenheit und Vielschichtigkeit seines Reformstrebens begründet. Es führte von der Reform der Universalkirche und sakramentalen Heilsanstalt über die Reform des Lehrbetriebs an den Universitäten bis zur geistlichen Reform des homo interior, in der Gerson die Wurzel aller anderen Reformen erblickte[79], es verband die Bejahung der hierarchischen Stufung der Kirche[80] mit einem ‚demokratischen‘ Frömmigkeitsideal[81]. In den Kartausen und Benediktinerklöstern Süddeutschlands und Österreichs – man denke vor allem an die gelehrten Mönche der Abtei Tegernsee um Bernhard von Waging[82] – wirkte er fast ausschließlich mit seinen verinnerlichenden Tendenzen, als mystisch-kontemplativer Schriftsteller und Programmatiker einer affektiven Theologie, also gerade mit der Seite seines Reformbemühens, die in Paltz' Gerson-Rezeption völlig unberücksichtigt bleibt[83].

---

[75] Vgl. oben S. 141 (Nikolaus Kempf) und die folgenden Ausführungen.

[76] Man denke beispielsweise an die Tübinger Theologen Gabriel Biel und Konrad Summenhart; vgl. OBERMAN, Werden und Wertung der Reformation, 67f. und 79f.

[77] So übersetzte z. B. Geiler von Kaysersberg mehrere Gerson-Schriften für Laien ins Deutsche; vgl. KRAUME, Die Gerson-Übersetzungen.

[78] Zu erwähnen sind besonders die Straßburger PETRUS SCHOTT und JAKOB WIMPFELING. Zu Schotts Gerson-Verehrung vgl. M. A. und M. L. COWIE, Einleitung zur Schott-Edition, XXX. Zu Wimpfeling vgl. besonders seine Schrift De vita et miraculis Joannis Gerson; Wimpfeling gab auch den vierten Band der Straßburger Gerson-Gesamtausgabe heraus, der 1502 bei Martin Flach d. J. erschien (Hain Nr. 7622). Die ersten drei Bände, 1488 bei Johann Prüss d. Ä. erschienen (Hain ebd.), hatten Geiler und Petrus Schott besorgt. „Durch diese für mehr als zwei Jahrhunderte beste und meistgedruckte Ausgabe hatte der Straßburger Kreis“ – und damit der oberrheinische Frühhumanismus – „wesentlichen Anteil daran, daß Gerson gegen Ende des 15. Jahrhunderts in Deutschland besser bekannt war als in Frankreich selbst“. KRAUME, ebd. 82.

[79] Vgl. oben S. 169.

[80] Vgl. POSTHUMUS MEYJES, Jean Gerson, 210–251; PASCOE, Jean Gerson, besonders 17–48.

[81] Vgl. oben S. 141f. und 172.

[82] Vgl. HÖVER, Theologia Mystica, besonders 265–274.

[83] Siehe oben S. 202.

In diesen süddeutschen monastischen Einflußbereich Gersons führen uns z. B. drei nur handschriftlich erhaltene, anonyme, in der zweiten Hälfte des 15. Jahrhunderts entstandene deutschsprachige Schriften, die zu einer affektiven Spiritualität anleiten wollen und damit das Angebot von Sicherheit und Frieden verbinden. Der sicherste, leichteste und kürzeste Weg, der zur Vereinigung mit Gott, zum Kosten seiner Süße führt, ist das Thema des in Cod. Salzburg St. Peter b VI 15, fol. 363r–371r, überlieferten Traktats[84]. Er wird gleichgesetzt mit dem affektiven Weg, dem Weg ‚innigister begir‘[85], dem in starker literarischer Abhängigkeit von Gerson, aber mit einer Schroffheit, die an den Kartäuser Vinzenz von Aggsbach (gest. 1460) erinnert[86], der Irrweg des Erkennen-Wollens, der ‚erkantnüß‘ und ‚wissenhait‘[87], gegenübergestellt wird. Bereits der Anfang des Traktats bringt das Garantieangebot deutlich zur Sprache: „Nach deiner begerung wil ich dir hienach kürzleich sezen ainen gar nachenden (= naheliegenden) weg, dardurch du an (= ohne) all irrung sicherleich (= sicher) und pald mit deines gemütes inniger andacht erhaben macht (= kannst) werden, got ze sechen (= sehen), ze kosten und ze enpfinden, wie süs, senft, guot, ganz begierleich und lüstleich er sei. Diser weg ist kurz und sicher und muoß gangen werden mit übung der begierleichen kraft und mit abgezogenhait und abtrettung oder abschaidung von der erkennenden und schauwenden oder verstentleichen kraft und von iren werken und übungen."[88] Wenig später wird die Alternative der beiden Wege, des sicheren und des unsicheren, noch klarer herausgestellt: „Kürzleich ze sagen, so sind all götleich lerer ainhellig in dem, das der reuwig und liebhabent gaist sichrer und pelder und ee (= eher) kumpt zuo kostung gottes und warer erkantnüß gaistleicher ding dann die erfarend verstantnüss und dann die suochent vernufft. Umb das solt du dich abkeren und ligen lassen den unsichern und ferren (= fernen) weg und für dich nemen den sichern und nachen weg etc."[89] Eine charakteristische Stelle aus der „predig geschehen zü geistleichen personen" des Cod. München Staatsbibliothek germ. 778, fol. 54r–60r[90], beschreibt diese auf Intensivierung des affektiven Tugendlebens beruhende Sicherheit des christlichen Aufstiegs zur Liebeseinung mit Gott von der Demut her: „Iedoch

---

[84] Vgl. Höver, ebd. 45 (Nr. 16) und 200–202 (über die Abhängigkeit von Gerson). Zum vermutlichen Schreiber der Handschrift siehe oben Anm. 13.

[85] Fol. 369v.

[86] Vgl. Vansteenberghe, Autour de la Docte Ignorance.

[87] Fol. 370r.   [88] Fol. 363r.   [89] Fol. 363v.

[90] Überliefert auch in germ. 263 fol. 130ra–134vb und Cod. Salzburg Stiftsbibliothek St. Peter b II 10 fol. 68v–87r; vgl. Höver, Theologia Mystica, 37 (Nr. 6).46 (Nr. 4).157–160.

ein warer ganz dimütiger, der alles aigens in sinn, vernufft und willen umb gottes lieb sich gänzlich beraubet hat und allain aus frömdem rat und willen lebt, der ist alzeit gesichert."[91] Ebenfalls von der Sicherheit der Demut handelt der Traktat „Wider klainmütikhait und irrend gewissen" des gleichen Codex, fol. 62v–78r[92], wenn er etwa in den Lobpreis ausbricht: „O ware dimütichait und heilige volle gehorsam! Ir lasst niemand irren noch betrogen werden und gebt allen menschen tröstung und sicherhait genug etc."[93]

,Wahrheit' ist, wie auch diese Texte zeigen, ein Leitbegriff der nach innen strebenden spätmittelalterlichen Frömmigkeitstheologie. Gegenüber der Veräußerlichung und Vermaterialisierung der kirchlichen Frömmigkeitsformen suchte man eine Tiefendimension der Echtheit geistlichen Lebens, ,wahre' Frömmigkeit, ,wahre' Reue, ,wahre' Demut und ,wahren' Gehorsam, damit aber auch eine neue Dimension von Gnaden- und Heilsgarantien, ,wahre' Sicherheit und ,wahren' Frieden. Der Kampf gegen falsche Sicherheit und falschen Frieden, der Luther in die Auseinandersetzung um den Ablaß führte, hatte eine bedeutende Vorgeschichte im 15. Jahrhundert. Er richtete sich seit Gerson immer wieder gegen eine doppelte Front, gegen das Vertrauen der kirchenfrommen Massen in einen Sicherheitsautomatismus der Sakramente, Ablässe, Stiftungen, Bruderschaften und anderer Rituale, Zeremonien und äußerer Devotionsformen und gegen trügerische Sicherheitsgefühle des devotus, die das innerliche Genießen geistlicher dulcedo in die gefährliche praesumptio abgleiten lassen[94].

Man wird freilich dieser interiorisierenden Frömmigkeitstheologie, die den Weg zu innerer Wahrheit weist, erst gerecht, wenn man sich der Problematik des Begriffs der ,Verinnerlichung' bewußt ist. Der Zug zur Verinnerlichung kann nämlich gerade in der augustinischen Tradition mit ihrem Interesse am homo interior, am ,Eintreten in sich selbst', eine radikale Wendung nach außen bedeuten, ein Von-sich-weg-Sehen auf den barmherzigen Gott, der die menschliche Bosheit mit seiner Güte beantwortet. Der Relativierung des äußeren Kirchenwesens zu signa der persönlich-innerlichen Begegnung zwischen Gott und Mensch konnte so die Relativierung der guten Werke des Menschen zu signa des zuvorkommenden prädestinierenden, berufenden, rechtfertigenden und neu schaffenden Gnadenwirkens Gottes entsprechen[95]; so wenig wie die

---

[91] Fol. 54v.
[92] Überliefert auch in germ. 263 fol. 136rb–147rb und Cod. Salzburg Stiftsbibliothek St. Peter b II 10 fol. 21v–68r; vgl. HÖVER, Theologia Mystica, 37 (Nr. 8).46 (Nr. 3).153–157.
[93] Fol. 64v.   [94] Vgl. oben S. 225.
[95] Vgl. OBERMAN, Archbishop Thomas Bradwardine, 156 (das gute Werk als causa

Sakramente in dieser Tradition als eigentliche Wirkursachen der Gnade gelten konnten[96], so wenig war es dann möglich, in den Werken des Menschen – wie die Sakramente nur irdisch-zeitliche Größen – eigentliche Verdienste des ewigen Lebens im Sinne strikter Gleichwertigkeit und Kausalität zu sehen, von einem Verdienst der Rechtfertigung ganz zu schweigen[97]. Das Interesse an der Souveränität Gottes gegenüber der Schöpfung und an der Unmittelbarkeit seines Wirkens im Menschen führte damit einerseits zur Interiorisierung, d. h. zur Konzentration auf die verborgenen Tiefen der Seele, in denen ihr das innere Wort des göttlichen Geistes vernehmbar wird; andererseits ließ es in den Innenbereich die Extra-Dimension göttlicher Barmherzigkeit einbrechen. Für Augustin sind Innen und Außen nur zwei Aspekte desselben Heilsgeschehens: Das innere neu schaffende Wort ist allein das von außen unmittelbar in die Seele kommende Wort Gottes.

Bei keinem Frömmigkeitstheologen zeigt sich in den Jahrzehnten vor der Reformation diese augustinische Zuordnung der Wendung nach innen und der Wendung nach außen klarer als bei Paltz' Ordensbruder Johannes von Staupitz[98]. Man kann seine Theologie ganz auf der Linie

---

cognoscendi oder innotescendi); ders., Werden und Wertung der Reformation, 102f. (Johannes von Staupitz: die signa caritatis als signa praedestinationis); HAMM, Promissio, Pactum, Ordinatio, 59 (Kardinal Laborans: „Sunt itaque non impulsus merita conditori, sed nobis in signum").

[96] Siehe oben S. 228 bei Anm. 57.   [97] Vgl. HAMM, ebd. 485–489.

[98] Zum folgenden vgl. besonders KOLDE, Die deutsche Augustiner-Congregation, 273–307 (immer noch sehr lesenswert); E. WOLF, Staupitz und Luther; D. C. STEINMETZ, Misericordia Dei; SCHWARZ, Vorgeschichte der reformatorischen Bußtheologie, 150–159; OBERMAN, „Tuus sum, salvum me fac"; ders., Werden und Wertung der Reformation, 82–118 (= Neufassung von „Tuus sum ..."). Wir legen unserer Interpretation besonders die beiden STAUPITZ-Schriften aus den Jahren 1516/17 zugrunde, den libellus De exsecutione aeternae praedestinationis und die sog. Nürnberger Predigtstücke, bei denen es sich um Nachschriften zu Predigten handelt, die Staupitz während der Fastenzeit 1517 in Nürnberg gehalten hat. Die theologisch hohe Qualität dieser Nachschriften, die sich beträchtlich über die der Salzburger Predigtnachschriften erhebt, liegt sicher auch darin begründet, daß sie nicht von irgend jemandem, sondern aus der Feder des Nürnberger Stadtschreibers LAZARUS SPENGLER (über ihn neuerdings: GRIMM, Lazarus Spengler. A lay leader of the Reformation) stammen. Er verfügte über die notwendige Schreibfertigkeit und theologische Bildung, um Staupitz' Worte und Gedankengänge adäquat wiedergeben zu können. Zu dieser Rolle Spenglers vgl. CHRISTOPH SCHEURL, Briefbuch Nr. 160 (II 43): Brief Scheurls an einen unbekannten Augustiner (nicht Kaspar Güttel!) vom 8. Jan. 1518; KNAAKE, Johann von Staupitzens sämmtliche Werke I, 15; v. SCHUBERT, Lazarus Spengler, 142f. Den Nachweis dafür, daß Spengler der Autor der Predigtstücke ist (bisher ist nur gesichert, daß die Staupitzschen Tischreden – ed. Knaake, ebd. 42–49 – von ihm stammen), werde ich in der Einleitung zur vorbereiteten Neuedition (in: JOHANN VON STAUPITZ, Sämtliche Schriften, Bd. 3: Deutsche Schriften I) liefern. Ich stütze mich dabei vor allem auf wörtliche Parallelen zwischen den Staupitz-Nachschriften und Werken

der Verinnerlichung darstellen, im Sinne der Devise „intra se trahere Christum"[99] oder der Klage: „Interna non considerantur, externa sola consolantur."[100] Wovon Staupitz ausschließlich spricht, ist die unmittelbare, persönliche Beziehung der Seele zu Christus, das direkte Konfrontiertsein ihres Elends mit der göttlichen Barmherzigkeit: „Summa misericordia ... super summam miseriam *directe* cadit."[101] Zwar zeigen sich bei ihm die Umrisse einer spirituellen Ekklesiologie, die den mystischen Leib der Kirche mit den erwählten Seelen gleichsetzt[102] – der Vergleich mit der Rezeption augustinischer Ekklesiologie bei Wyclif und Augustinus Favaroni von Rom drängt sich auf[103] –, doch kommt demgegenüber die kirchliche Sakralinstitution kaum zur Sprache[104]; ihr Anspruch auf Gnaden- und Heilsvermittlung, die prinzipiell für jedermann wirksam werden kann, wird nicht aufgenommen, sondern durch den strikten Prädestinationsgedanken grundsätzlich in Frage gestellt. So selbstverständlich und wichtig für Staupitz die Institution als Rahmen des göttlichen Heilswirkens sein mag und so wenig er Kritik an ihr übt[105], es

---

Spenglers, besonders seinen um 1510 erschienenen Ermanungen und undterweisungen (zur Datierung siehe v. SCHUBERT, Lazarus Spengler, 123; Albrecht-Dürer-Katalog, Nr. 389). Im folgenden zitiere ich die Nürnberger Predigtstücke und Tischreden bereits nach dem Text meiner Neuedition, die von der Ausgabe KNAAKES (ebd. 15–49) nicht selten abweicht.

[99] De exsecutione, c. 11 §179.　　　　[100] Ebd. c. 8 §47.

[101] Ebd. c. 10 §69; vgl. ebd. §64: „Admirantur theologi unionem hypostaticam divinae naturae cum humana, immortalitatis cum morte, impassibilitatis cum dolore. Ego admiror coniunctionem summae misericordiae cum summa miseria."

[102] Vgl. besonders ebd. c. 9 §56: über den „contractus Christi et ecclesiae"; bemerkenswert (wenn auch traditionell) ist vor allem die Formulierung „ecclesia sive anima", die den tiefen Gegensatz zur Paltzschen Ekklesiologie aufleuchten läßt. Vgl. auch Von der nachfolgung, c. 11 (78): „das weip Christi, die braut, die kirche" – „das weis ich, das die andechtige sele braut ist, weip ist"; Tübinger Predigten, sermo 7 (48,6): „nuptiarum coelestium Christi et ecclesiae vel animae iustae"; ‚vel animae iustae' ist bezeichnenderweise ein Einschub von STAUPITZ in ein Zitat aus AUGUSTINUS, Enarrationes in Psalmos, zu Ps. 143 n. 18 (CChr 40,2086,58).

[103] Vgl. W. ECKERMANN, Augustinus Favaroni von Rom und Johannes Wyclif (über Staupitz: 342–345).

[104] Vgl. auch oben S. 149 bei Anm. 117. Bezeichnend ist etwa auch, wie STAUPITZ das traditionelle (offensichtlich aus Cant. 4,4 genommene) Bild vom Hals, der Haupt (= Gott) und Leib (= Mensch) miteinander verbindet, neu deutet. Während z. B. sein Ordensgenosse GOTTSCHALK HOLLEN durch den Hals die sakralinstitutionelle Mittlerrolle des Priestertums versinnbildlicht sieht (zit. bei LANDMANN, Das Predigtwesen in Westfalen, 169; vgl. GLOSSA ORDINARIA zu Cant. 4,4: die Mittlerrolle der Prediger), ist für Staupitz der Hals gleichbedeutend mit dem „vertreulichen, ungezweifelten gemute" (vertrauenden, nicht zweifelnden ‚Gemüt') der Seele, das Gott und den Menschen miteinander verbinde: Nürnberger Predigtstücke von 1517 (22f.).

[105] Vgl. aber seine kritische Einstellung zum Ablaß: De exsecutione, c. 20 §195; Nürnberger Predigtstücke von 1517 (18). Zur kritischen Sicht des Papsttums siehe unten

ist doch gerade im Vergleich mit Paltz bemerkenswert, daß er sie nicht stärker in seine theologische Darstellung miteinbezieht.

Die Verinnerlichung, die sich in der Reserve gegenüber dem äußeren Kirchenwesen zeigt, ist freilich zugleich der Weg zur Extra-Dimension der Gnade Gottes. Wie radikal dieser Außenbezug von Staupitz durchgehalten wird, ist daran erkennbar, daß er das gesamte Heilsgeschehen in seinen verschiedenen Phasen, über vocatio und iustificatio bis hin zur glorificatio (Rom. 8,30), auf das Urdekret der Prädestination zurückführt, durch das sich Gott aus freiem, gnädigen Willen – „sola benignissima liberrimaque dei voluntate" – zum Schuldner seiner Erwählten gemacht hat[106]. Alles wird ihnen nun aus „necessitas consequentiae" zuteil[107], aus der Notwendigkeit des barmherzigen Folgeverhaltens Gottes, die seiner freien Selbstbindung entspringt und seiner bleibenden Treue entspricht[108]. Man erkennt deutlich den Hintergrund der franzis-

---

Kap. 6 Anm. 161. – Im übrigen wird man feststellen müssen, daß sich Staupitz wohl kaum zum Generalvikar der deutschen Reformkongregation des Augustinerordens hätte wählen lassen, wenn er von äußerer Kirchenorganisation und ihren Institutionen nichts gehalten oder gering gedacht hätte. Allerdings ist für ihn der Geist entscheidend, der die Institution füllt, während für Paltz die Institution entscheidend ist, die den Geist vermittelt und die fehlende Geisteskraft ergänzend ausgleicht.

[106] De exsecutione, c. 4 §20–22. Vgl. besonders OBERMAN, Werden und Wertung der Reformation, 101–103. Die Tragweite der prädestinationstheologischen Außenorientierung zeigt sich auch darin, daß STAUPITZ zwei Begriffe, die traditionellerweise die habituelle rechtfertigende Gnade bezeichneten, auf die gnädige Zuwendung Gottes durch die Prädestination bezieht: die prima gratia (ebd. c. 4 §21 f.; traditionelle Verwendung: c. 7 §39) und die gratia gratum faciens (ebd. c. 6 §36; c. 7 §40; c. 16 §131; c. 18 §152: Bereits durch die Gnadenwahl Gottes werden wir ihm angenehm; durch die Rechtfertigung wird dann auch er uns angenehm). Eine jüngst veröffentlichte Studie ZUMKELLERS (Der Augustinertheologe Johannes Hiltalingen von Basel, 88.91.158) hat gezeigt, daß vor Staupitz bereits Johannes von Basel (gest. 1392) die Gleichsetzung von „prima gratia" und „gratia praedestinationis" vorgenommen hat; da Staupitz das nur in zwei Handschriften (Clm. 26711 und Toulouse Bibl. de la Ville 248) erhaltene erste Sentenzenbuch seines Ordensgenossen wohl kaum gekannt hat (die Handschrift Clm. 26711 befand sich zur Zeit von Staupitz in dem nicht zu seinem Vikariatsbereich gehörenden Augustinerkloster Regensburg; siehe ebd. 62), wird man nicht an eine literarische Abhängigkeit denken. Zur Frage der Herkunft von Staupitz' Deutung der gratia gratum faciens vgl. D. C. STEINMETZ, Luther and the late medieval Augustinians, 258 (genuine Neuinterpretation Augustins durch Staupitz); eine Vorstufe zu Staupitz fanden wir bei Kardinal Laborans im 12. Jahrhundert: siehe HAMM, Promissio, Pactum, Ordinatio, 247 Anm. 254. Vgl. auch De exsecutione: Anm. 77 zu c. 6 §36.

[107] De exsecutione, c. 4 §22; c. 5 §24; c. 7 §37. Zum traditionellen Hintergrund des Begriffs vgl. De exsecutione: Anm. 54 zu c. 4 §22; vgl. auch überhaupt den Notwendigkeitsbegriff in der mittelalterlichen Konzeption von der freien Selbstbindung Gottes: HAMM, ebd. 426 f.

[108] Vgl. den Beginn der Salzburger Predigten von 1512 (fol. 2r): „die treu eurs frumen gotz sol nimer aus eurem herzen kömen"; Von der nachfolgung, c. 8 (68): „der vaterlichen treu"; Nürnberger Predigtstücke von 1517 (25): „gleich ainem getreuen vater"; Salzburger Predigten von 1523, Nr. 11 (fol. 93r): „sein vaterleiche treu". Vgl. auch De exsecutione, c.

kanischen Selbstbindungstradition[109], insbesondere Bonaventuras, durch dessen Sentenzenkommentar sich der Gesichtspunkt des göttlichen *decernere* wie ein roter Faden zieht[110]. Im Prädestinationsdekret und in der damit verbundenen Barmherzigkeit und Treue Gottes findet Staupitz die alleinige objektive Garantie für die Teilhabe des Menschen an Gnade und Heil. Eine mit den Sakramenten verknüpfte reale Gnadenwirkung ist damit nicht ausgeschlossen[111]. Doch sind sie ebenso wie die Regungen der Liebe im Gerechtfertigten nicht gnaden- oder heilsbegründende Faktoren, sondern von Gott gesetzte *signa* seiner grundlegenden Gnadenzuwendung[112] – die Sakramente *signa extra nos*, die Liebesregungen *signa in nobis*[113] –, die dem Menschen zwar kein evidentes Wissen (Eccles. 9,1!), aber doch eine gewisse Hoffnung (*certa spes*), dem Kreis der Erwählten anzugehören, geben können[114]. Gerade der Blick auf den subjektiven Gewißheitsbereich und die Absicht, der drohenden Verzweiflung des Gewissens Trost entgegenzusetzen, bewegen Staupitz dazu, die augustinische Prädestinationslehre in die spätmittelalterliche Frömmigkeitstheologie einzuführen und damit das Wirken Christi *in nobis*, um das seine ganze Theologie kreist[115], in dem objektiven Garantiekontext der barmherzigen Treue Gottes zu verankern. Dem Christen wird damit eine Dimension *extra nos* aufgezeigt, an der er angesichts seiner bleibenden Unvollkommenheit und der prinzipiellen Heilsungewißheit von Eccles. 9,1 seinen „starken unzweifenlichen glouben"[116] und seine „ganze vertreuliche hoffnung"[117] festmachen kann.

---

5 § 28: „sine poenitentia (dei) sunt dona et vocationes dei"; ebd. c. 14 § 98 (siehe unten Anm. 142).

[109] Vgl. HAMM, Promissio, Pactum, Ordinatio, besonders 171–249 und 340–377.

[110] Vgl. ebd. 227f. und 404f.

[111] Vgl. besonders De exsecutione, c. 23 § 238–240; vgl. auch Tübinger Predigten, sermo 1 (3,13–15): „Praevenit nos divina misericordia institutione sacramentorum, ut gratiam reciperemus."

[112] Zur Zeichenfunktion der Liebesregungen vgl. OBERMAN, Werden und Wertung der Reformation, 102f. (hier sind die einschlägigen STAUPITZ-Stellen genannt). Zur entsprechenden Funktion der Sakramente vgl. De exsecutione, c. 23 § 238: „Et quamvis non possit homo sua inquisitione certitudinem habere, ,an dei odio amoreve dignus sit' (Eccle. 9,1), potest tamen per infallibilia signa ad hoc instituta certam facere spem et eiicere desperationem, quae maxima tribulatio animae est, quae innititur quaestioni de sui electione." Zu dieser Stelle vgl. OBERMAN, ebd. 106; D. C. STEINMETZ, Misericordia Dei, 127f.; KOLDE, Die deutsche Augustiner-Congregation, 291–295.

[113] Vgl. OBERMAN, ebd. 107.   [114] Siehe oben Anm. 112.

[115] Vgl. OBERMAN, ebd. 108–113.

[116] Nürnberger Predigtstücke von 1517 (17); vgl. ebd. (20): „unzweifenlicher gloub" und ebd. (33): „starkes unzweifenliches vertrauen". ,Unzweifenlich' hat hier und in der folgenden Anm. immer die Bedeutung ,nicht zweifelnd'.

[117] Ebd. (22); vgl. ebd. (31): „unzweifenliche hoffnung" und ebd. (22): „vertreulicher unzweifenlicher wille".

Es handelt sich um keine andere Extra-Dimension als um die des Kreuzes, an dem die Liebestreue Gottes sichtbar geworden ist; denn bereits das Prädestinationsdekret ist verknüpft mit dem Inkarnationsdekret[118]. Hier, beim gekreuzigten Christus, findet der Christ darum auch „die hochste trostliche hoffnung" auf künftige Seligkeit[119].

Von diesem heilsgeschichtlichen Rahmen der Treue Gottes her entfaltet Staupitz auch jene Denkweise, die wir die Infallibiliter-Struktur seiner Theologie nennen möchten[120]. Immer neu variiert er den Gedanken: Wer in Erkenntnis und mit Bekenntnis seiner Sünden vor Gott tritt, ihn um Barmherzigkeit anfleht und sich ihr mit festem Glauben anvertraut, dem wird, ja dem *kann* Gott seine Barmherzigkeit nicht vorenthalten[121]. So heißt es z. B. in den Nürnberger Predigtstücken aus der Fastenzeit 1517[122]: „Sein (sc. Gottes) parmherzigkait ist unmessig und unendtlich und der aigenschaft, wan der mensch die herzlich begert, das die keinem rechtbegerenden kan versagt werden. Dorumb

---

[118] De exsecutione, c. 4 § 19, wo vor der Erwähnung des Prädestinationsdekrets (§ 20) von einem Doppeldekret die Rede ist, das seine Voraussetzung im logischen, wenn auch nicht im zeitlichen Sinne bildet (vgl. § 23: „Vidisti aeterna decreta. Vide, ne senseris illa successivo tempore mensurari …"): „Ne frustra crearentur universa, *decreta* est pro natura divinae potentiae conservatio, pro libero arbitrio divinae incarnationis gratia, ut sic per conservationem esse, per gratiam persistat bene esse, utrumque per ipsummet deum. Et sic ,ante mundi constitutionem' (Eph. 1,4) *conclusum* fuit neminem sine Christi gratia bene facere posse."

[119] „Die hochste trostliche hoffnung der armen sunder konftiger irer seligkait wirdet in dem leiden Christi erlangt; dann welcher mensch ain starke hoffnung ewiger belonung uberkomen (= erlangen) will, der wirdet die allain bei dem gekreuzigten Christo funden. So nun ain mensch sein leiden williglich tregt und das mit dem leiden Christi verpindt und bedenkt, das got nit allain von des menschen wegen die marter gelitten hat, sonder auch gestorben ist, welcher wolt dann nit ainen trost und unzweifenliche (= nicht zweifelnde) hoffnung haben, das er durch das willig leiden Christi und sein leiden, so er das in das leiden seins seligmachers wurft, ewiger belonung wurd gewertig sein? Aus dem folgt auch, das dem menschen durch ain solch willig leiden, das er in das leiden Christi opfert, ain grosse trostliche hoffnung entspringet." Nürnberger Predigtstücke von 1517 (31).

[120] Vgl. De exsecutione, c. 8 § 45; CHRISTOPH SCHEURL, der die Prädestinationsschrift ins Deutsche übertragen hat, gibt hier das ,infallibiliter' mit ,ungezweifelt' (= unweigerlich) wieder. Entsprechend muß man auf die zahlreichen Stellen in den Nürnberger Predigtstücken von 1517 achten, wo Ausdrücke wie ,unzweifenlich', ,sonders zweifels', ,bedarf es nit zweifels' (z. B. S. 17.19.20) mit dem Wirken der göttlichen Barmherzigkeit in Verbindung gebracht werden; dem ,unzweifenlichen', d. h. unfehlbaren und unweigerlich an sein Ziel kommenden Wirken der Barmherzigkeit Gottes entspricht dann der ,unzweifenliche', d. h. nicht zweifelnde Glaube (siehe oben Anm. 116 und 117).

[121] Vgl. besonders Nürnberger Predigtstücke von 1517 (22–25); Überschrift: „Wie der mensch durch ain vertreulich gemute und hoffen got dem almechtigen verainigt werden und aus menig (= Menge) seiner sunden an gotes parmherzigkait nit verzweifeln sol, etlich beschlußreden (= zusammenfassende Sätze, conclusiones)."

[122] Siehe oben Anm. 98.

sollen wir oft und on underlaß zu got laufen, den unrainen atem unser
sunden von uns geben und den rainen luft gotlicher parmherzigkait
durch ain flelich erseufzen und biten in uns ziehen; dann diesen rainen,
gesundten luft wil und kan got der menschlichen selen zu irer lebendigen underhaltung nit versagen."[123] Mit derartigen Formulierungen rezipiert Staupitz das scholastische Axiom „Facientibus quod in se est deus
non denegat gratiam", auch in der Version „Facientibus quod in se est
deus infallibiliter dat gratiam" verbreitet[124]. Er stellt das facere des
Sünders, sein Bekennen, Seufzen, Flehen und Nicht-Zweifeln, allerdings in einen anderen Zusammenhang als die traditionelle Schultheologie, indem er es nicht als Weg des noch nicht Gerechtfertigten zur
rechtfertigenden Gnade versteht, sondern immer schon als Wirkung der
zuvorkommenden Gnadenzuwendung Gottes und damit als Ausdruck
wahrer Liebesreue des Gerechtfertigten[125]. Die Infallibiliter-Struktur
bezieht sich daher bei Staupitz nicht auf ein überholbares Stadium im
Leben des Christen, sondern auf sein ganzes Leben aus der Gnade, das in

---

[123] Nürnberger Predigtstücke von 1517 (24); vgl. Salzburger Predigten von 1512, Nr. 6
(fol. 29r): „Die parmherzikait (Gottes) ist so gros und so süess, das si niemant verzeichen
mag (= niemanden zurückweisen kann; siehe GRIMM, Deutsches Wörterbuch XII/I 2514,
Art. ‚verzeihen' Nr. A2), der pitt umb genad"; De exsecutione, c. 15 §120: „Neque enim
potest se nudus Christus negare nudis." Vgl. auch Nürnberger Predigtstücke von 1517
(19): „Ob er wol kain volkomene reu erlangen mag (= kann), so sol er doch uber das (=
dasjenige) einen herzlichen schmerzen und reuen nemen und haben, das (= was) ime uber
sein moglichen fleis (ergänze: hinaus) an genungsamer reu mangelt – doleo, quod non
doleo –, und got den almechtigen abermaln ermanen, diesen mangel durch sein pitters
leiden und plutvergisen zu erfullen (= ergänzen) und neben seiner geprechenlichen reu ain
parmherziger mitwurker zu sein. Bedarf es (= Es bedarf) nit zweifels: Got wil sich an
vermogen ains menschen setigen lassen und diesem reuer sein gnad nit entziehen." – Zum
göttlichen ‚non posse' auf dem Hintergrund der freien Selbstbindung Gottes vgl. HAMM,
Promissio, Pactum, Ordinatio, 370 und 436.
[124] Vgl. OBERMAN, Facientibus quod in se est.
[125] Vgl. z. B. Nürnberger Predigtstücke von 1517 (17): „... durch ein geordente reu
hierin unser vermogen tun" (mit Kontext zitiert unten S. 242 f. bei Anm. 145); eine
‚geordente reu' ist für STAUPITZ immer eine Reue, die aus einem ‚rechten grundt', d. h. aus
Liebe zu Gott, geschieht und die rechtfertigende Gnade voraussetzt; vgl. ebd. (15–19).
Zum facere quod in se est vgl. auch das Zitat aus den Nürnberger Predigtstücken oben
Anm. 123. Die einschlägigen Stellen aus den Tübinger Predigten sind interpretiert bei D.
C. STEINMETZ, Misericordia Dei, 93–97 (vgl. auch 103 Anm. 1); allerdings klammert sich
Steinmetz zu schematisch an die traditionell-scholastische Stufung gratia praeveniens –
gratia gratum faciens und berücksichtigt hier zuwenig die späteren Schriften von Staupitz
(vgl. deren Interpretation bei E. WOLF, Staupitz und Luther, 56–58 und 232 f.). Das
Interessante an Staupitz' Lehre vom facere quod in se est ist gerade, wie er das traditionelle
Rechtfertigungsschema durchbricht. Zur grundsätzlichen Ablehnung des klassischen
dispositio/praeparatio-Gedankens vgl. auch De exsecutione, c. 6 §33. Die gratia inflam-
mans, die jedes gute Werk des Menschen erst ermöglicht (siehe unten Anm. 135), ist für
Staupitz immer bereits die rechtfertigende Gnade (durch die Gott dem Menschen angenehm und liebenswert wird).

gleichartiger Existenzbewegung stets neu damit beginnt, „zu got zu laufen und allemal ain neue parmherzigkait und gnaden zu begern"[126]. Mit der Gleichartigkeit der Existenzbewegung hängt es auch zusammen, daß die Wirkung der Barmherzigkeit Gottes immer zugleich die Vergebung von Sündenschuld und Sündenstrafe, und zwar ewiger und zeitlicher Strafe, umfaßt. Ebenso fällt die traditionelle Stufung der Buße in Reue, die zur Rechtfertigung führt, und Satisfaktion, die auf die Rechtfertigung folgt, weg. Bezugspunkt der infalliblen und stets neu aktuellen Gnadenzuwendung Gottes ist immer die Reue, die zugleich die Aufgabe der Satisfaktion erfüllt[127]. Dabei weist das ‚infallibiliter‘, das Nicht-anders-Können Gottes, deutlich auf den Gesichtspunkt der necessitas consequentiae zurück, wie ihn Staupitz Ende 1516 in seiner Schrift De exsecutione aeternae praedestinationis[127] vom Prädestinationsdekret her entfaltet[128]. Alle Phasen der Zuwendung göttlicher Barmherzigkeit sind nichts anderes als die ‚unfehlbar‘ an ihr Ziel kommende exsecutio praedestinationis.

Interessant ist, daß Staupitz die Barmherzigkeit Christi auf eine doppelte Weise wirksam sein läßt, die bereits in die Richtung der vortridentinischen Duplex-iustitia-Lehre eines Gropper, Pigge, Contarini und Seripando weist[129], d. h. als iustitia in nobis und iustitia extra

---

[126] Nürnberger Predigtstücke von 1517 (23). Eine ganz ähnliche Bestimmung der Beziehung zwischen facere quod in se est und gratia fanden wir beim frühen Luther in seinen Dictata super Psalterium (1513–1515): siehe HAMM, Promissio, Pactum, Ordinatio, 181 f.

[127] Vgl. besonders das gesamte erste Stück der Nürnberger Predigtstücke von 1517 (15–19). STAUPITZ spricht hier meist allgemein von „vergebung" (synonym: „ablegung", „abtilgung", „abwaschung", „nachlassung") der Sünden, die gleichbedeutend ist mit „erlangung gotlicher barmherzigkait und gnad" (18). Gelegentlich bezieht er diese generelle Sündentilgung ausdrücklich auf die zeitlichen Sündenstrafen, die auf Erden oder im Fegfeuer abzugelten wären und auf die sich der Ablaß bezieht (17 und 18). Seine Schlußfolgerung lautet: Was der Ablaß bietet, besitzt der wahrhaft Reuige „auch on allen ablas" (18). – Der satisfaktorische Aspekt der lebenslangen Reue zeigt sich besonders in der Art und Weise, wie STAUPITZ die „genu(n)gsame" Reue (die ausreicht zur Tilgung aller Sündenschuld und -strafe) thematisiert (15–19 passim); vgl. auch ebd. (21 f.) und die weiteren Ausführungen im Text über das ‚Ungenügen‘ der Reue.

[128] Siehe oben S. 236 bei Anm. 107. Zur Entstehungszeit der Schrift siehe De exsecutione: Einleitung (25 f.).

[129] Vgl. besonders BRAUNISCH, Die Theologie der Rechtfertigung, 419–437 (hier auch guter Überblick über die Literatur). Vgl. auch HEYNCK, Zur Rechtfertigungslehre des Kontroverstheologen Kaspar Schatzgeyer, 146: „Das Charakteristische der späteren duplex-iustitia-Theorie, daß nämlich die inhärierende Gerechtigkeit in sich ungenügend zum ewigen Heil ist und irgendwie der Ergänzung durch die imputierte Gerechtigkeit Christi bedarf ..." Vgl. ebd. 149: „Die Vertreter der späteren duplex-iustitia-Theorie fassen die zum Heil notwendige doppelte Gerechtigkeit so auf: Die erste Gerechtigkeit ist die iustitia inhaerens, d. i. die heiligmachende Gnade; die zweite ist die iustitia Christi, die dem Menschen äußerlich angerechnet wird oder die (nach Seripando) Gott bei der

nos: Die Christusgemeinschaft wirkt im Sünder einerseits durch die Eingießung der rechtfertigenden Gnade Liebe zu Gott und erst damit echte Reue, die nicht auf Strafe und Belohnung blickt, sondern darüber Schmerz empfindet, daß er mit seiner Sünde „got seinen schopfer belaidigt und erzurnt und seine gotliche gepot ubergangen hat"[130]. Andererseits bleibt auch diese gnadengewirkte Reue als menschliche Reue immer so unvollkommen, daß sie zur „abtilgung der sunden" (ihrer Schuld und Strafe) nicht ausreicht[131]. Dazu bedarf sie der Ergänzung – Staupitz spricht von ‚Erfüllung'[132] und ‚Erstattung'[133] – durch die Reue Christi, die er stellvertretend für die Sünden der Welt am Ölberg erlitten hat[134]. Von der sich im Leiden Christi erweisenden Barmherzigkeit Gottes sagt Staupitz daher zum einen, daß durch sie die Reue des Menschen, ja jeder gute Gedanke und jedes gute Wort oder Werk[135], „allererst (= überhaupt erst) angezundet und lebendig gemacht" wird[136],

---

Beurteilung der Leistung des Gerechten berücksichtigen muß, da sie ergänzt, was an der Gerechtigkeit des Menschen fehlt." Das besondere Interesse der katholischen Vermittlungstheologen richtet sich darauf, gegenüber der traditionellen Rechtfertigungslehre die Gerechtigkeit Christi stärker zur Geltung zu bringen; „darum betonen sie die Unzulänglichkeit der iustitia inhaerens und der guten Werke und ihre Ergänzungsbedürftigkeit durch die Gerechtigkeit Christi" (ebd. 150). Die gleiche Intention finden wir nun bereits bei Staupitz in den Jahren 1516/17. Zur Staupitz-Interpretation vgl. SCHWARZ, Vorgeschichte der reformatorischen Bußtheologie, 153 f., der für „das christologische Äquivalent zum Ungenügen der menschlichen Gerechtigkeit" auf die drei Augustiner Hugolin von Orvieto, Jacobus Perez von Valencia und Hieronymus Seripando verweist; anders die Deutung bei OBERMAN, Werden und Wertung der Reformation, 111 f.

[130] Nürnberger Predigtstücke von 1517 (16); vgl. D. C. STEINMETZ, Misericordia Dei, 100–102.

[131] Nürnberger Predigtstücke von 1517 (16): „Diese reu, wiewol sie mit ainem rechten ordenlichen grundt beschicht und stracks (= geradewegs) in die lieb gottes gepflanzet wirdet, ist sie doch zu abwaschung der sunden und erfolgung (= Erlangung) gotlicher parmherzigkait nit vollig (= voll ausreichend); dann so gros kan des menschen nit reu sein ..., das sie ain ainige (= einzige) begangne todsundt ablesch." Vgl. ebd. (17 f. und 19).

[132] Ebd. (17): „... das er dieweil unser reu unvolkomenhait mit seiner reu und schmerzlichen traurigkait erfullen woll"; siehe auch unten S. 242 bei Anm. 145 (erfullung) und oben Anm. 123 (erfullen). Zu ‚erfullen' und ‚erfullung' im Sinne von Ergänzen (Ausfüllen einer Lücke, des noch Fehlenden) siehe GRIMM, Deutsches Wörterbuch III 812 f., Art. ‚erfüllen' Nr. 9 und 813, Art. ‚Erfüllung' Nr. 1.

[133] Siehe unten Anm. 144 (‚erstaten' im Sinne von ‚ergänzen').

[134] Nürnberger Predigtstücke von 1517 (16).

[135] Ebd. (28): „Nimandt kann ainigen (= einen einzigen) guten gedanken, wort oder werk haben, got sei dann vor (= vorher) mit seiner parmherzigkait und seinem leiden in ime gewest, domit er ine zu solchem hab bewegt." Vgl. ebd. (39): „... dieweil on gots gnad und mitwurkung der mensch kain ainigen (= einzigen) guten gedanken, zu geschweigen ain tugentlich werk haben und üben mag (= kann)." Vgl. auch De execucione, c. 8 §50.

[136] Nürnberger Predigtstücke von 1517 (16); vgl. De execucione, c. 6 §36: das Feuer der

zum andern, daß sie den Mangel dieser Reue kraft der „mitwurkung des pluts Christi" ausgleicht[137] und sie so „zu abtilgung unser sonden mer dann genugsam" macht[138]. Diesen Ausführungen über das Verhältnis der Reue des Menschen zur Reue Christi, die sich in den Nürnberger Predigtstücken finden, entsprechen in De exsecutione aeternae praedestinationis die Gedanken über die Beziehung zwischen meritum des Menschen (von Christus in ihm gewirkt) und meritum Christi[139] und zwischen iustitia des Menschen (von Christus in ihm gewirkt) und iustitia Christi[140]. Wichtig für den Vergleich mit Paltz ist dabei folgende Beobachtung: Staupitz läßt die Extra-Dimension der iustitia, der poenitentia und des meritum Christi, die als äußerer christologischer Ausgleich das innerliche Christus-Wirken ergänzen, nicht wie Paltz mit der Extra-Dimension der kirchlichen Heilsmittel zusammenfallen, d. h. durch sie vermittelt werden, sondern fügt sie in seine Interiorisierungstendenz ein. Es ist die persönlich-unmittelbare Gemeinschaft der Seele mit Christus, der „contractus inter Christum et christianum"[141], die das interne und das externe Wirken Christi für die Angehörigen der ecclesia spiritualis miteinander verknüpft. Welche grundlegende, das Heil garantierende und die Vertrauensgewißheit ermöglichende Rolle dabei der freien Selbstbindung Gottes, seinem Sich-Verbürgen, zukommt[142], möge ein abschließendes Zitat aus den Nürnberger Predigtstücken zeigen: „Wiewol nun gar beschwerlich ist, zu ainer solchen hohen reu (die alle Sündenstrafe tilgt) zu komen, wil doch got der almechtig als ein parmherziger vater, wo wir durch ein geordente (d. h. aus Liebe zu Gott geschehende) reu hierin unser vermogen tun (facere quod in se est!) und uns der mitwurklichen kraft und erfullung des pluts Christi underwerfen, abermals gedult tragen, uns auch nit verlassen, sondern unser purg (= Bürge)[143] und selbhelfer (= in eigener Person unser Helfer) sein, also was auf moglichen ankerten fleis an uns erwindet (= auf allen uns möglichen daran gekehrten Eifer hin an uns fehlt), das solchs an ime als

---

Liebe Christi, welches das Feuer unserer Liebe entzündet, so daß uns Gott angenehm wird; ebenso c. 7 §40.

[137] Nürnberger Predigtstücke von 1517 (17). Vgl. oben Anm. 123: „und neben seiner geprechlichen reu ain parmherziger *mitwurker* zu sein"; unten bei Anm. 145: „. . . und uns der *mitwurklichen* kraft und erfullung des pluts Christi underwerfen."

[138] Nürnberger Predigtstücke von 1517 (16).

[139] De exsecutione, c. 7 §40–44; c. 8 §50–52; c. 9 §53.

[140] Siehe besonders ebd. c. 11 §71–77.

[141] Ebd. c. 9 §55; vgl. den Kontext §53–62 (De matrimonio Christi et christiani).

[142] Vgl. dazu auch ebd. c. 14 §98: die Inkarnation Christi als „opus demum iustissimum, in quo redditur promissum, servatur iusiurandum". Zum augustinischen Hintergrund dieses Selbstbindungsgedankens, von Augustin entfaltet aus Rom. 8,30 (wie bei Staupitz: siehe oben S. 236 bei Anm. 106) und 2. Tim. 4,8 (reddere!), siehe HAMM, Promissio, Pactum, Ordinatio, 8–18 (besonders 9) und 53.

[143] Vgl. den Begriff cautio (Bürgschaft) bei Augustin: siehe HAMM, ebd. 10f.

unserm erloser und purgen zugee (= zu seinen Lasten gehe) und erstatet (= ergänzt)[144] werd."[145]

Staupitz geht es hier um eine Frage, die nicht nur einen zentralen Platz in seiner Theologie einnimmt, sondern auch im Mittelpunkt der zeitgenössischen Frömmigkeitstheologie – und so auch bei Paltz – steht: Wo findet das Ungenügen der menschlichen Buße, der Reue, Beichte und Satisfaktion, ein ausgleichendes Gegengewicht, das Gnade und Heil garantiert? Staupitz' Antwort mit ihrer konsequenten christologischen Orientierung und ihrem entschiedenen Rückgriff auf den ,genuinen' antipelagianischen Augustin[146] erhebt sich zwar deutlich über die gängigen theologischen Lösungen, die in den Jahrzehnten vor der Reformation angeboten wurden, doch repräsentiert sie auf ihre Weise die spätmittelalterlichen, von der Mystik beeinflußten Tendenzen zu einer Verinnerlichung des Christlichen, zur Distanz gegenüber den Garantieangeboten der päpstlichen Sakralinstitution und zur Suche nach neuen Sicherheiten in einer geistlichen Gestalt der Kirche und in persönlicher Christusgemeinschaft.

Auch die Theologen, die zum unmittelbaren Einflußbereich Johanns von Staupitz gehören und seine augustinistisch-christozentrische Ausrichtung teilen, wird man zunächst einmal in der Tradition der verinnerlichenden Tendenzen spätmittelalterlicher Frömmigkeitstheologie sehen müssen, um dann die theologischen Umbrüche, die gerade im Kreis der ,Staupitzianer' stattfinden, auf diesem Hintergrund deutlicher wahrnehmen zu können. Es ist hier besonders an Martin Luther, Johannes Lang[147], Andreas Bodenstein von Karlstadt[148], Kaspar Güttel[149],

---

[144] Der Begriff ,erstaten' entspricht hier nicht dem lateinischen reddere (im Sinne von 2. Tim. 4,8; siehe oben Anm. 142), sondern den Begriffen supplere, adimplere und complere, wie sie in 1. Cor. 16,17, 2. Cor. 11,9, Col. 1,24 und 1. Thess. 3,10 verwendet und von LUTHER in allen vier Fällen mit ,erstatten' übertragen werden, z. B. Col. 1,24: „Nu freue ich mich in meinem Leiden, das ich fur euch leide, und erstatte an meinem Fleisch, was noch mangelt an trübsaln in Christo, fur seinen Leib, welcher ist die Gemeine" (nach der Ausgabe von Volz/Blanke). Vgl. auch DIEFENBACH, Glossarium Latino-Germanicum, s. v. ,supplere' (= erstatten) und GRIMM, Deutsches Wörterbuch III 997, Art. ,erstatten' Nr. 3 und 4. Die Staupitzsche Verwendung von ,erstaten' im Sinne von ,ergänzen' (supplere) entspricht ganz seiner Vorstellung vom doppelten – internen und externen – Wirken Christi und bezieht sich auf die Ergänzung durch eine iustitia (bzw. poenitentia) extra nos.

[145] Nürnberger Predigtstücke von 1517 (17).

[146] Vgl. OBERMAN, Werden und Wertung der Reformation, 98.

[147] Vorlesungen zum Römerbrief 1515/16 und Titusbrief 1516 (siehe unten Quellenverzeichnis).

[148] Besonders: 151 Thesen De natura, lege et gratia vom 26. April 1517; Kommentar zu Augustins De spiritu et littera 1517/18; Apologeticae conclusiones vom 9. Mai 1518 (siehe unten Quellenverzeichnis). Vgl. SIDER, A. Bodenstein von Karlstadt; BUBENHEIMER, Consonantia theologiae et iurisprudentiae.

[149] ,Von Adams werken und gottes genaden ...', Fastenzeit 1518 (siehe unten Quellen-

Wenzeslaus Linck[150] und Lazarus Spengler[151] und ihre Schriften zwischen den Jahren 1513 (Beginn der ersten Psalmenvorlesung Luthers) und 1518 (Adventspredigten Lincks über die sieben Seligpreisungen) zu denken. Die gedankliche Vielfalt dieser Schriften läßt sich kaum auf einen gemeinsamen Nenner bringen. Doch ist durchgängig das Bestreben erkennbar, das rechtfertigende Wirken der Barmherzigkeit Gottes als unmittelbares Ankommen in der innersten Existenzmitte des Menschen[152], in der ihm seine radikale Sündhaftigkeit bewußt wird, zu beschreiben, ein Wirken Gottes, das sich auf seiten des Menschen als Glaube, Demut und Reue darstellt und in Gegensatz zum äußeren Wirken der kirchlichen Sakralinstitution, besonders zu Bußsakrament und Ablaß, tritt. So sagt Luther in seinem Sermo De indulgentiis pridie dedicationis (31. Okt. 1516): „Nam poenitentia interior est vera contritio, vera confessio, vera satisfactio in spiritu: quando poenitens vere, purissime sibi displicet in omnibus quae fecit et efficaciter convertuntur ad deum pureque agnoscunt culpam et deo confitentur in corde. Deinde per sui detestationem intus sese mordet et punit; ideo ibidem deo satisfacit."[153]

---

verzeichnis). Der Eislebener Augustiner GÜTTEL hat diesem Werk, wie er ausdrücklich sagt (fol. A 3r/v), die im Frühjahr 1517 gehaltenen Nürnberger Predigten Staupitz', die uns in der Nachschrift von Lazarus Spengler überliefert sind (siehe oben Anm. 98), zugrunde gelegt. Vgl. KOLDE, Die deutsche Augustiner-Congregation, 310–312.

[150] Eselspredigt vom Palmsonntag (28. März) 1518; 30 Sermone über die sieben Seligpreisungen, Adventszeit 1518 (siehe unten Quellenverzeichnis). Vgl. REINDELL, Doktor Wenzeslaus Linck; LORZ, Bibliographia Linckiana, 23–28 Nr. 1 und 2.

[151] Nachschrift von Staupitz' Nürnberger Fastenpredigten von 1517 (zur Verfasserschaft SPENGLERS siehe oben Anm. 98) und Aufzeichnungen von Staupitz' Nürnberger Tischreden von 1516/17 (siehe unten Quellenverzeichnis); vgl. auch Spenglers literarisches Erstlingswerk, die ‚Ermanungen und undterweisungen' von etwa 1510 (zur Datierung siehe oben Anm. 98).

[152] Vgl. z. B. KASPAR GÜTTEL, Von Adams Werken (fol. E 1r/v): „Aber der richtig geist ist der gute wille, stracks zu got gerichtet, allein got suchende. Der muß von neu in uns gemacht und von got eingegossen werden in das *innerste* unserer herzen, das nicht ein triegknisz sei in unserm geist, nicht reue und leide von wegen knechtlicher forcht, sunder als kintlicher liebe und also aus ganzem grunde got allein umb gottes willen zu lieben, widerumb den verlornen mit reuigem herzen, das uns von got vorliehen, aufs flehelichst suchen und begeren. Wo es also mit dem sunder befunden, stehet die sach richtig."

[153] WA 1,99,1–5. Vorher hieß es: „Duplex est poenitentia, scilicet signi et rei: Rei est illa interior cordis et sola vera poenitentia, de qua Christus dicit: ‚Poenitentiam agite!' (Mt. 4,17) et Petrus Actuum 3 (19): ‚Poenitemini et convertimini!' Signi est illa exterior …" (WA 1,98,24–26). Zu den Verinnerlichungstendenzen in der frühen Bußtheologie LUTHERS vgl. besonders seine Auslegung der sieben Bußpsalmen von 1517 (WA 1,154–220), z. B. die Auslegung zu Ps. 50(51),9.10: „Das ist, das eußerlich waschen hend und fuße nach dem gesetze macht mich nit weiß, sundern vorfurt mit seim scheine die nit wissen das innerlich, das darinne bedeut ist, wilch die rechte ware weißheit ist. Alßo nu das sprengen mit hyssopen und mit wasser waschen euserlich nichts nutz ist zu der innern

Freilich zeigt sich gerade bei Luther in jenen Jahren eine Entwicklung, die ihn in Gegensatz zu den spätmittelalterlichen Interiorisierungstendenzen, auch zum augustinistischen Verständnis der Extra-Dimension des göttlichen Gnadenwirkens, bringen und zu einer neuen Hochschätzung des institutionell verfaßten Kirchentums als Garanten von Gnade und Heil führen wird. Bereits der Vorstellungsbereich der iustitia extra nos weist über Staupitz und das augustinische Erbe hinaus[154]. Dem Interesse Luthers an der Externität der Gerechtigkeit des Gerechtfertigten entspricht nun eine – besonders seit 1518 – zunehmende Betonung der Heilsmittlerschaft des verbum externum als notwendigen Mediums des im Menschen ankommenden verbum internum Gottes[155]. Dies hat weitreichende Konsequenzen für eine Neubewertung der drei Sakramente Buße, Taufe und Abendmahl, bei denen ihm jetzt alles auf die gewißmachenden Verheißungsworte ankommt[156]. Die auf den inneren Seelenzustand fixierte, in Ungewißheit und Verzweiflung führende contritio und die auf das verkündigte Wort bezogene, Gewißheit, Frieden und Trost schenkende fides treten nun in einen Gegensatz zueinander[157], der deutlich die Weiterentwicklung der Theologie Luthers gegenüber der Zeit vor dem Beginn des Ablaßstreites markiert[158] und die künftigen Auseinandersetzungen mit den spiritualistischen Verinnerlichungstendenzen eines Karlstadt, Müntzer oder Zwingli heraufbeschwört[159]. Doch wollen wir auf diese neue Extra-Dimension innerhalb

---

waschung und besprengung, dan allein ein figur und lediges zeichen, alßo auch alle andere eußerlich weißen und berden, die nit anders wollen, dan das der gleich innerlich got sprenge, wasche, wirke, rede, pflege etc. mit gnaden des heilgen geists. Und ßo haben die alten liben veter die figur angesehen im alten testamente, und darunder vorstanden das innerde und vorborgene des waren vorstandts und der weißheit gottis." (WA 1,189,23–32). „. . . die sunde ist ein schwere, betrubte, engestliche burden allen kreften der seelen, und doch mit den eußern werken des menschen nit mag (= kann) abgenomen werden, sundern allein durch das innerliche werk gottis." (WA 1,190,9–12).

[154] Zur vielschichtigen Problematik der Beziehung des jungen Luther zu Augustin vgl. neuerdings besonders GRANE, Modus loquendi theologicus, 23–103.

[155] Vgl. besonders ZUR MÜHLEN, Nos extra nos.

[156] Vgl. besonders BIZER, Die Entdeckung des Sakraments durch Luther; BAYER, Promissio, 164–273.

[157] Vgl. z. B. die Thesen Pro veritate inquirenda et timoratis conscientiis consolandis (1518), Thesen 8 und 9 (WA 1,631,3–6): „Remissio culpae non innititur contritioni peccatoris nec officio aut potestati sacerdotis; innititur potius fidei, quae est in verbum Christi dicentis: ‚Quodcunque solveris etc.‘ (Mt. 16,19)." Vgl. auch These 40 (WA 1,632,28 f.): „Finge casum – per impossibile –, sit absolvendus non contritus, credens tamen sese absolvi, hic est vere absolutus." Vgl. unten Anm. 427.

[158] Soviel wird man sagen können, ohne sich auf die Diskussion um die reformatorische Wende einlassen zu müssen. Nur dies sei angemerkt, daß wir bei Luther nicht von *der* reformatorischen Entdeckung, sondern von vielen Entdeckungen vor und nach 1517 sprechen möchten, die zusammengenommen auch nicht *das* Reformatorische schlechthin,

der Theologie Luthers und die von ihr umschlossene radikale Intra-Dimension des Glaubens[160] nicht näher eingehen, da wir damit zu weit von unserem eigentlichen Thema, dem Garantieangebot der Frömmigkeitstheologie am Vorabend der Reformation, weggeführt würden. Das Interiorisierungsprogramm, das wir von der Devotio moderna und Gerson bis in die Anfangsjahre der Reformation verfolgen können und dessen Wurzeln in der neuplatonisch-augustinischen und mystischen Tradition liegen, ist die eine Möglichkeit, Antwort auf die intensivierte Suche der Zeit nach Gnaden- und Heilsgarantien zu geben. Die andere Möglichkeit besteht darin, in verstärktem Maße die Garantieangebote der päpstlichen Sakralinstitution aufzunehmen und den Weg nach außen, zu den Sakramenten, Ablässen und institutionalisierten Frömmigkeitsformen, als via securior zu Gnade und Seligkeit anzupreisen. Man muß diese Richtung der Frömmigkeitstheologie, die sich besonders seit der Mitte des 15. Jahrhunderts in den Vordergrund schiebt[161] und in den beiden ersten Jahrzehnten des 16. Jahrhunderts durch Theologen wie Raimund Peraudi, Johannes von Paltz, Johannes Tetzel[162], Konrad Wimpina oder Silvester Prierias repräsentiert wird, in größeren Zusammenhängen sehen. Sie entspricht der gesteigerten Kirchenfrömmigkeit der Massen, die – etwa an der Zahl der Meßstiftungen ablesbar – gegen Ende des 15. Jahrhunderts ihren Höchststand erreichte, den sie dann bis zum Beginn der Reformation hielt[163]. Sie entspricht aber auch dem gleichzeitigen Wiedererstarken des Papsttums, der Restauration papalistisch-hierokratischer Ekklesiologie[164], wie sie z. B. durch

---

sondern den reformatorischen Neuansatz Luthers bedeuten, dem die reformatorischen Neuansätze der anderen Reformatoren zur Seite treten.

[159] Daß man auch bei Zwingli von Spiritualismus und nicht ausweichend von Pneumatologie (so SCHMIDT-CLAUSING und LOCHER) sprechen sollte, macht WINDHORST, Täuferisches Taufverständnis, 199f. im Anschluß an GESTRICH (Zwingli als Theologe) deutlich. Zur kritischen Auseinandersetzung mit Schmidt-Clausing und Locher vgl. auch GÄBLER, Huldrych Zwingli, 75–77: Unterscheidung zwischen gemäßigtem Spiritualismus (Zwingli) und radikalem Spiritualismus (z. B. Hans Denck).

[160] Vgl. z. B. die oben Anm. 157 zitierte Thesenreihe LUTHERS, Thesen 30–32 (WA 1,632,9–14): „Sicut sacerdos docet, baptisat, communicat vere, et tamen haec solius sunt spiritus *intus* operantis, ita vere peccata remittit et absolvit a culpa, et tamen hoc solius est spiritus *intus* operantis. In iis omnibus, dum ministrat verbum Christi, simul fidem exercet, qua *intus* iustificatur peccator."

[161] Vgl. z. B. LANDMANN, Das Predigtwesen in Westfalen, 167–175 (über Gottschalk Hollen).

[162] Zu seinen Schriften vgl. PAULUS, Johann Tetzel der Ablaßprediger.

[163] Vgl. z. B. für Oberösterreich EDER, Das Land ob der Enns, 105 ff. und 421 ff.; zit. bei MOELLER, Frömmigkeit, 8 f. Zum Hauptmotiv der Stiftungsfrömmigkeit, dem Verlangen nach Sicherung des Seelenheils, vgl. RÜCKLIN-TEUSCHER, Religiöses Volksleben, 106–110 und TRÜDINGER, Stadt und Kirche, 123–126.

[164] Vgl. besonders K. ECKERMANN, Studien zur Geschichte des monarchischen Gedankens.

Johannes von Torquemada repräsentiert wird, und dem Zurückdrängen des Konziliarismus. Wichtige Etappen auf diesem Weg sind das Konzil zu Ferrara-Florenz mit seinem Dekret ‚Laetentur coeli‘ vom 6. Juli 1439[165], der Abschluß des Wiener Konkordats im Jahre 1448[166], die Bulle ‚Exsecrabilis‘ vom 18. Jan. 1460[167] und schließlich das Laterankonzil 1512–1517, besonders die Bulle ‚Pastor aeternus‘ vom 19. Dez. 1516[168].

Paltz' Theologie zeigt wie die seiner Vorbilder Dorsten und Proles besonders eindrucksvoll, in welchem Maße die theologische Orientierung an Amtskirche und kirchlich geformter Frömmigkeit von seelsorgerlicher Programmatik getragen sein kann. Klerikales Standesbewußtsein und Streben nach ‚Erbauung‘ der verunsicherten Gläubigen[169] verbinden sich hier nahtlos zu einer Interessengemeinschaft und äußern sich in einem umfassenden institutionsbezogenen Garantieangebot, das durch seine Breite, Geschlossenheit und konsequente Durchführung besticht. Für die Darstellung des Alternativprogramms gegenüber dem Weg der Verinnerlichung dürfte sich daher wohl kein Theologe in den letzten Jahrzehnten vor der Reformation besser eignen als Paltz. Unter diesem Gesichtspunkt des Exemplarischen, den Blick auf den Einzelfall gelenkt, der bei aller Individualität doch eine bestimmte Tendenz zeitgenössischer Theologie repräsentiert, müssen wir uns nun die gedankliche Hauptlinie im Werk des Erfurter Augustinerprofessors vergegenwärtigen.

III. Die via securior des Johannes von Paltz

1. Grundlinien

Die Theologie des 15. Jahrhunderts besaß nach Kleineidam zwar „einen ungemeinen Reichtum an subtilen Kenntnissen, aber keine gesammelte theologische Kraft mehr"[170]. Gerade das wird man von Paltz nicht sagen können, denn er zeichnet sich weniger durch subtile Gedankenführung als durch kraftvolle Gestaltung seiner Themen unter der beherrschenden Perspektive des sakralinstitutionellen Garantieange-

---

[165] Conciliorum oecumenicorum decreta, 523–528, besonders 528: „Item diffinimus sanctam apostolicam sedem . . .“; vgl. Congar, Die Lehre von der Kirche. Vom Abendländischen Schisma bis zur Gegenwart, 35.

[166] Vgl. Gebhardt, Handbuch der deutschen Geschichte I, 671; ders., Die gravamina der Deutschen Nation, 1–4 und 114–125.

[167] Denzinger/Schönmetzer, Enchiridion symbolorum, Nr. 1375 (gegen die Appellation an ein künftiges Konzil).

[168] Conciliorum oecumenicorum decreta, 640–645.

[169] Siehe oben S. 146–156.

[170] Kleineidam, Die theologische Richtung der Erfurter Kartäuser, 267.

bots aus. A. Zumkeller bescheinigt ihm daher eine „kernige katholische Frömmigkeit"[171], und nach R. Cruel ist er aus ebendiesem Grund „der extremen Partei zuzuzählen, welche in Papstvergötterung und Marienverehrung, in Reliquiendienst und Ablaßverherrlichung, in Erfindung immer neuer Wunder und mechanischer Andachtsübungen, wie in Verfolgung von Ketzern und Hexen sich nicht genugthun konnte"[172]. Solche und ähnliche Urteile über Paltz blieben aber stets an der Oberfläche, weil sie die tieferen Beweggründe, die ihn zu einer so stark institutionsorientierten Theologie führten, außer acht ließen.

Seine Auffassung von der Intensität der Sündhaftigkeit und Schwäche des Menschen haben wir bereits kennengelernt[173]. Wir haben auch gesehen, wie sich damit die seelsorgerliche Grundintention des Augustiners verbindet, nicht nur eine kleine Schar von Frommen, sondern die große Masse der Durchschnittschristen und gerade die maximi peccatores zu Bekehrung, Befreiung von Schuld und Strafe und himmlischer Seligkeit zu führen[174]. Er hat es zwar auch mit verstockten Sündern zu tun, die sich wenig um ihr Heil sorgen und sagen: „Was kümmert mich das künftige Gericht, wenn ich nur hier in meinem Willen Frieden habe!"[175] Ihnen droht Paltz mit den Fegfeuer- und Höllenstrafen[176]. Wieder andere unterschätzen ihre Sünden, indem sie, wie er klagt, solche Todsünden, die ihnen zur täglichen Gewohnheit geworden sind, für läßliche Sünden halten[177]. Doch wendet sich Paltz weniger an die Verstockten und Selbstsicheren, denen erst die Größe ihrer Sünden und die Schrecken des Gerichts drastisch vor Augen geführt werden müssen, als vielmehr an solche Sünder, denen ihre Sündenlast bewußt ist und die vor dem Jüngsten Gericht zittern, die gerettet werden wollen[178], aber angesichts ihrer Schwäche zu verzweifeln drohen. Ihre Frage lautet: „Wie finde ich einen versöhnten Gott?"[179] Die angstvolle Sorge um Gnade und Heil, der Paltz zu begegnen sucht, spiegelt sich auch noch in

---

[171] Siehe oben S. 31 bei Anm. 111.

[172] Cruel, Geschichte der deutschen Predigt, 537.

[173] Siehe oben S. 150–153.   [174] Siehe oben S. 149f. und 153f.

[175] „Sed dicunt aliqui: Quid mihi de futuro iudicio, si hic pacem habuero in voluntate mea?" Suppl. fol. D4r. Vgl. oben Kap. 3 Anm. 57 (über die „tepidi christiani ... vix credentes iudicium futurum").

[176] Vgl. Suppl. fol. D3v–4r.

[177] „Sed laici multi non intelligunt istam distinctionem peccatorum (sc. zwischen peccatum mortale und veniale), sed putant haec esse venialia peccata, quae cotidie committunt, sicut male dicere, iurare, mentiri et alia huiusmodi ... Unde, quando confitentur, dicunt: Nihil mihi constat nisi de venialibus, id est de istis, quae cotidie facimus, quae saepius sunt mortalia. Ideo sunt informandi." Suppl. fol. q4v.

[178] „Sumus enim valde inopes in bonis operibus nunc temporis, et tamen adhuc libenter salvari vellemus." Coel. fol. Dd3v.

[179] „... quis dicat: Quomodo inveniam ipsum (sc. deum) placatum?" Coel. fol. O3v.

seinen beruhigenden Antworten, wenn er beispielsweise die Gegenfrage
stellt: „Was zittern wir (sc. vor Christus)? Warum schlottern wir bei
Gott aus Angst um unser Heil, ‚der doch um unseres Heiles willen von
den Himmeln herabgestiegen ist‘[180]? Wieso fürchten wir, von ihm
verdammt zu werden, der doch, damit wir nicht verdammt würden,
zum schändlichsten Tode verdammt werden wollte?“[181] Paltz hat seine
Werke auf die religiöse Verunsicherung der Zeit und auf das Drängen
der Gläubigen nach neuen Sicherheiten abgestimmt. Sein ganzes Bemühen ist darauf gerichtet, einen sicheren Weg zum Heil zu weisen, der vor
den Gefährdungen des Teufels, der Welt und der eigenen menschlichen
Unvollkommenheit[182] geschützt und doch so leicht zu begehen ist, daß
er auch den größten Sündern Sicherheit bietet. Dies ist der Trost und die
Stärkung, consolatio und confortatio[183], die Paltz spenden will, damit,
wie er immer wieder hervorhebt, niemand, weder im Leben noch in der
Todesstunde, verzweifeln muß[184]. Den vierten Teil der Coelifodina, der
weit mehr als die Hälfte des ganzen Werkes einnimmt, gliedert er darum
in „sieben Stärkungsmittel (confortativa) für den Sünder, damit er nicht
in der letzten Stunde verzweifelt“[185]. Und im Supplementum Coelifodinae läßt er das höllische Heer der desperatio auftreten, dem die Kirche
das Bollwerk der consolatio entgegenstellt[186], um die Kleinmütigen
(pusillanimes) zu trösten[187].

---

[180] Aus dem Symbolum Constantinopolitanum: DENZINGER/SCHÖNMETZER, Enchiridion symbolorum, Nr. 150.

[181] „De illo igitur, qui nos sic praevenit in benedictionibus dulcedinis, quid trepidamus?
Cur apud deum de salute nostra vacillamus, ‚qui propter nostram salutem descendit de
coelis‘? Quomodo damnari timemus ab eo, qui, ne damnaremur, morte turpissima
damnari voluit?“ Coel. fol. P 2r.

[182] Diese Trias oft bei Paltz, z. B. Coel. fol. O 6v. Sie spielt in der Theologiegeschichte
des ganzen Mittelalters eine dominierende Rolle: vgl. SCHWARZ, Art. ‚Anfechtung. II.
Mittelalter‘, 692.

[183] Vgl. Suppl. fol. k 2r (pro confortatione ... religiosorum vel religiosarum), n 4v
(propter religiosorum et religiosarum consolationem), a 2v (ad confortandum amicos in
pugna), r 1v (pro ... ampliori peccatorum consolatione).

[184] Siehe z. B. Coel. fol. O 6v: „Docui te, si peccaveris ..., quod nec in vita nec in morte
debeas desperare.“ Fun. I fol. 67r: „Sed si quacumque ex causa usque in finem poenitentiam distulerimus (emend. aus: distulerit), numquam desperemus.“ Vgl. unten Anm.
208.

[185] Überschrift: „De septem confortativis peccatoris, ne desperet in extremis.“ Coel. fol.
P 1r. Vgl. oben S. 123.

[186] Überschrift: „De tertio exercitu infernali, qui nuncupatur desperationis, et de tertio
propugnaculo turris Daviticae, quod dicitur consolationis et opponitur ei.“ Suppl. fol.
d 3v.

[187] „Contra illum exercitum, scilicet desperationis, sancta mater ecclesia erigit tertium
propugnaculum, quod appellatur consolationis. De quo propugnaculo consolatur pusillanimes, ne desperent.“ Suppl. fol. d 4r.

Solchen Trost, der für jedermann jederzeit präsent sein soll[188], findet nun Paltz nicht auf der Ebene persönlicher Frömmigkeit, in der inneren Läuterung zu vera poenitentia und amor iustitiae, so erstrebenswert ihm dieses Ziel auch ist[189]; denn die große Masse der Sünder sieht er von diesem Weg ausgeschlossen[190], und den übrigen gilt sein Rat, sich nicht dem trügerischen Boden der eigenen Frömmigkeit anzuvertrauen: „Niemand weiß, ob er jemals wahre Reue hat, denn ‚niemand weiß, ob er der Liebe oder des Hasses würdig ist' (Eccles. 9,1)."[191] Während Staupitz „die anthropologische Knechtschaft der frommen Selbstanalyse zu durchbrechen" sucht[192], indem er den nach Gewißheit strebenden Menschen auf die heilsbegründende Extra-Dimension der göttlichen Gnadenwahl und des Kreuzes verweist[193], sucht Paltz den Ausweg aus dem unsicheren Selbstpastorat, aus der angstvollen Suche nach vollkommener Buße im Weg zu den objektiven Garantien der kirchlichen Sakralinstitution. Vor dem Hintergrund dieser bergenden Extra-Dimension kommt dann im Supplementum Coelifodinae der klassische biblische Beleg für die Gnaden- und Heilsungewißheit Eccles. 9,1 nur noch als teuflische Anfechtung in den Blick. Das höllische Heer der Verzweiflung versucht den Gläubigen einzureden, es sei höchst ungewiß, ob das Geld für die Ablässe wirklich Nutzen bringe; denn die Ablässe seien nur bei den wahrhaft Reuigen wirksam, niemand aber wisse, ob er jemals wahrhaft bereut hat, da ‚niemand weiß, ob er der Liebe oder des Hasses würdig ist'[194]. Dies ist genau die Argumentation, die uns dann in Luthers 30. Ablaßthese begegnen wird: „Niemand hat Sicherheit über die Wahrheit seiner Reue, wieviel weniger über die Erlangung des vollen Erlasses (sc. der Sündenstrafe durch den Plenarab-

---

[188] Siehe oben S. 172.

[189] Siehe z. B. Suppl. fol. C1r: „Deus vult, ut homines nunc, id est tempore gratiae, ubi abundans desiderantibus suffragium praestatur gratiae, bene agant amore iustitiae et non timore poenae."

[190] Siehe oben S. 153f. und unten S. 280f.

[191] „Quidam sunt vere contriti, et sunt paucissimi. Et nemo scit, an umquam veram habuerit contritionem, quia ‚nemo scit, an odio vel amore sit dignus', Ecclesiastis 9." Coel. fol. Q5v.

[192] OBERMAN, Werden und Wertung der Reformation, 113.

[193] Siehe oben S. 236–238.

[194] „Et arguunt (sc. daemones de exercitu desperationis) primo sic: Nullus potest indulgentias percipere nisi vere contritus; sed nullus scit, an umquam fuerit vere contritus, quia ‚nemo scit, an amore vel odio dignus sit', Ecclesiastis 9." Suppl. fol. e6r. „Vocatur autem iste exercitus desperationis, quia suadet desperationem dicens: Dato quod sint indulgentiae et dato quod papa possit eas dare, tamen est impossibile, quod aliquis possit eas percipere: ... tertio propter gratiae carentiam, quia ‚nemo scit, an amore vel odio dignus sit', Ecclesiastis 9. Quare melius est dimittere quam pecunias inutiliter expendere." Suppl. fol. d4r.

laß)!"[195] Paltz' Antwort lautet: „Auch der nur unvollkommen Reuige (attritus) kann die Ablässe (wirksam) empfangen, denn durch die Kraft des Bußsakraments kann aus dem nur unvollkommen Reuigen ein wahrhaft Reuiger werden und dann wird er sofort geeignet zur Erlangung der Ablässe."[196] Den Satz aus Luthers Erläuterung zur 30. Ablaßthese, daß die Wirkung der Ablässe ungewiß ist, wenn sie sich auf das Gewissen des zu Absolvierenden und nicht auf die Schlüsselgewalt stützt[197], könnte Paltz mit voller Zustimmung unterschreiben[198]. Alles liegt ihm daran, die Sünder von der Fixierung auf den eigenen Seelenzustand und eine daraus abgeleitete Gewißheit oder Ungewißheit wegzuführen und ihnen in den Sicherungen der Papstkirche eine Gegeninstanz vor Augen zu halten, die das persönliche Unvermögen durch den unermeßlichen Reichtum ihrer geistlichen Schätze und durch das Angebot institutionalisierter und regulierter Frömmigkeitsformen auszugleichen vermag. Auch ihm geht es dabei wie Staupitz um eine Begegnung zwischen der „summa misericordia" Gottes und der „summa miseria" des Menschen, doch nicht um eine unmittelbare „coniunctio"[199], ein „directe cadere"[200], sondern um ein Zusammenfinden der „maxima dei misericordia"[201] und des „maximus peccator"[202] durch die Vermittlung der kirchlichen Heilsanstalt.

Den Grund dafür, daß die einen gerettet, die anderen verdammt werden, sieht Staupitz mit Augustin in der göttlichen Prädestination[203]. Paltz läßt sich auf dieses Thema nicht ein, und wohl kaum nur deshalb, weil es als Predigtstoff für simplices nicht gerade einladend war – für Staupitz war dies kein Hindernis –, sondern weil die augustinische

---

[195] „Nullus securus est de veritate suae contritionis, multominus de consecutione plenariae remissionis." WA 1,234,35f.

[196] Fortsetzung des oben Anm. 194 an erster Stelle zitierten Textes: „Respondet unus bombardariorum ex praedictis sic, quod etiam attritus potest percipere indulgentias, quia virtute sacramenti poenitentiae potest fieri de attrito contritus et tunc statim fit idoneus ad indulgentiarum perceptionem." Suppl. fol. e6r.

[197] „Nec indulgentiae quidem sunt, si incertae sunt; incertae vero sunt, si nituntur super absolvendi conscientiam, non super clavium potestatem." WA 1,586,32–34.

[198] Vgl. unten S. 282 bei Anm. 426.

[199] „Admirantur theologi unionem hypostaticam divinae naturae cum humana, immortalitatis cum morte, impassibilitatis cum dolore. Ego admiror coniunctionem summae misericordiae cum summa miseria." STAUPITZ, De exsecutione, c. 10 §64.

[200] Siehe oben S. 235 bei Anm. 101.

[201] Siehe z. B. Suppl. fol. n4v.

[202] Siehe z. B. Coel. fol. T1v–2r: „Infinita misericordia dei in isto sacramento (sacrae unctionis) latet ... sacra unctio est unum ‚foramen' ultimae evasionis gratiae et misericordiae dei, per quod peccator etiam maximus potest evadere et regnum coelorum introire (vgl. Mt. 19,24 parr)." Vgl. oben S. 151 bei Anm. 130 und 131; S. 154 bei Anm. 147.

[203] Siehe oben S. 236–238.

Prädestinationslehre nicht in seine theologische Konzeption paßte[204]. Im
Zentrum seiner Theologie steht das Interesse an der heilsbegründenden
und garantiespendenden Wirksamkeit der kirchlichen Sakralinstitution.
Ein konsequentes Ernstnehmen der Prädestination ‚ante praevisa
merita' würde zwar eine Mittlerrolle der Kirche im Zuge der ‚exsecutio
aeternae praedestinationis'[205] nicht ausschließen, aber eine alles entscheidende, heilsbegründende Rolle der Sakralinstitution desavouieren. Von
Gnaden- und Heilsgarantien der Kirche könnte man dann strenggenommen nicht mehr sprechen, denn über Heil oder Verdammnis eines
Menschen wäre bereits entschieden, ehe die Kirche ihre Tätigkeit entfaltete. Staupitz und Paltz zeigen – zur gleichen Zeit, im gleichen Orden
und auf dem gemeinsamen Boden spätmittelalterlicher Frömmigkeitstheologie – den Gegensatz zweier in sich stimmiger Positionen, zwischen einer konsequent verstandenen Garantiefunktion der Prädestination und einer ebenso folgerichtig konstruierten Garantiefunktion des
kirchlichen Apparates.

Einen Ausweg aus dem angstvollen Fragen nach persönlicher religiöser Leistung konnte Paltz freilich mit seiner Konzeption nicht bieten,
obwohl sie ein wahres Netzwerk objektiver Sicherungen knüpft. Es
bleibt die Frage, wieso trotz der kirchlichen Garantien ein Teil der
Sünder nicht zum Heil gelangt. Die Antwort findet Paltz, da er von der
Prädestination und einem entsprechenden zuvorkommenden Gnaden-
wirken Gottes absieht, in der persönlichen freien Entscheidung des
einzelnen. Die einen folgen dem einladenden Ruf der Kirche, die
anderen nicht, die einen tun, was in ihrem Vermögen steht (faciunt
quod in se est)[206], die anderen nicht. Es wird hier ein Vorgang sichtbar,
den W. Werbeck in einem anderen Zusammenhang so formuliert hat:
„Je mehr die objektive Gültigkeit der Sakramente und des durch die
Kirche vermittelten Heilshandelns betont wird, desto mehr muß sich
der einzelne prüfen und daraufhin befragen lassen, ob er die Voraussetzungen mitbringt, unter denen er Anteil an diesem objektiven Geschehen bekommen kann."[207] Paltz versucht die Anforderungen an das facere
quod in se est und damit die notwendigen Voraussetzungen für die
Wirksamkeit der Sakramente, Ablässe und anderen sakralinstitutionel-

---

[204] So empfiehlt Paltz eine Marienverehrung, die darauf zielt, „ut ipsa (sc. Maria) nobis
gratiose impetret electorum numero coniungi" (Sept. fol. A 4v). Ob der Mensch der Zahl
der Erwählten zugerechnet wird, entscheidet sich also nach Paltz erst in seinem Leben und
ist bis zu seiner Todesstunde absolut – auch a parte dei – offen.

[205] Siehe oben S. 240 bei Anm. 127 und 128.

[206] Eine vollständige Aufzählung der Stellen, an denen Paltz vom ‚facere quod in se est'
spricht, würde ins Uferlose führen; es sei auf die im folgenden und unten S. 277–280
genannten Stellen verwiesen.

[207] Werbeck, Voraussetzungen und Wesen der scrupulositas, 341.

len Garantien auf ein Minimalprogramm herabzudrücken[208], um auch den größten Sündern, die noch nie in ihrem Leben etwas Gutes getan haben[209], den Zugang zu Gnade und Heil offenzulassen und die Wirksamkeit der kirchlichen Sicherungen um so stärker hervorheben zu können; denn je weniger vom einzelnen Sünder verlangt wird, desto mehr geht auf das Konto des Leistungsvermögens der Kirche, desto größer wird auch die Gnaden- und Heilssicherheit, die der Christ gewinnen kann. Am deutlichsten zeigt sich die Tendenz zur Minimalisierung der Anforderungen in Paltz' Vorliebe für Verbindungen mit ‚saltem'[210]: Wenn der Sünder eine bestimmte Leistung nicht erbringen kann, dann soll er ‚wenigstens' das tun, was ihm möglich ist, und die institutionellen Garanten werden das Fehlende ergänzen. So gibt Paltz im Rahmen der ‚ars bene moriendi' folgenden Rat: „Wenn du keine kindliche Furcht aus Liebe zu Gott haben kannst, so habe *wenigstens* eine knechtische Furcht aus Furcht vor Tod und Hölle und fliehe zu den Sakramenten, denn durch die Kraft gewisser Sakramente kann aus einer knechtischen Furcht eine kindliche Furcht hervorgehen."[211]

Aber so sehr Paltz auch auf die Schwäche der Sünder Rücksicht nimmt und so sehr sein seelsorgerliches Programm darauf abzielt, sie über institutionelle Brücken zu Gnade und Heil zu führen, es bleibt ein Minimum an eigener Leistung, zu dem der Sünder, ob peccator fidelis oder infidelis – Heide, Jude und Häretiker[212] –, verpflichtet ist. Es ist nun von größter Wichtigkeit, wie Paltz das traditionelle facere quod in se est

---

[208] Siehe besonders unten S. 283f.; vgl. z. B. die Empfehlung an den Beichtvater in Coel. fol. Aa1v: „Deberet (confessor) sibi (sc. confitenti) condescendere usque ad *minima* (d. h. bis zur mindestmöglichen Anforderung an Satisfaktionsleistung), ne sibi (sc. confitenti) detur occasio desperationis."

[209] Siehe z. B. Fun. I fol. 63v: „... etiamsi nihil boni in tota vita sua suscepisset sive fecisset"; Fund. fol. b8r: „... ob er nie kein gut getan hette, sonder vil ubels"; Suppl. fol. s1v: „... peccator, qui numquam aliquid boni fecisset et esset tamen christianus"; vgl. unten S. 274 bei Anm. 357.

[210] Siehe oben S. 201.

[211] „Et si non vales habere timorem filialem ex amore dei, habeas *saltem* timorem servilem ex timore mortis et inferni et fugias ad sacramenta, quia virtute quorundam sacramentorum (sc. Buße, Firmung, Abendmahl, Letzte Ölung; siehe unten S. 273) de timore servili potest venire timor filialis, sicut de attritione contritio, ut postea patebit." Coel. fol. O1r. Vgl. z. B. Coel. fol. O4v: „Sed diceret quis: Ego non possum habere bonam voluntatem et displicentiam veram peccatorum. Dico: Si non habes, doleas te non habere. Si non perfecte odis peccata tua, doleas te non odire. Si non habes devotionem, doleas te non habere ... Si non doles pro peccatis tuis ex timore filiali, id est ex amore dei, tunc *saltem* doleas pro eis ex timore servili, id est ex timore inferni vel mortis, et fugias ad sacramenta Christi, et iuvaberis per ipsa, ut ad veram contritionem pervenias, ut postea patebit." Vgl. auch unten S. 254 bei Anm. 216.

[212] „Cum omnes infideles sint aut gentiles aut Iudaei aut haeretici, si singuli facerent quod in eis est, illuminarentur et salvarentur." Suppl. fol. r6r.

näher bestimmt, denn auch seine Ordensbrüder Staupitz[213] und Luther[214] konnten diesen Begriff zustimmend aufnehmen, allerdings in einem völlig anderen Sinn, der sich aus Wesen und Funktion der gratia praeveniens ergibt. Bei Paltz sind vor allem fünf Aspekte des facere quod in se est hervorzuheben:

1. Das Bemühen des Sünders ist eine Betätigung seines freien Entscheidungsvermögens (liberum arbitrium). In seiner Macht steht es, ob er dem Ruf der Kirche zustimmen *will* oder nicht. „Wenn er zustimmen will, wird er gerechtfertigt, wenn nicht, wird er verdammt."[215] Der Willensbegriff, das ‚si voluerit', spielt in diesem Zusammenhang überhaupt eine zentrale Rolle bei Paltz. Wenigstens der gute Wille, „bona saltem voluntas"[216], wird als Vorbereitung[217] auf den Empfang der rechtfertigenden Gnade vom Sünder verlangt.

2. Diese Betätigung des freien Willens geschieht ex puris naturalibus[218], aus rein natürlichem Vermögen, wobei selbstverständlich das ‚purus' nicht mit ‚integer', sondern mit ‚solus' gleichzusetzen ist. Durch rechten Gebrauch seiner nach dem Fall verbliebenen natürlichen Fähig-

---

[213] Siehe oben S. 239; vgl. auch S. 242 bei Anm. 143.

[214] Siehe z. B. Dictata super Psalterium, schol. zu Ps. 113,1 (WA 4,262,4–11). Vgl. dazu GRANE, Contra Gabrielem, 296–301; OBERMAN, Wir sein pettler. Hoc est verum, 246–251; SCHWARZ, Vorgeschichte der reformatorischen Bußtheologie, 249–259; BAYER, Promissio, 115–143; OZMENT, Homo Spiritualis, 159–183.

[215] „Quarto cooperator (deus) nobis in motu liberi arbitrii, nam liberum arbitrium sine eo nihil potest. Ideo praevenit ipsum per gratiam gratis datam, qua revocat ipsum a malo et excitat ad bonum; et stabit in eo, an velit consentire vel dissentire. Si voluerit consentire, iustificabitur, si non, tunc damnabitur." Suppl. fol. r2r; die Funktion der gratia gratis data wird unten erläutert. Zum liberum arbitrium vgl. auch unten Anm. 217.

[216] Coel. fol. P2r; vgl. O4r (curare bonam assumere voluntatem). Vgl. auch Fun. I fol. 64v: „Ars illa prudenter negotiandi circa mortem propriam non est omnium, sed credentium solum et libero arbitrio saltem bene ⟨utentium⟩ in fine"; vgl. Coel. fol. N6v.

[217] Siehe z. B. Suppl. fol. r2r: „Sed quaeris: Quomodo liberum arbitrium debet consentire? Dico, quod debet se praeparare et facere quod in se est."

[218] Coel. fol. O2r/v (mehrmals), z. B. „Deus ... sic induravit cor Pharaonis (vgl. Ex. 9,12 u. ö.) ..., quod non contulit gratiam ei, quia non fecit quod in se fuit, hoc est non fecit, quod facere ex puris naturalibus." Zwar beruft sich Paltz in diesem Zusammenhang (fol. O2r) auf SIMON VON CASCIA, De gestis domini salvatoris 13 (fol. Q2rb/va), doch ist bei Simon im Unterschied zu Paltz nicht von einem ex puris naturalibus oder überhaupt von den natürlichen Kräften des Menschen die Rede und auch nicht vom facere quod in se est des Sünders und einem mereri de congruo. Lediglich vom freien Willen des Sünders spricht er, kraft dessen sich dieser für oder gegen Christus entscheiden könne. Vgl. auch ZUMKELLER, Die Augustinerschule des Mittelalters, 215. – Siehe auch Coel. fol. Q6v: „... talis (sc. attritus) utique faceret quod in se est, quia hoc faceret, quod posset ex puris naturalibus. Dicit enim magister Ioannes Gerson, quod facere, quod in se est, est facere, quod quis potest ex puris naturalibus."

keiten, der recta ratio[219] und synteresis[220], die dem liberum arbitrium
Orientierungspunkte geben, gelangt der Mensch in den Besitz der gratia
gratum faciens. So habe sich Christus gegenüber den beiden Schächern
am Kreuz völlig gleichartig verhalten, aber der eine habe seine naturalia
wohl gebraucht, der andere nicht; darum habe sich Christus des einen
erbarmt, des anderen nicht[221]. Wichtig ist, daß Paltz durch den Begriff
ex puris naturalibus nicht nur die Bekehrung des Ungläubigen, sondern
auch die Reue des rückfällig gewordenen Christen qualifiziert. Facere
quod in se est ist für Paltz grundsätzlich facere ex puris naturalibus[222]. Er
beruft sich dabei auf das angebliche Gerson-Diktum: „Facere, quod in se
est, est facere, quod quis potest ex puris naturalibus."[223]

3. Das facere quod in se est des Todsünders setzt Paltz ferner mit
einem mereri de congruo gleich[224], d. h. dem Erwerb von Billigkeits-
oder Angemessenheitsverdiensten im Unterschied zu Würdigkeitsver-
diensten (merita de condigno), wie sie dem Christen nach Empfang der
rechtfertigenden Gnade möglich sind. Das ‚de congruo' besagt: Es ist
der Barmherzigkeit Gottes angemessen, daß er dem Sünder, der tut,
was in seinen Kräften steht, die habituelle Gnade schenkt. Diese Lehre
vom meritum de congruo hatte sich unter dem Einfluß der Franziskanertheologen Bonaventura und Duns Scotus seit dem Beginn des 14.
Jahrhunderts allgemein, wenn auch nicht unwidersprochen – man denke
gerade an die Kritik aus den Reihen des Augustinereremitenordens –, in
der scholastischen Theologie durchgesetzt[225].

4. Die Bestimmung des facere quod in se est durch die Aspekte
liberum arbitrium/voluntas, ex puris naturalibus und meritum de congruo schließt nicht aus, daß Paltz die Vorbereitung des Sünders auf die
rechtfertigende Gnade zugleich als Frucht eines vorausgehenden göttlichen Gnadenwirkens, der gratia gratis data, sieht[226]. Dieser Begriff ist in

---

[219] Coel. fol. O2v und Suppl. fol. r6r: jeweils Zitat aus SUMMA HALENSIS III p. 3 inq. 1
tract. 1 q. 5 m. 3 ad 6 (IV 995a n. 629). Vgl. Coel. fol. O1v: „Latro iste (sc. dextralis) bene
utens ratione fuit iustus factus."

[220] Coel. fol. O3r: Zitat aus SUMMA HALENSIS III p. 3 inq. 1 tract. 1 q. 5 m. 3 ad 7 (IV
995b n. 629).

[221] Coel. fol. O2r.

[222] Siehe oben Anm. 218 (am Ende).

[223] Coel. fol. O2r und Q6v (zitiert oben in Anm. 218). Dieser Definition kommt am
nächsten GERSON, De directione cordis 43 (ed. Glorieux VIII 111).

[224] Coel. fol. O3r; Bb2v; Suppl. fol. r2v: Zitat aus BONAVENTURA, Breviloquium 5,2 (V
254a/b); r4v: Zitat aus HUGO RIPELIN VON STRASSBURG, Compendium theologicae veritatis
5,11 (fol. 79v–80r); s4r: Zitat aus DUNS SCOTUS, Sent. IV (Ordinatio) d. 14 q. 2 art. 2 resp.
(IX 45 n. 14).

[225] Vgl. den Überblick über die Geschichte des Begriffs bei HAMM, Promissio, Pactum,
Ordinatio, 445–453.

[226] Suppl. fol. r2r; zit. oben Anm. 215. Vgl. Suppl. fol. r2v: Zitat aus BONAVENTURA,

der Tradition sehr schillernd: Er kann einmal die Gnadengaben bezeichnen, die der Kirche und ihren Amtsinhabern zum Wohle des Kirchenvolkes verliehen werden, vor allem die gratia praedicandi; klassische
Schriftstelle ist 1. Cor. 12,4–11[227]. Zum andern ist mit gratia gratis data
eine Gnadenhilfe für den Sünder gemeint, die sein facere quod in se est
überhaupt erst in Gang setzt, wobei freilich die Vorstellungen über die
Intensität dieser Gnadenhilfe in sehr verschiedene Richtungen gehen
können; sie reichen von der natürlichen Ausstattung des Menschen bis
zu einem anregenden Wirken des Heiligen Geistes im Herzen des
Sünders. Paltz nimmt mit seiner Auffassung von der gratia gratis data
eine Zwischenstellung ein. Sie ist für ihn mehr als nur ein bonum
naturae, aber doch nichts anderes als ein von außen kommender einla-
dender Ruf zur Umkehr, dem der Sünder zustimmen oder den er
ablehnen kann: „Stabit in eo, an velit consentire vel dissentire."[228] Paltz
denkt dabei insbesondere an das Medium der Kirche, d.h. an ihre
Aufforderungen zur Buße durch Prediger und Beichtväter[229], und verbindet so den ekklesiologischen Aspekt der gratia gratis data (z.B. gratia
praedicandi[230]) mit dem Gesichtspunkt der Vorbereitung des Sünders auf
den Gnadenhabitus. Die gratia gratis data für die kirchlichen Amtsträger
ist zugleich die gratia gratis data für den Sünder. Dieses werbende
Angebot der Kirche tritt, da es an das liberum arbitrium gerichtet ist,
nicht in Konkurrenz zu den natürlichen Möglichkeiten des Menschen,
sondern verweist ihn auf den Spielraum seiner naturalia im facere quod
in se est. Der Gedanke an eine aktuale Gnadenhilfe im Sinne der
Lehrrichtung Gregors von Rimini liegt Paltz völlig fern[231]. – Es dürfte
deutlich sein, daß sich Paltz an diesem Punkt seiner Theologie sehr weit
von der angeblich „einheitlichen Lehrrichtung" der mittelalterlichen
Augustinerschule entfernt, wie sie besonders A. Zumkeller darstellt.
Wir werden darauf zurückkommen[232]. Die Betonung des facere quod in
se est auf der Grundlage der natürlichen Verstandes- und Willenskräfte
des Menschen erinnert vor allem an die nominalistische, und zwar
speziell an die ockhamistische Rechtfertigungslehre, die im 15. Jahrhundert besonders durch die Vermittlung Gersons weiterwirkte und so

---

Breviloquium 5,2 (V 253b); r 4r: Zitat aus Hugo Ripelin von Strassburg, Compendium
theologicae veritatis 5,1 (fol. 76r).

[227] Vgl. Coel. fol. Bb 2v; hier hebt Paltz aus der Reihe der „bona gratuita gratis data" die
„gratia praedicandi" besonders hervor.

[228] Siehe oben Anm. 215. Vgl. den großen Abschnitt über die vocatio in Suppl. fol.
d 4r–6r.

[229] Siehe besonders Suppl. fol. d 5v (Vocavi … vos per praedicatores et aliis modis) und
d 6r (Vobis ingressi per praedicatores et confessores vel instinctus angelicos).

[230] Siehe oben Anm. 227.

[231] Siehe unten S. 325 bei Anm. 142.   [232] Siehe unten S. 303 ff.

auch, losgelöst vom nominalistischen Gesamtsystem, Frömmigkeitstheologie wie kirchliche Verkündigung und Seelsorge durchfärbte.
Wichtig ist in diesem Zusammenhang auch, daß Paltz an keiner Stelle
seiner Werke Kritik am Pelagianismus und seiner Lehre von den natürlichen Möglichkeiten des Menschen übt. Anders z. B. der Skotist Stephan
Brulefer, ein älterer Zeitgenosse von Paltz (gest. um 1497), der die
Auffassung, der Mensch könne sich mit Hilfe seines „liberum arbitrium
ex suis puris naturalibus" auf die rechtfertigende Gnade vorbereiten, als
pelagianisch brandmarkt[233]; denn auch die Furchtreue (attritio), die als
Vorbereitung genüge, sei eine gratia gratis data, d. h. eine Gabe des
Heiligen Geistes[234]. Hier tritt ein bestimmtes, enger gefaßtes Verständnis
der gratia gratis data in einen Gegensatz zur Dimension des ex puris
naturalibus, der Paltz fremd ist.

5. Das Stichwort attritio führt uns zur inhaltlichen Bestimmung des
facere quod in se est, durch die sich Paltz sehr klar von der ockhamistischen Position, wie sie uns etwa im Kontritionismus Gabriel Biels
begegnet, distanziert. Entscheidend für den Unterschied ist die Frage,
wozu der Mensch aus natürlichen Kräften fähig ist, welche Reichweite
sein facere quod in se est besitzt. Während Biel als Vorbereitung auf die
Rechtfertigung eine wahre Reue (contritio) aus Liebe zu Gott über alles
um seinetwillen (super omnia, propter deum) für möglich hält und
fordert[235], erwartet Paltz im Regelfall nur einen gewissen minderen Grad
von Furchtreue. Wir werden auf das Wesen dieser attritio, die der
Ergänzung durch das Bußsakrament bedarf, unten näher eingehen[236].
Am Rande kommt Paltz auch auf das facere quod in se est der ungläubigen Sünder, der Heiden, Juden und Häretiker, zu sprechen[237] und läßt
seine eigenen Erfahrungen, die er bei seiner Missionsreise nach Böhmen
machen konnte[238], einfließen. Hier geht es dann nicht um das Problem
der rechten Reue, sondern um die Frage: Wie kommt der Ungläubige
zum rechten Glauben, zur illuminatio[239]? Sein facere quod in se est tritt

---

[233] STEPHAN BRULEFER O.F.M., Traktat De timore servili, passim, z. B. fol. 50r:
„Ulterius patet, quod tales asserentes gratias gratis datas esse vanas et inutiles appropin-
quant ad errorem sive haeresim ipsius Pelagii, qui negabat huiusmodi gratias gratis datas
asserendo liberum arbitrium ex suis puris naturalibus seclusa quacumque gratia a spiritu
sancto gratis data se sufficienter disponere ad gratiam gratum facientem."

[234] Zur Reuelehre Stephan Brulefers vgl. HEYNCK, Zur Lehre von der unvollkommenen
Reue, 47–58; ders., Attritio sufficiens, 119 f.

[235] Vgl. OBERMAN, Der Herbst der mittelalterlichen Theologie, 139–152, besonders 148;
GRANE, Contra Gabrielem, 223–261, besonders 247–250.

[236] Siehe unten S. 276 f.   [237] Suppl. fol. r 6r–s 1r.

[238] Siehe oben S. 91 f.

[239] Suppl. fol. r 5v: Fragestellung: „An quilibet infidelis etiam omni tempore vitae suae
possit ad fidem converti et salvari." Vgl. Coel. fol. O 2v: „Dominus deus hodie probat
peccatores tam fideles quam infideles, an velint facere quod in eis est, ut convertantur ad

in Erscheinung als rastlose Suche nach der Wahrheit, als Wissen-Wollen und Nachfragen, als Sehnsucht nach Klarheit, als an Gott gerichtetes Gebet um Erleuchtung und als Betätigung natürlicher Regungen, z. B. von Mitleid[240]. So wurde der Schächer am Kreuz von Christus erleuchtet, weil er bei der Lästerung der Juden Mitleid mit Christus zeigte – „naturali et humano modo compatiebatur" –, sich verwundert fragte, ob dieser wohl der Messias sei, und mit Sehnsucht die Wahrheit wissen wollte[241]. Von einer gratia gratis data oder vocatio dei spricht Paltz in solchen Zusammenhängen, die vom facere quod in se est des infidelis handeln, nie, wahrscheinlich deshalb, weil er, wie wir sahen, bei der gratia gratis data insbesondere die vocatio der Kirche im Blick hat.

Zusammenfassend läßt sich somit sagen, daß das facere quod in se est, wie es Paltz entfaltet, vor allem durch zwei Aspekte gekennzeichnet ist: Einerseits betont er im Sinne der Tradition der älteren und jüngeren Franziskanerschule (Summa Halensis – Duns Scotus) sowie des Nominalismus (Ockham – Gerson – Biel) die inchoative Funktion der naturgegebenen Möglichkeiten des Menschen und die Notwendigkeit ihrer Entfaltung. Das facere quod in se est ist nicht bereits die Folge eines speziellen Gnadenbeistandes Gottes – man denke an das auxilium dei speciale Gregors von Rimini[242] oder das iuvamentum dei causale (speciale, gratiosum) Hugolins von Orvieto[243] –, erst recht nicht wie bei Staupitz[244] und dem jungen Luther[245] immer schon eine Wirkung der rechtfertigenden Gnade, sondern es hat als Betätigung ex puris naturalibus heilsbegründende Kraft und entscheidet über Heil und Verdammnis. Andererseits teilt Paltz mit diesen vier Theologen seines Ordens, d. h. der Gregor-Schule und dem Staupitz-Kreis, die Auffassung, daß der Mensch kraft seiner natürlichen Fähigkeiten nicht zu einem Akt reiner Gottesliebe und somit nie zu einer wahren Reue gelangen kann[246].

---

deum per poenitentiam (sc. die fideles) vel fidem (sc. die infideles)." Vgl. GABRIEL BIEL, Collectorium circa Sent. II d. 27 q. un. art. 2 concl. 4 K: „Infidelis facit quod in se est, dum arbitrium suum conformat rationi ac toto corde petit ac quaerit illuminari ad cognoscendum veritatem, iustitiam et bonum. Fidelis vero facit quod in se est, si secundum regulam fidei detestatur peccatum proponens in omnibus oboedire deo et eius praecepta servare. Peccatum detestando removet obicem."

[240] Suppl. fol. r6r/v.   [241] Coel. fol. O2r.

[242] Siehe STEGMÜLLER, Gratia sanans, 395–410; ZUMKELLER, Die Augustinerschule des Mittelalters, 222; GUMPEL, Actus moraliter boni, besonders 178–232; BURGER, Der Augustinschüler gegen die modernen Pelagianer.

[243] Siehe ZUMKELLER, Hugolin von Orvieto über Urstand und Erbsünde, 25–43; ders., Hugolin von Orvieto über Prädestination, Rechtfertigung und Verdienst, 19–21.

[244] Siehe oben S. 239 bei Anm. 125.

[245] Siehe HAMM, Promissio, Pactum, Ordinatio, 380–382 und die dort genannte Literatur.

[246] Siehe unten S. 276.

Auch er veranschlagt die Sündhaftigkeit und Schwäche der menschlichen Natur in solchem Maße, daß er in schärfstem Gegensatz zur franziskanisch-nominalistischen Tradition das facere quod in se est auf ein Minimalprogramm reduziert, dem ein Maximalprogramm sakralinstitutioneller Effizienz entspricht. Entscheidend für das Verständnis von Paltz ist, daß er das natürliche Bemühen des Sünders weitgehend nur als auslösenden Faktor für das Funktionieren der kirchlichen Gnaden- und Heilsgarantien beschreibt. Der subjektive Gesinnungs- und Willensfaktor soll soweit wie möglich auf Kosten objektiver Sicherungen entlastet werden.

Die mit der sakralinstitutionellen Orientierung verbundene Reduktion des persönlich-individuellen Frömmigkeitsmoments, wie sie uns in der Minimalisierung des facere quod in se est entgegentritt[247], zeigt sich auch in der fehlenden Mystik-Rezeption. Hier ist der Bruch zu den Interiorisierungstendenzen des Spätmittelalters besonders offenkundig. Der Befund bei Paltz sei kurz in Erinnerung gerufen: Auffallend ist zunächst, daß Paltz die gesamte Tradition der deutschen und niederländischen Mystik des 13. und 14. Jahrhunderts aus seiner Theologie ausklammert[248]. Bei den Vertretern der romanisch-mystischen Tradition ist das Bild differenzierter: Richard von St. Viktor zitiert er nur wenige Male[249], Hugo von St. Viktor[250], Bonaventura[251] und Gerson[252] dagegen häufig, aber nicht als mystisch-kontemplative Schriftsteller, Bonaventura z. B. fast nur aus seinem Sentenzenkommentar und Breviloquium[253]. Bernhard von Clairvaux ist für Paltz eine der ganz großen Autoritäten[254], nicht aber als Lehrer des mystischen Aufstiegs zur Süße der Gottesliebe und Gottesschau, sondern lediglich unter dem Gesichtspunkt der Selbsterkenntnis des Sünders und vor allem der Passionsmeditation. Was für Bernhard nur Ausgangspunkt und Zwischenstation auf dem Wege zur unio ist, wird hier zum Inbegriff „einer gänzlich unmystischen, unspekulativen, volkstümlichen Frömmigkeit"[255], wie sie Paltz bereits im 14. Jahrhundert bei Albert von Padua, Simon von Cascia und Ludolf von Sachsen in ihren von Bernhard beeinflußten Anleitungen zur Passionsmeditation vorfindet[256] und nun noch stärker vereinfacht, in hohem Maße schematisiert und in sein Minimalpro-

---

[247] Vgl. oben S. 160–163.
[248] Siehe oben S. 201; einzige Ausnahme: ein Zitat aus Seuses Horologium Sapientiae.
[249] Siehe oben S. 194.   [250] Siehe oben S. 194.
[251] Siehe oben S. 196.   [252] Siehe oben S. 202.
[253] Siehe die Register der Zitate in den Bänden der Paltz-Edition.
[254] Siehe oben S. 193.
[255] Elze, Züge spätmittelalterlicher Frömmigkeit, 389 (über die durch die Meditationes vitae Christi vermittelte Bernhard-Rezeption im Spätmittelalter).
[256] Siehe oben S. 199.

gramm frommen Lebens einpaßt. Der Grund, warum Paltz das mystisch-ekstatische Element nicht in seine Theologie einbezieht[257] und den ganzen Zweig der deutsch-niederländischen Mystik unbeachtet läßt, ist wohl nicht nur in seiner Absicht zu sehen, statt elitärer Spiritualität eine konkrete Frömmigkeit für den Alltag des Durchschnittschristen zu bieten[258], und auch nicht nur allgemein in jener Reduktion des persönlich gefärbten affektiven Lebens, die dem Blick auf die Garantien der Papstkirche entspricht. Ozment hat auf den latenten ‚trans-institutionellen‘ und daher auch potentiell ‚anti-institutionellen‘ Zug der Mystik hingewiesen[259] und ihn auf die Formel „mystical theology as a dissent ideology" gebracht[260]. Gerade diese verinnerlichenden, zur Sakralinstitution in Spannung tretenden Tendenzen mußten die Mystik aber Theologen wie Paltz verdächtig machen. Für Eckhart und Tauler besaßen, wie Ozment sagt, die religiösen Institutionen nur insoweit einen Wert, sofern sie dem Rückzug in die Tiefen der Seele dienen konnten[261]. Bei Paltz dagegen ist es gerade umgekehrt: Er läßt die persönliche Frömmigkeit nur soweit zum Tragen kommen, sofern sie sich in den institutionellen Rahmen einfügen und auf sein Sicherheitsangebot beziehen läßt.

2. Etappen der via securior

Als der sicherere Weg[262] zu Gnade und Heil, den Paltz dem menschlichen Unvermögen und der drohenden Verzweiflung entgegensetzt, gilt ihm, wie wir sahen, jener Weg, der nicht auf dem trügerischen Boden persönlicher Devotion, sondern auf dem festen Grund sakralinstitutioneller Garantien angelegt ist. Unter diesem frömmigkeitstheologischen Aspekt zeigt sein Werk auch jene zu Extremen neigende Parteilichkeit, gedankliche Konsequenz und Geschlossenheit, die ihm abzugehen scheint, wenn man es nur unter dem Gesichtspunkt der akademischen Schulgegensätze betrachtet. Es würde den Rahmen unserer Untersuchung sprengen, wollten wir versuchen, ein lückenloses Bild der sakralinstitutionellen Orientierung des Erfurter Augustiners zu vermitteln. Zu viele Themen seiner Theologie wären in extenso darzustellen. Doch wollen wir zum Abschluß dieses Kapitels diejenigen zentralen thematischen Punkte nennen, die einen besonders guten Einblick in die Funktion der institutionellen Garantien bei Paltz gewähren und damit, wenn

---

[257] Siehe oben S. 160–163.   [258] Siehe oben S. 171 f.
[259] Ozment, Mysticism and dissent, 8.
[260] Ebd. 1–13.   [261] Ebd. 12.
[262] Von der via securior spricht Paltz in Suppl. fol. p6v, und zwar hinsichtlich der bestmöglichen Art der Beichte.

auch nur an exemplarischen Texten, den roten Faden seiner Theologie
erkennen lassen. Deutlich wird dabei, wie eng die Einzelaspekte miteinander verwoben sind; es handelt sich um ständig neue Variationen des
beherrschenden Leitmotivs.

a) Barmherzigkeit Gottes

Die Frage, wie der sündige Mensch der Barmherzigkeit Gottes teilhaftig werden kann, beherrscht die Frömmigkeitstheologie am Vorabend der Reformation[263]. Nicht also die Tatsache an sich, daß die
misericordia dei oder Synonyme wie pietas, liberalitas, clementia und
largitas dei im Zentrum der Paltzschen Theologie stehen[264], verrät sein
besonderes Interesse, sondern die Art und Weise, wie er die Barmherzigkeit Gottes zum Menschen gelangen läßt. Es sind die institutionellen
Garantien, besonders Sakramente und Ablässe, durch die das barmherzige Wirken Gottes in seinen Augen erst zur Entfaltung kommt. In
Hinblick auf die priesterliche Wandlung der unvollkommenen zur
vollkommenen Reue, wie sie für den Sünder vor allem durch die
Absolution beim Bußsakrament, aber auch durch Firmung, Eucharistie
und Letzte Ölung zu erlangen ist[265], kann Paltz daher den Satz wagen:
„Gott, der Herr, ist barmherziger und freigebiger durch die Priester als
durch sich selbst." Selbstverständlich meint er damit, wie er erläuternd
hinzufügt, nicht das Wesen Gottes, sondern sein Wirken ad extra –
„quantum ad effectum et exhibitionem" –, denn Gott wirke mehr
Wohltaten durch Vermittlung der Priester als ohne sie. Ohne das
Priesteramt würde er nämlich nur ganz wenige, „paucissimi", retten,
jene „minima pars christianorum", die auch ohne sakramentale Hilfe zu
einer wahren Reue gelangen könnte[266]; nun aber, da sich Gottes „infinita
et immensa ... bonitas et misericordia"[267] gerade durch die priesterliche

---

[263] Siehe oben S. 170f.

[264] Siehe die Register zu den Bänden der Paltz-Edition.

[265] Siehe unten S. 279 bei Anm. 406.

[266] „Ex quibus sequitur, quod dominus deus est magis misericors et liberalior per
sacerdotes quam per se ipsum loquendo non quantum ad naturam suam, sed quantum ad
effectum et exhibitionem, quia plura beneficia exhibet mediantibus sacerdotibus quam
sine ipsis: Quia sine ministerio sacerdotum paucissimos salvaret et quia, si aliquos salvaret
absque sacerdotibus, essent vere contriti, qui non possent habere sacerdotes – et tales sunt
paucissimi; vel etiam essent attriti in primo gradu – et tales etiam sunt pauci. Et sic minima
pars christianorum salvaretur etiam non contemnentium, et sic ‚evacuaretur crux Christi',
quod est contra Apostolum (1. Cor. 1,17)." Coel. fol. R 2r. – Zum Gedanken, daß sich
Gott durch die Vermittlung des Priesters barmherziger erweist als durch sein unmittelbares Wirken, vgl. Coel. fol. T 4v–5r (zit. unten Anm. 322) und Suppl. fol. e 1v (zit. unten
Anm. 360).

[267] Coel. fol. P 1v.

Gnadenvermittlung offenbart[268] und sich gleichsam in die Sakramente und Ablässe hineinbegibt[269], gilt sie auch der großen Masse der Sünder, so daß Paltz die „magnifica dei misericordia" preist, „die auch die größten Sünder der Einladung zum Tisch wahrer Bekehrung würdigt"[270]. Bereits am grundlegenden Begriff der Barmherzigkeit Gottes zeigen sich somit die gegensätzlichen Tendenzen der spätmittelalterlichen Frömmigkeitstheologie mit aller Schärfe: Paltz denkt primär an eine institutionsbezogene, Staupitz an eine unmittelbar präsente misericordia dei, die durch das Wirken der kirchlichen Gnadenmittel keine neuen qualitativen und quantitativen Dimensionen gewinnt[271]. Der gleiche Unterschied bestimmt nun auch das Verständnis der Passion Christi.

b) Passion Christi

Paltz' Theologie ist nicht nur darin typisch spätmittelalterlich, daß sie um die Frage nach der Barmherzigkeit Gottes kreist, sondern auch darin, daß sie mit der misericordia dei einseitig den Vorstellungsbereich des Leidens und Sterbens Christi verbindet und so im wesentlichen nichts anderes als theologisch reflektierte Passionsfrömmigkeit ist. Die Dimension des auferstandenen Christus, des Christus in nobis, seiner Gegenwart im Geistwirken und einer so begründeten personalen Christusgemeinschaft verschwindet hinter dem Blick auf Vergangenheit und Zukunft, auf den barmherzigen Christus am Kreuz, den Christus pro nobis, und den gerechten Christus auf dem Richterstuhl[272]. Die Passion Christi ist für Paltz „gleichsam die Summe der gesamten Heiligen Schrift"[273], deren aktuelle Bedeutung für den gegenwärtigen Leser und Hörer durch Passionsmeditation, d. h. durch vergegenwärtigendes Eindringen in die verschiedenen Schichten des Heilsinns der Passion[274], zu

---

[268] Vgl. Coel. fol. Aa1r: „Gratia non datur solum virtute attritionis, sed magis virtute sacramentorum, in quibus Christus ostendit suam liberalitatem." Vgl. oben Kap. 4 Anm. 119.

[269] Siehe unten S. 272 bei Anm. 341–343, S. 274f. (die Sakramente als vasa gratiae) und S. 290 bei Anm. 477.

[270] Siehe oben Kap. 4 Anm. 146.

[271] Siehe oben S. 235–243; vgl. besonders STAUPITZ, Nürnberger Predigtstücke von 1517 (25): Christus hat „uns den prunnen der parmherzigkait so weit und reichlich gemacht, das er den menschen uff ain herzlich erseufzen und bitten, so oft er komet und gefallen ist, ja ob er den tag tausentmal dergestalt keme, seiner parmherzigkait allweg tailhaftig machen wil".

[272] Siehe besonders Suppl. fol. D5v–E1v (De reddenda ratione de misericordia dei).

[273] „Passio Christi est quasi summa totius sacrae scripturae." Coel. fol. A5r.

[274] Siehe oben S. 191.

erschließen ist[275]. Himmlische Fundgrube und Coelifodina beginnen darum jeweils mit einem Teil über die Passionsmeditation. Doch darf dies nicht darüber hinwegtäuschen, daß Paltz im Unterschied zu Jordan von Quedlinburg, Ludolf von Sachsen und den anderen einflußreichen spätmittelalterlichen Lehrern der Passionsmeditation nicht primär am Passionsgeschehen als Gegenstand nachvollziehender Betrachtung und Nachfolge, an compassio (ex affectu inspicere) und imitatio (in effectu imitari) des inneren und äußeren Menschen, interessiert ist[276]; ihm geht es vor allem um die von der Passion als satisfactio und redemptio ausgehende soteriologische Wirksamkeit. Hierin trifft er sich mit Staupitz und Luther. Man denke z. B. daran, wie bei Luther die Passion als wirkkräftiges sacramentum der traditionellen Vorstellung vom belehrenden exemplum gegenübertritt[277] und wie bereits Staupitz die doppelte – neuschaffende und ergänzende – Wirksamkeit des Leidens Christi hervorhebt[278].

Zwei entscheidende Differenzpunkte springen aber beim Vergleich mit Paltz sofort ins Auge: Staupitz und Luther ordnen die Wirksamkeit der Passion Christi im Menschen dem affektiven und effektiven Nachvollzug des Leidens durch Meditation und Aktion prinzipiell vor. So heißt es bei Staupitz: „Kainer gedenk (= denke), das er ime (= sich) das leiden Christi zu hilf und trost fruchtbarlich anruffen mog (= könne), es sei dann *zuvor* Christus mit seiner parmherzigkait in ime gewest und hab das (sc. leiden Christi) *zuvor* in im begirlich (= begehrenswert) gemacht ... Nimandt kann ainigen (= einen einzigen) guten gedanken, wort oder werk haben, got sei dann *vor* (= vorher) mit seiner parmherzigkait und seinem leiden in ime gewest, domit er ine zu solchem hab bewegt."[279] Paltz hingegen fügt seine Anleitungen zur Passionsmeditation in den Rahmen des facere quod in se est ein, das erst die Wirksamkeit der Passion, ihre gnadenspendende Fruchtbarkeit, vorbereiten muß. Die Betrachtung des Leidens Christi gehört zu jenem Minimalprogramm, das den Menschen zur wahren Reue führt[280], hat freilich auch darüber hinaus für das ganze Leben des Christen, für seine Bewahrung vor Anfechtungen und seine Festigung in der devotio[281], bleibende Bedeutung.

---

[275] Vgl. z. B. Fund. fol. a1v: „Das erst teil (sc. der Himmlischen Fundgrube) ist von dem leiden Jesu Christi, darein man mag (= kann) komen oder eingan durch sechs eingeng oder stollen."

[276] Vgl. ELZE, Das Verständnis der Passion Jesu, 127–131.

[277] Vgl. ebd. 142f.; ISERLOH, Luther und die Reformation, 78–87.

[278] Siehe oben S. 240–242.

[279] STAUPITZ, Nürnberger Predigtstücke von 1517 (28); zu Luther vgl. ELZE, Das Verständnis der Passion Jesu, 142–151.

[280] Vgl. besonders Fund. fol. a2r; Coel. fol. G2r; Suppl. fol. n5v–6r.

[281] Vgl. besonders Coel. fol. G4r.

Der zweite wichtige Unterschied betrifft den Modus der Wirksamkeit des Leidens Christi. Staupitz und der frühe Luther (vor 1518) denken an einen unmittelbaren Effekt im Zusammenhang der personalen Gemeinschaft zwischen Christus und der Seele, indem sie – auf sehr verschiedenartige Weise[282] – den Christus pro nobis als Christus in nobis wirksam werden lassen[283]; die sichtbare Kirche hat keine konstitutive Bedeutung für das Fruchtbarwerden der Passion im Vollzug des ‚pro me'. Paltz' Interesse gilt dagegen der „virtus passionis"[284], wie sie dem Menschen gerade durch die Vermittlung der kirchlichen Sakralinstitution, durch Sakramente und Ablässe, zuteil wird. Sakramente und Ablässe sind jene beiden Schätze (thesauri) der Christenheit, die ihr den unerschöpflichen Wert der Passion Christi als Ausgleich für ihre Unvollkommenheit und Schwäche darbieten und garantieren[285]. Der ursprüngliche Schluß der Coelifodina faßt darum die zentrale Aussage des ganzen Werkes in die Worte zusammen: „Unser Herr Jesus Christus führe uns zum Himmelreich durch die Kraft seines allerheiligsten Leidens, das in den Sakramenten und Ablässen auf freigebigste und wirksamste Weise tätig ist…"[286] Es sind die Sakramente, zu denen der Christ nach der Betrachtung des Kreuzes Zuflucht nehmen soll, um Trost zu finden. Denn durch die Sakramente wird, wie Paltz sagt, die Passion in uns fruchtbar[287]. Und von der Frucht der Passion spricht er auch bei den Ablässen, wenn er ihren Gegnern vorwirft: „Ihr entehrt Christus in seinem Menschsein (humanitas); denn so wie er einst seinen Körper für die Sünder in seinem allerbittersten Leiden darbot und von den Juden

---

[282] Der Unterschied zwischen Staupitz und Luther wird sehr deutlich herausgearbeitet von OBERMAN, Werden und Wertung der Reformation, 106–110. Er besteht in der lutherischen Perspektive der iustitia extra nos, die freilich die Perspektive des im Sünder wirkenden, ihn zum demütigen Selbstgericht und zum vertrauenden Glauben führenden Christus nicht aus-, sondern einschließt.

[283] Wie bei LUTHER der Wirksamkeit des Blutes Christi pro nobis seine Wirksamkeit in nobis entspricht, zeigt etwa folgender Text aus dem Frühjahr 1517: „Dan so mus das blut Christi (sc. durch die Passionsmeditation) in dir wirken und dich erwermen, so wirstu kommen zu rechter reu des herzen, wan du die speise hast. Das herz zufleust (= zerfließt) alsbaldt und sagt: ‚Ei, ich dregksagk, was habe ich getan?' und hebt an, sich zu hassen und got zu lieben. Alsdan wirt die sele gespeiset und feist, und wechst alzeit meer die liebe zu der gerechtigkeit und haß zu den sunden." Auslegung und Deutung des hl. Vaterunsers, zur vierten Bitte (WA 9,145,33–146,1). Vgl. dazu BAYER, Promissio, 99; zur Datierung vgl. WA 2,74.

[284] Siehe unten Anm. 293.

[285] Siehe z. B. Suppl. fol. b 6r und Coel. fol. X 6v.

[286] „Ad quod (sc. regnum coelorum) nos perducat dominus noster Iesus Christus per virtutem suae sanctissimae passionis in sacramentis atque indulgentiis liberalissime atque efficacissime operantem, qui cum patre et spiritu sancto est aeternaliter benedictus. Amen." Coel. fol. Cc 4r.

[287] Coel. fol. O 3r; siehe auch unten S. 272 mit Anm. 344.

entehrt wurde, so bietet er uns nun die Frucht seines allerheiligsten
Leidens in der Verkündigung der allerheiligsten Ablässe dar und wird
von euch nach Art der Juden entehrt."[288] „Warum also", fragt er die
Ablaßgegner, „leistet ihr dem Leiden Christi Widerstand, damit es nicht
in euch Frucht bringt?"[289]

Gäbe es nicht die sakralinstitutionelle Vermittlung der Wirksamkeit[290]
des Leidens Christi, dann würde es nach Paltz' Sicht nicht der großen
Masse (multitudo) der Durchschnittschristen zugute kommen, und
damit würde es ‚entleert' werden (1. Cor. 1,17) und wäre vergeblich
gewesen[291]. Denn nur durch die virtus sacramentalis, in der die meritorische und satisfaktorische virtus passionis zur Entfaltung kommt (nobis
explicatur), sieht Paltz die Möglichkeit gegeben, daß die Unvollkommenheit (imperfectio[292], defectus) der Reue zu einer echten Liebesreue
ergänzt wird (suppleretur)[293]. Und nur in der ebenfalls von der Passion
her verstandenen virtus indulgentialis findet er den Ausgleich zur
Unvollkommenheit menschlicher Satisfaktion und damit Freiheit von
den Fegfeuerstrafen[294]. Um ein christologisches Äquivalent, eine Ergänzung des Ungenügens menschlicher Buße durch das Leiden Christi,
geht es auch Staupitz[295]. Hier wird ein wichtiges Vorfeld gemeinsamer
Fragestellung der beiden Augustiner erkennbar, aus dem dann so verschiedenartige Lösungswege herausführen. Paltz legt allen Wert darauf,
daß die ergänzende Kraft der Passion Christi den Sündern nur durch
Sakramente und Ablässe zuteil wird. Auf dieses Garantiepotential der
Sakralinstitution wird auch die Passionsmeditation bezogen, und zwar
nicht nur aufgrund ihrer Funktion als Minimalprogramm des facere
quod in se est, dem das Maximalprogramm kirchlicher Garantien
entspricht, sondern auch inhaltlich, als Vergegenwärtigung der weiter-
wirkenden Fruchtbarkeit des Leidens Christi in Sakramenten und Ablässen.

---

[288] „Inhonoratis Christum in sua humanitate, quia sicut prius exposuit corpus suum pro
peccatoribus in sua acerbissima passione et inhonoratus fuit a Iudaeis, sic nunc exponit
fructum suae sanctissimae passionis in sacratissimarum indulgentiarum promulgatione et
inhonoratur a vobis iudaizantibus." Suppl. fol. f2r.

[289] „Quare ergo resistitis passioni Christi, ne fructificet in vobis?" Coel. fol. Dd4r.

[290] Siehe unten Anm. 360.

[291] Siehe oben S. 153f. mit Anm. 140 und S. 149 mit Anm. 119.

[292] Siehe oben Kap. 4 Anm. 119.

[293] „Providit in nova lege pietas salvatoris adiutorium poenitentiae per virtutem sacramentalem ex merito et virtute passionis suae, quae in sacramentis nobis explicatur ex
bonitate et pacto dei, ut quicumque se humiliter subderet sacramentis, gratiam per ea
hauriret, et ad insinuandum, quod virtute passionis Christi suppleretur defectus poenitudinis." Coel. fol. Q5v. Vgl. Coel. fol. O4v: „... et tunc dominus deus residuum
supplevit."

[294] Siehe unten S. 284f.   [295] Siehe oben S. 240–242.

c) Kirche als Papstkirche

Mit seinen ekklesiologischen Aussagen zeigt sich Paltz als Vertreter des traditionellen papalistischen Standpunktes, und zwar in jener extremen Form, wie wir ihn bereits in der Frühzeit des Augustinereremitenordens bei Theologen wie Aegidius Romanus, Jakob von Viterbo, Alexander von San Elpidio und Augustinus Triumphus, den Paltz mit besonderer Vorliebe zitiert[296], finden[297]. Es begegnen uns traditionelle Titulaturen für den Papst wie ‚vicarius Christi‘[298], ‚supremus monarcha‘[299], ‚supremus pastor‘[300], die besagen, daß die Jurisdiktionsgewalt in der Kirche, über die Lebenden und die Verstorbenen im Fegfeuer, allein dem Papst verliehen ist[301], der auch die weltliche Jurisdiktionsgewalt innehat und nur ihre „immediata exsecutio et administratio" delegiert[302]. Eine entsprechende argumentative Funktion kommt auch bei Paltz den Schriftstellen Mt. 16,19 (Tibi dabo claves . . .) und Io. 21,17 (Pasce oves meas) zu[303]. So bezieht er das dreimalige ‚Weide meine Lämmer!‘ auf die päpstliche Verfügungsgewalt über die drei Schätze der Kirche, den thesaurus scripturarum, womit der ganze Bereich der Schriftauslegung und damit der theologischen Lehre gemeint ist, den thesaurus sacramentorum und den thesaurus indulgentiarum[304].

Paltz steht in der Tradition, die – vor allem im 13. und beginnenden 14. Jahrhundert – das korporative Kirchenverständnis mit den tragenden Gedanken der repraesentatio und participatio nicht in Richtung auf den Leib, im konziliar-konziliaristischen Sinne einer Repräsentation der Kirche von unten[305], sondern zugunsten des monarchischen Hauptes und damit einer Repräsentation von oben entwickelt hat[306]. Der Papst

---

[296] Siehe oben S. 199 bei Anm. 399. Zu Augustinus Triumphus sagt DEMPF (Sacrum Imperium, 465): „Nirgends sonst sind die Ansprüche des Papsttums so maßlos gesteigert und in jenes absolutistische System gebracht, das Luther bekämpft und als antichristlich bezeichnet."

[297] Siehe CONGAR, Die Lehre von der Kirche. Von Augustinus bis zum Abendländischen Schisma, 176–182; KÖLMEL, Regimen Christianum, 263–454; DUCHROW, Christenheit und Weltverantwortung, 403–407; DEMPF, ebd. 448–468. Siehe unten S. 327f.

[298] Z. B. Coel. fol. Ee2v.

[299] Suppl. fol. d2r.

[300] Suppl. fol. v2v.

[301] Siehe besonders Coel. fol. Dd5v–Ee5r.

[302] Caut. fol. 5v: Zitat aus AUGUSTINUS TRIUMPHUS, De ecclesiastica potestate, q. 1 art. 4 resp. (fol. a6ra); siehe auch Coel. fol. X3r.

[303] Siehe Bibelstellen-Register zu den Bänden der Paltz-Edition.

[304] Coel. fol. X3r.

[305] Zur Unterscheidung zwischen konziliar und konziliaristisch sowie zwischen papal und papalistisch siehe OBERMAN, „Et tibi dabo claves regni caelorum", 103–105 (mit Literatur).

[306] Vgl. KRÄMER, Die ekklesiologische Auseinandersetzung um die wahre Repräsenta-

repräsentiert Christus, er ist sein Statthalter und Stellvertreter in der ecclesia militans; und als vicarius Christi repräsentiert er die ecclesia universalis[307], so wie in hierarchischer Deszendenz die Diözese durch den Bischof und die Ortsgemeinde durch den ‚simplex sacerdos‘ repräsentiert wird[308]. Als Repräsentant Christi und der Gesamtkirche läßt der Papst alle Glieder des corpus ecclesiasticum an den geistlichen Gütern der Kirche partizipieren[309]. Die enge Verbindung des repraesentatio- und des participatio-Gedankens bei Paltz läßt besonders deutlich werden, wie er die traditionelle papalistische Ekklesiologie und ihre Betonung der plenitudo potestatis papae als Garantiefaktor, d. h. zur Absicherung der sakralinstitutionellen Gnaden- und Heilsgarantien, einsetzt. Wichtig wird das vor allem für die Legitimierung der Plenarablässe und diversen Jubiläumsgnaden, die aus päpstlicher Vollmacht gespendet werden.

Die Garantiefunktion, die Paltz der papalistischen Ekklesiologie gibt, sei kurz am Repräsentationsgedanken und seinen beiden Aspekten – repraesentatio Christi und repraesentatio ecclesiae universalis – erläutert. Im Papst als vicarius Christi ist für die Gläubigen die Fülle der Vollmacht des Bindens und Lösens präsent, wobei Paltz alles an der potestas solvendi und den damit gegebenen Möglichkeiten der „curatio ovium per medicamenta spiritualia" liegt[310]. Man muß in diesem Zusammenhang besonders auf Paltz' Vorliebe für das Jesuswort „Qui vos audit, me audit" (Lc. 10,16) achten. Das ‚vos‘ bezieht er auf den Papst und das päpstliche Konsistorium, d. h. das Forum der in Rom anwesenden Kardinäle, vor dem der Papst seine Dekrete, z. B. auch das Jubiläum, promulgiert[311]. Durch Lc. 10,16 sieht er die Garantie gegeben, daß die Worte des Papstes unumstößliche Gültigkeit haben, weil sie die Worte Christi sind. Selbst wenn es daher zuträfe, daß der Papst die Jubiläumsgelder nicht zum angegebenen Zweck des Türkenfeldzuges verwendet, wie die Jubiläumsgegner argwöhnen[312], ändere dies nichts an der Glaubwürdigkeit der päpstlichen Ablaßbriefe, wie sie beim Jubiläum erworben werden können. Denn aufgrund von Lc. 10,16 müsse

---

tion, 205f.; CONGAR, Die Lehre von der Kirche. Von Augustinus bis zum Abendländischen Schisma, 141f.; HOFMANN, Repräsentation, 248–285.

[307] Siehe unten S. 268 bei Anm. 316.

[308] Suppl. fol. e4r; vgl. Coel. fol. Z4r.

[309] Siehe besonders Coel. fol. Aa5v–6r: die vom Papst durch das Jubiläum gewährte participatio fraternalis und indulgentialis.

[310] Coel. fol. X3r.

[311] Suppl. fol. d3r: „Christus pro nobis respondebit, qui dixit: ‚Qui vos audit, me audit.‘ Hoc maxime intelligitur de papa et consistorio suo. Modo istae indulgentiae emanaverunt a papa et toto consistorio, qui repraesentant universalem ecclesiam." Vgl. Suppl. fol. v3v (zit. unten Anm. 319); vgl. auch oben Kap. 4 Anm. 337.

[312] Suppl. fol. d3r.

man mit größter Gewißheit (certissime) glauben, daß Christus selbst die Ablaßbriefe ausgestellt habe und daß das in ihnen gegebene päpstliche Versprechen zugleich sein Versprechen, daß das päpstliche Siegel zugleich sein Siegel ist. Die göttliche Barmherzigkeit selbst habe nämlich mit uns in diesen Briefen einen Vertrag (pactum) geschlossen, daß sie uns entsprechend ihrem Wortlaut mit größter Gewißheit (certissime) erhören wolle[313]. Diese promissio steht unwiderruflich fest, weil sich Christus mit seiner Wahrhaftigkeit und Treue dafür verbürgt: „Quando (Christus) venerit ad iudicium, quicquid promisit in hac vita per suum vicarium, fidelissime, piissime et verissime servabit."[314] Die ganze Terminologie – pactum, promissio/promittere, polliceri, sigillum, certissime exaudire, certissime credere, fidelissime et verissime servare – läßt deutlich werden, wie eng sich bei Paltz das traditionelle papalistische Gedankengut und die traditionelle scholastische Konzeption von der freien Selbstbindung Gottes[315] mit dem Interesse des Seelsorgers verbinden, den Gläubigen feste Gnaden- und Heilsgarantien in die Hand zu geben.

Auf den gleichen Punkt läuft auch der von Paltz vertretene Grundsatz „ecclesia universalis Romana repraesentatur in papa" hinaus[316]. Als Repräsentant der Gesamtkirche, der als Haupt den Körper in sich zusammenfaßt, nimmt der Papst teil an der Irrtumslosigkeit der ecclesia universalis[317], sofern er sich amtlich vor dem Konsistorium in „causis

---

[313] Coel. fol. Cc2v: „Dato quod papa aliter expenderet, quam scribit, tamen tu teneris credere et non scrutari cor suum, nisi tibi libere confiteretur. Et Christus respondebit tibi, qui dixit: ‚Qui vos audit, me audit.‘ Hoc maxime habet locum in papa. Et claudit sigillo suo dicens: ‚Coelum et terra transibunt, verba autem mea non transibunt‘ (Mt. 24,35). Modo, si audis papam in communibus factis ecclesiae, audis Christum. Ergo, si ipse deficeret in intentione, Christus responderet de his, quae papa publice tibi promisisset." Suppl. fol. d2v: „Si non licet temerarie iudicare rusticum, multo minus papam, de quo praesumendum semper est in bonitate. Et dato quod male intenderet, non essemus decepti, si litteris eius et sigillo crederemus, immo non eius, sed Christi, cuius litterae sunt; Lucae 10: ‚Qui vos audit, me audit.‘ Sigillum vero ponitur Matthaei 24: ‚Coelum et terra transibunt, verba autem mea non transibunt.‘" Suppl. fol. d1v: „Secundo propter divinam clementiam, quae ibi pollicetur (sc. debent confessionalia in maxima servari reverentia). Facit enim divina clementia pactum nobiscum in istis litteris, quod velit nos certissime exaudire secundum tenorem litterae. Quamvis enim papa dicatur dedisse istas litteras, tamen certissime credi debet, quod Christus dederit eas, qui dicit de papa: ‚Qui vos audit, me audit.‘"

[314] Suppl. fol. d2v; vgl. Kontext: „tenere fidem promissionis suae"; „Christus est fidelissimus, piissimus et veracissimus, quia ipsemet veritas". Die „papalis fidelitas", von der Paltz in Hinblick auf die Ablaßbriefe spricht (Suppl. fol. c3v), ist für ihn also mit der Treue Christi gleichbedeutend.

[315] Siehe HAMM, Promissio, Pactum, Ordinatio; zur Terminologie (pactum, promissio/promittere, polliceri, verax/verus/veritas, fidelis/fides) siehe besonders 407–417.

[316] Suppl. fol. e4r; vgl. auch oben Anm. 311 und unten Anm. 319.

[317] Siehe oben Kap. 4 Anm. 335 („ecclesia universalis non possit errare"; „ecclesia falli

ecclesiae" äußert[318]. Denn der Papst und die Kardinäle werden, wie Paltz sagt, in einem solchen Akt – „quando sunt consistorialiter congregati" – mit größter Gewißheit (certissime) durch den Heiligen Geist geführt[319]. Paltz bezieht sich in diesem Zusammenhang speziell auf das vom Papst den Bettelorden gewährte Beichtprivileg. Für ihn geht es dabei nicht nur um die Interessen der Mendikanten, sondern letztlich auch um die Frage, die einst seinem Lehrer Dorsten auf einem Zettel, den er auf der Kanzel gefunden hatte, gestellt worden war: „Dürfen diejenigen sicher (securi) in ihrem Gewissen sein, die Bettelmönchen gebeichtet haben?"[320] Paltz bejaht solche securitas der Gläubigen und sieht sie in der certitudo begründet, mit der man davon ausgehen muß, daß die päpstlichen Entscheidungen der Inspiration durch den Heiligen Geist entspringen. Auf das Wirken des Heiligen Geistes kommt Paltz in seinen Werken nur sehr selten zu sprechen; bezeichnenderweise bezieht er es in diesen Fällen auf die Papstkirche, um die Gültigkeit ihrer Heilsgarantien abzusichern.

d) Kirche als Priesterkirche

Das Interesse des Augustiners an den Heilsgarantien der Sakralinstitution zeigt sich auch auf einer zweiten ekklesiologischen Ebene in einer kaum mehr zu überbietenden Betonung der heilsvermittelnden Rolle des Priestertums. Der Satz, daß Gott barmherziger durch die Priester als durch sich selbst (per se ipsum) ist[321], bringt diese Tendenz deutlich genug zum Ausdruck. Wie eine Erläuterung dazu hört es sich an, wenn Paltz an anderer Stelle der antiklerikalen Haltung seiner Zeit mit den Worten entgegentritt: „Warum also haßt du den Priester so, setzt ihn

---

non potest in credendo"). Zum gemeinscholastischen Axiom „Ecclesia universalis non potest errare" vgl. CONGAR, Die Lehre von der Kirche. Von Augustinus bis zum Abendländischen Schisma, 159.

[318] „Et quamvis papa posset errare ut homo, minus tamen praesumendum est de eo, quod errat, maxime in causis ecclesiae, quam quicumque alius praelatus vel homo. Non enim universalis ecclesia pro aliquo homine ita specialiter et diligenter orat sicut pro papa." Coel. fol. Cc 1v–2r.

[319] „Patet igitur ex praedictis, quod vir iste (sc. Gerson) erraverit in superiorum suorum irreverentia, scilicet papae et omnium cardinalium, qui repraesentant ecclesiam, quando sunt consistorialiter congregati, secundum magistrum Sententiarum (bei Petrus Lombardus ist der Gedanke nicht nachweisbar); quibus ipse debuerat suum sentire subicere et non praeponere et eos, qui certissime spiritu sancto aguntur in tali actu, reprehendere et suum sentire efferre." Suppl. fol. v 3v. – Vgl. Suppl. fol. v 2r: „... punctionem papae et consistorii eius et per consequens spiritus sancti."

[320] „Interrogatus enim quondam reverendus pater noster Dorsten per schedulam, quam repperit in ambone, anne securi essent in conscientiis, qui confiterentur mendicantibus, respondet in fine sermonis ..." Suppl. fol. t 6v–v 1r.

[321] Siehe oben S. 261 mit Anm. 266.

herab, achtest ihn gering und fügst ihm Schaden zu, der dir von seiten Gottes solch große Güter verschaffen kann? Ja, Gott würde das durch sich selbst (per se) nicht gewähren, weil du allzu unwürdig bist, aber er hat beschlossen (constituit), daß dir durch ihn (sc. den Priester) solch große Güter dargeboten werden, durch die du zum Heil gelangen kannst."[322] Das Priestertum ist somit für Paltz im präzisen Sinne des Wortes, nämlich kraft göttlicher constitutio, ‚konstitutiv' für den Zugang des Menschen zu Gnade und Heil. Geradezu hymnisch preist er darum die Würde des Priesterstandes: „O was ist ehrenvoller als diese Macht, was wunderbarer als diese Würde! O ‚auserwähltes Geschlecht, königliche Priesterschaft, heiliges Volk …' (1. Pt. 2,9)! ‚Ihr seid das Licht der Welt' (Mt. 5,14), ‚ihr seid das Salz der Erde' (Mt. 5,13). Ihr seid Gnadenschätze, ihr seid Schlüsselträger des Himmelreichs, ihr seid Mittler zwischen Gott und den Menschen … Und was soll ich noch mehr hinzufügen? ‚Ihr seid Götter' (Ps. 81,6) und ihr seid Christusse!"[323]

Immer wieder betont Paltz die dignitas, necessitas und utilitas des neutestamentlichen Priestertums[324]. Er bezieht diese drei Faktoren ganz auf die Sakramente, indem er sie einerseits im Sakrament der Priesterweihe und durch den damit verliehenen character indelebilis begründet sieht[325] und andererseits vom sakramentalen Wirken des Priesters her, seinem „fructificare in populo quoad animae salutem"[326], beschreibt. Das größte Gewicht fällt bei ihm dabei auf die priesterliche Absolutionsvollmacht, kraft derer der Priester dem Poenitenten die Sündenschuld zwar nicht „auctoritative et principaliter" wie Gott selbst, aber immerhin „instrumentaliter et ministerialiter" und nicht nur auf deklarativem Wege vergeben und ihm die rechtfertigende Gnade vermitteln kann[327]. Dieses Schlüsselamt, das Gott allein dem Priester anvertraut hat[328],

---

[322] „Quare ergo sic odis, detrahis, vilipendis et damnificas illum, scilicet sacerdotem, qui tanta tibi potest ex parte dei praestare bona? Immo deus per se non faceret, quia es nimis indignus, sed per eum constituit tibi tanta exhiberi bona, quibus possis ad salutem pertingere." Coel. fol. T4v–5r.

[323] „O quid honorificentius hac potestate, quid mirabilius hac dignitate! O ‚genus electum, regale sacerdotium, gens sancta, populus acquisitionis, ut annuntietis virtutes eius, qui de tenebris vocavit vos in admirabile lumen suum'. ‚Vos estis' scilicet ‚lux mundi', ‚vos estis sal terrae'. Vos estis thesauri gratiarum, vos estis clavigeri regni coelorum, vos estis mediatores inter deum et homines … Et quid plura addam? Vos ‚estis dii' et estis Christi." Syn. II fol. 68v; zur Frage der Echtheit von Syn. II siehe oben S. 105–107.

[324] Siehe besonders Coel. fol. R1v–2r und Suppl. fol. e1r/v; vgl. Vorwort zu De cautelis servandis: zit. oben Kap. 3 Anm. 22.

[325] Siehe besonders Coel. fol. Y4v–Z1r.

[326] Coel. fol. Y5v.

[327] Suppl. fol. r2r; vgl. Caut. fol. 11r; Coel. fol. Cc1v; Suppl. fol. e1r; e1v; e2r; e2r/v.

[328] „Quia soli sacerdoti (deus) commisit claves regni coelorum ligandi et solvendi." Suppl. fol. t2r.

macht ihn zum Stellvertreter (vicarius) Christi auf Erden[329], so wie er umgekehrt auch die Gemeinde repräsentiert[330]. Der simplex sacerdos besitzt somit wie der Papst eine doppelseitige repräsentative Würde, die nichts weniger besagt als daß der Priester für die Gläubigen Garant ihrer himmlischen Seligkeit ist.

Auf einem ganz anderen Blatt steht für Paltz die moralische Würdelosigkeit und seelsorgerliche Nachlässigkeit des zeitgenössischen Weltpriesterstandes, die er mit so schroffen Worten geißelt, daß sich Wimpfeling zu einer Ehrenrettung veranlaßt sah[331]. Schon die beiden Collationes in synodo von 1488 und 1489 sprechen eine deutliche Sprache[332]. Man kann hier etwa lesen, daß „heutzutage nur wenige, ja ganz wenige (paucissimi)" aus Liebe zu Gott und Christus Priester und Kleriker werden[333]. Diesen Faden nimmt dann Paltz wieder im Supplementum Coelifodinae auf, wenn er sagt, es bliebe nur ein geringer Rest von Weltpriestern übrig, wenn alle schlechten ausgerottet würden[334]. Eine reformatio der Säkularkleriker sei „stantibus rebus ut nunc" so gut wie unmöglich, „es sei denn, es stiege vielleicht eine große Macht Gottes herab und käme seiner Kirche auch in diesen (Weltpriestern) zu Hilfe". Die Reformbedürftigkeit des Priesterstandes ändere freilich nichts an der Tatsache, daß er seine amtlichen Pflichten und Vollmachten dem Volk auf heilsame Weise zugute kommen läßt[335]; denn zur Rettung des Volkes sei es, wie Paltz mit starker Akzentuierung seiner antidonatistischen Grundhaltung hervorhebt, nicht notwendig, daß die Priester heilig in ihrer Lebensführung sind, sondern es genüge die Heiligkeit aufgrund der Weihe[336]. Den Gegensatz „sanctus quoad vitam" – „sanctus quoad consecrationem" veranschaulicht er in der Coelifodina durch das Bild eines Aussätzigen, der im Auftrag eines Fürsten Gold, Silber und

---

[329] Suppl. fol. s 3r; vgl. fol. t 1v: „(Deus) vices suas commisit presbytero in terris."

[330] Suppl. fol. e 4r: „(Simplex ecclesia) repraesentatur in simplici sacerdote habenti absolvere." Vgl. Coel. fol. Z 4r.

[331] JAKOB WIMPFELING, De vita et miraculis Joannis Gerson (1506), besonders fol. B 4r/v (gerichtet gegen Suppl. fol. x 1v).

[332] Siehe oben S. 105.   [333] Siehe oben Kap. 3 Anm. 98.

[334] Siehe unten Anm. 336. Vgl. Suppl. fol. D 4r.

[335] „Multi mendicantes sunt irreformati, ergo merito reformandi. Quod est facile possibile in mendicantibus et fit cotidie per principes et civitates auctoritate summi pontificis. Sed hoc est quasi impossibile in sacerdotibus saecularibus, quod reformentur stantibus rebus ut nunc, nisi forte magna potentia dei descenderet et ecclesiae suae etiam in talibus subveniret. Unde sicut saeculares sacerdotes irreformati nihilominus populo exhibent salubriter suum officium, sic non minus religiosi mendicantes." Suppl. fol. x 1v–2r.

[336] „Si enim exstirparentur tales (sc. sacerdotes saeculares irreformati), modicus remanet clerus – et ubi tunc maneret populus? –, cum non sit necessarium ad salvandum populum sacerdotes esse sanctos quoad vitam, sed sufficiat populo, quod sint sancti quoad consecrationem." Suppl. fol. x 1v.

Edelsteine überbringt. Wärest du nicht, fragt Paltz den antiklerikal eingestellten Laien, dem Aussätzigen dankbar, liebtest ihn und erwiesest ihm Wohltaten? Denn du liebtest nicht den Aussatz, sondern die Person oder den Boten und seinen Auftrag[337]. Die Laien sollten daher in höchstem Maße Gott für die dignitas, necessitas und utilitas der Priester dankbar sein, denn all das diene ihrem Seelenheil und leiblichen Wohlergehen. Deutlich bringt Paltz den Garantiezusammenhang zur Sprache, wenn er fortfährt: „Und sie (die Laien) sollen die Priester lieben, fördern und ehren, und dann wird auch Gott, der Herr, sie (die Laien) lieben, fördern und ehren." Umgekehrt werde die Verachtung der Priester zu ihrer ewigen Verdammnis ausschlagen[338]. Der objektiven heilsvermittelnden Rolle des Priesters, wie sie mit der Wirksamkeit der Sakramente verbunden ist, hat auf seiten der Laien jene ehrerbietige Hoffnungshaltung zu entsprechen, von der es in der Himmlischen Fundgrube heißt: „Du solt auch haben ein grosse hoffnung zu den sacramenten Christi und, wu du nit kanst genugsam reu und leid fur dein sund haben, so hab ein grosse hoffnung zu der hilf des pristers!"[339]

e) Sakramente

Der wichtigste Baustein in der sakralinstitutionell orientierten Theologie des Johannes von Paltz sind die Sakramente[340], in denen, wie er sagt, die unendliche Barmherzigkeit Gottes enthalten ist (continetur[341], latet[342], reservatur[343]), in denen uns die Frucht der Passion Christi dargeboten wird[344] und in denen sich die heilswirkende Vollmacht des neute-

---

[337] „Si tibi mitteret aliquis princeps aurum et argentum et lapides pretiosos cotidie per manum alicuius leprosi nec vellet tibi alium nuntium mittere, nonne esses gratus leproso et diligeres eum et benefaceres ei? Non quidem diligeres lepram, sed personam vel nuntium et officium eius. Sic hic." Coel. fol. R2v.

[338] „Tertia doctrina sumitur ex parte laicorum, quod debent esse gratissimi deo de sacerdotum novae legis dignitate, necessitate et utilitate, quia omnia ista proficiunt ad salutem animarum et corporum. Et debent eos diligere, promovere et honorare, et dominus deus diliget, promovebit et honorabit eos. Quod si non fecerint, accedet eorum irreverentia, invidia, vilipensio, detractio et persecutio in damnum corporum et animarum atque confusionem perpetuam ipsorum." Coel. fol. R2r.

[339] Fund. fol. c2r; aufgrund der besseren Textfassung ist die Himmlische Fundgrube hier ausnahmsweise nach der Erstausgabe Leipzig 1490 (?) bei Konrad Kachelofen (siehe oben S. 110 bei Anm. 140) fol. D4r zitiert.

[340] Zum quantitativen Anteil der Sakramentenlehre am Gesamtstoff von Coel. und Suppl. siehe oben S. 123f. und 128.

[341] Coel. fol. P1r.

[342] Coel. fol. T1v.

[343] Siehe unten Anm. 357.

[344] Siehe oben S. 264 bei Anm. 286 und 287; vgl. Coel. fol. Q5v (zit. oben Anm. 293)

stamentlichen Priestertums erweist[345]; denn durch die Kraft der Sakramente befreien die Priester die sündige Menschheit von Schuld und ewiger Höllenstrafe[346]. Zur „fructuositas sacramentorum"[347] soll der Christ daher in allen Situationen seines Lebens, vor allem angesichts des Todes, Zuflucht nehmen[348], damit er nicht verzweifelt. In den Sakramenten ist nämlich, wie Paltz erläutert, eine solch große Frucht – das „efficere gratiam"[349] – eingeschlossen, daß kaum (vix) einer verdammt werden kann, der sich irgendwie auf den Empfang der Sakramente vorbereitet[350], d.h. das Minimalprogramm des facere quod in se est erfüllt.

Diese Garantiefunktion der Sakramente, die sie zur „porta coeli" und zum „castrum refugii" der Gläubigen macht[351], spitzt Paltz vor allem auf den Punkt der unvollkommenen Reue (attritio) und ihrer sakramentalen Wandlung zur echten gnadengewirkten Liebesreue (contritio) zu[352]. Hier und nirgendwo klarer – „nullibi clarius" – sieht er die „virtus sacramenti" zum Zuge kommen[353], und zwar in jenen vier Sakramenten, in denen eine solche Ergänzung[354] der menschlichen Unvollkommenheit durch das Zuhilfekommen sakramentaler Gnade möglich ist, in Buße, Firmung, Abendmahl und Letzter Ölung. Unter ihnen sind Paltz, wie ein Blick auf die Coelifodina zeigt[355], besonders Buße, Abendmahl und Letzte Ölung wichtig, denn diese drei Sakramente haben – im Unterschied zu Taufe und Firmung – eine bleibende Aktualität für den Sünder und sind ihm in der Todesstunde die tröstende objektive Gegeninstanz, die das Ungenügen seiner Bußgesinnung ausgleicht. Es ist diese effektive, die attritio zur contritio wandelnde Gnadenkraft der Sakramente, die den Erfurter Augustinerprofessor bereits 1486 in seiner Begräbnispredigt für Theoderich Fabri von Weißensee[356] ausrufen läßt: „O große

---

und fol. G5r; Fun. I fol. 66r: „Propter quod humiliter et fideliter ad sua veneranda sacramenta confugere debemus, in quibus virtus passionis eius operatur."

[345] Siehe oben S. 270f.   [346] Siehe Coel. fol. Y5v; Suppl. fol. a6v und e4v.

[347] Coel. fol. Q4v.

[348] Siehe Coel. fol. O3r, O4v (zit. oben Anm. 211) und Fun. I fol. 66r (zit. oben Anm. 344).

[349] Coel. fol. Q4v und Suppl. fol. y4v.

[350] „Tantus siquidem est fructus in istis venerabilibus Christi sacramentis inclusus, ut vix damnari possit, qui aliquo modo ad ea se disponit." Coel. fol. Q4v.

[351] Suppl. fol. n6r und p4r.   [352] Siehe unten S. 279–284.

[353] „Quaeratur enim a tali, in quo casu virtus sacramenti operetur gratiam, et nullibi clarius inveniet quam in proposito, ut ubi non sufficit virtus suscipientis, succurrat virtus sacramenti." Coel. fol. Aa1r.

[354] Siehe oben Anm. 293.

[355] Siehe Coel. fol. Q4v–V4r (Quintum confortativum: sacramentorum Christi fructuositas).

[356] Siehe oben S. 101–104.

Sakramente des neuen Bundes, o wie sehr seid ihr zu verehren, zu lieben
und zu umarmen! Aus euch kommt Hilfe in unserem Elend, Unterstützung in unserem Ungenügen (insufficientia). O du allerärmster Christ,
was verzweifelst du, auch wenn du bis zur Todesstunde nichts Gutes
getan hast? ... Versäume wenigstens nicht, die unaussprechliche Barmherzigkeit Christi, die für dich in den Sakramenten aufbewahrt ist,
deiner Schwäche, Gebrechlichkeit, fehlenden Eignung und Vergiftung
entgegenzustellen, und laufe mit größter Zuversicht zu den allervereh-
rungswürdigsten Sakramenten, selbst wenn du in alle Sünden der Welt,
in alle Laster verwickelt wärest!"[357]

Interessante Aspekte eröffnen sich, wenn man weiterfragt, wie denn
Paltz die Rolle der Sakramente als zuverlässiger Garanten von Gnade
und Heil, die ein „fidentissime accurrere"[358] der maximi peccatores
ermöglichen, näher begründet. Charakteristisch für seine theologische
Arbeitsweise ist, daß er gegensätzliche traditionelle Schultheorien zur
Kausalität der Sakramente miteinander kombiniert, um ein Höchstmaß
an Absicherung der sakramentalen Gnadenwirksamkeit zu erzielen. So
heißt es in der Variation eines bereits oben dargestellten Lieblingsgedan-
kens von Paltz[359]: „Gott ist bei der Vergebung der Schuld barmherziger
durch den Priester mittels der Sakramente als ohne Priester und Sakramente wegen des Vertrages (pactum), den er mit uns in den Sakramenten geschlossen hat, die Gefäße der Gnade (vasa gratiae) sind und ihre
Wirksamkeit aus dem Leiden Christi haben."[360] Die vor allem von der
Franziskanerschule vertretene pactum-Theorie hatte die Funktion, der
vasa-Theorie zu widersprechen, wie sie von Hugo von St. Viktor im 12.
Jahrhundert begründet[361] und von Thomas von Aquin zur Theorie von
der instrumentalen Gnadenkausalität der Sakramente weiterentwickelt
worden war[362]. Gnade wirken die Sakramente nach Ansicht Bonaven-

---

[357] „O magna sacramenta novae legis, o quam veneranda, o quam diligenda, o quam
amplexanda, ex quibus nostrae miseriae succurritur, nostrae insufficientiae! O miserrime
christiane, quid desperas, etiamsi usque ad horam mortis nihil boni fecisses? ... Ineffabi-
lem Christi misericordiam in sacramentis tibi reservatam tuae infirmitati, tuae fragilitati,
tuae inaptitudini, tuae intoxinationi (Codex: tua intoxinatione) obicere dumtaxat non
ponas et fidentissime ad venerandissima sacramenta accurras, etiamsi omnibus peccatis
mundi, omnibus vitiis obvolutus fuisses." Fun. I fol. 65r.
[358] Siehe oben Anm. 357.   [359] Siehe oben S. 261.
[360] „Ex quibus patet, quod deus est magis misericors in culpis remittendis per sacerdotem mediantibus sacramentis, quam sine sacerdote et sacramentis, propter pactum, quod
fecit nobiscum in sacramentis, quae sunt vasa gratiae et habent efficaciam ex Christi
passione." Suppl. fol. e1v.
[361] Siehe besonders HUGO VON ST. VIKTOR, De sacramentis 1,9,4 (PL 176,323B); vgl.
WEISWEILER, Die Wirksamkeit der Sakramente, 11–22.
[362] Siehe HAMM, Promissio, Pactum, Ordinatio, 479–485; zu Thomas von Aquin und
seinen Vorläufern in dieser Lehre siehe ebd. 481.

turas nicht deshalb, weil die Gnade oder eine andere übernatürliche Qualität in ihnen – wie die Flüssigkeit in einem Gefäß – enthalten ist, sondern nur aufgrund einer äußeren vertraglichen Anordnung Gottes, durch die er sich gleichsam dazu verpflichtet hat, dem gläubigen Empfänger der ordnungsgemäß ausgeteilten Sakramente unmittelbar die Gnade zu schenken[363]. Paltz verbindet nun den thomistischen Inhärenzgedanken mit der franziskanischen Selbstbindungskonzeption: Gott hat sich vertraglich gebunden[364], die Sakramente zu Gefäßen[365], d. h. zu instrumentalen Vermittlern[366], seiner Gnade zu machen. Massiver konnte man den Heilswert der Sakramente, ihre fest verbürgte Zuständigkeit für den Sünder bei seiner Suche nach dem gnädigen Gott nicht unterstreichen.

f) Unvollkommene und vollkommene Reue

Auf die herausragende Rolle, die das Thema der vera poenitentia und insbesondere der vera contritio in Paltz' Schriften wie überhaupt in der spätmittelalterlichen Frömmigkeitstheologie spielt, sind wir bereits mehrfach eingegangen[367]. Paltz' Lehre von der Reue verdiente darum zusammen mit der seines Lehrers Dorsten[368], die ihn stark beeinflußt hat, eine eingehende Darstellung, die ihr Verhältnis zur Tradition, insbesondere ihre Abhängigkeit von der skotistischen Reuelehre, und ihre Bezüge zur zeitgenössischen Theologie untersuchte[369]. Wir werden uns im folgenden weitgehend darauf beschränken, die bereits beschriebene Garantiefunktion der Sakramente, die für den Seelsorger und Theologen Paltz eine so zentrale Bedeutung besitzt, an diesem wichtigen Punkt näher zu beleuchten, wobei im Auge zu behalten ist, daß nur wenige Jahre später die Frage nach der vera contritio auch für den jungen Augustinermönch Luther zum Dreh- und Angelpunkt seiner existentiellen Nöte und seiner theologischen Arbeit wird[370].

---

[363] Siehe ebd. 480 und 482.
[365] Vgl. Suppl. fol. p 4r.
[367] Siehe besonders oben S. 169f.

[364] Vgl. oben Anm. 293 und 313.
[366] Vgl. oben S. 272 bei Anm. 341–343.

[368] Zu Dorstens Lehre vom Bußsakrament siehe Zumkeller, Dorsten über Gnade, Rechtfertigung und Verdienst, 59–64.

[369] Eine nur sehr knappe Skizze bietet Paulus, Johann von Paltz über Ablaß und Reue, 62–74; völlig unzureichend ist die Darstellung bei Ferdigg II 269–300.

[370] Siehe z. B. die Rückblicke WA 1,525–527 = Scheel, Dokumente, 9–11 Nr. 18 (Begleitschreiben zu den Resolutiones disputationum de indulgentiarum virtute an Staupitz vom 30. Mai 1518); WA 40/II, 14f. = Scheel, Dokumente, 74f. Nr. 192 (Kommentar zum Galaterbrief 1531); WA 40/II,411f. = Scheel, Dokumente, 94f. Nr. 241 (Enarr. in Ps. 51, 1532).

Paltz geht wie alle Theologen seiner Zeit von dem Satz aus, daß ohne vera contritio niemand gerettet wird[371]. Für den Stand der Gnade ist es wesentlich, daß der Gerechtfertigte wahre Reue, d. h. einen mit dem festen Vorsatz der Besserung verbundenen Abscheu vor der Sünde aus dem Motiv kindlicher Furcht vor Gott und Liebe zu ihm (ex timore filiali vel amore dei), empfindet[372]. Entscheidend für die Bestimmung der contritio ist das Motiv, denn eine noch so ernsthafte Abkehr von der Sünde aus dem Beweggrund der Angst vor Strafe (ex timore servili) wird für ungenügend erachtet; die Reue muß aus Liebe zur Gerechtigkeit (ex amore iustitiae)[373] und aus Schmerz über die Beleidigung Gottes hervorwachsen[374], der vere contritus muß sich daher alles Guten für unwürdig und aller Pein für würdig erachten[375] und bereit sein, lieber zu sterben als nochmals zu sündigen[376]. Gegen die ockhamistische Position Biels vertritt nun Paltz ferner die Auffassung, die uns auch bei seinen Ordensbrüdern Dorsten[377], Staupitz[378] und Luther[379] begegnet, daß eine solche echte Reue nie zur vorbereitenden Bewegung des Menschen auf die rechtfertigende Gnade hin gehören kann, sondern immer bereits Folge der gratia gratum faciens ist: „Contritio est supra posse tuum."[380] „Veram contritionem nullus de se habere potest."[381]

Die Wichtigkeit der Sakramente, insbesondere die „tägliche Notwendigkeit" und der „allergrößte Nutzen" des Bußsakraments[382], tritt ins Blickfeld, wenn sich Paltz der Frage zuwendet, wie denn die Sünder zu dieser Gnade der vollkommenen Reue gelangen können. Wie auch Dorsten hält er sich sehr eng an die Reuelehre des Duns Scotus und

---

[371] Suppl. fol. s3v.   [372] Coel. fol. Q6r.

[373] Siehe oben Anm. 189.   [374] Suppl. fol. q1v: „dolere de offensa dei".

[375] „Quartum signum (sc. verae contritionis) est profundae humiliationis et sui ipsius despectionis, videlicet quod aliquis indignum se reputet omni bono et dignum omni malo, quia offendit optimum dominum." Suppl. fol. r1r.

[376] Coel. fol. Q6r.

[377] Siehe ZUMKELLER, Dorsten über Gnade, Rechtfertigung und Verdienst, 56f.

[378] Siehe oben S. 239f.

[379] Siehe z. B. Sermo de poenitentia, vor Ostern 1518: WA 1,319–324, besonders 322,9f.: „Contritio vera non est ex nobis, sed ex gratia dei; ideo desperandum de nobis et ad misericordiam eius confugiendum."

[380] Coel. fol. Cc3r.

[381] Suppl. fol. s3v (= verdecktes Zitat aus DORSTEN, Sermones fol. 74ra); vgl. Suppl. fol. r2r: „... in contritione, quam etiam a nobis non possumus habere"; Coel. fol. S6v: „Et si non posset esse contritus, quia hoc est supernaturale donum, quod homo ex se non potest habere, deberet tamen esse attritus, quantum posset."

[382] Paltz schließt den großen Abschnitt über das Bußsakrament im Supplementum Coelifodinae mit den Worten: „Ista sufficiant de sacramento poenitentiae, de quo tam diu volui immorari: primo propter cotidianam eius necessitatem; secundo propter maximam eius utilitatem; tertio propter multorum supra in Coelifodina positorum ampliorem declarationem." Suppl. fol. y4r/v.

seiner Schule[383], die an der Erfurter Universität im 15. Jahrhundert eine bedeutende Wirksamkeit entfaltete[384], wenn er mit aller Schärfe zwischen zwei Wegen zur Rechtfertigung und wahren Reue unterscheidet, dem außersakramentalen, der im Alten Bund der einzig mögliche war, und dem sakramentalen, der durch die Passion Christi eröffnet wurde[385]. Das facere quod in se est des Sünders, das ihn zum Ziel des eingegossenen Gnadenhabitus, zu caritas und contritio, führt, besteht in beiden Fällen in der unvollkommenen Reue, der attritio. Terminologisch zeigt sich auch darin Übereinstimmung mit der skotistischen Tradition, nicht aber in der inhaltlichen Bestimmung der attritio. Zwar ist man sich darüber einig, daß die attritio wie die contritio ein aufrichtiger Schmerz über die Sünde in Verbindung mit dem Vorsatz der Besserung[386] und nicht nur „die Abwesenheit einer unfrommen Gesinnung"[387] sein muß; doch läßt Duns Scotus auch die attritio von der Gottesliebe motiviert sein[388], während Paltz das entscheidende Motiv der attritio im timor servilis sieht, in der Furcht vor den Höllen- und Fegfeuerstrafen also, und gerade nicht in der Liebe zu Gott und seiner Gerechtigkeit[389]. Er nennt diese unvollkommene Reue daher auch ‚galgenrew‘: Dem attritus ergeht es wie einem Dieb, der seinen Diebstahl nur aus Furcht vor dem Galgen bereut[390]. Bei Scotus unterscheidet sich die contritio von der attritio nicht durch die circumstantia finis, die jeweils im ‚propter deum‘ bestehen muß, sondern nur durch das Moment des Formiertseins und durch eine größere Intensität, während für Paltz die Formierung durch die Gnade auch eine Wandlung des Reuemotivs zur Folge hat. Erst die Eingießung der Gnade macht die Orientierung der Reue an der Liebe zu Gott möglich.

Es bestand bislang in der Forschung Konsens darüber, daß Paltz mit seinem Verständnis der attritio eine einsame Position in der spätmittelal-

---

[383] Vgl. KRAUTWIG, Die Grundlagen der Bußlehre des J. Duns Skotus, besonders 148–163; POSCHMANN, Buße und Letzte Ölung, 98–103; HEYNCK, Zur Lehre von der unvollkommenen Reue; ders., Der hl. John Fisher und die skotistische Reuelehre; ders., Die Stellung des Konzilstheologen Andreas de Vega O.F.M. zur Furchtreue; ders., Die Reuelehre des Skotusschülers Johannes de Bassolis; ders., Attritio sufficiens; ders., Contritio vera. – Paltz beruft sich im Rahmen seiner Reuelehre ausdrücklich auf Duns Scotus: siehe besonders Suppl. fol. s3v–4r.

[384] Siehe oben S. 53f.; vgl. S. 55 bei Anm. 117.

[385] Siehe besonders Coel. fol. Q5v–6r.

[386] Siehe besonders Coel. fol. Q6v; vgl. PAULUS, Johann von Paltz über Ablaß und Reue, 69f. (siehe oben S. 21). Zu Duns Scotus vgl. KRAUTWIG, ebd. 156–163.

[387] So v. HARNACK, Lehrbuch der Dogmengeschichte III, 565; vgl. oben S. 19f.

[388] Vgl. MINGES, Ioannis Duns Scoti doctrina philosophica et theologica II, 644–648; KRAUTWIG, Die Grundlagen der Bußlehre des J. Duns Skotus, 87–91 und 95f.; J. KLEIN, Zur Bußlehre des seligen Johannes Duns Scotus, 108; HEYNCK, Zur Lehre von der unvollkommenen Reue, 31–34; POSCHMANN, Buße und Letzte Ölung, 99.

[389] Coel. fol. Q6v–R1v; Suppl. fol. q1v.   [390] Coel. fol. Q6v.

terlichen Theologie einnimmt[391]. Richtig an dieser These ist, daß die Lehre vom Genügen der Furchtreue als Vorbereitung auf den würdigen Empfang des Bußsakraments aus dem Rahmen des Üblichen fällt. Wo man im Anschluß an Scotus die attritio als unmittelbare Disposition zum Empfang der rechtfertigenden Gnade gelten läßt, versteht man sie nicht als Furcht- oder Galgenreue, sondern als unvollkommene Reue aus dem Motiv der Gottesliebe[392]. So isoliert, wie man meinte, steht freilich Paltz' attritio-Interpretation nicht im Raum. Der Skotist Stephan Brulefer, ein Franziskaner, vertritt gegen Ende des 15. Jahrhunderts ebenfalls die Ansicht, daß die unmittelbar auf die gratia gratum faciens vorbereitende attritio mit der Furchtreue identisch sei, die er wie Paltz[393] von der Hoffnung auf Gottes Barmherzigkeit begleitet sieht[394]. Auch für ihn ist somit mit der Rechtfertigung ein Wandel des Reuemotivs von der Straffurcht zur Gottesliebe gegeben. Diese Meinung trägt Brulefer in seinem Traktat De timore servili vor, mit dem er die These begründen will, daß der timor servilis nicht eitel und unnütz (vanus et inutilis) sei[395]. Für das Verständnis von Paltz noch wichtiger ist die Tatsache, daß sich – wie jüngst Zumkeller nachweisen konnte[396] – bereits bei Johannes von Dorsten die gleiche Bestimmung der attritio findet. Man weiß nun, woher Paltz seine Verbindung von attritio und timor servilis hat[397], die Zumkeller selbst in einer früheren Veröffentlichung originell nannte[398]. Bezeichnend ist freilich – und darin zeigt sich

---

[391] Siehe zuletzt noch FISCHER, Paltz und Luther, 27.

[392] Vgl. die oben Anm. 383 genannten Aufsätze von HEYNCK; vgl. auch PAULUS in seinen drei Aufsätzen über die Reue in den deutschen Beichtschriften, Erbauungsschriften und Sterbebüchlein des ausgehenden Mittelalters: siehe oben S. 21 f.

[393] Coel. fol. O 3r und Suppl. fol. q 1r; siehe auch PAULUS, Johann von Paltz über Ablaß und Reue, 73 f. und die dort zitierten Texte aus der Coelifodina.

[394] Zur Reuelehre Brulefers siehe HEYNCK, Zur Lehre von der unvollkommenen Reue, 47–58; ders., Attritio sufficiens, 119 f.

[395] BRULEFER geht von der Ausgangsfrage aus (fol. 24r): „Utrum irreprehensibiliter praedicetur aut debeat praedicari in ecclesia sancta dei timorem servilem, qui est donum spiritus sancti ac disponit de propinquo ad timorem gratuitum, esse vanum et esse inutilem." Die erste conclusio principalis lautet (ebd.): „Timor servilis non est vanus et inutilis." Vgl. auch fol. 50r: „Spes informis et timor servilis de propinquo, directe et immediate iuvant peccatorem ad attritionem habendam et ad confessionem integram peccatorum suorum faciendam et per consequens ad gratiam suscipiendam."

[396] ZUMKELLER, Dorsten über Gnade, Rechtfertigung und Verdienst, 62.

[397] ZUMKELLER nennt freilich nur eine Stelle aus Dorsten, an der die attritio durch den timor servilis bestimmt wird: ebd. 61 Anm. 164 (= DORSTEN, Sermones fol. 74ra); gerade diese Stelle findet sich mit wörtlicher Übereinstimmung bei Paltz in Suppl. fol. s 3v, ohne daß Dorsten als Gewährsmann genannt wird. Man muß also mit der Möglichkeit rechnen, daß der Schreiber der Berliner Dorsten-Handschrift diese Passage aus dem Supplementum Coelifodinae übernommen hat, um damit Dorstens Predigtkonzept erläuternd anzureichern; vgl. unten Kap. 6 Anm. 50.

[398] ZUMKELLER, Die Augustinerschule des Mittelalters, 253.

das besondere Interesse von Paltz –, daß er gerade diese unübliche Lehre, die sein Lehrer nur en passant vertritt[399], zu einem Kernstück seiner Theologie macht, das er ständig repetiert.

Wir müssen nun die zwei Wege der Furchtreue, die zum Besitz der vera contritio führen, den außersakramentalen und den sakramentalen, näher betrachten. Es ist in diesem Zusammenhang zu erwähnen, daß Paltz zwischen drei Stufen der attritio unterscheidet[400]. Unterscheidungsmerkmal ist für ihn dabei nicht eine Verschiedenheit in den Wesenseigenschaften der Reuegrade, etwa in der Motivation zur Reue, sondern lediglich eine quantitative Verschiedenheit in der Intensität der Furchtreue.

Auf der obersten Stufe steht die attritio derer, die *alles* tun, was in ihren Kräften steht – „qui totum faciunt, quod in eis est“[401] –, um zur wahren Reue zu gelangen. Diese attritio wird von Gott auf direktem Wege ohne sakramentale Vermittlung in die contritio gewandelt. Immer wieder hebt Paltz hervor, daß nur sehr wenige (paucissimi) auf solch außersakramentale Weise, d. h. bereits vor Empfang der priesterlichen Absolution, gerechtfertigt werden[402]: „Quasi omnes ... non habent veram contritionem nec habent attritionem in primo gradu, quod facerent totum, quod possent, ad adipiscendum veram contritionem.“[403]

Den mittleren Grad der attritio beschreibt Paltz als den Normalfall, der für die meisten Christen[404] in Frage kommt, d. h. für die große Masse derer, die nicht alles tun, was in ihren Kräften steht, sondern sich nur irgendwie (aliquo modo) um wahre Reue bemühen. In diesem Fall ergänzt[405] das Sakrament – und zwar nicht nur das Bußsakrament, sondern gegebenenfalls auch Firmung, Abendmahl und Letzte Ölung[406] – das, was dem Sünder noch zur obersten Stufe der attritio fehlt, und wandelt die attritio zur contritio.

Von den beiden ersten Graden unterscheidet sich die unterste Stufe der unvollkommenen Reue vor allem dadurch, daß von einem facere quod in se est nicht mehr die Rede ist. Sie würde nach Paltz unter normalen Umständen auch als Vorbereitung auf das Wirken der Sakra-

---

[399] Siehe oben Anm. 397.

[400] Die Unterscheidung findet sich in Coel. fol. Q6v–R1v und Cc3r; Suppl. fol. s3v–4r.

[401] Coel. fol. Q6v.

[402] Siehe z. B. Coel. fol. Q5v, R2r, Cc1v; Suppl. fol. d6v, e1r.

[403] Coel. fol. R1v; vgl. auch Coel. fol. R2r (minima pars christianorum).

[404] Coel. fol. R1v (plurimi christiani).

[405] Coel. fol. Z6v: „Si non fuerit sufficienter contritus, tunc gratia sacramenti supplet.“ Vgl. oben S. 265 mit Anm. 293.

[406] Siehe z. B. Coel. fol. R1v (Letzte Ölung, Abendmahl, Firmung); Suppl. fol. e1r (Letzte Ölung, Abendmahl) und A2r (Firmung); vgl. oben S. 273.

mente nicht ausreichen. Nur in der extremen Ausnahmesituation des Todkranken genügt der dritte Grad der attritio, weil Gott vom Kranken weniger fordert als vom Gesunden[407] und daher in diesem Fall die minimale Furchtreue durch das Sakrament der Letzten Ölung zur echten Reue aus dem Motiv der Gottesliebe wandelt. Allerdings wird vom Kranken verlangt, daß er der Wirkung des Sakraments keinen Riegel (obex) vorschiebt, indem er nicht an sie glaubt[408], daß er Schmerz über die Sünde und die verpaßten Reuemöglichkeiten empfindet[409] oder zumindest Schmerz darüber, daß er keinen Schmerz empfinden kann[410], daß er sich nach der Barmherzigkeit Gottes sehnt und für den Fall, daß er nicht sterben sollte, den Vorsatz der Besserung faßt[411].

Der außersakramentale Weg zur Rechtfertigung und wahren Reue ist also der Weg der attritio ersten Grades, der sakramentale Weg umfaßt die attritio zweiten und dritten Grades. Die Reue, mit der Paltz beim Sünder rechnet, ist die attritio zweiten Grades. In der ersten Stufe der Furchtreue sieht er einen oberen, in der dritten Stufe einen unteren Grenzwert.

Das Interesse, das Paltz bei seinen Ausführungen über die Reue leitet, wird sichtbar, wenn man sie vor dem Hintergrund der theologischen Tradition und der zeitgenössischen Theologie betrachtet. Wie wir sahen, verläßt Paltz bereits mit seiner inhaltlichen Bestimmung der attritio als Furchtreue die gängigen Bahnen der spätmittelalterlichen Reuelehre, auch wenn er sich hierbei in Einklang mit seinem Lehrer Dorsten wissen konnte[412]. – Aus dem Rahmen des Üblichen fällt offensichtlich auch seine Meinung, daß nur äußerst wenige (paucissimi, minima pars christianorum[413]) die außersakramentale Möglichkeit der Rechtfertigung aufgrund der attritio ersten Grades realisieren können, daß „quasi omnes" auf die sakramentale Wandlung ihrer minderen attritio zur contritio angewiesen sind. Jedenfalls fanden wir solche superlativischen Formulierungen bei keinem anderen spätmittelalterlichen Theologen. Es ist hier eine Entwicklung festzustellen: Bonaventura läßt in Übereinstimmung mit der scholastischen Bußlehre vor ihm die Gnadeneingießung immer, Thomas in der Regel vor der priesterlichen Absolution eintreten[414]. Duns Scotus dagegen hebt den doppelten

---

[407] Coel. fol. Cc3r.   [408] Coel. fol. R1v.
[409] Coel. fol. R1v.   [410] Suppl. fol. s4r.
[411] Coel. fol. R1v.   [412] Siehe oben S. 277f.
[413] Siehe oben Anm. 403.

[414] Vgl. HEYNCK, Zur Lehre von der unvollkommenen Reue, 22–28; ders., Attritio sufficiens; POSCHMANN, Buße und Letzte Ölung, 88 und 91: „Thomas faßt ... zwei Möglichkeiten ins Auge: entweder tritt der Sündennachlaß auf Grund der contritio schon vor der Absolution ein oder zusammen mit ihr. Dabei ist das erste, wie es der bis dahin herrschenden Auffassung entspricht, auch beim Aquinaten das Reguläre, und zwar so

Weg der Rechtfertigung hervor und bezeichnet den außersakramentalen Weg als schwer, allerdings nicht als außergewöhnlich[415]. Der Skotist Wilhelm de Rubione (erste Hälfte des 14. Jahrhunderts) spricht dann bereits von nur wenigen (pauci), die schon vor Empfang des Bußsakraments gerechtfertigt werden[416], und Dorsten bezeichnet diesen Fall als selten (raro)[417]. Auch der Skotist Stephan Brulefer ist der Meinung, daß eine Rechtfertigung vor der Absolution nur selten eintritt; in der Regel (regulariter) werde die attritio erst durch das Bußsakrament zur contritio[418]. Paltz steht mit seiner Antwort dieser skotistischen Tradition sehr nahe, doch geht er mit seiner ständig wiederholten Akzentuierung des ‚paucissimi‘ in der Entwicklung noch über das ‚raro‘ Dorstens und das ‚regulariter‘ Brulefers hinaus: Die Möglichkeit der außersakramentalen Rechtfertigung ist fast bis auf den Nullpunkt zusammengeschrumpft, wie die Formulierung ‚quasi omnes‘ zeigt[419]. Um eine Parallele zu Paltz' Superlativen zu finden, muß man den Sprung zu seinem Ordensbruder Luther machen, der in seinem vor Ostern 1518 entstandenen Sermon De poenitentia über die wahre Reue, die aus der Liebe zur Gerechtigkeit geschieht[420], sagt: „Wenn du das Gesagte recht abwägst, wirst du leicht zustimmen, daß kein Mensch in der Welt ist, der eine solche Reue hat, oder zumindest nur ganz wenige (paucissimi)."[421] Und entsprechend heißt es in der 31. Ablaßthese: „Wie selten ein wahrhaft Bußfertiger zu finden ist, so selten ist einer, der in Wahrheit Ablässe kauft, das heißt ganz selten (rarissimus)."[422] Mit Paltz steht Luther in Front gegen einen Kontritionismus Bielscher Prägung, der die Betätigung der natürlichen Kräfte des Sünders in der wahren Reue gipfeln läßt[423]. Mit Paltz kann er

---

sehr, daß er vereinzelt ebenso wie die früheren Theologen für die Beicht den vorgängigen Gnadenstand schlechthin voraussetzt."

[415] Vgl. HEYNCK, Attritio sufficiens, 93–104, besonders 100.

[416] Siehe ebd. 113.

[417] Siehe ZUMKELLER, Dorsten über Gnade, Rechtfertigung und Verdienst, 61 Anm. 164.

[418] De timore servili (fol. 50v).

[419] Siehe oben S. 279 bei Anm. 403.

[420] WA 1,321,11f. (ex amore iustitiae ... poenitere).

[421] „Immo si recte perpendas haec dicta, facile dices nullum hominem esse in mundo, qui hanc contritionem habeat, vel saltem paucissimos." WA 1,321,22f.

[422] „Quam rarus est vere poenitens, tam rarus est vere indulgentias redimens, id est rarissimus." WA 1,234,37f. Vgl. Coel. fol. Cc1v: „Ex quo patet error multorum, qui dicunt, quod quamvis indulgentiae sint, tamen paucissimi possunt eas consequi, quia paucissimi sunt vere contriti, non attendentes remedia in sacramentis nobis collata." – Vgl. auch Ablaßthese 23 (WA 1,234,21f.): „Si remissio ulla omnium omnino poenarum potest alicui dari, certum est eam non nisi perfectissimis, id est paucissimis, dari."

[423] Siehe oben S. 257. – Vgl. etwa die späteren Rückblicke LUTHERs, in denen er sich gegen seine frühere Ausbildung entsprechend der Lehre, man müsse als Vorbereitung auf den wirksamen Empfang der Absolution contritio (und nicht nur attritio) besitzen,

sagen, daß Christus das ergänzt (suppleat), was dem Sünder an Reue fehlt[424], und wie Paltz stellt er – vor allem seit der Verwicklung in den Ablaßstreit – der subjektiven Frömmigkeitssphäre, dem Innenraum des Gewissens und seinem Streben nach wahrer Reue, die Außendimension des ‚vulneratus Christus‘, wie er in den Sakramenten präsent ist[425], entgegen[426]. Die Koordinaten, innerhalb derer solche Aussagen bei Luther zu stehen kommen, sind freilich völlig andere geworden. So tritt der fiktiven Größe der ‚paucissimi‘ nicht wie bei Paltz die große Zahl der Sünder gegenüber, die durch das Sakrament zu einer echten Reue gelangen, sondern die Totalität derer, die nie eine solche Reue vorweisen können und darum immer auf die barmherzige Verheißung Christi, die dem Glauben und nicht der Reue gilt, angewiesen bleiben[427]. Diese personale promissio ist es, die dem Poenitenten in der Absolution begegnet[428], nicht der auf priesterlicher Dignität beruhende Automatismus der Wandlung unvollkommener zu vollkommener Reue. –

---

wendet: z. B. WA 40/II,412,16f. = Scheel, Dokumente, 95,10–16 Nr. 241: „sequebar enim hanc doctrinam de contritionibus" (im Gegensatz zur – skotistischen – doctrina de attritionibus); WA 41,698,15f. = Scheel, Dokumente, 126,17f. Nr. 336: „Postea adulti tantum reu und reinickeit, non absolutionem inspeximus." Die Abwertung der Absolution ist charakteristisch für Biels Lehre (vgl. Oberman, Der Herbst der mittelalterlichen Theologie, 147), während man Paltz umgekehrt gerade ein ‚absolutionem inspicere‘ bescheinigen muß.

[424] „Haec, inquam, oratio et agnitio atque confessio impoenitentiae tuae, si ficta non fuerit, eo ipso faciet, ut deus te poenitentem verum reputet, et licet multum adhuc sentias te ad malum inclinatum, noli timere. Haec confessio et oratio faciet, ut Christus suppleat de suo, quod deest de tuo." Sermo de poenitentia: WA 1,321,36–40. Vgl. auch oben S. 240f. (christologische ‚Ergänzung‘ bei Staupitz). Dasjenige, was der Ergänzung bedarf, ist allerdings bei Luther und Staupitz nicht wie bei Paltz eine natürliche Leistung des Menschen, sondern bereits Werk Gottes.

[425] Siehe Hamm, Promissio, Pactum, Ordinatio, 386–388 (dort weitere Literatur) und oben S. 245.

[426] „Ita sunt peccata nostra in· vulnerato Christo magis quam in nostra conscientia tractanda." Resolutiones disputationum de indulgentiarum virtute (1518), zu These 26: WA 1,576,23f. Vgl. Sermo de poenitentia: WA 1,323,35–37: „Damnabuntur itaque, qui nolunt confidere sese absolutos, donec certi sint se satis contritos, et super harenam, non super petram volunt domum conscientiae suae aedificare (vgl. Mt. 7,24–27)." Vgl. oben S. 251 bei Anm. 197. Zu Luthers Gewissensbegriff vgl. neuerdings Baylor, Action and person, 119–272.

[427] „Quare plus est a confitente requirendum, an credat sese absolvi, quam an sit vere contritus, sicut Christus a caecis quaesivit: ‚Creditis me posse vobis hoc facere?‘ (Mt. 9,28). Et merito, quia contritio numquam est vera satis, quod si esset vera, non est tamen certa, et si esset certa, non tamen esset satis. Fides autem et verbum Christi sunt verissima, certissima, sufficientissima." Sermo de poenitentia: WA 1,324,2–7. Zur Gegenüberstellung von contritio und fides vgl. oben S. 245 mit Anm. 157.

[428] Vgl. besonders Bayer, Promissio, 164–202; Hamm, Promissio, Pactum, Ordinatio, 385–389.

Schließlich ist auch Paltz' Unterscheidung zwischen drei Graden der attritio, die als Disposition des Sünders in Frage kommen, ungewöhnlich. Zwar kennt die thomistische Tradition seit Petrus de Palude (gest. 1342) ebenfalls eine dreifache attritio[429], doch hält sie die unterste Stufe für völlig unwirksam, während Paltz sie als positive Möglichkeit für den Todkranken in seine Reuelehre einbaut.

Alle drei Punkte, an denen Paltz von den gängigen Ausprägungen der spätmittelalterlichen Reuelehre abweicht, die Wesensbestimmung der attritio, die paucissimi-These und die Dreigliederung der attritio, verraten die gleiche mit Konsequenz durchgehaltene Tendenz: Paltz versucht das Reueprogramm auf ein Minimum herabzudrücken, um der großen Masse der maximi peccatores[430] – und sei es auch erst in der Todesstunde – den Weg zu Gnade und Heil zu eröffnen; der Minimalisierung der attritio entspricht dabei ein Maß an Steigerung der virtus sacramenti und ihrer Zuständigkeit[431], das zweifellos einen Höhepunkt in der spätmittelalterlichen Theologie darstellt. Da das Sakrament all das ergänzt, was dem Sünder zu einem vollständigen facere quod in se est fehlt, bietet es ihm, wie Paltz im Anschluß an die skotistische Tradition feststellt, den „facilior modus poenitendi et salvationis"[432] und damit auch größere Sicherheit[433]. Nur ein Schmerz über die Sünde aus dem egoistischen Motiv der Furcht vor Strafe wird vom Poenitenten verlangt, damit ihm das Sakrament zu Hilfe kommt, ja es genügt sogar eine mindere Stufe solcher Furchtreue oder gar der Schmerz darüber, daß man keinen Schmerz empfinden kann. Kein Sünder braucht nun mehr zu verzweifeln, denn dieses Minimum an Reuegesinnung wird er immer

---

[429] Vgl. POSCHMANN, Buße und Letzte Ölung, 96 f. – Duns Scotus konzediert dem Todkranken nicht etwa wie Paltz eine besonders leicht zu erwerbende attritio, sondern fordert von ihm im Gegenteil „eine besonders hochwertige Reue"; siehe KRAUTWIG, Die Grundlagen der Bußlehre des J. Duns Skotus, 155 f.

[430] Siehe oben S. 153 f.

[431] Siehe oben S. 273 mit Anm. 353.

[432] „In nova lege contingit aliquem absolvi a peccatis et salvari, qui solum fuit attritus in se, qui tamen per adiutoria sacramentorum ex attrito factus fuit contritus. Ideo in nova lege facilior est modus poenitendi et salvationis." Coel. fol. Q5v. Vgl. Coel. fol. Cc1v: „Ex quibus (sc. sacramentis) nostra attritio facile potest fieri contritio." Coel. fol. Cc3r: „Cooperantibus sacramentis, quibus te humilias, facile ad contritionem pervenies."

[433] Coel. fol. Q6r (certificare); Cc3r (certius tamen cum sacerdote); Suppl. fol. s4v (propter maiorem certificationem); r2r: „Si tamen facimus quod in nobis est, ut habeamus attritionem, commutat nobis (deus) istam attritionem in contritionem, quandoque per se ante sacramentorum perceptionem, quandoque in sacramentorum perceptione, quod est certius." – Vgl. DUNS SCOTUS, der den sakramentalen Weg zur contritio leichter und sicherer als den schwierigen Weg der außer- bzw. vorsakramentalen Rechtfertigung nennt: „Nulla alia (via) est ita facilis et ita certa." Opus Oxoniense IV d. 14 q. 4 n. 14. Vgl. dazu KRAUTWIG, Die Grundlagen der Bußlehre des J. Duns Skotus, 154; POSCHMANN, Buße und Letzte Ölung, 100.

in sich erzeugen können[434]. Gerade darin, daß Gott auch solche attriti nicht fallen läßt, sondern ihre Unvollkommenheit durch die Wirksamkeit der Sakramente ausgleicht, sieht Paltz seine Barmherzigkeit zum Zuge kommen: „Siehe, welch große Barmherzigkeit Gottes, daß diese allerheiligste sakramentale Medizin mehr an den Unvollkommenen als an den Vollkommenen wirkt!"[435]

Wer wie die ältere protestantische Forschung[436] bei Paltz von einer laxen Reuelehre spricht, deren Folge „eine Verwüstung der Religion und der einfachsten Moral" gewesen sei[437], verfehlt die tiefere Intention des Mannes, der sich mit aller Energie für das Observanzideal seines Ordens eingesetzt und an der Forderung nach einer wahren Reue aus dem Motiv des amor iustitiae mit aller Entschiedenheit festgehalten hat – nur daß er diese vollkommene Reue erst durch den rechtfertigenden Gnadenhabitus gegeben sah. Seine zutiefst seelsorgerliche Intention, wie sie in seiner Reuelehre zum Ausdruck kommt, zielt darauf, die faktische sittliche Unzulänglichkeit des Sünders mit dem Bedürfnis nach Heilsgarantien für möglichst viele Sünder in Einklang zu bringen. Sie führt ihn zur via facilior und certior der Sakramente.

g) Ablaß und Jubiläum[438]

Nach mittelalterlichem Bußverständnis besteht das Leben des Christen aus zwei Stufen, aus Reue und Satisfaktion, zwischen denen Beichte und Absolution liegen. Die beiden Stufen werden von Paltz weitgehend parallel gesetzt. Wie er den Sünder im Normalfall einer Reue, die unmittelbar die Eingießung der rechtfertigenden Gnade und damit die Tilgung der Sündenschuld herbeiführt, für unfähig hält, so sieht er auch noch den Gerechtfertigten in solchem Maße bestimmt von den reliquiae peccatorum und habitus vitiosi, die ihn zu immer neuen Sünden verfüh-

---

[434] „Non potest esse peccator adeo desperatus, quin possit consequi indulgentias, si habuerit intelligentiam et fidelem informatorem et voluerit facere quod potest, ut habeat attritionem aliqualem; quia tunc in sacramentis sibi succurritur et imperfectum eius tollitur et informis attritio, id est caritate carens, formatur per gratiam sacramentalem, quae confertur." Coel. fol. Cc1v.

[435] „Ecce magna pietas divina, quod ista sacratissima medicina sacramentalis ampliora operatur circa imperfectiores quam circa perfectiores, quia vere contritum non reconciliat deo, sed invenit eum reconciliatum, sed attritum non reconciliatum reconciliat deo." Suppl. fol. e3v; ähnlich formuliert bereits in Caut. fol. 10v–11r.

[436] Siehe oben S. 16ff. (BRATKE, DIECKHOFF, v. HARNACK).

[437] Siehe oben S. 20 bei Anm. 52 (v. HARNACK).

[438] Vgl. oben S. 90f.; zu Paltz' Lehre über Ablaß und Jubiläum vgl. auch die umfangreiche Literatur, die vor dem Ersten Weltkrieg erschienen ist (siehe oben S. 13–23), besonders PAULUS, Johann von Paltz über Ablaß und Reue, 49–62.

ren[439], daß er die Möglichkeit einer völligen Tilgung der zeitlichen Sündenstrafen durch eigene satisfaktorische Leistungen des Menschen als Ausnahmefall einstuft. Dem Fegfeuer würde auf diesem Wege der Selbsthilfe, wie er meint, kaum einer entgehen[440]; und er warnt vor dem Vertrauen in die eigene Genugtuung, indem er die Bitterkeit (acerbitas) der Fegfeuerstrafen drastisch ausmalt[441]. Rekurrierte Paltz bei der Reue auf das Garantiepotential der Sakramente, welche die attritio zur contritio wandeln, so verweist er bei der Satisfaktion auf die unendliche Kraft der Ablässe[442], die dem Poenitenten die zu schwere Last der Bußwerke abnehmen bzw. das ergänzen, was ihm noch zu einer vollständigen Genugtuung fehlt[443].

Auch auf dieser Ebene ist der Vorwurf des Laxismus, den man Paltz gemacht hat[444], unberechtigt. Denn Paltz will durch seine Empfehlung der Ablässe keine Abstriche am traditionellen Ideal eines bußfertigen Lebens und an der Forderung nach Besserung machen. Worum es ihm geht, ist das Höchstmaß an Sicherheit, das die Ablässe bieten, ist jener sicherere Weg zum Heil, der darum sicherer ist, weil er leichter ist, und dem sich alle anvertrauen sollen, weil keiner solche Sicherheit durch eigene Genugtuung erreichen kann. Vor die Alternative gestellt, ob es mehr auf sittliche Besserung oder mehr auf Befreiung von den zeitlichen Sündenstrafen ankommt, sagt Paltz sehr deutlich: „Melius est, quod homo fiat moraliter bonus, quam quod liberetur a poenis."[445] Aber das Charakteristische an seinem Standpunkt ist gerade, daß er diese Alternative nicht akzeptiert, sondern an die Stelle des ‚entweder – oder' ein ‚sowohl – als auch' setzt. Aufschlußreich ist z. B. ein Text aus dem Supplementum Coelifodinae, bei dem es um die Frage geht: „An melius sit per se satisfacere pro peccatis suis quam via indulgentiarum poenas debitas redimere." Das ‚melius' besitzt, wie Paltz ausführt, zwei

---

[439] Siehe oben S. 150f.; von den reliquiae peccatorum und habitus vitiosi ist im Rahmen der Ablaßthematik etwa in Coel. fol. Gg3v die Rede.

[440] „... purgatorium sustinere cogeretur, quod vix aliquis absque indulgentiis evadere poterit." Suppl. fol. c3v. „... a poenis purgatorii, quas absque indulgentiis vix evadent." Coel. fol. Cc2v.

[441] Coel. fol. Ee5v.

[442] Sie beruht auf dem unendlichen Wert des meritum passionis Christi; siehe Coel. fol. X6v = Zitat aus Franciscus de Maironis, Tractatus de indulgentiis (fol. 87va/b); vgl. Coel. fol. Dd6v: „... qui thesaurus (indulgentiae) est infinitus propter suppositum infinitum et non potest exhauriri." Suppl. fol. a5r.

[443] „Raro vel numquam iniunguntur sufficientiae poenitentiae a confessoribus propter fragilitatem humanam aut propter ignorantiam. Haec ergo supplentur virtute indulgentiarum a sede apostolica vel sacris conciliis concessarum." Suppl. fol. d1v = Zitat aus Jakob von Jüterbog, De anno iubilaeo (fol. 195vb–196ra).

[444] Siehe oben S. 16ff. (Bratke, Dieckhoff, v. Harnack).

[445] Coel. fol. Aa6v.

Aspekte, den des ,meritorius' und den des ,facilius'. Geht es um eine Steigerung der Verdienste und damit um einen höheren Grad an himmlischer Glorie, dann hat die eigene Genugtuung den Vorzug; fragt man hingegen nach der leichteren Satisfaktionsart, dann liegt das ,melius' auf seiten der Ablässe, denn die „via indulgentiarum" ist der „facillimus modus satisfaciendi"[446]. Entscheidend sind nun die Worte, mit denen Paltz das Thema abschließt: „Wir aber, die wir schwach sind, sollen beide Wege der Satisfaktion umfassen: Wir sollen verdienstliche gute Werke wirken, soweit wir es können, und wir sollen die Ablässe suchen, wo wir sie zu finden vermögen."[447] Für Staupitz' andersartige Bewertung der kirchlichen Sakralinstitution[448] ist dagegen bezeichnend, daß er bei der gleichen Frage Nutzen und Sicherheit für den Christen nicht durch den Ablaß, sondern allein durch die „propria satisfactio" gegeben sieht[449].

Betrifft das Gesagte den Ablaß für Lebende, so äußert sich Paltz zum Ablaß für Verstorbene auf ähnliche Weise[450]. Dabei geht es ihm wieder um das Gegenüber von unzulänglicher subjektiv-persönlicher Leistung und ausgleichenden objektiven Garantien der Papstkirche, d. h. hier um die Gesichtspunkte der Fürbitte der Lebenden für ihre Verstorbenen, des „suffragium consuetudinale", und des kirchlichen Ablasses für die See-

---

[446] Vgl. Suppl. fol. d1v (facilior via), e2v (facilior modus liberandi a poenis), e5v (iam temporis nos maximi peccatores possumus facilius evadere purgatorium quam quondam magni sancti), g6v (facile per adiutoria sacramentorum atque indulgentiarum poterimus salutem sperare); vgl. auch unten Anm. 481.

[447] „Ad quartam quaestionem, qua quaerebatur: An melius sit per se satisfacere pro peccatis suis quam via indulgentiarum poenas debitas redimere. Respondetur distinguendo, an velis intelligere ,melius', id est meritorius: Tunc melius est per se satisfacere, quia pro quolibet opere satisfactorio non solum meretur quis remissionem alicuius poenae, sed etiam aliquem gradum gloriae; et sic utique maius meritum quis accumularet, si per se satisfaceret, quam quod per indulgentias redimeret. Hoc erat motivum sanctorum in primitiva ecclesia, qui potius desiderabant per se satisfacere et thesaurum indulgentiarum augere quam aliquid inde recipere. Si autem vis intelligere ,melius', id est facilius, tunc dico: Facilius est satisfacere per indulgentias quam per propria opera, immo est facillimus modus satisfaciendi via indulgentiarum. Nos autem, qui sumus infirmi, amplectamur utramque viam satisfactionis: operemur bona meritoria quae possumus, quaeramus indulgentias, ubi invenire valemus." Suppl. fol. e5v–6r.

[448] Siehe oben S. 234–236.

[449] „Hinc commendabilior et utilior est liberatio a peccatis (sc. a poenis peccatorum) per propriam satisfactionem quam per indulgentiam: commendabilior certe, quia cum maiori dilectione iustitiae; utilior, quia auget meritum, reddit securum (!) et sollicitum ad cavendum peccatum; et non habet inimicum, quia quaecumque contra se facta pro se facta firmiter credit." De exsecutione, c. 20 §195. – Zur Problematik des ,melius' vgl. JOHANNES GERSON, De indulgentiis 13 (ed. Glorieux IX 656); W. ECKERMANN, Buße ist besser als Ablaß.

[450] Siehe den großen Abschnitt über den Ablaß für Verstorbene in Coel. fol. Dd5v–Ff5r.

len im Fegfeuer, des „suffragium indulgentiale"[451]. Zwar hebt Paltz die Notwendigkeit der persönlichen Fürbitte hervor, vor allem weil sie das Verdienst der Bittenden erhöhe[452], doch ist ihre Wirksamkeit für die Verstorbenen in seinen Augen so stark vom Leistungsvermögen der Lebenden abhängig, jener Lebenden, bei denen er eine gravierende Nachlässigkeit in der Fürbitte beobachtet[453], daß er zum Schluß kommt: „Hinsichtlich des Strafnachlasses ist die Fürbitte der Ablässe die wirksamste, weil sie den Seelen leichter, sicherer und schneller (facilius, certius et citius) zu Hilfe kommt."[454] Auch hier vertritt Paltz eine Lösung des ‚sowohl – als auch', die sowohl dem Aspekt persönlicher Devotion als auch dem Bedürfnis nach größtmöglicher Sicherheit gerecht zu werden versucht.

Für die Begründung des Sicherheitscharakters der indulgentiae pro defunctis ist die Deutung, die Paltz der in diesem Zusammenhang seit dem 13. Jahrhundert gebräuchlichen[455] und von Papst Sixtus IV. erstmals kirchenamtlich verwendeten Formel „per modum suffragii"[456] gibt, nicht unwichtig, denn die Wirksamkeit der Ablässe sieht er eng verknüpft mit ihrem Wirkungsmodus. Wir wollen auf seine Ausführungen dazu nicht näher eingehen. Nur soviel sei bemerkt, daß er anknüpfend an die Interpretation des „per modum suffragii" durch Sixtus IV. vom 27. Nov. 1477[457] und die Darlegungen Raimund Peraudis in den drei Auflagen seiner Summaria declaratio bullae indulgentiarum[458] den

---

[451] Zur Unterscheidung von suffragium consuetudinale und suffragium indulgentiale siehe besonders Coel. fol. Ee 1r/v.

[452] Coel. fol. Ff 5r.

[453] „Tertia quaestio: An iam temporis expediat dare indulgentias pro animabus in purgatorio detentis. Respondetur, quod sic propter tria: Primo propter viventium tepiditatem. Sunt enim viventes iam temporis valde tepidi ad subveniendum animabus suffragiis consuetudinalibus." Coel. fol. Ee 5r. Vgl. Coel. fol. Ff 5r.

[454] „Quoad poenarum remissionem suffragium indulgentiale est efficacissimum, quia facilius, certius et citius subvenit animabus." Coel. fol. Ee 1v. Vgl. Coel. fol. Ee 1r: „Per illud, quod habet modum suffragii, animabus plus suffragatur quam per suffragium, quia citius et certius per ipsum animae liberantur. Ergo videtur, quod sit efficacissimum suffragium." Coel. fol. Ff 5r: „Christifideles studeant amicis suis providere de suffragio indulgentiali, quod facilius acquiritur et etiam efficacius operatur." Modus facilior: Coel. fol. Ee 1r und 5v.

[455] Vgl. BRIEGER, Art. ‚Indulgenzen', 90–92.

[456] Bulle ‚Salvator noster' zugunsten der Peterskirche von Saintes vom 3. Aug. 1476: „Volumus ipsam plenariam remissionem per modum suffragii ipsis animabus purgatorii ... pro relaxatione poenarum valere et suffragari." KÖHLER, Dokumente zum Ablaßstreit, 38,5–8. Vgl. oben S. 85.

[457] Das Schreiben ist teilweise abgedruckt bei KÖHLER, ebd. 39 f. und DENZINGER/SCHÖNMETZER, Enchiridion symbolorum, Nr. 1405–1407.

[458] Der betreffende Abschnitt beginnt mit dem Satz: „Patet in sequentibus, quod papa potest dare remissionem plenissimam animabus in purgatorio per modum suffragii, qui quidem modus suffragii non derogat modo auctoritatis." Summaria declaratio in der 3.

modus suffragii bei der Wirksamkeit der Ablässe nicht in der üblichen Weise[459] als Gegensatz, sondern als besondere Form des richterlichen modus auctoritatis bestimmt. Auch den Seelen im Fegfeuer lasse der Papst die Ablässe kraft seiner potestas iurisdictionis[460], und zwar seiner Lösegewalt[461], zugute kommen. So sehr Paltz bei der Darstellung dieser Materie auf Peraudi fußt, wie überhaupt seine gesamte Ablaßlehre gesättigt ist von Tradition und kaum originell genannt werden kann, so deutlich werden doch auch seine eigenen Akzentuierungen sichtbar. Sie bestehen vor allem in der Hervorhebung der menschlichen Schwäche und des modus facilior und certior der durch die Ablässe für Lebende und Verstorbene geleisteten Satisfaktion, während der Gesichtspunkt des Türkenkrieges und der dafür aufzubringenden Gelder – für Peraudi die Hauptsache[462] – völlig hinter der seelsorgerlichen Perspektive verschwindet[463]. Entscheidend sei nicht, was mit den Ablaßgeldern geschieht, sondern was man dafür erhält[464]. Bezeichnend für Paltz' Grundhaltung ist auch, daß er sich gerade denjenigen zeitgenössischen Ablaßtheorien anschließt, die das Verständnis der plenitudo potestatis papae am weitesten vorantreiben und damit die theologische opinio communis verlassen; sie kommen seinem Interesse an den sakralinstitutionellen Heilsgarantien entgegen[465].

Wenn Paltz vom Ablaß handelt – und er tut dies über weite Strecken der Coelifodina und des Supplementum Coelifodinae[466] –, dann hat er immer ganz bestimmte Ablässe im Blick, nämlich die im Rahmen der

---

Aufl. von 1501 (fol. a 5v). Die Position Peraudis ist dargestellt bei Paulus, Geschichte des Ablasses III, 384–386.

[459] Vgl. Coel. fol. Dd 6r/v: „(Doctores) differunt in hoc, quod aliqui eorum, licet *pauci*, dicunt: Quamvis papa indirecte concedat eis indulgentias, tamen hoc faciat per modum auctoritatis. Sed alii dicunt *communiter*, quod hoc faciat non per modum auctoritatis, sed per modum suffragii." Vgl. z. B. auch Johannes Altenstaig, Vocabularius theologiae (1517), s. v. ‚indulgentia': „Sed quod dicitur ‚per modum suffragii' excludit modum iudiciariae potestatis, qui dicit iudicialem absolutionem … Et ille modus iudiciariae auctoritatis tantum habet locum in vivis, qui iudicialiter absolvuntur." Vgl. Paulus, ebd. 384. Zur damaligen Diskussion vgl. auch Luther, Asterisci 12: WA 1,296,16–34.

[460] Coel. fol. Ee 3v und Ff 1r; in dieser extremen Behauptung einer – wenn auch nur partiellen (nur auf das Lösen, nicht auf das Binden bezogenen) – jurisdiktionellen Verfügungsgewalt des Papstes über die Seelen im Fegfeuer stimmt Paltz mit Peraudi überein: siehe Peraudis Summaria declaratio in der 3. Aufl. (fol. a 6r). Peraudi definiert das „solvere aliquos per modum auctoritatis" durch das „habere iurisdictionem super eos": Summaria declaratio in der 1. Aufl., bei Lea, A history of auricular confession III, 592.

[461] Coel. fol. Ee 2v–3r.   [462] Siehe oben S. 155 mit Anm. 155.

[463] Siehe oben S. 155.   [464] Siehe oben Kap. 4 Anm. 156.

[465] Als Kontrast zu Paltz vgl. z. B. Cajetans zurückhaltende Lehre über den Ablaß für Verstorbene, bei dem er nicht wie Paltz von einer Sicherheit der Wirkung sprechen will; siehe Paulus, Johann Tetzel der Ablaßprediger, 164f.

[466] Siehe oben S. 90.

Jubiläumskampagnen Peraudis 1489/90 und 1501/02 angebotenen Plenarablässe[467], die den Lebenden und Verstorbenen ihre zeitliche Sündenstrafe nicht nur teilweise, sondern vollständig erließen. Im Jubiläum war diese vom Papst an seinen Kommissar Peraudi und von diesem wiederum an seine Unterkommissare delegierte Ablaßvollmacht verbunden mit besonderen Absolutionsvollmachten, welche die Wahl des Beichtvaters, die Reservatfälle und die Exkommunikation betrafen und so für die Gläubigen den Zugang zu einer vollständigen Befreiung von aller Sündenschuld und damit zum heilsamen Erwerb des Ablasses erleichterten[468]. Das Besondere des Jubiläums war somit die kraft päpstlicher Jurisdiktionsgewalt geschaffene Verknüpfung des Plenarablasses mit dem Bußsakrament, die Kombination ihrer Effekte zur plenaria remissio poenae et culpae[469], die den Christen sofort nach seinem Tod ohne Zwischenaufenthalt im Fegfeuer der himmlischen Glorie teilhaftig werden läßt[470]. Hinzu kam als dritte Hauptgnade des Jubiläums die fraternitas papalis oder generalis, d. h. die vom Papst gewährte Teilhabe (participatio) an sämtlichen Satisfaktionsleistungen, Fürbitten und sonstigen geistlichen Gütern der ecclesia universalis und ihrer Glieder[471]. Jedermann konnte diese Bruderschaft für sich selbst oder zugunsten anderer Lebender oder auch für Verstorbene erwerben. Paltz hebt ihren Nutzen sehr stark hervor und stellt ihn sogar über den der Ablaßgnade, weil sie sich nicht wie die Ablässe nur auf den Erlaß zeitlicher Sündenstrafe beziehe, sondern auch auf Gnadengewinn und Bewahrung im Gnadenstand und auf Schutz vor geistlichem und zeitlichem Schaden[472]. Wer sich solchermaßen durch Vermittlung des Papstes den Hilfen der Universalkirche anvertraue, sichere sich auf umfassende Weise vor seiner eigenen Schwäche und den Bedrohungen durch Teufel und Welt ab. „Ecce, quantae est efficaciae ipsa participatio fraternitatis!"[473]

Vor diesem Hintergrund ist verständlich, weshalb Paltz im zeitgenössischen Jubiläum, wie es Peraudi praktiziert, den Inbegriff göttlicher Gnadenzuwendung sieht, durch den das Gnadenangebot aller früheren Zeiten, ja selbst des apostolischen Zeitalters, bei weitem übertroffen

---

[467] Siehe oben S. 84–90.

[468] Vgl. PAULUS, Johann von Paltz über Ablaß und Reue, 60–62.

[469] Vgl. BRIEGER, Art. ‚Indulgenzen', 88 f.

[470] Vgl. Coel. fol. Ff5r–Gg 3v: Frage: „An is, qui iubilaeum vel plenissimam consecutus est indulgentiam, statim evolet quamlibet poenam evadens purgatorii." Paltz bejaht die Frage.

[471] Paltz beschreibt diese in den päpstlichen Jubiläumsbullen gewährte ‚Bruderschaft' in Coel. fol. Aa5v–Cc1v und Suppl. fol. a4v.

[472] Siehe besonders Coel. fol. Aa6v–Bb5r (Quomodo confraternitas sit melior et fructuosior indulgentia).

[473] Coel. fol. Bb4v.

wird[474]. Die hymnische Hervorhebung des ‚Heute' und ‚Jetzt' – „nunc, id est tempore gratiae"[475] – begleitet seine Darlegung und leidenschaftliche Verteidigung der diversen Jubiläumsgnaden[476]. Während der Verkündigung des Jubiläums, wenn das Jubiläumskreuz mit dem päpstlichen Banner errichtet ist, steigt, wie er sagt, eine „singularis influentia" vom Himmel in die Kirche herab[477]. Nun werde den maximi peccatores die „efficacissima auxiliatio" zuteil[478], indem ihnen der Papst die drei Schätze der Kirche, den thesaurus scripturarum, den thesaurus sacramentorum und den thesaurus indulgentiarum, auf freigebigste Weise (largissime, liberalissime) eröffne[479]. Angesichts solcher Gnade (in praesentia tantae gratiae) könne, wie die Erfahrung lehre, ein Prediger in kurzer Zeit mehr Seelen gewinnen als sonst in zwanzig Jahren[480]. Keine Sünde sei so groß, daß sie nicht quoad culpam et poenam durch das Jubiläum auf denkbar leichteste Weise getilgt werde[481]. Paltz' Vorliebe für Superlative, die wir bereits mehrfach beobachten konnten, erreicht

---

[474] Siehe oben S. 84; vgl. Coel. fol. Dd3v–4r.

[475] „Nunc, id est tempore gratiae, ubi abundans desiderantibus suffragium praestatur gratiae ..." Suppl. fol. C1r.

[476] Siehe z.B. Suppl. fol. a2v: „Hodie namque ‚sedentibus in tenebris' magnorum peccatorum et ‚umbra mortis', scilicet damnosae excaecationis, ‚lux orta est eis', videlicet gratia indulgentialis, Isaiae 9 (Is. 9,2 nach Mt. 4,16)." Suppl. fol. e5v: „Ex quibus sequitur corollarium, quod iam temporis nos maximi peccatores possumus facilius evadere purgatorium quam quondam magni sancti. Ratio: quia quondam indulgentiae parcissime distribuebantur ... Nos autem sumus, in quos felicia tempora plenissimarum indulgentiarum venerunt, quia temporibus nostris saepius sunt plenissimae indulgentiae publicatae." Coel. fol. Dd5v: „Nunc autem sufficiunt etiam simplices sacerdotes auctoritate summi pastoris suffulti ad removenda omnia obstacula, de quo valde gaudere debent et grati esse tam populares quam spirituales."

[477] „Est enim pie credendum, quod, interim quod talis crux sit erecta, stat auctoritate apostolica cum armis apostolicis, quod singularis influentia de coelo in istam ecclesiam descendat ex meritis et orationibus illorum omnium, unde indulgentiae traxerunt originem." Suppl. fol. a3r.

[478] Coel. fol. Dd5r.

[479] Siehe oben Kap. 4 Anm. 343 (largissime); vgl. Suppl. fol. a5r (liberalissime).

[480] „Quartum inductivum (ad promovendum iubilaeum) est maxima fructificatio, quia in praesentia tantae gratiae potest praedicator in brevi tempore plus in populo proficere quam alias in annis viginti, ut docuit experientia." Coel. fol. Dd5v. Vgl. oben Kap. 2 Anm. 319. Vgl. auch Coel. fol. Dd5r: „Secundum inductivum dicitur populi concursio, quia tempore iubilaei solent omnes homines concurrere, etiam maximi peccatores, qui alias raro vel numquam sermones visitare consueverant."

[481] „Non est aliquod peccatum adeo grave, quod non facile comburatur per lignum sanctae crucis, cuius virtus operatur in sacramentis et indulgentiis." Coel. fol. G5r; vgl. Suppl. fol. a3v: „Et debebat (sc. das Kreuz Christi) esse lignum aridum, quod facile comburitur, ad significandum, quod nullum peccatum sit adeo grave, quin possit virtute istius ligni comburi, maxime si assit plenissima potestas apostolica, sicut hic adest iubilariter." Zum facile-Aspekt vgl. oben Anm. 446.

dort, wo er vom Jubiläum spricht, ihren Höhepunkt[482]. Hier findet er die Kumulation sakralinstitutioneller Garantien in größtmöglicher Steigerung, die dem fortschreitenden sittlichen Verfall der Menschheit entspreche[483].

Der Kauf von Beicht- oder Ablaßbriefen (confessionalia, litterae indulgentiales) bot den Gläubigen – für ein Spottgeld, wie Paltz hervorhebt[484] – die Möglichkeit, die Jubiläumsgnaden auch für künftige Zeiten zu konservieren, um dann im Bedarfsfall, vor allem in der Todesstunde, auf sie zurückgreifen zu können[485]. Interessant ist, daß Paltz, wie wir bereits sahen[486], die sichere Wirksamkeit der Briefe durch den Hinweis auf den Vertrag Gottes begründet: „Facit enim divina clementia pactum nobiscum in istis litteris, quod velit nos certissime exaudire secundum tenorem litterae." Paltz wendet damit den pactum-Gedanken, der in der franziskanischen Tradition und ihrem Einflußbereich die Funktion hatte, die Gnadenkausalität der Sakramente zu erklären[487], auch auf das neue Gebiet der confessionalia an – ein kühnes Unterfangen, das die Hochschätzung der Ablaßbriefe vielleicht noch deutlicher als alle hymnischen Aussagen über ihren Heilswert zum Ausdruck bringt, indem es sie unter dem Aspekt der Selbstbindung Gottes auf die Ebene der Sakramente hebt. Tatsächlich sieht er in ihnen die Passion Christi „aliquo modo" auf sakramentale Weise wirksam werden, insofern wir ihnen die Befreiung von Sündenschuld verdanken, so wie sie auch gewissermaßen „indulgentialiter" wirken, da wir ihretwegen von allen zeitlichen Sündenstrafen absolviert werden[488].

h) Mönchtum

B. Lohse, der Paltz' Auffassungen über das monastische Ideal ausführlich dargestellt hat[489], kommt mit Recht zu dem Ergebnis, daß „das

---

[482] Einen vergleichbaren Höhepunkt erreicht sie in seiner Mariologie: siehe unten S. 300.

[483] Siehe oben S. 150–153.

[484] Suppl. fol. c3v: „Quarto expedit redimere huiusmodi confessionalia propter facilitatem. Est enim facile redimere tales litteras ..." Vgl. Coel. fol. Cc2v: „Non est dignum loqui de tam modica taxa."

[485] Die „utilitates vel facultates" der Beichtbriefe sind beschrieben in Coel. fol. Aa3v–4v; vgl. Suppl. fol. a4r/v.

[486] Siehe oben S. 268 mit Anm. 313.

[487] Vgl. HAMM, Promissio, Pactum, Ordinatio, 479–489.

[488] „Tertio (huiusmodi litterae vel confessionalia debeant in maxima servari reverentia) propter Christi passionem, quae in istis litteris aliquo modo sacramentaliter operatur, in hoc quod virtute earum absolvimur a culpis. Etiam operatur aliquo modo indulgentialiter, in hoc quod virtute earum absolvimur etiam a poenis." Suppl. fol. d1v–2r.

[489] Siehe oben S. 32.

Mönchtum bei Paltz zu einem himmlischen Versicherungsunternehmen geworden" sei[490]. Paltz knüpft damit bei der monastischen Theologie des 12. Jahrhunderts an, besonders bei Bernhard von Clairvaux, der sehr stark den Sicherheitscharakter des Ordenslebens hervorhebt[491]. In Rechnung zu stellen ist aber auch der Einfluß, den Andreas Proles in dieser Hinsicht mit seinen Predigten auf Paltz ausgeübt haben dürfte[492]. Wie beherrschend bei Proles die Perspektive der Sicherheit des monastischen Lebens ist[493], zeigen die handschriftlich erhaltenen Exzerpte aus seiner Predigt De privilegiis religiosorum, deren Thematik zu Beginn durch den Satz erläutert wird: „Es gibt geistliche Privilegien der Ordensleute, durch die sie der ewigen Glückseligkeit versichert werden (securantur)."[494] Die Predigt führt dann die einzelnen Privilegien auf, z. B. die „plena peccatorum remissio, poenae videlicet et culpae"[495], und zwar stets unter dem leitenden Gesichtspunkt der securitas und certitudo, die dem Mönch durch seine Profeß und Treue zum Observanzideal verliehen sind. Bemerkenswert ist dabei eine Parallele zu Paltz' Auffassung von der Wirksamkeit der Ablaßbriefe[496]. Den Grund für die durch das Mönchtum gebotene Sicherheit sieht Proles nämlich in der Selbstbindung Gottes, der sich durch einen Vertrag (conventio) verpflichtet habe, den Mönchen, die ihren Gelübden entsprechend leben, Sündenvergebung, Gnade und Glorie zu schenken. Diese Übereinkunft zwischen Gott und den Ordensleuten findet Proles in Mt. 19,29: „Jeder, der sein Haus oder Brüder oder Schwestern oder Vater oder Mutter oder Gattin oder Kinder oder Äcker um meines Namens willen verläßt, der wird Hundertfaches empfangen und das ewige Leben besitzen."[497]

---

[490] LOHSE, Mönchtum und Reformation, 171.

[491] Vgl. ebd. 116–138; siehe unten Anm. 512 und 539.

[492] Zur Bedeutung des Augustinervikars für Paltz siehe oben S. 64 und unten S. 312f.

[493] Unter den Zeitgenossen vgl. besonders NIKOLAUS KEMPF VON STRASSBURG (gest. 1497), der in seinem Traktat De proponentibus religionis ingressum (fol. 5v) sagt: „Quos deus vocat ad religionem, spirituali affectu diligit, quia eos ad statum perfectiorem, securiorem et magis meritorium vocare dignatur. Convincitur autem deum sic vocatos ad religionis ingressum specialius diligere, quia prae ceteris eos vocat ad statum perfectissimum et securissimum, magis quoque meritorium ad aeternam vitam attingendam." Auch Kempf geht dabei auf Bernhard von Clairvaux zurück, von dem er sagt (ebd. fol. 6r): „Ecce quantam promittit securitatem ille sanctus pater spiritu sancto utique plenus!"

[494] „Sunt spiritualia privilegia religiosorum, per quae securantur aeterna beatitudine: Primum est certitudo divinae vocationis ..." Collecta ex sermonibus, fol. 129r.

[495] Ebd. fol. 134v.

[496] Siehe oben S. 291.

[497] „Quintum privilegium religionis: Inducit spem et timorem. Duae sunt viae, inter quas ambulandum est, inter spem et timorem secundum ordinatam iustitiam. Nota, quod in omni actu facienda est conventio inter illum, qui ordinat actum, et (inter illum,) qui facere debet opus, et quod quilibet horum alteri promiserit, tenetur solvere tempore suo, sed prius deserviri oportet et post laborem reddi praemium laboris. Sic optimus deus

Mit dem Blick auf die gleiche Schriftstelle kann Proles auch von einem concambium, einem Tauschvertrag – frühneuhochdeutsch: ‚wechsel'[498] –, sprechen und ausrufen: „O quale concambium: pro terrenis coelestia, pro temporalibus sempiterna!"[499] Es ist ein ‚fröhlicher Wechsel'[500], den

---

secundum suam omnipotentiam et ordinationem et conventionem factam cum religiosis tenetur eis dare remissionem omnium peccatorum; quia ipse dixit: ‚Qui reliquistis omnia et secuti estis me, centuplum accipietis et vitam aeternam possidebitis' (kombiniert aus den Versen Mt. 19,27f. und 29). Centuplum accipiunt hic per gratiam et ibi centuplum per gloriam. Sed qui in monasteriis non vivunt religiose, illis nec deus tenetur dare, quae promisit, quia tales non fecerunt nec faciunt, quae voverunt ... Ecce quam magna gratia promissa est religiosis, qui sic reliquerunt omnia, remissio videlicet omnium peccatorum per ingressum religionis! O quam magna consolatio! Gaudendum est omnibus, dico exsistentibus in reformatis monasteriis, supra modum." Collecta ex sermonibus, fol. 144r–145r. – Zur Verwendung der Begriffe conventio, ordinatio, promittere, teneri in der mittelalterlichen Tradition des Redens von einer freien Selbstbindung Gottes siehe HAMM, Promissio, Pactum, Ordinatio, 403f.405–407.410–414.416 bei Anm. 153.

[498] Siehe DIEFENBACH, Glossarium Latino-Germanicum, s. v. ‚concambium'.

[499] „De ista derelictione (saeculi) invenimus (nos religiosi) duas consolationes adiuvantes nos, ne inde tristemur: ... Secunda consolatio est, quod fecimus concambium cum deo nostro. Non dereliquimus iuxta illud evangelii: ‚Amen, Amen, dico vobis, quod vos, qui reliquistis omnia et secuti estis me, centuplum accipietis et vitam aeternam possidebitis'? O quale concambium: pro terrenis coelestia, pro temporalibus sempiterna! O quale ‚centuplum'! ... Ergo libentissime vendamus tali concambio parentes et omnes amicos et terrenam consolationem, ut possimus sic confortari in caritate et perfecta unitate." Collecta ex sermonibus, fol. 151v–152v.

[500] Vgl. MARTIN LUTHER, Von der Freiheit eines Christenmenschen: WA 7,25,34; vgl. auch STAUPITZ, De exsecutione, c. 9 §55–56 (contractus). – In diesem Zusammenhang ist auch auf Paltz' erste Collatio funeralis von 1486 (siehe oben S. 101) zu verweisen, in der er das geduldige Sterben des Christen – dargestellt am Beispiel des Schächers am Kreuz (Lc. 23,40–43) – als fröhlichen Handel (felix negotiatio, saluberrima mercantia) und fröhlichen Tauschvertrag (felix commutatio; zu dieser Bedeutung siehe Mittellateinisches Wörterbuch, s. v. ‚commutatio' Nr. III B) beschreibt. Der in Geduld angenommene Tod ist, im Bild gesprochen, die Ware, die der Christ Gott für die Gegengabe der Rechtfertigung und des ewigen Lebens anbietet. Paltz sagt über den latro dextralis: „Non ergo petebat ab hac poena (mortis) liberari, per quam se sperabat omnia debita solvere et coelestis regni divitias comparare, intrando saltem in extremis suis in meritum passionis Christi, quam novit sufficere, immo superabundare peccatis totius mundi; sed petebat memoriam sui fieri in regno dicens: ‚Memento mei etc.' (Lc. 23,42), quasi diceret: Negotiator sum factus desiderans omnia a iuventute contracta usque nunc mihi remitti, desidero etiam ditari divitiis coelestibus; sed cum nihil habeam nisi mortem et has poenas, quas iuste patior, faciens de necessitate voluntatem quidquid habeo offero, ubi nunc deficio, tua liberalissima atque abundantissima usurpo, nec immerito, quia te pro me, non pro te pati video et toto corde credo. Volens autem dominus eum certificare de fructuosa sua negotiatione ait: ‚Amen dico tibi: Hodie mecum eris in paradiso' (Lc. 23,43). O felix negotiatio, quae de peccatore facit iustum, de latrone pium, de filio gehennae filium coelestis patriae! O felix commutatio, quia pro temporali poena iuste pro sceleribus inflicta solvitur poena perpetua comparaturque vita aeterna! O felix fides christiana, in qua usque ad ultimum articulum vitae potest exerceri tam saluberrima mercantia! Nos igitur instante hora necessitatis offeramus hoc sacrificium reconciliationis exemplo latronis pro omnibus peccatis nostris." Fun. I fol. 66r/v. – Der Blick auf Proles und Paltz zeigt, daß die Theologie am Vorabend

diese Selbstbindung Gottes den Mönchen biete: „O quam magna consolatio! Gaudendum est omnibus, dico exsistentibus in reformatis monasteriis, supra modum."[501] Der Gesichtspunkt des Trostes, der mit der
Sicherheit des Klosterlebens gegeben sei, tritt bei Proles stark hervor,
wobei er – bei seinen ordenspolitischen Aktivitäten sehr verständlich[502] –
allen Nachdruck darauf legt, daß nur die im Sinne der Observanz
reformierten Klöster diesen Trost der göttlichen Verheißung für sich
beanspruchen dürfen.

Auch Proles' Mitarbeiter bei der Klosterreformation Paltz stellt seine
Darlegungen über den unvergleichlichen Nutzen und die Garantien des
Mönchsstandes im Supplementum Coelifodinae[503] unter die Perspektive
der consolatio. Am Ende seiner ‚collationes de religione' weist er darauf
hin, daß er sie um des Trostes für Mönche und Nonnen willen eingefügt
habe; seine Absicht sei es gewesen, ihren Glauben daran zu stärken[504],
daß sie durch ihren Eintritt ins Kloster die „maxima dei misericordia"
erlangt hätten[505]. Diese Barmherzigkeit hatte Paltz in den Predigten
selbst als dreifache Frucht der Profeß dargestellt, als „plenaria omnium
peccatorum remissio, scilicet ab omni culpa et ab omni poena", als
„purior huius vitae discursio" und als „securior ab hac vita discessio"[506].
Was den ersten Punkt betrifft, so vergleicht Paltz wie Proles die
Ablegung der Gelübde mit der Taufe[507] und zitiert Bernhard von
Clairvaux, der die „monasterialis disciplina" als „secundum baptisma"
bezeichnet[508]. Der Vergleich war im Spätmittelalter durchaus verbrei-

---

der Reformation und insbesondere die Augustinertheologie die Metapher des ‚fröhlichen
Wechsels' nicht nur als mystisch geprägtes Motiv kennt (vgl. hingegen die Lutherdeutung
ISERLOHS in: Luther und die Reformation, 74–78), sondern sie auch in Verbindung mit
jener juridischen (vertragsrechtlichen) Denkweise verwendet, die für die schultheologi-
sche (vor allem die franziskanisch-skotistisch-nominalistische) Traditionslinie der freien
Selbstbindung Gottes charakteristisch ist; vgl. HAMM, Promissio, Pactum, Ordinatio,
besonders 462–466.

[501] Siehe oben Anm. 497.

[502] Siehe oben S. 63–67.

[503] Suppl. fol. h6r–n5r. So sagt Paltz zu Beginn: „Volui addere aliquas collationes pro
religiosis, et primo de utilitate ingressus religionis, ut facilius quis posset se vel alios in
proposito sanctae religionis confortare." Fol. h6r.

[504] Neben den Begriff der consolatio stellt Paltz den der confortatio: siehe oben Anm.
183 und 503. Vgl. ANDREAS PROLES oben Anm. 499.

[505] „Secunda causa (für die Einfügung der Mönchspredigten ins Supplementum Coelifodinae): propter religiosorum et religiosarum consolationem, ut non putent se deceptos
vel derelictos per sanctae religionis ingressum, sed credant se maximam dei misericordiam
consecutos." Suppl. fol. n4v.

[506] Suppl. fol. h6r–i1v; vgl. LOHSE, Mönchtum und Reformation, 167–169.

[507] Coel. fol. V1r; vgl. ANDREAS PROLES, Collecta ex sermonibus, fol. 135r/v.

[508] BERNHARD, De praecepto et dispensatione 17,54 (PL 182,889B; Ed. Cist. III
288,27–289,3); zit. in Suppl. fol. h6r/v.

tet[509], und auch die Verbindung mit dem Gedanken der remissio poenae et culpae ist keine Besonderheit von Proles und Paltz[510], wenn es auch für Paltz' Denkansatz charakteristisch ist, daß er unter den damals vertretenen Anschauungen von der Wirkung der Profeß gerade diejenige zu seiner eigenen macht, die den extremsten Standpunkt darstellt. Zum Aspekt „purior huius vitae discursio" bemerkt Paltz mit den Worten einer pseudo-bernhardinischen Quelle: „‚Es ist also gut, daß wir hier sind' (Mt. 17,4 parr), nämlich im Ordensstand, denn hier lebt der Mensch reiner, geht man gesicherter (cautius) einher und ruht man sicherer (securius), fällt man seltener und erhebt man sich rascher, wird man schneller gereinigt und häufiger betaut (sc. von der Gnade), stirbt man in größerem Vertrauen und wird man reichlicher belohnt."[511] Auch den dritten Punkt, die „securior ab hac vita discessio", erläutert Paltz, indem er sich auf Bernhard beruft, insbesondere auf das Wort: „O sicheres Leben (vita secura) – ergänze: des Klosters –, in dem man ein reines Gewissen besitzt und den Tod ohne Furcht erwartet, ja mit süßem Verlangen empfängt und herbeisehnt."[512] Aus Pseudo-Bernhard führt er den Gedanken an, daß kaum jemals einer (vix umquam aliquis), der in der Mönchszelle stirbt, in die Hölle kommt[513].

Die durch den institutionellen Rahmen des Mönchslebens gegebenen Gnaden- und Heilsgarantien sieht Paltz wie Proles eng verknüpft mit der Klosterreform im Geiste der Observanz. Doch was versteht er unter ‚observantia'? Der Begriff steht um 1500 verschiedenartigen Deutungen

---

[509] Vgl. die Texte bei SCHEEL, Martin Luther II, 65–68 und LOHSE, Mönchtum und Reformation, 171–175. Vgl. zusätzlich NIKOLAUS KEMPF VON STRASSBURG, De proponentibus religionis ingressum (fol. 5v): „Est denique magis meritoria ipsa religio, quia ut nonnulli magni asserunt …, in professione sollemni in caritate sancta omnia peccata et omnes poenae penitus relaxantur sicut puero in baptismo, etiam quotquot et quantacumque erant."

[510] Vgl. LOHSE, ebd. 175.

[511] „Testatur hoc beatus Bernhardus in sermo De tribus tabernaculis sic dicens: … ‚Bonum est ergo nos hic esse', scilicet in religione, quia hic ‚vivit homo purius, inceditur cautius, quiescit securius, cadit rarius, surgit velocius, purgatur citius, irroratur frequentius, moritur confidentius, remuneratur copiosius'." Suppl. fol. i 1v; in BERNHARDS Sermo De tribus tabernaculis = Sermones de diversis, sermo 78 (Ed. Cist. VI/1,318) ist der von Paltz zitierte Text nicht zu finden, dagegen ab ‚vivit homo' bei PSEUDO-BERNHARD, Homilia ‚Reges terrae et omnes populi' (PL 184,1131B).

[512] „O vita secura, ubi conscientia pura et mors sine formidine exspectatur, immo cum dulcedine excipitur et optatur!" Suppl. fol. i 1v. Bei BERNHARD, Ad milites templi de laude novae militiae 1,2 (PL 182,922B/C; Ed. Cist. III 215,8–10) heißt es: „O vita secura, ubi pura conscientia! O, inquam, vita secura, ubi absque formidine mors exspectatur, immo et exoptatur cum dulcedine et excipitur cum devotione!"

[513] „Moriens autem vix umquam aliquis in cella ad infernum descendit, quia vix umquam aliquis, nisi in coelo praedestinatus, in ea usque ad mortem persistit." Suppl. fol. i 1v = PSEUDO-BERNHARD (GUIGO II., Prior der Chartreuse), Ad fratres de monte dei 1,1,10 (PL 184,314C).

offen, die den gegenläufigen Tendenzen zur Verinnerlichung und zur Orientierung an äußerer Kirchlichkeit entsprechen. In Straßburg beispielsweise wendet sich 1499 Johannes Geiler von Kaysersberg in einem Sendbrief an das Freiburger Reuerinnenkloster[514] gegen „unware observanzen, die auf eüsserlichen glitz (= Glanz) und eüsserliche übungen ganz gerichtet seind"[515], wo man viel singt, wacht, fastet, betet, einfache Kleidung trägt, viele Messen hört, kurzes Haar trägt etc.[516]: „da haltet man vil vergebner capitel, visitation, straffungen (= Bestrafungen) und predigen"[517]. Dagegen stellt er „die recht observanz der beschlossenen clöster"[518], die auf den „waren"[519] und „inneren grundt"[520] des Klosterlebens blickt, wo „der mensch im (= sich) selbs abstirbt und gott lebt"[521] und „mit allem fleiß seinen gebotten gehorsam" ist. Dies sei der „recht gewiß weg"[522]. So wenig Geiler damit eine Indifferenz gegenüber äußeren monastischen Regeln und Übungen fördern will[523], so deutlich zeigt sich doch bei Paltz ein völlig anderer Geist, dem die Geilersche Vertiefung des Observanzideals fremd ist: Ausschließlich retrospektiv – seine Vorstellung von reformatio ist am Idealbild der ‚alten Strenge‘ orientiert[524] – identifiziert er die Observanz mit dem in mönchischem Pflichtbewußtsein und tagtäglicher Disziplin festgehaltenen strikten Gehorsam gegenüber den z. T. minutiösen Bestimmungen der Ordensregel, Ordenskonstitutionen (statuta ordinis) und Generalkapitel (ordinationes patrum)[525]. Bezeichnend ist daher die Formulierung „vita regularis sive

---

[514] Zu Entstehung und Druck siehe DACHEUX, Die ältesten Schriften Geilers von Kaysersberg, 212.

[515] Sendtbrief (216).   [516] Ebd. (213f.).

[517] Ebd. (215).   [518] Ebd. (216).

[519] Ebd. (217).   [520] Ebd. (222).

[521] Ebd. (215).

[522] Ebd. (216). Vgl. JAKOB WIMPFELING, Vita Geilers von Kaysersberg (58): „In quo credidit (Geiler) veram Christi religionem constare: Christianam disciplinam, immo et regularem monachorum monialiumque observantiam dicebat non tam constare in ceremoniis, in ieiuniis, in vigiliis nocturnis, in capitis et dorsi humiversus incurvatione quam in decem praeceptorum custodia, in tolerantia iniuriarum, in exercitio virtutum, in mentis humilitate, in temperantia, in suppressione affectuum et sedandis animi motibus, in patientia, mansuetudine, caritate, in concordia benignaque supportatione et sufferentia defectuum proximi et liberalitate in pauperes. Cui etiam sententiae noster Erasmus Roterodamus in multis suorum operum locis astipulatur."

[523] Vgl. KRAUME, Die Gerson-Übersetzungen, 130.

[524] Vgl. z. B. seine Polemik gegen die „destructores observantiae", die auf die „tempora, in quibus modo sumus, et hominum mores" Rücksicht nehmen wollen: Suppl. fol. m1r.

[525] Siehe z. B. Suppl. fol. 16r: „Caritas docet esse vivendum secundum regulam, statuta et ordinationes patrum, etiamsi difficilia ab illis iniungantur, confidens in domino, quod nihil mali valeat ex vera incurrere oboedientia in spiritualibus vel temporalibus. Cupiditas murmurat contra talia asserens ea esse indiscreta aut impossibilia aut importabilia et temporalibus necessitatibus, sine quibus vivere non possumus, omnino contraria." Von den Gegnern der Observanz sagt Paltz: „Spiritum sanctum impugnant, qui inspiravit

observantia"[526]. Nicht gemeint ist damit ein besonders hochgestecktes affektives Ideal monastischer Devotion, auch wenn Paltz als Zentralidee der Observanz die caritas[527] und das „primo quaerere regnum dei" (Mt. 6,33 par)[528] herausstellt, sondern eher um das Gegenteil geht es ihm, um ein Korsett äußerer Reglementierungen, die von den Ordensleuten auch dann befolgt werden können und ihnen Halt geben, wenn ihnen die „gratia devotionis" entzogen ist, wenn sie nicht mehr die geistliche Süße der ersten Begeisterung in sich spüren und trocken (aridi) geworden sind. Die Werke solcher Mönche sind, wie Paltz betont, trotzdem verdienstlich, wenn sie in Gehorsam geschehen[529]. Die mönchische Disziplin, das „se exercitare in bonis operibus"[530] als Satisfaktion und Verdienst, gewinnt ein deutliches Übergewicht gegenüber der Tradition monastischer Spiritualität mit ihren Aufstiegsschemata[531].

Das bedeutet zugleich, daß Paltz die „religio monasterialis"[532] nicht als Aufgabe einer geistlichen Elite beschreibt, sondern als Programm für Durchschnittschristen, das er – seiner allgemeinen Tendenz getreu – wiederum als Minimalprogramm für Schwache, die getröstet und gestärkt werden wollen, entfaltet. So wendet er sich an die Lauen (tepidi) unter den Mönchen, die keine Sehnsucht nach Keuschheit empfinden, und gibt ihnen den Rat: „Wenn du die Keuschheit nicht begehrst, so sollst du gleichwohl begehren, daß du sie begehren kannst."[533] Vergleicht man mit diesem Satz Paltz' Forderung an den Sünder, wenigstens darüber Schmerz zu empfinden, daß er keinen

---

regulam, statuta et ordinationes patrum." Suppl. fol. 16v. Zur Bestimmung dessen, was Proles unter ‚Observanz' und ‚Reform' verstand, vgl. auch KOLDE, Die deutsche Augustiner-Congregation, 128–132.

[526] Suppl. fol. 16r.

[527] Suppl. fol. 13v–m1v (der Kontrast zwischen der caritas auf seiten der Observanten und der cupiditas auf seiten der Konventualen); vgl. oben Anm. 525.

[528] Siehe besonders Suppl. fol. 16r/v.

[529] „Sunt enim multi intrantes religionem, qui interim quod sentiunt primam dulcedinem a domino deo gratis eis datam, sunt valde devoti et studiose intendunt deo servire, postquam autem subtraxerit eis devotionis gratiam, tepescunt, immo blasphemant et murmurant dolentes se religionem intrasse, existimantes se omnino a diabolo deceptos esse. Sed tales non debent sic deficere, sed in domino confortari … Debemus ergo nos exercitare in bonis operibus orando, meditando et alia faciendo, non obstante quod sumus aridi facti. Tunc opera nostra erunt nihilominus meritoria, dato quod non fuerint dulcia, si fuerint in oboedientia facta, et tempore suo revertetur dulcedo." Suppl. fol. i2r.

[530] Siehe oben Anm. 529; vgl. auch SCHWARZ, Vorgeschichte der reformatorischen Bußtheologie, 160f.

[531] Vgl. oben S. 160f.　　　　　　　[532] Siehe oben S. 83 mit Anm. 315.

[533] „Sed forte dicis: Ego sum ita tepidus vel tepida, quod etiam non desidero castitatem. Dico tibi: Si non desideras castitatem, tamen debes desiderare, quod possis eam desiderare." Suppl. fol. i2r/v; vgl. auch fol. i6v: „Si autem, quod absit, perdidisti castitatem, noli desperare."

Schmerz über seine Sünden empfinden kann[534], dann erkennt man das sich in verschiedenen Bereichen durchhaltende Bemühen des Augustiners, von einer Ebene minimalen persönlichen Leistungsvermögens auszugehen und dagegen die objektiven institutionellen Garantien so stark wie möglich zur Geltung zu bringen. Zwar ist der Mönch aufgrund seiner Gelübde, durch die er sich zu Armut, Keuschheit und Gehorsam verpflichtet, einer weit intensiveren Regularisierung als die Weltchristen ausgesetzt – „amplius restringuntur religiosi quam christiani in saeculo deo servientes" –, weswegen er auch größeren Lohn zu erwarten hat[535], aber gerade in der stärkeren Reglementierung und Disziplinierung liegt die Hilfe, die der menschlichen Schwäche durch das monastische Leben gegeben ist. Paltz charakterisiert nämlich das Mönchtum und in ihm die Observanz nicht etwa als besonders schwierigen Weg zum Heil, sondern im Gegenteil als via facilior, die darum auch größere Sicherheit biete[536]. Das Leben in der Welt sei viel schwieriger und gefährlicher als das Leben im Kloster. So sagt er über die Keuschheit, daß es leichter sei, der fleischlichen Dinge überhaupt zu entbehren, als sie mäßig zu gebrauchen[537]. Die Ehe, deren Aufgabe es sei, dieses „moderate uti" einzuüben[538], sieht er darum unter dem beherrschenden Gesichtspunkt der in ihr lauernden Gefahren[539], denen der Mönch durch die völlige Abkehr vom Geschlechtlichen entgeht. Und wenn der Mönch doch in Todsünde falle, könne er leichter wieder

---

[534] Coel. fol. Q6v und Suppl. fol. p5v; vgl. oben S. 280 bei Anm. 410.

[535] Siehe oben Kap. 2 Anm. 315; vgl. unten Anm. 541.

[536] Siehe z. B. Suppl. fol. k1r: „Vocatus vel vocata es ad talem statum (religionis), quem deus consuluit assumendum, in quo facile, immo cum delectatione animam tuam poteras salvam facere." Vgl. fol. A4v: „Intrans ordinem matrimonii potest male prosperari et malum habere exitum …; sed intrans alium ordinem si bonus sit et bene intendat, quamdiu sic manserit, numquam potest male prosperari et malum habere exitum in isto statu." Vgl. dazu das BERNHARD-Zitat unten Anm. 539 (am Ende): die Verbindung der Aspekte facilis und securus.

[537] „Et videtur facilius carnalibus omnino carere quam moderate uti." Suppl. fol. B1v.

[538] Paltz bezeichnet die „lex matrimonii" daher als „ordo quidam strenuus" und stellt die Ehe aus der Perspektive der verpflichtenden und nur schwer einzuhaltenden „regula coniugatorum" dar: Suppl. fol. A4v.

[539] Siehe z. B. Suppl. fol. A5r (ubi tot sunt pericula!); vgl. oben Anm. 536. Wieder ist die Nähe zu BERNHARD VON CLAIRVAUX auffallend, der über den „ordo coniugatorum" schreibt: „Ipse est, qui maxime mare magnum vado pertransit, laboriosum prorsus et periculosum, etiam et longum habens iter, quippe qui nulla viae compendia captet. Nam quod periculosum sit iter, in eo patet, quod tam multos in eo perire dolemus, tam paucos videmus, sicut necesse est, pertransire. Valde enim difficile est, praesertim diebus istis, quibus malitia nimis invaluit, inter undas huius saeculi voraginem vitiorum et criminalium peccatorum foveas declinare. At continentium quidem ordo et ponte pertransit, quod iter brevius et facilius, etiam et securius esse nemo qui nesciat." Sermo ad abbates 1 f. (PL 183,634D–635A; Ed. Cist. V 289,11–19).

in den Gnadenstand gelangen als die saeculares[540]. Durch geringere Mühe verdiene er darum mehr Lohn. Paltz verdeutlicht dies durch einen Vergleich aus der Arbeitswelt: Ein Schreiber verdiene durch seine leichte Tätigkeit (levi sua arte) auch weit mehr als ein Holzfäller durch seine schwere Arbeit[541].

Sakramente, Ablaß und Mönchtum werden also von Paltz in analoger Weise als via facilior und securior zu Gnade und Heil beschrieben. In allen drei Fällen geht es ihm um das Gegenüber von menschlicher Insuffizienz und sakralinstitutionellen Garantien, die auch bei einem Minimum an menschlichem Bemühen, wenn es sich nur der Institution in Demut unterwirft, ihre Wirksamkeit entfalten. Paltz versteht dabei die Garantien nicht alternativ, sondern setzt sie additiv zueinander in Beziehung. Den sichersten Weg beschreitet daher nach seiner Darstellung der Christ, der Mönch wird, sich als Mönch möglichst oft der Sakramente und Ablässe bedient und in seiner Todesstunde einen Beichtbrief parat hat, der ihm die Jubiläumsgnaden vermittelt[542]. Er kommt so gut wie sicher – „sine dubio" – sofort nach seinem Tode in den Himmel[543].

i) Maria

Unter dem Gesichtspunkt objektiver Garantien, die das subjektive Unvermögen des Sünders auszugleichen vermögen und ihm so den Weg zum Himmel bahnen, muß man auch Paltz' Verständnis der Mittlerrolle Mariens[544] und der Heiligen sehen. An der Kirche als Sakralinstitution ist auch dieser Bereich seiner Frömmigkeitstheologie orientiert, denn er geht hier aus von den institutionalisierten Formen kirchlicher Marien- und Heiligenverehrung, von den Festen der Kirche[545] und ihren Gebeten[546], und er bezieht das heilsvermittelnde Wirken

---

[540] Suppl. fol. i 1r: „Religiosus facilius obtinet remissionem"; „facilius gratiam obtineret".

[541] „Septimum bonum (virginitatis) est ubertas praemiationis, Matthaei 13 (8.23) de fructu centesimo, non ratione laboris, sed ratione habitus, ex quo virginitas procedit. Matrimonium enim ex naturali procedit inclinatione, sed virginitas ex divina inspiratione, ut patet Matthaei 19 (10–12). Similitudo de sectore lignorum, qui suo gravi labore vix duodecim in die meretur denarios, cum tamen aliquis scriptor levi sua arte mereatur unum vel duos florenos." Suppl. fol. n 3r. Ein Gulden (florenus) hatte in Kursachsen den Wert von 210 Pfennigen (denarii).

[542] Zum Jubiläum für die observanten Bettelmönche vgl. Coel. fol. Dd 5r.

[543] Suppl. fol. l 2r.

[544] Zu diesem Thema vgl. WEIJENBORG, Doctrina de immaculata conceptione apud Ioannem de Paltz; LOHSE, Mönchtum und Reformation, 162–166; FERDIGG II 226–236.

[545] Siehe besonders Paltz' Schrift De septem foribus seu festis beatae virginis Mariae (oben S. 116–119).

[546] Paltz durchsetzt seine mariologischen Darlegungen mit einer Fülle liturgischer Mariengebete.

Mariens und der Heiligen auf die Institution, indem er es beispielsweise in den Schatz der Ablässe einmünden läßt[547].

Da Paltz in seinen Werken die Heiligenverehrung nur recht kurz abhandelt[548], dagegen die Marienverehrung zu einem Zentralthema macht, dem sogar zwei Schriften ausschließlich gewidmet sind[549], wollen wir uns im folgenden nur der letzteren zuwenden, zumal Paltz hier Akzente setzt, die seine Mariologie als höchste Steigerung und Endstufe spätmittelalterlicher Anschauungen von der Heilsmittlerschaft Mariens erscheinen lassen[550]. Was Paltz im Anschluß an die Tradition seines Ordens[551], besonders im Gefolge seines Lehrers Johannes von Dorsten[552], und in Übereinstimmung mit der franziskanischen Tradition des Spätmittelalters über die unbefleckte Empfängnis Mariens sagt[553], ist für ihn nicht Selbstzweck, sondern dient ihm zur Begründung ihres „status dignissimus"[554], den er mit immer neuen Superlativen beschreibt[555] und wiederum als Begründung dafür zur Sprache bringt, daß sie „mediatrix efficacissima"[556] für die „miserrimi peccatores"[557] ist.

Die Mittlerrolle der „liberalissima dei genetrix"[558], der zentrale Gedanke von Paltz' Mariologie, besitzt für ihn zum einen eine wichtige heilsgeschichtliche Dimension. Er entfaltet sie im Supplementum Coelifodinae unter dem Gesichtspunkt der Demut Mariens auf eine Weise,

---

[547] Siehe z. B. Suppl. fol. b6r: „Secundum vero thesaurum (sc. sacramentorum) habet (papa) ex sola passione Christi ... Tertium autem thesaurum (sc. indulgentiarum) habet non solum ex merito passionis Christi, sed etiam ex merito beatae Mariae virginis et omnium sanctorum, qui etiam augmentaverunt thesaurum indulgentiarum."

[548] Coel. fol. P3v–Q4v: die „fraternalis sanctorum amicabilitas" als „quartum confortativum peccatoris, ne desperet in extremis".

[549] De conceptione sive praeservatione a peccato originali sanctissimae dei genitricis virginis Mariae (siehe oben S. 109f.) und De septem foribus seu festis beatae virginis Mariae (siehe oben S. 116–119); vgl. Paltz' verschollene Werke bzw. nicht realisierte Werkvorhaben, unter denen sich vier mariologische Titel befinden (siehe oben S. 129f.). Vgl. auch Coel. fol. P2r–3v (die „maternalis beatissimae virginis Mariae caritas" als „tertium confortativum peccatoris, ne desperet in extremis") und Suppl. fol. g5r–n5v (De secunda porta coeli vel refugii, quae dicitur porta beatissimae Mariae virginis).

[550] Einen guten Überblick über die verschiedenen Positionen in der spätmittelalterlichen Mariologie bietet OBERMAN, Der Herbst der mittelalterlichen Theologie, 262–300 (mit Literatur); vgl. auch SÖLL, Mariologie, 177–193.

[551] Vgl. ZUMKELLER, Die Augustinerschule des Mittelalters, 191 (mit Literatur).

[552] Zu Dorstens Mariologie, insbesondere seiner Lehre von der unbefleckten Empfängnis Mariens, vgl. ZUMKELLER, Dorsten über Urstand und Erbsünde, 46–48; die kritische Edition von Paltz, De septem foribus wird die starke Abhängigkeit von Dorsten in der Frage der immaculata conceptio zeigen.

[553] Vgl. WEIJENBORG, Doctrina de immaculata conceptione apud Ioannem de Paltz.

[554] Suppl. fol. g6r.   [555] Siehe besonders Sept. fol. C1v–4v.

[556] Sept. fol. C3r.   [557] Sept. fol. A3r; Suppl. fol. g6r.

[558] Sept. fol. C3r.

die man selbst vor dem Hintergrund spätmittelalterlicher Marienfrömmigkeit und Mariologie extrem nennen muß[559]. Maria habe durch ihre Demut Gott vom Himmel „herabgezogen" und damit die Erlösung der Welt herbeigeführt[560]; sie habe als erster Mensch die drei Gelübde der Keuschheit, der Armut und des Gehorsams abgelegt und damit das Mönchtum begründet[561], ja sogar die Gründung aller Klöster[562] und die Einteilung der verschiedenen monastischen Dienste[563] gehe auf sie, die erste Äbtissin[564], zurück, so wie sie auch das bleibende Vorbild aller Mönche sei[565]; schließlich habe sie durch ihre Demut den gesamten christlichen Glauben – also nicht nur die „religio monasterialis", sondern auch die „religio christiana" – gestiftet[566]. Die heilsgeschichtliche Bedeutung Mariens für die sakralinstitutionelle Absicherung des Menschen zeigt sich nach Paltz aber nicht nur in der Eröffnung des monastischen Heilsweges, dessen Darstellung er vollständig in die Mariologie integriert, sondern auch in der Begründung der Ablässe. Maria habe nämlich von ihrem Sohn erwirkt, daß er seine und ihre Verdienste und die aller Heiligen im Schatz der Ablässe zusammenfasse, damit die Gläubigen daraus die Vergebung aller zeitlichen Sündenstrafen schöpfen könnten. Die Gegner der Ablässe seien darum auch Feinde Mariens[567].

Die andere Seite der Heilsmittlerschaft Mariens sieht Paltz in ihrer jeweils aktuellen wirksamen Fürsprache, durch die sie bei Gott zugunsten der „vita naturae, gratiae et gloriae" der Sünder eintritt[568]. Weil sie selbst vor jeder Berührung mit der Sünde bewahrt blieb, kann sie nun

---

[559] Wir konnten zumindest keine Parallelen für die zugespitzten Formulierungen von Paltz finden.

[560] „Ipsa per talem viam, scilicet humiliationis, quaesivit et invenit dominum deum, immo per humilitatem traxit eum de coelis ... Ipsa sola humilitate traxit ad descendendum de altitudine coelorum." Suppl. fol. h1r. Vgl. fol. h4v–5r: „Ecce quanta bona processerunt ex humilitate beatissimae virginis Mariae. Primum bonum: incarnatio filii dei et descensio ad nos et redemptio mundi." – Zur Thematik vgl. OBERMAN, Der Herbst der mittelalterlichen Theologie, 278–282 (Maria Corredemptrix).

[561] Suppl. fol. h3r/v.

[562] Suppl. fol. h4v und h5r.

[563] Suppl. fol. h5r/v; vgl. LOHSE, Mönchtum und Reformation, 165f.

[564] Suppl. fol. h5r.

[565] Suppl. fol. h4v: „... eam imitando usque in finem mundi."

[566] Suppl. fol. h5v: „Tertium bonum, quod processit ex humilitate beatissimae virginis, est fundatio totius religionis christianae."

[567] „Tertio inhonoratis (angesprochen sind die Ablaßgegner) Christum in sua sanctissima matre, quae diu pulsata a fidelibus pro gratia eis impetranda saepius impetravit eis gratiam remissionis culparum. Nunc autem impetravit a filio suo, ut adduceret sua et omnium sanctorum suorum merita in thesauro indulgentiarum, ut etiam fideles inde haurire possent omnium poenarum remissionem. Quod vos Caiphitae impedire nitimini, et per consequens estis maxime abominabiles beatae virgini." Suppl. fol. f2r.

[568] Siehe oben Kap. 3 Anm. 224.

auch selbst ihre Verehrer vor Gefahren für Leib und Seele bewahren[569] und auf leichte Weise (facile) über die „beatitudo viae" zur „beatitudo patriae" führen[570]. Damit ist dem Menschen, der an seinen Sünden zu verzweifeln droht[571], ein Hoffnungsanker[572] und eine feste Garantie seines Heils gegeben, denn Maria, die „regina misericordiae", hat, wie Paltz ausführt, Macht über die ganze Barmherzigkeit Gottes[573]. Was wir nicht durch die Kraft eigener Verdienste schaffen, können wir daher mit ihrer Hilfe erreichen[574]. Auch hier begegnet man wieder jenem Paltz-schen ‚Ergänzungsdenken' – am deutlichsten greifbar im Begriff ‚sup-plere' –, das Gnaden- und Heilsgewinn als Resultat menschlichen Bemühens und der Wirksamkeit objektiver Garantien, die alle Unvoll-kommenheit des Sünders ausgleichen, versteht[575]. Voraussetzung für das Wirksamwerden der umfassenden Hilfeleistung Mariens ist, daß der Sünder täglich zur Gottesmutter Zuflucht nimmt, sich in Demut ihre Würde und seine eigene Sündhaftigkeit vor Augen hält und sie voller Vertrauen um Hilfe bittet[576]. Wer sich so Maria naht und damit tut, was in seinen Kräften steht (facit quod in se est), den wird sie, wie Paltz sagt, als Sohn annehmen[577], dem wird sie sich „absque dubio" als treueste Helferin (fidissima adiutrix) erweisen[578] und für den wird sie erwirken, daß er der Zahl der Auserwählten zugerechnet wird[579].

Die Darstellung der ‚via securior' des Johannes von Paltz, deren wichtigste Aspekte zur Sprache kamen, sei abgeschlossen durch einen

---

[569] Sept. fol. B 3r–5v und Conc. fol. 54v–55v; siehe besonders Sept. fol. B 3v: „Quia igitur virgo gloriosa ex sua sanctissima praeservatione non meruit incidere aliqua pericula, congruum est, ut, qui honorat istam sanctissimam conceptionem, praeservetur ab huius-modi periculis."

[570] Siehe oben Kap. 3 Anm. 224.

[571] Siehe z. B. Coel. fol. P 3r: „Et ne desperemus, sed ut in omnibus necessitatibus nostris ad matrem nostram, reginam misericordiae, confugiamus …"; vgl. fol. P 2r: „Tertium confortativum peccatoris, ne desperet in extremis, est maternalis beatissimae virginis Mariae caritas."

[572] „Propter igitur tam gloriosa, quae dicta sunt de te, o gloriosa domina, sub tuum confugimus praesidium; in te ancoram spei figimus; quod meritis nostris non valemus, per te impetrare speramus." Coel. fol. P 2v.

[573] „Ipsa igitur est mater nostra, quia mater misericordiae; quia sumus miseri, misericor-dia autem miseris est necessaria. Non solum autem est mater misericordiae, sed et regina misericordiae, quia habet potestatem super totam dei misericordiam." Coel. fol. P 2v.

[574] Siehe oben Anm. 572.

[575] Siehe oben S. 265 und 279 bei Anm. 405; vgl. Coel. fol. P 4r: „Sumus inopes in merendo, eo quod exigua sunt et parva merita nostra. Ideo deus voluit nos rogare sanctos, ut in ipsis eum contemplemur, ut per ipsos fiduciam habeamus et per eorum merita indigentiam nostram suppleamus."

[576] Dieses Minimalprogramm der „praeparatio devoti hominis beatam virginem invo-care volentis" (Sept. fol. A 3v) entfaltet Paltz in Sept. fol. A 2v–3v und Suppl. fol. g 5r–h 1r.

[577] Sept. fol. A 3r.   [578] Coel. fol. D 5v.   [579] Siehe oben Anm. 204.

Vergleich mit der Theologie seines großen älteren Zeitgenossen Gabriel Biel. Während Biel mit seinen Werken gleichsam die Ernte der mittelalterlichen Schultheologie einbringt[580], kann man bei Paltz von einer Ernte der mittelalterlichen Frömmigkeitstheologie sprechen. ‚Ernte‘ bedeutet freilich bei beiden nicht Neutralität: Während Biel seine Stoffe vom Standpunkt des Nominalismus her gestaltet, orientiert sich Paltz mit Konsequenz und Mut zu extremen Positionen an den Garantien der Sakralinstitution. Hier findet er die Gegenmacht zur teuflischen Macht der Verzweiflung[581].

6. Kapitel

Im Umkreis der Augustinertheologie

I. Problemstellung: die Frage nach einer einheitlichen Lehrrichtung im Augustinereremitenorden

Paltz' engster Lebenskreis war, ohne ihn in seinem Wirkungsradius einzuengen, das Kloster[1]. Für das Verständnis seiner Theologie ist vor allem in Betracht zu ziehen, daß er im Orden seine grundlegende theologische Ausbildung erhalten hatte, auf der dann sein späteres kurzes Theologiestudium an der Universität aufbaute, und daß er in der Förderung der Observanzbewegung im Orden eine seiner großen Lebensaufgaben sah. Es stellt sich vor diesem biographischen Hintergrund die Frage, in welchem Maße Paltz von der Augustinertheologie, d. h. von den theologischen Traditionen seines Ordens, geprägt worden ist und wieweit er in seiner Theologie spezifische Intentionen verfolgt, die sich aus seiner Rolle als Ordensmann oder spezieller als Bettelmönch, Augustinereremit und Angehöriger der observanten deutschen Augustinerkongregation erklären.

Man kann die Frage auch von einem anderen Blickwinkel her so stellen: Ist die Theologie, wie sie im Augustinerorden über zwei Jahrhunderte vertreten wurde, zumindest in einigen wichtigen Grundlehren von solch einheitlichem Charakter, daß der Sog dieser Einheitlichkeit für einen Ordenstheologen um 1500 so gut wie unwiderstehlich war und sich somit auch Paltz in seiner Theologie an eine bestimmte Ordenslinie hielt, die dann ebenso für seine Erfurter Mitbrüder Johan-

---

[580] Siehe OBERMAN, Der Herbst der mittelalterlichen Theologie, 5; Oberman will ‚Herbst‘ nicht als ‚Verfall‘, sondern als Synonym für das im englischen Originaltitel verwendete ‚harvest‘ (Erntezeit) verstanden haben.
[581] Vgl. oben S. 249 bei Anm. 186.
[1] Siehe oben S. 58–84.

nes Nathin und Martin Luther von Bedeutung gewesen sein mußte?
Diese Auffassung vertritt in der neueren Forschung vor allem der
Ordenshistoriker A. Zumkeller[2]. Wenn er von *der* ‚Augustinerschule'
spricht[3], hat er mehrere zentrale Lehrpunkte im Blick, die „für die
einheitliche Ausrichtung der Philosophie und Theologie der Augustiner
bestimmend wurden"[4]. Zwar bedeute dies keine „sklavische Festlegung
der einzelnen Denker"[5], bei denen es „nicht unbeträchtliche Lehrunter-
schiede in den Einzelfragen" gebe, aber immerhin eine „Übereinstimmung in wichtigen Grundlehren"[6]. Ein wesentliches Charakteristikum
dieser Schule, in dem sich ihre „einheitliche Lehrrichtung" zeige[7], sieht
Zumkeller besonders in ihrem „eigenständigen Augustinismus"[8], den er
durch ein doppeltes Moment gekennzeichnet findet, durch den Primat
von Liebe und Gnade. Der Primat der Gnade komme zum Ausdruck
etwa „im Kampf der Augustinertheologen gegen sogenannte pelagianische Elemente der zeitgenössischen Theologie, in der Lehre von der
absoluten Prädestination und Reprobation unter der Voraussetzung der
Erbsünde, in der Unterstreichung der vollen Unverdienbarkeit der
ersten Rechtfertigung, in der Betonung des heilenden Charakters der
Gnade, in der schärferen Herausarbeitung des Begriffs der aktuellen
Gnade und in deren Forderung als auxilium speciale zu jedem wahrhaft
sittlich guten Werk". Auch „die persönliche Verbindung des Menschen
mit Gott im Gnadengeschehen" werde von den Augustinertheologen
besonders herausgestellt[9]. Diese gemeinsame inhaltliche Grundorientie-

---

[2] Siehe besonders ZUMKELLER, Hugolin von Orvieto über Prädestination, Rechtfertigung und Verdienst, 47–51; ders., Die Augustinerschule des Mittelalters. Zur älteren
Forschung (besonders C. STANGE, A. V. MÜLLER und E. STAKEMEIER) siehe die Angaben
bei OBERMAN, Werden und Wertung der Reformation, 82 Anm. 1; WERBECK, Jacobus
Perez von Valencia, 210–214; D. C. STEINMETZ, Luther and the late medieval Augusti-
nians, 248–254. – Bereits 1879 sah sich KOLDE (Die deutsche Augustiner-Congregation,
VI) zu der Klage veranlaßt: „Man kann es allgemein lesen, daß der Augustinismus stets im
Augustinerorden heimisch gewesen ist. Aber woher weiß man das?"

[3] Zum Begriff ‚Augustinerschule' vgl. neuerdings ZUMKELLER, Dorsten über Gnade,
Rechtfertigung und Verdienst, 198 Anm. 256.

[4] ZUMKELLER, Die Augustinerschule des Mittelalters, 193. Vgl. auch ENNIS, Art.
‚Augustinian spirituality', 1062f., der von bestimmten „teachings and traditions common
to the Augustinian Order" spricht; RUSSELL, Art. ‚Augustinianism' und ‚Augustinianism,
theological school of'.

[5] ZUMKELLER, Die Augustinerschule des Mittelalters, 193.

[6] Ebd. 196.

[7] Ebd. 172 und 193. Vgl. neuerdings ders., Art. ‚Ägidius von Rom', 464: „Im
Augustinerorden entwickelte sich im Anschluß an Ägidius eine in vielen prinzipiellen
Fragen einheitliche Lehrrichtung." Ders., Art. ‚Augustiner-Eremiten', 731: „Trotz man-
cher Lehrdifferenzen in Einzelpunkten lassen sie (sc. die Ordenstheologen des Mittelalters
– Vf.) eine einheitliche augustinische Lehrrichtung klar erkennen."

[8] Ders., Die Augustinerschule des Mittelalters, 194.

[9] Ebd.

rung der mittelalterlichen Augustinerschule beruht nach Zumkeller vor allem auf zwei Faktoren, die für die Schulbildung des Ordens ausschlaggebend gewesen und für sein Lehrprofil entscheidend geblieben seien: zum einen auf der überragenden und laut Bestimmung der Ordenskonstitutionen sowie späterer Generalkapitel verpflichtenden Autorität des Ordenslehrers Aegidius Romanus, die ihm im Augustinerorden eine bevorzugte Stellung unter den anerkannten scholastischen Lehrautoritäten eingeräumt habe[10]; zum andern auf der intensiven, verglichen mit sonstigen scholastischen Verhältnissen überdurchschnittlich gründlichen Beschäftigung mit Augustin selbst[11], d. h. auf dem „gemeinsamen Streben" der Augustinermagister, „engen Anschluß an die Schriften und Auffassungen des Ordensvaters" zu gewinnen[12].

Welche Konsequenzen diese Auffassung von der theologischen Einheitlichkeit im Augustinereremitenorden für eine Beurteilung der Verhältnisse am Vorabend der Reformation hat, verdeutlicht Zumkeller selbst, wenn er sagt: „Angesichts des damaligen engen Zusammenhangs von Ordenszugehörigkeit und Ordensdoktrin erscheint es förmlich unmöglich, daß Luther von seinen theologischen Lehrern im Augustinerorden – zumal in der Gnadenlehre – ockhamistisch beeinflußt wurde." Ein Einfluß der Ordenstheologie auf Luther könne sich nur im streng antipelagianischen und damit auch antiockhamistischen Sinne, in Kontinuität zur Gnadenlehre Gregors von Rimini und Hugolins von Orvieto, geltend gemacht haben. Um aber hier zu gesicherten Ergebnissen zu kommen, müsse man vor allem „wissen, was Luthers theologische Lehrer im Augustinerorden Johannes von Paltz und Johannes Nathin gelehrt haben"[13].

Diesem letzten Satz Zumkellers kann man nur zustimmen. Bei Nathin, dem Nachfolger von Paltz auf dem Erfurter Lehrstuhl der Augustinereremiten und als Regens des Ordensstudiums, ist eine Antwort schwierig, da keine Schriften von ihm erhalten sind; doch spricht sehr viel dafür, daß er einen gemäßigten ockhamistischen Nominalismus Bielscher Prägung vertreten und Luther entsprechend unterrichtet hat[14]. Immerhin wissen wir, daß Luther im Erfurter Augustinerkloster zur Vorbereitung auf Priesterweihe und Primiz (am 2. Mai 1507) Biels

---

[10] Ebd. 169–171.   [11] Ebd. 195.

[12] Ebd. 171.

[13] Ders., Hugolin von Orvieto über Prädestination, Rechtfertigung und Verdienst, 49–51. Wesentlich zurückhaltender äußert sich Zumkeller in: Martin Luther und sein Orden, 261 f. Zur Vermutung eines Einflusses von Gregor von Rimini und Hugolin von Orvieto auf den jungen Luther vgl. auch ders., Die Augustinertheologen Simon Fidati von Cascia und Hugolin von Orvieto, besonders 21 f. (Gregor) und 26–32 (Hugolin).

[14] Siehe oben Kap. 2 Anm. 296.

Erklärung des Meßkanons gelesen hat[15]; im Rückblick sagt er, er habe dieses Buch damals über alle anderen Bücher gestellt, sogar über die Bibel: „Bibliae auctoritas nulla fuit erga Gabrielem."[16] Die Analyse von Luthers Randbemerkungen zum Lombarden (1509/10) und seiner Dictata super Psalterium (1513–15) verstärkt den Eindruck, daß er nicht nur an der Erfurter Universität, sondern auch am Generalstudium des Ordens – und durch wen sonst als durch Nathin? – zum Theologen der via Gabrielis ausgebildet worden ist[17], so deutlich sich auch von vornherein die kritische Distanz zur Rechtfertigungslehre des Ockhamismus bemerkbar macht.

Auch wenn Paltz im Unterschied zu Nathin nicht zu den theologischen Lehrern Luthers zu rechnen ist[18], so ist doch die Kenntnis seiner Theologie für die Lutherforschung von größter Wichtigkeit, weil seine Schriften die einzigen sind, die uns über das theologische Klima im Erfurter Augustinerkloster unmittelbar vor Luthers Klostereintritt informieren. Das Supplementum Coelifodinae, Paltz' letztes Werk, erschien ja erst im Jahr zuvor, im Frühjahr 1504[19]. Darüber hinaus läßt sich an den Werken von Paltz und ergänzend dazu an den Schriften seines Erfurter Lehrers Johannes von Dorsten die These Zumkellers von *der* Augustinerschule und ihrer einheitlichen Lehrrichtung, von der Intensität ihrer Aegidius- und Augustinrezeption und ihrem eigenständigen Augustinismus, überprüfen. Wenn wir uns nun den Beziehungen zwischen Paltz und der Theologie seines Ordens zuwenden, um nicht nur Paltz, sondern auch die Augustinertheologie besser zu verstehen, dann wollen wir diese beiden Fragerichtungen, die den Ordenstraditionen und die Luther zugewandte, im Blick behalten. Wir werden dabei auf zahlreiche Ergebnisse unserer bisherigen Untersuchung zurückgreifen können und sie hier im Zusammenhang darstellen.

II. Stellung zu den Ordensautoritäten

Geht man von Zumkellers Darstellung der sogenannten „Augustinerschule des Mittelalters" aus und fragt nach Paltz' Stellung zu den theologischen Traditionen seines Ordens, dann ist zunächst eine grundlegende Erkenntnis vorauszuschicken: Paltz ist nicht an Lehrrichtungen,

---

[15] Sein eigentliches Theologiestudium unter Nathin begann allerdings wohl erst mit dem Sommersemester 1507; siehe oben S. 79f. bei Anm. 295.

[16] „Gabriel scribens librum super canonem missae, qui liber meo iudicio tum optimus fuerat; wenn ich darinnen las, da blutte mein herz. Bibliae auctoritas nulla fuit erga Gabrielem." WA TR 3,564,5–7 Nr. 3722 (2. Febr. 1538); vgl. SCHEEL, Martin Luther II, 80f.

[17] Zur Literatur vgl. HAMM, Promissio, Pactum, Ordinatio, 377.

[18] Siehe oben S. 79f.   [19] Siehe oben S. 124.

auch nicht an irgendeiner Lehrrichtung seines Ordens, interessiert, sondern an einer bestimmten Art von Frömmigkeitstheologie und an solchen scholastischen Lehren – aus welcher Richtung auch immer sie kommen –, die dieser Art von Frömmigkeitstheologie zuarbeiten[20]. Darum hält er sich zwar bei bestimmten Fragen an den Ordenslehrer Aegidius Romanus, zitiert ihn aber auf die Breite gesehen, verglichen mit anderen Autoritäten, nicht besonders häufig[21]. Auf Thomas von Straßburg beruft er sich nur selten[22], aus Gregor von Rimini führt er nur eine Stelle seines Sentenzenkommentars an[23]. Ausgesprochen häufig dagegen kommt Augustinus Triumphus zu Wort[24], aber nicht als Vertreter jener „einheitlichen Lehrrichtung" des Augustinerordens, an die Zumkeller denkt, sondern als Verfechter einer extremen papalistischen Ekklesiologie, die ein wichtiger Baustein in der sakralhierarchisch orientierten Frömmigkeitstheologie des Erfurter Augustiners ist[25]. Insgesamt zeigt Paltz eine gewisse, wenn auch zurückhaltende[26] Vorliebe für Theologen aus dem eigenen Orden, die freilich nichts mit einer bestimmten Lehrrichtung des Ordens zu tun hat, sondern sich ausschließlich auf Fragen des frommen Lebens bezieht. So zitiert er zum Thema der Passionsmeditation häufig Albert von Padua und Simon Fidati von Cascia[27]. Die Vermutung Zumkellers, Paltz sei ein „Vertreter des Ägidianismus" gewesen[28], entspricht zwar seinem Bild von der ‚Augustinerschule', läßt sich aber angesichts dieses Befundes nicht halten[29].

---

[20] Siehe oben S. 209–213.

[21] Siehe oben S. 213 bei Anm. 471–473.

[22] Siehe oben S. 197f. bei Anm. 385–388.

[23] Siehe oben S. 198 bei Anm. 389–391. Dorsten erwähnt Gregor in dem erhaltenen Berliner Predigtband überhaupt nicht; siehe ZUMKELLER, Der Predigtband Cod. Berolinensis, 62f.

[24] Siehe oben S. 199 bei Anm. 399.   [25] Siehe oben S. 266–269.

[26] Siehe oben S. 213.

[27] Siehe oben S. 199; vgl. auch oben S. 203 bei Anm. 416: KONRAD VON ZENN mit seinem Traktat De monastica vita. Die von Paltz zitierten Ordensschriftsteller sind aufgeführt bei FERDIGG I 297–299.

[28] ZUMKELLER, Die Augustinerschule des Mittelalters, 253. Vgl. neuerdings ders., Art. ‚Augustiner-Eremiten', 733: Luther fand im Erfurter Augustinerkloster „ein der Universität inkorporiertes studium generale des Ordens vor, dessen Lehrrichtung dem der Augustinerschule und des Aegidius von Rom entsprach, wie die erhaltenen Schriften des Johannes von Dorsten und Johannes von Paltz klar erkennen lassen".

[29] Dem Bild Zumkellers widerspricht übrigens auch seine eigene Beobachtung, die er neuerdings bei dem Augustiner Johannes Klenkok (gest. 1374) machen mußte: „Auffällig ist, daß das Schulhaupt Ägidius Romanus und auch der angesehene deutsche Theologe Thomas von Straßburg von Klenkok in den Fragen der Gnadenlehre nie erwähnt werden. Man wird daraus schließen müssen, daß er sich mit ihren diesbezüglichen Darlegungen nicht eingehend beschäftigt hat." ZUMKELLER, Johannes Klenkok (1978), 319.

Ebensowenig darf man die Augustinereremiten Dorsten, Proles, Staupitz, Johannes Lang oder den jungen Luther – der übrigens Aegidius nie zitiert[30] und in Nathin daher wohl auch kaum einen Ägidianer zum Lehrmeister hatte – zu Anhängern einer ägidianischen Ordensdoktrin machen, so wie man umgekehrt in ihnen auch nicht Parteigänger des Gregor von Rimini sehen darf[31]. Ihre Interessen waren offensichtlich nicht vom Einsatz für eine bestimmte Lehrrichtung des Augustinerordens geleitet. Wenn Staupitz, Lang und Luther engen Anschluß an den genuinen Augustin suchten[32], dann hatte das wahrscheinlich auch damit etwas zu tun, daß sie Augustinereremiten waren[33], bedeutete allerdings keine Stellungnahme für eine traditionell vorgegebene Ordensdoktrin. Luther verließ ja gerade mit der Art seines Augustinverständnisses die theologischen Bahnen des Augustinerordens, und auch die Augustinrezeption Staupitzens, die in erster Linie Frucht eigenständiger Beschäfti-

---

[30] Dieses bemerkenswerte Ergebnis ergab eine Anfrage beim Lutherregister im Institut für Spätmittelalter und Reformation, Tübingen.

[31] Vgl. unten S. 330f.

[32] Zu Staupitz' Augustinbegeisterung und -benützung vgl. neuerdings besonders OBERMAN, Werden und Wertung der Reformation, 97–118 und De exsecutione: Kommentierender Apparat.

Zu Johannes Lang vgl. OBERMAN, Reformation: Epoche oder Episode, 81f. Anm. 58 und 103f.

Zu Luther vgl. HAMEL, Der junge Luther und Augustin, I und II; LOHSE, Die Bedeutung Augustins für den jungen Luther; GRANE, Augustins „Expositio quarundam propositionum ex epistola ad Romanos" in Luthers Römerbriefvorlesung; ders., Divus Paulus et S. Augustinus; ders., Modus loquendi theologicus, 23–103. Luthers Interesse an Augustin als Paulusinterpret – dies von Grane herausgearbeitet – schließt das Interesse am genuinen Augustin, für Luther seit etwa 1515 mit dem antipelagianischen Augustin identisch, ein; vgl. OBERMAN, Reformation: Epoche oder Episode, 96 Anm. 56, der auf Luthers Entdeckung der pseudoaugustinischen Verfasserschaft von De vera et falsa poenitentia im Oktober 1516 verweist. Vgl. auch schon LUTHERS Auseinandersetzung mit Pseudo-Augustin in seinen Randbemerkungen zu Augustin aus dem Jahre 1509, wo sich zur Schrift De cognitione verae vitae die Notiz findet: „Hic liber nullo modo est beati Augustini, ut patet ex stilo et modo, quia verbosus est." WA 9,6,10f. Schon Paltz hat 1486 für diese Schrift die Verfasserschaft Augustins bestritten (vgl. oben Kap. 3 Anm. 44): „Sed nullo modo credendum est, quod sit beati Augustini, quia nec in titulis librorum beati Augustini invenitur nec in aliquo libro approbato sic allegatur nec stilus ostendit, quia utitur terminis insolitis beato Augustino." Tripl. fol. e2v. Vgl. auch Luthers kritische Äußerung zu den pseudoaugustinischen Opuscula De spiritu et anima und De diffinitionibus orthodoxae fidei: WA 9,14,22–32. – Eine empfindliche Lücke in den Untersuchungen GRANES besteht darin, daß er zwar konzediert, daß Augustin auch schon vor der Zeit der Römerbriefvorlesung (1515/16) „eine große Bedeutung für Luther hatte" (Modus loquendi theologicus, 27), aber nicht der Frage nachgeht, welcher Art dieses frühere Interesse Luthers war und welchem Augustin es galt. Zur Augustinrezeption Luthers vgl. auch unten S. 313–322.

[33] Zu Luther vgl. unten S. 322. Daß man allerdings mit solchen Vermutungen sehr zurückhaltend sein muß, versuchen wir unten S. 313–322 zu zeigen.

gung mit Augustin war[34], sprengte den Rahmen der Ordenstraditionen, auch der Lehrrichtung Gregors von Rimini[35].

Auf einem besonderen Blatt steht Paltz' Beziehung zu seinem persönlichen Lehrer Johannes von Dorsten[36] und seinem Ordensoberen Andreas Proles[37]. Vor allem Dorsten nimmt eine Ausnahmestellung in seinen Schriften ein. Kein anderer Theologe aus den letzten zwei Jahrhunderten wird von ihm so häufig und ausführlich zu Rate gezogen, meist mit ausdrücklichem Hinweis auf den „praeceptor meus, eximius magister"[38], den „institutor meus, egregius magister"[39], den „insignis vir magister"[40] oder „profundissimus sacrae theologiae professor"[41], oft aber auch stillschweigend ohne Angabe der Quelle[42], und zwar nicht selten über mehrere Seiten hinweg[43]. Im Vorwort zur Coelifodina macht Paltz selbst darauf aufmerksam, daß er vor allem in die Fußstapfen seines verehrten Lehrers Dorsten treten und mit ihm gemeinsam voranschreiten wolle[44]. Der literarische Einfluß Dorstens auf Paltz, dem der persönliche Einfluß im Erfurter Kloster während der Jahre 1467–1481 vorausgegangen war[45], ist in seinen Dimensionen erst zu erahnen, wenn man weiß, daß es wohl kein anderer als Paltz gewesen ist, der den Plan zu der fünfbändigen handschriftlichen Gesamtausgabe des Dorstenschen Nachlasses initiiert und mit seiner Realisierung begonnen hat[46]. Am

---

[34] Vgl. De executione: Kommentierender Apparat.

[35] Man könnte dies z. B. am Gnadenverständnis deutlich machen. Während Gregor von Rimini an einer Unterscheidung zwischen dem auf die Rechtfertigung disponierenden und auch nach der Rechtfertigung notwendigen aktualen auxilium speciale dei und der habituellen gratia gratum faciens festhält, durchbricht Staupitz in engem Anschluß an Augustin das aristotelische Dispositionsschema der Scholastik und sieht jedes moralisch gute Handeln des Menschen bereits unter dem Einfluß der zuvorkommenden rechtfertigenden, Gott dem Menschen angenehm machenden Gnade. Zu Gregor von Rimini vgl. STEGMÜLLER, Gratia sanans, 395–402; GUMPEL, Actus moraliter boni, 178–232. Zu Staupitz vgl. oben Kap. 5 Anm. 125.

[36] Siehe oben S. 60–63 und 201 f.   [37] Siehe oben S. 63–67 und 201 f.

[38] Coel. fol. F6r; „eximius magister meus": Coel. fol. Gg1r und 2v.

[39] Coel. fol. D1r und M5r; „egregius pater": Coel. fol. Gg3r.

[40] Coel. fol. Aa2v: „institutor meus, insignis vir magister Ioannes de Dorsten".

[41] „Hanc quaestionem movit et solvit profundissimus sacrae theologiae professor, magister Ioannes de Dorsten ... Et ut eius profunda scientia et lucida sapientia et maturitas provida in determinando appareat, volo eius determinationem de verbo ad verbum hic inserere." Suppl. fol. F6v. Das darauf folgende Dorsten-Zitat ist zwölf Typoskriptseiten lang: Suppl. fol. F6v–G3r.

[42] Vgl. oben S. 201.

[43] Die bei ZUMKELLER, Manuskripte, 224–232 Nr. 473b,475,479,480,483 genannten Dorsten-Stücke, die bei Paltz abgedruckt sind, machen nur einen Bruchteil des bei der Paltz-Edition gefundenen Materials aus.

[44] Zit. oben Kap. 4 Anm. 301.   [45] Siehe oben S. 60–63.

[46] Zu diesem Unternehmen des Erfurter Klosters siehe KLEINEIDAM, Die Bedeutung der Augustinereremiten, 402 f.; ZUMKELLER, Der Predigtband Cod. Berolinensis, 423–427. 44–48. Ob es jemals zum Abschluß gekommen ist, bleibt ungewiß.

Anfang der Coelifodina spricht er noch von den „labores adhuc dispersi" seines Lehrers[47], im Supplementum Coelifodinae dagegen zitiert er bereits den sechsten Traktat aus dem ersten Teilband des ersten Bandes seiner opera[48]. Erhalten ist heute nur noch der zweite Teilband des volumen tertium, das allein vier Teilbände umfaßte[49]. Der Schreiber dieses Bandes verweist mehrfach auf die Vorarbeit von Paltz, auf dessen Exzerpte und Zusammenstellungen, die er aus Predigten seines Lehrers angefertigt hatte[50]. Wie aus Paltz' Werk hervorgeht, hat er Dorsten in solchem Maße geistig beerbt, daß eine Untersuchung zu Paltz immer zugleich eine Untersuchung zu Dorsten ist, ohne daß man die Abhängigkeit von Paltz genau abgrenzen kann, da zu viele Schriften Dorstens verschollen sind. Die Selbständigkeit des Schülers besteht wohl vor allem in seiner Gesamtkonzeption, in der konsequenten Orientierung an den Garantien der kirchlichen Sakralinstitution und in der extremen Zuspitzung ihrer Omnisuffizienz. Indem Paltz so intensiv auf Dorstens Schriften zurückgriff, wurde er mit seinen gedruckten Werken die Plattform, von der Dorsten erst einen weiteren Leserkreis gewann. Paltz war sicher auch jener „satis notabilis doctor sacrae theologiae", der den Erfurter Benediktiner Nikolaus von Siegen auf die Autorität des „doctissimus atque profundissimus et ingenio subtilissimus" Johannes von Dorsten verwiesen und über ihn gesagt hat, daß Deutschland in hundert Jahren niemals einen solchen Doktor gehabt hat noch haben wird[51]. Daß

---

[47] Zit. oben Kap. 4 Anm. 301.

[48] „Scribit enim reverendus pater noster, magister meus Ioannes de Dorsten, sacrae theologiae professor, in tractatu suo De indulgentiis, qui est sextus in ordine tractatuum eius in primo volumine eius ..." Suppl. fol. b1v. Zu diesem Teilband, der Traktate enthielt, siehe ZUMKELLER, ebd. 46.

[49] Es handelt sich um Cod. Lat. Fol. 851 der Staatsbibliothek Berlin-Stiftung Preußischer Kulturbesitz; vgl. ZUMKELLER, Der Predigtband Cod. Berolinensis, passim.

[50] ZUMKELLER, ebd. 425 mit Anm. 11. Im übrigen weist der Schreiber auch oft die Leser „für weitere einschlägige Stoffe oder zwecks Abrundung lückenhafter Predigtkonzepte des Dorsten" auf Coelifodina und Supplementum Coelifodinae hin; ebd. mit Anm. 13. Die Handschrift kann also erst nach 1504 entstanden sein (beendet 1508). Wörtliche Parallelen zwischen dem Dorsten-Band und den Paltz-Werken, wie sie mehrfach vorkommen (siehe Register zur Edition von Coel. und Suppl.), sind also möglicherweise so zu erklären, daß nicht Paltz von Dorsten, sondern der Schreiber der Berliner Handschrift von Paltz abgeschrieben hat. Sehr wahrscheinlich dürfte dies freilich nicht sein.

[51] In seinem Chronicon ecclesiasticum, entstanden 1494/95, schreibt NIKOLAUS VON SIEGEN (177,8–178,6): „Cum quodam die conversarer et loquerer cum satis notabili doctore sacrae theologiae mihi satis cordiali et familiari ..., inter alia subintulit de doctissimo atque profundissimo (vgl. oben Anm. 41) et ingenio subtilissimo, videlicet doctore Iohanne Dorsten, ordinis eorundem, scilicet Eremitarum ordinis s. Augustini, qui in suis scriptis licet occultis atque profundissimis in scriptis reliquit istud memoriae dignum ... Item idem doctor mihi tunc dixit et etiam alio tempore de eodem doctore haec, quae subiungam; dixit de doctore Iohanne Dorsten et id testimonium de eo dedit,

Paltz solche Aussprüche liebte, werden wir noch bei seinem Lob auf Proles sehen können[52].

Auf dem Hintergrund unserer Fragestellung sind nun vor allem zwei Sachverhalte von Bedeutung: Einmal ist hervorzuheben, daß man die Mitte von Dorstens Theologie verfehlt, wenn man in ihm einen „treuen Schüler des Aegidius Romanus" sieht[53], und zwar nur deshalb, weil er nicht selten dessen Werke heranzieht[54]. Ebensogut könnte man ihn einen treuen Schüler anderer scholastischer Theologen nennen, die er häufiger als Aegidius zitiert[55]. Die Frömmigkeitstheologie Dorstens geht nicht mit einer bestimmten Lehrrichtung des Augustinerordens konform, und sie ist auch nicht auf jene zentralen Lehrpunkte fixiert, die nach Zumkeller zum Gemeinbesitz des Ordens gehören[56]. Zweitens ist zu beobachten, daß diesem Charakter von Dorstens Theologie genau die Art des Interesses entspricht, das Paltz den Schriften seines Lehrers entgegenbringt. Er beruft sich auf sie nicht deshalb, weil er in Dorsten den Exponenten einer Schulrichtung oder einen Vertreter *der* Augustinerschule sieht, sondern weil er ihn als Lehrer des geistlichen Lebens schätzt, der dem Papst- und Priestertum, den Sakramenten und Ablässen, dem Mönchtum und der kirchlichen Marienverehrung einen hohen gnaden- und heilsvermittelnden Wert beimißt. Man achte nur auf die Themen, bei denen Paltz aus Dorsten schöpft: Es handelt sich um Fragen über Reue, Beichte und Absolution, Ablaß und Jubiläum, Abendmahl, Heiligenverehrung, Wallfahrt, Hostienwunder, Magie, böse Gedanken, Geduld und rechte Art des Sterbens, Endzeiterwartung und dergleichen mehr[57]. Auch bei derartigen Fragen des täglichen frommen Lebens könnte sich freilich ein bestimmter akademischer Schulstandpunkt bemerkbar machen, doch wissen Dorsten und Paltz

---

quod Alemania sive Germania in centum annis numquam habuit nec habebit talem doctorem sicut fuit saepedictus Iohannes Dorsten, sacrae theologiae professor, ingenio subtilis atque profundissimus, sermone atque conversatione humillimus et in quaestionibus solvendis acutissimus, sermone rarus, pius, humilis et pudicus, refutans saeculi honores et carnis medicina (vgl. Suppl. fol. n3v)." Der Doktor der Theologie aus den Reihen der Erfurter Augustiner, der Nikolaus von Siegen solch Hymnisches über Dorsten gesagt hat, könnte – vor 1494/95! – theoretisch auch Johannes Nathin oder Johannes Drolmeier von Lich gewesen sein, die beide 1493 zu Doktoren promoviert worden waren, oder gar noch der alte Heinrich Ludowici. Paltz, dem Dorsten-Schüler, sind freilich solche Äußerungen am ehesten zuzutrauen.

[52] Siehe unten S. 312 bei Anm. 66.

[53] Zumkeller, Dorsten über Gnade, Rechtfertigung und Verdienst, 28.

[54] Vgl. ders., Dorsten über Urstand und Erbsünde, 56; ders., Der Predigtband Cod. Berolinensis, 60f.; ders., Dorsten über Gnade, Rechtfertigung und Verdienst, 198f.

[55] Vgl. die Zahlenangaben bei Zumkeller, Der Predigtband Cod. Berolinensis, 60–67.

[56] Vgl. unten S. 326 bei Anm. 147.

[57] Siehe Register zu den Bänden der Paltz-Edition.

eine solche Festlegung meist zu vermeiden. Wo sie doch in die Nähe
einer bestimmten Lehrposition kommen, zeigen sie Offenheit nach den
verschiedensten Richtungen: So schließen sie sich in der Lehre über
Urstand und Erbsünde weitgehend an Aegidius Romanus an[58], während
sie sich in der Frage von attritio und contritio am skotistischen Standpunkt orientieren[59]. Blickt man auf die intensive Verarbeitung der
Dorsten-Schriften bei Paltz, so ist schließlich die langjährige persönliche
Verbundenheit des Schülers mit seinem Lehrer nicht aus dem Auge zu
verlieren. Sie in erster Linie, die zugleich eine Verbundenheit in der
seelsorgerlichen Zielsetzung und in der sakralinstitutionellen Orientierung ist, erklärt, weshalb Paltz in die Fußstapfen Dorstens treten will.

Die persönliche Beziehung, nicht aber ein spezifisches ‚augustinisti-
sches' Schulinteresse ist auch der Grund dafür, daß Paltz den Generalvikar der deutschen Augustinerkongregation Andreas Proles zitiert[60], und
zwar z. T. sehr ausgiebig zu den frömmigkeitsbezogenen Themen
Ordensobservanz, Nutzen der Jungfräulichkeit, Taufe, Ehe und
Geduld[61]. Deutlich zeigt sich der persönliche Gesichtspunkt darin, daß
Paltz seinen verehrten und geliebten Ordensoberen[62] in der Coelifodina
(1502) und allen vorausgegangenen Schriften mit keinem Wort
erwähnt, dagegen in seinem letzten Werk, dem Supplementum Coelifodinae (1504), longe et late zu Wort kommen läßt, z. B. beim Thema Ehe
auf über hundert Typoskriptseiten[63]. Dieser unterschiedliche Befund ist
so zu erklären, daß Paltz sein Supplementum unter dem Eindruck von
Proles' Tod geschrieben hat. Proles war am 6. Juni 1503 im Kulmbacher
Konvent gestorben[64], und Paltz wollte ihm mit den Zitaten ein Denkmal
setzen, zumal der Augustinervikar mit seiner stark institutionsorientierten, besonders die via securior des observanten Klosterlebens hervorhe-
benden Frömmigkeitstheologie[65] seinen eigenen theologischen Intentionen entgegenkam. So schließt er das große Zitat über die Ehe mit der
Bemerkung, er habe es zur bleibenden Erinnerung an diesen „religiosis-
simus vir" und „praedicator famosissimus" eingefügt, dem in „unserem
Zeitalter" kaum einer in Deutschland gleich gewesen sei[66]. Auch an

---

[58] Zu Dorsten siehe ZUMKELLER, Dorsten über Urstand und Erbsünde; zu Paltz siehe
Suppl. fol. y 5r–6v (in enger Anlehnung an Dorsten verfaßt).

[59] Siehe oben S. 276f.

[60] Der gewöhnliche Wohnsitz des Vikars war das Erfurter Kloster; siehe KUNZELMANN,
Die Bedeutung des älten Erfurter Augustinerklosters, 627.

[61] Siehe Register zur Edition des Suppl. Bei ZUMKELLER, Manuskripte, 60 Nr. 107 und
568 f. Nr. 99a werden nur drei Stücke genannt.

[62] Siehe Suppl. fol. A 1r: „propter eius reverentiam et amorem".

[63] Suppl. fol. A 4v–D 5r.   [64] Siehe oben S. 64 und 67.

[65] Siehe oben S. 292–294.

[66] „... cui aetas nostra vix parem in Alemannia habuisse creditur." Suppl. fol. D 5r.

anderen Stellen des Supplementum rühmt ihn Paltz als „praedicator eximius"[67], dessen „scientiae copiositas, eloquentiae splendor et vitae religiositas" ihn in den Augen vieler zum Doktor gemacht habe, obwohl er nur den Ordensgrad eines Lektors der Theologie besaß[68]. Zusammenfassend kann man somit sagen, daß sich Paltz in seinem Bezug zur Tradition zwar als Vertreter seines Ordens erweist, wie besonders der intensive Rückgriff auf die Augustinertheologen Dorsten und Proles zeigt, daß er aber nicht Exponent einer besonderen oder – wie auch immer verstandenen – einheitlichen Lehrrichtung des Augustinerordens ist. Die Art seiner Aegidius-Rezeption entspricht keineswegs Zumkellers Bild von *der* Augustinerschule. Zum gleichen Ergebnis gelangt man bei Johannes von Dorsten.

III. Augustinrezeption

Dieses Resultat wird bestätigt durch eine Untersuchung der Augustinrezeption bei Paltz und anderen Theologen seines Ordens. Wie wir bereits feststellten, sieht Zumkeller den spezifischen Augustinismus der Augustinereremiten – der noch kritisch zu beleuchten ist – in engem Zusammenhang mit einer besonders gründlichen Augustinkenntnis[69]. Ein erster Blick auf Paltz und Dorsten scheint diese These zu bestätigen: Paltz zitiert Augustin, den „doctor originalis supremus", in Coelifodina und Supplementum Coelifodinae aus über 60, z. T. unechten Werken etwa dreihundertmal[70], weit mehr als jede andere Autorität (von der Bibel abgesehen). Im erhaltenen Predigtband der Erfurter Gesamtausgabe Dorstens ist der Befund nicht minder eindrucksvoll: „Es finden sich darin – von Zitaten aus Pseudo-Schriften abgesehen – nahezu ein halbes Tausend Augustinus-Zitate. Auch wenn man die Predigten und Briefe des Kirchenvaters außer acht läßt, sind es nicht weniger als 36 verschiedene Werke Augustins, die der Prediger Dorsten zitiert."[71] Insgesamt führt Dorsten 52 echte und unechte Schriften Augustins an[72]. Angesichts dieser Bilanz bei Theologen des Erfurter Klosters am Vorabend der Reformation fragt man sich, wie Luther im Rückblick auf seine frühen Klosterjahre sagen konnte: „Wir Mönche lasen nicht Augustin, sondern Scotus."[73] Ja bereits sehr früh, in einem Brief an Spalatin

---

[67] Suppl. fol. A 1r.   [68] Suppl. fol. k2v; vgl. fol. D 5r.

[69] Siehe oben S. 305 bei Anm. 11 und 12.

[70] Siehe Register zur Edition von Coel. und Suppl. Zur Bezeichnung Augustins als „doctor originalis supremus" siehe oben Kap. 4 Anm. 360.

[71] ZUMKELLER, Dorsten über Gnade, Rechtfertigung und Verdienst, 199.

[72] Ders., Der Predigtband Cod. Berolinensis, 57–60.

[73] „Sed nos monachi non legimus eum, sed Scotum." WA TR 4,611,7f. Nr. 5009 (zwischen 21. Mai und 11. Juni 1540).

vom 19. Okt. 1516, äußert er, daß es nicht die Zugehörigkeit zum Augustinerorden gewesen sei, die ihn zur Hochschätzung Augustins geführt habe; bevor er auf seine Bücher gestoßen sei, habe Augustin nicht die geringste Geltung bei ihm gehabt[74]. Um so überraschender sind solche Aussagen, wenn man weiß, daß sich Luther schon 1509 im Erfurter Kloster intensiv mit Augustin beschäftigt hat. Aus seinen Randbemerkungen geht hervor, daß er damals einen Band mit Opuscula Augustins[75] und die Werke De trinitate und De civitate dei durchgearbeitet hat[76]. Und man hat gute Gründe zu der Annahme, daß dies nicht die erste Begegnung Luthers mit den Schriften des Ordensheiligen und angeblichen Ordensgründers gewesen ist[77].

Man kommt dem, was Luther in seinem Zeugnis von 1516 und dem Rückblick aus dem Jahre 1540 gemeint haben dürfte, auf die Spur, wenn man die Augustinrezeption der beiden Augustiner Dorsten und Paltz näher betrachtet. Zur Quantität der Werktitel und Zitate ist zu sagen, daß wir die Verhältnisse in den anderen Orden und bei den Weltpriestertheologen noch viel zu wenig kennen, um allein aufgrund der genannten Zahlen von einer überdurchschnittlichen, ja „erstaunlichen Belesenheit"[78] der Erfurter Augustinereremiten in Augustins Schriften sprechen zu können. Wo wir Zahlen zum Vergleich haben, werden wir eines Besseren belehrt. So hat der Erfurter Kartäusertheologe Johannes Hagen (gest. 1475) 62 Werke des Kirchenvaters nicht nur zitiert, sondern auch selbst gelesen und exzerpiert[79] – ein Ergebnis, gegenüber dem sich die Augustinbenützung Dorstens und Paltz' eher bescheiden ausnimmt. Dieses Beispiel zeigt, daß man nur zu sachgemäßen Urteilen über die Augustinrezeption im Augustinerorden kommen kann, wenn man sie im größeren Rahmen der spätmittelalterlichen Frömmigkeitstheologie sieht. Die von Gerson angeregte Suche nach den reinen Quellen einer Theologie, die intelligentia und devotio miteinander vereinigt[80] und die affektive Erfahrung zu ihrer Grundlage, ihrem

---

[74] WA Br 1,70,19–21 Nr. 27; BoA 6,2,18–21; zit. unten Anm. 119.

[75] Ausgabe Straßburg 1489, bei Martin Flach d. Ä. (GW Nr. 2865). Dieser Band enthielt keine antipelagianischen Schriften Augustins.

[76] Text der Randbemerkungen mit Einleitung in WA 9,2–27.

[77] Siehe SCHEEL, Martin Luther II, 400f. und 403; HAMEL, Der junge Luther und Augustin I, 1–6; LOHSE, Die Bedeutung Augustins für den jungen Luther, 118f. Anm. 7; OBERMAN, Reformation: Epoche oder Episode, 80f. mit Anm. 57.

[78] ZUMKELLER, Der Predigtband Cod. Berolinensis, 56 (über Dorsten).

[79] KLAPPER, Der Erfurter Kartäuser Johannes Hagen II, 124 (echte und unechte Werke). Zum Vergleich: PETRUS LOMBARDUS hat in seinen Sentenzen 79 echte und unechte Schriften Augustins herangezogen; siehe krit. Edition: Index auctorum (S. 1048–1051).

[80] GERSON, Collectorium super Magnificat, tract. 7 (ed. Glorieux VIII 301): „per theologiam, quae complectitur intelligentiam simul et devotionem"; vgl. oben Kap. 4 Anm. 362.

Gegenstand und ihrem Zweck macht[81], führte zu einer Rückbesinnung auf Augustin, so daß man geradezu von einer „Augustinus-Renaissance des deutschen Spätmittelalters"[82] – greifbar z. B. in den zahlreichen deutschen Übersetzungen Augustins[83] – sprechen konnte. Es gibt daher wohl nur wenige Frömmigkeitstheologen im Jahrhundert vor der Reformation, bei denen Augustin unter der Reihe der zitierten Autoren nicht mit Abstand die erste Stelle einnimmt. Von einer *besonderen* Augustinkenntnis der deutschen Augustinereremiten wird man in diesem Zeitraum nicht generell, sondern nur in wenigen Einzelfällen sprechen können. Eine ordensspezifische ‚Augustinrenaissance‘, die diesen Namen verdient[84], gab es wohl, und zwar ausgehend von Kreisen italienischer Augustinereremiten im 14. Jahrhundert und am klarsten in Erscheinung tretend im ‚Milleloquium sancti Augustini‘ des Bartholomäus von Urbino (gest. 1350)[85] und im Sentenzenkommentar des „maximus et studiosissimus divi Augustini propugnator"[86] Gregor von Rimini (gest. 1358). Sie lebte in der Lehrrichtung Gregors, der ‚via Gregorii‘[87] des Augustinerordens, weiter, hat aber die Erfurter Augustinereremiten des späteren 15. und beginnenden 16. Jahrhunderts und damit das für Luther entscheidende Milieu nicht erreicht[88] – ein für die

---

[81] Siehe oben S. 156 f.   [82] Stammler, Deutsche Philologie im Aufriß II, 910.

[83] Ebd. 909–911.

[84] Vgl. Oberman, Werden und Wertung der Reformation, 82–140 (= 6. Kapitel: Augustinrenaissance im späten Mittelalter).

[85] Siehe Zumkeller, Die Augustinerschule des Mittelalters, 206 f. (mit Literatur).

[86] So Andreas de Vega (gest. 1549) über Gregor von Rimini in seinem Opusculum de iustificatione; zit. bei Oberman, ebd. 89 Anm. 36.

[87] So die Bezeichnung in den Statuten der Wittenberger Universität von 1508; vgl. Oberman, Headwaters of the Reformation, 69–85, besonders 79 f.; ders., Werden und Wertung der Reformation, 89–92. Zur Lehrrichtung Gregors von Rimini kann man in bestimmter Hinsicht – was Augustinbenützung sowie Sünden- und Gnadenverständnis betrifft – auch die Augustinereremiten Augustinus Favaroni von Rom und Jacobus Perez von Valencia rechnen. Werbeck (Jacobus Perez von Valencia, 239) bemerkt, daß sich trotz dieser weitgehenden inhaltlichen Übereinstimmungen „nicht eindeutig feststellen" lasse, „wieweit Perez unmittelbar von Gregor abhängig ist oder wieweit ihn andere Augustiner des 14. und 15. Jahrhunderts beeinflußt haben".

[88] Der Erfurter Magister der Philosophie Bartholomäus Arnoldi von Usingen, der wie sein Kollege Jodocus Trutfetter Gregor von Rimini sehr schätzte (siehe Kleineidam, Universitas Studii Erffordensis II, 148 und 227), trat erst 1512 in den Augustinerorden ein. Die philosophische Gregor-Rezeption der Erfurter Via moderna besitzt zudem einen völlig andersartigen Charakter als die theologische Hochschätzung des augustinistischen, d. h. antipelagianischen Gregor (contra Pelagianos modernos). – Die Lehrrichtung Gregors mit ihrem charakteristischen Augustinismus ist im Erfurter Augustinerstudium nur zu einem wesentlich früheren Zeitpunkt, bei Johannes Klenkok (gest. 1374) und Angelus von Döbeln (Sentenzenlesung im Jahre 1374/75), zu belegen; vgl. Zumkeller, Johannes Klenkok; ders., Erbsündenlehre des deutschen Augustinertheologen Johannes Klenkok; ders., Der Augustiner Angelus Dobelinus. Es „läßt sich nicht sagen, wie lange dieser

deutschen Augustinereremiten des 15. Jahrhunderts wohl exemplarisches Schicksal[89]. Selbst die Basler Gesamtausgaben von Amerbach (1489–1506) und Erasmus (1527–1529) führten nicht mehr „zu jener umfassenden Kenntnis des Gesamtwerkes Augustins", „welche die Augustinrenaissance des 14. Jahrhunderts gekennzeichnet hatte"[90].

Das Gesagte gewinnt noch klarere Konturen, wenn wir vom quantitativen Aspekt zur qualitativen Frage nach der Art der Augustinbenützung bei Paltz und Dorsten übergehen. Bei Paltz ist auffallend, daß ein Großteil der Augustinzitate innerhalb seiner zahlreichen Zitate aus scholastischen Autoren begegnet oder jedenfalls, wofür z. B. fehlende Stellenangaben ein Indiz sind, aus zweiter Hand, etwa dem Lombarden oder dem Kirchenrecht, genommen sein dürfte. Eine kritische Edition Dorstens würde vermutlich zu einem ähnlichen Resultat führen[91]. Die große Masse der Augustinzitate verteilt sich ferner sowohl bei Paltz als auch bei seinem Lehrer auf wenige Werke Augustins, die sie wohl auch selbst gelesen haben, auf De civitate dei, Confessiones, Enarrationes in Psalmos, Tractatus in Ioannis evangelium, De Genesi ad litteram, De trinitate, Enchiridion, De diversis quaestionibus octoginta tribus, die Augustinregel, einige Sermones und Briefe sowie die pseudoaugustini-

---

Einfluß fortdauerte, da theologische Schriften der Erfurter Augustinertheologen, die darüber Aufschluß geben könnten, für die erste Hälfte des 15. Jahrhunderts nicht erhalten sind" (ebd. 147). Für die zweite Hälfte des Jahrhunderts wird der Einfluß des Gregorschen Augustinismus durch die Quellen allerdings eindeutig ausgeschlossen. Dorsten erwähnt Gregor in seinem erhaltenen Berliner Predigtband nicht; siehe ZUMKELLER, Der Predigtband Cod. Berolinensis, 62; zu Paltz siehe oben S. 307 bei Anm. 23. – Zur möglicherweise andersartigen Situation in Wittenberg siehe unten Anm. 123.

[89] Drei Beispiele aus dem deutschen Raum: Der Wiener Augustiner Johannes von Retz (gest. nach 1404) zitiert in seiner Quästionensammlung Gregor von Rimini nie; siehe ZUMKELLER, Der Wiener Theologieprofessor Johannes von Retz, 525 f. und 528. Auch bei dem westfälischen Augustiner Gottschalk Hollen (gest. 1481) finden sich keine Gregor-Zitate; siehe W. ECKERMANN, Gottschalk Hollen, 337. Schließlich kommt man auch bei Staupitz zum gleichen Resultat (siehe E. WOLF, Staupitz und Luther, 23–25), obwohl in diesem Fall die fehlende Gregor-Rezeption nicht gleichbedeutend mit dem Fehlen einer qualifizierten Augustin-Rezeption ist, was man jedenfalls für Dorsten, Paltz, Retz und Hollen konstatieren muß (siehe unten S. 318 f.). Bei der Frage nach der Rezeption Gregors von Rimini und seines Augustinismus ist sorgfältig zu differenzieren 1. zwischen dem 14. und 15. Jahrhundert, 2. zwischen Deutschland und den romanischen Ländern und 3. zwischen Augustinereremiten und Nicht-Augustinern. Zur Frage der Gregor-Rezeption bei den deutschen Augustinereremiten des 15. und beginnenden 16. Jahrhunderts siehe auch unten S. 330 f.

[90] OBERMAN, Werden und Wertung der Reformation, 96. Zum Erscheinungszeitraum der Augustin-Gesamtausgabe Amerbachs siehe unten Anm. 115.

[91] Eine saubere Untersuchung der Augustinrezeption muß also nach dem alten Prinzip der Textkritik verfahren: Zitate dürfen nicht nur gezählt, sondern müssen auch ‚gewogen‘ werden. Dies bedeutet nicht, daß nicht auch Zahlen signifikant sein können.

sche Schrift De vera et falsa poenitentia[92]. Es sind im wesentlichen die
gleichen Werke, die z.B. auch von dem westfälischen Augustiner
Gottschalk Hollen (gest. 1481)[93] und in Staupitz' Tübinger Predigten[94]
zitiert werden. Welche der zahlreichen anderen Augustinschriften, die
Dorsten und Paltz nur sehr sporadisch, meist nur ein-, zwei- oder
dreimal zitieren, auch von ihnen selbst durchgearbeitet oder auch nur
flüchtig im Originaltext eingesehen worden sind, ist schwer zu sagen.
Man muß damit rechnen, daß es nur wenige waren. Festzustellen ist
aber, daß Paltz möglicherweise nie eine antipelagianische Schrift Augustins gelesen hat. Jedenfalls hat er sich offensichtlich keiner bei der
Abfassung seiner Werke bedient, und zwar nicht wegen mangelnder
Zugänglichkeit antipelagianischer Schriften[95], sondern vermutlich
wegen fehlenden Interesses. Die neun Zitate aus dem fünfzehn Titel
umfassenden antipelagianischen Schriftencorpus[96], dem bei Gregor von
Rimini und den Vertretern seiner gnadentheologischen Richtung eine

---

[92] Zu Paltz siehe Register zu den Bänden der Paltz-Edition; zu Dorsten siehe ZUMKEL-
LER, Der Predigtband Cod. Berolinensis, 55–60.

[93] W. ECKERMANN, Gottschalk Hollen, 73 f. mit Anm. 65.

[94] E. WOLF, Staupitz und Luther, 23.

[95] So enthielt die Bibliothek des Erfurter Kartäuserklosters, deren vor 1480 entstandener
Katalog von LEHMANN (Mittelalterliche Bibliothekskataloge Deutschlands und der
Schweiz II, 221–593; Augustin-Handschriften: 448–457) ediert worden ist, Handschriften
folgender antipelagianischer Werke AUGUSTINS: De natura et gratia (Lehmann 450 Nr. 38),
De gratia et libero arbitrio (zweimal: ebd. und 456 Nr. 51), De praedestinatione sanctorum
(zweimal: ebd.), De dono perseverantiae (450 Nr. 38), De correptione et gratia (451
Nr. 38), De spiritu et littera (zweimal: 454 Nr. 44 und 456 Nr. 50). Von diesen sechs
Schriften wird bei Paltz nur einmal – offensichtlich aus zweiter Hand, und zwar aus einem
Kommentar zu Sap. 4,11 – De praedestinatione sanctorum zitiert: Coel. fol. M6v. Daß
Paltz über die Bestände der Kartäuserbibliothek informiert war, wissen wir aus Tripl. fol.
e 5r, wo er berichtet, daß sich ein vollständiges handschriftliches Exemplar der pseudoau-
gustinischen Schrift De cognitione verae vitae (siehe oben Kap. 3 Anm. 44) bei den
„Carthusienses in Erfordia" befinde. Auch andere Indizien weisen darauf hin, daß Paltz in
einem guten Verhältnis zu den Erfurter Kartäusern gestanden hat, so die Zitate aus den
Werken der Kartäusertheologen Ludolf von Sachsen, Werner Rolevinck, Jakob von
Jüterbog und Johannes Hagen, vor allem aber eine Stelle, an der er als Exempel ausführlich
die Legende über die Entstehung des Kartäuserordens referiert (Adv. fol. 105rb–vb). In
diesem Zusammenhang ist es auch nicht uninteressant, daß der Augustinervikar Andreas
Proles 1501 in Erfurt war, um zwischen Senat und Kartäuserkloster zu vermitteln; siehe
KLEINEIDAM, Die Universität Erfurt, 159 Anm. 114.

[96] In chronologischer Reihenfolge: De peccatorum meritis et remissione et de baptismo
parvulorum, De spiritu et littera, De natura et gratia, De perfectione iustitiae hominis, De
gestis Pelagii, De gratia Christi et peccato originali, De nuptiis et concupiscentia, De
anima et eius origine, Contra duas epistolas Pelagianorum, Contra Julianum, De gratia et
libero arbitrio, De correptione et gratia, De praedestinatione sanctorum, De dono
perseverantiae, Opus imperfectum contra Julianum. – Eine siebenbändige lateinisch-
deutsche Gesamtausgabe der antipelagianischen Schriften Augustins ist im Erscheinen: hg.
von A. KUNZELMANN und A. ZUMKELLER, Würzburg 1955 ff.

herausragende Bedeutung im ·Kampf gegen die ‚Pelagiani moderni‘ zukam[97], stammen alle aus sekundären Quellen; z. T. handelt es sich um Zitate in Zitaten[98]. Zudem enthalten gerade diese neun Zitate kein speziell antipelagianisches Gedankengut, wie es für den späten Augustin charakteristisch ist. Ein Vergleich mit Dorsten und Hollen bestätigt diese Bilanz. Bei Dorsten finden sich unter den fast 500 Augustinzitaten nur acht Zitate aus antipelagianischen Schriften[99]; für Hollen ergibt sich ein Zahlenverhältnis von 469 zu sechs[100]. Von dem zeitgenössischen Kartäuser (!) Johannes Hagen ist dagegen immerhin bekannt, daß er seine Schrift De peccato originali in enger Anlehnung an Augustins antipelagianisches Werk De peccatorum meritis et remissione et de baptismo parvulorum verfaßt[101] und De spiritu et littera abgeschrieben hat[102]. Diese ebenfalls antipelagianische Schrift, die für den jungen Luther zum wichtigsten Werk Augustins überhaupt werden sollte[103], wird interessanterweise weder von Hollen noch von Dorsten und Paltz zitiert, war also für Luther in der Erfurter Augustinertradition offensichtlich nicht präsent. Allen drei Augustinern ist gemeinsam, daß es ihnen in ihren frömmigkeitstheologischen Werken nicht um einen qualifizierten Augustin, vor allem nicht um den antipelagianischen Augustin geht, dessen Gnadentheologie sie übrigens – wie Staupitz[104] – auch aus nicht direkt antipelagianischen Werken wie De civitate dei oder den Tractatus in Ioannis evangelium hätten schöpfen können; statt dessen benützen sie Augustin zu allen möglichen Themen als

---

[97] Die Benützung der antipelagianischen Schriften Augustins in der Gnadenlehre Gregors von Rimini findet sich dokumentiert bei Burger, Der Augustinschüler gegen die modernen Pelagianer. Vgl. auch das geplante Register zu der im Tübinger Sonderforschungsbereich ‚Spätmittelalter und Reformation‘ entstehenden kritischen Edition des Sentenzenkommentars Gregors von Rimini. Zum theologiegeschichtlichen Kontext vgl. Oberman, Werden und Wertung der Reformation, 82–90. – Bei Jacobus Perez von Valencia spricht Werbeck (Jacobus Perez von Valencia, 64) von einem „deutlichen Prävalieren der Benutzung der gegen die pelagianische Häresie gerichteten Schriften Augustins". Vgl. unten Anm. 100.

[98] Siehe Register zu den Bänden der Paltz-Edition.

[99] Zumkeller, Der Predigtband Cod. Berolinensis, 59; ders., Dorsten über Gnade, Rechtfertigung und Verdienst, 200.

[100] W. Eckermann, Gottschalk Hollen, 73 f. mit Anm. 65. Bei Johannes von Retz ist das Verhältnis: über 180 (inklusive Pseudo-Augustin) zu 5; siehe Zumkeller, Der Wiener Theologieprofessor Johannes von Retz, 523 f. Zum Vergleich: Bei Jacobus Perez von Valencia (siehe oben Anm. 87) ist das Verhältnis: 476 zu 70; Perez zitiert sieben antipelagianische Schriften Augustins; siehe Werbeck, Jacobus Perez von Valencia, 60 f. und 63 f.

[101] Klapper, Der Erfurter Kartäuser Johannes Hagen II, 88 Nr. 63.

[102] Ebd. 19.

[103] Vgl. Lohse, Die Bedeutung Augustins für den jungen Luther; Grane, Modus loquendi theologicus, 46–52.

[104] Siehe De exsecutione: Einleitung 38.

unerschöpfliches Reservoir für dicta probantia, z. B. als Autorität für die Jurisdiktionsgewalt des Papstes über die Seelen im Fegfeuer[105]. Wo wirklich einmal der antipelagianische Augustin in den Blick kommt, bezichtigen ihn Dorsten und Paltz in traditioneller Manier[106] der überspitzten Redeweise: „Intelligendus est plus ad extremum locutus propter errorem eorum (sc. Pelagianorum)."[107] Auch sie werden also von Luthers Vorwurf getroffen, den er an den Anfang seiner Disputatio contra scholasticam theologiam (Sept. 1517) stellt: „Zu sagen, daß Augustin gegen die Ketzer auf überzogene Weise (excessive) redet, bedeutet soviel wie behaupten, er habe fast überall gelogen."[108] – Als Ergebnis halten wir fest: Die Augustin-Rezeption der beiden Erfurter Augustiner ist so unspezifisch, daß sie von nichts anderem Zeugnis ablegt als von der allgemeinen Hochschätzung Augustins im Mittelalter[109].

Vor diesem Hintergrund wird nun deutlich, was Luther meint, wenn er sagt: „Wir Mönche lasen nicht Augustin, sondern Scotus."[110] Er will damit sagen: Wir Mönche lasen nicht den authentischen Augustin, auf den es mir ankommt, d. h. den antipelagianischen Augustin. Gemeint ist genau der Augustin, von dem Luther auch in seinen anderen Rückblicken aus späterer Zeit und in seinen Zeugnissen seit den Jahren der

---

[105] Paltz: Coel. fol. Ee 3r und 3r/v (Zitate aus AUGUSTINS Enchiridion 29,110: PL 40,283; CChr 46,108,7–9.13f.).

[106] Vgl. OBERMAN, Einleitung zur Reihe ‚Spätmittelalter und Reformation', XI; ders., Werden und Wertung der Reformation, 133.

[107] Suppl. fol. z3r (Zitat aus DORSTEN „in quadam schedula"); mit Kontext zit. bei OBERMAN, Werden und Wertung der Reformation, 131 Anm. 172.

[108] „Dicere, quod Augustinus contra haereticos excessive loquatur, est dicere Augustinum fere ubique mentitum esse." WA 1,224,7f. Vgl. auch bereits KARLSTADTS 151 Thesen De natura, lege et gratia vom 26. April 1517, These 60: „Corruit hoc, quod Augustinus contra haereticos loquitur excessive; contra modernos"; zit. und im Zusammenhang erläutert bei KÄHLER, Karlstadt und Augustin, 21*f. Der Widerspruch gegen die Entschärfung des antipelagianischen Augustin durch den Aspekt des ‚excessive loqui' findet sich vor Karlstadt und Luther bereits bei den Augustinern Gregor von Rimini (siehe OBERMAN, Einleitung zur Reihe ‚Spätmittelalter und Reformation', XI Anm. 17) und Jacobus Perez von Valencia (siehe WERBECK, Jacobus Perez von Valencia, 236f.). Der Biel-Schüler Wendelin Steinbach rückt auf völlig andersartige Weise von der excessive-Tradition ab: siehe OBERMAN, Werden und Wertung der Reformation, 125ff.

[109] Vgl. bereits KOLDES treffende Bemerkungen zu Paltz: Die deutsche Augustiner-Congregation, 195f.

[110] Siehe oben Anm. 73. HAMEL (Der junge Luther und Augustin I, 3 Anm. 2) will das ‚legere' hier „im Sinne studierenden, nicht nur Kenntnis nehmenden Lesens" verstehen. Wir gehen noch einen Schritt weiter, indem wir es im folgenden als ein bestimmtes, theologisch bereits eindeutig qualifiziertes studierendes Lesen deuten; denn generell gründlich studiert hat der Mönch Luther Augustin bereits sehr früh, spätestens seit Herbst 1509 (siehe oben S. 314).

Römerbriefvorlesung (1515/16) spricht: der Paulusinterpret Augustin, „ubi cum Pelagianis, gratiae dei hostibus, pugnat"[111]. Diesen Augustin konnte er bei Paltz nicht kennenlernen und wohl auch nicht bei dem Bielschüler Nathin; und auch der Band mit Opuscula Augustins, den er 1509 im Erfurter Kloster durchstudiert hatte, enthielt keine der antipelagianischen Schriften[112].

Der bereits erwähnte Brief Luthers an Spalatin vom 19. Okt. 1516 zeigt, auf welchem Wege er wahrscheinlich zu jener gründlichen Kenntnis einiger antipelagianischer Augustinschriften gelangt ist, die sich erstmals in der Römerbriefvorlesung niederschlägt[113]. Er schreibt, daß Erasmus den Apostel Paulus besser verstehen und auch zu einer höheren Meinung über den Schriftausleger Augustin gelangen werde, wenn er die Werke, die Augustin gegen die Pelagianer verfaßt habe, läse. Ausdrücklich nennt Luther De spiritu et littera, De peccatorum meritis et remissione, Contra duas epistolas Pelagianorum und Contra Julianum und fügt hinzu, daß die antipelagianischen Schriften Augustins fast alle im achten Teil seiner Werke enthalten seien[114]. Er meint offensichtlich den achten Band der 1504 bis 1506 bei Johannes Amerbach in Basel erschienenen elfbändigen Augustin-Ausgabe[115], in dem u. a. sieben anti-

---

[111] Galaterbriefkommentar (1519), zu Gal. 2,16: WA 2,489,19. Vgl. GRANE, Modus loquendi theologicus, 23–27; speziell zu dieser Stelle: 25 f. Vgl. aber auch bereits SCHEEL, Martin Luther II, 400–403.

[112] Siehe oben S. 314 mit Anm. 75.

[113] LUTHER zitiert in der Römerbriefvorlesung De peccatorum meritis et remissione, De spiritu et littera, De nuptiis et concupiscentia, Contra duas epistolas Pelagianorum, Contra Julianum und De gratia et libero arbitrio; siehe Ausgabe von FICKER, Teil 2, 155 f. Vgl. BAUER, Die Wittenberger Universitätstheologie, 32 f.

[114] „Qui (sc. Erasmus) si legerit Augustinum in eis libris, quos contra Pelagianos scripsit, praesertim De spiritu et littera, item De peccatorum meritis et remissione, item Contra duas epistolas Pelagianorum, item Contra Julianum, qui omnes in parte operum octava fere habentur ..., erit forte, ut non tantum recte Apostolum intelligat, sed maiore etiam opinione dignum arbitraturus sit Augustinum quam hucusque credidit." WA Br 1,70,8–16 Nr. 27; BoA 6,2,7–15. Vgl. die in der Römerbriefvorlesung zitierten antipelagianischen Schriften Augustins (siehe oben Anm. 113).

[115] Zur Entstehung dieser Ausgabe, die genau gesagt ein Gemeinschaftswerk der drei Basler Drucker JOHANNES AMERBACH, JOHANNES PETRI und JOHANNES FROBEN unter der Ägide Amerbachs war, vgl. die sehr lückenhaften Angaben bei DE GHELLINCK, La première édition imprimée des ‚Opera omnia S. Augustini‘. Ergänzend zu de Ghellinck sei vor allem bemerkt, daß folgende Werke AUGUSTINS bereits vor 1504 separat von Amerbach gedruckt worden waren, von denen dann die Epistolae, die Enarrationes in Psalmos und die Sermones keine Aufnahme mehr in die elfbändige Ausgabe fanden: De civitate dei, 13. Febr. 1489: GW Nr. 2887 und 13. Febr. 1490: GW Nr. 2888 (später wieder gedruckt in Bd. VII); De trinitate, 1489: GW Nr. 2926 und 1490: GW Nr. 2928 (später wieder gedruckt in Bd. V); Explanatio Psalmorum (3 Bde) 1489: GW Nr. 2909 und 1497 (zusätzlich mit Tabula): GW Nr. 2911; Expositio evangelii secundum Johannem, nicht nach 1491: GW Nr. 2912 (später wieder gedruckt in Bd. IX); Epistolae, 1493: GW Nr.

pelagianische Schriften Augustins abgedruckt sind, darunter auch Contra duas epistolas Pelagianorum und Contra Julianum, während De spiritu et littera und De peccatorum meritis et remissione bereits im sechsten Band stehen[116]. Speziell die antipelagianischen „libri", die Luther etwa 1515 in der Amerbachausgabe erstmals eingehend studiert, wenn nicht gar überhaupt erstmals kennengelernt haben dürfte[117], hat er auch im Auge, wenn er im gleichen Brief wenig später die schon zitierten Worte schreibt: „Nicht daß ich aus Parteilichkeit infolge meiner Profeß (d. h. aufgrund meiner Zugehörigkeit zum Augustinerorden) zur Anerkennung des seligen Augustin bewegt würde, der bei mir, bevor ich auf seine Werke gestoßen war (in libros eius incidissem) – zu ergänzen ist: im achten (bzw. sechsten) Band der Amerbachschen Ausgabe[118] –, nicht die geringste Geltung gehabt hat."[119] Luther spricht hier nicht von Augustin im allgemeinen[120], sondern nur von dem

---

2906; Sermones (7 Bde), 1494–1495: GW Nr. 2920. Die elfbändige Ausgabe von 1504–1506 ist also strenggenommen keine Gesamtausgabe; spricht man von Amerbachs Augustin-Gesamtausgabe, dann muß man den größeren Erscheinungszeitraum 1489–1506 ins Auge fassen.

[116] In der Forschung, z. B. bei HAMEL, Der junge Luther und Augustin I, 10 und II, 2, herrschen über den Inhalt der einzelnen AMERBACH-Bände meist völlig verkehrte Vorstellungen. Der achte Band ist derjenige Band der elfbändigen AUGUSTIN-Ausgabe Amerbachs, der – neben 15 anderen Schriften – die meisten antipelagianischen Schriften Augustins enthält: De gratia Christi et peccato originali, De nuptiis et concupiscentia, De anima et eius origine, Contra duas epistolas Pelagianorum, Contra Julianum, De gratia et libero arbitrio, De correptione et gratia. Die übrigen in die Ausgabe aufgenommenen antipelagianischen Augustinschriften sind auf den sechsten (De peccatorum meritis et remissione, De spiritu et littera, De natura et gratia), zehnten (De praedestinatione sanctorum, De dono perseverantiae) und elften Band (De perfectione iustitiae hominis) verteilt. Dieser Befund erklärt, wieso für LUTHER der achte Band *der* antipelagianische Band der Amerbachausgabe ist, der „fast alle" antipelagianischen Schriften Augustins enthalte (das „qui omnes … fere" ist nicht auf die vier von Luther genannten Schriften zu beziehen, von denen ja nur zwei im achten Band stehen, sondern auf den Ausdruck „in eis libris, quos contra Pelagianos scripsit"). Vgl. auch einen Brief Luthers vom Mai 1519 (WA Br 1,390,62–391,65 Nr. 174): „Igitur omnes debemus totum evangelium et omnia praecepta; sed quia non possumus, ideo sumus peccatores et currimus ad thronum misericordiae dei. Haec est beati Augustini sententia in tota parte octava."

[117] Vgl. HAMEL, Der junge Luther und Augustin II, 4; LOHSE, Die Bedeutung Augustins für den jungen Luther, 122 Anm. 18. Auf diesen Zeitpunkt der intensiven Begegnung mit dem antipelagianischen Augustin bezieht sich dann auch LUTHERs späteres Diktum (vom 12. Juli 1532): „Principio Augustinum vorabam, non legebam." WA TR 1, 140,5 Nr. 347; zit. bei HAMEL, ebd. II 4 Anm. 1.

[118] In diesen beiden Bänden finden sich die im gleichen Brief genannten und in der Römerbriefvorlesung zitierten antipelagianischen Augustin-Schriften (siehe oben Anm. 113 und 116).

[119] „Non quod professionis meae studio ad beatum Augustinum probandum trahar, qui apud me, antequam in libros eius incidissem, ne tantillum quidem favoris habuit." WA Br 1,70,19–21 Nr. 27; BoA 6,2,18–21.

[120] Auch SCHEELS Auffassung, daß Luther hier die Autorität Augustins als Auslegers der

---

Augustin, den er erst für sich entdecken mußte, dem antipelagianischen
Augustin als Paulusinterpreten, der sich ja auch bei Dorsten und Paltz
„nicht der geringsten Geltung" erfreut hatte. Ausbildung im Orden und
Ordenstradition hatten ihm diesen Augustin nicht nahegebracht.
Darum können wir E. Iserloh nicht zustimmen, wenn er sagt: „Luther
überwindet den Ockhamismus in Rückbesinnung auf Augustinus. Er
war Augustinereremit. So bedarf es keiner Erklärung, wieso er mit
Augustinus in besondere Berührung gekommen ist."[121] Einer Erklärung
bedarf dies doch, denn gerade die *besondere* Berührung Luthers mit
Augustin – dem antipelagianischen und damit auch antiockhamistischen
Augustin – ist durch den Hinweis auf Luthers Zugehörigkeit zum
Augustinerorden noch nicht erklärt. Allenfalls kann man vermuten, daß
Luther als Augustinereremit in besonderer Weise dazu motiviert war,
seine Schriftauslegung an Augustin festzumachen und sich daher der
Amerbachausgabe zu bedienen[122]. Doch müßte man, um einer Erklä-
rung näherzukommen, besonders auf das Wittenberger Universitäts-
und Klostermilieu[123] und vor allem auf Staupitz' Einflüsse achten[124].
Humanistisches Interesse an den Väterquellen und den neuen Ausgaben[125] wird auch bei Luther den Weg zu Augustin mitgebahnt haben,
wie es jedenfalls bei seinem Erfurter und Wittenberger Ordensbruder
Johannes Lang ganz offensichtlich der Fall ist[126].

---

paulinischen Briefe (Martin Luther II, 402) im Blick hat, ist noch zu unscharf. Um den
antipelagianischen Augustin als Ausleger geht es ihm („in eis libris, quos contra Pelagianos
scripsit": siehe oben Anm. 114).

[121] ISERLOH, Luther und die Reformation, 39.

[122] Freilich bleibt dann die Frage, wieso er den achten Band der neuen Amerbach-
Edition erst etwa neun Jahre nach seinem Erscheinen benützte.

[123] Zur Rolle, die Gregor von Rimini und die ‚via Gregorii' – und damit wohl auch ihre
Augustinrezeption – in Wittenberg gespielt haben könnte, vgl. OBERMAN, Wittenbergs
Zweifrontenkrieg gegen Prierias und Eck, 353 f.; ders., Headwaters of the Reformation,
69–88; ders., Reformation: Epoche oder Episode, 101 f. Die Argumente Obermans
werden aufgenommen und entfaltet von SCHULZE, Von der Via Gregorii zur Via Reformationis, besonders 9–23 und 155–201. Ein Einfluß Gregors auf die augustinistische Theologie der Wittenberger wird bestritten von GRANE, Gregor von Rimini und Luthers
Leipziger Disputation, 29–37; ders., Modus loquendi theologicus, 135–138; MOELLER,
Rezension zu Oberman, Werden und Wertung der Reformation, 310.

[124] Vgl. z. B. OBERMAN, Headwaters of the Reformation, 77–80.

[125] Vgl. HERDING, Probleme des frühen Humanismus in Deutschland, 347 ff. (der
deutschen Humanisten „Sorge um die alten Texte, ihre erklärenden, editorischen, kritischen Versuche").

[126] Vgl. OBERMAN, Reformation: Epoche oder Episode, 81 f. Anm. 58 und 103 f. Der
Eintrag auf der inneren Seite des vorderen Einbanddeckels von Luthers Handexemplar der
Sentenzen des Petrus Lombardus (WA 9,29,1–19) wird von Oberman JOHANNES LANG
zugeschrieben, während sich H. JUNGHANS neuerdings (Vortrag in Tübingen am 1. Juni
1981) nach Einsicht in das Original dem WA-Herausgeber G. BUCHWALD mit der

IV. Ordensspezifischer Augustinismus?

Daß Paltz Ordensmann vom observanten Flügel des Augustinereremitenordens gewesen ist, hat seine Theologie nicht unbeeinflußt gelassen. Wir sind darauf bereits eingegangen[127] und brauchen hier nur die wichtigsten Punkte in Erinnerung zu rufen. Einschlägig sind vor allem die Passagen seines Supplementum Coelifodinae, in denen er den unvergleichlichen Heilswert des Klosterlebens im allgemeinen und der Observanz im besonderen preist[128] und in denen er die Bettelorden und ihre Privilegien, besonders das Recht des Beichthörens, gegen die Angriffe des Säkularklerus, etwa Jakob Wimpfelings, in Schutz nimmt[129]. In einem längeren Rückblick auf die Geschichte des eigenen Ordens hebt er hervor, daß der Ordo Eremitarum Sancti Augustini von Augustin selbst, dem ersten Augustinereremiten, gegründet worden sei und von den Päpsten seine Privilegien erhalten habe[130]. Paltz kämpft hier gegen die gleiche Front, gegen die sich auch noch Luther 1509 als Verteidiger der „Augustiniana gloria" wenden wird[131]. Blickt man freilich auf die ganze Fülle des von Paltz ausgebreiteten Stoffes, dann treten diese ordensbezogenen Stücke so sehr in den Hintergrund, daß man seine Theologie nicht monastisch nennen kann, weder in Hinblick auf den eigenen Orden noch hinsichtlich der Bettelorden oder des Ordenslebens überhaupt. In seiner offenen, weltzugewandten Art geht es Paltz in seinem literarischen Werk hauptsächlich um das tägliche Leben des Durchschnittschristen und der maximi peccatores, nicht um die „religio monasterialis"[132]. Die gedankliche Mitte seiner Frömmigkeitstheologie, die wir darzustellen versuchten, liegt gerade nicht in jenem Observanzideal der deutschen Augustinerkongregation, für das er sich so tatkräftig eingesetzt hat.

Auffassung anschließt, daß LUTHER der Autor auch dieser Passage ist. Sollte er recht haben, dann liegt uns hier ein außergewöhnlich scharf akzentuiertes Zeugnis aus den Jahren 1510/11 für Luthers ‚Kirchenväter-Humanismus' und insbesondere für eine generelle Hochschätzung Augustins vor (WA 9,29,5f.: „maxime illustrissimo iubari et nunquam satis laudato Augustino"), eingebunden in die Frontstellung gegenüber dem philosophisch orientierten scholastischen Lehrbetrieb an der theologischen Fakultät (vgl. das USINGEN-Zitat oben S. 174). Zum Text vgl. auch MURPHY, The prologue of Martin Luther.

[127] Siehe oben S. 82–84 und 291–299.

[128] Suppl. fol. h6r–n5r.

[129] Suppl. fol. t2v–x2r. Ausdrücklich gegen JAKOB WIMPFELING und seine Schrift De concordia curatorum et fratrum mendicantium (Straßburg 1503) wendet sich Paltz in Suppl. fol. x1r.

[130] Suppl. fol. v4r–6r.

[131] Randbemerkungen zu Opuscula AUGUSTINS, zu De vita et moribus clericorum: gegen WIMPFELINGS Schrift De integritate (WA 9,12,6–18).

[132] Siehe oben S. 83f.

Den Schlüssel zu seiner und Dorstens Theologie findet man auch nicht in einer oder *der* Lehrrichtung des Augustinerordens, vor allem nicht in jenem „eigenständigen Augustinismus", den A. Zumkeller und andere Theologiehistoriker für die sogenannte „Augustinerschule des Mittelalters" in Anspruch nehmen[133]. Darauf weist schon die unspezifische Augustinrezeption der Augustiner Dorsten und Paltz. Art der Augustinrezeption und Art des Augustinismus hängen nämlich immer eng miteinander zusammen. Statt von *dem* Augustinismus sollte man immer nur von der bestimmten Spielart des Augustinismus sprechen, die man genau meint; und von einem bestimmten Augustinismus sollte man immer nur mit dem Blick auf eine bestimmte Rezeption der Schriften Augustins sprechen, sonst verliert der Begriff ‚Augustinismus' seine Schärfe. Nun kann man mit gutem Grund, und zwar in Hinblick auf verschiedene Weisen der Augustinrezeption, von sehr verschiedenen Augustinismus-Typen sprechen[134]. Wenn Zumkeller von dem „eigenständigen Augustinismus der spätmittelalterlichen Augustinerschule" spricht[135], dann meint er im Anschluß an A. Trapè eine zweifache Gestalt des Augustinismus, eine psychologische und eine gnadentheologische. Der erstere zeige sich vor allem in der Höherbewertung des Willens gegenüber dem Verstand, des Affekts, insbesondere der caritas, gegenüber dem Intellekt. Zwar liegt Paltz durchaus auf dieser Traditionslinie[136], doch sahen wir bereits, daß sie von der monastischen Theologie des 12. Jahrhunderts und der franziskanischen Theologie seit dem 13. Jahrhundert zur Frömmigkeitstheologie Gersons und des Spätmittelalters überhaupt führt[137]. Es handelt sich hier also nicht um einen „eigenständigen Augustinismus" des Augustinerordens; die Augustinereremiten orientieren sich vielmehr an dem psychologischen Augustinismus des Franziskanerordens und der spätmittelalterlichen Frömmigkeitstheologie, die der Nährboden der Paltzschen Theologie ist. Vorbildlich für die Augustiner wurden die Franziskaner z. B. auch durch ihre Lehre von der unbefleckten Empfängnis Mariens, die sich seit dem Ausgang des 14. Jahrhunderts als opinio communis im Augustinerorden durchsetzte[138].

Was den gnadentheologischen oder – genauer gesagt – antipelagianischen Augustinismus betrifft, so kann man tatsächlich von einer gewis-

---

[133] Siehe oben S. 304 f.

[134] Vgl. den Versuch von Steinmetz (Luther and the late medieval Augustinians, 246–248), zwischen verschiedenen Bedeutungen des Begriffs ‚Augustinian' zu unterscheiden; vgl. auch TeSelle, Augustine the theologian, 347 f.: elf Typen von „an ‚Augustinian' approach to philosophy and theology".

[135] Zumkeller, Die Augustinerschule des Mittelalters, 194.

[136] Siehe oben S. 157–159. [137] Siehe oben S. 156 f.

[138] Siehe Zumkeller, ebd. 191.

sen Eigenständigkeit der mittelalterlichen Augustinertheologie sprechen[139], aber auch nur in Hinblick auf Gregor von Rimini und seine
Lehrrichtung im Orden[140]. Auch Staupitz ist zu nennen, wenn er auch
bereits an der Schwelle zur reformatorischen Theologie steht, ohne sie
allerdings zu überschreiten. Daß man Paltz mit dieser Art von Augustinismus nicht in Verbindung bringen kann, haben wir bereits feststellen
können[141]. Er äußert weder antipelagianische noch antiockhamistische
oder auch antiskotistische Polemik, wie sie von den Theologen der
Schule Gregors von Rimini bei gnadentheologischen Fragen vorgetragen zu werden pflegt. Die Prädestinationslehre, bei Gregor von Rimini
und Staupitz in streng augustinischem Sinne akzentuiert, bleibt bei ihm
ausgeblendet. Dagegen vertritt er die Ansicht, daß sich der Sünder ex
puris naturalibus ohne besonderen Gnadenbeistand hinreichend auf den
Empfang der rechtfertigenden Gnade disponieren kann, wenn er nur
tut, was in seinen Kräften steht, und daß er damit die Gnade durch ein
meritum de congruo verdient. Nirgendwo in seinen Schriften stellt
Paltz der habituellen gratia gratum faciens das Wirken einer aktualen
Gnade (speciale dei auxilium), die auch den Gerechtfertigten erst zu den
einzelnen guten Erkenntnis- und Willensakten befähigt, gegenüber[142].
Dieser Befund widerspricht völlig dem bekannten Bild von der „einheitlichen Lehrrichtung" des Augustinereremitenordens, jener Synthese
aus Aegidius Romanus und Gregor von Rimini[143]. Paltz steht einer
solchen fiktiven Lehrrichtung ferner als der ockhamistischen Rechtfertigungslehre, kommt den ‚Pelagiani moderni'[144] näher als ihren Kritikern.

---

[139] Allerdings nicht von einer exklusiven Eigenständigkeit; man denke z. B. an den
antipelagianischen Augustinismus eines Thomas Bradwardine, Marsilius von Inghen oder
Johann Pupper von Goch. Vgl. OBERMAN, Werden und Wertung der Reformation, 83–90
(Bradwardine); RITTER, Marsilius von Inghen, 178–183; ABRAMOWSKI, Die Lehre von
Gesetz und Evangelium bei Johann Pupper von Goch. – Zum gnadentheologischen
Augustinismus der ‚via Gregorii' vgl. neuerdings ZUMKELLER, Johannes Klenkok O.S.A.
(† 1374) im Kampf gegen den „Pelagianismus" seiner Zeit; ders., Erbsündenlehre des
deutschen Augustinertheologen Johannes Klenkok; ders., Der Augustinertheologe Johan-
nes Hiltalingen von Basel; ders., Der Augustiner Angelus Dobelinus.

[140] Vgl. unsere Bemerkung zur Lehrrichtung Gregors oben in Anm. 87.

[141] Zum folgenden siehe oben S. 252–259.

[142] So die Auffassung der Augustinereremiten Gregor von Rimini, Hugolin von
Orvieto, Dionysius von Montina, Augustinus Favaroni von Rom und Jacobus Perez von
Valencia; siehe WERBECK, Jacobus Perez von Valencia, 228–239. Zur gleichen Lehre bei
Johannes Klenkok und Johannes von Basel siehe ZUMKELLER, Johannes Klenkok O.S.A. (†
1374) im Kampf gegen den „Pelagianismus" seiner Zeit, 240–252; ders., Der Augustiner-
theologe Johannes Hiltalingen von Basel, 104–107.

[143] Siehe oben S. 304 f.

[144] So die polemische Bezeichnung bei Thomas Bradwardine und Gregor von Rimini.
Historisch gesehen steht Paltz mit seiner Lehre vom Entscheidungsvermögen des liberum

Nicht nur von Gregor, sondern auch von Aegidius trennt ihn die Achse facere quod in se est, ex puris naturalibus, meritum de congruo. Und auch die Rechtfertigungslehre Dorstens[145] paßt keineswegs in das Einheitsbild von *der* Augustinerschule des Mittelalters. In fast allen Punkten der Rechtfertigungslehre, bei denen eine solche gemeinsame augustinistische Orientierung der Augustinertheologen zum Ausdruck kommen soll[146], weicht Dorsten von der angeblichen Ordenslinie ab und tendiert eher zur Richtung der älteren Franziskanertheologie, wie sie uns bei Bonaventura begegnet[147].

Es sei freilich nicht bestritten, daß Paltz in manchen Gedankengängen doch in besonderer Weise durch die Traditionen seines Ordens beeinflußt worden ist, auch wenn man sich hier auf das Feld der Vermutungen begibt. Zu denken ist etwa an seine Meinung, daß der Sünder ohne Einfluß der rechtfertigenden Gnade nur zu einer unvollkommenen Reue aus dem egoistischen Motiv des timor servilis gelangen kann, und zwar in der Regel sogar nur zu einem minderen Grad der Furchtreue, nicht aber zu einem Akt reiner Gottesliebe[148]. Sein Bestreben, das facere quod in se est auf ein Minimalprogramm herabzudrücken[149], entspricht der in seinem Orden besonders stark entwickelten Vorstellung von der Sündhaftigkeit und Schwäche des Menschen und der Insuffizienz aller menschlichen Werke[150]. Paltz' Rekurs auf die Garantien der kirchlichen

---

arbitrium angesichts der vocatio dei der Theologie des frühen Augustin (vor De diversis quaestionibus ad Simplicianum) und noch mehr der semipelagianischen Position der Mönche von Marseille um Johannes Cassianus nahe. Vgl. SEEBERG, Lehrbuch der Dogmengeschichte II, 498 bzw. 570–574.

[145] Sie ist dargestellt bei ZUMKELLER, Dorsten über Gnade, Rechtfertigung und Verdienst.

[146] Siehe oben S. 304 bei Anm. 9.

[147] Trotz der Tatsache, daß Dorsten die antipelagianischen Schriften Augustins so gut wie unberücksichtigt läßt, findet ZUMKELLER (ebd. 200) bei ihm antipelagianisches Gedankengut: „Unter anderem vertritt er im Sinn der antipelagianischen Schriften Augustins die Auffassung, daß der Gerechtfertigte nur deshalb Verdienste vor Gott besitzt, weil dieser ihm aus Barmherzigkeit zuerst die Gnade der Rechtfertigung geschenkt hat." Welcher mittelalterliche Theologe – einschließlich der Ockhamisten – ist nicht dieser Ansicht? Im übrigen vertritt Dorsten die Auffassung, daß der Mensch die rechtfertigende Gnade durch ein meritum de congruo verdienen kann; siehe ZUMKELLER, ebd. 187–189. Selbstverständlich spricht er dabei von einer gratia praeveniens (ebd. 47f.), so wie Paltz eine gratia gratis data kennt (siehe oben S. 255–257), doch meint er damit wie Paltz offensichtlich nicht mehr als einen einladenden Ruf Gottes, der an das freie Entscheidungsvermögen des Menschen gerichtet ist, den der Mensch also ‚selbstmächtig' annehmen oder ausschlagen kann. Eine aktuale Gnade im Sinne der Lehrrichtung Gregors von Rimini kennt Dorsten nicht. Bezeichnend ist, daß er das Thema Prädestination nicht expresse behandelt, sondern nur gelegentlich kurz streift und dabei die Frage nach dem Grund der Prädestination und Reprobation ausklammert (siehe ZUMKELLER, ebd. 37–40).

[148] Siehe oben S. 276–282.   [149] Siehe oben S. 252f. und 279–284.

[150] Siehe oben S. 150–153. – Zur Ordenstheologie vgl. ZUMKELLER, Art. ‚Augustiner-

Sakralinstitution, die alle menschlichen Unvollkommenheiten ausgleichen, wird man vor diesem ordenstheologischen Hintergrund noch besser verstehen können. Es wird hier ein gemeinsamer Boden sichtbar, auf dem er zusammen mit Gregor von Rimini, Johannes von Staupitz und Martin Luther gegen den Ockhamismus steht. Auf die fundamentalen Gegensätze, die ihn gleichzeitig von diesen drei Mitaugustinern trennen, brauchen wir nach dem bisher Gesagten nicht mehr aufmerksam zu machen. Entscheidend bleibt, daß Paltz die Initiative zur via salutis doch mit Ockham und Biel von den natürlichen Kräften des Todsünders ausgehen sieht.

Auch die Tatsache, daß Paltz den Ausgleich zum Ungenügen der menschlichen Buße gerade in den Garantien der Papstkirche sucht[151], läßt sich besonders gut von den ekklesiologischen Traditionen seines Ordens her verständlich machen. Wir konnten beobachten, daß er sich sehr oft auf den Ordenstheologen Augustinus Triumphus beruft, besonders auf dessen kirchenrechtliche Summa de ecclesiastica potestate[152]. Augustinus Triumphus aber ist ein herausragender Vertreter jenes extremen hierokratischen Papalismus, den man auch ‚politischen Augustinismus‘ genannt hat[153] und der auffallend zahlreiche Anhänger im Augustinerorden gefunden hat[154]. Bereits Th. Kolde hat darauf hingewiesen, wie stark der Augustinerorden und besonders die deutsche Augustinerkongregation interessenmäßig mit dem Papsttum verbunden war[155] und wie nahe es daher lag, daß sich die Augustinereremiten auch theologisch an der Sakralinstitution mit dem Papst als vicarius Christi an der Spitze orientierten. Mit deutlichen Worten wird die papsttreue

---

Eremiten‘, 731, zum allgemeinen spätmittelalterlichen Hintergrund vgl. ders., Das Ungenügen der menschlichen Werke.

[151] Siehe besonders oben S. 266–269.   [152] Siehe oben S. 199.

[153] Siehe besonders Arquillière, L'Augustinisme politique; ders., Réflexions sur l'essence de l'Augustinisme politique. Duchrow (Christenheit und Weltverantwortung, 359) nennt die Parteigänger Bonifaz' VIII. im Augustinerorden „Klassiker des hierokratischen Augustinismus, dessen zentrale These lautet: die res publica außerhalb der civitas dei kann keine iustitia verwirklichen; also steht um der Gerechtigkeit willen dem Papst, der die Kirche Christi repräsentiert, die plenitudo potestatis zu". Zentrale Bezugsstellen für diese Richtung sind Augustin, De civitate dei 2,21,4 (PL 41,68f.; CChr 47,55,116–118): „Vera autem iustitia non est nisi in ea re publica, cuius conditor rectorque Christus est"; ebd. 4,4 (PL 41,115; CChr 47,101,1–102,2): „Remota itaque iustitia, quid sunt regna nisi magna latrocinia? . . .“; ebd. 19,24 (PL 41,656; CChr 48,696,25–29): „Civitas impiorum . . . caret iustitiae veritate." Entscheidend ist dabei, daß man die politische iustitia mit der vera iustitia im Raum der Kirche identifiziert und nicht wie Thomas von Aquin zwischen zwei Stufen der iustitia, der natürlich-mundanen und der übernatürlichen, unterscheidet. Vgl. auch Oberman, „Et tibi dabo claves regni caelorum", 101.

[154] Siehe oben S. 266.

[155] Siehe Kolde, Die deutsche Augustiner-Congregation, 33–35.57f.205–208.

Haltung des Augustinereremitenordens und seiner Theologen noch in dem Brief des Augustinergenerals Gabriel Venetus an den Generalvikar Staupitz vom 15. März 1520[156] beschworen. Er beklagt darin, daß die Augustiner durch das Vorgehen Luthers in den Ruf der Häresie geraten seien, sie, die als einzige unter den Bettelorden niemals in ihrer Geschichte der Häresie angeklagt oder verdächtigt worden seien. Dieser Umstand müsse den Augustinern um so peinlicher sein, je mehr davon Papst Leo X. betroffen sei, dem sie mehr als jedem anderen Sterblichen verdankten und dem sie wegen der unzähligen Wohltaten, die sie von ihm empfangen hätten, mit dauernder Demut (perpetua cum humilitate)[157] und mit der Bereitschaft, Blut und Leben für ihn hinzugeben, dienen müßten. Hinzu käme, daß die alten und neuen Doktoren des Augustinerordens, allen voran Aegidius Romanus und Augustinus Triumphus, ebenfalls – wie Luther – Schriften verfaßt hätten, aber all ihre Studien aus gehorsamer Treue gegenüber der römischen Kirche betrieben hätten, um die Fülle ihrer Gewalt (potestatis plenitudo) zu schützen und zu fördern[158]. Ja, Luther selbst bezeichnet sich in seinem großen Rückblick von 1545 als ehemaligen „monachus et papista insanissimus"[159]. Als Papist und Eiferer für den Heilsweg des Klosters[160] wurde er umgekehrt von Papst und Mönchtum auf eine radikale Weise

---

[156] Abgedruckt bei Kolde, Luther und sein Ordensgeneral in Rom, 478–480.

[157] Vgl. den auf die Sakralhierarchie bezogenen Demutsbegriff bei Paltz: oben S. 162.

[158] Kolde, ebd. 479.

[159] „Et sciat (sc. pius lector) me fuisse aliquando monachum et papistam insanissimum, cum istam causam aggressus sum, ita ebrium, immo submersum in dogmatibus papae, ut paratissimus fuerim, omnes, si potuissem, occidere (vgl. oben Gabriel Venetus an Staupitz, nach Anm. 157) aut occidentibus cooperari et consentire, qui papae vel una syllaba oboedientiam detrectarent. Tantus eram Saulus, ut sunt adhuc multi. Non eram ita glacies et frigus ipsum in defendendo papatu, sicut fuit Eccius et sui similes, qui mihi verius propter suum ventrem papam defendere videbantur, quam quod serio rem agerent, immo ridere mihi papam adhuc hodie videntur velut Epicuraei. Ego serio rem agebam, ut qui diem extremum horribiliter timui et tamen salvus fieri ex intimis medullis cupiebam. Ita invenies in istis meis scriptis prioribus, quam multa et magna humillime (vgl. oben bei Anm. 157) concesserim papae ..." WA 54,179,24–35 = Scheel, Dokumente, 186,35–187,9 Nr. 511. Zur papsttreuen Gesinnung des jungen Luther vgl. auch Scheel, Martin Luther II, 88–93 und Bäumer, Martin Luther und der Papst, 7f.

[160] Vgl. z. B. Luthers Kommentar zum Galaterbrief 1531, zu Gal. 4,30 (WA 40/ I,685,20–24 = Scheel, Dokumente, 74,8–12 Nr. 191): „Et loquor iam non de monachis impiis, qui deum ventrem coluerunt et horribilia peccata, quae non libenter nomino, commiserunt, sed de optimis, qualis ego unus fui et multi alii, qui sancte vixerunt et summo labore ac studio conati sunt per observationem ordinis placare iram dei et mereri remissionem peccatorum ac vitam aeternam."

enttäuscht, die z. B. Staupitz fern lag, weil er auch nie Luthers hohe Hoffnungen auf Papsttum[161] und Mönchtum[162] geteilt hatte.

Die Ordenstradition der Treue zur ecclesia Romana, die sicher ein wichtiger Faktor bei der besonderen Ausprägung von Paltz' Frömmigkeitstheologie gewesen ist, wurde freilich im Orden nicht so ungebrochen weitergegeben, wie Gabriel Venetus glauben lassen möchte[163], und sie ist auch nicht ordensspezifisch, wie ein Blick auf den Dominikaner-

---

[161] Vgl. z. B. STAUPITZ' scharfe Kritik am herrschenden Papsttum (an der Person Alexanders VI.), die sich in den Tübinger Predigten, sermo 19 (157,36–40) findet, wenn man den „iniustum lupum rapacem in tuo (sc. dei) servitio constitutum vicesque gerentem Christi tui" speziell mit dem Papst gleichsetzen darf (vgl. z. B. Paltz, der auch dem einfachen Priester die Stellvertreterschaft – vices – Christi zusprechen kann: siehe oben S. 271 mit Anm. 329). Vgl. auch STAUPITZ' Salzburger Predigten von 1512, Nr. 5 fol. 23v (über die Verleugnung Petri Mt. 26,69–75 parr.): „Petrus verlaugnung hat vil herter geschlagen den herren an sein herz dann der jud an das wang (Mt. 26,67 parr.). O Petre, Petre, was tuestu? Pistu der fels, darauf zu pauen ist (Mt. 16,18)? Ain kranker fels pistu auf den tag (= bis auf den heutigen Tag)." Fol. 24v: „Die ganz welt ist verfüert, das man nicht gedächt (= damit man nicht denke), auf Petre stuendt die kirchen. Darumb ist er auch gefallen, das man säch und erkent, das alain auf Christum, den fels, zu pauen ist und sünst auf niemant." Vgl. De exsecutione, c. 7 §44: „... Christi petrae (vgl. 1. Cor. 10,4), supra quam aedificata est fides." An die Stelle einer petrozentrisch-papalistischen Betrachtungsweise und einer entsprechenden Verwendung von Mt. 16,18, wie sie uns besonders in der kanonistischen Literatur des Mittelalters und ebenso bei Paltz begegnet (Coel. fol. V 5r und X 3r), tritt bei Staupitz eine christozentrische Sicht („alain auf Christum"!). Die in der mittelalterlichen Auslegungsgeschichte zu Mt. 16,18 stark vertretene Gleichsetzung von ‚petra' nicht mit Petrus, sondern – in Anlehnung an 1. Cor. 10,4 und 3,11 – mit Christus geht vor allem auf Augustin zurück; vgl. FRÖHLICH, Formen der Auslegung von Matthäus 16,13–18, 146–160.

[162] Vgl. STAUPITZ' Kritik an einer rigoristischen Vorstellung vom monastischen Leben, die das „castigare carnem" zu einem „mortificare carnem" verschärft: Tübinger Predigten, sermo 32 (245,25–246,19, besonders 246,4–11). In diesem Zusammenhang der Ablehnung eines rigoristischen Ideals vom Mönchtum ist möglicherweise auch die Tatsache zu sehen, daß Staupitz die Union der observanten deutschen Augustinerkongregation mit der sächsischen Ordensprovinz, also den Konventualen, betrieb. Er erfuhr dabei den Widerstand der Rigoristen, zu denen auch Luther gehörte; siehe oben S. 81. – Vgl. auch STAUPITZ, Nürnberger Predigtstücke von 1517 (33): „Nimandt wais, wo got der almechtig wonen, bei welchem er auch am höchsten gnad wurken will, und beschicht gar zuvilmalen, das undter ainer samaten schauben (= samtenen Kleid) mere tugent, beschaulikait und gots wurkung dann unter der kutten verporgen ligt. Es ist wol war, die gaistlichen in den kutten haben das hoffklaid Christi, dorumb man sich auch vermuetet, das sie Christo zu hoff neher sein. Aber herwiderumb so hat Christus auch etlich, die er von haus auss (= von ihren Wohnsitzen aus; gemeint: solche Diener, die nicht am Hofe selbst leben, sondern von ihren Heimatorten aus ihren Dienst verrichten; siehe GRIMM, Deutsches Wörterbuch IV/II 646 Nr. 5g) bestellet (= anstellt, in Dienst nimmt), die das hoffklaid nit haben; zu denen stelt er beiweilen (= bisweilen) mer dann den andern seinen vertrauen."

[163] Vgl. KOLDE, Die deutsche Augustiner-Congregation, 58–61. Man denke etwa auch an die Ekklesiologie des Augustinereremiten Augustinus Favaroni von Rom (siehe oben S. 235 mit Anm. 103).

orden zeigt. Auch sollte man bei Theologen wie Aegidius Romanus, Jakob von Viterbo, Alexander von San Elpidio, Augustinus Triumphus und anderen Augustinertheologen nicht von ‚politischem Augustinismus' sprechen, weil der Aspekt der Augustinrezeption an diesem Punkt völlig von anderen Faktoren der zeitgenössischen Ekklesiologie und Kirchenpolitik überlagert wird.

Zusammenfassend kommen wir zu dem Ergebnis, daß man bei Dorsten und Paltz einen Augustinismus nur in dem weiten Sinne feststellen kann, in dem man von einem Augustinismus der spätmittelalterlichen Frömmigkeitstheologie überhaupt zu sprechen berechtigt ist. Augustin wird auf eine ganz unspezifische Weise als Lehrer des frommen Lebens herangezogen, ebenso wie die drei anderen großen abendländischen Kirchenlehrer und Bernhard von Clairvaux.

V. Die theologische Vielfalt im Augustinerorden und Martin Luther – ein Ausblick

Unsere Untersuchung der beiden Erfurter Augustinertheologen Johannes von Paltz und Johannes von Dorsten hat uns gezeigt, daß die Theologie des Augustinerordens am Vorabend der Reformation vielgestaltiger ist, als uns die bisherige Forschung vermuten ließ. *Die* Augustinerschule des Mittelalters gibt es nicht. Statt dessen sollte man von gewissen vorherrschenden Tendenzen und bestimmten Richtungen innerhalb der von Augustinereremiten vertretenen Theologie sprechen und vor allem zwischen den verschiedenen Möglichkeiten der Augustinrezeption im Orden sorgfältig unterscheiden. Als Luther im Sommer 1505 in das Erfurter Kloster eintrat, wurde ihm offensichtlich nicht jener spezifische Augustinismus nahegebracht, mit dem man die Theologie der Augustinereremiten in toto charakterisiert hat. Der enge Zusammenhang von Ordenszugehörigkeit und Ordensdoktrin, wie ihn A. Zumkeller definiert[164], wird gerade durch Dorsten und Paltz als nicht existent erwiesen. Daß der Sentenzenkommentar Gregors von Rimini in vier Jahrzehnten – von 1482 bis 1522 – nicht weniger als sieben Auflagen erlebte[165], kann nicht als Argument für die Hochschätzung Gregors im Erfurter Augustinerkloster geltend gemacht werden[166],

---

[164] Siehe oben S. 305.

[165] Paris 1482 (Super Primum); Mailand 1494 (Super Secundum); Valencia 1500 (Super Primum); Venedig 1503 und 1518; Paris ca. 1520; Venedig 1522 (alle Super Primum et Secundum). Zumkellers Angabe von neun Drucken – in Anlehnung an PERINI, Bibliographia Augustiniana I, 54 f. – stimmt nicht: die Ausgaben Paris 1484, 1485 und 1500 hat es nicht gegeben, die Ausgabe Venedig 1518 fehlt bei ihm; siehe ZUMKELLER, Hugolin von Orvieto über Prädestination, Rechtfertigung und Verdienst, 49 Anm. 285.

[166] So bei ZUMKELLER, ebd. 49.

zumal alle Druckorte in romanischen Ländern liegen. Und der Beschluß des Generalkapitels der Augustiner von 1491 (in Rom), als Grundlage für die Vorlesungen der magistri regentes an den Generalstudien des Ordens neben den Werken des Aegidius Romanus auch den Sentenzenkommentar Gregors zuzulassen, bezog sich ausdrücklich nur auf die ‚citramontanen‘ Studienhäuser, d. h. auf Italien[167]. Tatsache ist, wenn wir von Dorsten und Paltz ausgehen, daß es eine Rezeption Gregors von Rimini und seiner Art von Augustinismus am Erfurter Generalstudium nicht gegeben hat[168] und daß man auch nicht von einem Ägidianismus der Erfurter sprechen darf.

Andererseits hatte es Luther in den Jahren, die vor seinen ersten biblischen Vorlesungen über die Psalmen (1513–15) und den Römerbrief (1515/16) lagen, auch nicht mit einer einseitigen ockhamistischen Schultheologie zu tun, die nach E. Iserloh *die* Theologie seiner Zeit gewesen sein soll[169]. Sowohl Zumkeller als auch Iserloh vereinfachen die Vielschichtigkeit der damaligen Theologie. Allein schon die Theologie des Augustinerordens läßt in diesem Zeitraum zwischen 1505 und 1513

---

[167] AAug 7 (1917/18) 425: „Diffinimus et ordinamus, quod quilibet magister regens citramontanus debeat ordinarie legere in theologia opera domini Aegidii Romani ...; extraordinarie vero possint Gregorii et aliorum doctorum legere, si eis videbitur, opera, quantum volunt." Vgl. den Beschluß des Generalkapitels von 1497 (ebenfalls in Rom), AAug 8 (1919/20) 13: „Definimus et ordinamus pro servanda unitate doctrinae, ut quilibet magister regens, praesertim in studiis Italiae, debeat ordinate legere in theologia opera beati nostri Aegidii Romani ...; extraordinarie vero possint aliorum doctorum nostrorum pro voluntate doctrinas varias consectari" (Gregor von Rimini wird also 1497 nicht mehr ausdrücklich erwähnt).

[168] Siehe oben 315f. mit Anm. 88. Zumkellers Versuch, nachzuweisen, daß Luther für seine Aristoteleskritik in den Jahren 1509/10 wichtige Anregungen durch die Schriften seiner Mitbrüder Simon von Cascia und Hugolin von Orvieto empfangen hat, ist nicht geglückt. Das methodische Vorgehen Zumkellers widerspricht zwei Grundregeln historischer Forschung: 1. Von der Zugänglichkeit von Büchern (z. B. ihrem Vorhandensein in der Erfurter Klosterbibliothek) darf man nicht auf ihre tatsächliche Benützung schließen. 2. Gedankliche Parallelen zwischen den Werken zweier Autoren beweisen nicht, daß der eine vom anderen abhängig gewesen ist. Zu diesen zwei Prinzipien vgl. D. C. STEINMETZ, Luther and the late medieval Augustinians, 248; siehe ZUMKELLER, Die Augustinertheologen Simon Fidati von Cascia und Hugolin von Orvieto. Luthers frühe Kritik an der Philosophie und besonders an Aristoteles ist wohl nicht durch spezielle Einflüsse der Ordenstradition zu erklären, sondern durch andere Faktoren: durch die frömmigkeitstheologische Frontstellung gegen eine Überfremdung der Theologie durch die Philosophie (siehe oben S. 163–182; vgl. z. B. bereits LUTHERS Brief an Johannes Braun vom 17. März 1509: WA Br 1,17,41–44 Nr. 5), durch den humanistischen Angriff auf die aristotelische Scholastik (siehe OBERMAN, Reformation: Epoche oder Episode, 80f.; vgl. oben Anm. 126), durch die nominalistische Kritik an einer ‚natürlichen Theologie‘ und durch seine gnadentheologisch-antipelagianische Stoßrichtung gegen die scholastische Theologie (besonders seit 1515). Vgl. neuerdings W. ECKERMANN, Die Aristoteleskritik Luthers (mit Literatur).

[169] ISERLOH, Luther und die Reformation, 24; zit. oben Kap. 4 Anm. 443.

eine Vielfalt erkennen, die weder auf die Formel eines ordensspezifischen Augustinismus noch auf die eines „verflachten und moralistisch zurechtgebogenen" Nominalismus[170] zu bringen ist[171]. Im Sinne des Bielschen Ockhamismus und seines Maximalprogramms des facere quod in se est bis zur Stufe der vera contritio hat sehr wahrscheinlich Nathin gelehrt und auf Luther gewirkt[172]. Hat man erst einmal Abschied von der Vorstellung einer einheitlichen Ordensdoktrin der Augustinereremiten genommen, dann wird man sich dieser Hypothese kaum verschließen können[173]. Mit Staupitz hingegen tritt Luther ein christologisch orientierter Augustinismus entgegen, der die antipelagianische Prädestinationslehre Augustins konsequent in Frömmigkeitstheologie umsetzt. Paltz schließlich repräsentiert wiederum einen völlig anderen Typ von Theologie, der die Garantie für Gnade und Heil nicht in der Prädestination, sondern in den Sicherungen der kirchlichen Heilsanstalt und einem Minimalprogramm persönlicher Leistung sucht.

Persönlich hatte der Novize Luther wohl kaum noch näheren Kontakt zu Paltz finden können, da dieser wahrscheinlich bereits im Laufe des Jahres 1505, etwa sechzigjährig, den Erfurter Konvent verließ, um das Amt des Priors in Mühlheim bei Koblenz zu übernehmen[174]. Daß Luther seine Werke gekannt hat, ist nicht zu beweisen[175], doch wird man kaum annehmen dürfen, daß ihm die beiden weit verbreiteten und mehrfach aufgelegten Hauptwerke des angesehenen älteren Mitbruders entgangen sind[176]. Angesichts der literarischen Unproduktivität der damaligen theologischen Fakultät Erfurts[177] mußten schon die Tatsache ihres

---

[170] ISERLOH, ebd.

[171] Auch KOLDE generalisiert auf unzulässige Weise, wenn er sagt (Die deutsche Augustiner-Congregation, 196): „In keiner Hinsicht läßt sich bei diesem Manne (sc. Paltz), der mit Johannes Nathin Lehrer der Theologie im Erfurter Kloster war, als Luther daselbst Zuflucht suchte, wie bei irgend einem Augustiner eine Abweichung von dem herrschenden Semipelagianismus nachweisen."

[172] Siehe oben S. 281 mit Anm. 423.   [173] Siehe oben Kap. 2 Anm. 296.

[174] Siehe oben S. 78f.

[175] FISCHER (Paltz und Luther, 12–17) zeigt, daß man zwar bei Luther „mögliche oder wahrscheinliche Anspielungen auf Paltz in Fülle finden" kann, daß man aber nicht zwingend beweisen kann, daß gerade Paltz „die direkte Quelle oder die direkte Zielscheibe von Luthers Bemerkungen war, vor allem, da er Paltz nie namentlich erwähnt" (ebd. 16).

[176] Warum Luther, obwohl er Paltz' Hauptwerke gekannt und sich über seine Theologie geärgert haben wird, nie ausdrücklich gegen ihn Stellung nimmt, kann man nur vermuten: wahrscheinlich deshalb, um seinen Ordensgenossen (der wie er in der Ordenspolitik gegen Nathin stand) nicht bloßzustellen. Im Ablaßstreit jedenfalls, der auch eine Auseinandersetzung mit dem Dominikanerorden war, konnte es durchaus in Luthers Interesse liegen, den Namen Paltz aus dem Konflikt herauszuhalten. Keineswegs aber läßt sich aus der Nichterwähnung von Paltz folgern, daß er nicht unmittelbar auf Luther gewirkt habe. – Über ein Exemplar der Coelifodina, das sich einst im Besitz der Bibliothek des Erfurter Augustinerklosters befunden hat, berichtet SANDER: siehe oben S. 25 bei Anm. 83.

[177] Vgl. KLEINEIDAM, Universitas Studii Erffordensis II, 156 (über die Universität Erfurt

Erscheinens und ihr Umfang Aufmerksamkeit hervorrufen. Doch auch abgesehen von den Fragen des biographischen Kontaktes und der literarischen Beeinflussung bleibt der theologiegeschichtliche Vergleich zwischen Paltz und Luther ein wichtiges Thema der Forschung. Luther teilt mit Paltz das geistliche und wissenschaftliche Milieu des Erfurter Augustinereremitenklosters am Anfang des 16. Jahrhunderts und die Ausbildung an Erfurts Artistenfakultät und theologischer Fakultät. Beide hatten als Augustiner Universitätslehrstühle inne, aber beiden ging es nicht um eine innerakademische Schultheologie[178], auch nicht um eine bestimmte Ordensdoktrin, sondern um eine praktisch-seelsorgerliche Theologie, die Hilfen für den Alltag der Laien und Mönche bot. Ausgangspunkt dieser Frömmigkeitstheologie war die Frage, wie der Mensch in seiner tiefen Sündhaftigkeit, die ihm eine wahre Reue aus eigenen Kräften unmöglich macht, zur Barmherzigkeit Gottes gelangen und bei ihr Trost, Frieden und Sicherheit finden kann.

Vor diesem gemeinsamen Hintergrund, der Paltz und Luther verbindet, ist erst die tiefe Gegensätzlichkeit ihrer Lösungen und damit auch die Dimension des Umbruchs zwischen Spätmittelalter und Reformation zu ermessen. Paltz findet die Antwort auf die Frage nach dem gnädigen Gott einerseits im Sicherheitspotential der Papstkirche, in ihren geistlichen Schätzen, andererseits in den natürlichen Fähigkeiten des Menschen, seinem facere quod in se est, das ihm diese Schätze erst eröffnet. Deutlicher als in der Coelifodina und im Supplementum Coelifodinae wird die Gegenposition zu Luthers Kampf gegen das securitas-Streben seiner Zeit[179] bei keinem anderen Theologen in den Jahren vor 1517 sichtbar. Indem Luther im Ablaßstreit durch das äußere Erscheinungsbild der kirchlichen Mißstände, der Verquickung von Finanz- und Herrschaftsinteressen mit der Seelsorgeorganisation, zu dieser religiösen Grundproblematik des deutschen Spätmittelalters vorstieß, traf er mit seinem Angriff zugleich die Mitte von Paltz' Theologie.

---

in den Jahren 1497–1505): „Ausdruck dieser geistigen Stagnation ist die überaus geringe literarische Tätigkeit der damaligen theologischen Fakultät. Bisher ist – wenn wir von den Predigten Weimanns absehen – keine einzige theologische Schrift der damaligen Professoren bekannt, weder handschriftlich noch im Druck." Paltz gehörte seit 1493 nicht mehr zum Kreis der sechs Lehrstuhlinhaber an der theologischen Fakultät.

[178] Zu Luther siehe oben Kap. 4 Anm. 70.

[179] Man vgl. z. B. als Kontrast zu Paltz LUTHERS Begleitschreiben zu den 95 Ablaßthesen an Erzbischof Albrecht von Mainz vom 31. Okt. 1517: WA Br 1,108–113, besonders 111,15–36 (gegen Paltz' via facilior et securior der maximi peccatores).

334

Anhang

I. Bisher unveröffentlichte Archivalien zur Reform des Augustinerklosters Herzberg (Sachsen) 1490/91 (siehe dazu oben S. 69f.)

a) Brief von Kurfürst Friedrich dem Weisen an Andreas Proles, Torgau 16. März 1490 (Konzept der kurfürstlichen Kanzlei in Torgau); Staatsarchiv Weimar, Reg Kk 658, Bl. 5–5'.

Fridrich von gots gnaden.

Unser grus zuvor. Wirdiger, lieber andechtiger, ir habt ungzw(eif)elt verstanden unser zuneigunge, das wir vorlenge (= vorlängst) gern das closter uwers ordens in unser stad Hirtzperg zu reformacion, der da g(r)oß nod wer, hedten bringen mogen, und had doch vil unsers gehabten fließ das zu furgange bißher nicht verfahen (= zuwegbringen) wellen. Sunder itzund haben wir bei dem babstlichen legaten (sc. Raimund Peraudi), der in den landen ist, erlangen laßen, das der uch befolen had, sollich reformacion zu tunde, als ir uß hirin gelegter copien siner comission vernemen werdet. Wiewol ir dann, als wir verstehen (dahinter durchgestrichen: vernomen), dieserzid wit hie davon sin moget, dannoch ist unser gutlich begere, ir wellet uch kurz nach ostern bei uns her gen Turgaw fügen; so wellen wir uch die unsere (sc. comission) nach notdorft zuschicken, sollich reformacion furzunemen und fruchtparlich zu volbringen, uch des auch nichts verhindern laßen, ⟨da⟩s nicht aber ⟨ein⟩ ander hindernis ⟨...⟩ falle. Daran erzeigt ir uns uber (= außer) gotlich belonunge danknemig (= dankenswertes) gefallen in gnaden zu erkennen (= anzuerkennen).

Geben zu Turgaw uf dinstag nach Oculi anno etc. xC°.

Dem wirdigen unserm lieben andechtigen pater Andres Proles, vicario Einsidelerordens sancti Augustini der heiligen observancion.

b) Brief von Kurfürst Friedrich dem Weisen an alle Fürsten, Prälaten, Grafen, Freiherren, Ritter etc., Torgau 4. April 1491 (Ausfertigung der kurfürstlichen Kanzlei in Torgau); Staatsarchiv Weimar, Reg Kk 658, Bl. 7–7'.

Allen und iglichn fursten, geistlichen und werntlichen prelaten, grafen, frien hern, rittern und knechte, pflegern, viztumen, ambtluten, voiten (= Vögten), schossern, gleitsluten, richtern, burgermeistern, reten und gemeinden der stette, merkte und dorfern, die mit disem brife ersucht werden, embiete wir von gots gnaden Friderich, herzog zů Sachsen, des heligen Romischen Reichs erzmarschalh und churfurst, landgrafe in Doringen und marggrafe zu Meissen, unsser fruntlich dinst mit vormogen, liebs und gütts, grus, gnade und alles gudt, wie sich das nach eins iden stande gebürt, zuvor erwirdigsten, ernwirdigen in got veter und hochgebornen fürsten, besundern lieben hern oheime, sweger und gutte fründe, wirdigen, wolgebornen, edelen, gegstrengen, festen und ersamen, weisen, lieben, andechtigen, getrauen und besundern.

Wann (= Da) wir auß bebstlicher erlaubüng und befelchs auf vil gehabte muhe und kost ausbracht (= zustande gebracht) und erlangt haben durch den wirdigen und geistlichen unser lieben andechtigen bruder Johann Paltz, der heligen schrift doctor sandt Augustinerordens der observanz, mit andern jungen vettern (= Vätern) das closter zu Hertzberg egnants (= des genannten) ordens, darinne die bruder unordenlichs und vordechtigs wesen andern zů bosen beispiln lange zeit gefurdt, in die heiligen observanz und reformacion bracht und mit andern brudern auß reformirten clostern besatz haben, had der genant doctor willen, sich an auswertige ende zu fugen, das wort gottes zu vorkundigen und zu predigen und umb hulfe und steur (= finanzielle Unterstützung) zu wideraufrichtüng und enthaldung (= Erhaltung) des closters zu Hertzberg, das fast (= sehr) paufellig und godtlichen zirden mangelhaftig ist, umb gottes willen zů bitten, auch die terminien gedachts closters zu besichtigen und ordenlich zů bestellen; darzu wir im dann als landfürst und auß kraft berurter bebstlicher erlaubnus zu furdern geneigt. Demnach eur lieben mit sunderm fleiß bittendt, von den andern gutlich begerndt, ir wollent den genanten bruder Johann doctor und andere des genanten closters brudere, so die in eur furstentume, lande, herschaften und gebieten komen werden, in gnedigem und gunstigem befelhe (= Empfehlung) haben, ine auch eur hulfe, steur und almusen mildiglichen (= reichlich) mitteilen, domit daß closter zu Hertzberg in der reformacion und ordenlichem wesem zu merung gotlichs dinst moge enthalden (= könne erhalten) werden; so er (sc. Paltz) auch auf den termineien des closters bei euch unordenlichs wesen und der alden unreformirten bruder oder sunst andre vordechtige person funden wurde, die von dannen zu treiben und mit andern nach geburender ordenug der reformacion dem gemelten closter zu gute zu bestellen (= besetzen) und ine in dem allen furderlich beratten (= versorgen) und beholfen sein, auch mit gleit und sicherung, wo die notdurft das erfodert, zu vorsechen und zu tun schaffen. Das wollen wir uber (= außer) gotlich belonung umb einen iglichen nach seinem standt und wesen fruntlichen vordinen (= dankbar entgelten), gunstlich beschulden (= vergelten) und in gnaden erkennen (= anerkennen), und die unsern tun daran unser meinung.

Geben zu Torgaw, under unserm zurugkaufgedruckten secret (= auf der Rückseite der Urkunde aufgedrückten Siegel) besigelt, montags in osterlichen tagen anno etc. nonagesimoprimo.

II. Biographische Tabelle zu Johannes Jeuser von Paltz

ca. 1444–1447	geboren in Pfalzel bei Trier als Sohn eines erzbischöflichen Geschützgießers (Heinrichs von Heilbronn?)
Wintersemester 1462/63	Immatrikulation an der Artistenfakultät der Universität Erfurt
Herbst 1464	baccalaureus artium
6. Jan. 1467	magister artium
nach dem 6. Jan. 1467	Eintritt in das Erfurter Kloster der Augustinereremiten
zwischen 1470 und 1475	Theologiestudium am Erfurter Generalstudium des Augustinerordens unter Johannes Bauer von Dorsten
Ende 1474 oder Anfang 1475	Übernahme des Priorats im Kloster Neustadt a/Orla zur Durchsetzung der Observanz (1476 wahrscheinlich noch in diesem Amt)
12. Nov. 1475	an der Heidelberger Universität intituliert (wahrscheinlich anläßlich eines kürzeren Besuches)
Sommersemester 1481(?)	Beginn mit dem Theologiestudium an der Universität Erfurt; baccalaureus biblicus
Sommersemester 1482	baccalaureus sententiarius
Wintersemester 1482/83	Paltz hält als baccalaureus formatus die Predigt bei der Semestereröffnungsmesse im Erfurter Mariendom (= Princ.)
Sommersemester 1483	Lizentiat der Theologie
13. Okt. 1483	Doktor der Theologie
1485	Visitation der Erfurter Nonnenklöster im Auftrag des Mainzer Erzbischofs Berthold v. Henneberg
Ende Aug. 1486	Teilnahme an der Quodlibetdisputation der Artistenfakultät; determinatio Contra triplicem errorem (= Tripl.)
1486	Begräbnispredigt für Theoderich Fabri von Weißensee (= Fun. I)
1486 oder später	determinatio De cautelis servandis (= Caut.)
Sommersemester 1487	Promotor bei der Doktorpromotion des Augustiner-Chorherrn Christophorus Zachariae von Breslau
Sommersemester 1487 bzw. Sommersemester 1488	Die Augustinereremiten Hertvicus Themen und Fridericus Sleiger werden an der theol. Fakultät Erfurts gratis intituliert „ob reverentiam doctoris Paltz"
11. Juli 1488	Ernennung zum Inquisitor für Thüringen durch den Mainzer Erzbischof Berthold v. Henneberg
1488 (nach dem 3. Aug.)	Begräbnispredigt für Ulrich Rißbach (= Fun. II)
28. Aug. 1488	Traktat De conceptione sive praeservatione (= Conc.), verfaßt auf der Reise nach Osnabrück
8. Sept. 1488	Teilnahme am Kapitel der sächsischen Augustinerprovinz in Osnabrück
1488	Synodalpredigt (= Syn. I), gehalten im Erfurter Mariendom
1489	Synodalpredigt (= Syn. II), gehalten im Erfurter Mariendom

Ende der achtziger Jahre (?)	zur Ketzerbekämpfung in Böhmen
Frühjahr (bis Frühsommer?) 1490	als Unterkommissar des päpstlichen Legaten Raimund Peraudi zuständig für die Jubiläumsverkündigung in Thüringen, Meißen, Sachsen und der Mark Brandenburg; Entstehung des Traktats Die himmlische Fundgrube (= Fund.)
Sommer 1490–1491	Einführung der Observanz im Kloster Herzberg (Sachsen) durch Paltz, der auch (seit April 1491) die Termineien visitiert und Geldmittel für die bauliche Instandsetzung des Klosters auftreibt
1491	Traktat De septem foribus (= Sept.)
Herbst 1493	Auf Bitten des Erzbischofs von Trier Johannes II. v. Baden geht Paltz zur Gründung eines neuen Konvents der deutschen Augustinerkongregation nach Mühlheim (Ehrenbreitstein) bei Koblenz
7. März 1499	Erwähnung als „visitator conventuum reformatorum" (im Bereich der rheinisch-schwäbischen und kölnischen Ordensprovinz)
1. Nov. 1500	Abschluß der ersten Fassung der Coelifodina
Ende 1500	Rückkehr von Mühlheim nach Erfurt
1501–1505	Betreuung der Klostergründung in Sternberg (Mecklenburg); wahrscheinlich weilt Paltz dreimal in Sternberg: Sommer 1501, 1502/03 (spätestens Frühjahr 1503) und zwischen 24. April und 22. Aug. 1505
spätestens Anfang 1502	Abschluß der erweiterten Fassung der Coelifodina (= Coel.)
Febr. 1502 bis spätestens Frühjahr 1503	Prediger und Beichtvater im Dienste der Jubiläumsverkündigung Raimund Peraudis in den sächsischen Landesteilen und Mecklenburg
7. Mai 1503	Kapitel der deutschen Augustinerkongregation in Eschwege (bei Kassel), an dem Paltz als Diffinitor teilnimmt
spätestens Anfang 1504	Abschluß des Supplementum Coelifodinae (= Suppl.)
(17. Juli 1505	Eintritt Luthers ins Erfurter Augustinerkloster)
22. Aug. 1505	letztmalige Mitunterzeichnung einer Erfurter Urkunde
28. Aug. 1505	zusammen mit Joh. Vogt und Joh. Nathin amtiert Paltz als Vorsitzender auf dem Kapitel der deutschen Augustinerkongregation in Mühlheim
zwischen Spätsommer und Ende 1505(?)	Übersiedlung von Erfurt ins Kloster Mühlheim
31. Mai 1507	als Prior von Mühlheim urkundlich erwähnt
18. April 1508	in einem Ablaßbrief für den Erfurter Konvent, ausgestellt von dem päpstlichen Ablaßkommissar Christian Bomhower, wird Paltz an dritter Stelle genannt
1510(?)	Entzweiung zwischen Paltz und dem Erfurter Konvent (Nathin)
13. März 1511	gestorben in Mühlheim

Literaturverzeichnis

I. Quellen

ADDITIONES CONSTITUTIONUM OESA: siehe CONSTITUTIONES OESA.

AEGIDIUS ROMANUS, Commentaria in Cantica Canticorum, Rom 1555; Nachdruck in: Opera exegetica. Opuscula I, Frankfurt 1968.

ALBERTUS MAGNUS, Opera, hg. v. P. Jammy, 21 Bde, Lyon 1651.

(Ps.-) ALEXANDER VON HALES: siehe SUMMA HALENSIS.

ALLGEMEINE STUDENTENMATRIKEL DER UNIVERSITÄT ERFURT, in: Acten der Erfurter Universitaet, hg. v. J. C. H. Weissenborn (= Geschichtsquellen der Provinz Sachsen und angrenzender Gebiete 8), Teil 1, Halle 1881.

ALTENSTAIG, JOHANNES, Vocabularius theologiae, Hagenau 1517.

AMBROSIUS, Opera omnia: PL 14–17; CSEL 32.62.64.73.

ANDREAS PROLES, Collecta ex sermonibus pro religiosis: Wolfenbüttel Herzog-August-Bibliothek Cod. 1176 (Helmst. 1074) fol. 129r–219r.

AUGUSTINUS, Opera omnia: PL 32–47; CChr 29–50A.

– Schriften gegen die Pelagianer (lat.-dt.), hg. v. A. Kunzelmann/A. Zumkeller, geplant: 7 Bde, Würzburg 1955 ff.

– Confessiones, hg. v. M. Skutella (ed. corr. curaverunt H. Juergens et W. Schaub), Stuttgart 1969 (Bibliotheca scriptorum Graecorum et Romanorum Teubneriana).

AUGUSTINUS TRIUMPHUS, Summa De ecclesiastica potestate, Venedig 1487 (bei Johannes Leoviller) = GW Nr. 3054.

BARTHOLOMÄUS ARNOLDI VON USINGEN, Liber primus quo recriminationi respondet Culsamericae, Erfurt 1523.

– Traktat De falsis prophetis, Erfurt 1525.

– Traktat De merito bonorum operum, Erfurt 1525.

BERNHARD VON CLAIRVAUX, Opera omnia: PL 182–185; Editiones Cistercienses, hg. v. J. Leclercq, H. M. Rochais u. a., Rom 1957 ff.

BESLER, NIKOLAUS, Autobiographie, zit. nach: Fortgesetzte Sammlung von alten und neuen theologischen Sachen, Leipzig 1732, 356–371; andere Überlieferung in: AAug 4 (1911/12) 293 f., hg. v. A. Feutry.

BIBELÜBERSETZUNG LUTHERS: siehe LUTHER, MARTIN.

BIBLIA CUM GLOSSA ORDINARIA (ET INTERLINEARI) ET EXPOSITIONE (NICOLAI) LYRAE ..., 6 Bde, Basel 1506–1508.

BIBLIOTHEKSKATALOG DES ERFURTER KARTÄUSERKLOSTERS (vor 1480), in: Mittelalterliche Bibliothekskataloge Deutschlands und der Schweiz, Bd. 2: Bistum Mainz, Erfurt, hg. v. P. Lehmann, München 1928, 221–593.

BIEL, GABRIEL, Collectorium circa quattuor libros Sententiarum, Basel 1508 (Nachdruck: Frankfurt 1965); krit. Edition hg. v. W. Werbeck/U. Hofmann, Tübingen 1973 ff.

BONAVENTURA, JOHANNES, Opera omnia, hg. v. PP. Collegii S. Bonaventurae, 14 Bde, Ad Claras Aquas (Quaracchi) 1882–1901.

BRULEFER, STEPHAN, Traktat De timore servili, in: Opuscula theologica, Paris 1500 (bei André Bocard) = GW Nr. 5587, fol. 24r–124v.

CAJETAN, THOMAS DE VIO, Opuscula omnia, Lyon 1575.

CODICES (ANONYM):
- München Bayer. Staatsbibliothek Cod. germ. 263 fol. 130ra–134vb (Ein predig geschehen zü geistleichen personen) = Cod. germ. 778 fol. 54r–60r.
  Cod. germ. 263 fol. 136rb–147rb (Traktat Wider klainmütikhait und irrend gewissen) = Cod. germ. 778 fol. 62v–78r.
- Salzburg Stiftsbibliothek St. Peter Cod. b II 10 fol. 68v–87r (Ein predig geschehen zü geistleichen personen).
  Cod. b II 10 fol. 21v–68r (Traktat Wider klainmütikhait und irrend gewissen).
  Cod. b VI 15 fol. 190r–194v (Incipit: Pax Jesu Christi dei nobiscum semper).
  Cod. b VI 15 fol. 363r–371r (Incipit: Nach deiner begerung wil ich dir hienach kürzleich sezen).
CONCILIORUM OECUMENICORUM DECRETA, hg. v. J. Alberigo, J. A. Dossetti, P.-P. Joannou, C. Leonardi, P. Prodi, consultante H. Jedin, 3. Aufl., Bologna 1973.
CONSTITUTIONES OESA von 1290 und ADDITIONES CONSTITUTIONUM OESA von 1348, Venedig 1508.
CONSTITUTIONES OESA ad apostolicorum privilegiorum formam pro reformatione Alemanniae, Nürnberg 1504.
DECRETUM GRATIANI, in: Corpus iuris canonici, hg. v. A. Friedberg, 2 Bde, Leipzig 1879; Nachdruck: Graz 1959.
DOKUMENTE ZUM ABLASSSTREIT von 1517, hg. v. W. Köhler (= SQS 2. Ser. 3), 2. Aufl., Tübingen 1934.
DORSTEN, JOHANNES VON, Sermones: Berlin Staatsbibliothek-Stiftung Preußischer Kulturbesitz Cod. Lat. Fol. 851.
- Erfurter Predigten: Augsburg Stadtbibliothek Cod. Oct. 106 fol. 95r–172r.
- Quaestio quodlibetalis De tertio statu mundi contra errores abbatis Joachim de Fiore: Gießen Universitätsbibliothek Cod. 696 fol. 216r–218v; teilweise hg. v. J. B. Trapp, in: R. Kestenberg-Gladstein, The „Third Reich". A fifteenth-century polemic against Joachism, and its background, JWCI 18 (1955) 245–295: 266–282.
- Traktat De cursu simplicium ad sacrum cruorem in Wilsnack asservatum: Berlin Staatsbibliothek Cod. Lat. 844 (Lat. Fol. 171) fol. 280r–281v (danach zitiert); auszugsweise hg. v. W. Wattenbach, Beiträge zur Geschichte der Mark Brandenburg aus Handschriften der Königlichen Bibliothek, in: SPAW 1882, 587–609: 605–608.
- Traktat De indulgentiis: Gießen Universitätsbibliothek Cod. 696 fol. 212r–215r.
- Traktat De conceptione Mariae virginis, teilweise hg. v. A. Zumkeller, Die Lehre des Erfurter Augustinertheologen Johannes von Dorsten († 1481) über Urstand und Erbsünde, in: Aus Reformation und Gegenreformation, Festschr. Th. Freudenberger (= WDGB 35/36), Würzburg 1974, 43–74; Textbeilage: 58–74.
- Traktat De forma absolutionis: Köln Stadtarchiv Cod. GB Quart 60 fol. 113r–119r; Wiesbaden Hessische Landesbibliothek Hs 14 fol. 2ra–12rb.
DUNS SCOTUS, JOHANNES, Opera omnia, hg. v. L. Wadding, 12 Bde, Lyon 1639; Nachdruck: Hildesheim 1968.
ECK, JOHANNES, Chrysopassus praedestinationis, Augsburg 1514.
ERASMUS VON ROTTERDAM, DESIDERIUS, Opus Epistolarum, hg. v. P. S. Allen, 12 Bde, Oxford 1906–1958.
FRANCISCUS DE MAIRONIS, Traktat De indulgentiis = Sermo in vincula sancti Petri, in: Sermones de laudibus sanctorum, Venedig 1493 (bei Pelegrinus de Pasqualibus Bononiensis), fol. 85F–95F.
GEILER VON KAYSERSBERG, JOHANNES, Sendtbrief an die würdigen frauen zuo den Reüweren zuo Freiburg im Breißgau, in: Die ältesten Schriften Geilers von Kaysersberg, hg. v. L. Dacheux, Freiburg i. Br. 1882; Nachdruck: Amsterdam 1965, 209–224.
- Navicula poenitentiae, Augsburg 1511.
GERSON, JOHANNES, Opera omnia: 1) Straßburger Ausgabe, 4 Bde, Bd. 1–3: hg. v. Johannes Geiler von Kaysersberg und Petrus Schott, Straßburg 1488 (bei Johann Prüss

d. Ä.), Bd. 4: hg. v. Jakob Wimpfeling, Straßburg 1502 (bei Martin Flach d. J.); 2) Ausgabe von L. E. Du Pin, 5 Bde, Antwerpen 1706; 3) Ausgabe von P. Glorieux, 10 Bde, Paris-Tournai etc. 1960–1973.

– De mystica theologia und Elucidatio scholastica mysticae theologiae, hg. v. A. Combes (= Thesaurus mundi), Lugano 1958.

GLOSSA ORDINARIA: siehe BIBLIA.

GREGOR VON RIMINI, Super primo et secundo Sententiarum, Venedig 1522; Nachdruck: St. Bonaventure/N. Y.-Löwen-Paderborn 1955 (= FIP.T 7). Krit. Edition hg. v. A. D. Trapp, bisher: Bde 4 und 5 (= Spätmittelalter und Reformation 9 und 10), Berlin-New York 1979.

GÜTTEL, KASPAR, Von Adams werken und gottes genaden, Leipzig 1518.

HEINRICH VON FRIEMAR D. Ä., Traktat De quattuor instinctibus, hg. v. R. G. Warnock/A. Zumkeller: Der Traktat Heinrichs von Friemar über die Unterscheidung der Geister. Lateinisch-mittelhochdeutsche Textausgabe mit Untersuchungen (= Cass. 32), Würzburg 1977.

HUGO RIPELIN VON STRASSBURG, Compendium theologicae veritatis, s.l.e.a. (1473?) = Hain Nr. 434.

HUGO VON ST. VIKTOR, Opera omnia: PL 175–176.

JAKOB VON JÜTERBOG, Traktat De anno iubilaeo: Dresden Landesbibliothek Cod. P 42 fol. 194v–197v.

JODOCUS TRUTFETTER VON EISENACH, Summulae totius logicae, Erfurt 1501.

JOHANNES WENCK VON HERRENBERG, Das Büchlein von der Seele, hg. v. G. Steer (= Kleine deutsche Prosadenkmäler des Mittelalters 3), München 1967.

KARLSTADT, ANDREAS BODENSTEIN VON, 151 Thesen De natura, lege et gratia vom 26. April 1517, hg. v. E. Kähler: Karlstadt und Augustin. Der Kommentar des Andreas Bodenstein von Karlstadt zu Augustins Schrift De spiritu et litera (= HM 19), Halle 1952, 8*–37*.

– Kommentar zu Augustins De spiritu et littera, hg. v. E. Kähler: ebd. 1–122.

– Apologeticae conclusiones pro sacris litteris vom 9. Mai 1518, in: Vollständige Reformations-Acta und Documenta, hg. v. V. E. Löscher, Bd. 2, Leipzig 1723, 78–104.

KEMPF: siehe NIKOLAUS KEMPF VON STRASSBURG.

KONRAD STOLLE, Thüringisch-Erfurtische Chronik, hg. v. L. F. Hesse (= BLVS 32), Stuttgart 1854.

LANG, JOHANNES, Vorlesung über den Römerbrief, hg. v. R. Weijenborg, in: Anton. 52 (1976) 394–494.

– Vorlesung über den Titusbrief, hg. v. R. Weijenborg, in: Scientia Augustiniana, Festschr. A. Zumkeller, hg. v. C. P. Mayer/W. Eckermann (= Cass. 30), Würzburg 1975, 423–468.

LEO X. (Papst), Bannandrohungsbulle gegen Martin Luther ‚Exsurge domine' vom 15. Juni 1520, in: Martin Luther, Werke: Erlanger Ausgabe, Abt. 6 (Opera Latina) Bd. 4, Frankfurt 1867, 259–304.

LIBER RECEPTORUM DER UNIVERSITÄT ERFURT: Erfurt Stadtarchiv Cod. 1–1/X B XIII–40.

LINCK, WENZESLAUS, Wie der grobe mensch unsers herren esel sein sol … (Eselspredigt), in: Wenzel Lincks Werke, hg. v. W. Reindell, Bd. 1: Eigene Schriften bis zur zweiten Nürnberger Wirksamkeit, Marburg 1894, 4–10.

– Ein hailsame lere, wie das herz oder gewissen … (30 Sermone über die sieben Seligpreisungen), in: ebd. 11–112.

LUDOLF VON SACHSEN, Meditationes vitae Iesu Christi, Antwerpen 1618.

LUTHER, MARTIN, Werke. Kritische Gesamtausgabe (Weimarer Ausgabe), Abt. Schriften, Weimar 1883 ff., Nachdruck: Graz 1964 ff. (= WA); Abt. Briefe, 15 Bde, Weimar 1930 ff., Nachdruck: Graz 1969 ff. (= WA Br); Abt. Tischreden, 6 Bde, Weimar 1912–1921, Nachdruck: Graz 1967 (= WA TR).

– Werke in Auswahl, hg. v. O. Clemen (Bonner Ausgabe), 8 Bde, 5. Aufl., Berlin 1959–1966 (= BoA).
– Studienausgabe, hg. v. H.-U. Delius, Bd. 1, Berlin 1979.
– Bibelübersetzung: Die gantze Heilige Schrifft Deudsch 1545, hg. v. H. Volz/H. Blanke, 2 Bde mit Anhang, München 1972.
– Vorlesung über den Römerbrief 1515/16, hg. v. J. Ficker (= Anfänge reformatorischer Bibelauslegung 1), 2 Bde, 3. Aufl., Leipzig 1925.
– Dokumente zu Luthers Entwicklung (bis 1519), hg. v. O. Scheel (= SQS 2. Ser. 2), 2. Aufl., Tübingen 1929.

MACROBIUS, AMBROSIUS THEODOSIUS, Saturnalia, hg. v. J. Willis, Leipzig 1963 (Bibliotheca scriptorum Graecorum et Romanorum Teubneriana).

NIGRI: siehe PETRUS NIGRI.

NIKOLAUS KEMPF VON STRASSBURG, Dialogus de recto studiorum fine ac ordine, in: Bibliotheca ascetica antiquo-nova, hg. v. B. Pez, Bd. 4, Regensburg 1724, 257–492.
– Traktat De proponentibus religionis ingressum: Wien Schottenstift Cod. 336 (ehem. 296) fol. 3r–34v.

NIKOLAUS VON SIEGEN, Chronicon ecclesiasticum, hg. v. F. X. Wegele (= Thüringische Geschichtsquellen 2), Jena 1855.

PALTZ, JOHANNES VON: Es werden nur diejenigen Handschriften und Drucke aufgeführt, nach denen wir zitieren.
– Sermo in principio novi studii: Göttingen Universitätsbibliothek Ms. Theol. 102 fol. 151ra–160vb.
– De cautelis servandis in absolutione sacramentali, s.l.e.a. (Erfurt, Drucker des Bollanus).
– Quaestio determinata contra triplicem errorem, Memmingen s. a. (bei Albrecht Kunne von Duderstadt).
– De adventu domini ad iudicium: Gießen Universitätsbibliothek Cod. 696 fol. 105ra–108ra.
– Collatio funeralis in exsequiis doctoris Theodorici Vuissensee: Augsburg Stadtbibliothek Cod. Oct. 106 fol. 62r–67v.
– Collatio funeralis in exsequiis doctoris Udalrici Rispach: Augsburg Stadtbibliothek Cod. Oct. 106 fol. 55v–62r.
– Collatio in synodo 1488: Augsburg Stadtbibliothek Cod. Oct. 106 fol. 78r–87r.
– Collatio in synodo 1489: Augsburg Stadtbibliothek Cod. Oct. 106 fol. 67v–77v.
– Oratio pervenusta atque egregia: Augsburg Stadtbibliothek Cod. Oct. 106 fol. 87v–95r.
– De conceptione sive praeservatione a peccato originali sanctissimae dei genitricis virginis Mariae: Leipzig Universitätsbibliothek Cod. 177 fol. 53r–56v.
– Die himmlische Fundgrube, s.l.e.a. (Leipzig 1491?, bei Konrad Kachelofen).
– De septem foribus seu festis beatae virginis Mariae, s.l.e.a. (Leipzig 1492/93?, bei Martin Landsberg).
– Coelifodina, Leipzig 1504.
– Supplementum Coelifodinae, Leipzig 1510.

PERAUDI: siehe RAIMUND PERAUDI.

PETRUS LOMBARDUS, Sententiae I und II, hg. v. PP. Collegii S. Bonaventurae, 3. Aufl. (= SpicBon 4), Grottaferrata (Rom) 1971; Sententiae III und IV (mit Register), hg. v. PP. Collegii S. Bonaventurae, 2. Aufl., Ad Claras Aquas (Quaracchi) 1916.

PETRUS NIGRI, Clipeus Thomistarum, Venedig 1487; Nachdruck: Frankfurt 1967.

PETRUS SCHOTT, Werke, hg. v. M. A. und M. L. Cowie: The works of Peter Schott (1460–1490), Bd. 1: Introduction and text (= University of North Carolina Studies in the Germanic languages and literatures 41), Chapel Hill 1963.

PRIERIAS, SILVESTER, Dialogus de potestate papae; in: Vollständige Reformations-Acta und Documenta, hg. v. V. E. Löscher, Bd. 2, Leipzig 1723, 12–39.

PROLES: siehe ANDREAS PROLES.

RAIMUND PERAUDI, Summaria declaratio bullae indulgentiarum, 3. Aufl. 1501, s.l.e.a. = Copinger, Supplement II, Nr. 3616.

REGISTRUM BACCALARIORUM ET MAGISTRORUM DE FACULTATE ARTIUM UNIVERSITATIS STUDII ERFFORDENSIS: Erfurt Stadtarchiv Cod. 1–1/X B XIII–46 Bd. 6.

SCHEURL, CHRISTOPH, Briefbuch, hg. v. F. v. Soden/J. K. F. Knaake, 2 Bde, Potsdam 1867/1872; Nachdruck: Aalen 1962.

SCHOTT: siehe PETRUS SCHOTT.

SCOTUS: siehe DUNS SCOTUS, JOHANNES.

SENECA, LUCIUS ANNAEUS, Ad Lucilium epistulae morales, hg. v. L. D. Reynolds, Oxford 1965 (Scriptorum classicorum bibliotheca Oxoniensis).

SEUSE, HEINRICH, Horologium sapientiae, hg. v. P. Künzle (= SpicFri 23), Freiburg/ Schweiz 1977.

SIMON VON CASCIA, De gestis domini salvatoris in quattuor evangelistas, zit. nach: Expositio super totum corpus evangeliorum, s.l.e.a. (Straßburg 1484/87?) = Hain Nr. 4557.

SPENGLER, LAZARUS, ‚Ermanungen und undterweisungen‘ von 1509/10, zit. nach: Ermanung vnd Vndterweÿsung zu einem tugenhaften Wandel, Nürnberg 1830.

– Nachschriften zu Johannes von Staupitz: Nürnberger Predigtstücke von 1517 und Nürnberger Tischreden: siehe STAUPITZ, JOHANNES VON.

STATUTEN DER THEOLOGISCHEN FAKULTÄT ERFURT, hg. v. Ludger Meier, in: BPAA 7 (1951) 79–130.

STATUTEN DER UNIVERSITÄT ERFURT, in: Acten der Erfurter Universitaet, hg. v. J. C. H. Weissenborn (= Geschichtsquellen der Provinz Sachsen und angrenzender Gebiete 8), Teil 1, Halle 1881.

STAUPITZ, JOHANNES VON, Werke (Teilausgabe der deutschen Schriften), hg. v. J. K. F. Knaake: Johann von Staupitzens sämmtliche Werke, Bd. 1: Deutsche Schriften, Potsdam 1867.

– Tübinger Predigten, hg. v. G. Buchwald/E. Wolf (= QFRG 8), Leipzig 1927.

– Decisio quaestionis De audientia missae in parochiali ecclesia dominicis et festivis diebus, Tübingen 1500 (bei Johann Otmar).

– Nürnberger Konstitutionen für die deutsche Augustinerkongregation (1504): siehe CONSTITUTIONES OESA.

– Salzburger Predigten von 1512: Salzburg Stiftsbibliothek St. Peter Cod. b V 8 fol. 2r–58v.

– Ein buchlein Von der nachfolgung des willigen sterbens Christi, hg. v. J. K. F. Knaake, aaO 51–88.

– Libellus De exsecutione aeternae praedestinationis, hg. v. L. Graf zu Dohna/R. Wetzel (= Spätmittelalter und Reformation 14), Berlin-New York 1979.

– Nürnberger Predigtstücke von 1517 (Nachschrift Lazarus Spenglers), hg. v. J. K. F. Knaake, aaO 15–42.

– Nürnberger Tischreden (Nachschrift Lazarus Spenglers), hg. v. J. K. F. Knaake, aaO 42–49.

– Von der lieb gottes, hg. v. J. K. F. Knaake, aaO 92–119.

– Salzburger Predigten von 1523: Salzburg Stiftsbibliothek St. Peter Cod. b II 11 fol. 1r–235r.

STOLLE: siehe KONRAD STOLLE.

SUMMA HALENSIS = (Ps.-)ALEXANDER VON HALES, Summa theologica I–III, hg. v. PP. Collegii S. Bonaventurae, 4 Bde, Ad Claras Aquas (Quaracchi) 1924–1948; IV: Köln 1622.

THOMAS VON AQUIN, Opera (Marietti-Ausgabe), Turin-Rom 1948 ff.

TRUTFETTER: siehe JODOCUS TRUTFETTER VON EISENACH.

URKUNDENBUCH DER ERFURTER STIFTER UND KLÖSTER, Teil 3: Die Urkunden des Augustiner-Eremitenklosters (1331–1565), hg. v. A. Overmann (= Geschichtsquellen der Provinz Sachsen und des Freistaates Anhalt, Neue Reihe 16), Magdeburg 1934.

URKUNDENBUCH DER STADT MAGDEBURG, hg. v. G. Hertel, 3 Bde (= Geschichtsquellen der Provinz Sachsen und angrenzender Gebiete 26–28), Halle 1892–1896.

URKUNDENBUCH DER UNIVERSITÄT WITTENBERG, Teil 1 (1502–1611), hg. v. W. Friedensburg (= Geschichtsquellen der Provinz Sachsen und des Freistaates Anhalt, Neue Reihe 3), Magdeburg 1926.

USINGEN: siehe BARTHOLOMÄUS ARNOLDI VON USINGEN.

VERZEICHNIS DER IN ERFURT PROMOVIERTEN DOKTOREN DER THEOLOGIE, hg. v. E. Kleineidam, in: ders., Universitas Studii Erffordensis. Überblick über die Geschichte der Universität Erfurt im Mittelalter 1392–1521, Bd. 1: 1392–1460 (= EThSt 14), Leipzig 1964, 348–354.

WENCK: siehe JOHANNES WENCK VON HERRENBERG.

WIMPFELING, JAKOB, Adolescentia, hg. v. O. Herding (= Jacobi Wimpfelingi opera selecta I), München 1965.

– De concordia curatorum et fratrum mendicantium, Straßburg 1503.

– De integritate libellus, Straßburg 1505.

– De vita et miraculis Joannis Gerson, Straßburg 1506.

– Vita Geilers von Kaysersberg, in: Jakob Wimpfeling/Beatus Rhenanus, Das Leben des Johannes Geiler von Kaysersberg, hg. v. O. Herding/D. Mertens (= Jacobi Wimpfelingi opera selecta II/1), München 1970, 53–87.

II. Darstellungen, Sammel- und Nachschlagewerke

ABRAMOWSKI, L., Die Lehre von Gesetz und Evangelium bei Johann Pupper von Goch im Rahmen seines nominalistischen Augustinismus, in: ZThK 64 (1967) 83–98; nochmals in: MM 6 (Lex et sacramentum im Mittelalter), Berlin 1969, 49–64.

Albrecht Dürer 1471–1971, Katalog zur Ausstellung des Germanischen Nationalmuseums Nürnberg 21. Mai bis 1. August 1971, München 1971.

ANDREAS, W., Deutschland vor der Reformation. Eine Zeitenwende, 6. Aufl., Stuttgart 1959.

APPEL, H., Anfechtung und Trost im Spätmittelalter und bei Luther (= SVRG 165), Leipzig 1938.

ARBUSOW, L., Die Beziehungen des Deutschen Ordens zum Ablaßhandel seit dem 15. Jahrhundert, Diss. phil. Göttingen, Riga 1909.

ARQUILLIÈRE, H.-X., L'Augustinisme politique. Essai sur la formation des théories politiques du Moyen-Age (= EEMA 2), 2. Aufl., Paris 1955.

– Réflexions sur l'essence de l'Augustinisme politique, in: AugM 2 (1954) 901–1001.

AUER, A., Johannes von Dambach und die Trostbücher vom 11. bis zum 16. Jahrhundert (= BGPhMA 27,1/2), Münster 1928.

AUER, J., Die Entwicklung der Gnadenlehre in der Hochscholastik mit besonderer Berücksichtigung des Kardinals Matteo d'Acquasparta, Teil 1: Das Wesen der Gnade, Freiburg i. Br. 1942.

BÄUMER, R., Martin Luther und der Papst (= KLK 30), 2. Aufl., Münster 1970.

BAUCH, G., Aus der Geschichte des Mainzer Humanismus, in: Beiträge zur Geschichte der Universitäten Mainz und Gießen, hg. v. J. R. Dieterich/K. Bader (= AHG NF 5), Darmstadt 1907, 3–86.

BAUER, K., Die Wittenberger Universitätstheologie und die Anfänge der Deutschen Reformation, Tübingen 1928.

BAYER, O., Promissio. Geschichte der reformatorischen Wende in Luthers Theologie (= FKDG 24), Göttingen 1971.

BAYLOR, M. G., Action and person. Conscience in late scholasticism and the young Luther (= SMRTh 20), Leiden 1977.

BESCHORNER, H., Die sogenannte Bannbulle und ihre angebliche Verbrennung durch Luther am 10. Dezember 1520, in: Forschungen aus mitteldeutschen Archiven, Festschr. H. Kretzschmar (= Schriftenreihe der staatlichen Archivverwaltung 3), Berlin 1953, 315–327.

BIGELMAIR, A., Der Briefwechsel von Oekolampadius mit Veit Bild, in: RGST 40 (1922) 117–135.

BIZER, E., Die Entdeckung des Sakraments durch Luther, in: EvTh 17 (1957) 64–90.

BÖHEIM, W., Handbuch der Waffenkunde, Leipzig 1890; Nachdruck: Graz 1966.

BÖHMER, H., Der junge Luther, 5. Aufl., Stuttgart 1962.

BRACH, G., Die „Kunst zu sterben" des Johann von Paltz. Zusammenstellung der Ausgaben der „Himmlischen Fundgrube" und deren Übersetzungen, in: Kurtrierisches Jahrbuch 10 (1970) 74–85.

BRATKE, E., Luther's 95 Thesen und ihre dogmenhistorischen Voraussetzungen, Göttingen 1884.

BRAUNISCH, R., Die Theologie der Rechtfertigung im „Enchiridion" (1538) des Johannes Gropper. Sein kritischer Dialog mit Philipp Melanchthon (= RGST 109), Münster 1974.

BRECHT, M., Das Augustiner-Eremiten-Kloster zu Tübingen, in: Mittelalterliches Erbe – Evangelische Verantwortung. Vorträge und Ansprachen zum Gedenken der Gründung des Tübinger Augustinerklosters 1262, hg. vom Evangelischen Stift Tübingen, Tübingen 1962, 45–91.

BRIEGER, TH., Art. ‚Indulgenzen', in: RE IX 76–94.

– Ein Leipziger Professor im Dienste des Baseler Konzils, in: BSKG 16 (1902) 1–70.

– Das Wesen des Ablasses am Ausgange des Mittelalters, untersucht mit Rücksicht auf Luthers Thesen, Leipzig 1897.

British Museum general catalogue of printed books (bis 1955), 263 Bde, London 1965/66.

BRUNS, P. J., Beiträge zur kritischen Bearbeitung unbenutzter alter Handschriften, Drucke und Urkunden, Braunschweig 1802.

BUBENHEIMER, U., Art. ‚Biel, Gabriel', in: VerLex I 853–858.

– Consonantia theologiae et iurisprudentiae. Andreas Bodenstein von Karlstadt als Theologe und Jurist zwischen Scholastik und Reformation (= JusEcc 24), Tübingen 1977.

BURGER, CH. P., Der Augustinschüler gegen die modernen Pelagianer: Das ‚auxilium speciale dei' in der Gnadenlehre Gregors von Rimini, in: Gregor von Rimini. Werk und Wirkung bis zur Reformation, hg. v. H. A. Oberman (= Spätmittelalter und Reformation 20), Berlin-New York 1981, 195–240.

BUROSE, H., Johann von Paltz und seine „Himmlische Fundgrube", in: Der Anschnitt 16 (1964) 9–14.

CHATILLON, J., Art. ‚Devotio', in: DSp III 702–716.

– Art. ‚Dulcedo, dulcedo dei', in: DSp III 1777–1795.

COMBES, A., La théologie mystique de Gerson. Profil de son évolution, 2 Bde (= Spir. 1 und 2), Rom 1963/64.

CONGAR, Y. M.-J., Die Lehre von der Kirche. Von Augustinus bis zum Abendländischen Schisma (= Handbuch der Dogmengeschichte, Bd. III/3c), Freiburg i. Br.-Basel-Wien 1971.

– Die Lehre von der Kirche. Vom Abendländischen Schisma bis zur Gegenwart (= Handbuch der Dogmengeschichte, Bd. III/3d), Freiburg i. Br.-Basel-Wien 1971.

COPINGER, W. A., Supplement to Hain's Repertorium bibliographicum or Collections towards a new edition of that work, 3 Bde, London 1895–1902.

CORNOVA, I., Der große Böhme Bohuslaw von Lobkowicz und zu Hassenstein, Prag 1808.

CRUEL, R., Geschichte der deutschen Predigt im Mittelalter, Detmold 1879; Nachdruck: Darmstadt 1966.

CRUSENIUS, N., Monasticon Augustinianum, München 1623.

DACHEUX, L. (Hg.), Die ältesten Schriften Geilers von Kaysersberg, Freiburg i. Br. 1882; Nachdruck: Amsterdam 1965.

DEHIO, G., Handbuch der Deutschen Kunstdenkmäler, Bd. Baden-Württemberg, bearb. v. F. Piel, Darmstadt 1964.

DEMPF, A., Sacrum Imperium. Geschichts- und Staatsphilosophie des Mittelalters und der politischen Renaissance, Berlin-München 1929; Nachdruck: Darmstadt 1962.

DEMPSEY DOUGLASS, E. J., Justification in late medieval preaching. A study of John Geiler of Keisersberg (= SMRTh 1), Leiden 1966.

DENIFLE, H., Luther und Luthertum in der ersten Entwicklung, Bd. I/1, 2. Aufl., Mainz 1904.

DENZINGER, H./SCHÖNMETZER, A., Enchiridion symbolorum, definitionum et declarationum de rebus fidei et morum, 32. Aufl., St. Barcelonette-Freiburg i. Br.-Rom 1963.

Die deutsche Literatur des Mittelalters: Verfasserlexikon, begr. v. W. Stammler, fortgef. v. K. Langosch, hg. v. K. Ruh, 2. Aufl., Berlin-New York 1978 ff.

Dictionnaire de spiritualité, ascétique et mystique, begr. v. M. Viller, F. Cavallera, J. de Guibert, fortgef. v. A. Rayez, A. Derville, A. Solignac, Paris 1937 ff.

DIECKHOFF, A. W., Der Ablaßstreit, dogmengeschichtlich dargestellt, Gotha 1886.

DIEFENBACH, L., Glossarium Latino-Germanicum mediae et infimae aetatis, Frankfurt/Main 1875; Nachdruck: Darmstadt 1968.

DOLFEN, CH., Die Stellung des Erasmus von Rotterdam zur scholastischen Methode, Diss. theol.-kath. Münster, Osnabrück 1936.

DU CANGE, CH. D., Glossarium mediae et infimae Latinitatis, 10 Bde, Niort 1883–1887; Nachdruck: Graz 1954.

DUCHROW, U., Christenheit und Weltverantwortung. Traditionsgeschichte und systematische Struktur der Zweireichelehre, Stuttgart 1970.

– Sprachverständnis und biblisches Hören bei Augustin (= HUTh 5), Tübingen 1965.

DUIJNSTEE, D. F. X. P., Maarten Luther en zijn Orde, 2 Bde, Leiden o.J. (1924).

ECKERMANN, K., Studien zur Geschichte des monarchischen Gedankens im 15. Jahrhundert (= Abhandlungen zur Mittleren und Neueren Geschichte 73), Berlin 1933.

ECKERMANN, W., Die Aristoteleskritik Luthers. Ihre Bedeutung für seine Theologie, in: Cath(M) 32 (1978) 114–130.

– Augustinus Favaroni von Rom und Johannes Wyclif. Der Ansatz ihrer Lehre über die Kirche, in: Scientia Augustiniana, Festschr. A. Zumkeller, hg. v. C. P. Mayer/W. Eckermann (= Cass. 30), Würzburg 1975, 323–348.

– Buße ist besser als Ablaß. Ein Brief Gottschalk Hollens († 1481) an Lubertus Langen, in: AAug 32 (1969) 323–366.

– Gottschalk Hollen OESA († 1481). Leben, Werke und Sakramentenlehre (= Cass. 22), Würzburg 1967.

– Neue Dokumente zur Auseinandersetzung zwischen Johann von Staupitz und der Sächsischen Reformkongregation, in: AAug 40 (1977) 279–296.

EDER, K., Das Land ob der Enns vor der Glaubensspaltung. Die kirchlichen, religiösen und politischen Verhältnisse in Österreich ob der Enns 1490–1525 (= Studien zur Reformationsgeschichte Oberösterreichs 1), Linz 1932.

ELM, K., Mendikanten und Humanisten im Florenz des Tre- und Quattrocento. Zum Problem der Legitimierung humanistischer Studien in den Bettelorden, in: Die Humanisten in ihrer politischen und sozialen Umwelt (= Kommission für Humanismusforschung, Mitteilung 3), Boppard 1976, 51–85.

– Termineien und Hospize der westfälischen Augustiner-Eremitenklöster Osnabrück, Herford und Lippstadt, in: Jahrbuch für Westfälische Kirchengeschichte 70 (1977) 11–49.

ELZE, M., Das Verständnis der Passion Jesu im ausgehenden Mittelalter und bei Luther, in: Geist und Geschichte der Reformation, Festschr. H. Rückert, hg. v. H. Liebing/K. Scholder (= AKG 38), Berlin 1966, 127–151.

– Züge spätmittelalterlicher Frömmigkeit in Luthers Theologie, in: ZThK 62 (1965) 381–402.

ENGEL, J., Von der spätmittelalterlichen republica christiana zum Mächte-Europa der Neuzeit, in: Handbuch der europäischen Geschichte, Bd. 3, Stuttgart 1971, 1–443.

ENNIS, A. J., Art. ‚Augustinian spirituality‘, in: NCE I 1062f.

FABER, K.-G., Theorie der Geschichtswissenschaft, 3. Aufl., München 1974.

FALK, F., Die deutschen Sterbebüchlein von der ältesten Zeit des Buchdruckes bis zum Jahre 1520 (= Schriften der Görres-Gesellschaft 1890, 2), Köln 1890.

FERDIGG, M., De vita, operibus et doctrina Joannis de Paltz O.E.S.A. † 1511, in: AAug 30 (1967) 210–321 (zit.: Ferdigg I) und 31 (1968) 155–318 (zit.: Ferdigg II); separat: Rom 1968.

FINKE, H., Die kirchenpolitischen und kirchlichen Verhältnisse zu Ende des Mittelalters nach der Darstellung K. Lamprechts. Eine Kritik seiner „Deutschen Geschichte“ (= RQ Suppl.-Heft 4), Rom 1896.

FISCHER, R. H., Paltz und Luther, in: LuJ 37 (1970) 9–36.

FRIEDENSBURG, W. (Hg.), Urkundenbuch der Universität Wittenberg, Teil 1 (1502–1611) (= Geschichtsquellen der Provinz Sachsen und des Freistaates Anhalt, Neue Reihe 3), Magdeburg 1926.

FRÖHLICH, K., Formen der Auslegung von Matthäus 16,13–18 im lateinischen Mittelalter, Diss. theol. Basel (1961), Tübingen 1963.

GÄBLER, U., Huldrych Zwingli im 20. Jahrhundert. Forschungsbericht und annotierte Bibliographie 1897–1972, Zürich 1975.

GEBHARDT, B., Die gravamina der Deutschen Nation gegen den römischen Hof. Ein Beitrag zur Vorgeschichte der Reformation, 2. Aufl., Breslau 1895.

– Handbuch der deutschen Geschichte, 9. Aufl., hg. v. H. Grundmann, Bd. 1: Frühzeit und Mittelalter, Stuttgart 1970.

GERSTLAUER, R., Der Buchdrucker Wolfgang Stöckel in seiner Leipziger Zeit (1495–1525), Diss. phil. Leipzig 1924 (masch.).

Gesamtkatalog der Wiegendrucke, Leipzig-Stuttgart-Berlin-New York 1925ff.

GESTRICH, CH., Zwingli als Theologe. Glaube und Geist beim Zürcher Reformator (= SDGSTh 20), Zürich-Stuttgart 1967.

GEYER, B., Die patristische und scholastische Philosophie (= F. Ueberweg, Grundriß der Geschichte der Philosophie, Bd. 2), 13. Aufl., Basel-Stuttgart 1956.

GHELLINCK, J. DE, La première édition imprimée des „Opera omnia S. Augustini“, in: Miscellanea J. Gessler, Bd. 1, o. O. (Antwerpen) 1948, 530–547.

GIERATHS, G. M., Johannes Nider O.P. und die „deutsche Mystik“ des 14. Jahrhunderts, in: DT 3. Ser. 30 (1952) 321–346.

– Johannes Tauler und die Frömmigkeitshaltung des 15. Jahrhunderts, in: Johannes Tauler – ein deutscher Mystiker. Gedenkschrift zum 600. Todestag, hg. v. E. Filthaut, Essen 1961, 422–434.

GÖTZ, J. B., Die religiösen Bewegungen in der Oberpfalz von 1520–1560, Freiburg i. Br. 1914.

GÖTZE, L., Ältere Geschichte der Buchdruckerkunst in Magdeburg, Abt. 1: Die Drucker des XV. Jahrhunderts, Magdeburg 1872.

GOTTLOB, A., Der Legat Raimund Peraudi, in: HJ 4 (1885) 438–461.

GRABMANN, M., Die Geschichte der scholastischen Methode, 2 Bde, Freiburg i. Br. 1909/ 1911; Nachdruck: Darmstadt 1956.

GRAESSE, J. G. TH., Trésor de livres rares et précieux ou Nouveau dictionnaire bibliographique, 7 Bde, Dresden-Genf-London-Paris 1859–1869.

GRANE, L., Augustins „Expositio quarundam propositionum ex epistola ad Romanos" in Luthers Römerbriefvorlesung, in: ZThK 69 (1972) 304–330.
- Contra Gabrielem. Luthers Auseinandersetzung mit Gabriel Biel in der Disputatio Contra Scholasticam Theologiam 1517 (= AThD 4), Gyldendal (Dän.) 1962.
- Divus Paulus et S. Augustinus, interpres eius fidelissimus, in: Festschr. E. Fuchs, hg. v. G. Ebeling, E. Jüngel, G. Schunack, Tübingen 1973, 133–146.
- Gregor von Rimini und Luthers Leipziger Disputation, in: StTh 22 (1968) 29–49.
- Lutherforschung und Geistesgeschichte. Auseinandersetzung mit Heiko A. Oberman, in: ARG 68 (1977) 302–315.
- Modus loquendi theologicus. Luthers Kampf um die Erneuerung der Theologie (1515–1518) (= AThD 12), Leiden 1975.
GRIMM, H. J., Lazarus Spengler. A lay leader of the Reformation, Columbus/Ohio 1978.
GRIMM, J. und W., Deutsches Wörterbuch, 16 Bde und Quellenverzeichnis, Leipzig 1854–1954 und 1971.
GRUNDMANN, H., Litteratus – illitteratus, in: AKG 40 (1958) 1–65.
- Der Typus des Ketzers in mittelalterlicher Anschauung, in: H. Grundmann, Ausgewählte Aufsätze, Teil 1: Religiöse Bewegungen (= SMGH 25,1), Stuttgart 1976, 313–327.
GUMPEL, P., Actus moraliter boni. Ein Beitrag zu der Erkenntnis der Gnadenlehre des Gregor von Rimini († 1358), Diss. theol.-kath. Rom: Pontificia Universitas Gregoriana 1964 (masch.).
HAEMMERLE, A., Alphabetisches Verzeichnis der Berufs- und Standesbezeichnungen vom ausgehenden Mittelalter bis zur neueren Zeit, München 1933.
HAIN, L., Repertorium bibliographicum, in quo libri omnes ab arte typographica inventa usque ad annum 1500 . . . , 4 Bde, Stuttgart-Tübingen (ab Bd. 2 auch Paris) 1826–1838; Nachdruck: Mailand 1948.
HAMEL, A., Der junge Luther und Augustin. Ihre Beziehungen in der Rechtfertigungslehre nach Luthers ersten Vorlesungen 1509–1518 untersucht, 2 Bde, Gütersloh 1934/ 1935; Nachdruck: Hildesheim-New York 1980.
HAMM, B., Frömmigkeit als Gegenstand theologiegeschichtlicher Forschung. Methodisch-historische Überlegungen am Beispiel von Spätmittelalter und Reformation, in: ZThK 74 (1977) 464–497.
- Laientheologie zwischen Luther und Zwingli: Das reformatorische Anliegen des Konstanzer Stadtschreibers Jörg Vögeli aufgrund seiner Schriften von 1523/24, in: Kontinuität und Umbruch. Theologie und Frömmigkeit in Flugschriften und Kleinliteratur an der Wende vom 15. zum 16. Jahrhundert, hg. v. J. Nolte, H. Tompert, Ch. Windhorst (= Spätmittelalter und Frühe Neuzeit 2), Stuttgart 1978, 222–295.
- Promissio, Pactum, Ordinatio. Freiheit und Selbstbindung Gottes in der scholastischen Gnadenlehre (= BHTh 54), Tübingen 1977.
- Unmittelbarkeit des göttlichen Gnadenwirkens und kirchliche Heilsvermittlung bei Augustin, in: ZThK 78 (1981) 409–441.
Die Handschriften der Universitätsbibliothek München, hg. v. G. Schott, Bd. 1: Die deutschen mittelalterlichen Handschriften, hg. v. G. Kornrumpf/P.-G. Völker, Wiesbaden 1968.
HARNACK, A. v., Lehrbuch der Dogmengeschichte, 3 Bde, 1. Aufl., Freiburg i. Br. 1886–1890.
HASE, M. v., Bibliographie der Erfurter Drucke von 1501–1550, 3. Aufl., Nieuwkoop 1968.
HEILIG, K. J., Kritische Studien zum Schrifttum der beiden Heinriche von Hessen, in: RQ 40 (1932) 105–176.
HEIMPEL, H., Das deutsche fünfzehnte Jahrhundert in Krise und Beharrung, in: Die Welt zur Zeit des Konstanzer Konzils (= Vorträge und Forschungen 9), Konstanz-Stuttgart 1965, 9–29.

HENNIG, G., Cajetan und Luther. Ein historischer Beitrag zur Begegnung von Thomismus und Reformation (= AzTh 2. Reihe 7), Stuttgart 1966.

HERDING, O., Probleme des frühen Humanismus in Deutschland, in: AKG 38 (1956) 344–389.

HERMELINK, H., Die religiösen Reformbestrebungen des deutschen Humanismus, Tübingen 1907.

HERTEL, G. (Hg.), Urkundenbuch der Stadt Magdeburg, 3 Bde (= Geschichtsquellen der Provinz Sachsen und angrenzender Gebiete 26–28), Halle 1892–1896.

HEYNCK, V., Attritio sufficiens. Bemerkungen zu dem Buche von H. Dondaine O.P. „L'attrition suffisante", in: FS 31 (1949) 76–134.

– Contritio vera. Zur Kontroverse über den Begriff der contritio vera auf der Bologneser Tagung des Trienter Konzils, in: FS 33 (1951) 137–179.

– Der hl. John Fisher und die skotistische Reuelehre, in: FS 25 (1938) 105–133.

– Zur Lehre von der unvollkommenen Reue in der Skotistenschule des ausgehenden 15. Jahrhunderts, in: FS 24 (1937) 18–58.

– Zur Rechtfertigungslehre des Kontroverstheologen Kaspar Schatzgeyer O.F.M., in: FS 28 (1941) 129–151.

– Die Reuelehre des Skotusschülers Johannes de Bassolis, in: FS 28 (1941) 1–36.

– Die Stellung des Konzilstheologen Andreas de Vega O.F.M. zur Furchtreue, in: FS 25 (1938) 301–330.

Historisches Wörterbuch der Philosophie, hg. v. J. Ritter, Darmstadt 1971 ff.

HÖHN, M. F. A., Chronologia provinciae Rheno-Suevicae ordinis ff. Eremitarum s. p. Augustini, Erfurt 1744.

HÖRMER, A., Der Kartäuser Nikolaus Kempf als Seelenführer, Diss. theol.-kath. Wien 1959 (masch.).

HÖVER, W., Theologia Mystica in altbairischer Übertragung (= MTU 36), München 1971.

HOFMANN, HASSO, Repräsentation. Studien zur Wort- und Begriffsgeschichte von der Antike bis ins 19. Jahrhundert (= Schriften zur Verfassungsgeschichte 22), Berlin 1974.

HUBAY, I., Incunabula der Universitätsbibliothek Würzburg (= Inkunabelkataloge bayerischer Bibliotheken 1), Wiesbaden 1966.

HUIZINGA, J., Herbst des Mittelalters. Studien über Lebens- und Geistesformen des 14. und 15. Jahrhunderts in Frankreich und in den Niederlanden, hg. v. K. Köster, 10. Aufl., Stuttgart 1969.

HURTER, H., Nomenclator literarius theologiae catholicae, 5 Bde, 2. Aufl. (Bd. 2), 3. Aufl. (Bde 3–5), 4. Aufl. (Bd. 1), New York o.J.

ISERLOH, E., Luther und die Reformation. Beiträge zu einem ökumenischen Lutherverständnis (= CiW 11. Ser. 4), Aschaffenburg 1974.

– Das Spätmittelalter, in: Handbuch der Kirchengeschichte, Bd. III/2, Freiburg i. Br.-Basel-Wien 1968, 425–479.

JANSSEN, J., Geschichte des deutschen Volkes seit dem Ausgang des Mittelalters, Bd. 1: Die allgemeinen Zustände des deutschen Volkes beim Ausgang des Mittelalters, 1. Aufl., Freiburg i. Br. 1878.

JOACHIMSEN, P., Der Humanismus und die Entwicklung des deutschen Geistes, in: DVfLG 8 (1930) 419–480; aufgenommen in: ders., Gesammelte Aufsätze, hg. v. N. Hammerstein, Aalen 1970, 325–386 (danach zitiert).

JUNDT, A., Quid de via salutis Johannes de Paltz in sermonibus et libellis docuerit, exponitur, Diss. theol.-evang. Paris, Dôle 1905.

JUNTKE, F., Über die im XV. Jahrhundert in Leipzig gedruckten Ablaßpredigten des Johannes von Paltz, in: GutJb 1973, 203–212.

KÄHLER, E. (Hg.), Karlstadt und Augustin. Der Kommentar des Andreas Bodenstein von Karlstadt zu Augustins Schrift De spiritu et litera (= HM 19), Halle 1952.

KAMPSCHULTE, F. W., Die Universität Erfurt in ihrem Verhältnisse zu dem Humanismus und der Reformation, 2 Bde, Trier 1858/60.

KAWERAU, G., Art. ,Paltz, Johann', in: RE XIV 621–623.

KENTENICH, G., Die Ascetischen Handschriften der Stadtbibliothek zu Trier. No. 654–804 des Handschriften-Katalogs und Nachträge (= Beschreibendes Verzeichnis der Handschriften der Stadtbibliothek zu Trier, begr. v. M. Keuffer, Bd. 6, 2), Trier 1910.

KESTENBERG-GLADSTEIN, R., The „Third Reich". A fifteenth-century polemic against Joachism, and its background, in: JWCI 18 (1955) 245–295.

KIRN, P., Friedrich der Weise und die Kirche. Seine Kirchenpolitik vor und nach Luthers Hervortreten im Jahre 1517 (= Beiträge zur Kulturgeschichte des Mittelalters und der Renaissance 30), Leipzig-Berlin 1926.

KLAPPER, J., Der Erfurter Kartäuser Johannes Hagen. Ein Reformtheologe des 15. Jahrhunderts, 2 Bde (= EThSt 9 und 10), Leipzig 1960/1961.

KLEIN, J., Zur Bußlehre des seligen Joh. Duns Skotus. Bemerkungen zu dem Buche von Krautwig: Die Grundlagen der Bußlehre des Joh. Duns Skotus, in: FS 27 (1940) 104–113 und 191–196.

KLEIN, L., Die Bereitung zum Sterben. Studien zu den frühen reformatorischen Sterbebüchern, Diss. theol. Göttingen 1958 (masch.).

KLEINEIDAM, E., Die Bedeutung der Augustinereremiten für die Universität Erfurt im Mittelalter und in der Reformationszeit, in: Scientia Augustiniana, Festschr. A. Zumkeller, hg. v. C. P. Mayer/W. Eckermann (= Cass. 30), Würzburg 1975, 395–422.

– Geschichte der Wissenschaft im mittelalterlichen Erfurt, in: Geschichte Thüringens, hg. v. H. Patze/W. Schlesinger, Bd. II/2: Hohes und spätes Mittelalter (= Mitteldeutsche Forschungen 48/II/2), Köln-Wien 1973, 150–187 und 337–346.

– Die theologische Richtung der Erfurter Kartäuser am Ende des 15. Jahrhunderts. Versuch einer Einheit der Theologie, in: Miscellanea Erfordiana, hg. v. E. Kleineidam/H. Schürmann (= EThSt 12), Leipzig 1962, 247–271.

– Die Universität Erfurt in den Jahren 1501–1505, in: Reformata Reformanda, Festschr. H. Jedin, hg. v. E. Iserloh/K. Repgen (= RGST Suppl.-Bd. 1), Teil 1, Münster 1965, 142–195.

– Universitas Studii Erffordensis. Überblick über die Geschichte der Universität Erfurt im Mittelalter 1392–1521, 2 Bde (= EThSt 14 und 22), Leipzig 1964/1969.

KNEPPER, J., Jakob Wimpfeling (1450–1528). Sein Leben und seine Werke (= Erläuterungen und Ergänzungen zu Janssens Geschichte des deutschen Volkes, hg. v. L. Pastor, Bd. 3, 2–4), Freiburg i. Br. 1902.

KOCOWSKI, B. B., Catalogus incunabulorum typographicorum bibliothecae universitatis Wratislaviensis, 3 Bde (= Societas scientiarum et litterarum Wratislaviensis. Studia Silesiaca bibliographiam bibliothecarumque scientiam illustrantia 5,1.2; 16), Breslau (Wrocław) 1959–1977.

KÖHLER, W. (Hg.), Dokumente zum Ablaßstreit von 1517 (= SQS 2. Ser. 3), 2. Aufl., Tübingen 1934.

KÖLMEL, W., Regimen Christianum. Weg und Ergebnisse des Gewaltenverhältnisses und des Gewaltenverständnisses (8. bis 14. Jahrhundert), Berlin 1970.

KÖPF, U., Die Anfänge der theologischen Wissenschaftstheorie im 13. Jahrhundert (= BHTh 49), Tübingen 1974.

– Religiöse Erfahrung in der Theologie Bernhards von Clairvaux (= BHTh 61), Tübingen 1980.

KOLDE, TH., Die deutsche Augustiner-Congregation und Johann von Staupitz. Ein Beitrag zur Ordens- und Reformationsgeschichte, Gotha 1879.

– Friedrich der Weise und die Anfänge der Reformation. Eine kirchenhistorische Skizze, Erlangen 1881.

– Innere Bewegungen unter den deutschen Augustinern und Luthers Romreise, in: ZKG 2 (1878) 460–472.

– Luther und sein Ordensgeneral in Rom in den Jahren 1518 und 1520, in: ZKG 2 (1878) 472–480.

– Das religiöse Leben in Erfurt beim Ausgange des Mittelalters. Ein Beitrag zur Vorgeschichte der Reformation (= SVRG 63), Halle 1898.

KRÄMER, W., Die ekklesiologische Auseinandersetzung um die wahre Repräsentation auf dem Basler Konzil, in: MM 8 (Der Begriff der repraesentatio im Mittelalter. Stellvertretung, Symbol, Zeichen, Bild), Berlin-New York 1971, 202–237.

KRAUME, H., Die Gerson-Übersetzungen Geilers von Kaysersberg. Studien zur deutschsprachigen Gerson-Rezeption, Diss. phil. Freiburg i. Br. (= MTU 71), München 1980.

KRAUTWIG, N., Die Grundlagen der Bußlehre des J. Duns Skotus (= BAFG 4), Freiburg i. Br. 1938.

KUNISCH, H., Johannes Veghe und die oberdeutsche Mystik des 14. Jahrhunderts, in: ZDA 75 (1938) 141–171.

KUNZELMANN, A., Die Bedeutung des alten Erfurter Augustinerklosters, in: Scientia Augustiniana, Festschr. A. Zumkeller, hg. v. C. P. Mayer/W. Eckermann (= Cass. 30), Würzburg 1975, 609–629.

– Geschichte der deutschen Augustiner-Eremiten, Teil 2: Die rheinisch-schwäbische Provinz bis zum Ende des Mittelalters (= Cass. 26,2), Würzburg 1970; Teil 4: Die kölnische Provinz bis zum Ende des Mittelalters (= Cass. 26,4), Würzburg 1972; Teil 5: Die sächsisch-thüringische Provinz und die sächsische Reformkongregation bis zum Untergang der beiden (= Cass. 26,5), Würzburg 1974.

KURZE, D., Der niedere Klerus in der sozialen Welt des späteren Mittelalters, in: Beiträge zur Wirtschafts- und Sozialgeschichte des Mittelalters, Festschr. H. Helbig, hg. v. K. Schulz, Köln-Wien 1976, 273–305.

LANDMANN, F., Das Predigtwesen in Westfalen in der letzten Zeit des Mittelalters (= VRF 1), Münster 1900.

LANG, A., Die theologische Prinzipienlehre der mittelalterlichen Scholastik, Freiburg i. Br. 1964.

LAUBE, A., Studien über den erzgebirgischen Silberbergbau von 1470 bis 1546 (= FMAG 22), Berlin 1974.

LAUFNER, R., Zur Abstammung von Luthers Lehrer Johann von Paltz, in: Vierteljahresblätter der Trierer Gesellschaft für nützliche Forschungen 1 (1955) 59–62.

LEA, H. CH., A history of auricular confession and indulgences in the Latin church, Bd. 3: Indulgences, London 1896.

LECLERCQ, J., Wissenschaft und Gottverlangen. Zur Mönchstheologie des Mittelalters, Düsseldorf 1963 (franz.: L'amour des lettres et le désir de Dieu, Paris 1957).

LEHMANN, P. (Hg.), Mittelalterliche Bibliothekskataloge Deutschlands und der Schweiz, Bd. 2: Bistum Mainz, Erfurt, München 1928.

Lexikon für Theologie und Kirche, 2. Aufl., hg. v. J. Höfer/K. Rahner, 10 Bde und Reg.-Bd., Freiburg i. Br. 1957–1967.

LISCH, G. C. F., Hauptbegebenheiten in der ältern Geschichte der Stadt Sternberg, in: Jahrbücher des Vereins für mecklenburgische Geschichte und Alterthumskunde 12 (1847) 187–390.

LOCHER, G. W., Die Zwinglische Reformation im Rahmen der europäischen Kirchengeschichte, Göttingen-Zürich 1979.

LÖHR, G., Die Dominikaner an den deutschen Universitäten am Ende des Mittelalters, in: Mélanges Mandonnet, Bd. 2 (= BiblThom 14), Paris 1930, 403–435.

– Die Dominikaner an der Leipziger Universität (= QGDOD 30), Vechta 1934.

LOEWENICH, W. V., Luther und der Neuprotestantismus, Witten 1963.

LOHSE, B., Die Bedeutung Augustins für den jungen Luther, in: KuD 11 (1965) 116–135.

– Mönchtum und Reformation. Luthers Auseinandersetzung mit dem Mönchsideal des Mittelalters (= FKDG 12), Göttingen 1963.

LORENZ, R., Die Wissenschaftslehre Augustins, in: ZKG 67 (1955/56) 29–60 und 213–251.

LORTZ, J., Zur Problematik der kirchlichen Mißstände im Spätmittelalter, in: TThZ 58 (1949) 1–26.212–227.257–279.347–357.
- Die Reformation in Deutschland, 2 Bde, 1. Aufl., Freiburg i. Br. 1939/1940.
LORZ, J., Bibliographia Linckiana. Bibliographie der gedruckten Schriften Dr. Wenzeslaus Lincks (1483–1547) (= Bibliotheca Humanistica et Reformatorica 18), Nieuwkoop 1977.
MACHILEK, F., Klosterhumanismus in Nürnberg um 1500, in: MVGN 64 (1977) 10–45.
MADRE, A., Nikolaus von Dinkelsbühl – Leben und Schriften. Ein Beitrag zur theologischen Literaturgeschichte (= BGPhMA 40,4), Münster 1965.
MAURENBRECHER, W., Geschichte der katholischen Reformation, Bd. 1, Nördlingen 1880.
- Studien und Skizzen zur Geschichte der Reformationszeit, Leipzig 1874.
MAY, G., Die geistliche Gerichtsbarkeit des Erzbischofs von Mainz im Thüringen des späten Mittelalters. Das Generalgericht zu Erfurt (= EThSt 2), Leipzig 1956.
MEHRING, G., Kardinal Raimund Peraudi als Ablaßkommissar in Deutschland 1500–1504 und sein Verhältnis zu Maximilian I., in: Forschungen und Versuche zur Geschichte des Mittelalters und der Neuzeit, Festschr. D. Schäfer, Jena 1915, 334–409.
MEIER, LUDGER, Die Barfüßerschule zu Erfurt (= BGPhMA 38,2), Münster 1958.
- Contribution à l'histoire de la théologie à l'université d'Erfurt, in: RHE 50 (1955) 454–479 und 839–866.
- Die Firmungslehre des Kilian Stetzing, in: ZKTh 53 (1957) 190–200.
- Lebensgang und Lebenswerk des Erfurter Franziskanertheologen Kilianus Stetzing, in: FS 23 (1936) 176–200 und 265–295.
- Research that has been made and is yet to be made on the Ockhamism of Martin Luther at Erfurt, in: AFH 43 (1950) 56–67.
- Die Rolle der Theologie im Erfurter Quodlibet, in: RThAM 17 (1950) 283–302.
- Zum Schrifttum des Minoriten Kilianus Stetzing, in: RThAM 10 (1938) 173–190.
- Die Stellung der Ordensleute in der Erfurter theologischen Fakultät, in: STGMA 3 (1953) 137–145.
MERTENS, D., Iacobus Carthusiensis. Untersuchungen zur Rezeption der Werke des Kartäusers Jakob von Paradies (1381–1465) (= Veröffentlichungen des Max-Planck-Instituts für Geschichte 50 = StGS 13), Göttingen 1976.
MESTWERDT, P., Die Anfänge des Erasmus. Humanismus und „devotio moderna", hg. v. H. v. Schubert (= SKGR 2), Leipzig 1917.
MINGES, P., Ioannis Duns Scoti doctrina philosophica et theologica quoad res praecipuas proposita et exposita, 2 Bde, Ad Claras Aquas (Quaracchi) 1930.
Mittellateinisches Wörterbuch bis zum ausgehenden 13. Jahrhundert, hg. v. der Bayerischen Akademie der Wissenschaften und der Deutschen Akademie der Wissenschaften zu Berlin, München 1967ff.
MOELLER, B., Deutschland im Zeitalter der Reformation (= Deutsche Geschichte 4), Göttingen 1977.
- Frömmigkeit in Deutschland um 1500, in: ARG 56 (1965) 5–31.
- Das religiöse Leben im deutschen Sprachgebiet am Ende des 15. und am Ende des 16. Jahrhunderts, in: Comité international des Sciences Historiques Wien 29. 8.–5. 9. 1965, Rapports 3 (Commissions), Wien o. J., 129–151.
- Rezension zu H. A. Oberman, Werden und Wertung der Reformation. Vom Wegestreit zum Glaubenskampf (= Spätscholastik und Reformation, Bd. 2), Tübingen 1977, in: ARG 70 (1979) 308–314.
- Spätmittelalter (= Die Kirche in ihrer Geschichte, Bd. 2 Lieferung H 1), Göttingen 1966.
MÜHLEN, K.-H. ZUR, Art. ‚Affekt', in: TRE I 599–612.
- Nos extra nos. Luthers Theologie zwischen Mystik und Scholastik (= BHTh 46), Tübingen 1972.
MÜLLER, GEORG, Zu Johann von Staupitz' Vikariat, in: ZKWL 10 (1889) 93–97.

MÜLLER, GERHARD, Rezension zu H. A. Oberman, Werden und Wertung der Reformation. Vom Wegestreit zum Glaubenskampf (= Spätscholastik und Reformation, Bd. 2), Tübingen 1977, in: LuJ 46 (1979) 136–139.

MURPHY, L., The prologue of Martin Luther to the Sentences of Peter Lombard (1509): the clash of philosophy and theology, in: ARG 67 (1976) 54–75.

NEGWER, J., Konrad Wimpina: ein katholischer Theologe aus der Reformationszeit (= KGA 7), Breslau 1909.

Neue deutsche Biographie, hg. v. der Historischen Kommission bei der Bayerischen Akademie der Wissenschaften, Berlin 1953 ff.

New Catholic Encyclopedia, 15 Bde, New York–St. Louis–San Francisco–Toronto–London–Sydney 1967.

OBERMAN, H. A., Archbishop Thomas Bradwardine – a fourteenth century Augustinian. A study of his theology in its historical context, Utrecht 1957.

– Contra vanam curiositatem. Ein Kapitel der Theologie zwischen Seelenwinkel und Weltall (= ThSt 113), Zürich 1974.

– Einleitung zur Reihe ‚Spätmittelalter und Reformation‘, in: Der Physikkommentar Hugolins von Orvieto OESA. Ein Beitrag zur Erkenntnislehre des spätmittelalterlichen Augustinismus, hg. v. W. Eckermann (= Spätmittelalter und Reformation 5), Berlin–New York 1972, XVII–XXVI.

– „Et tibi dabo claves regni caelorum“. Kirche und Konzil von Augustin bis Luther. Tendenzen und Ergebnisse II, in: NedThT 29 (1975) 97–118.

– Facientibus quod in se est deus non denegat gratiam. Robert Holcot, O.P. and the beginnings of Luther's theology, in: HThR 55 (1962) 317–342.

– Fourteenth-century religious thought: a premature profile, in: Spec. 53 (1978) 80–93.

– Headwaters of the Reformation: Initia Lutheri – Initia Reformationis, in: H. A. Oberman (Hg.), Luther and the dawn of the modern era. Papers for the fourth international congress for Luther research (= SHCT 8), Leiden 1974, 40–88.

– Der Herbst der mittelalterlichen Theologie (= Spätscholastik und Reformation, Bd. 1), Zürich 1965 (engl.: The harvest of medieval theology. Gabriel Biel and late medieval Nominalism, Cambridge/Mass. 1963).

– Quoscunque tulit foecunda vetustas. Ad Lectorem, in: Itinerarium Italicum. The profile of the Italian Renaissance in the mirror of its European transformations, Festschr. P. O. Kristeller, hg. v. H. A. Oberman/Th. A. Brady Jr. (= SMRTh 14), Leiden 1975, IX–XXVIII.

– Reformation: Epoche oder Episode, in: ARG 68 (1977) 56–111.

– The shape of late medieval thought: the birthpangs of the modern era, in: The pursuit of holiness in late medieval and Renaissance religion, hg. v. Ch. Trinkaus/H. A. Oberman (= SMRTh 10), Leiden 1974, 3–25 (danach zitiert); vorher in: ARG 64 (1973) 13–33.

– „Tuus sum, salvum me fac“. Augustinréveil zwischen Renaissance und Reformation, in: Scientia Augustiniana, Festschr. A. Zumkeller, hg. v. C. P. Mayer/W. Eckermann (= Cass. 30), Würzburg 1975, 349–394.

– Werden und Wertung der Reformation. Vom Wegestreit zum Glaubenskampf (= Spätscholastik und Reformation, Bd. 2), Tübingen 1977.

– Wir sein pettler. Hoc est verum. Bund und Gnade in der Theologie des Mittelalters und der Reformation, in: ZKG 78 (1967) 232–252.

– Wittenbergs Zweifrontenkrieg gegen Prierias und Eck. Hintergrund und Entscheidungen des Jahres 1518, in: ZKG 80 (1969) 331–358.

ÖDIGER, F. W., Über die Bildung der Geistlichen im späten Mittelalter (= STGMA 2), Leiden 1953.

OVERMANN, A. (Hg.), Urkundenbuch der Erfurter Stifter und Klöster, Teil 3: Die Urkunden des Augustiner-Eremitenklosters (1331–1565) (= Geschichtsquellen der Provinz Sachsen und des Freistaates Anhalt, Neue Reihe 16), Magdeburg 1934.

OZMENT, S. E., Homo Spiritualis. A comparative study of the anthropology of Johannes

Tauler, Jean Gerson and Martin Luther (1513–16) in the context of their theological thought (= SMRTh 6), Leiden 1969.

– Mysticism and dissent. Religious ideology and social protest in the sixteenth century, New Haven-London 1973.

PALACKY, F., Geschichte von Böhmen, 5 Bde, 1. Aufl., Prag 1836–1867.

PANZER, G. W., Annalen der ältern deutschen Litteratur, 2 Bde, Nürnberg 1788/1805.

– Zusätze zu den Annalen der ältern deutschen Litteratur, Leipzig 1802.

– Annales typographici, 11 Bde, Nürnberg 1793–1803.

PASCOE, L. B., Jean Gerson: Principles of church reform (= SMRTh 7), Leiden 1973.

PAULUS, N., Geschichte des Ablasses im Mittelalter, Bd. 3: Geschichte des Ablasses am Ausgange des Mittelalters, Paderborn 1923.

– Johann Tetzel der Ablaßprediger, Mainz 1899.

– Johann von Paltz über Ablaß und Reue, in: ZKTh 23 (1899) 48–74.

– Raimund Peraudi als Ablaßkommissar, in: HJ 21 (1900) 645–682.

– Die Reue in den deutschen Beichtschriften des ausgehenden Mittelalters, in: ZKTh 28 (1904) 1–36.

– Die Reue in den deutschen Erbauungsschriften des ausgehenden Mittelalters, in: ZKTh 28 (1904) 449–485.

– Die Reue in den deutschen Sterbebüchlein des ausgehenden Mittelalters, in: ZKTh 28 (1904) 682–698.

– Wimpfelingiana, in: ZGO NS 18 (1903) 46–57.

PELSTER, F., Das Heimatland des Richard von Mediavilla, in: Scholastik 13 (1938) 399–406.

PERINI, D. A., Bibliographia Augustiniana cum notis bibliographicis, 4 Bde (= Scriptores Itali 1–4), Florenz 1929–1937.

PESCH, O. H., Art. ‚Thomas v. Aquin‘, in: LThK X 119–134.

– Die Theologie der Rechtfertigung bei Martin Luther und Thomas von Aquin. Versuch eines systematisch-theologischen Dialogs (= WSAMA.T 4), Mainz 1967.

POSCHMANN, B., Der Ablass im Licht der Bussgeschichte (= Theoph. 4), Bonn 1948.

– Buße und Letzte Ölung (= Handbuch der Dogmengeschichte, Bd. IV/3), Freiburg i. Br. 1951.

POSTHUMUS MEYJES, G. H. M., Jean Gerson. Zijn kerkpolitiek en ecclesiologie, Diss. theol. Leiden, ’s-Gravenhage 1963.

PROCTOR, R., An index to the early printed books in the British Museum, (part I:) from the invention of printing to the year 1500, London 1898 (zit.: Proctor I); part II: 1501–1520, section I: Germany, London 1903, Nachdruck: London 1954 unter dem Titel: An index of German books 1501–1520 in the British Museum (zit.: Proctor II/1).

Realencyklopädie für protestantische Theologie und Kirche, 3. Aufl., hg. v. A. Hauck, 21 Bde, Reg.-Bd. und 2 Bde Ergänzungen und Nachträge, Leipzig 1896–1913.

Reallexikon der deutschen Literaturgeschichte, begr. v. P. Merker/W. Stammler, 2. Aufl., hg. v. W. Kohlschmidt/W. Mohr, Berlin 1958 ff.

REDLICH, V., Tegernsee und die deutsche Geistesgeschichte im 15. Jahrhundert (= Schriftenreihe zur bayer. Landesgeschichte 9), München 1931.

REEVES, M., The influence of prophecy in the later Middle Ages. A study in Joachimism, Oxford 1969.

REICHLING, D., Appendices ad Hainii-Copingeri Repertorium bibliographicum. Additiones et emendationes, 7 Bde, München 1905–1911; Supplementum: Münster 1914.

REINDELL, W., Doktor Wenzeslaus Linck von Colditz 1483–1547, Bd. 1, Marburg 1892.

Die Religion in Geschichte und Gegenwart, 3. Aufl., hg. v. K. Galling, 6 Bde und Reg.-Bd., Tübingen 1957–1965.

RITTER, G., Die geschichtliche Bedeutung des deutschen Humanismus, in: HZ 127 (1923) 393–453; separater Nachdruck: Darmstadt 1963.

– Die Heidelberger Universität. Ein Stück deutscher Geschichte, Bd. 1: Das Mittelalter (1386–1508), Heidelberg 1936.
– Marsilius von Inghen und die ockhamistische Schule in Deutschland (= SHAW.PH Jg. 1921 Abh. 4 = Studien zur Spätscholastik, Bd. 1), Heidelberg 1921.
– Via antiqua und Via moderna auf den deutschen Universitäten des XV. Jahrhunderts (= SHAW.PH Jg. 1922 Abh. 7 = Studien zur Spätscholastik, Bd. 2), Heidelberg 1922; Nachdruck: Darmstadt 1975.

ROKYTA, H., Die Böhmischen Länder. Handbuch der Denkmäler und Gedenkstätten europäischer Kulturbeziehungen in den böhmischen Ländern, Salzburg 1970.

ROTH, D., Die mittelalterliche Predigttheorie und das Manuale curatorum des Johann Ulrich Surgant (= BBGW 58), Basel 1956.

RUDOLF, R., Ars moriendi. Von der Kunst des heilsamen Lebens und Sterbens (= FVK 39), Köln-Graz 1957.

RÜCKLIN-TEUSCHER, G., Religiöses Volksleben des ausgehenden Mittelalters in den Reichsstädten Hall und Heilbronn (= HS 226), Berlin 1933.

RÜTHING, H., Art. ‚Kempf, Nicolas‘, in: DSp VIII 1699–1703.

RUSSELL, R. P., Art. ‚Augustinianism‘, in: NCE I 1063–1069.

– Art. ‚Augustinianism, theological school of‘, in: NCE I 1069–1071.

SANDER, E., Ein neuentdeckter Band aus Luthers Erfurter Klosterbibliothek, in: ARG 38 (1941) 87–89.

SCHEEL, O., Martin Luther. Vom Katholizismus zur Reformation, Bd. 2: Im Kloster, 1. Aufl., Tübingen 1917; 3./4. Aufl., Tübingen 1930.

– (Hg.), Dokumente zu Luthers Entwicklung (bis 1519) (= SQS 2. Ser. 2), 2. Aufl., Tübingen 1929.

SCHIFF, O., Die Wirsberger. Ein Beitrag zur Geschichte der revolutionären Apokalyptik im 15. Jahrhundert, in: HV 26 (1931) 776–786.

SCHINDLER, A., Wort und Analogie in Augustins Trinitätslehre (= HUTh 4), Tübingen 1965.

SCHMELLER, J. A., Bayerisches Wörterbuch, 2. Aufl., bearb. v. G. K. Frommann, 2 Bde, München 1872/1877; 3. Nachdruck: Aalen 1973.

SCHMIDTCHEN, V., Bombarden, Befestigungen, Büchsenmeister. Von den ersten Mauerbrechern des Spätmittelalters zur Belagerungsartillerie der Renaissance. Eine Studie zur Entwicklung der Militärtechnik, Düsseldorf 1977.

SCHNEIDER, JOHANNES, Die kirchliche und politische Wirksamkeit des Legaten Raimund Peraudi (1486–1505), Halle 1882.

SCHRÖER, A., Die Kirche in Westfalen vor der Reformation. Verfassung und geistliche Kultur, Mißstände und Reformen, 2 Bde, Münster 1967.

SCHUBERT, H. v., Lazarus Spengler und die Reformation in Nürnberg, hg. v. H. Holborn (= QFRG 17), Leipzig 1934; Nachdruck: New York-London 1971.

SCHULER, P.-J., Geschichte des südwestdeutschen Notariats. Von seinen Anfängen bis zur Reichsnotariatsordnung 1512 (= Veröffentlichungen des Alemannischen Instituts Freiburg i. Br. 39), Bühl/Baden 1976.

SCHULZE, M., Von der Via Gregorii zur Via Reformationis. Der Streit um Augustin im späten Mittelalter, Diss. theol.-evang. Tübingen 1980 (masch.).

SCHWARZ, R., Die apokalyptische Theologie Thomas Müntzers und der Taboriten (= BHTh 55), Tübingen 1977.

– Art. ‚Anfechtung. II. Mittelalter‘, in: TRE II 691–695.

– Vorgeschichte der reformatorischen Bußtheologie (= AKG 41), Berlin 1968.

SEEBERG, R., Lehrbuch der Dogmengeschichte, Bd. 2: Die Dogmenbildung in der Alten Kirche, 6. Aufl., Darmstadt 1963 (= Nachdruck der 3. Aufl. 1923).

SERICOLI, CH., Immaculata B. M. Virginis Conceptio iuxta Xysti IV constitutiones (= BMMeA 5), Sibenici-Rom 1945.

SIDER, R. J., Andreas Bodenstein von Karlstadt. The development of his thought 1517–1525 (= SMRTh 11), Leiden 1974.

SÖLL, G., Mariologie (= Handbuch der Dogmengeschichte, Bd. III/4), Freiburg i. Br.-Basel-Wien 1978.

SPITZ, L. W., The religious renaissance of the German humanists, Cambridge/Mass. 1963.

STADELMANN, R., Vom Geist des ausgehenden Mittelalters. Studien zur Geschichte der Weltanschauung von Nicolaus Cusanus bis Sebastian Franck (= DVfLG Buchreihe 15), Halle 1929.

STAMMLER, W., Von der Mystik zum Barock (1400–1600) (= Epochen der deutschen Literatur, Bd. II/1), 2. Aufl., Stuttgart 1950.

– (Hg.), Deutsche Philologie im Aufriß, Bd. 2, 2. Aufl., Berlin 1960; Nachdruck: Berlin 1966.

STEER, G., Hugo Ripelin von Straßburg. Zur Rezeptions- und Wirkungsgeschichte des ‚Compendium theologicae veritatis‘ im deutschen Spätmittelalter, Tübingen 1981.

STEGMÜLLER, F., Gratia sanans. Zum Schicksal des Augustinismus in der Salmatizenserschule, in: Aurelius Augustinus, Festschr. der Görresgesellschaft zum 1500. Todestag des hl. Augustinus, hg. v. M. Grabmann/J. Mausbach, Köln 1930, 395–409.

STEINMETZ, D. C., Luther and the late medieval Augustinians: Another look, in: CTM 44 (1973) 245–260.

– Misericordia Dei. The theology of Johannes von Staupitz in its late medieval setting (= SMRTh 4), Leiden 1968.

– Reformers in the wings, Philadelphia 1971.

STEINMETZ, M., Deutschland von 1476 bis 1648. Von der frühbürgerlichen Revolution bis zum Westfälischen Frieden (= Lehrbuch der deutschen Geschichte, Bd. 3), Berlin 1965.

– Die Universität Wittenberg und der Humanismus (1502–1521), in: 450 Jahre Martin-Luther-Universität Halle-Wittenberg, Bd. 1 (Wittenberg 1502–1817), Halle 1952, 103–139.

STÖRMANN, A., Die städtischen Gravamina gegen den Klerus am Ausgange des Mittelalters und in der Reformationszeit (= RGST 24–26), Münster 1916.

SUDBRACK, J., Die geistliche Theologie des Johannes von Kastl. Studien zur Frömmigkeitsgeschichte des Spätmittelalters, 2 Bde (= BGAM 27), Münster 1966/1967.

TENTLER, TH. N., Sin and confession on the eve of the Reformation, Princeton 1977.

TESELLE, E., Augustine the theologian, London 1970.

Theologische Realenzyklopädie, hg. v. G. Krause/G. Müller, Berlin-New York 1976 ff.

TIERNEY, B., Foundations of the Conciliar Theory. The contribution of the mediaeval canonists from Gratian to the Great Schism, Cambridge 1955.

TRAPP, D., Augustinian theology of the fourteenth century. Notes on editions, marginalia, opinions and book-lore, in: Aug(L) 6 (1956) 146–274.

TRÜDINGER, K., Stadt und Kirche im spätmittelalterlichen Würzburg (= Spätmittelalter und Frühe Neuzeit 1), Stuttgart 1978.

VANSTEENBERGHE, E., Autour de la ‚Docte Ignorance‘. Une controverse sur la théologie mystique au XVe siècle (= BGPhMA 14,2–4), Münster 1915.

VEITH, F. A., Bibliotheca Augustana, complectens notitias varias de vita et scriptis eruditorum, quos Augusta Vindelica orbi litterato vel dedit vel aluit, 10 Bde, Augsburg 1785–1793.

VÖLKER, P.-G., Die deutschen Schriften des Franziskaners Konrad Bömlin, Teil 1: Überlieferung und Untersuchung (= MTU 8), München 1964.

VOLZ, H., Die Liturgie bei der Ablaßverkündung, in: JLH 11 (1966) 114–125.

VONSCHOTT, H., Geistiges Leben im Augustinerorden am Ende des Mittelalters und zu Beginn der Neuzeit (= HS 129), Berlin-Tübingen-Hamburg 1915; Nachdruck: Vaduz 1965.

VOULLIÉME, E., Der Buchdruck Cölns bis zum Ende des 15. Jahrhunderts (= PGRGK 24), Bonn 1903.

– Die Incunabeln der Königlichen Universitäts-Bibliothek zu Bonn. Ein Beitrag zur Bücherkunde des 15. Jahrhunderts (= ZfB Beiheft 13), Leipzig 1894.

WAGNER, J. J., Das ehemalige Kloster der Augustiner-Eremiten in Ehrenbreitstein und seine Beziehungen zu Martin Luther, Erfurt und Wittenberg, Koblenz 1931.

– Johann von Paltz, in: Zeitschrift für Heimatkunde von Koblenz und Umgebung 1 (1920) 5 f. und 27 f.

WANDER, K. F. W., Deutsches Sprichwörter-Lexikon, 5 Bde, Leipzig 1867; Nachdruck: Darmstadt 1964.

WEIDENHILLER, E., Untersuchungen zur deutschsprachigen katechetischen Literatur des späten Mittelalters (nach den Handschriften der Bayerischen Staatsbibliothek) (= MTU 10), München 1965.

WEIJENBORG, R., Doctrina de immaculata conceptione apud Ioannem de Paltz, O.E.S.A., magistrum Lutheri novitii, in: Virgo Immaculata (= Acta congressus Mariologico-Mariani, Rom 1954) 14, Rom 1957, 160–183.

– Luther et les cinquante et un Augustins d'Erfurt, d'après une lettre d'indulgences inédite du 18 avril 1508, in: RHE 55 (1960) 819–875.

– Miraculum a Martino Luthero confictum explicatne eius reformationem?, in: Anton. 31 (1956) 247–300.

– Neuentdeckte Dokumente im Zusammenhang mit Luthers Romreise, in: Anton. 32 (1957) 147–202.

WEILER, A. G., Art. ‚Antiqui/moderni (via antiqua/via moderna)‘, in: HWP I 407–410.

– Heinrich von Gorkum († 1431). Seine Stellung in der Philosophie und der Theologie des Spätmittelalters, Hilversum-Einsiedeln-Zürich-Köln 1962.

WEISWEILER, H., Die Wirksamkeit der Sakramente nach Hugo von St. Viktor, Freiburg i. Br. 1932.

WELLER, E., Repertorium typographicum. Die deutsche Literatur im ersten Viertel des sechzehnten Jahrhunderts, Nördlingen 1864; 2 Supplement-Bde: Nördlingen 1874/1885.

WERBECK, W., Jacobus Perez von Valencia. Untersuchungen zu seinem Psalmenkommentar (= BHTh 28), Tübingen 1959.

– Rezension zu E. J. Dempsey Douglass, Justification in late medieval preaching. A study of John Geiler of Keisersberg (= SMRTh 1), Leiden 1966, in: ThLZ 93 (1968) 759–761.

– Voraussetzungen und Wesen der scrupulositas im Spätmittelalter, in: ZThK 68 (1971) 327–350.

Wetzer und Welte's Kirchenlexikon oder Enzyklopädie der katholischen Theologie und ihrer Hilfswissenschaften, begonnen v. J. Hergenröther, fortges. v. F. Kaulen, 12 Bde und Reg.-Bd., 2. Aufl., Freiburg i. Br. 1882–1903.

WICKS, J., Man yearning for grace. Luther's early spiritual teaching (= VIEG 56), Wiesbaden 1969.

WIENBRUCH, U., „Signum“, „significatio“ und „illuminatio“ bei Augustin, in: MM 8 (Der Begriff der repraesentatio im Mittelalter. Stellvertretung, Symbol, Zeichen, Bild), Berlin-New York 1971, 76–93.

WINDHORST, CH., Täuferisches Taufverständnis. Balthasar Hubmaiers Lehre zwischen traditioneller und reformatorischer Theologie (= SMRTh 16), Leiden 1976.

WOLF, E., Staupitz und Luther. Ein Beitrag zur Theologie des Johannes von Staupitz und deren Bedeutung für Luthers theologischen Werdegang (= QFRG 9), Leipzig 1927.

WOLF, H., Art. ‚Johann von Paltz‘, in: NDB X 565 f.

– Art. ‚Predigt‘, in: RDL III 223–257.

– Die „Himmlische Fundgrube“ und die Anfänge der deutschen Bergmannspredigt, in: HBVK 49/50 Teil 1 (1958) 347–354.

ZAPF, G. W., Augsburgs Buchdruckergeschichte nebst den Jahrbüchern derselben, 2 Bde, Augsburg 1788/1791.

ZOEPFL, F., Art. ‚Schmerzen Mariä‘, in: LThK IX 429–431.

ZUMKELLER, A., Art. ,Ägidius von Rom', in: TRE I 462–465.
- Art. ,Augustinerschule', in: SM(D) I 430–433.
- Art. ,Jean de Dorsten (Bauer)', in: DSp VIII 480 f.
- Art. ,Paltz, Johann (Jeuser) von', in: RGG V 34 f.
- Der Augustiner Angelus Dobelinus († nach 1420), erster Theologieprofessor der Erfurter Universität, über Gnade, Rechtfertigung und Verdienst, in: AAug 44 (1981) 67–147.
- Die Augustinereremiten in der Auseinandersetzung mit Wyclif und Hus. Ihre Beteiligung an den Konzilien von Konstanz und Basel, in: AAug 28 (1965) 5–56.
- Die Augustinerschule des Mittelalters. Vertreter und philosophisch-theologische Lehre, in: AAug 27 (1964) 167–262.
- Der Augustinertheologe Johannes Hiltalingen von Basel († 1392) über Urstand, Erbsünde, Gnade und Verdienst, in: AAug 43 (1980) 57–162.
- Die Augustinertheologen Simon Fidati von Cascia und Hugolin von Orvieto und Martin Luthers Kritik an Aristoteles, in: ARG 54 (1963) 15–37.
- Erbsündenlehre des deutschen Augustinertheologen Johannes Klenkok († 1374), in: Aug(L) 29 (1979) 316–365.
- Handschriften aus dem ehemaligen Erfurter Augustinerkloster in der Staatsbibliothek Berlin – Preußischer Kulturbesitz. Neue Aufschlüsse über Johannes von Dorsten OSA († 1481), in: AAug 40 (1977) 223–277.
- Hugolin von Orvieto († 1373) über Prädestination, Rechtfertigung und Verdienst, in: Aug(L) 4 (1954) 109–156; 5 (1955) 5–51.
- Hugolin von Orvieto († 1373) über Urstand und Erbsünde, in: Aug(L) 3 (1953) 35–62 und 165–193; 4 (1954) 25–46.
- Johannes Klenkok O.S.A. († 1374) im Kampf gegen den „Pelagianismus" seiner Zeit. Seine Lehre über Gnade, Rechtfertigung und Verdienst, in: RechAug 13 (1978) 231–333.
- Die Lehre des Erfurter Augustinertheologen Johannes von Dorsten († 1481) über Gnade, Rechtfertigung und Verdienst, in: ThPh 53 (1978) 27–64 und 179–219 (zit.: Dorsten über Gnade, Rechtfertigung und Verdienst).
- Die Lehre des Erfurter Augustinertheologen Johannes von Dorsten († 1481) über Urstand und Erbsünde, in: Aus Reformation und Gegenreformation, Festschr. Th. Freudenberger (= WDGB 35/36), Würzburg 1974, 43–74 (zit.: Dorsten über Urstand und Erbsünde).
- Die Lehrer des geistlichen Lebens unter den deutschen Augustinern vom dreizehnten Jahrhundert bis zum Konzil von Trient, in: Sanctus Augustinus vitae spiritualis magister, Bd. 2, Rom 1959, 239–338.
- Manuskripte von Werken der Autoren des Augustiner-Eremitenordens in mitteleuropäischen Bibliotheken (= Cass. 20), Würzburg 1966.
- Martin Luther und sein Orden, in: AAug 25 (1962) 254–290.
- Der Predigtband Cod. Berolinensis Lat. Fol. 851 des Erfurter Augustinertheologen Johannes von Dorsten († 1481), in: Aug(L) 27 (1977) 402–430; 28 (1978) 34–90.
- Der religiös-sittliche Stand des Erfurter Säkularklerus am Vorabend der Glaubensspaltung, in: Aug. 2 (1962) 267–284 und 471–506.
- Das Ungenügen der menschlichen Werke bei den deutschen Predigern des Spätmittelalters, in: ZKTh 81 (1959) 265–305.
- Der Wiener Theologieprofessor Johannes von Retz O.S.A. († nach 1404) und seine Lehre von Urstand, Erbsünde, Gnade und Verdienst, in: Aug(L) 21 (1971) 504–540; 22 (1972) 118–184 und 540–582.

Bibelstellenregister

Personenregister

Ortsregister

Sachregister

Beiträge
zur historischen Theologie

Bis Band 57 herausgegeben von Gerhard Ebeling,
ab Band 58 herausgegeben von Johannes Wallmann.

52
Christof Gestrich:
Neuzeitliches Denken und die Spaltung der dialektischen Theologie.
Zur Frage der natürlichen Theologie. 1977. XII, 409 Seiten. Ln.

51
Siegfried Raeder:
Grammatica Theologica.
Studien zu Luthers Operationes in Psalmos. 1977. VII, 362 Seiten. Ln.

50
Jürgen Hübner:
Die Theologie Johannes Keplers zwischen Orthodoxie und Naturwissenschaft.
1977. VIII, 334 Seiten. Mit 1 Tafel. Ln.

49
Ulrich Köpf:
Die Anfänge der theologischen Wissenschaftstheorie im 13. Jahrhundert.
1974. XII, 310 Seiten. Ln.

48
Henneke Gülzow:
Cyprian und Novatian.
Der Briefwechsel zwischen den Gemeinden in Rom und Karthago zur Zeit der Verfolgung des Kaisers Decius. 1975. IX, 167 Seiten. Kt.

47
Eric Francis Osborn:
Justin Martyr.
1973. XI, 228 Seiten. Kt., Ln.

46
Karl-Heinz zur Mühlen:
Nos extra nos.
Luthers Theologie zwischen Mystik und Scholastik. 1972. IX, 298 Seiten. Kt., Ln.

45
Hans Dieter Betz:
Der Apostel Paulus und die sokratische Tradition.
Eine exegetische Untersuchung zu seiner »Apologie« 2 Korinther 10–13. 1972. IV, 157 Seiten. Kt.

44
Manfred Hoffmann:
Erkenntnis und Verwirklichung der wahren Theologie nach Erasmus von Rotterdam.
1972. XIV, 294 Seiten. Kt., Ln.

43
Ulrich Mauser:
Gottesbild und Menschwerdung.
Eine Untersuchung zur Einheit des Alten und Neuen Testaments. 1971. VII, 211 Seiten. Kt., Ln.

41
Rolf Schäfer:
Ritschl.
Grundlinien eines fast verschollenen dogmatischen Systems. 1968. VIII, 220 Seiten. Kt., Ln.

40
Hans Heinrich Schmid:
Gerechtigkeit als Weltordnung.
Hintergrund und Geschichte des alttestamentlichen Gerechtigkeitsbegriffes. 1968. VII, 203 Seiten. Kt., Ln.

J. C. B. Mohr (Paul Siebeck) Tübingen